KB072480

AutoCAD
도면예제
560

AutoCAD 도면예제 560

The Practice of AutoCAD Floor Plan 560

초판 발행 · 2021년 1월 4일
초판 4쇄 발행 · 2023년 12월 1일

지은이 · 류지호, 네모기획
발행인 · 이종원
발행처 · (주)도서출판 길벗
출판사 등록일 · 1990년 12월 24일
주소 · 서울시 마포구 월드컵로 10길 56(서교동)
대표 전화 · 02)332-0931 | **팩스** · 02)322-0586
홈페이지 · www.gilbut.co.kr | **이메일** · gilbut@gilbut.co.kr

기획 및 책임 편집 · 안윤주(anyj@gilbut.co.kr) | **디자인** · 신세진 | **제작** · 이준호, 손일순, 이진혁, 김우식
영업마케팅 · 전선하, 차명환, 박민영 | **영업관리** · 김명자 | **독자지원** · 윤정아, 전희수

교정 및 편집진행 · 네모기획 | **전산편집** · 디자인뮤제 | **CTP 출력 및 인쇄** · 두경m&p | **제본** · 경문제책

ISBN 979-11-6521-404-3 03000
(길벗 도서코드 007092)

24,000원

분야별 실무 도면 예제를 활용한 쉽고 빠른 4단계 학습법!

캐드를 잘 하고 싶으신가요? 캐드를 '잘한다', '못한다'의 기준은 무엇일까요?
그것은 바로 '스피드'입니다. 대부분 도면 작업 시 정해져 있는 수치로 도면을 구성하고 작성하기 때문에 누가 그리던 결과물의 모양은 동일하기 때문입니다. 즉, 캐드를 잘한다는 소리를 듣는다는 것은 누구보다 빠르고 정확하게 도면을 그릴 수 있는 능력을 가지고 있다는 것을 의미합니다.

캐드를 잘하기 위해서는 꾸준히 반복하고 연습하는 것이 필요합니다. 도면을 그리면 그릴수록 손에 움직임 및 명령어 사용을 신속하게 처리할 수 있습니다. 또한 도면 작성에 기본기를 다지고 기능에 대한 원리를 이해할 수 있기 때문에 도면을 보는 눈을 키울 수 있습니다.

《AutoCAD 도면예제 560》은 혼자서도 실력을 향상시킬 수 있도록 체계적인 구성으로 더 완벽한 도면 구현을 위해 AutoCAD 프로그램의 버전과 상관없이 각각 기능별 핵심 명령어를 빠르게 이해하고 그에 맞는 예제를 따라하며 기능을 익힐 수 있습니다.

새로운 책을 진행하거나 기존 원고를 수정 보완하여 개정판을 낼 때마다 뿌듯하면서도 항상 좀 더 잘할 수 없었을까 하는 아쉬움이 밀려오곤 합니다. 하지만 바쁜 시간을 쪼개가며 최선을 다해 열심히 원고를 집필하였습니다. 이제 시작하는 입문자부터 실력을 향상이 필요한 초보자분들에게 많은 도움이 되는 책이 되길 간절히 바랍니다.

이 책을 기획하고 진행하면서 저자인 저보다 더 많은 밤을 지새운 네모기획 사장님과 담당자 및 편집 디자이너에게 감사의 말씀을 전합니다. 또한 책을 집필할 때 항상 옆에서 지켜 봐주고 응원해주었던 이혜숙님에게 진심으로 고맙고 미안하다는 말을 전합니다.

저자 류지호

도면 기호의 해석

도면 기호는 설계자 및 시공자, 제작자 등이 의사소통을 할 수 있도록 규격화 시켜놓은 언어입니다. 국내용(한국산업규격(KS)) 및 국제용으로 구분할 수 있으며, 이 도면 기호를 통해 세계 어디서든 도면으로 의사소통할 수 있습니다. 또한 도면을 간소화하고 정보를 정확하게 전달할 수 있습니다. 다음은 이 책에서 자주 나오는 가장 기본적인 도면 기호들입니다.

도면의 기호	설명	예시
R	원/호의 중심점으로의 반지름값	반지름
Ø	원/호의 지름값	원의 지름 / 원의 지름
T	판재의 두께값	
C	모서리를 45도 모따기 지시	45° / c20
( )	참고 치수	(W 110)
SR	3차원적 구체의 반지름값	

도면의 기호	설명	예시
SØ	3차원적 구체의 지름값	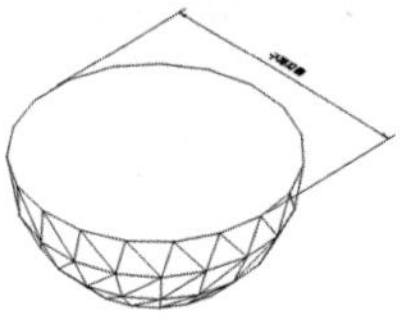
□	정사각형의 한 변의 길이	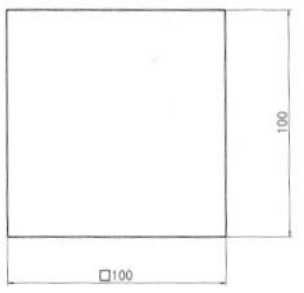
⌒	원/호의 선분의 길이	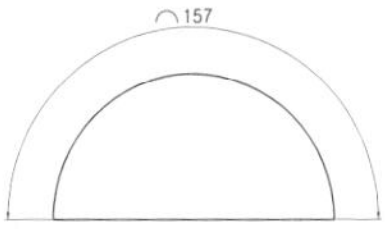
4-5R	도면에 R5를 가지는 원/호가 4개 존재	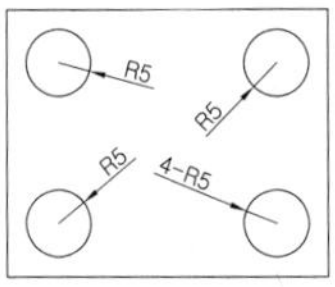
M4	나사의 구멍 기호(M) : 나사의 외경이 4mm	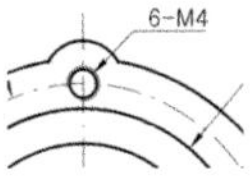

분야별 예제

도면 기호의 해석

AutoCAD는 기계, 건축, 인테리어 등 다양한 분야에서 사용되며 2D 도면 작업뿐만 아니라 형상을 3D로 구현하여 설계자의 의도를 정확하게 전달할 수 있도록 3D 환경도 지원합니다. 각 분야에서 사용하는 용어 및 설계에 대한 기본 지식들을 예제를 따라하면서 머릿속의 생각을 시각화하여 판단 가능하도록 실무에서 활용해 봅니다.

1. 건축 분야

건물을 짓는 과정(구조, 설비 시공)에서 디자인된 건축 설계도를 보고 최적화된 방법으로 가장 안전하게 지을 수 있는가를 연구합니다.

2. 인테리어 분야

최종 도면을 포함하여, 도면이 만들어지기까지 공간과 형태를 실험합니다. 모니터 속에서 가상의 형태를 실현하는 역할을 하며, 3D로 제작하여 실험해보는 과정에도 사용됩니다.

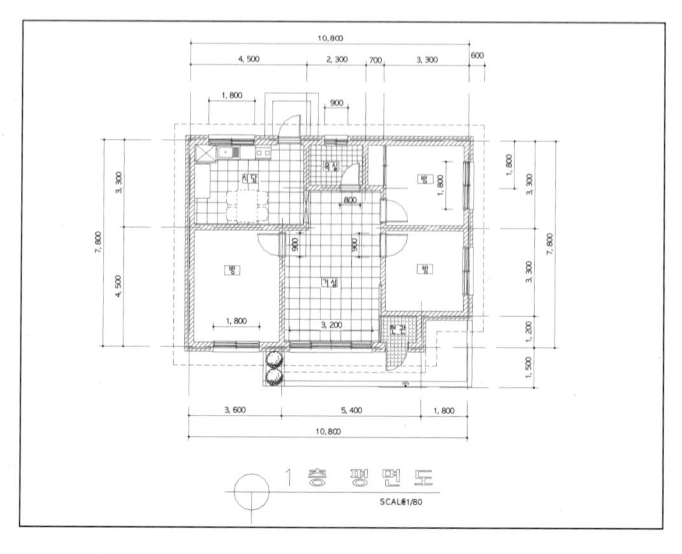

3. 기계 분야

생산, 기술, 공무, 설계, 자동화 관련 부서 기술자 및 관리자를 위한 기계를 개발하고 생산하며, 다양한 레이아웃까지 디자인합니다.

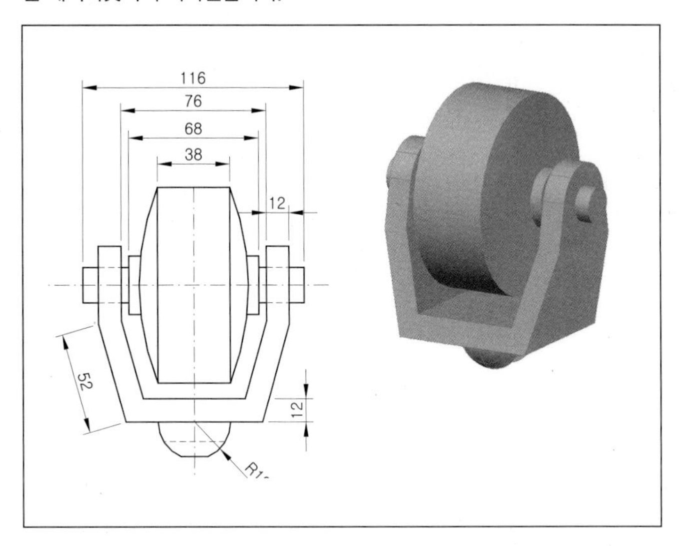

4. 제품 분야

대량 생산에 의한 제품의 기능성과 심미성을 발전시키는 전문적인 도면 작업으로, 가전제품에서부터 각종 생활용품 등 다양한 제품 도면을 제작합니다.

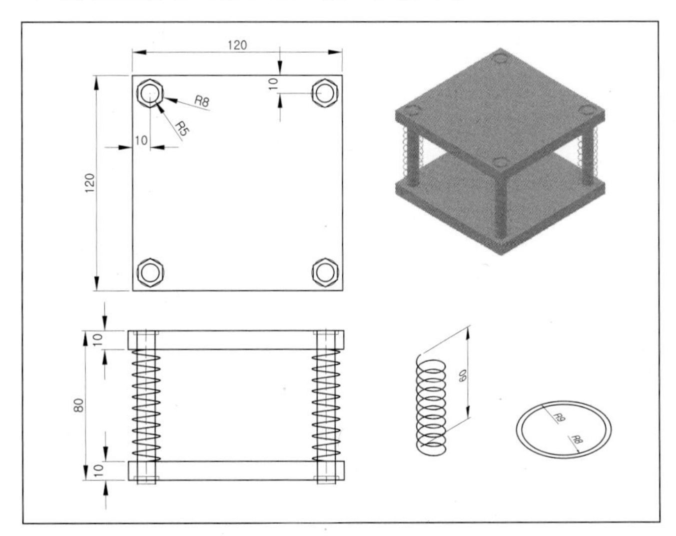

이 책을 보는 방법

이 책은 AutoCAD 2002~2021 버전까지 사용할 수 있는 내용과 도면예제로 구성되었습니다. AutoCAD의 기능 설명은 AutoCAD 2021 버전으로 설명하였습니다. 단계별 학습 내용을 살펴보고 나에게 꼭 맞는 공부법을 찾아보세요.

1단계

필수 기능과 명령어의 이해

도면을 그릴 때 필요한 명령어 기능을 알아보고 설정별 특징에 대해 알아봅니다. 수많은 명령어들을 전부 외우지 않고, 하나씩 차근차근 명령어와 활용 방법을 익히면 AutoCAD 명령어를 충분히 이해할 수 있습니다.

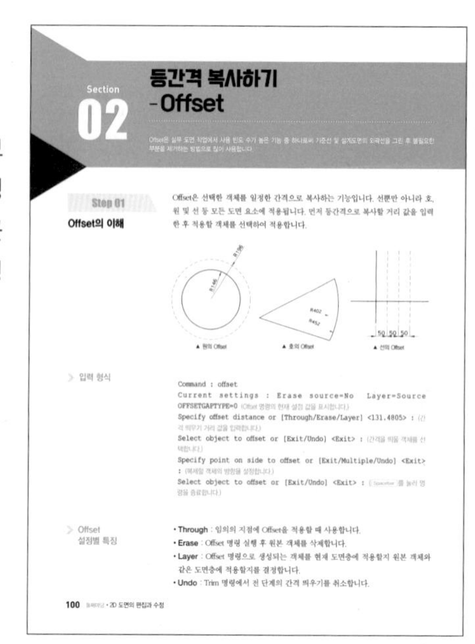

Section 02

등간격 복사하기 -Offset

Offset은 실무 도면 작업에서 사용 빈도 수가 높은 기능 중 하나로써 기준선 및 설계도면의 외곽선을 그린 후 불필요한 부분을 제거하는 방법으로 많이 사용합니다.

Step 01 Offset의 이해

Offset은 선택한 객체를 일정한 간격으로 복사하는 기능입니다. 선뿐만 아니라 호, 원 및 선 등 모든 도면 요소에 적용됩니다. 먼저 등간격으로 복사할 거리 값을 입력한 후 적용할 객체를 선택하여 적용합니다.

▲ 원의 Offset ▲ 호의 Offset ▲ 선의 Offset

입력 형식

```
Command : offset
Current settings : Erase source=No  Layer=Source
OFFSETGAPTYPE=0 (Offset 명령의 현재 설정 값을 표시합니다.)
Specify offset distance or [Through/Erase/Layer] <131.4805> : (간격 띄우기 거리 값을 입력합니다.)
Select object to offset or [Exit/Undo] <Exit> : (간격을 띄울 객체를 선택합니다.)
Specify point on side to offset or [Exit/Multiple/Undo] <Exit> : (복제할 객체의 방향을 설정합니다.)
Select object to offset or [Exit/Undo] <Exit> : (Spacebar를 눌러 명령을 종료합니다.)
```

Offset 설정별 특징

- **Through** : 임의의 지점에 Offset을 적용할 때 사용합니다.
- **Erase** : Offset 명령 실행 후 원본 객체를 삭제합니다.
- **Layer** : Offset 명령으로 생성되는 객체를 현재 도면층에 적용할지 원본 객체와 같은 도면층에 적용할지를 결정합니다.
- **Undo** : Trim 명령에서 전 단계의 간격 띄우기를 취소합니다.

100 둘째마당 • 2D 도면의 편집과 수정

2단계

예제 따라하기

AutoCAD의 기능을 충분히 익힐 수 있도록 다양한 예제를 통해 따라서 그리는 방법을 보여주며 가장 효율적으로 그리는 방법을 설명합니다. 명령어들을 실제 도면에서 어떻게 사용하는지 알아보기 위해 간단한 예제를 따라하면서 기능을 적용합니다.

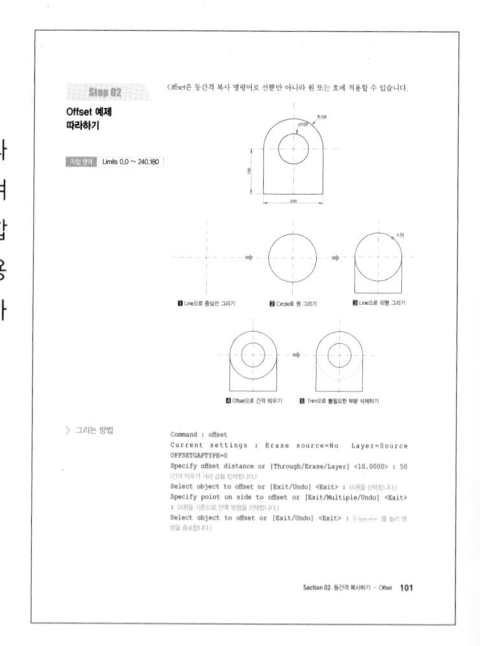

Step 02 Offset 예제 따라하기

작업 영역 Limits 0,0 ~ 240,180

Offset은 등간격 복사 명령어로 선뿐만 아니라 원 또는 호에 적용할 수 있습니다.

1 Line으로 중심선 그리기 2 Circle로 원 그리기 3 Line으로 외형 그리기

4 Offset으로 간격 띄우기 5 Trim으로 불필요한 부분 삭제하기

그리는 방법

```
Command : offset
Current settings : Erase source=No  Layer=Source
OFFSETGAPTYPE=0
Specify offset distance or [Through/Erase/Layer] <10.0000> : 50 (간격 띄우기 거리 값을 입력합니다.)
Select object to offset or [Exit/Undo] <Exit> : (A원을 선택합니다.)
Specify point on side to offset or [Exit/Multiple/Undo] <Exit> : (A원을 기준으로 안쪽 방향을 선택합니다.)
Select object to offset or [Exit/Undo] <Exit> : (Spacebar를 눌러 명령을 종료합니다.)
```

Section 02. 등간격 복사하기 - Offset 101

SOS 독자 지원 센터

책을 읽다 막히는 부분이 있으면, 길벗출판사 홈페이지(www.gilbut.co.kr)에 질문을 올리세요. 지은이와 길벗 독자지원센터에서 친절하게 답변해 드립니다.

❶ 길벗 출판사 홈페이지(www.gilbut.co.kr)를 방문해 보세요.

3단계

연습 문제

각 장에서 배운 명령어들을 토대로 실무에서 사용되는 도면을 연습해봅니다. 도면에서 사용되는 주요 명령어 혹은 그리는 방법을 참고하면서 그려보세요.

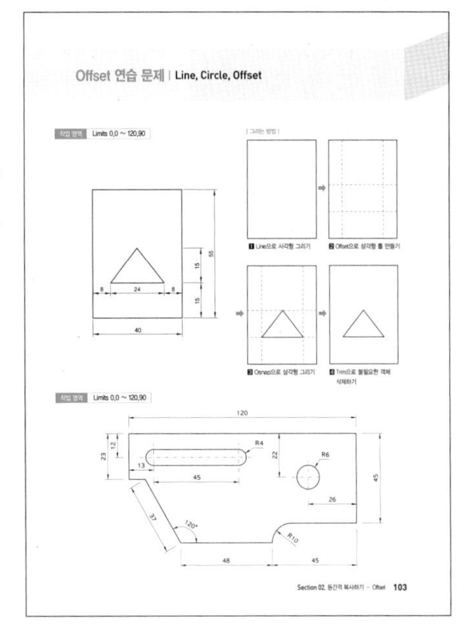

4단계

종합 문제

각 마당에서 익힌 명령어들을 종합해서 하나의 실무 도면을 완성합니다. 연습 문제보다 난이도가 높고 답이 주어지지 않으므로 AutoCAD의 기능을 종합적으로 활용해서 완성도 높은 도면을 스스로 만들어보세요.

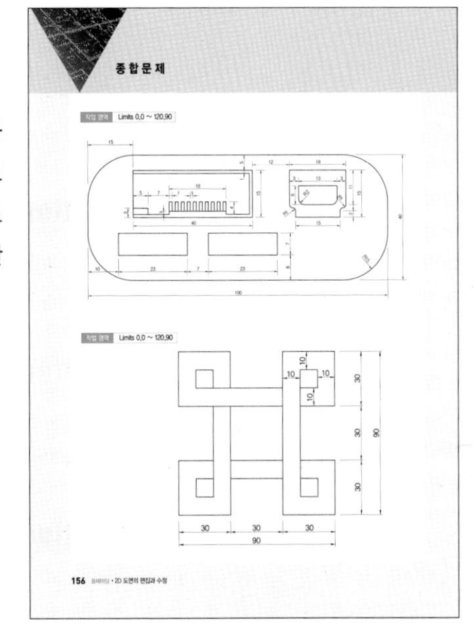

❷ 도서 검색창에 'AutoCAD 도면예제 560'을 입력한 후 〈검색〉을 클릭합니다. 책에 대해 궁금한 부분을 도와줍니다.

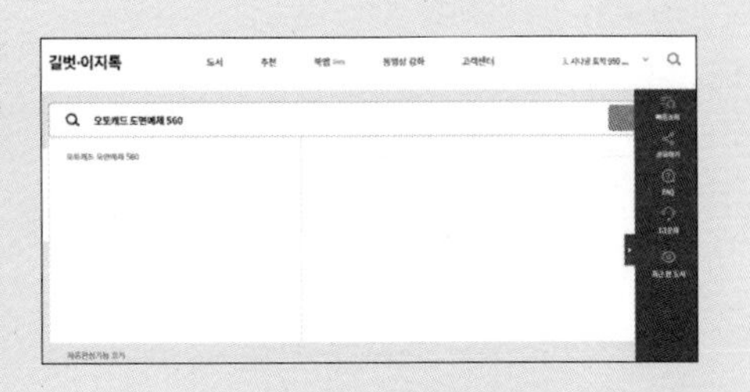

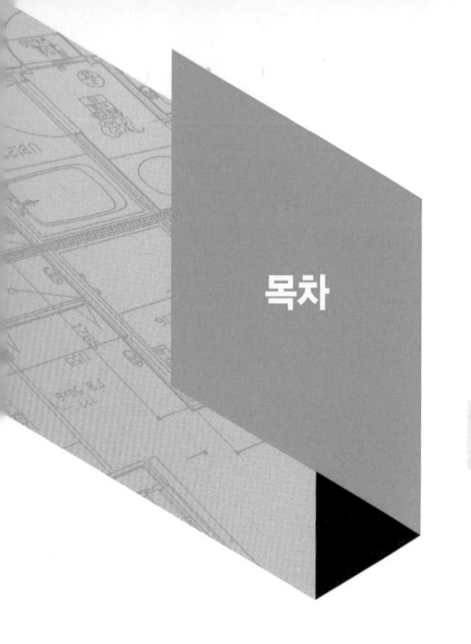

목차

일곱째마당 건축 및 인테리어를 위한 필수 구성 도면

여덟째마당 3D 작업을 위한 기초명령

아홉째마당 3D 곡면 처리에 필요한 Mesh 모델링

열번째마당 객체 내부가 채워지는 Solid 모델링

AutoCAD

00

준비마당

AutoCAD의 시작

AutoCAD로 도면 작업을 시작하기에 앞서 사용자 편의에 맞게 기능이 향상된 AutoCAD의 작업 공간을 이해하고 명령어의 종류와 단축 아이콘에 대해 간략히 알아보도록 합니다.

Intro AutoCAD 작업 공간과 명령어

Intro AutoCAD 작업 공간과 명령어

오토데스크(AUTODESK)사의 AutoCAD는 설계 분야를 대표하는 프로그램으로, 출시 이후 인터페이스 및 기능들이 사용자 중심으로 거듭 발전하고 있습니다. 여기서는 AutoCAD의 버전별 작업 환경에 따른 인터페이스의 특징과 다양하게 제공되는 명령어 기능에 대해 미리 살펴보도록 합니다.

Step 01

AutoCAD의 다양한 작업 공간

AutoCAD 2021 버전은 기본적으로 3가지 작업 공간을 제공합니다. 2D 설계 작업을 위한 'Drafting & Annotation'과 3D 설계 작업을 위한 '3D Basics' 및 '3D Modeling'이 있습니다. AutoCAD 2014 버전 이하에서는 구 버전 사용자들에게 익숙한 'AutoCAD Classic'도 제공합니다. 또한 AutoCAD는 작업 공간은 기본 설정된 모드 외에도 사용자가 임의로 수정 및 변경할 수 있어, 자주 사용되는 명령어들의 위치를 최적화하여 작업의 능률을 높일 수 있습니다.

Drafting & Annotation

AutoCAD 2021에서 기본적으로 제공되는 최초의 작업 화면입니다. 2D 설계 작업에 최적화된 화면으로 구성되어 있습니다.

잠깐만요

작업 공간을 변경하기 위해서는 작업 화면의 오른쪽 아랫부분에 위치한 〈Workspace Switching〉 버튼을 누른 후 작업 공간을 선택합니다.

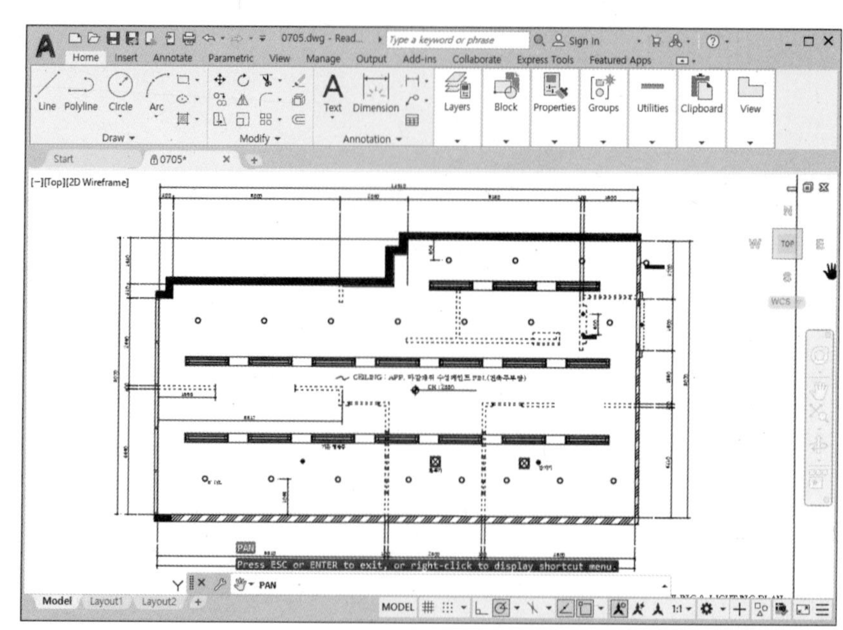

▲ Drafting & Annotation 화면

3D Basics

3D 설계 작업에 최적화된 작업 공간으로, Extrude, Revole, Loft, Sweep, UCS 등 3D 기본 명령어 위주로 구성되어 있습니다.

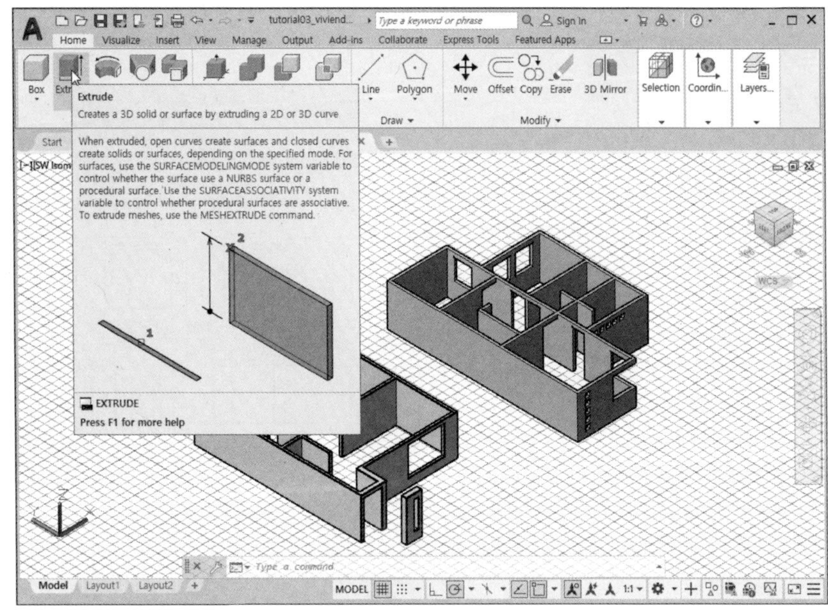

▲ 3D Basics 화면

잠깐만요

AutoCAD는 단축 아이콘 위에 마우스 포인터를 위치하면 명령어에 대한 간략한 설명과 사용법을 표시합니다. 자주 사용하지 않는 기능에 대해서도 간략히 살펴볼 수 있어 초보자들에게 많은 도움을 줍니다.

3D Modeling

3D 모델링 작업에 최적화된 작업 공간으로, Solid, Surface, Mesh 등 3D Solid 및 Surface 관련 명령어 위주로 구성되어 있습니다.

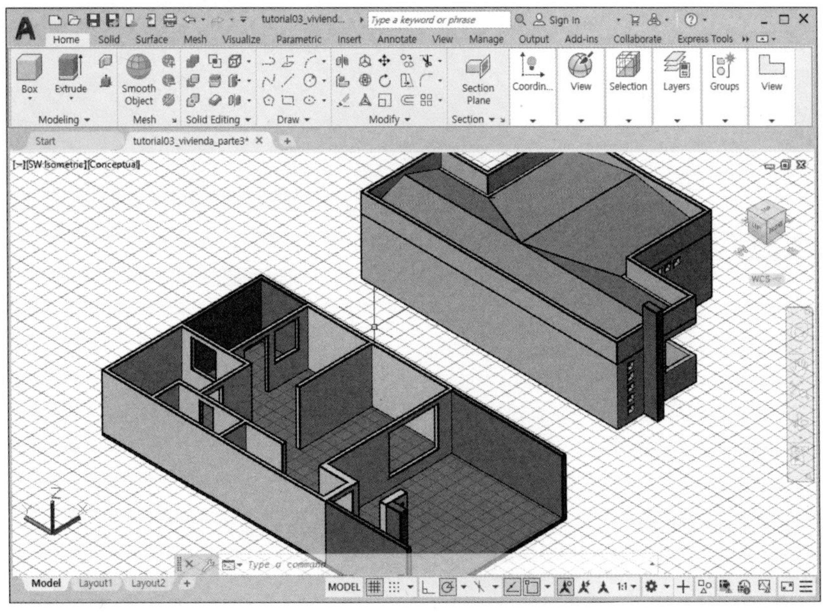

▲ 3D Modeling 화면

Step 02

AutoCAD 구 버전 Classic 작업 공간과 명령어 아이콘

구 버전에 익숙한 사용자를 위한 'AutoCAD Classic' 작업 공간은 AutoCAD 2015 버전부터 제외되었습니다. 그러나 AutoCAD 2015 버전 이상에서도 탭(Tab)과 패널(Panel)들을 모두 닫고, 툴바(Toolbar)들을 표시하여 사용자 설정으로 'AutoCAD Classic' 화면과 동일하게 사용할 수 있습니다.

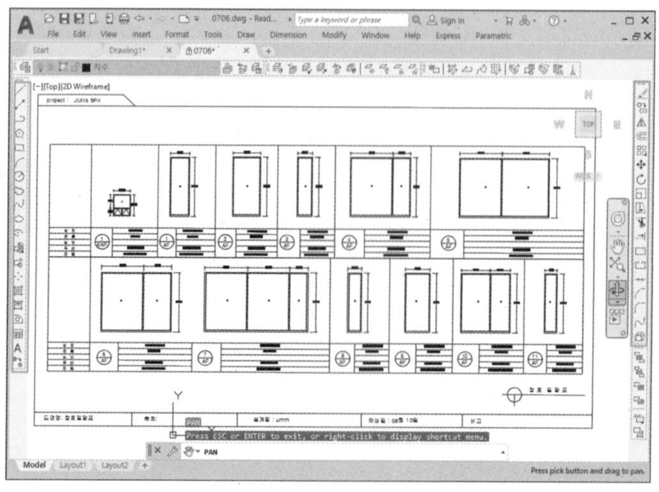

▲ AutoCAD 2016 버전의 AutoCAD Classic 설정 화면

잠깐만요

AutoCAD 2014 버전까지는 'AutoCAD Classic' 작업 공간이 기본으로 제공되었습니다.

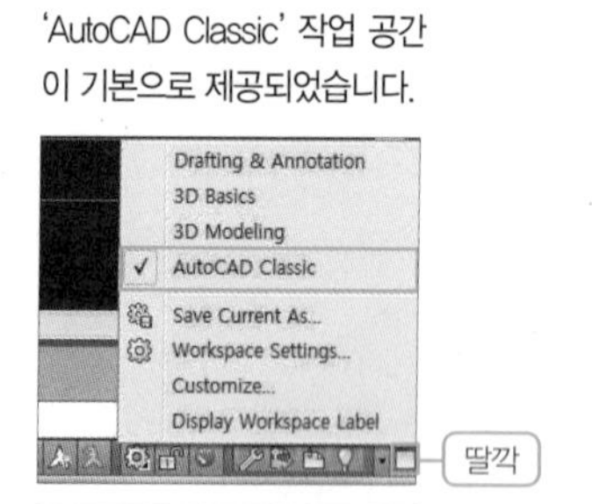

▲ AutoCAD 2014 버전의 AutoCAD Classic 화면

Draw 명령어 단축 아이콘

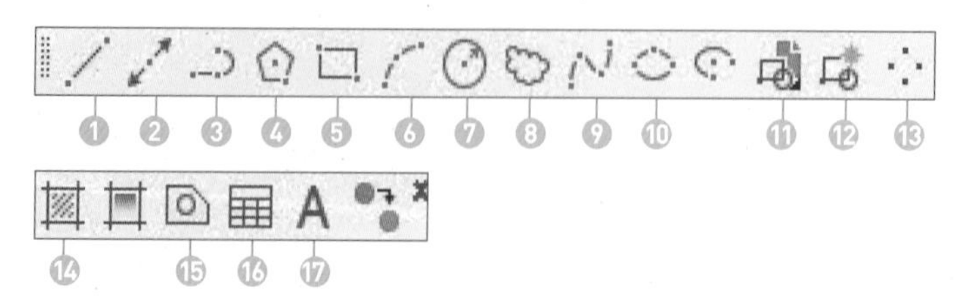

❶ **Line(L)** : 선을 작성합니다.

❷ **Xline(XL)** : 기준점을 중심으로 양방향에 대한 무한대선을 작성합니다.

③ **Pline(PL)** : 2차원 폴리라인을 작성하며 선분의 두께와 곡선을 지정할 수 있습니다.
④ **Polygon(POL)** : 정다각형을 작성합니다.
⑤ **Rectang(REC)** : 직사각형을 작성합니다.
⑥ **Arc(A)** : 호를 작성합니다.
⑦ **Circle(C)** : 원을 작성합니다.
⑧ **Revcloud** : 구름 모양의 주석을 생성합니다.
⑨ **Spline(SPL)** : 자유 곡선을 작성합니다.
⑩ **Ellipse(EL)** : 타원을 작성합니다.
⑪ **Insert(I)** : 도면에 블록을 삽입합니다.
⑫ **Block(B)** : 각각의 다른 요소로 구성된 객체를 하나의 그룹으로 설정합니다.
⑬ **Point(PO)** : 정점을 화면에 표시합니다.
⑭ **Hatch(H)** : 선택된 경계 영역을 일정한 패턴으로 채웁니다.
⑮ **Region(REG)** : 닫혀 있는 객체들을 내부가 채워진 3D Solid 단면으로 생성합니다.
⑯ **Table** : 표를 작성합니다.
⑰ **Mtext(MT)** : 문서 편집기를 사용하여 다중행 문자를 입력합니다.

Modify1 명령어 단축 아이콘

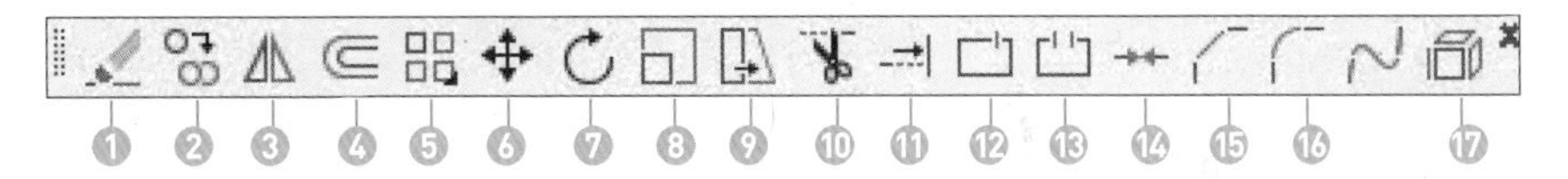

① **Erase(E)** : 선택한 객체를 삭제합니다.
② **Copy(CO/CP)** : 선택한 객체를 복사합니다.
③ **Mirror(MI)** : 선택한 객체를 대칭 복사합니다.
④ **Offset(O)** : 선택한 객체를 일정한 간격으로 복사합니다.
⑤ **Array(AR)** : 선택한 객체를 원형/사각형 형태로 다중 배열 복사합니다.
⑥ **Move(M)** : 선택한 객체를 지정한 기준점을 기준으로 이동합니다.
⑦ **Rotate(RO)** : 선택한 객체를 지정한 기준점을 기준으로 회전 및 회전 복사합니다.
⑧ **Scale(SC)** : 선택한 객체를 지정한 비율로 확대 및 축소합니다.
⑨ **Stretch(S)** : 선택한 객체 일부를 특정한 방향으로 늘리거나 축소하며 선택 방식에 따라 이동도 가능합니다.
⑩ **Trim(TR)** : 기준선을 기준으로 선택한 객체의 나머지 부분을 자릅니다.
⑪ **Extend(EX)** : 선택한 객체를 지정한 기준선까지 연장합니다.
⑫ **Break at Point** : 선택한 객체의 한 개의 지점만 잘라냅니다.
⑬ **Break(BR)** : 객체의 일정 부분을 자르거나 특정 지점을 기준으로 하여 두 개의 선분으로 분리합니다.

⑭ **Join(J)** : 두 개 이상의 객체를 끝점을 기준으로 연결하여 다중선(Pline)으로 변경합니다.

⑮ **Chamfer(CHA)** : 모서리를 각모 처리하고 C 값으로 표시합니다.

⑯ **Fillet(F)** : 모서리를 곡면 처리하고 R 값으로 표시합니다.

⑰ **Explode(X)** : 그룹화된 객체를 각각의 객체로 분리하고 3D 객체는 각각의 면 단위로 분리합니다.

Modify2 명령어 단축 아이콘

① **Draworder(DR)** : 작성된 객체들이 겹쳐질 때 객체의 표시 순서를 결정합니다.

② **Hatchedit(HE)** : 적용된 해치의 형태 및 크기 표현 방식을 변경합니다.

③ **Pedit(PE)** : 각각의 선분을 하나의 객체로 결합하거나 결합된 객체들의 선분 두께를 수정할 수 있습니다.

④ **Splinedit(SPE)** : 자유 곡선의 정점을 제어하여 수정합니다.

⑤ **Arrayedit** : 적용된 다중 배열 방식을 수정합니다.

Layer 명령어 단축 아이콘

잠깐만요

Layer(레이어)는 도면 요소를 각각의 특성별로 분리하여 종이에 동일한 객체끼리 따로 작업하며 '도면층'이라고도 합니다.

① **Layer(LA)** : [Layer Properties Manager] 대화상자를 표시합니다.

② **Layerp** : 도면층을 미리 보여줍니다.

Layer 명령어 단축 아이콘

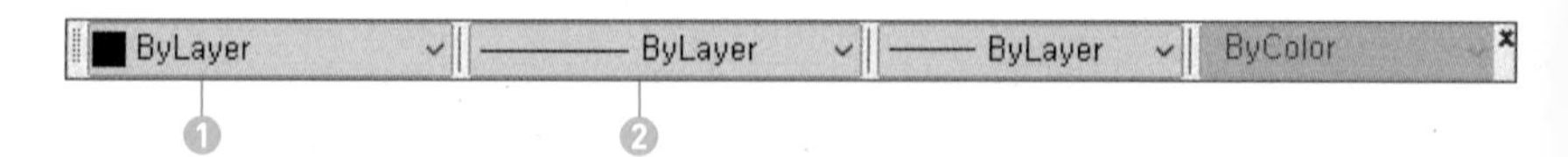

① **Color(COL)** : 객체별/도면층별 사용자가 지정한 색상을 확인 및 적용할 수 있도록 색상표를 제공합니다.

② **Linetype(LT)** : 객체별/도면층별 사용자가 지정한 선의 종류를 확인 및 적용할 수 있도록 선의 종류를 제공합니다.

Inquiry 명령어 단축 아이콘

① **Dist(DI)** : 두 점 사이의 거리 값/기울기 각도를 표시합니다.
② **Area(AA)** : 선택 영역의 면적을 계산하여 표시합니다.
③ **Massprop(MA)** : 3D Solid 객체의 면적을 계산하여 표시합니다.
④ **List(LI)** : 선택한 객체의 모든 정보를 텍스트 창에 표시합니다.
⑤ **Id(ID)** : 지정한 점의 절대좌표 값을 표시합니다.

Dimmension 명령어 단축 아이콘

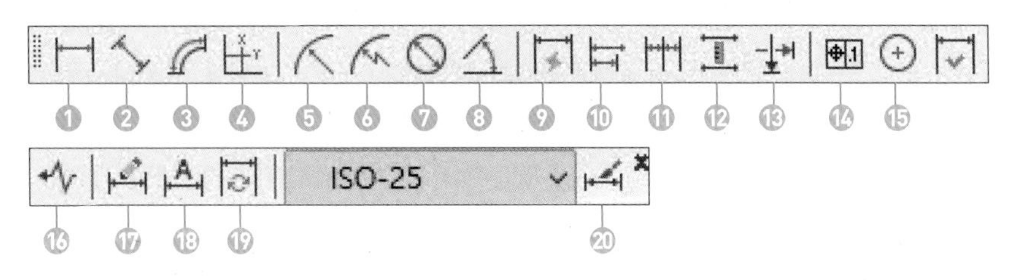

① **Dimlinear(DLI)** : 선형 치수를 입력합니다.
② **Dimaligned(DAL)** : 두 기준점에 수평한 치수를 작성합니다.
③ **Dimarc(DAR)** : 호에서 현의 치수를 작성합니다.
④ **Dimordinate(DOR)** : 정점의 좌표(X,Y) 치수를 입력합니다.
⑤ **Dimradius(DRA)** : 원 또는 호의 반지름 치수를 입력합니다.
⑥ **Dimjogged(DJO)** : 꺾인 치수선으로 반지름을 입력합니다.
⑦ **Dimdiameter(DDI)** : 원과 호의 직경 치수를 입력합니다.
⑧ **Dimangular(DAN)** : 선택된 객체의 각도 치수를 입력합니다.
⑨ **Qdim** : 선택 객체들의 치수를 한꺼번에 입력합니다.
⑩ **Dimbaseline(DBA)** : 기준선에서 연속되는 선형 치수를 입력합니다.
⑪ **Dimcontinue(DCO)** : 기준점으로부터 연속되는 선형 치수를 입력합니다.
⑫ **Dimspace** : 계단치수 입력 시 치수선의 간격 띄우기를 제어합니다.
⑬ **Dimbreak** : 치수보조선과 객체가 교차되었을 때 치수보조선을 끊습니다.
⑭ **Tolerance(TOL)** : 형상 공차를 삽입합니다.
⑮ **Dimcenter(DCE)** : 원이나 호에 중심 마크를 표시합니다.
⑯ **Dimjogline** : 선형 치수의 꺾기를 제어합니다.
⑰ **Dimedit(DED)** : 입력된 치수를 편집합니다.
⑱ **Dimtedit(DIMTED)** : 치수문자의 위치를 수정합니다.
⑲ **Dimstyle(DIMSTY)** : 현재 사용중인 치수 변수 저장, 변수 보기, 저장된 변수 불러오기 등 변수에 대한 정보를 변경합니다.
⑳ **Ddim** : 치수 형태를 설정 및 제어합니다.

Standard 명령어 단축 아이콘

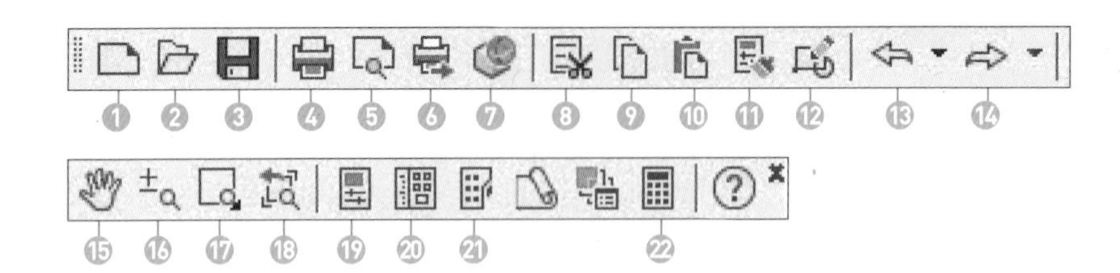

① **New(Ctrl+N)** : 새로운 도면 작업을 시작합니다.

② **Open(Ctrl+O)** : 저장되어 있는 도면을 불러옵니다.

③ **Save(Ctrl+S)** : 현재 작업 중인 도면을 저장합니다.

④ **Plot(Ctrl+P)** : 출력의 세부 항목을 설정하거나 출력합니다.

⑤ **Preview** : 현재 도면의 출력 미리 보기를 제공합니다.

⑥ **Publish(PTW)** : DWF로 도면을 전환하여 출력합니다.

⑦ **3DDWF** : 3D 모델링 데이터를 DWF로 변환합니다.

⑧ **Cutclip(Ctrl+X)** : 도면 요소를 클립보드에 복사하고 요소는 삭제합니다.

⑨ **Copyclip(Ctrl+C)** : Windows 단축키로 메모리에 선택된 항목을 저장합니다.

⑩ **Pasteclip(Ctrl+V)** : 클립보드에서 데이터를 삽입하고, 데이터 형식으로 조정합니다.

⑪ **Matchprop(MA)** : 선택 요소의 특성을 다른 객체에 적용시킵니다.

⑫ **Bedit(BE)** : 작성된 블록을 수정합니다.

⑬ **Undo(U)** : 전 단계 명령을 취소합니다.

⑭ **Redo(Ctrl+Y)** : 취소한 명령을 복구합니다.

⑮ **Pan(P)** : 작업 화면을 이동합니다.

⑯ **Zoom Realtime** : 실시간 확대/축소 기능으로, 클릭하여 축소/확대합니다.

⑰ **Zoom(Z)** : 작업 화면을 축소/확대합니다.

⑱ **Zoom Previous** : 이전 단계의 화면 크기로 전환합니다.

⑲ **Properties(PR)** : 객체의 특성을 표시하며 각 필드 항목에서 수정할 수 있습니다.

⑳ **Adcenter(ADC)** : 도면의 라이브러리 요소들을 제공합니다.

㉑ **ToolPalettes(TP)** : 각각의 툴을 하나의 팔레트 형식으로 제공하며 화면 오른쪽에 표시됩니다.

㉒ **Quickcalc** : 계산기와 같은 역할입니다.

Modeling 명령어 단축 아이콘

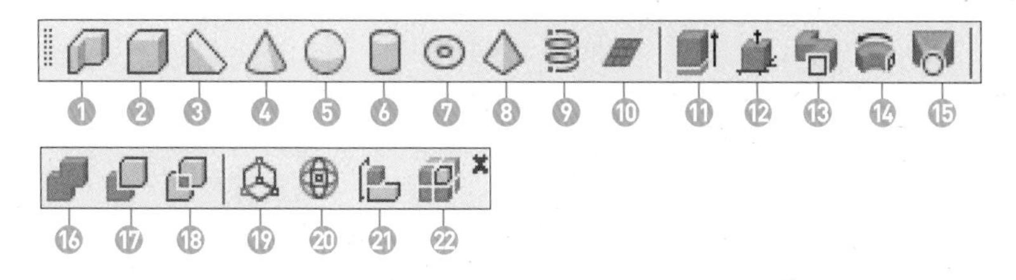

❶ **Polysolid** : 닫혀진 Solid 선을 작성하며 돌출시킵니다.
❷ **Box** : 상자 모양의 Solid 오브젝트를 생성합니다.
❸ **Wedge(WE)** : 쐐기 모양의 Solid 오브젝트를 생성합니다.
❹ **Cone** : 원추 모양의 Solid 오브젝트를 생성합니다.
❺ **Sphere** : 구 모양의 Solid 오브젝트를 생성합니다.
❻ **Cylinder(CYL)** : 원기둥 또는 타원 모양의 Solid 오브젝트 생성합니다.
❼ **Torus(TOR)** : 도넛 모양의 Solid 오브젝트를 생성합니다.
❽ **Pyramid(PYR)** : 사각뿔 모양의 Solid 오브젝트를 생성합니다.
❾ **Helix** : 3D 나선형 모양의 Solid 오브젝트를 생성합니다.
❿ **Planesurf** : 그물 모양의 Mesh 오브젝트를 생성합니다.
⓫ **Extrude(EXT)** : 닫힌 단면을 돌출시켜 Solid 오브젝트를 생성합니다.
⓬ **Presspull** : 경계 영역을 생성한 후 생성된 영역을 돌출시켜 Solid 오브젝트를 생성합니다.
⓭ **Sweep** : 단면이 경로를 따라 비틀린 Solid 오브젝트를 생성합니다.
⓮ **Revolve(REV)** : 닫힌 단면을 회전축을 기준으로 회전 Solid 오브젝트를 생성합니다.
⓯ **Loft** : 단면을 경로로 이용하여 3D Solid 오브젝트를 생성합니다.
⓰ **Union(UNI)** : Solid 객체를 합집합(더하기)합니다.
⓱ **Subtract(SU)** : Solid 객체를 차집합(빼기)합니다.
⓲ **Intersect(IN)** : Solid 객체를 교집합(교차 영역)합니다.
⓳ **3Dmove(3M)** : 3D 작업 공간에서 객체를 이동합니다.
⓴ **3Drotate(3R)** : 3D 작업 공간에서 객체를 회전합니다.
㉑ **3Dalign(3AL)** : 선택된 객체를 기준점을 중심으로 이동 및 회전 축척을 적용하여 정렬합니다.
㉒ **3Darray(3A)** : 선택된 객체를 3D 기준축을 중심으로 배열 복사합니다.

AutoCAD

첫째마당 01

AutoCAD의 2D 기초 드로잉

AutoCAD는 건축, 인테리어, 기계 분야 등에서 설계 도면을 작성하기 위해 범용으로 사용하는 프로그램입니다. AutoCAD를 처음 시작하는 사용자라면 작업 환경을 이해하고 구성에 따른 사용 방식을 습득하며 명령어 사용 체계를 알아둡니다.

Section

01 AutoCAD의 작업 환경

AutoCAD의 작업 환경과 구성은 원활한 작업을 위해 꼭 알아야 할 부분으로, 이번 섹션에서는 도면 작업에 필요한 명령어와 사용 방법에 대해 알아봅니다. 설명 화면은 AutoCAD 2021 버전을 기본으로 합니다.

Step 01 AutoCAD 2021 작업 화면

AutoCAD는 사용자의 편의를 위해 끊임없이 변화해 왔고, 각 분야와 사용자에 맞게 다양한 작업 환경을 제공합니다. 다음은 AutoCAD 2021을 실행했을 때 나타나는 일반적인 작업 화면입니다.

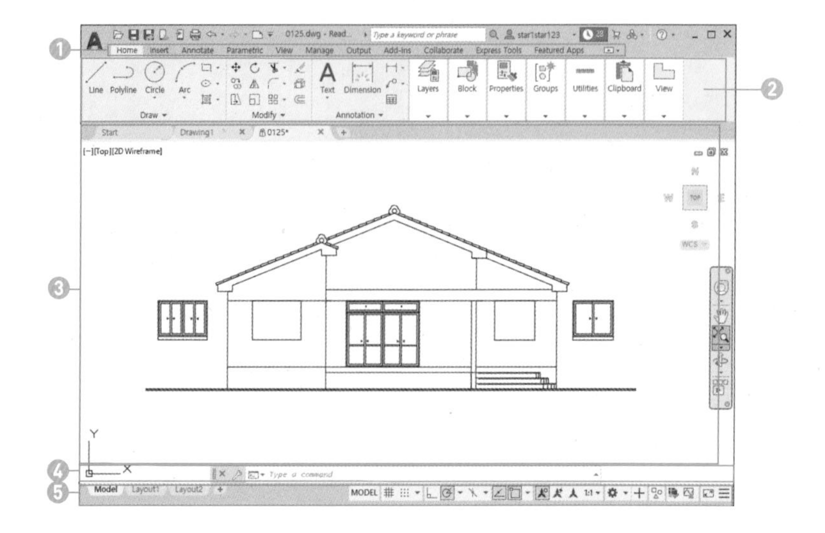

❶ **탭(Tabs)** : AutoCAD의 다양한 명령어들을 사용 목적에 맞게 분류되어 있으며, 다양한 패널(Panel)로 구성되어 있습니다. 주로 사용하는 기능 위주로 숨기거나 표시할 수 있어 사용자가 필요한 구성으로 설정할 수 있습니다.

❷ **패널(Panels)** : 탭(Tab)별로 포함되어 있는 구성이 다르며, 사용 목적이 유사한 명령어들로 그룹화 되어 있습니다. 각각의 기능들은 단축 아이콘으로 구성되어 있어 클릭 또는 선택하여 바로 실행할 수 있습니다. 또한 사용자 정의로 필요한 명령어 그룹을 숨기거나 표시할 수 있습니다.

❸ **도면 영역** : 도면을 작성하는 영역으로 검은색 바탕이 기본 값으로 제공되며 사용자에 맞게 변경할 수 있습니다.

❹ **명령문** : AutoCAD 작업에서 가장 중요한 부분으로 명령어를 직접 입력하거나 실행된 명령어의 하위 옵션을 설정합니다.

❺ **상태 표시줄** : 작업 환경의 설정 상태를 보여줍니다. 마우스 포인터가 위치하는 지점의 좌표 값이 표시되며 기본적인 설정 값의 유무를 확인하거나 기능을 설정할 수 있습니다.

잠깐만요

탭과 패널을 묶어 '리본(Ribbon)'이라 합니다. 또한 AutoCAD Classic 작업 공간 및 구 버전에서 표시되는 풀다운 메뉴(Pull-down Menu)는 〈Customize Quick Acess Toolbar〉 버튼을 클릭한 후, 〈Show Menu Bar〉를 선택하여 표시할 수 있으며, 툴바(Toolbar)는 표시된 메뉴바에서 [Tools→Toolbar→AutoCAD]를 선택하여 구성할 수 있습니다.

Step 02

다양한 명령어 입력 방식

AutoCAD는 명령문에 다음과 같은 4가지 방법으로 명령어를 입력할 수 있습니다.

1 명령문에 직접 입력

가장 흔하게 사용하는 방법으로 명령어를 암기하는데 상당한 도움이 되며 마우스와 키보드를 동시에 사용할 수 있어 실무에서 작업의 효율을 극대화할 수 있습니다.

2 명령어 단축키 사용

자주 사용하는 명령어들을 단축키로 지정하면 입력할 때 오탈자를 방지할 수 있어 도면 작업을 빠르게 진행할 수 있습니다. AutoCAD의 수많은 명령어들을 암기하고 명령문에 명령어를 직접 입력하여 사용하는 것은 결코 쉬운 일이 아니기 때문에 다른 방법과 함께 사용합니다.

3 패널 및 툴바 사용

패널 및 툴바에서는 AutoCAD의 명령어들을 단축 아이콘으로 표시하여 특성이 비슷한 기능들을 그룹화했습니다. 아이콘으로 어떤 명령을 실행하는지 쉽게 알 수 있어 초보자들이나 AutoCAD 명령어를 암기하지 못한 경우 쉽고 편리하게 사용할 수 있습니다. 이 기능 또한 사용자 용도에 맞게 설정하여 사용할 수 있습니다.

4 풀다운 메뉴 사용

기능별로 분류된 명령어를 풀다운 메뉴에서 선택하여 사용할 수 있습니다.

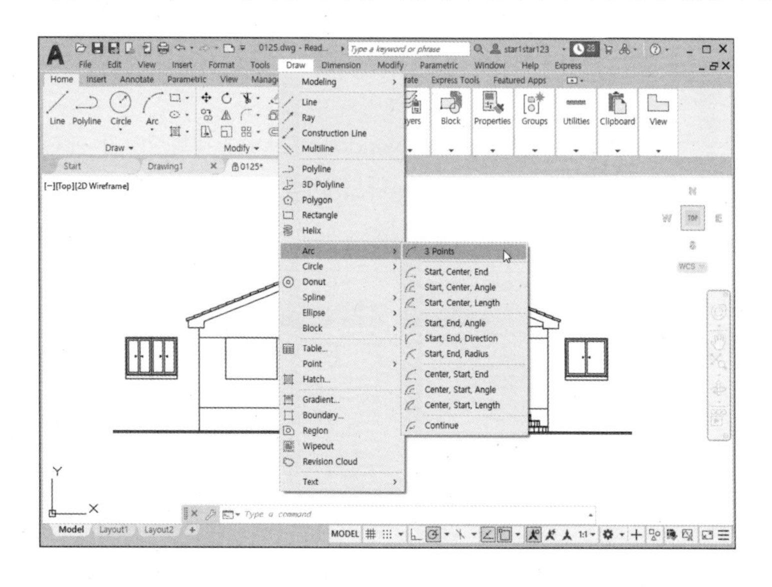

잠깐만요

명령어의 시작과 끝을 알리기 위한 Enter와 Spacebar

명령문에 명령어를 입력한 후 실행 또는 종료하기 위해 Enter와 Spacebar를 누르며, 실행된 명령어의 다음 항목으로 진행할 때에도 동일하게 적용됩니다. 도면에 문자를 입력할 때 Spacebar는 문자의 간격을 조절하며, Enter는 행의 변경 및 종료 시 사용합니다.

Step 03

AutoCAD 기본 설정하기

화면 색상을 변경하고 도면 작업을 시작하기 위해 새로운 파일을 열거나 이미 작성된 도면 파일을 불러온 후 파일 관리를 위해 저장하는 방법을 알아봅니다.

화면 색상 변경하기

도면 작업을 시작하기에 앞서 작업 환경에 따라 화면 색상을 변경할 수 있습니다.

1 애플리케이션 버튼을 클릭한 후 [Options]를 선택합니다. [Options] 대화상자가 표시되면 〈Display〉 탭을 선택하고 〈Colors〉 버튼을 누릅니다.

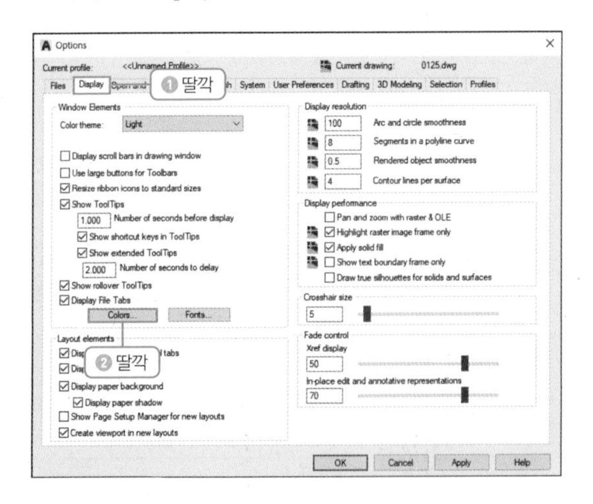

잠깐만요

도면 영역에 마우스를 위치시킨 후, 오른쪽 버튼을 클릭하여 [Options]를 선택할 수 있습니다.

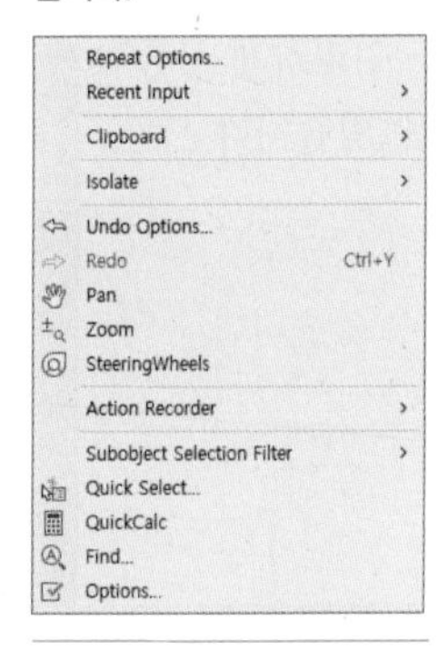

2 [Drawing Window Colors] 대화상자가 표시되면 Color 항목에서 변경할 색상을 선택합니다. 〈Apply & Close〉 버튼을 누르면 선택한 색상이 화면에 적용됩니다.

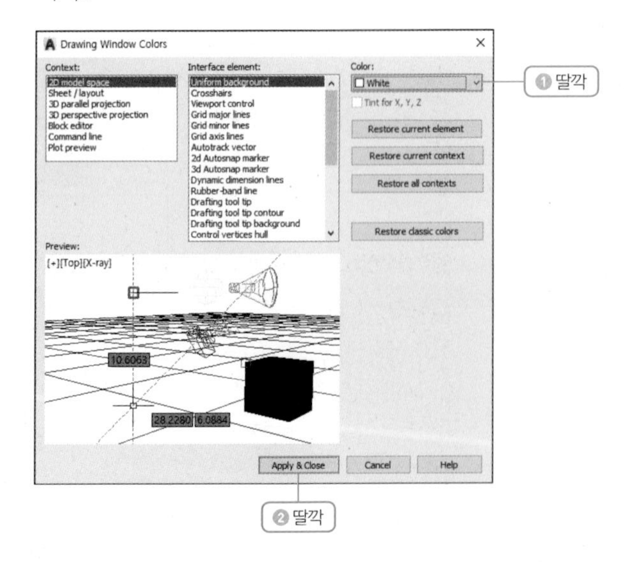

[New] 명령으로 새로운 작업도면 만들기

새로운 도면 파일을 만들어 작업해야 할 때에는 [New] 명령을 실행합니다.

1 애플리케이션 버튼을 클릭한 후, [New]를 선택합니다.

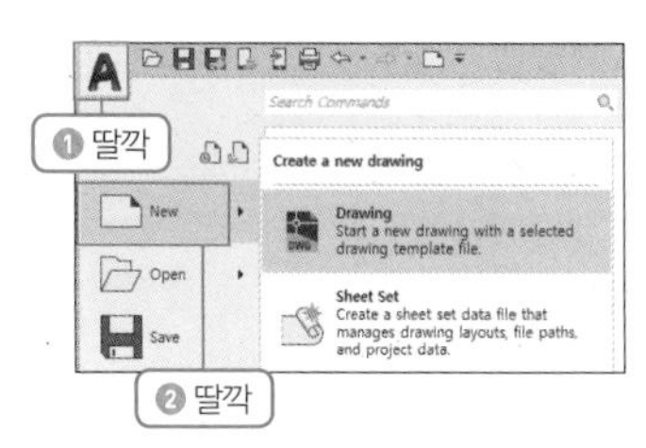

잠깐만요

'*.dwt' 형식은 템플릿 파일을 말하며 [Open] 명령이나 [New] 명령을 선택하여 템플릿 파일을 불러올 수 있습니다.
템플릿에 적용되는 내용은 도면층/선의 종류/도면의 표제란/문자 스타일/다중선 스타일/치수 스타일/ltscale 등과 같이 도면 작업에 필요한 대부분의 기본 설정 값을 포함시킬 수 있습니다. 실무에서 프로젝트 도면과 같이 통일성을 유지하며 여러 개의 도면을 작성해야 할 때 많이 사용합니다.

2 [Select template] 대화상자가 표시되면 템플릿 파일을 선택할 수 있습니다. *.dwt 형식의 템플릿 파일은 작업 환경에 맞도록 기본적인 설정 값이 적용되어 있어 새로운 도면 작업 시 효율적입니다.

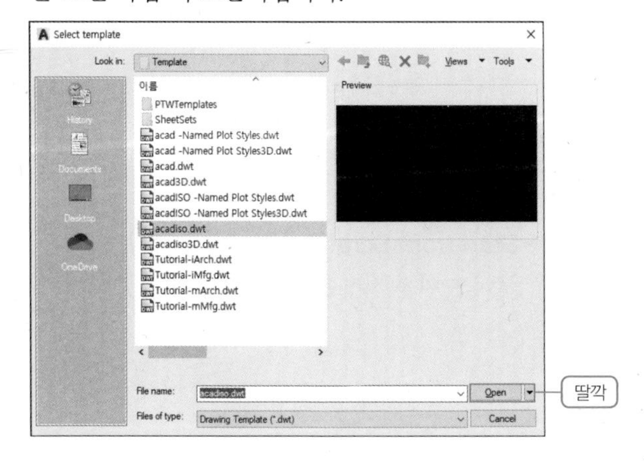

[Startup] 명령으로 새로운 작업도면 만들기

새로운 작업도면을 만들 때 [Startup] 명령을 이용하면 기본 설정 값들을 변경할 수 있습니다.

1 명령문에 'Startup' 명령어를 입력합니다.

```
Command : startup
Enter new value for STARTUP <0> :
```

1(설정 값이 '1'일 때 시작 마법사를 실행할 수 있습니다. 설정 값이 '0'이면 시작 마법사는 실행되지 않으며 전 단계에 사용한 템플릿 파일 대화상자가 표시됩니다.)

2 [Create New Drawing] 대화상자에서 작업할 도면의 템플릿을 설정하거나 선택할 수 있습니다. 도면의 단위를 설정하겠습니다. [Create New Drawing] 대화상자에서 'Use a Wizard'를 클릭합니다. Selsct a Wizard 항목에서 'Advanced Setup'을 선택하고 〈OK〉 버튼을 누릅니다.

• **Use a Wizard** : 도면의 작업 영역/단위계/각도 등을 설정한 작업 파일을 제공합니다.

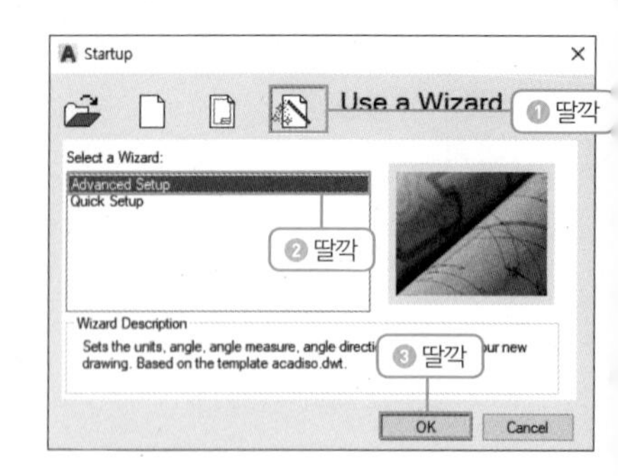

• **Use a Template** : AutoCAD에서 제공하는 템플릿 파일이나 사용자가 생성한 템플릿 파일을 선택하여 사용할 수 있습니다.

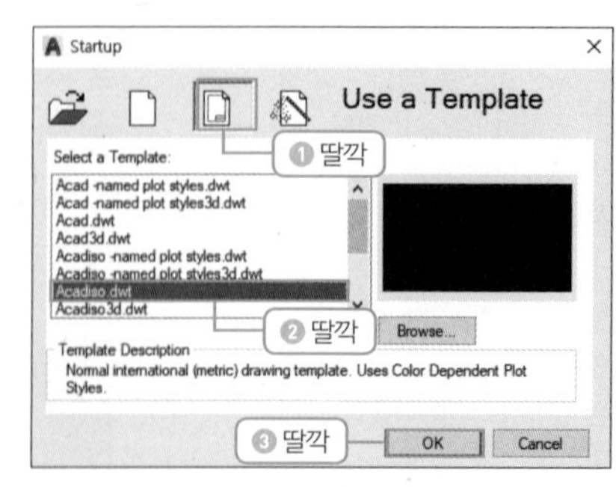

• **Start from Scratch** : 단위계를 설정하여 도면을 시작합니다.

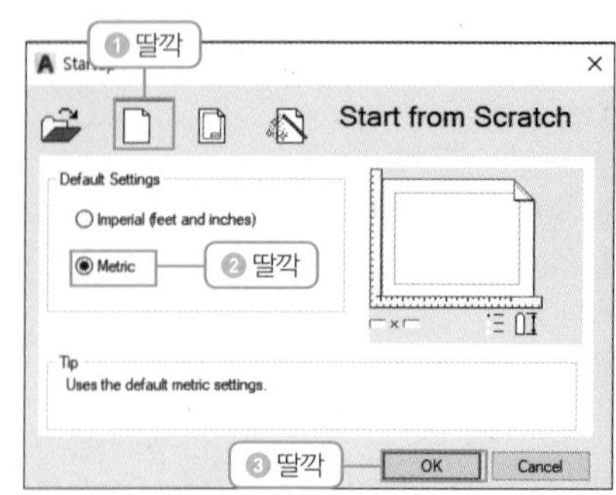

3 [Advance Setup] 대화상자가 표시되면 국내에서는 mm 단위의 Decimal을 사용하므로 'Decimal'을 선택하고 〈다음〉 버튼을 누릅니다.

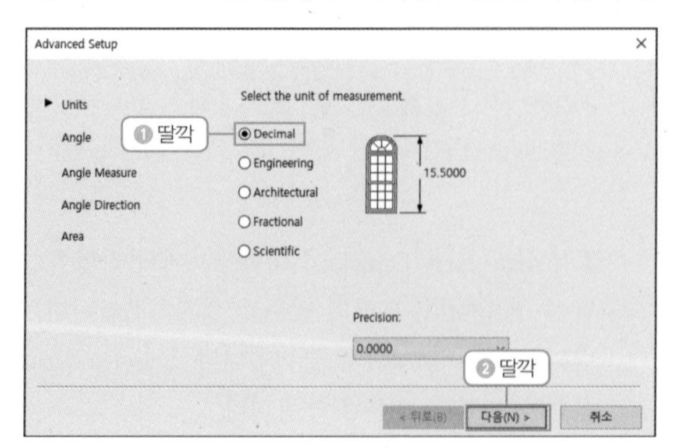

4 각도의 단위를 설정하겠습니다. Angle 항목을 선택하고 'Decimal Degrees'를 선택한 후 〈다음〉 버튼을 누릅니다.

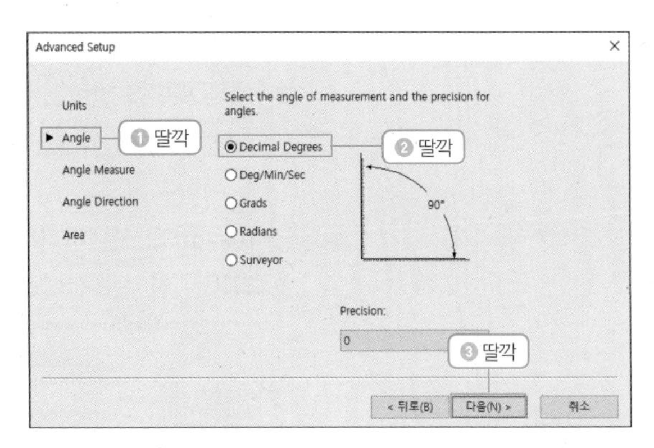

5 각도의 시작점을 설정하겠습니다. Angle Measure 항목을 선택하고 각도의 기준이 되는 0도 방향을 지정하기 위해 'East'를 선택한 후 〈다음〉 버튼을 누릅니다.

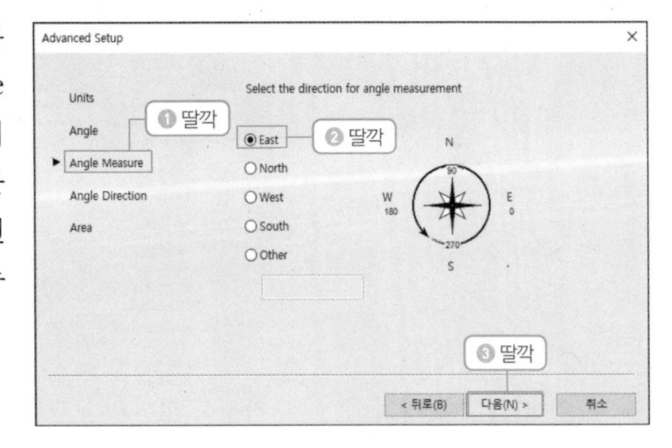

6 각도의 방향을 설정하겠습니다. Angle Direction 항목을 선택하고 기본 값은 반시계 방향이므로 'Counter-Clockwise'를 선택한 후 〈다음〉 버튼을 누릅니다.

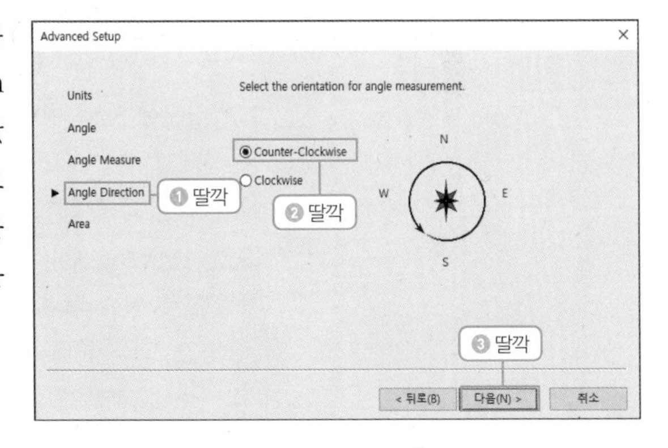

7 작업 영역의 면적을 설정할 수 있는 Area 항목을 선택합니다. Width/Length에 크기를 입력하고 〈마침〉 버튼을 누르면 설정이 완료됩니다.

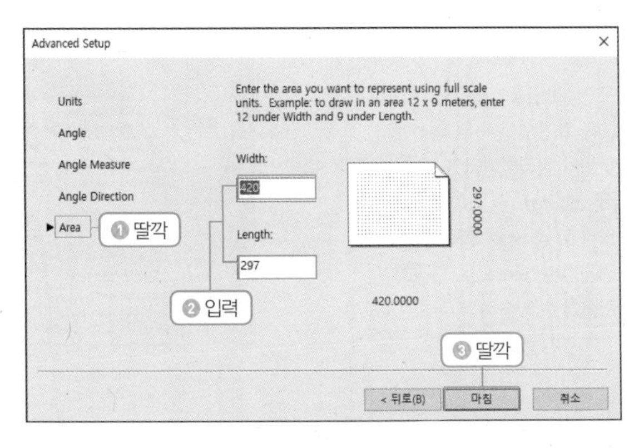

작업 파일 불러오기

기존에 작업한 파일을 사용하기 위해 파일을 불러올 수 있습니다. 다른 사람이 설계한 도면을 받아서 작업할 때와 도면을 재작업할 때에도 사용합니다.

1 명령문에 Open 명령어를 직접 입력하거나 애플리케이션 버튼을 클릭한 후, [Open]을 선택하거나 Ctrl+O를 누릅니다. [Select File] 대화상자가 표시되면 불러들일 파일을 선택하고 〈Open〉 버튼을 누릅니다.

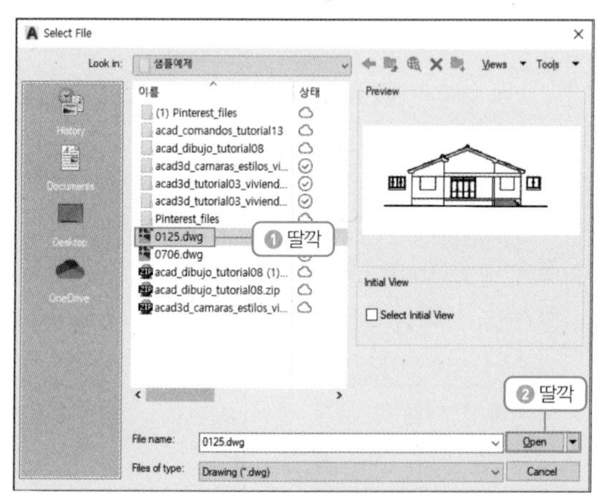


```
Command : open
```

작업 파일 저장하기

작성한 도면을 보관하고 관리하기 위해서는 반드시 도면 파일을 저장해야 합니다. 또한 도면 작업 중 발생할 수 있는 프로그램 오류로 인한 데이터 손실을 막기 위해서 작업 중에도 자주 저장하는 것이 좋습니다.

1 명령문에 Save 명령어를 직접 입력하거나 애플리케이션 버튼을 클릭 후, [Save]를 선택합니다. 도면 작업 후, 처음 저장한다면 [Save Drawing As] 대화상자가 표시됩니다. 파일명과 저장할 위치를 지정하고 〈Save〉 버튼을 누릅니다. 이후로는 [Save Drawing As] 대화상자 표시 없이 바로 저장되며 Ctrl+S를 누르면 빠르게 저장할 수 있습니다.

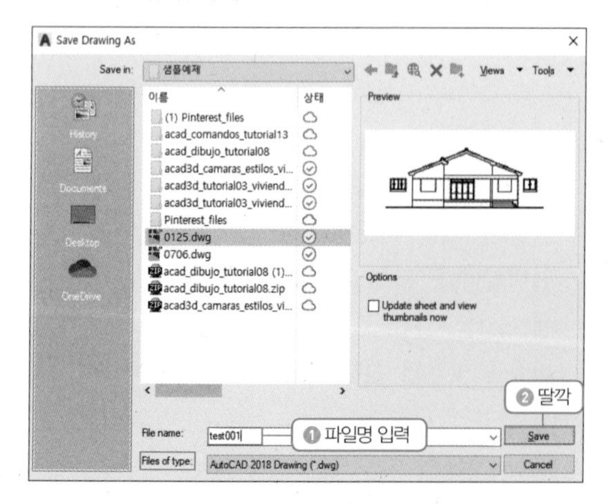


```
Command : save
```

> **잠깐만요**
>
> 도면 파일을 저장할 AutoCAD 버전보다 하위 버전에서 파일을 불러들이려고 할 때는 [Save Drawing As] 대화상자의 'File of type' 항목에서 버전에 맞는 포맷으로 변경하여 저장할 수 있습니다.

다른 이름으로 저장하기

도면 작업을 할 때 작업 중인 파일의 이름을 변경하여 저장할 수 있습니다. 저장되어 있는 원본 파일을 보존할 필요가 있거나 저장 위치를 변경할 때 사용합니다.

1 명령문에 Saveas 명령어를 직접 입력하거나 애플리케이션 버튼을 클릭한 후, [Save As]를 선택합니다. [Save Drawing As] 대화상자가 표시되면 Save 명령과 동일한 방법으로 파일명을 입력하거나 변경한 후 〈Save〉 버튼을 눌러 저장합니다.

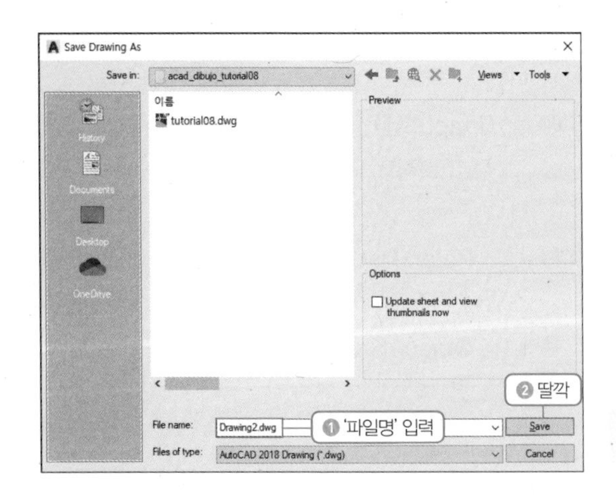


```
Command : saveas
```

자동 저장 설정 및 복구하기

도면 작업을 진행하다 보면 예기치 않은 상황이 종종 발생합니다. 예를 들어 정전이 되거나 컴퓨터 오류로 인해 저장되지 않은 도면 데이터의 손실이 발생하기도 합니다. 이런 경우를 최대한 방지하기 위해 AutoCAD에서는 다음과 같은 두 가지 기능을 제공합니다.

- **자동 저장 설정 기능** : 일정한 시간에 자동으로 저장되도록 설정합니다.

```
Command : savetime
Enter new value for SAVETIME <10> : (수치는 분 단위입니다.)
```

- **복구 기능** : 정전이나 프로그램 오류로 인한 시스템 다운 시 저장된 파일을 복구합니다.

```
Command : recover
```

잠깐만요

윈도우 경고 메시지 창이 표시되면서 자동으로 오류에 대한 검사를 실시한 후 오류 가 있는 부분은 삭제합니다. 간혹 파일을 주고받다가 도면 파일에 오류가 발생하여 열리지 않을 때 사용할 수 있습니다.

Step 04

상태 표시줄

상태 표시줄은 AutoCAD 작업 화면 아래쪽에 위치하며 현재 도면에 적용되어 있는 기본 설정 값들의 상태를 보여줍니다. 도면 작업 환경 설정 영역 중 자주 사용되는 기능을 아이콘으로 설정하고 각각의 명령에 On/Off 기능을 적용하여 값을 바로 확인하거나 설정을 변경할 수 있습니다.

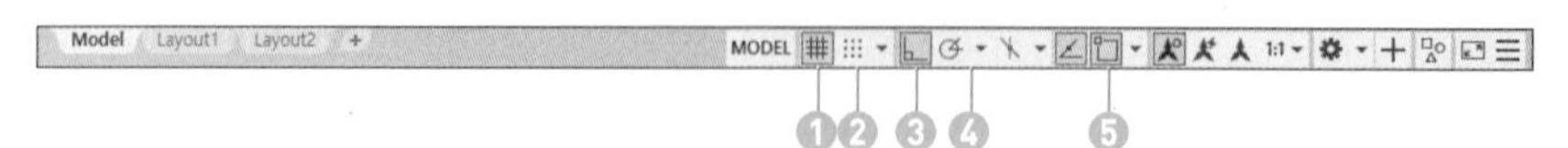

❶ Grid(그리드) : 그리드 눈금의 표시 여부를 결정하며 그리드 간격을 조절합니다.

❷ Snap(스냅) : 마우스 포인터의 이동을 조절합니다.

❸ Ortho(직교 모드) : 마우스 포인터의 이동을 수직, 수평 방향으로만 제어합니다.

❹ Polar Tracking(극좌표 추적) : 좌표를 선택할 때 지정한 각도의 방향으로 스냅이 적용됩니다.

❺ Object Snap(객체 스냅) : 객체에 대한 다양한 스냅을 활성화합니다.

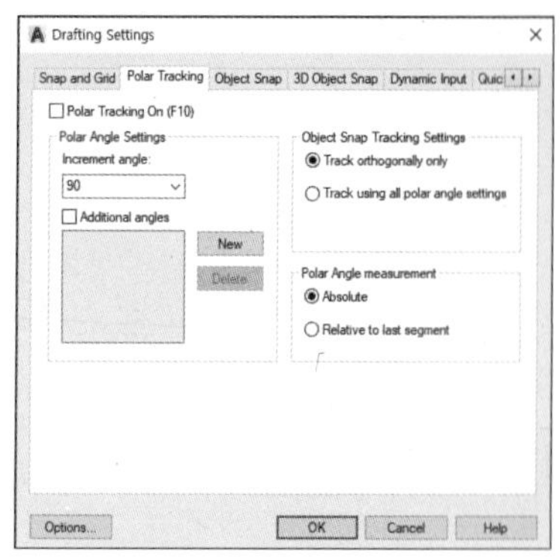

▲ Polar Tracking 옵션 설정 창

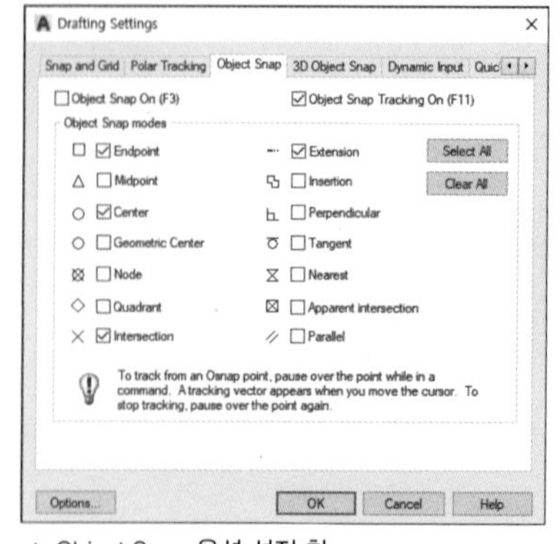

▲ Object Snap 옵션 설정 창

그리드와 스냅 설정하기

도면 작업을 할 때 그리드와 스냅 기능을 적용하면 보다 편리합니다. 일반적으로 스냅과 그리드의 간격을 동일하게 적용합니다.

1 상태 표시줄의 스냅 모드(Snap Mode) 아이콘을 마우스 오른쪽 버튼으로 눌러 나타나는 메뉴에서 [Snap Settings...]를 선택합니다.

Polar Snap
✓ Grid Snap
❷ 딸깍
Snap Settings...
❶ 오른쪽 딸깍

2 [Drafting Settings] 대화상자가 표시되면 스냅(Snap)과 그리드(Grid)를 각각 '10'으로 설정하고 〈OK〉 버튼을 누릅니다.

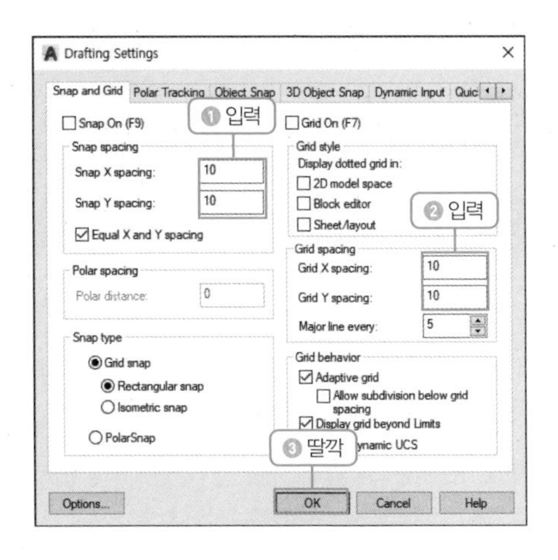

[Drafting Settings] 대화상자 설정 옵션

[Drafting Settings] 대화상자에서 스냅과 그리드의 간격을 설정할 수 있으며, 스냅은 F9, 그리드는 F7을 눌러 빠르게 설정할 수 있습니다.

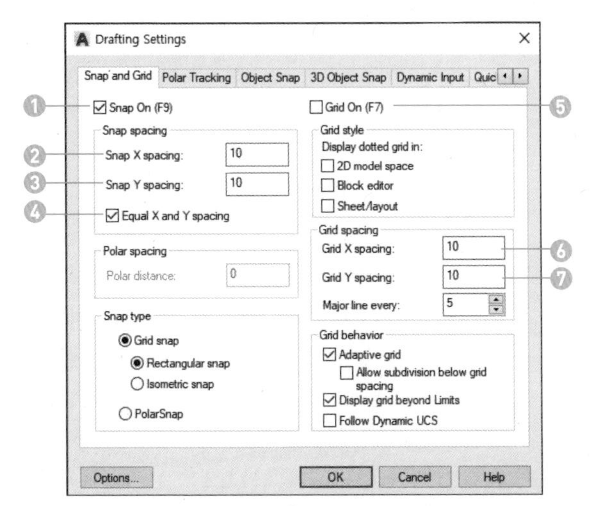

❶ **Snap On(F9)** : 스냅을 활성화시켜 마우스 포인터를 일정한 간격으로 이동할 수 있습니다.

❷ **Snap X spacing** : X축 방향의 스냅 간격을 지정합니다.

❸ **Snap Y spacing** : Y축 방향의 스냅 간격을 지정합니다.

❹ **Equal X and Y spacing** : 스냅의 X/Y 간격 값이 동일하게 입력되도록 제어합니다.

❺ **Grid On(F7)** : 그리드를 활성화시켜 일정한 간격으로 그리드 격자를 화면 상에 표시합니다. 그리드는 간단한 객체의 작성 및 등각투상도 작성에 필요합니다.

❻ **Grid X spacing** : X축 방향의 그리드 간격을 지정합니다.

❼ **Grid Y spacing** : Y축 방향의 그리드 간격을 지정합니다.

잠깐만요

그리드 간격 값을 '0'으로 입력하는 경우 Snap에 적용된 간격 값으로 설정됩니다.

Section 02

절대좌표와 선 그리기 - Line

도면의 작성은 선으로부터 시작하며 설계가 목적이기 때문에 정확한 작성이 필요합니다. 정확한 도면을 작성하기 위해 다양한 좌표 입력 방식을 이해하고 사용법을 알아봅니다. 좌표 구성은 X, Y, Z로 이뤄져 있지만 2D 작업 시에는 X, Y 값만 입력하여 사용하고 Z 값은 '0'으로 자동 인식합니다.

Step 01

Line의 이해

Line은 설계 도면에 꼭 필요한 기본선을 그리는 명령어입니다. 선의 종류는 KS 규격에서 정의한 내용을 기준으로 작성하는 것이 원칙이며 도면 용도에 따라 선의 모양을 다양하게 변경할 수 있습니다. 도면을 구성하는 모든 선들의 기본은 Line 명령으로부터 시작되기 때문에 가장 중요합니다.

선의 종류

———————————— ①

— - —— - —— - —— - —— - ②

— · · — · · — · · — · · — ③

- - - - - - - - - - - - - - ④

❶ **실선** : 물체의 보이는 부분(외형)을 그릴 때 사용합니다.
❷ **1점 쇄선** : 주로 도형의 중심을 그릴 때 사용합니다.
❸ **2점 쇄선** : 부품의 동작 상태나 가상의 물체를 그릴 때 사용합니다.
❹ **파선** : 물체의 보이지 않는 부분을 그릴 때 사용합니다.

입력 형식

```
Command : line
Specify first point : (선의 시작점을 선택하거나 좌표를 입력합니다.)
Specify next point or [Undo] : (선의 두 번째 점을 선택하거나 좌표를 입력합니다.)
Specify next point or [Undo] : (선의 세 번째 점을 선택하거나 좌표를 입력합니다.)
Specify next point or [Close/Undo] : (선의 네 번째 점을 선택하거나 좌표를 입력할 수 있으며 옵션을 사용할 수 있습니다.)
```

Line 설정별 특징

- **Close** : 현재의 점에서 시작점까지 연결합니다. 단 선분의 구간이 2개 이상일 때 사용 가능합니다.
- **Undo** : 전 단계 구간을 취소합니다.

Step 02

절대좌표의 이해

절대좌표란 캐드 작업도면의 원점(0,0)을 기준으로 위치를 표시하는 좌표 방식입니다. 절대좌표는 도면이 그려지는 위치에 대한 제약이 있어서 실무에서는 거의 사용하지 않습니다.

좌표 방식 : X, Y

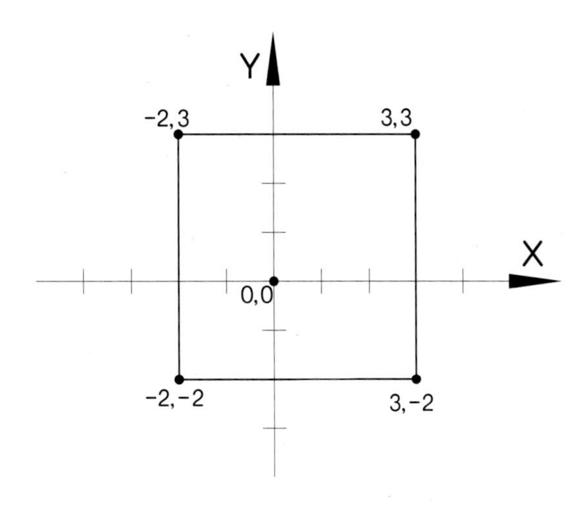

그리는 방법

Command : line
Specify first point : -2,-2 (원점을 기준으로 X축 방향으로 –2, Y축 방향으로 –2인 시작점을 입력합니다.)
Specify next point or [Undo] : -2,3 (원점을 기준으로 X축 방향으로 –2, Y축 방향으로 3인 다음 점을 입력합니다.)
Specify next point or [Undo] : 3,3 (원점을 기준으로 X축 방향으로 3, Y축 방향으로 3인 다음 점을 입력합니다.)
Specify next point or [Close/Undo] : 3,-2 (원점을 기준으로 X축 방향으로 3, Y축 방향으로 –2인 다음 점을 입력합니다.)
Specify next point or [Close/Undo] : -2,-2 (원점을 기준으로 X축 방향으로 –2, Y축 방향으로 –2인 다음 점을 입력합니다.)
Specify next point or [Close/Undo] : (Spacebar를 눌러 명령을 종료합니다.)

잠깐만요

선을 그리다가 중간에 끊겨서 다시 그려야 할 경우나 Line 명령 종료 후 Spacebar 또는 Enter를 누르면 곧바로 다시 Line 명령을 실행할 수 있습니다. 이는 바로 전에 사용한 명령어 입력 과정 없이도 바로 적용할 수 있기 때문입니다. 또한 명령어가 바로 실행되어 첫 번째 좌표를 입력할 때 Spacebar 또는 Enter를 한 번 더 누르면 마지막 입력된 좌표부터 다시 선을 그릴 수 있습니다.

절대좌표 연습 문제 | Line

작업 영역	Limits 0,0 ~ 12,9

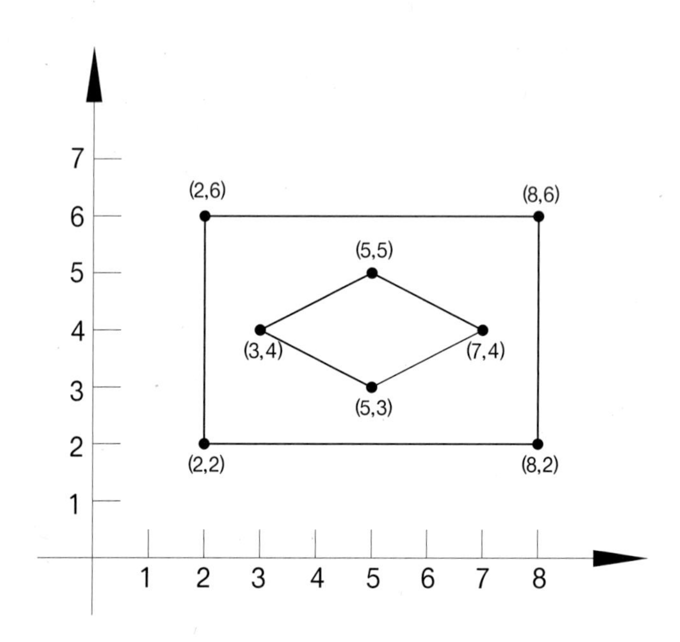

작업 영역	Limits 0,0 ~ 12,9

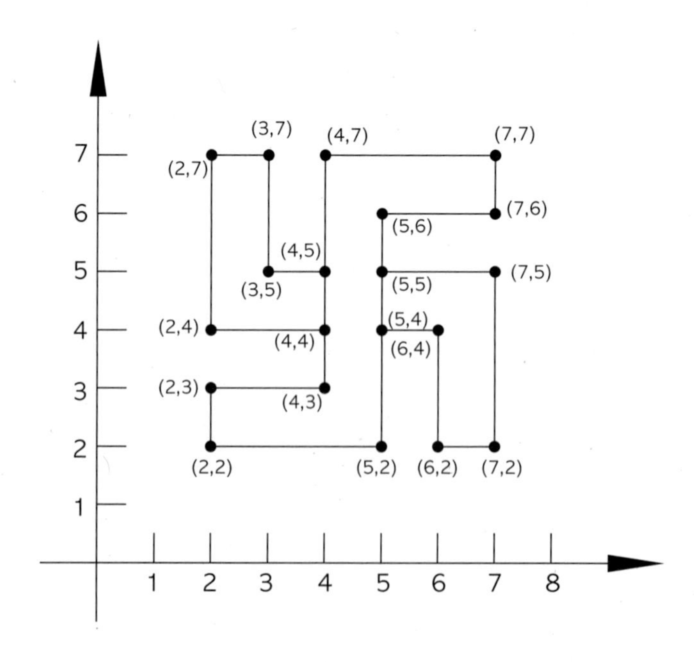

절대좌표 연습 문제 | Line

작업 영역	Limits 0,0 ~ 120,90

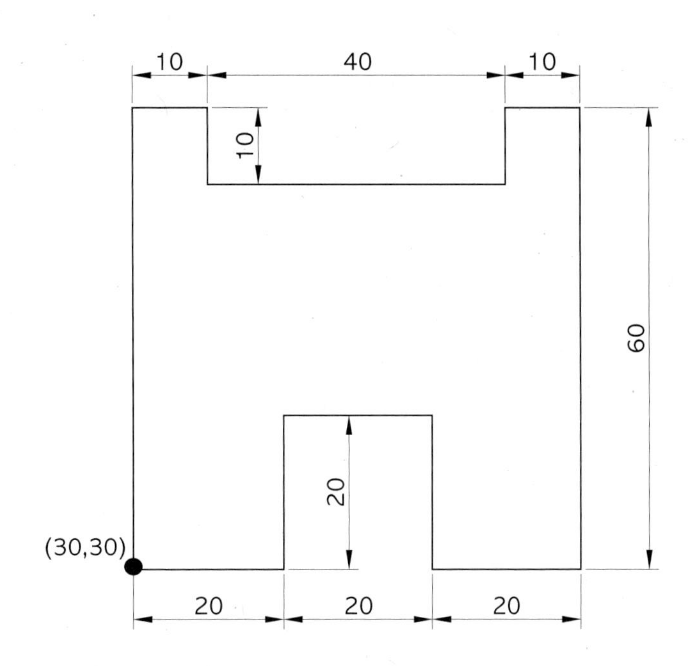

작업 영역	Limits 0,0 ~ 12,9

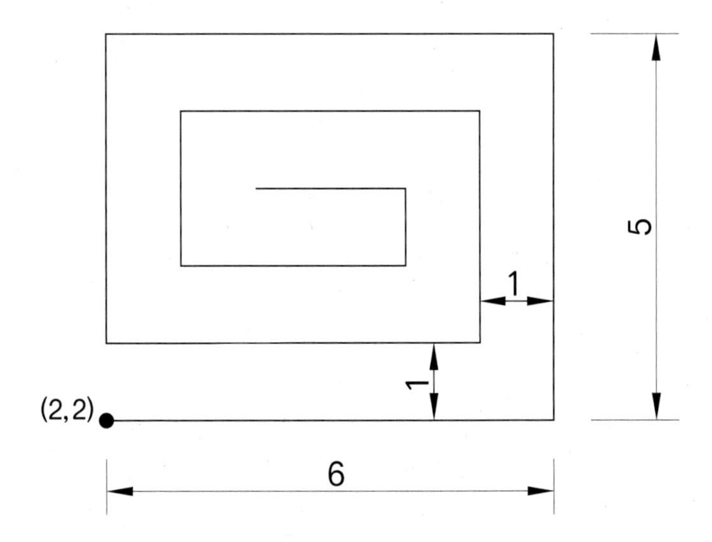

Section 03

상대좌표와 선 그리기 - Line

일반적으로 도면 작업을 시작할 때 임의의 점에서 시작하기 때문에 상대좌표는 가장 많이 사용되는 좌표 방식입니다. 또한 도면을 이동하거나 복사할 때 절대좌표 방식으로 사용하기 어려운 경우에 사용하며, 특히 3D 작업 시 사용합니다.

Step 01 상대좌표의 이해

상대좌표란 사용자가 선택한 임의의 점을 기준으로 하여 X축 방향에 대한 변위 값, Y축 방향에 대한 변위 값으로 표시하는 좌표 방식입니다. 도면 작업은 객체의 이동이나 복사로 인해 절대좌표 값이 수시로 변하므로 상대좌표 입력 방식을 자주 사용합니다.

좌표 방식 : @X, Y

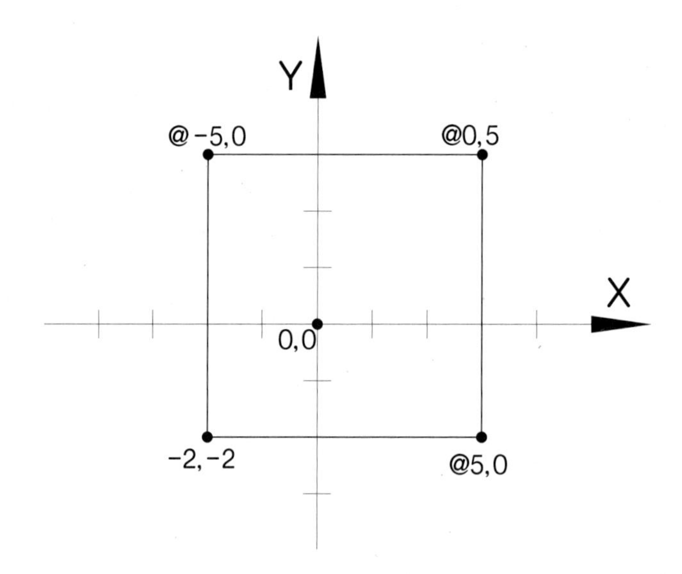

그리는 방법

Command : line
Specify first point : -2,-2 (절대좌표를 이용하여 X축 방향으로 -2, Y축 방향으로 -2인 시작점을 입력합니다.)
Specify next point or [Undo] : @5,0 (이전 점을 기준으로 X축 방향으로 5, Y축 방향으로 0인 다음 점을 입력합니다.)
Specify next point or [Undo] : @0,5 (이전 점을 기준으로 X축 방향으로 0, Y축 방향으로 5인 다음 점을 입력합니다.)
Specify next point or [Undo] : @-5,0 (이전 점을 기준으로 X축 방향으로 -5, Y축 방향으로 0인 다음 점을 입력합니다.)
Specify next point or [Close/Undo] : c (닫기 옵션을 적용하여 시작점과 연결한 후 명령을 종료합니다.)

Step 02

상대좌표 예제 따라하기

임의의 점을 선택하여 작성하는 도면 작업에서는 상대좌표 방식이 매우 중요하며 사용자가 선택한 마지막 점을 0,0이라고 가정하고 X, Y축 방향의 이동 값을 입력합니다.

작업 영역	Limits 0,0 ~ 12,9

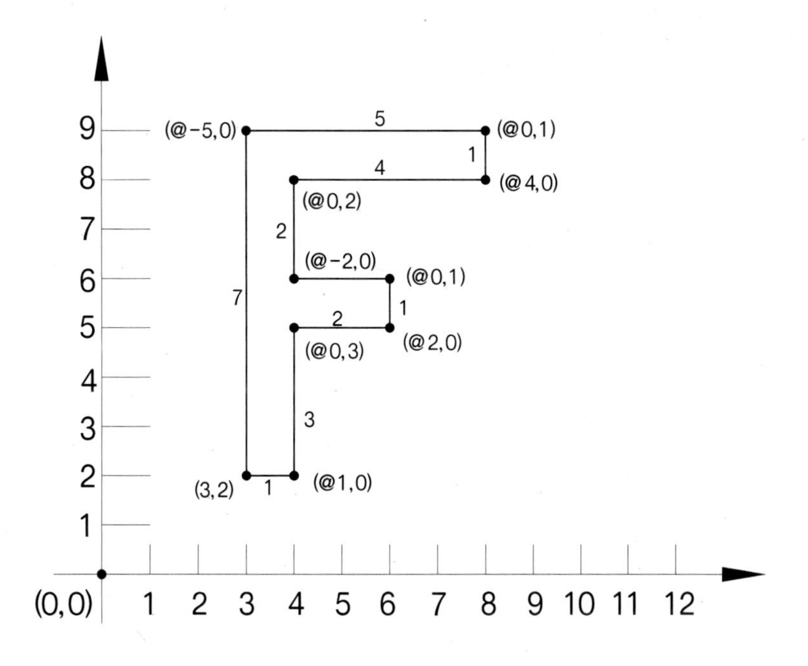

그리는 방법

```
Command : line
Specify first point : 3,2
Specify next point or [Undo] : @1,0
Specify next point or [Undo] : @0,3
Specify next point or [Close/Undo] : @2,0
Specify next point or [Close/Undo] : @0,1
Specify next point or [Close/Undo] : @-2,0
Specify next point or [Close/Undo] : @0,2
Specify next point or [Close/Undo] : @4,0
Specify next point or [Close/Undo] : @0,1
Specify next point or [Close/Undo] : @-5,0
Specify next point or [Close/Undo] : @0,-7
Specify next point or [Close/Undo] : Spacebar
```

잠깐만요

상대좌표는 @X, Y로 표기해야 합니다. 간혹 실수로 @를 입력하지 않았을 때에도 실행 취소 명령인 U(Undo)를 입력하여 전 단계의 작업을 취소한 후 이어서 작업합니다.

상대좌표 연습 문제 | Line

작업 영역	Limits 0,0 ~ 240,180

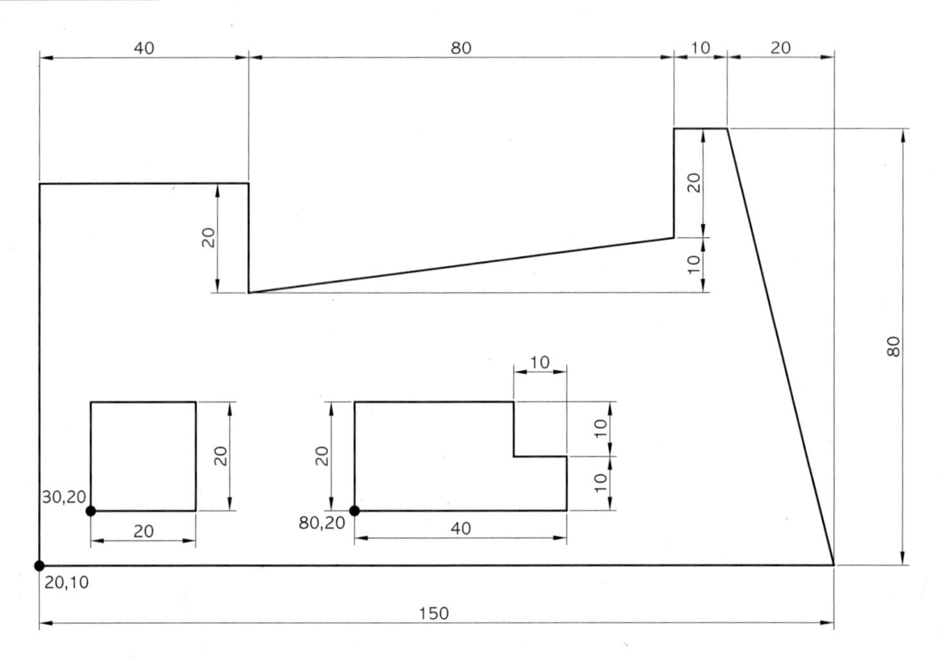

작업 영역	Limits 0,0 ~ 12,9

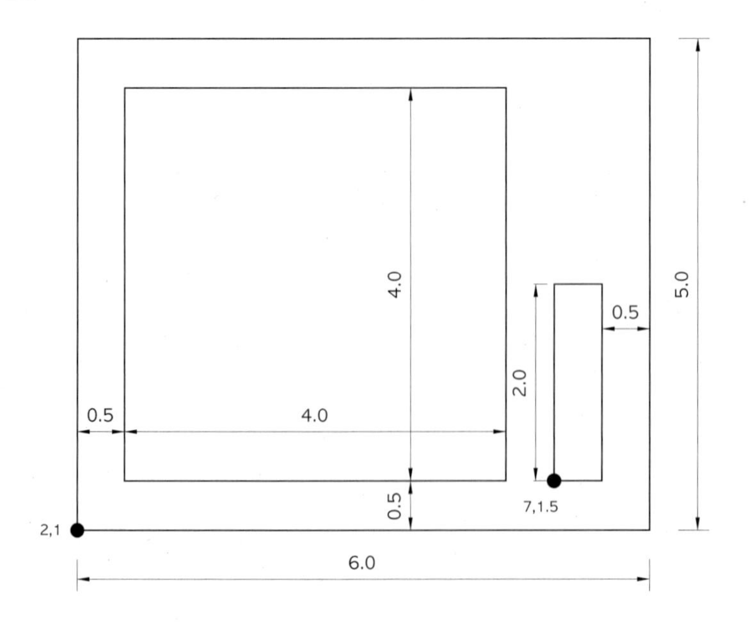

상대좌표 연습 문제 | Line

작업 영역	Limits 0,0 ~ 120,90

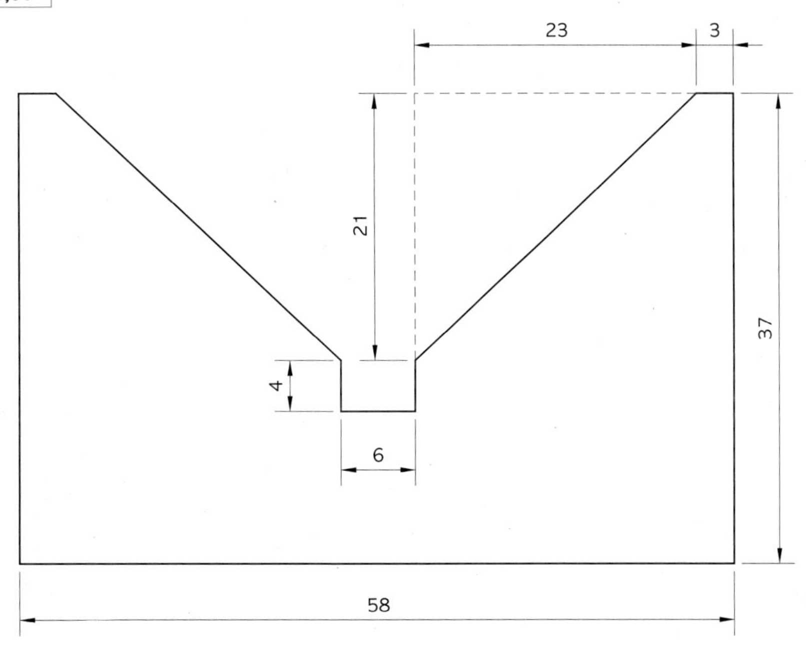

작업 영역	Limits 0,0 ~ 120,90

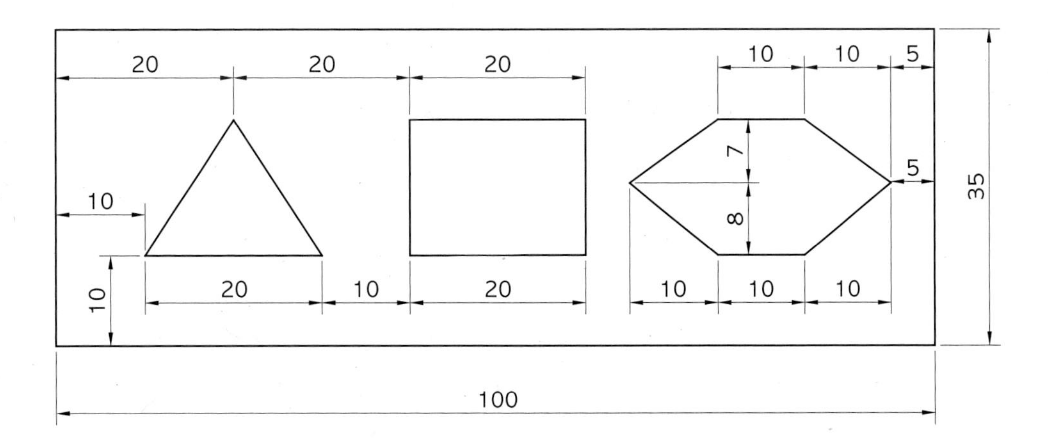

Section

04 상대극좌표와 선 그리기 - Line

상대극좌표는 상대좌표와 마찬가지로 임의의 점을 기준으로 좌표를 입력합니다. @은 바로 전에 선택한 점을 0,0으로 인식하여 새로운 좌표계를 만들어서 사용한다는 의미이며, 상대극좌표를 사용하기 위해서는 각도에 따라 달라지는 방향을 잘 확인해야 합니다.

Step 01 상대극좌표의 이해

상대극좌표는 선의 거리(길이)와 선의 각도(방향)를 알고 도면을 작성할 때 사용하는 좌표방식입니다. 실제 도면 작업 시 상대극좌표가 많이 이용되지는 않지만 개념을 모르고 있다면 도면을 그릴 수 없는 상황이 발생할 수 있으므로 알아둡니다.

좌표 방식 : @거리<각도

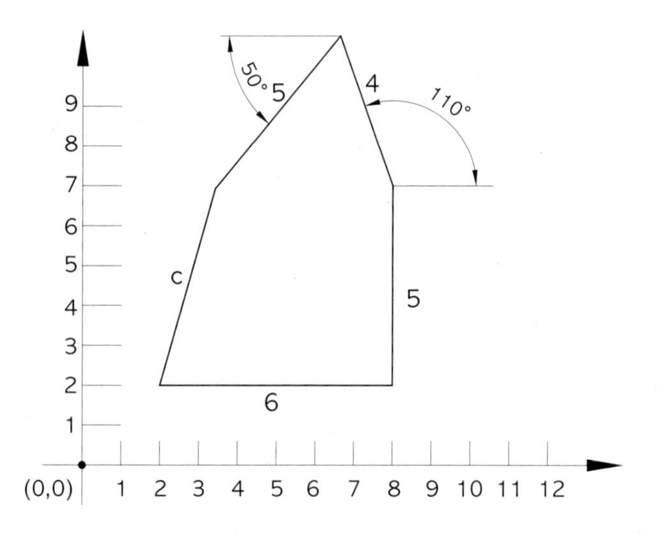

그리는 방법

```
Command : line
Specify first point : 2,2 (절대좌표를 이용하여 원점을 선의 시작점으로 입력합니다.)
Specify next point or [Undo] : @6<0 (이전 점을 기준으로 거리가 6, 방향이 0도인 다음 점을 입력합니다.)
Specify next point or [Undo] : @5<90 (이전 점을 기준으로 거리가 5, 방향이 90도인 다음 점을 입력합니다.)
Specify next point or [Close/Undo] : @4<110 (이전 점을 기준으로 거리가 4, 방향이 110도인 다음 점을 입력합니다.)
Specify next point or [Close/Undo] : @5<230 (이전 점을 기준으로 거리가 5, 방향이 230도인 다음 점을 입력합니다.)
Specify next point or [Close/Undo] : c (닫기 옵션을 적용하여 시작점과 연결한 후 명령을 종료합니다.)
```

방향에 따른 각도 표시

좌표계에서 0도는 X축과 평행한 방향을 말합니다. 0도를 기준으로 '+' 각도 값은 시계 반대 방향이고, '-' 각도 값은 시계 방향을 말합니다.

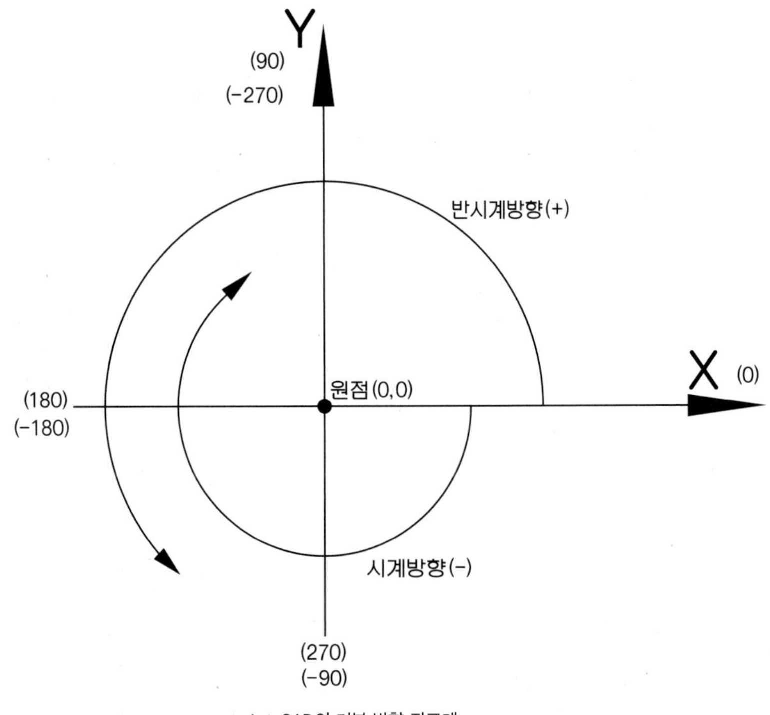

▲ AutoCAD의 기본 방향 좌표계

그리는 방법

일반적으로 좌표계는 3시 방향을 0°로 기본 설정하여 사용합니다. 즉 방향을 설정할 때는 항상 0°가 기본이 된 각도 값을 입력해야 합니다. 다음 그림과 같이 45°로 표시되어 있지만 3시 방향인 0°를 기준으로 180°를 더한 값인 225°를 입력해야 합니다. 또한 시계 방향을 기준으로 각도 값을 계산한다면 180°에 45°를 제외한 -135°를 입력합니다. 즉 +225°와 -135°는 동일한 값을 제공합니다.

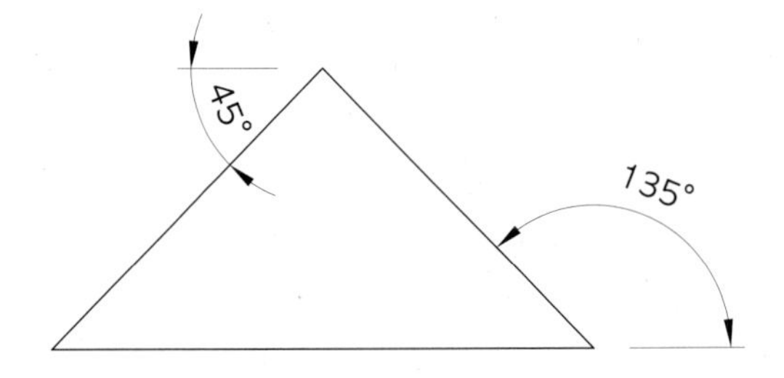

상대극좌표 연습 문제 | Line

작업 영역	Limits –5,5 ~ 12,9

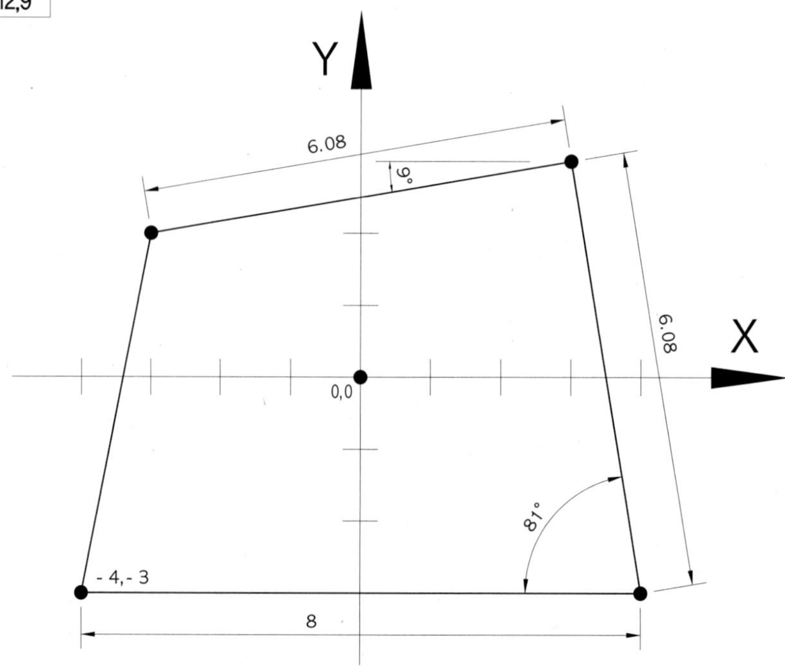

작업 영역	Limits 0,0 ~ 240,180

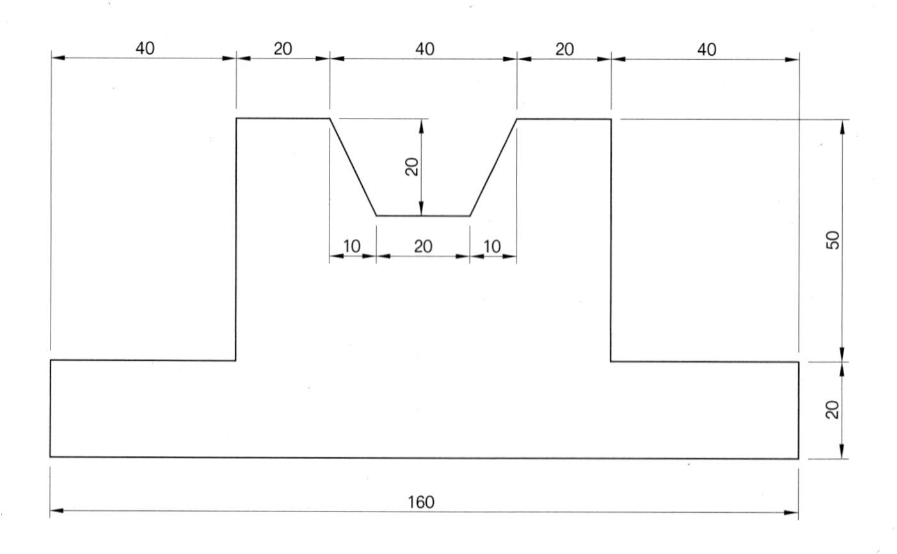

상대극좌표 연습 문제 | Line

작업 영역 Limits 0,0 ~ 240,180

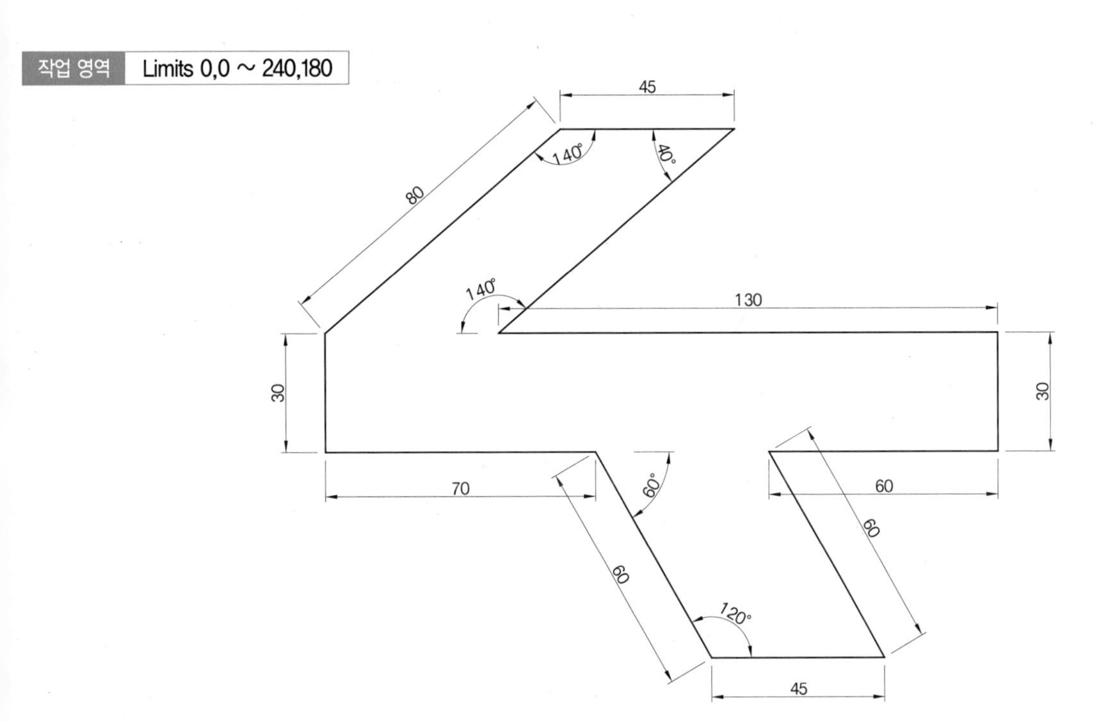

작업 영역 Limits 0,0 ~ 120,90

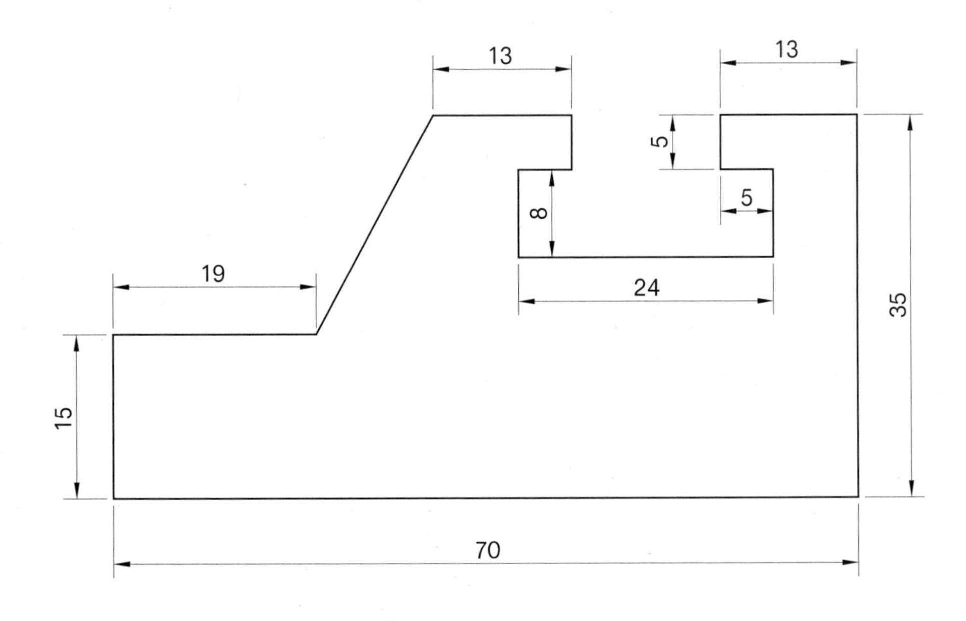

상대극좌표 연습 문제 | Line

작업 영역 Limits 0,0 ~ 240,180

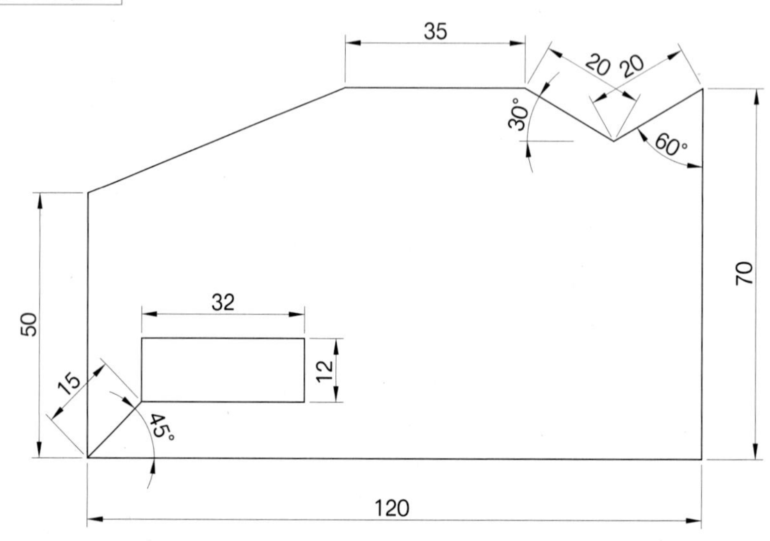

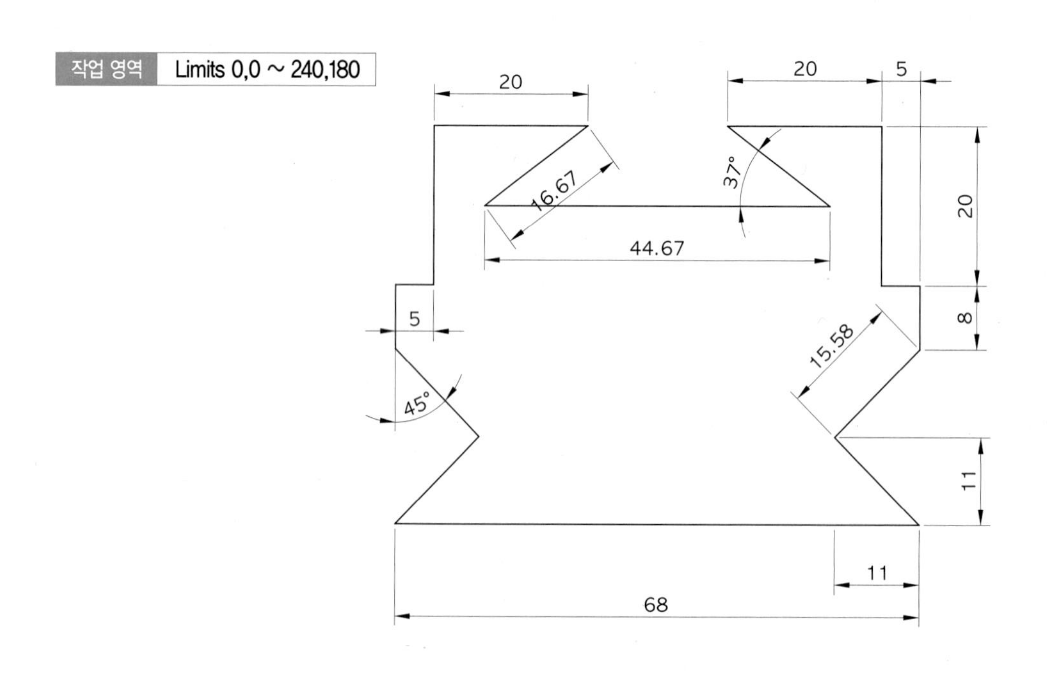

상대극좌표 연습 문제 | Line

작업 영역	Limits 0,0 ~ 120,90

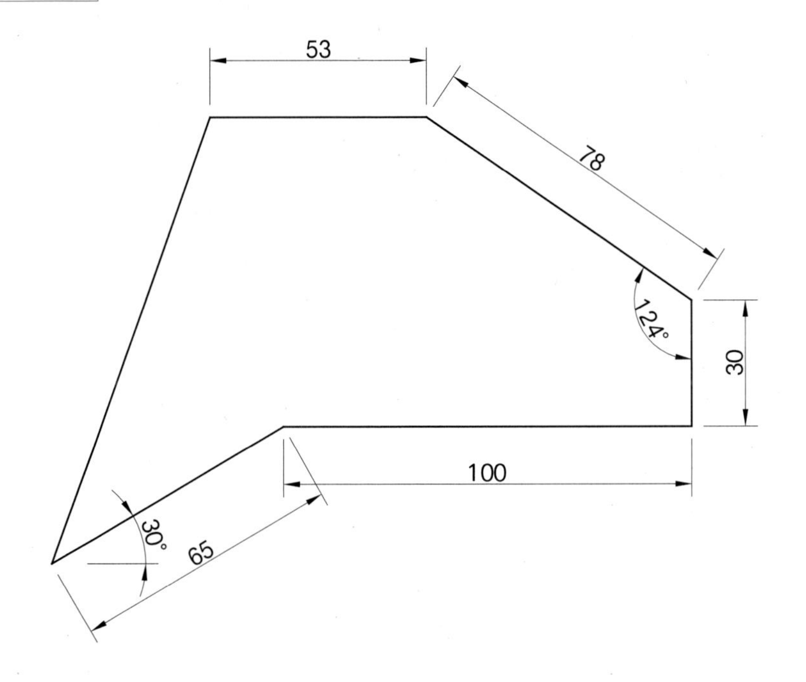

작업 영역	Limits 0,0 ~ 240,180

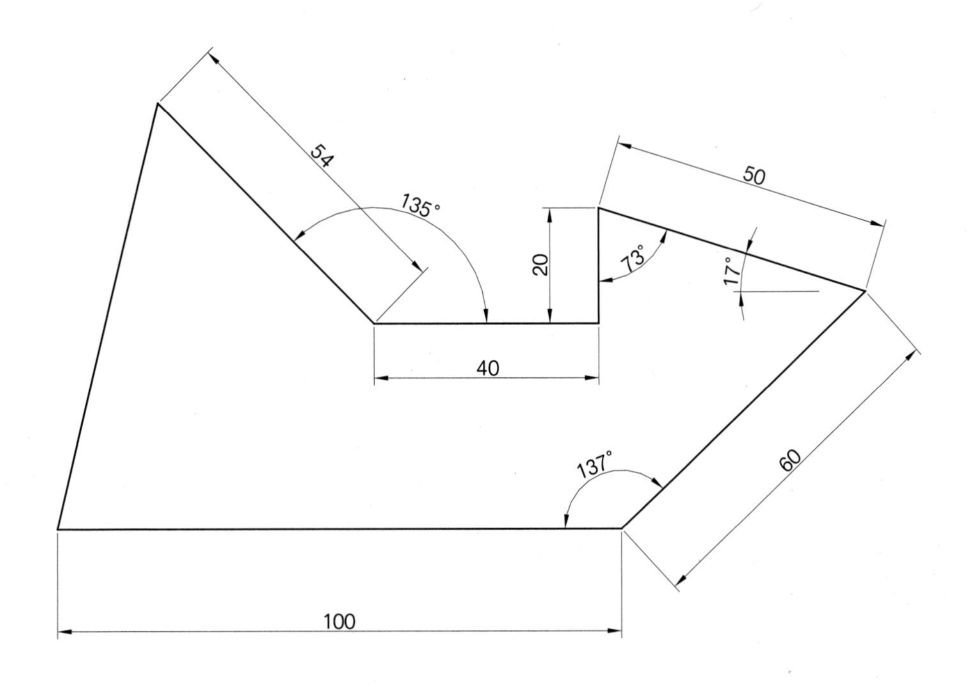

Section 05

객체 스냅 사용하기 - Osnap

객체 스냅(Object Snap)은 객체마다 가지고 있는 특정한 점을 찾아주는 기능이며 이미 그려져 있는 객체의 점을 쉽게 선택할 수 있어 도면 작업 시 편리합니다. 실무에서는 좌표 값을 직접 입력하는 방식보다 객체 스냅을 더 많이 사용하므로 객체 스냅의 옵션 및 사용 방법을 알아봅니다.

Step 01

Osnap의 이해

Osanp은 객체가 가지고 있는 끝점, 중간점, 교차점, 중심점, 원의 사분점 등을 선택하여 도면을 작성할 때 필요한 명령어입니다. 객체 스냅 모드를 설정하기 위해서는 명령문에 Osnap을 입력하거나 상태 표시줄에서 Object Snap 아이콘을 마우스 오른쪽 버튼으로 눌러 나타나는 메뉴에서 [Object Snap Settings]를 선택합니다. [Drafting Settings] 대화상자가 표시되면 〈Object Snap〉 탭에서 사용할 객체 스냅 모드를 선택할 수 있습니다. 또한 상태 표시줄에서 Object Snap 아이콘을 클릭하거나 F3를 눌러 상황에 따라 객체 스냅의 사용 여부를 결정할 수 있습니다.

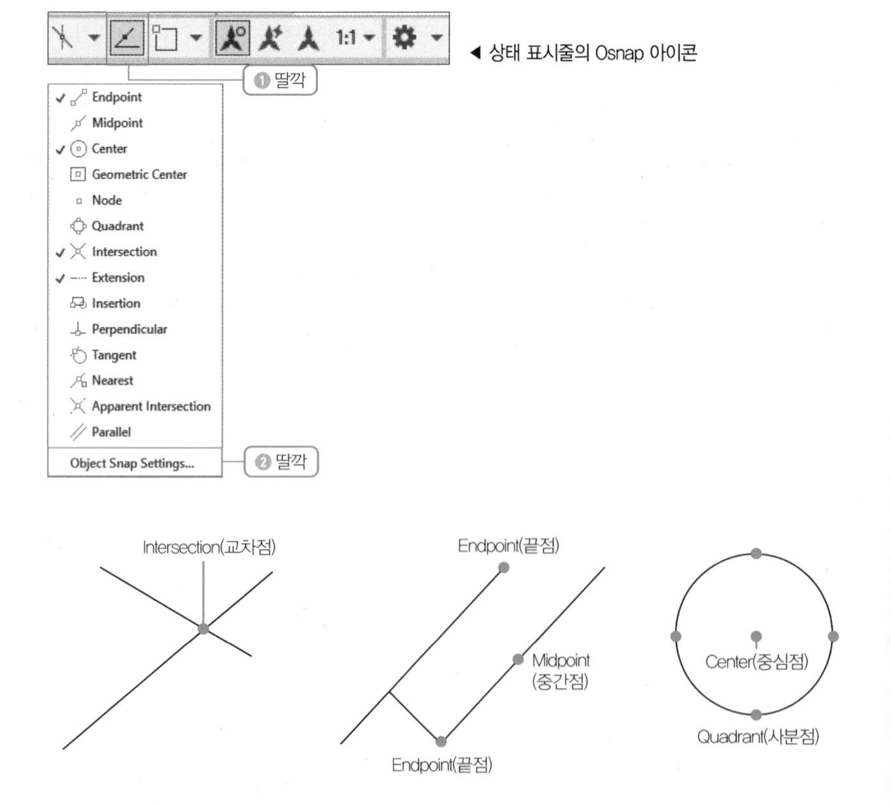

◀ 상태 표시줄의 Osnap 아이콘

입력 형식

Command : OSNAP ([Drafting Settings] 대화상자가 표시됩니다.)

[Object Snap] 대화상자 설정 옵션

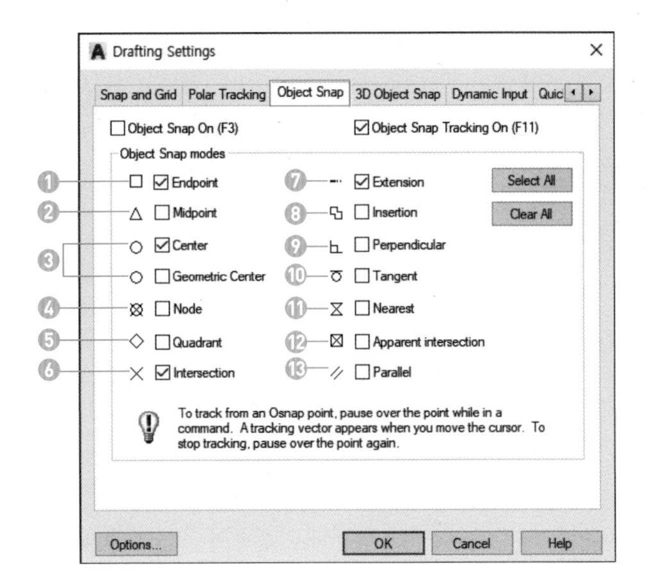

❶ **Endpoint** : 객체의 양끝에 있는 점을 나타냅니다.

❷ **Midpoint** : 객체(원형 객체 제외)의 중간에 있는 점을 나타냅니다.

❸ **Center** : 호/원/타원 등의 중심에 있는 점을 나타냅니다.

❹ **Node** : Point/등분 명령으로 삽입한 객체 분할 점을 나타냅니다.(Ddptype로 삽입된 점)

❺ **Quadrant** : 원/호/타원의 0°, 90°, 180°, 270°에 위치한 사분점을 나타냅니다.

❻ **Intersection** : 객체 간 교차되는 지점에 위치한 점을 나타냅니다.

❼ **Extension** : 가상의 연장 선상에 위치 점을 나타냅니다.

❽ **Insertion** : Block/문자에서의 삽입한 점을 나타냅니다.

❾ **Perpendicular** : 선택한 점과 수직 방향에 위치한 점을 나타냅니다.

❿ **Tangent** : 객체와 접하는 점을 나타냅니다.

⓫ **Nearest** : 객체에서 선택한 점의 근처의 임의의 점을 나타냅니다.

⓬ **Apparent intersection** : 같은 평면에 없는 두 객체의 가시적 교차점으로 스냅하지만 현재 뷰에서 교차하는 것으로 나타낼 수 있습니다.

⓭ **Parallel** : 객체가 가지고 있던 방향을 유지하여 평행 선분을 작성합니다.

Step 02

명령문에서 Osnap(객체 스냅) 사용하기

일반적으로 자주 사용하는 객체 스냅 모드를 이용해 다양한 방법으로 선택한 후 자동 모드를 실행합니다. 객체가 많은 도면에서는 명령문에 직접 명령어를 입력해서 필요할 때에만 특정 객체 스냅 모드를 활성화해서 사용할 수도 있습니다.

작업 영역	Limits 0,0 ~ 120,90

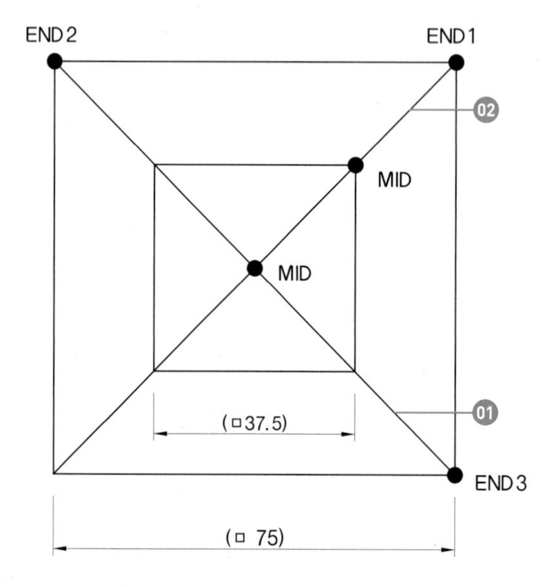

잠깐만요

'□'는 정사각형을 나타내는 도면 기호입니다.

Osnap의 단축 명령어

Point(점)를 물어보는 모든 명령문에 직접 입력하여 사용합니다. 객체 스냅 모드 앞에 세 글자만 입력하는 방식으로 사용합니다.

- Endpoint → end
- Midpoint → mid
- Center → cen
- Node → nod
- Quadrant → qua
- Intersection → int
- Extension → ext
- Insertion → ins
- Perpendicula → per
- Tangent → tan
- Nearest → nea

입력 형식

01
```
Command : line
Specify first point : end (끝점에 대한 단축 명령을 직접 입력합니다.)
Specify next point or [Undo] : end (끝점에 대한 단축 명령을 직접 입력합니다.)
Specify next point or [Undo] :
```

02
```
Command : line
Specify first point : end (끝점에 대한 단축 명령을 직접 입력합니다.)
Specify next point or [Undo] : mid (중간점에 대한 단축 명령 직접 입력합니다.)
Specify next point or [Undo] :
```

Step 03

Osnap 예제 따라하기

가로 100, 세로 80인 사각형을 그리고, Osnap을 적용하여 완성합니다.

작업 영역	Limits 0,0 ~ 120,90

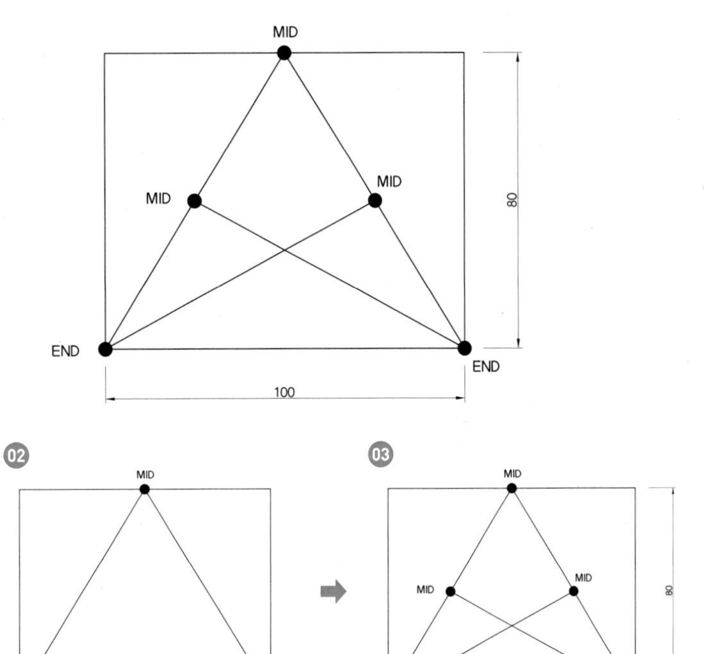

그리는 방법

01
```
Command : line
Specify first point : end of (사각형의 하단 모서리 끝점을 선택합니다.)
Specify next point or [Undo] : mid of (사각형의 상단 중간점을 선택합니다.)
Specify next point or [Undo] : end of (사각형의 하단 모서리 끝점을 선택합니다.)
Specify next point or [Close/Undo] : (Spacebar를 눌러 명령을 종료합니다.)
```

02
```
Command : line
Specify first point : end of (사각형의 하단 모서리 끝점을 선택합니다.)
Specify next point or [Undo] : mid of (사선의 중간점을 선택합니다.)
Specify next point or [Undo] : (Spacebar를 눌러 명령을 종료합니다.)
```

03
```
Command : line
Specify first point : end of (사각형의 하단 모서리 끝점을 선택합니다.)
Specify next point or [Undo] : mid of (사선의 중간점을 선택합니다.)
Specify next point or [Undo] : (Spacebar를 눌러 명령을 종료합니다.)
```

Osnap 연습 문제 | Line, Osnap

작업 영역 | Limits 0,0 ~ 360,270

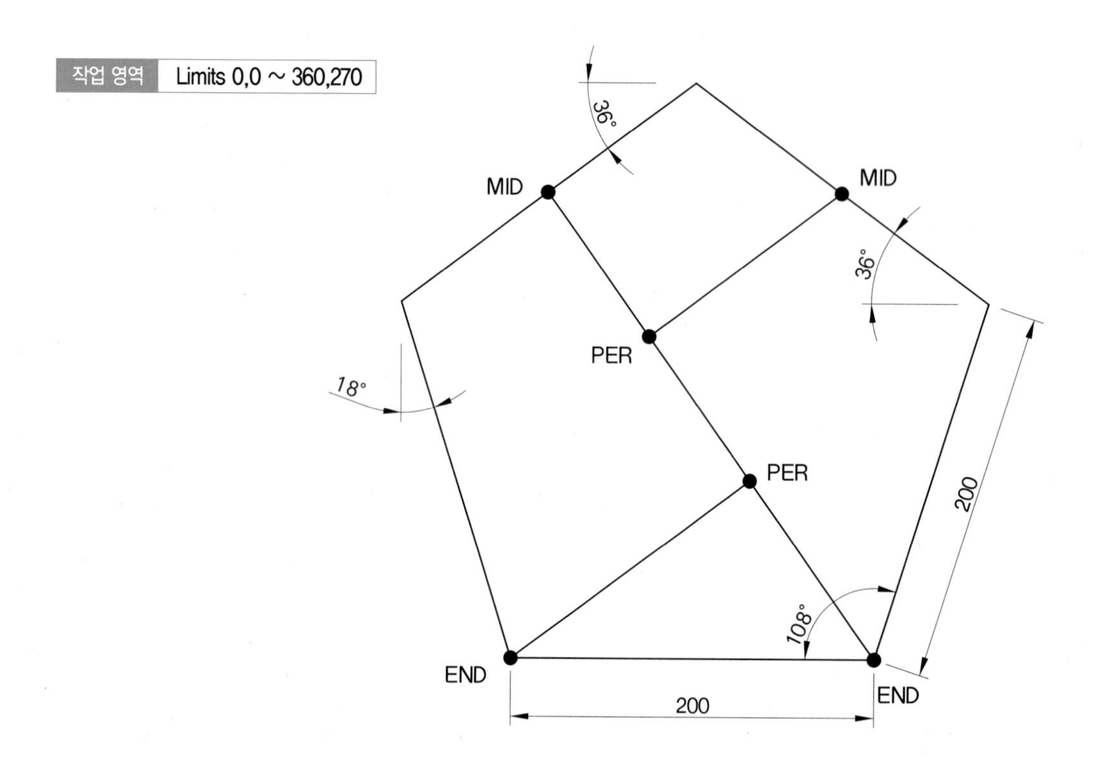

작업 영역 | Limits 0,0 ~ 240,180

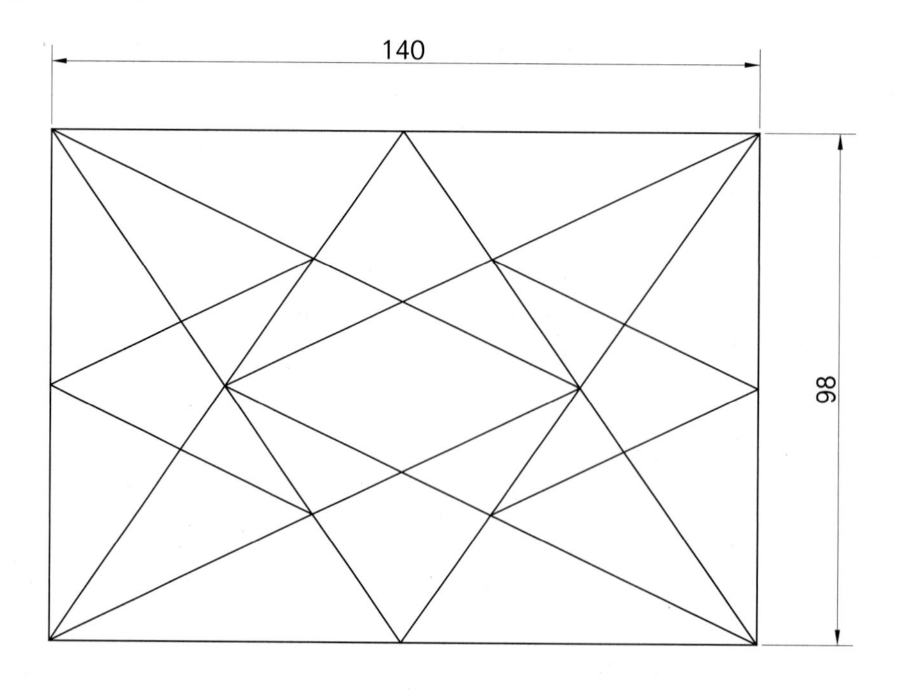

Osnap 연습 문제 | Line, Osnap

작업 영역	Limits 0,0 ~ 240,180

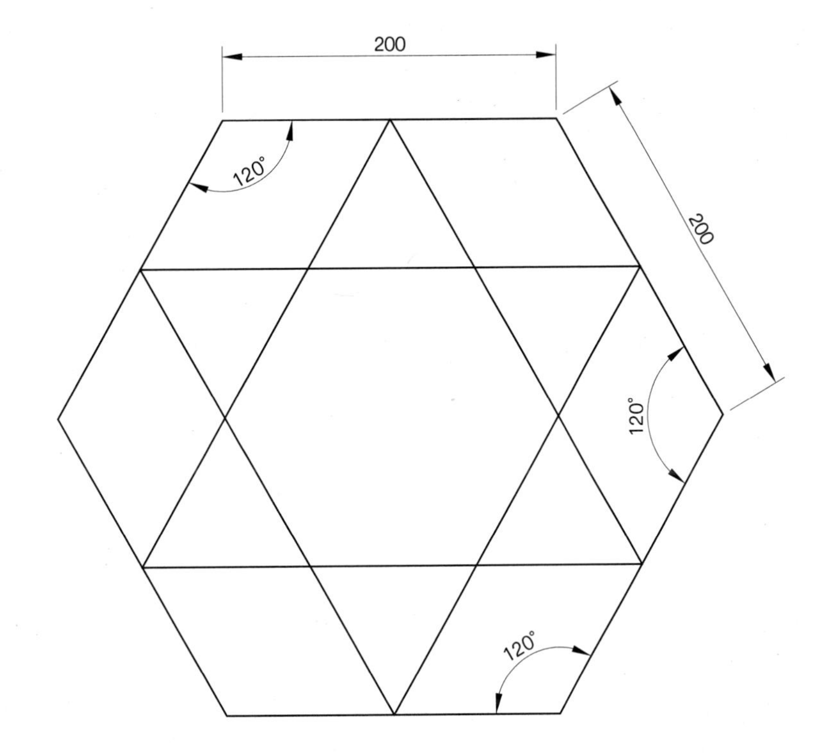

작업 영역	Limits 0,0 ~ 360,270

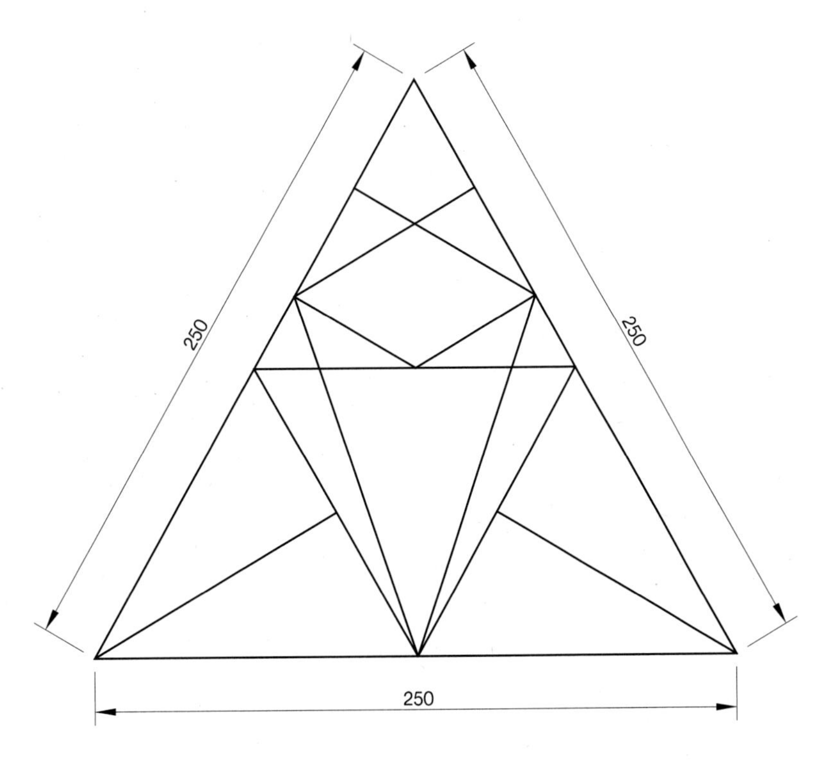

Section
06

원 그리기 - Circle

Circle은 기계도면 및 가구도면에서 자주 사용되는 기초 명령어입니다. Circle 명령어를 입력하여 원을 그리는 방법으로는 크게 4가지가 있으며 도면 작업 시 가장 적합한 방법을 선택하여 사용합니다.

Step 01

Circle의 이해

다양한 분야에 사용되는 도면에서 원은 필수적인 요소입니다. 중심점으로부터 반지름(R)이 동일한 정원을 그릴 때 Circle 명령어를 입력합니다.

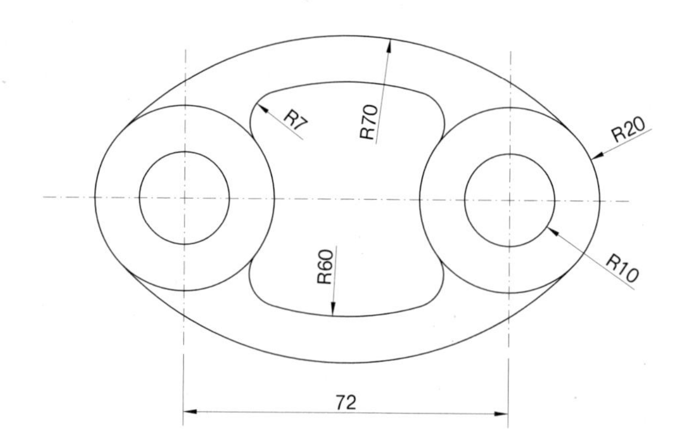

입력 형식

```
Command : circle
Specify center point for circle or [3P/2P/Ttr (tan tan radius)] : (원의 중심점 또는 옵션을 선택합니다.)
Specify radius of circle or [Diameter] : (원의 반지름 값 또는 지름 옵션을 선택합니다.)
```

Circle 설정별 특징

- **Center Point** : 중심점을 지정한 후 원의 지름(D) 또는 반지름(R) 값을 입력합니다.

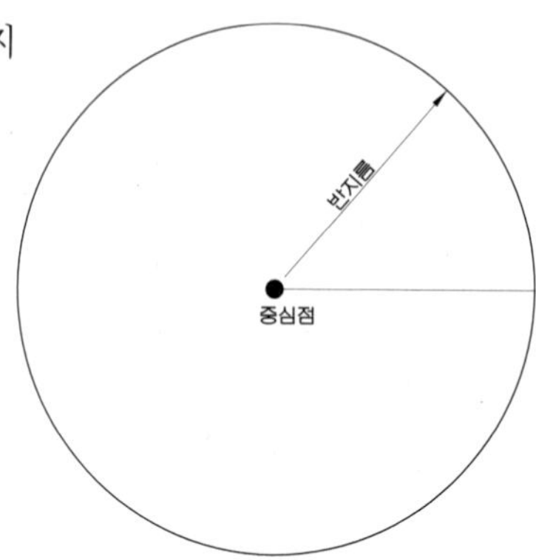

▲ 원의 중심점과 반지름/지름을 알고 있을 때

- **2P** : 원 작성에 필요한 2개의 점을 선택합니다. 선택한 두 점의 길이는 원의 지름 값을 의미합니다.

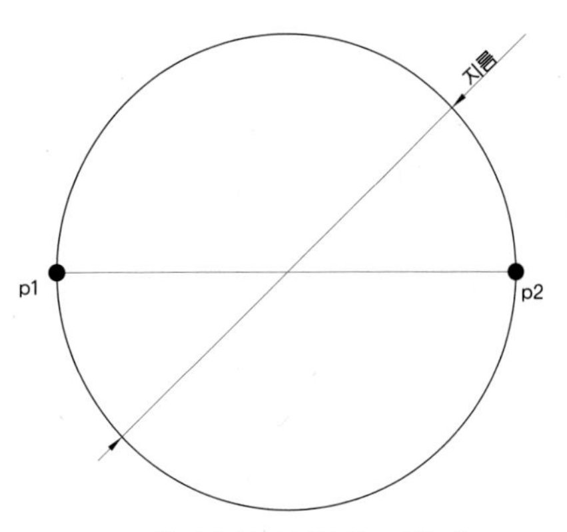

▲ 원 지름의 양 끝점을 알고 있을 때

- **3P** : 원 작성에 필요한 3개의 점을 선택합니다.

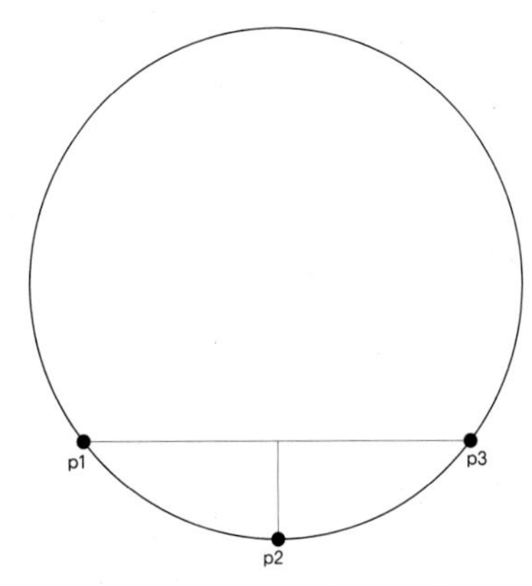

▲ 원이 지나가는 3개의 점을 알고 있을 때

- **Ttr(tan tan radius)** : 원이 접하는 두 개의 객체를 선택하고 반지름 값을 입력합니다.

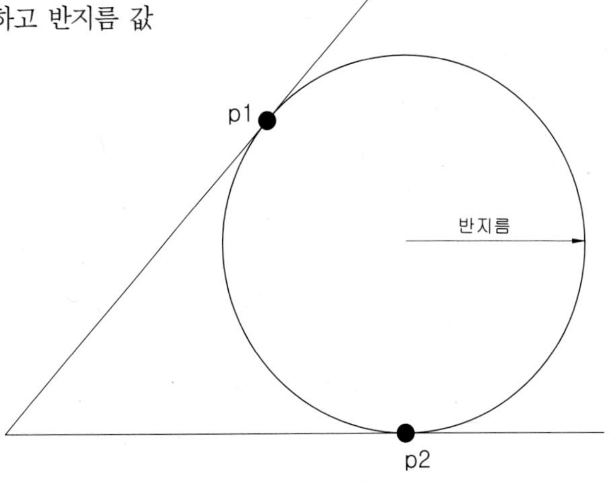

▲ 두 곳을 접하고 원의 반지름 값을 알고 있을 때

Step 02

Center 옵션으로 Circle 예제 따라하기

원의 중심점(P1)을 먼저 입력하고 반지름 또는 지름 값을 입력하여 작성합니다.

작업 영역	Limits 0,0 ~ 120,90

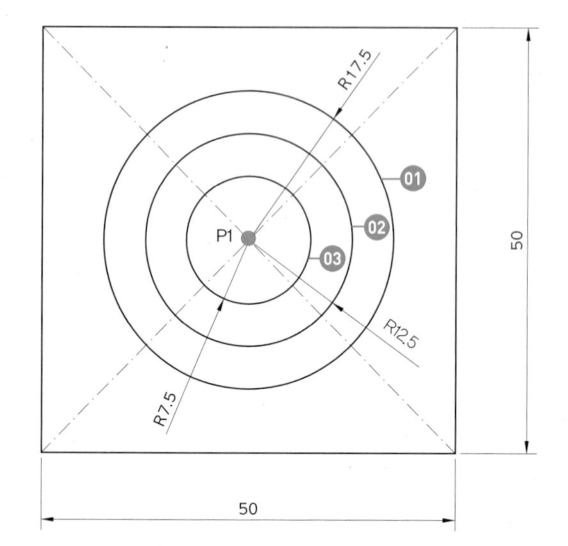

잠깐만요

정사각형에서 대각선을 그린 후 교차 지점을 원의 중심점으로 선택합니다.

그리는 방법

01
```
Command : circle
Specify center point for circle or [3P/2P/Ttr (tan tan radius)] : int of (중심점인 P1 점을 선택합니다.)
Specify radius of circle or [Diameter] : 17.5 (원의 반지름 값을 입력합니다.)
```

02
```
Command : circle
Specify center point for circle or [3P/2P/Ttr (tan tan radius)] : int of (중심점인 P1 점을 선택합니다.)
Specify radius of circle or [Diameter] <17.5000> : 12.5 (원의 반지름 값을 입력합니다.)
```

03
```
Command : circle
Specify center point for circle or [3P/2P/Ttr (tan tan radius)] : cen of (중심점인 P1 점을 선택합니다.)
Specify radius of circle or [Diameter] <12.5000> : 7.5 (원의 반지름 값을 입력합니다.)
```

Step 03

2P 옵션으로 Circle 예제 따라하기

작업 영역	Limits 0,0 ~ 120,90

지름의 양 끝점을 알고 있을 때 2P 옵션으로 변경한 후, 순서와 상관없이 두 점을 차례대로 입력하여 작성합니다.

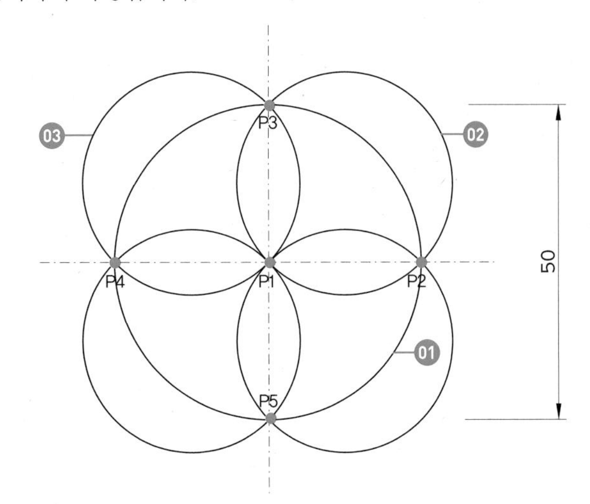

그리는 방법

01
```
Command : circle
Specify center point for circle or [3P/2P/Ttr (tan tan radius)] : int of (P1 점을 선택합니다.)
Specify radius of circle or [Diameter] <25.0000> : d (원의 지름 옵션을 선택합니다.)
Specify diameter of circle <50.0000> : 50 (원의 지름 값을 입력합니다.)
```

02
```
Command : circle
Specify center point for circle or [3P/2P/Ttr (tan tan radius)] : 2p (2p 옵션을 선택합니다.)
Specify first end point of circle's diameter : int of (P2 점을 선택합니다.)
Specify second end point of circle's diameter : int of (P3 점을 선택합니다.)
```

03
```
Command : circle
Specify center point for circle or [3P/2P/Ttr (tan tan radius)] : 2p (2p 옵션을 선택합니다.)
Specify first end point of circle's diameter : int of (P3 점을 선택합니다.)
Specify second end point of circle's diameter : int of (P4 점을 선택합니다.)
```

Step 04

3P 옵션으로 Circle 예제 따라하기

작업 영역	Limits 0,0 ~ 120,90

원을 지나는 3점을 알고 있을 때 3P 옵션으로 변경한 후, 순서와 상관없이 세 점을 차례로 입력하여 작성합니다.

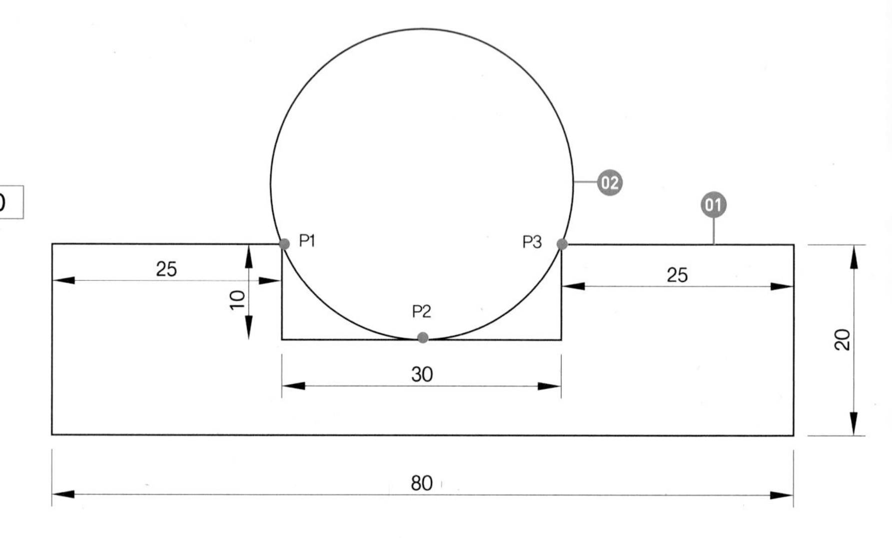

그리는 방법

01

```
Command : line
Specify first point : (임의의 시작점을 지정합니다.)
Specify next point or [Undo] : @80<0 (길이는 80, 방향은 0도인 선을 그립니다.)
Specify next point or [Undo] : @20<90 (길이는 20, 방향은 90도인 선을 그립니다.)
Specify next point or [Close/Undo] : @25<180 (길이는 25, 방향은 180도인 선을 그립니다.)
Specify next point or [Close/Undo] : @10<270 (길이는 10, 방향은 270도인 선을 그립니다.)
Specify next point or [Close/Undo] : @30<180 (길이는 30, 방향은 180도인 선을 그립니다.)
Specify next point or [Close/Undo] : @10<90 (길이는 10, 방향은 90도인 선을 그립니다.)
Specify next point or [Close/Undo] : @25<180 (길이는 25, 방향은 180도인 선을 그립니다.)
Specify next point or [Close/Undo] : c (닫기 옵션으로 명령을 종료합니다.)
```

02

```
Command : circle
Specify center point for circle or [3P/2P/Ttr (tan tan radius)] : 3p (3p 옵션을 선택합니다.)
Specify first point on circle : end of (P1 점을 선택합니다.)
Specify second point on circle : mid of (P2 점을 선택합니다.)
Specify third point on circle : end of (P3 점을 선택합니다.)
```

Step 05

Ttr 옵션으로 Circle 예제 따라하기

작업 영역	Limits 0,0 ~ 120,90

원이 접하는 두 개의 접점을 알고 있을 때 Ttr 옵션으로 변경한 후, 두 개의 접점을 선택하고 반지름 값을 입력하여 작성합니다.

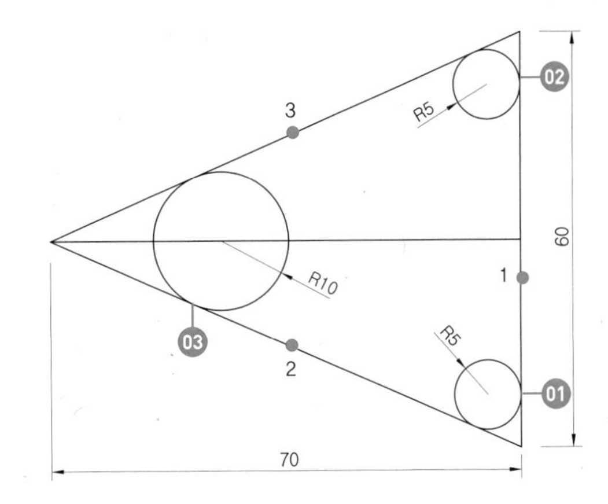

그리는 방법

01 Command : circle
Specify center point for circle or [3P/2P/Ttr (tan tan radius)] : ttr (Ttr 옵션을 선택합니다.)
Specify point on object for first tangent of circle :
(1번 선을 선택합니다.)
Specify point on object for second tangent of circle :
(2번 선을 선택합니다.)
Specify radius of circle <12.5000> : 5 (두 선 사이에서 작성될 원의 반지름 값을 입력합니다.)

02 Command : circle
Specify center point for circle or [3P/2P/Ttr (tan tan radius)] : ttr (Ttr 옵션을 선택합니다.)
Specify point on object for first tangent of circle :
(1번 선을 선택합니다.)
Specify point on object for second tangent of circle :
(3번 선을 선택합니다.)
Specify radius of circle <5.0000> : 5 (두 선 사이에 작성될 원의 반지름 값을 입력합니다.)

03 Command : circle
Specify center point for circle or [3P/2P/Ttr (tan tan radius)] : ttr (Ttr 옵션을 선택합니다.)
Specify point on object for first tangent of circle :
(2번 선을 선택합니다.)
Specify point on object for second tangent of circle :
(3번 선을 선택합니다.)
Specify radius of circle <5.0000> : 10 (두 선 사이에 작성될 원의 반지름 값을 입력합니다.)

Circle 연습 문제 | Line, Circle, Osnap

작업 영역	Limits 0,0 ~ 120,90

잠깐만요

ϕ는 원의 지름 값을 지시하는 도면 기호입니다.
마름모꼴의 사각형은 임의의 중심선을 그린 후 교차점을 선택하거나 Osnap 옵션 중 Quadrant(원의 사분점)를 이용하여 그립니다.

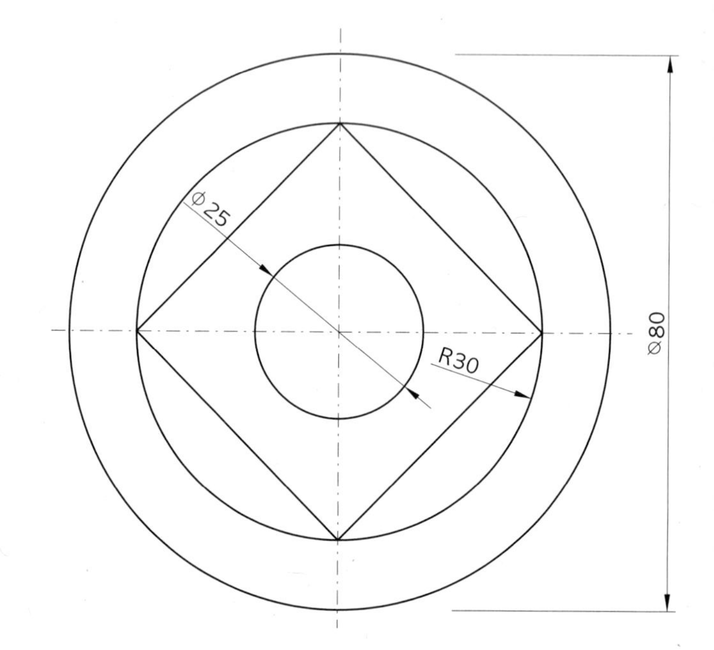

작업 영역	Limits 0,0 ~ 120,90

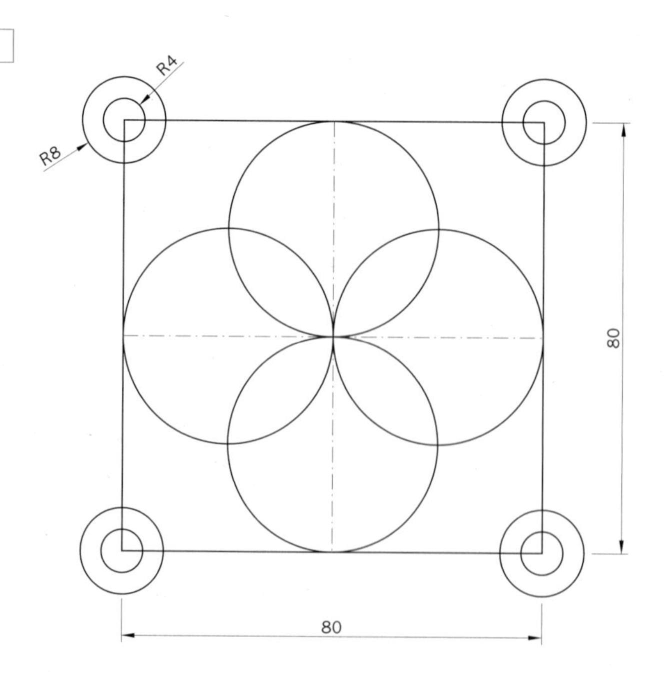

Circle 연습 문제 | Line, Circle, Osnap

작업 영역 | Limits 0,0 ~ 120,90

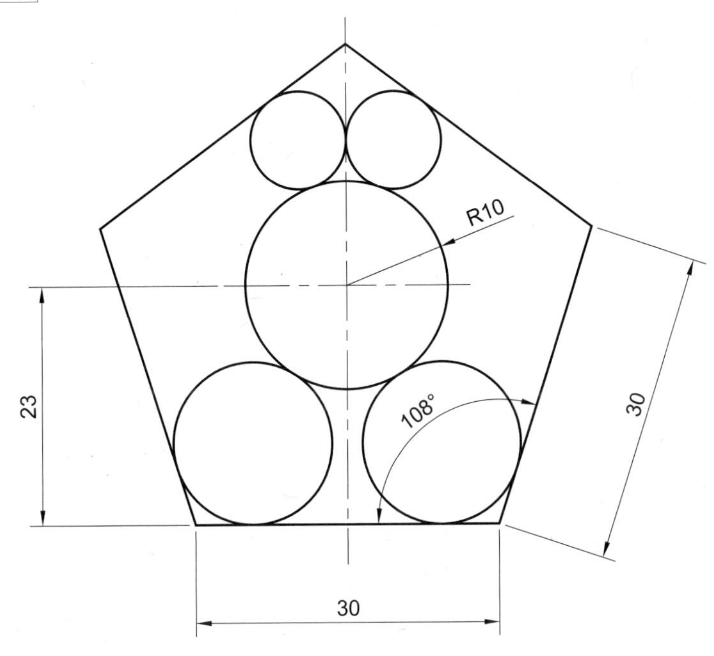

작업 영역 | Limits 0,0 ~ 240,180

잠깐만요

4-R5에서 R은 반지름 값을 의미하며 앞쪽의 숫자는 원의 개수를 의미합니다. 즉, 4-R5는 반지름 값이 5인 4개의 동일한 원을 말합니다.

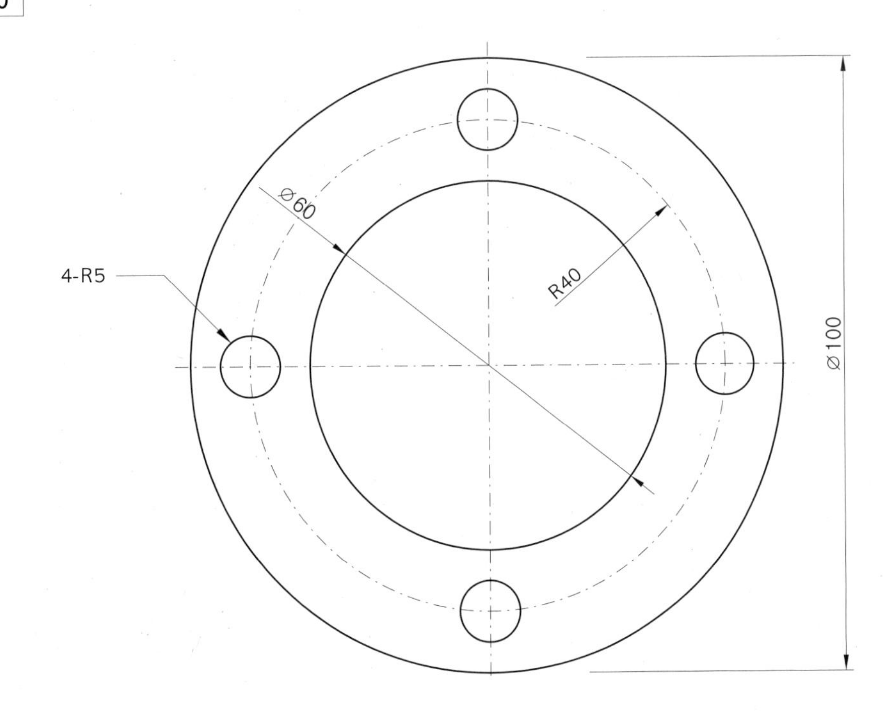

Circle 연습 문제 | Line, Circle, Osnap

작업 영역	Limits 0,0 ~ 240,180

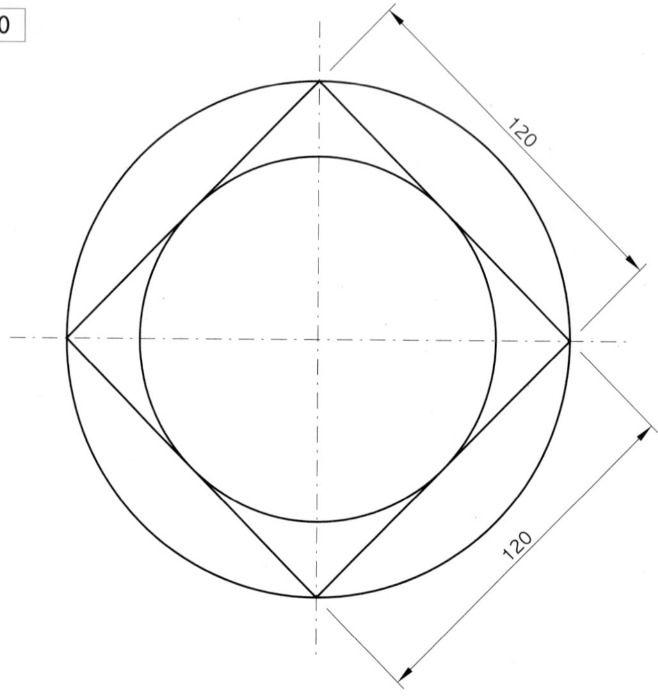

작업 영역	Limits 0,0 ~ 240,180

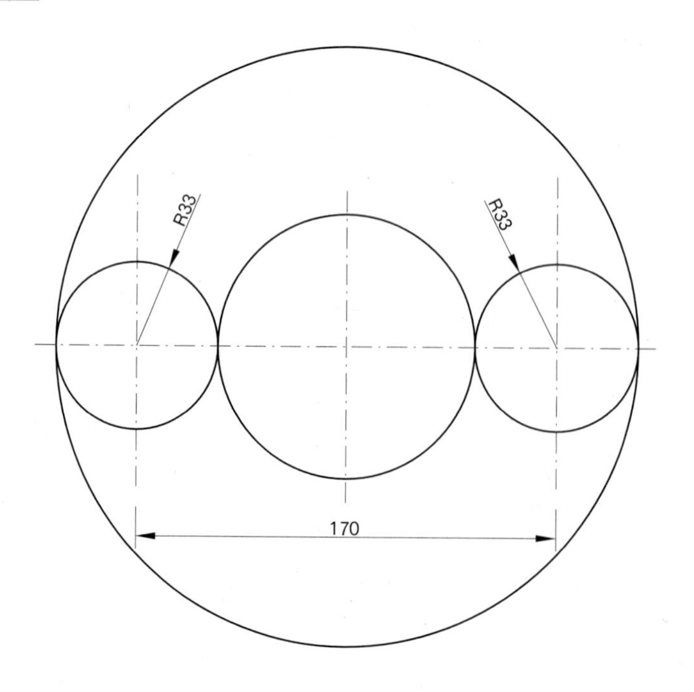

Circle 연습 문제 | Line, Circle, Osnap

작업 영역	Limits 0,0 ~ 240,180

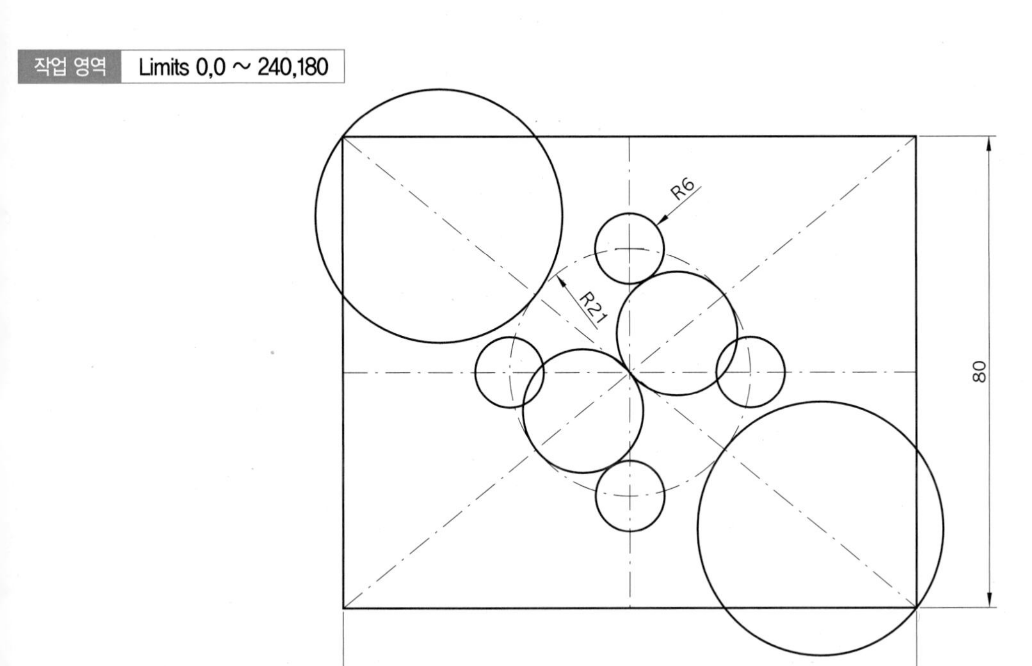

작업 영역	Limits 0,0 ~ 240,180

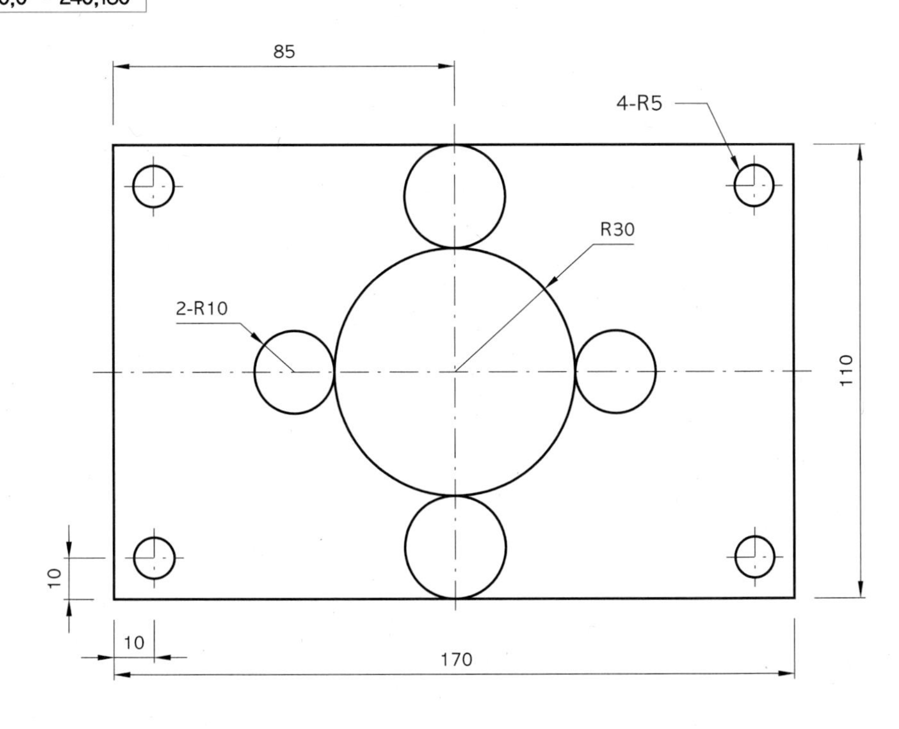

Circle 연습 문제 | Line, Circle, Osnap

작업 영역	Limits 0,0 ~ 240,180

잠깐만요

'ㅁ'는 정사각형을 나타내는 도면 기호입니다.

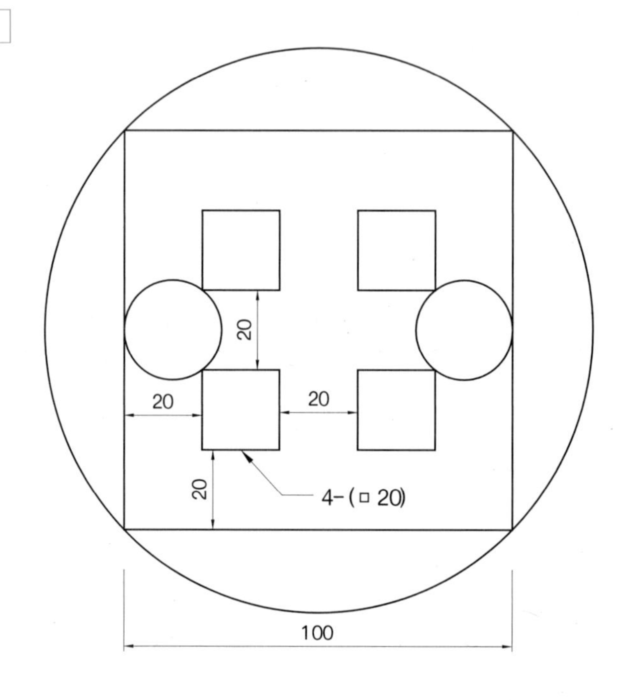

작업 영역	Limits 0,0 ~ 120,90

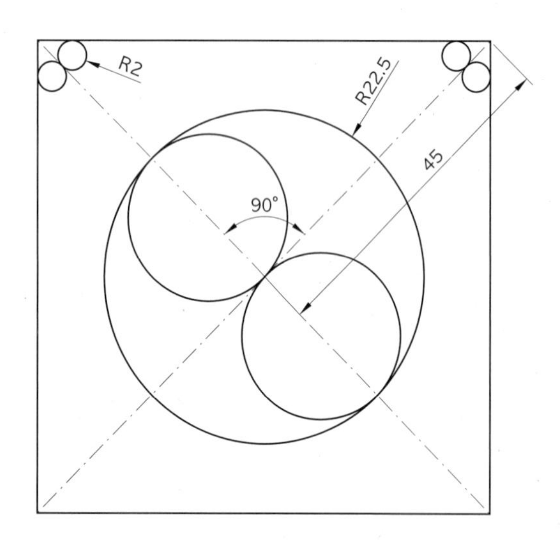

작업 영역	Limits 0,0 ~ 240,180

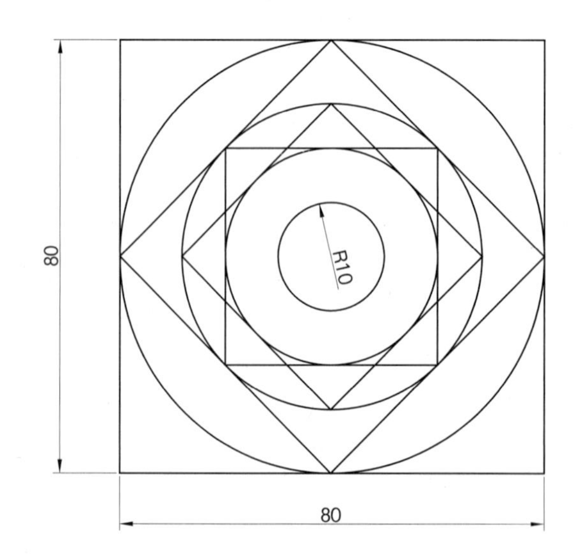

Circle 연습 문제 | Line, Circle, Osnap

작업 영역 | Limits 0,0 ~ 240,180

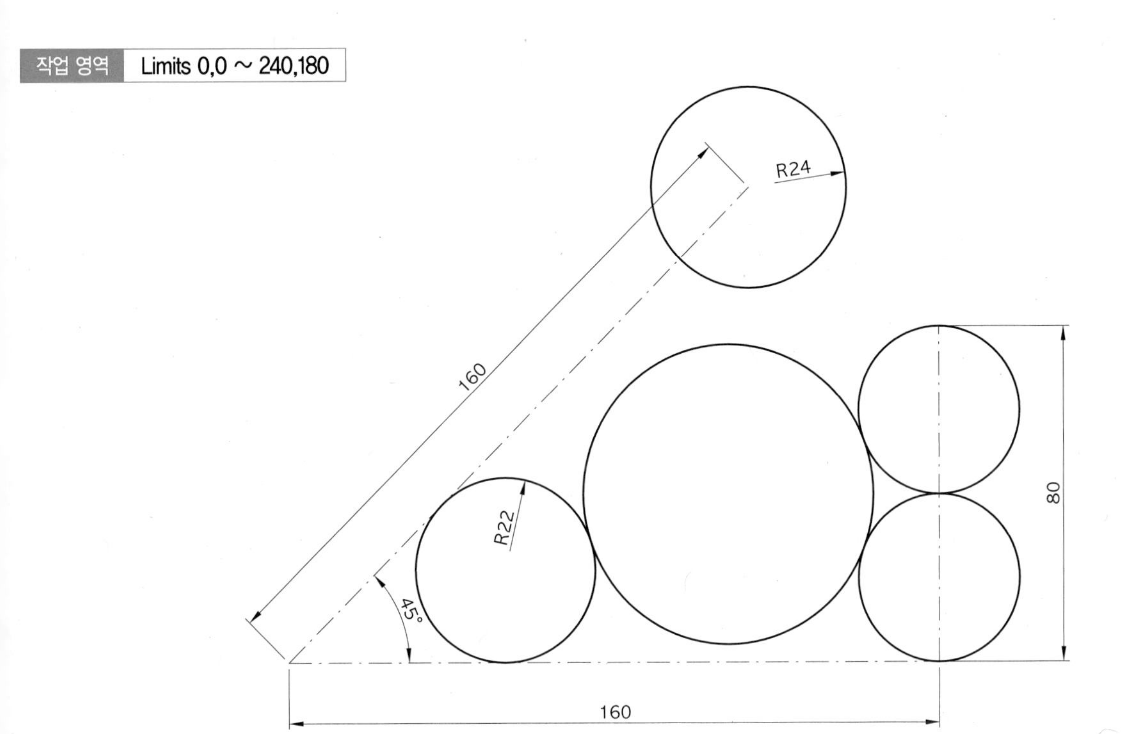

작업 영역 | Limits 0,0 ~ 240,180

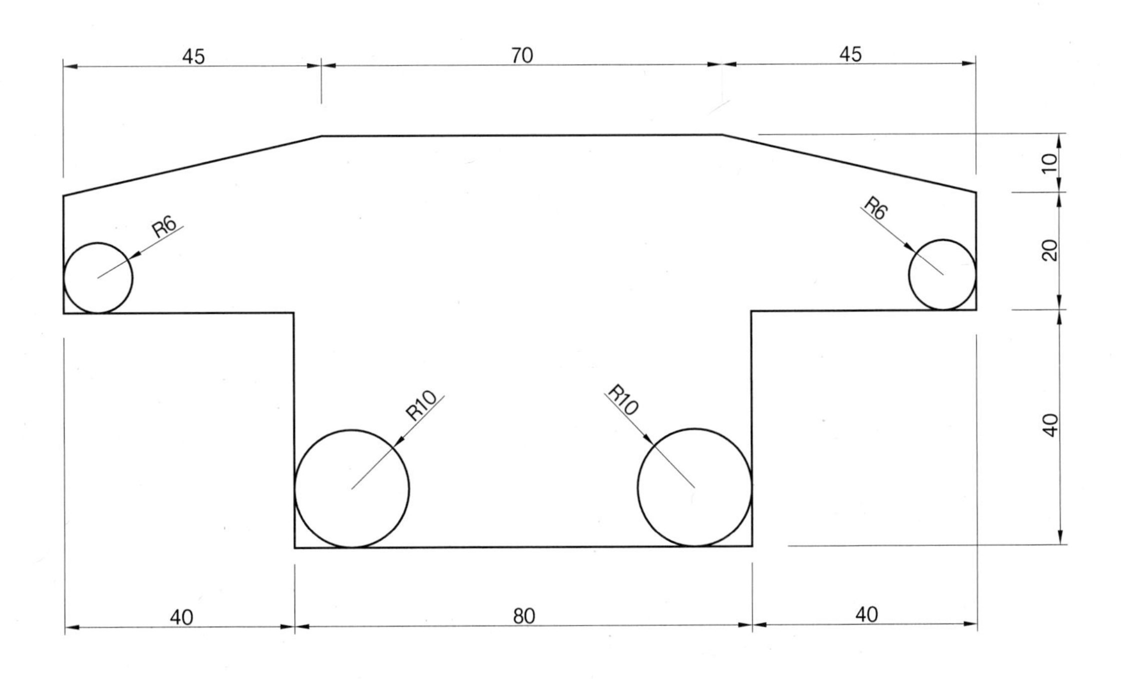

Circle 연습 문제 | Line, Circle, Osnap

작업 영역	Limits 0,0 ~ 240,180

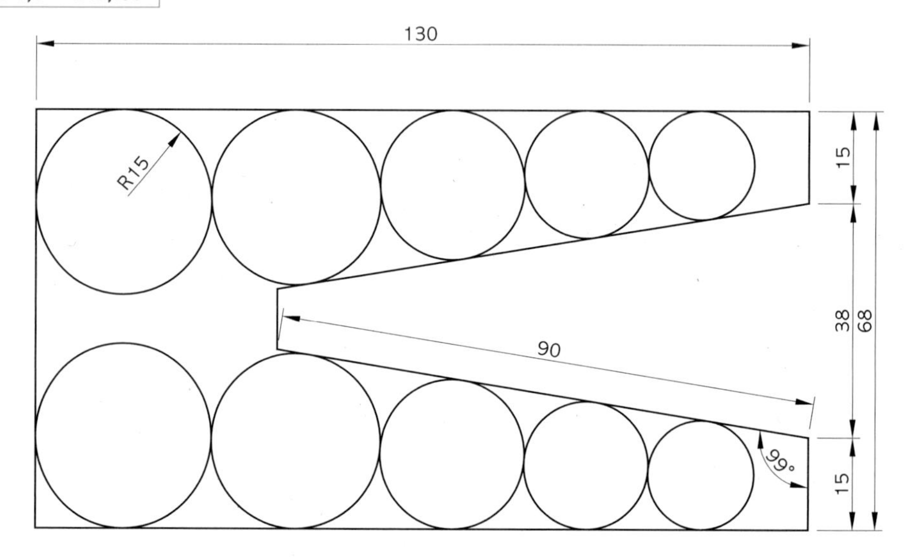

작업 영역	Limits 0,0 ~ 240,180

잠깐만요

4-R7에서 R은 반지름 값을 의미하며, 앞쪽의 숫자는 원의 개수를 의미합니다. 즉, 4-R7은 반지름 값이 7인 4개의 동일한 원을 말합니다.

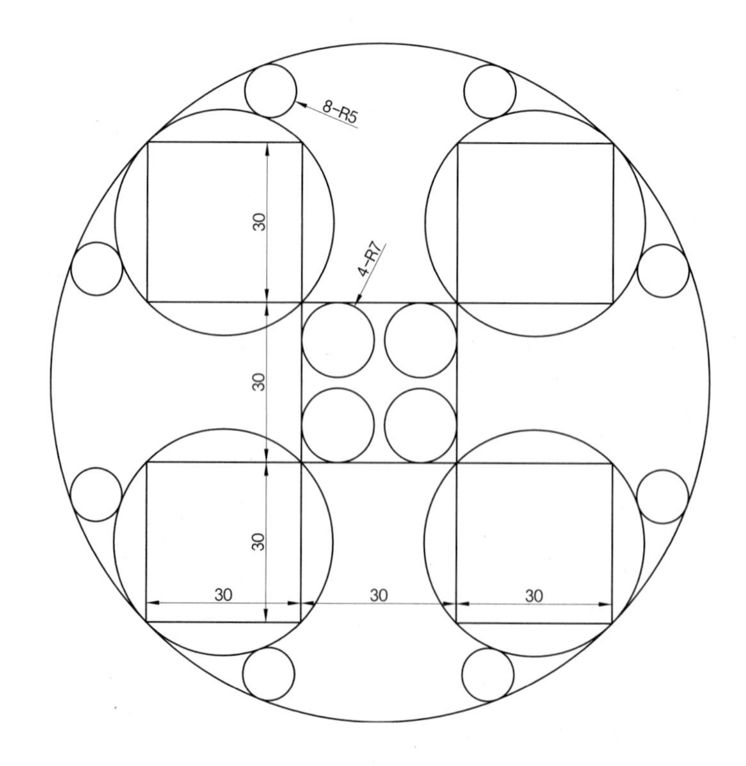

Circle 연습 문제 | Line, Circle, Osnap

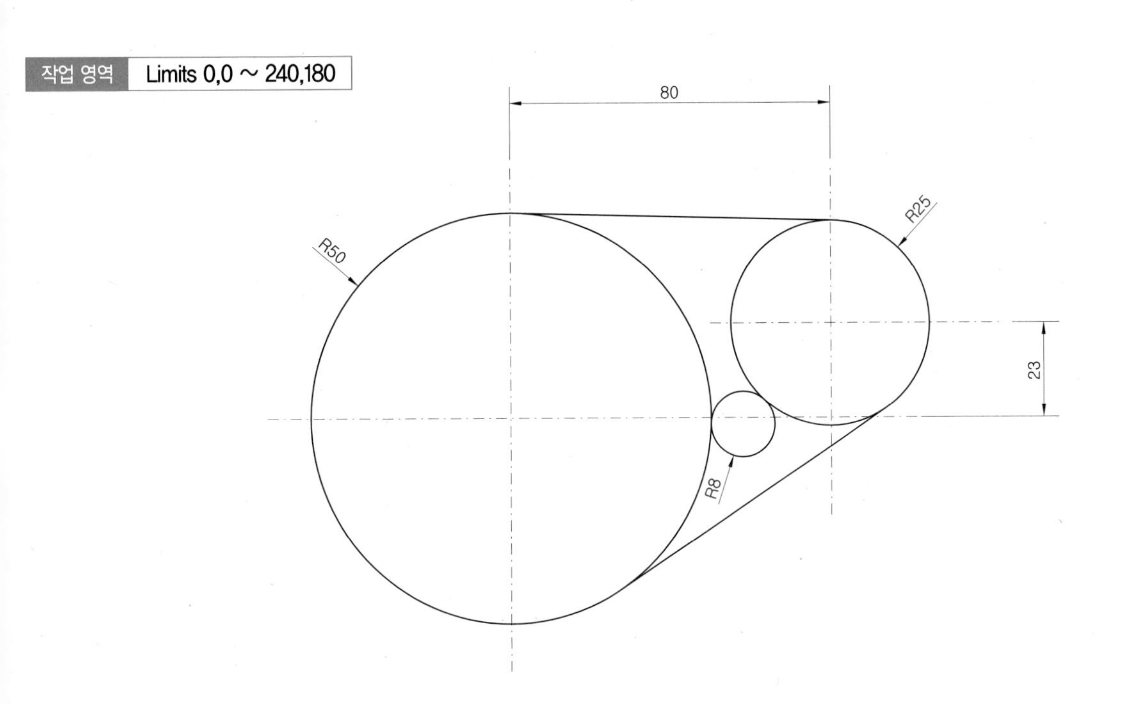

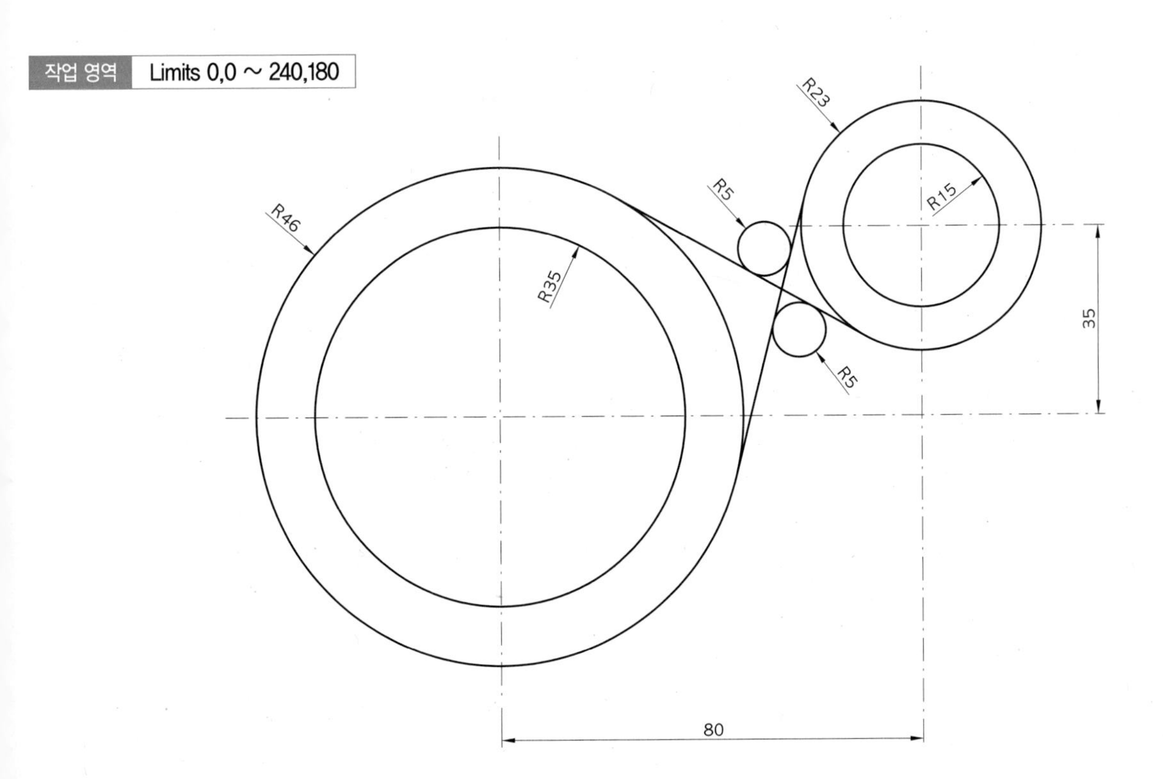

Circle 연습 문제 | Line, Circle, Osnap

작업 영역	Limits 0,0 ~ 240,180

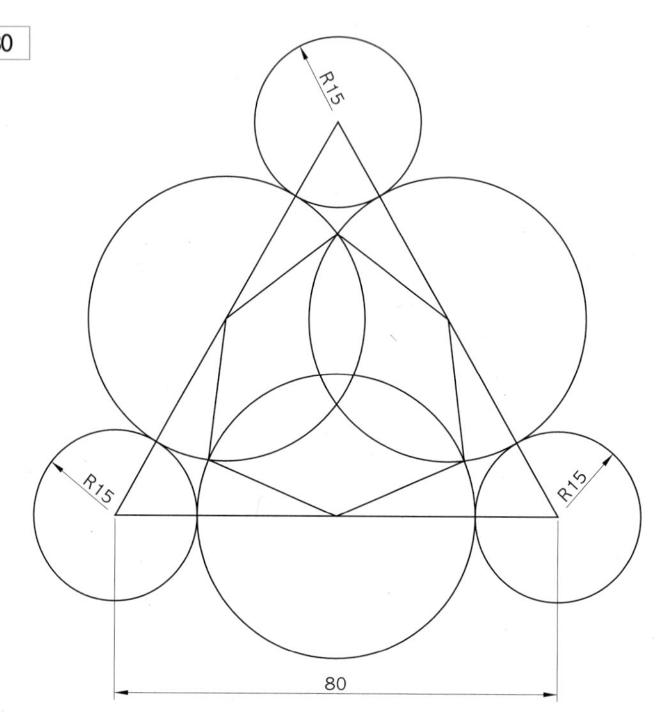

작업 영역	Limits 0,0 ~ 240,180

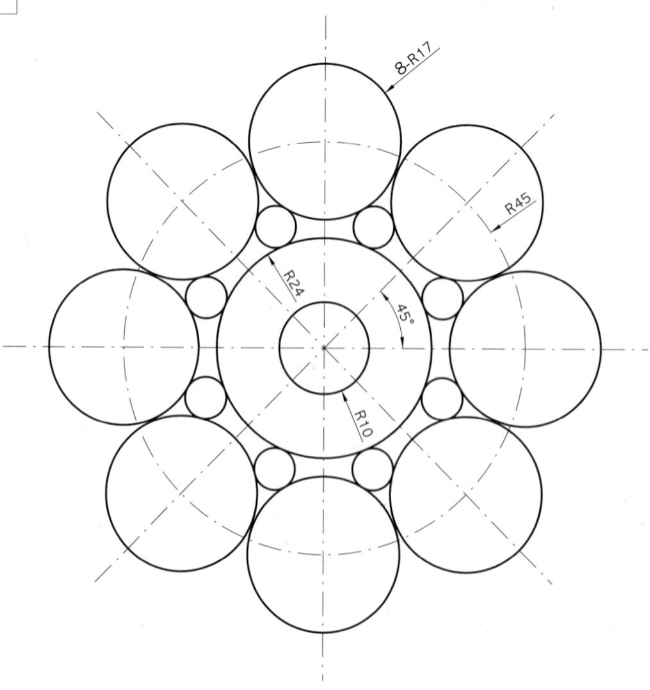

Circle 연습 문제 | Line, Circle, Osnap

작업 영역	Limits 0,0 ~ 240,180

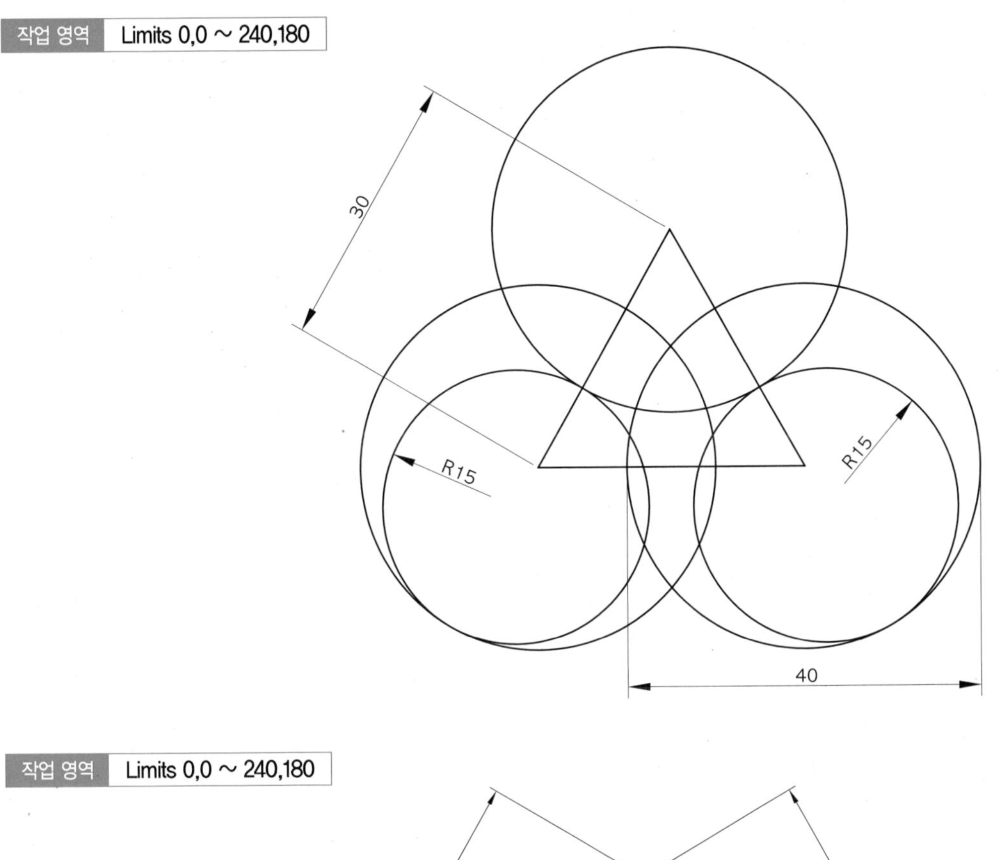

작업 영역	Limits 0,0 ~ 240,180

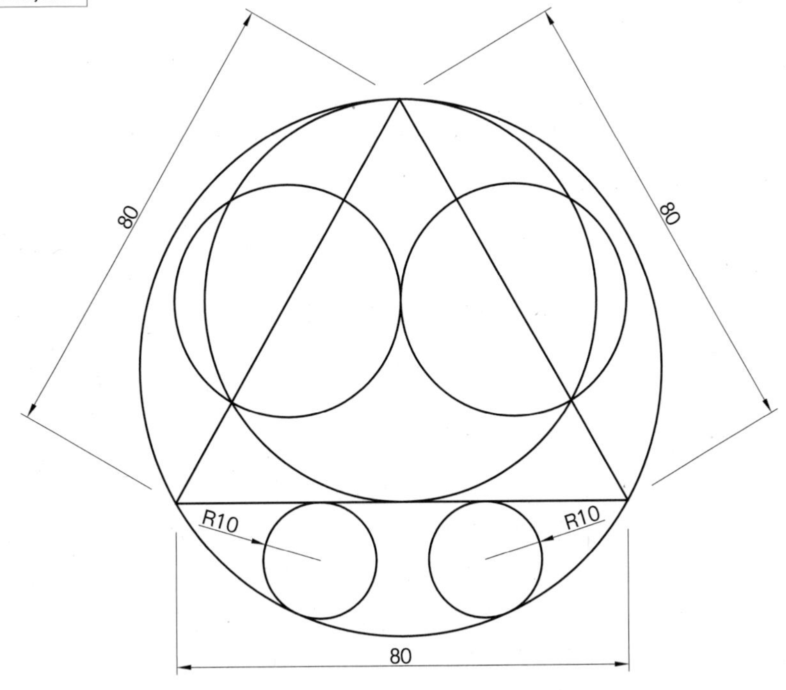

Section 07

호 그리기 - Arc

원의 일부분이라고 할 수 있는 호에 대한 명령어인 Arc는 Line과 Circle 다음으로 건축이나 인테리어 및 기계 분야와 같은 실무에서 자주 사용합니다.

Step 01 Arc의 이해

호는 상황에 따라 그릴 수 있는 다양한 옵션을 제공합니다. 일반적으로 원을 그린 다음 수정, 편집하는 경우가 많지만 그렇지 않은 경우에는 Arc 명령어를 사용합니다.

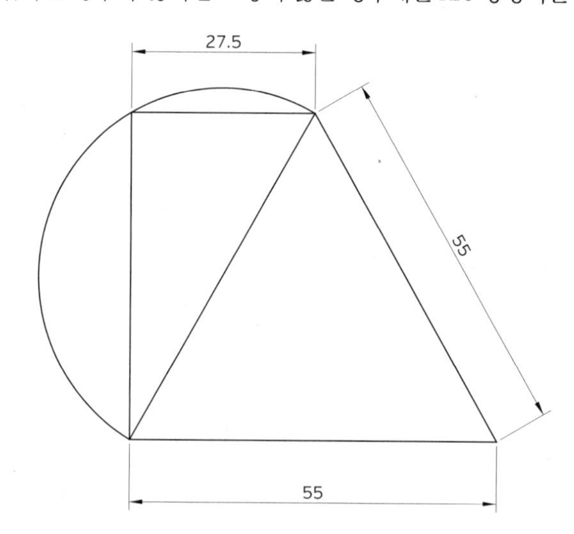

입력 형식

Command : arc
Specify start point of arc or [Center] : end of (호의 시작점이나 중심점 옵션을 선택합니다.)
Specify second point of arc or [Center/End] : end of (호의 두 번째 점을 선택하거나 중심점/끝점 옵션을 선택합니다. 옵션 선택에 따라 아래의 명령은 변경될 수 있습니다.)
Specify end point of arc : end of (호의 끝점을 선택합니다.)

Arc 설정별 특징

- **Center** : 호의 중심점을 지정합니다.
- **End** : 호의 끝점을 지정합니다.
- **Angle** : 호의 시작점과 끝점에 대한 내각의 각도를 지정합니다.
- **Length** : 호의 길이 값을 지정합니다.
- **Direction** : 호에 작용되는 장력의 방향을 지정합니다.
- **Radius** : 호의 반지름 값을 지정합니다.

Step 02

양 끝점을 이용한 Arc 예제 따라하기

작업 영역	Limits 0,0 ~ 120,90

호의 양 끝점에서 중심점 및 내각을 입력하여 호를 작성할 수 있습니다. 호의 중심점 및 내각의 사용여부에 따라 입력하는 순서는 다음 예제를 통해 알아봅니다.

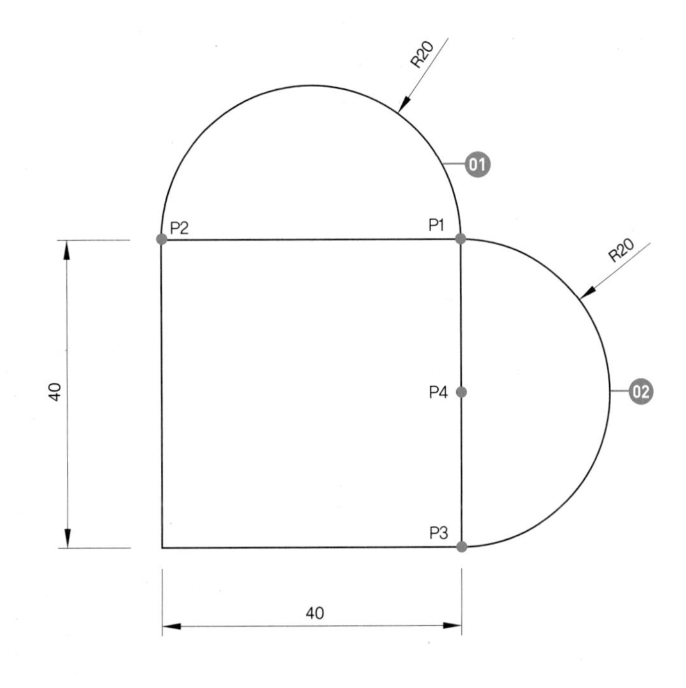

그리는 방법

01
```
Command : arc
Specify start point of arc or [Center] : end of (P1 점을 선택합니다.)
Specify second point of arc or [Center/End] : e (호의 끝점 옵션을 선택합니다.)
Specify end point of arc : end of (P2 점을 선택합니다.)
Specify center point of arc or [Angle/Direction/Radius] : a (호의 내각 옵션을 선택합니다.)
Specify included angle : 180 (호의 내각을 입력합니다.)
```

02
```
Command : arc
Specify start point of arc or [Center] : end of (P3 점을 선택합니다.)
Specify second point of arc or [Center/End] : c (호의 중심점 옵션을 선택합니다.)
Specify center point of arc : mid of (P4 점을 선택합니다.)
Specify end point of arc or [Angle/chord Length] : end of (P1 점을 선택합니다.)
```

Step 03

3P 옵션을 이용한 Arc 예제 따라하기

작업 영역	Limits 0,0 ~ 240,180

호를 지나는 세 개의 점을 알고 있을 때 차례로 입력하여 호를 작성합니다.

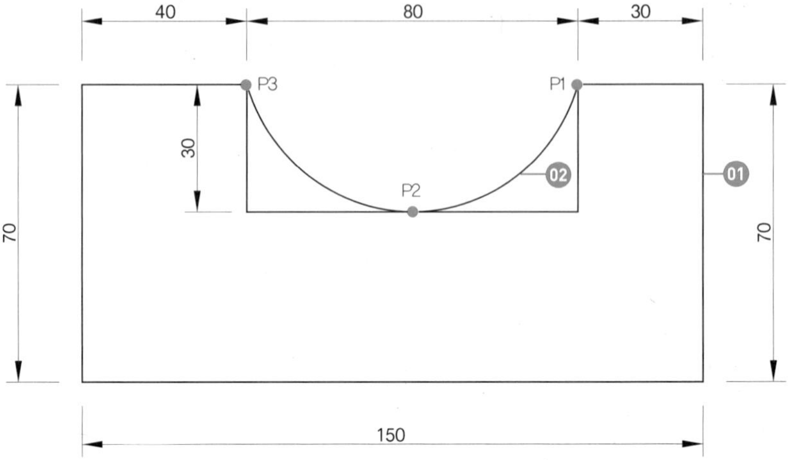

40 80 30
P3 P1
30
P2
02 01
70 70
150

그리는 방법

01
```
Command: line
Specify first point: (임의의 시작점을 지정합니다.)
Specify next point or [Undo]: @150<0 (시작점을 기준으로 길이는 150, 방향은 0도인 선을 그립니다.)
Specify next point or [Undo]: @70<90 (길이는 70, 방향은 90도인 선을 그립니다.)
Specify next point or [Close/Undo]: @30<180 (길이는 30, 방향은 180도인 선을 그립니다.)
Specify next point or [Close/Undo]: @30<270 (길이는 30, 방향은 270도인 선을 그립니다.)
Specify next point or [Close/Undo]: @80<180 (길이는 80, 방향은 180도인 선을 그립니다.)
Specify next point or [Close/Undo]: @30<90 (길이는 30, 방향은 90도인 선을 그립니다.)
Specify next point or [Close/Undo]: @40<180 (길이는 40, 방향은 180도인 선을 그립니다.)
Specify next point or [Close/Undo]: c (닫기 옵션으로 명령을 종료합니다.)
```

02
```
Command: arc
Specify start point of arc or [Center]: end of (호의 시작점인 P1 점을 선택합니다.)
Specify second point of arc or [Center/End]: mid of (호의 중심점인 P2 점을 선택합니다.)
Specify end point of arc: end of (호의 끝점인 P3 점을 선택합니다.)
```

Step 04

반지름(R) 값을 이용한 Arc 예제 따라하기

호의 시작점과 끝점, 반지름 값을 알 때 사용합니다. 호는 시계 방향으로 반지름 값을 입력하면 반대 방향으로 작성되므로 반드시 반시계 방향으로 작성합니다.

작업 영역	Limits 0,0 ~ 120,90

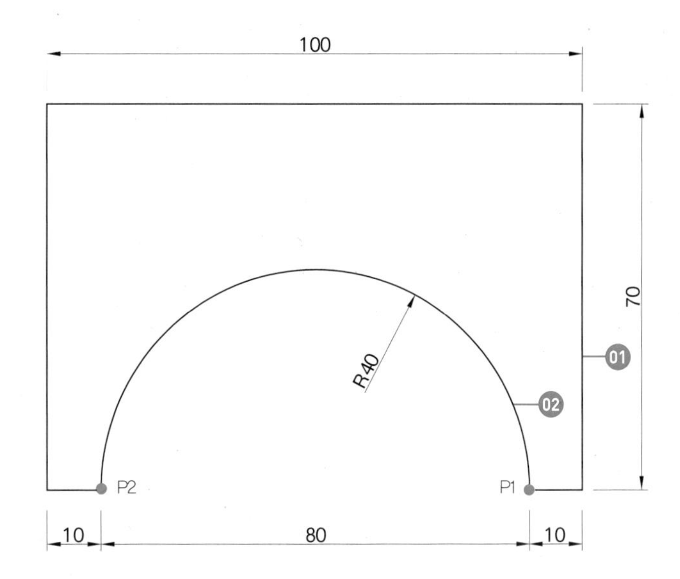

그리는 방법

01
```
Command : line
Specify first point : (선의 시작점을 선택합니다.)
Specify next point or [Undo] : @10<0 (X축 방향으로 길이가 10인 선을 작성합니다.)
Specify next point or [Undo] : @70<90 (Y축 방향으로 길이가 70인 선을 작성합니다.)
Specify next point or [Close/Undo] : @100<180 (–X축 방향으로 길이가 100인 선을 작성합니다.)
Specify next point or [Close/Undo] : @70<270 (–Y축 방향으로 길이가 70인 선을 작성합니다.)
Specify next point or [Close/Undo] : @10<0 (X축 방향으로 길이가 10인 선을 작성합니다.)
Specify next point or [Close/Undo] : (Spacebar를 눌러 명령을 종료합니다.)
```

02
```
Command : arc
Specify start point of arc or [Center] : end of (P1 점을 선택합니다.)
Specify second point of arc or [Center/End] : e (끝점 옵션을 선택합니다.)
Specify end point of arc : end of (P2 점을 선택합니다.)
Specify center point of arc or [Angle/Direction/Radius] : r (반지름 옵션을 선택합니다.)
Specify radius of arc : 40 (작성될 반지름 값을 입력합니다.)
```

Step 05

현의 길이(L)를 이용한 Arc 예제 따라하기

호의 중심점과 시작점, 현의 길이를 알고 있을 때 사용합니다.

작업 영역	Limits 0,0 ~ 600,360

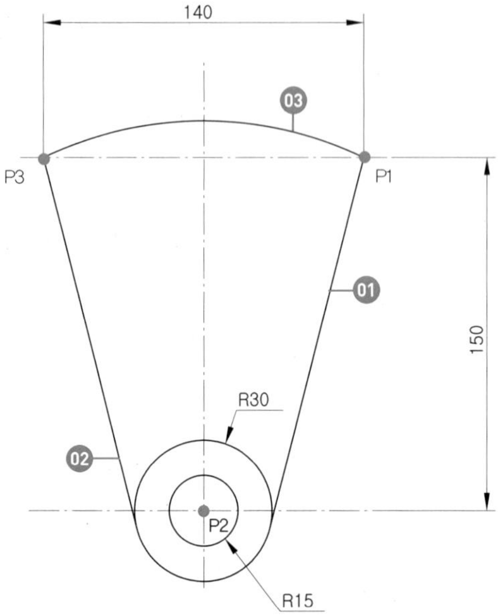

140

03

P3

P1

01

150

R30

02

P2

R15

잠깐만요

Arc에서 현의 길이 값은 호의 양끝 직선 길이를 의미합니다.

그리는 방법

01
```
Command : line
Specify first point : tan to (원이 접하도록 시작점을 선택합니다.)
Specify next point or [Undo] : int of (P1 점을 선택합니다.)
Specify next point or [Undo] : (Spacebar 를 눌러 명령을 종료합니다.)
```

02
```
Command : line
Specify first point : tan to (원이 접하도록 시작점을 선택합니다.)
Specify next point or [Undo] : int of (P3 점을 선택합니다.)
Specify next point or [Undo] : (Spacebar 를 눌러 명령을 종료합니다.)
```

03
```
Command : arc
Specify start point of arc or [Center] : end of (P1 점을 선택합니다.)
Specify second point of arc or [Center/End] : c (중심 옵션을 선택합니다.)
Specify center point of arc : cen of (P2 점을 선택합니다.)
Specify end point of arc or [Angle/chord Length] : l (현의 길이 옵션을 선택합니다.)
Specify length of chord : 140 (현의 길이를 입력합니다.)
```

Step 06

Angle을 이용한 Arc 예제 따라하기

작업 영역	Limits 0,0 ~ 240,180

호의 시작점과 끝점 각도를 알고 있을 때 사용합니다. 이때 호는 반시계 방향으로 작성해야 하며, 각도 값으로 음수를 입력하면 반대 방향으로 큰 호가 작성됩니다.

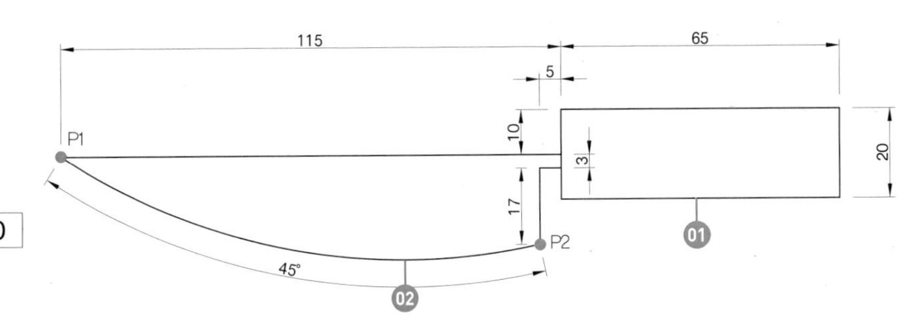

그리는 방법

01 ommand : line
Specify first point : (P1 점을 시작점으로 선택합니다.)
Specify next point or [Undo] : @115<0 (길이는 115, 방향은 0도인 선을 그립니다.)
Specify next point or [Undo] : @10<90 (길이는 10, 방향은 90도인 선을 그립니다.)
Specify next point or [Close/Undo] : @65<0 (길이는 65, 방향은 0도인 선을 그립니다.)
Specify next point or [Close/Undo] : @20<270 (길이는 20, 방향은 270도인 선을 그립니다.)
Specify next point or [Close/Undo] : @65<180 (길이는 65, 방향은 180도인 선을 그립니다.)
Specify next point or [Close/Undo] : @7<90 (길이는 7, 방향은 90도인 선을 그립니다.)
Specify next point or [Close/Undo] : @5<180 (길이는 5, 방향은 180도인 선을 그립니다.)
Specify next point or [Close/Undo] : @17<270 (길이는 17, 방향은 270도인 선을 그립니다.)
Specify next point or [Close/Undo] : (Spacebar를 눌러 명령을 종료합니다.)

02 Command : arc
Specify start point of arc or [Center] : end of (P1 점을 선택합니다.)
Specify second point of arc or [Center/End] : e (끝점 옵션을 선택합니다.)
Specify end point of arc : end of (P2 점을 선택합니다.)
Specify center point of arc or [Angle/Direction/ Radius] : a (각도 옵션을 선택합니다.)
Specify included angle : 45 (사이 각도를 입력합니다.)

Arc 연습 문제 | Line, Arc

작업 영역	Limits 0,0 ~ 240,180

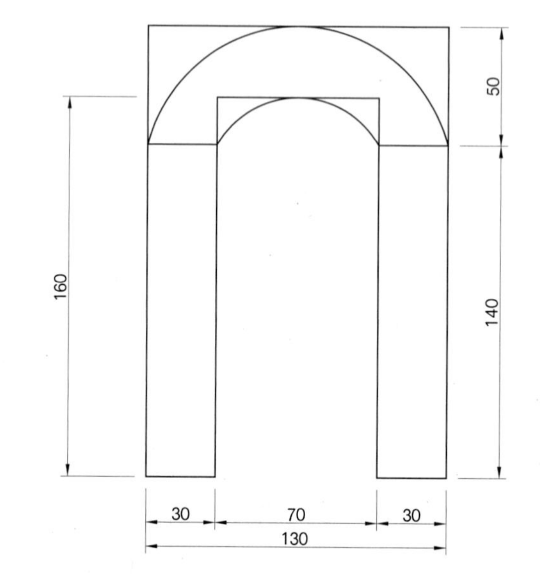

작업 영역	Limits 0,0 ~ 1200,900

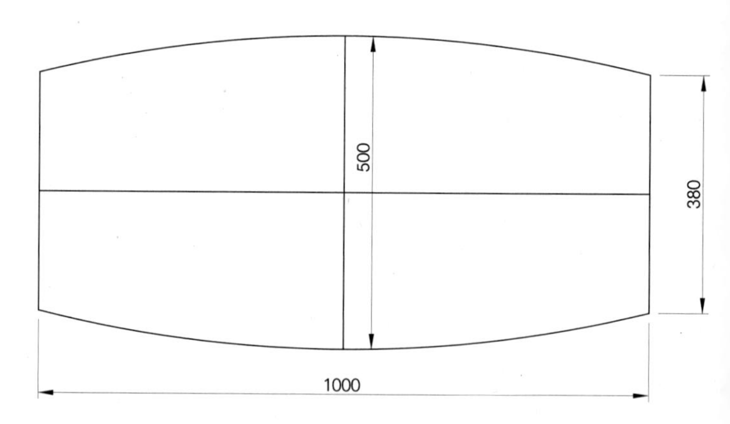

작업 영역	Limits 0,0 ~ 240, 180

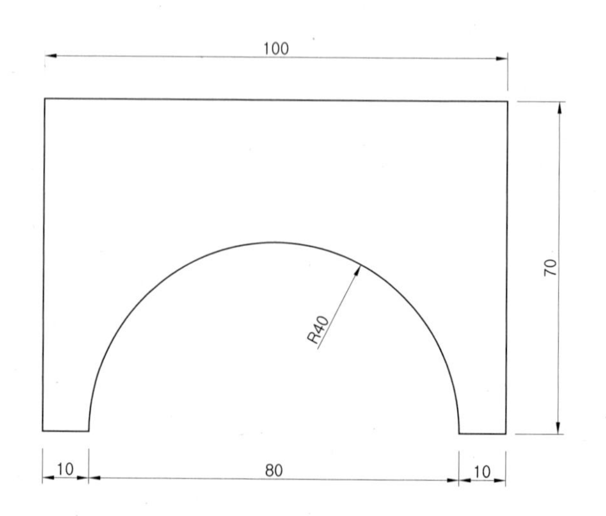

Arc 연습 문제 | Line, Arc

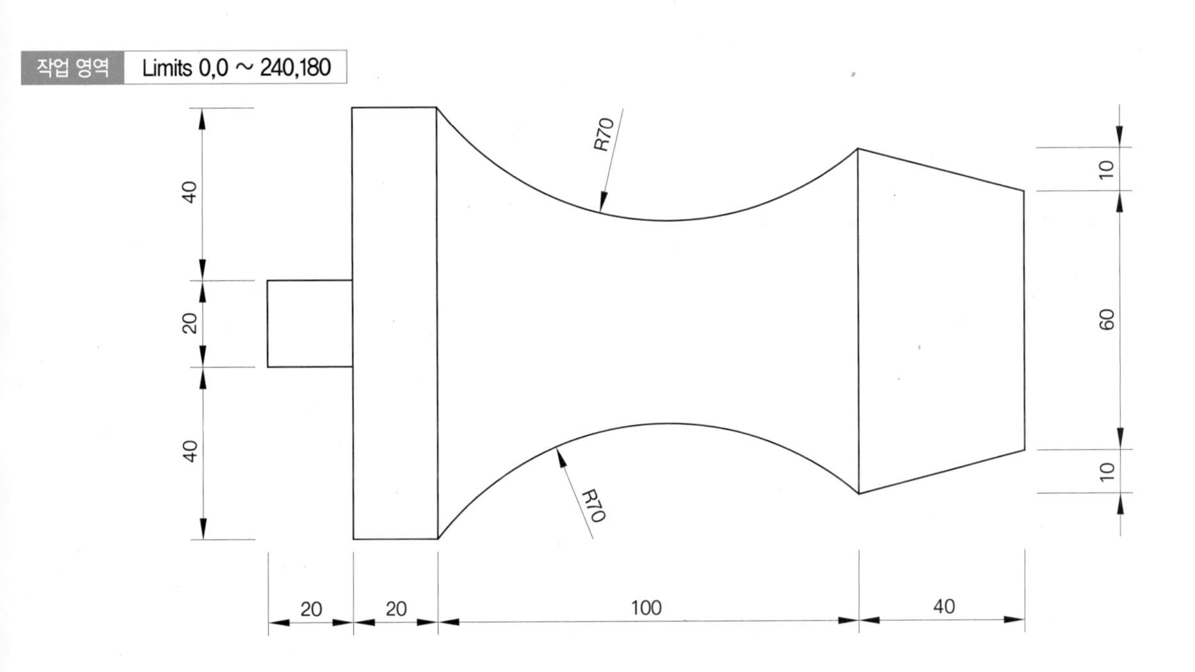

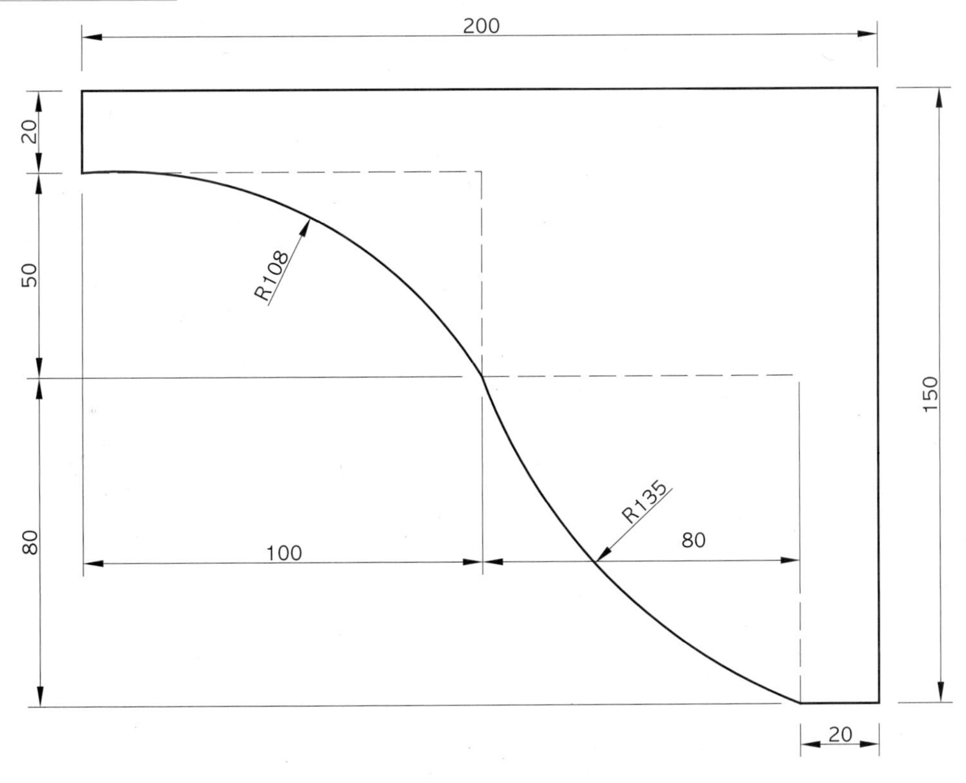

Arc 연습 문제 | Line, Arc

작업 영역	Limits 0,0 ~120,90

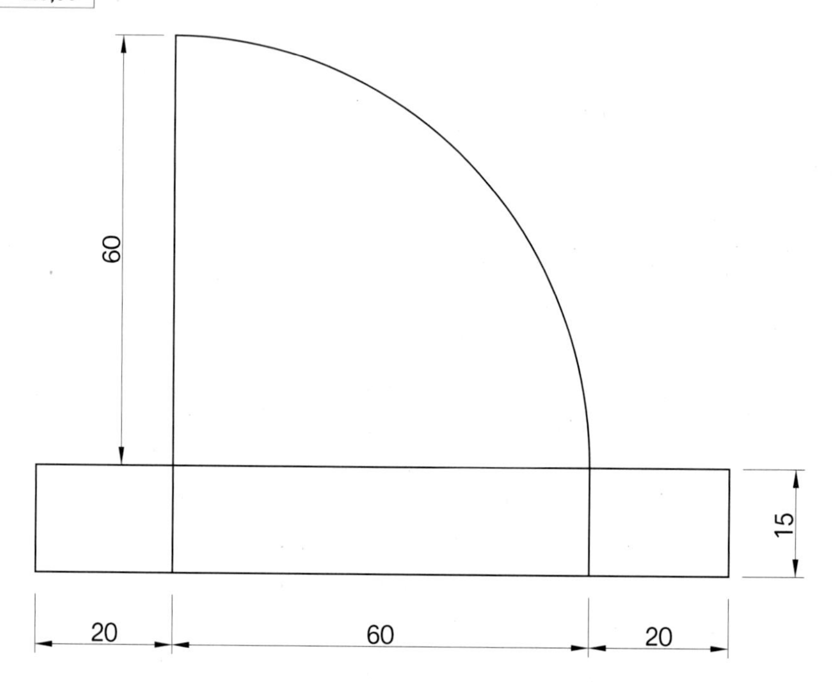

작업 영역	Limits 0,0 ~ 1200,900

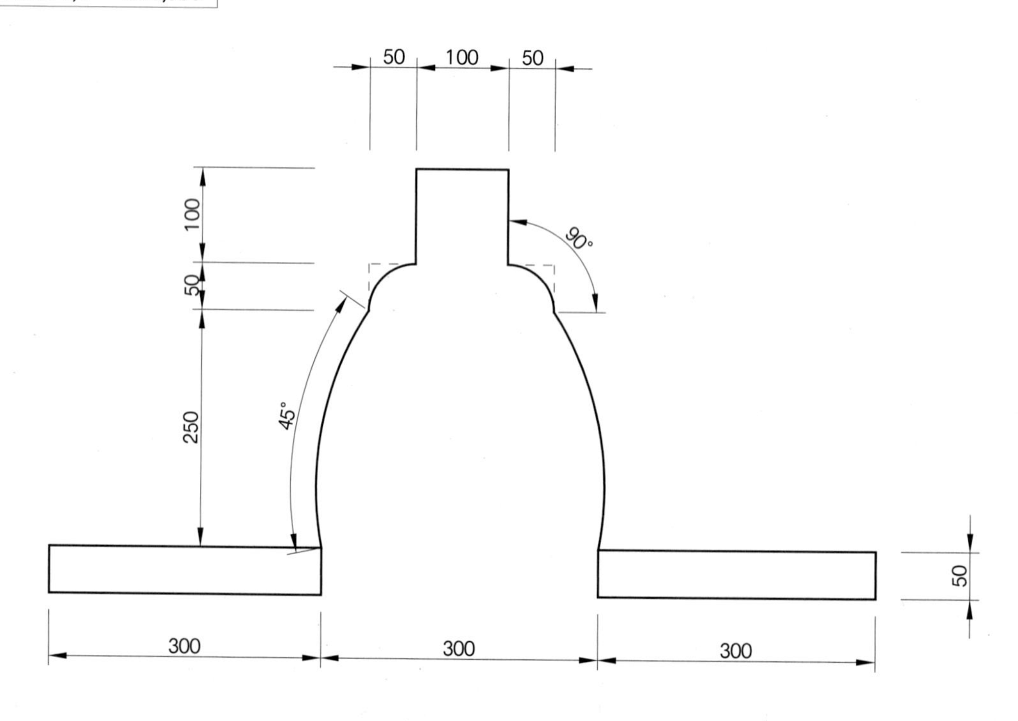

Arc 연습 문제 | Line, Arc

작업 영역 Limits 0,0 ~ 1200,900

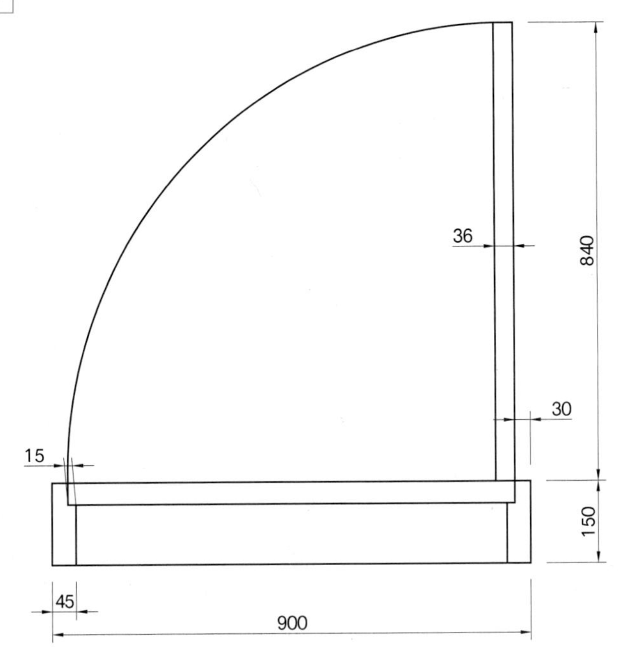

작업 영역 Limits 0,0 ~ 120,90

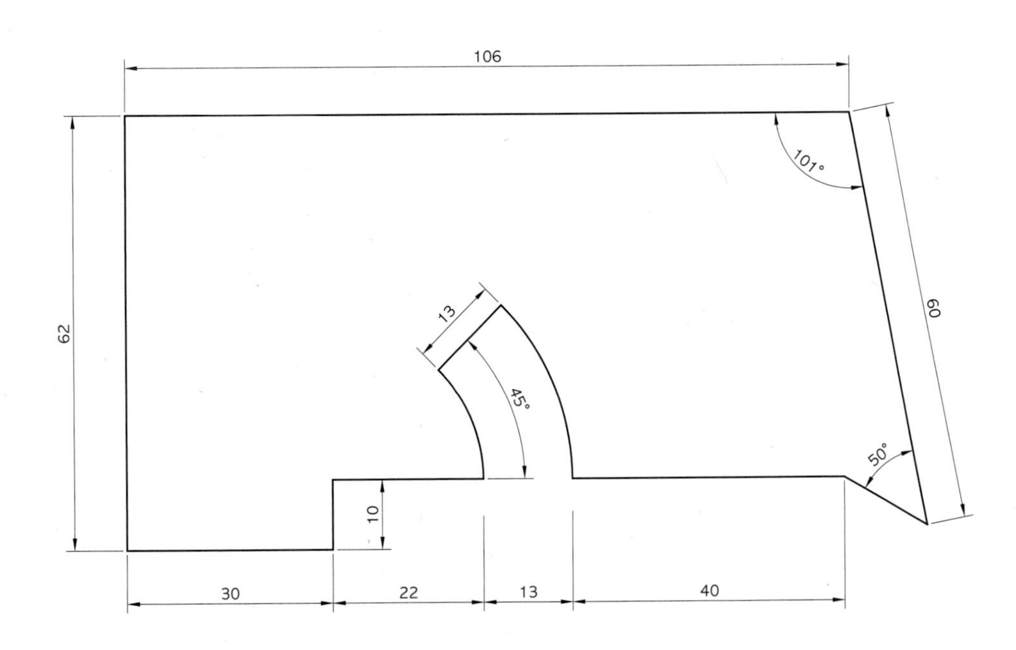

종합문제

작업 영역	Limits 0,0 ~ 360,270

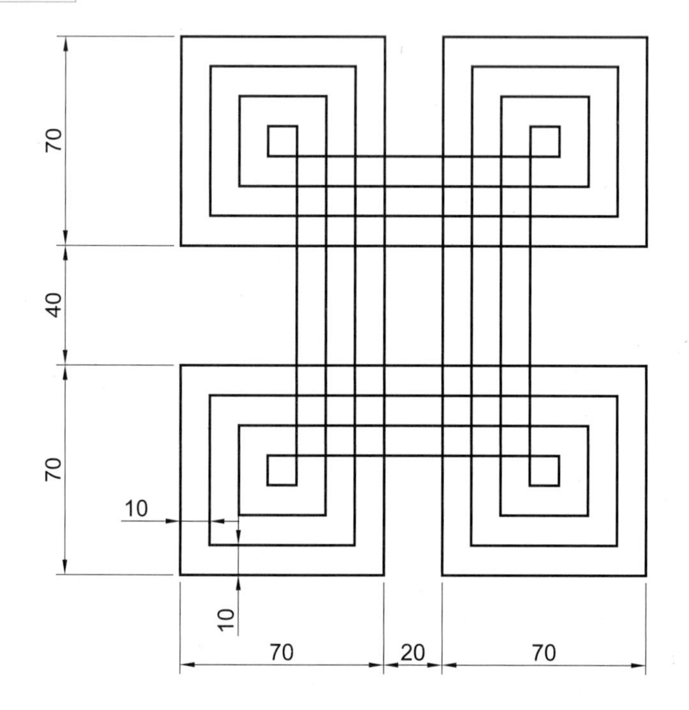

작업 영역	Limits 0,0 ~ 240,180

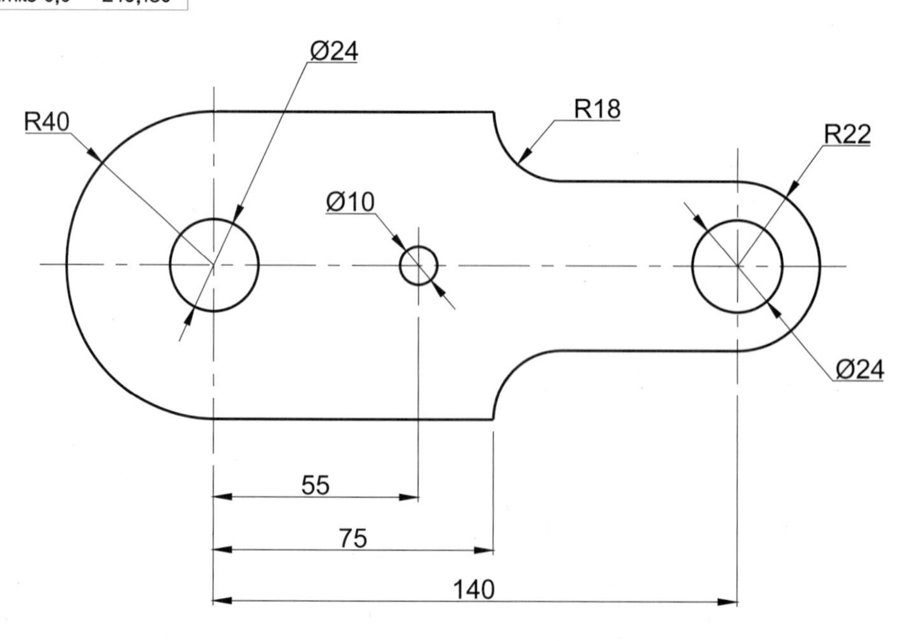

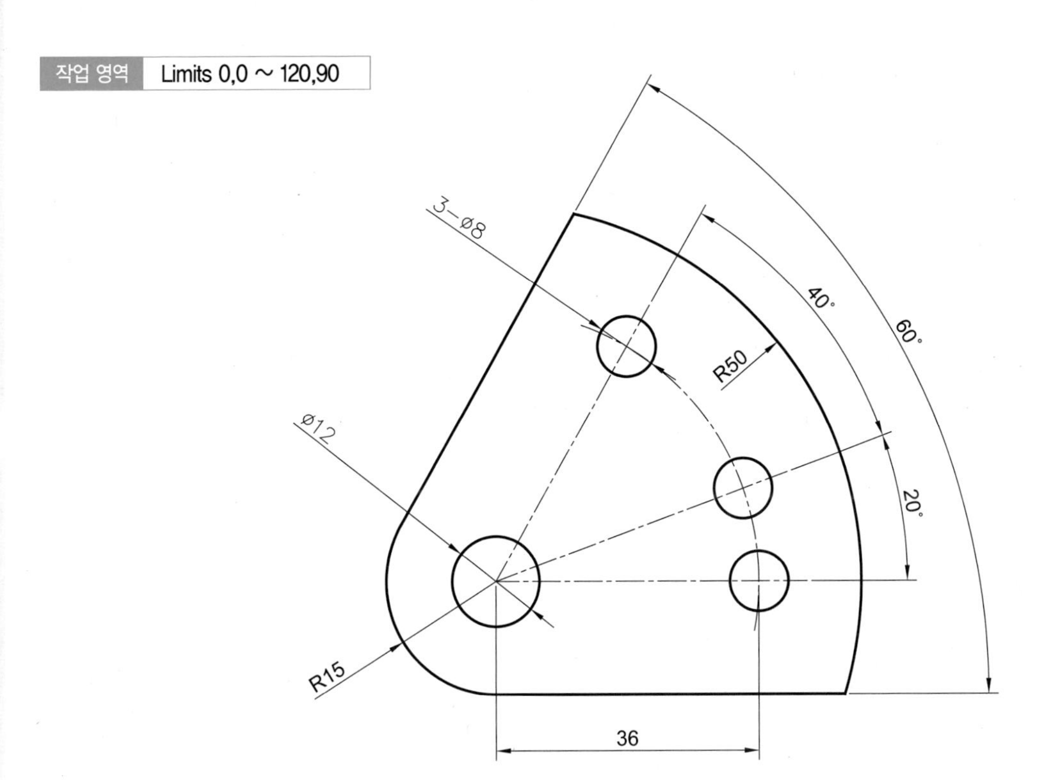

작업 영역
Limits 0,0 ~ 120,90
3-⌀8
40°
60°
R50
⌀12
20°
R15
36

작업 영역
Limits 0,0 ~ 240,180

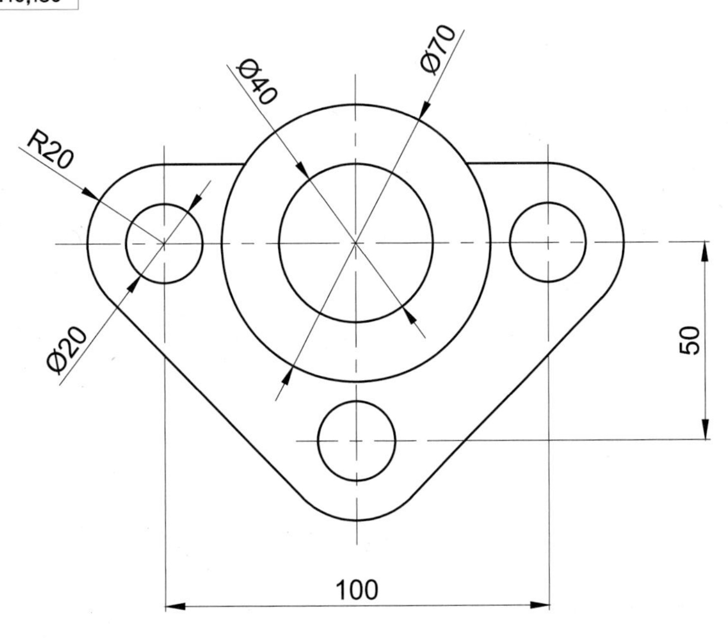

Ø40
Ø70
R20
Ø20
50
100

종합문제

작업 영역 Limits 0,0 ~ 360,240

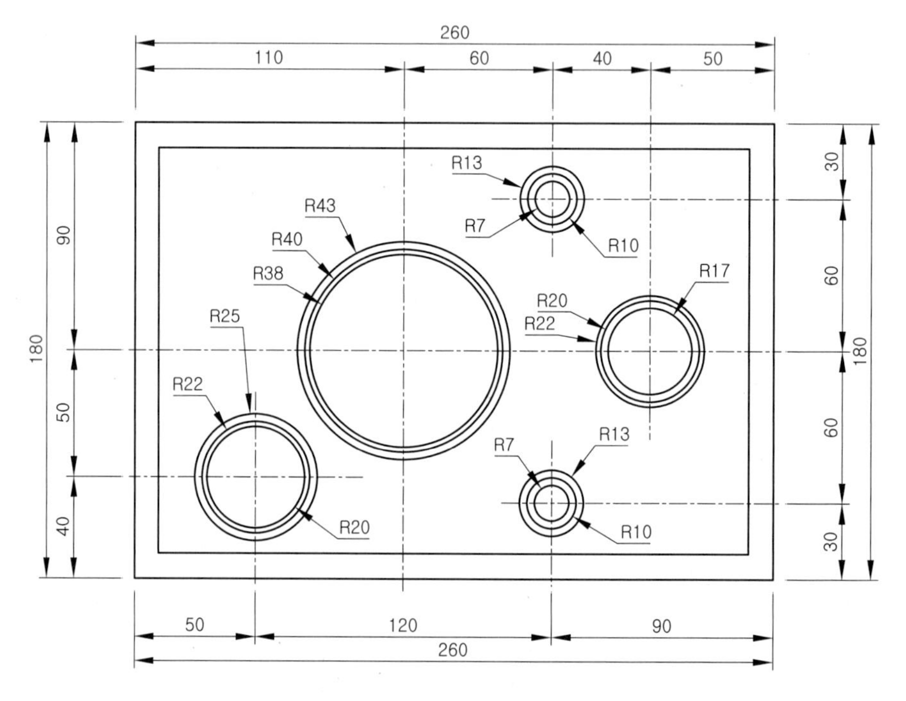

작업 영역 Limits 0,0 ~ 240,180

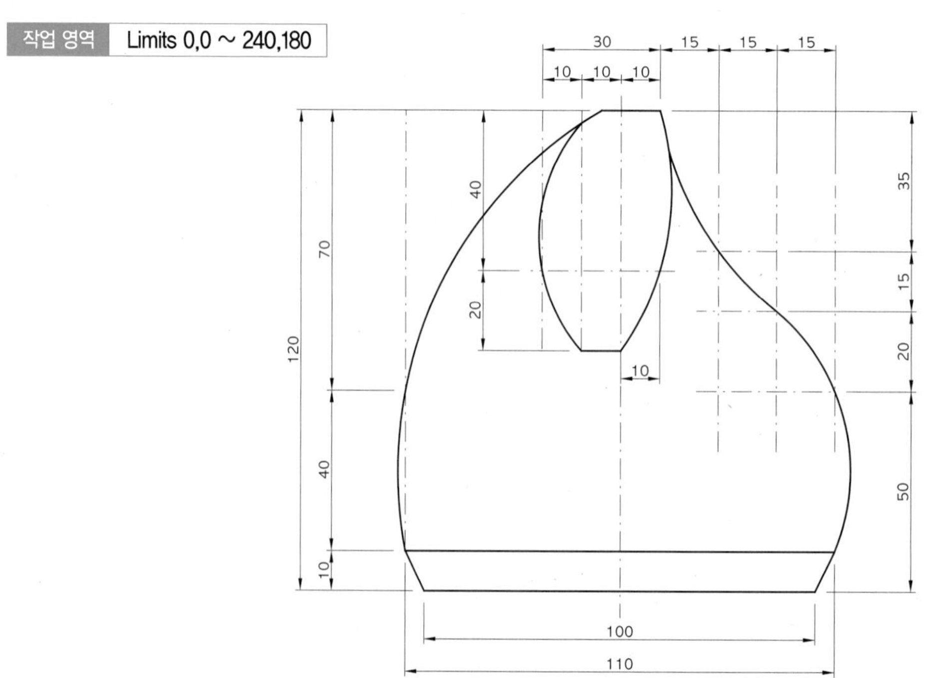

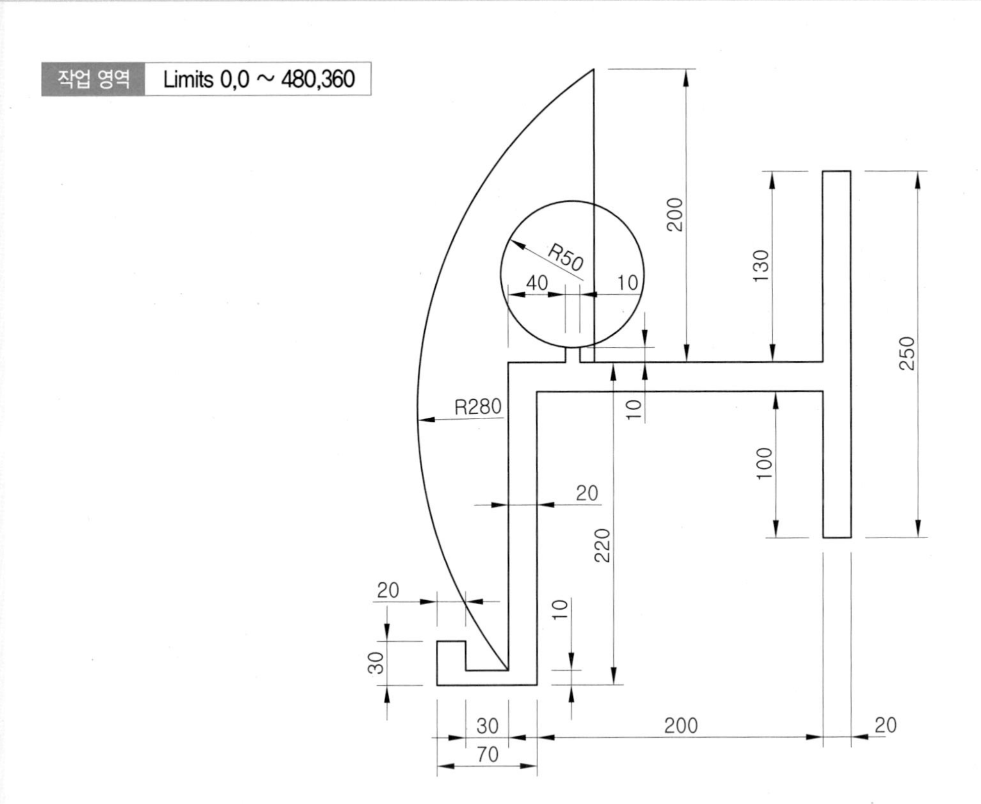

작업 영역
Limits 0,0 ~ 480,360
200
130
250
R50
40
10
R280
10
100
20
220
20
10
30
30
70
200
20

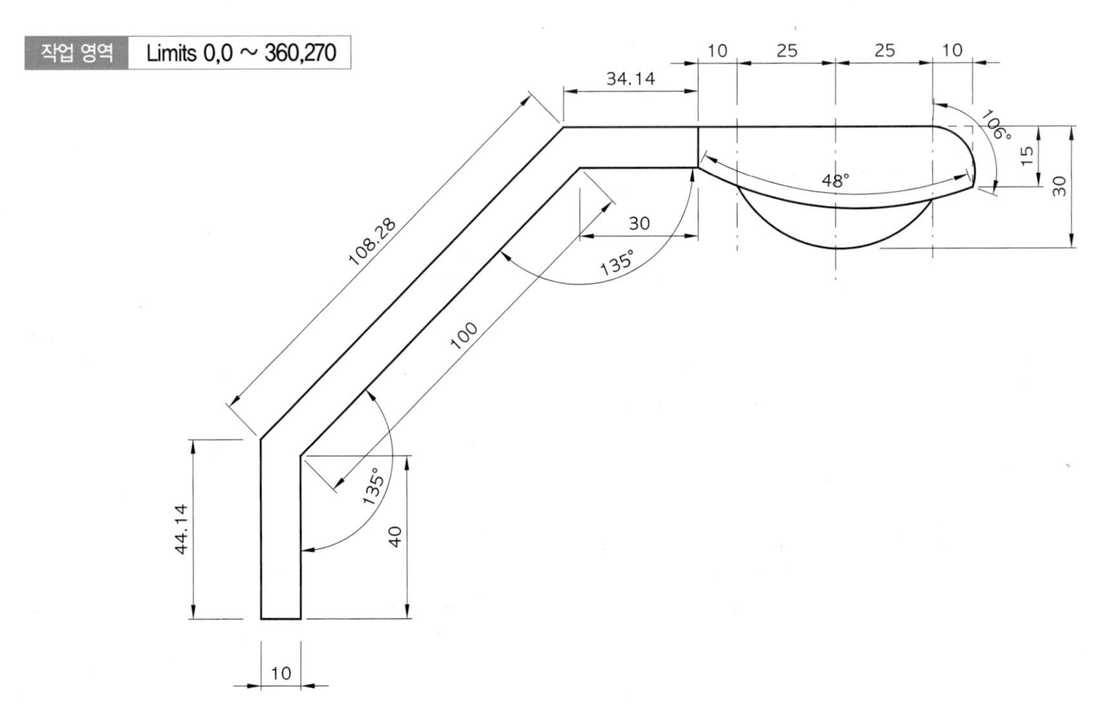

작업 영역
Limits 0,0 ~ 360,270
10
25
25
10
34.14
106°
15
30
48°
108.28
30
135°
100
135°
44.14
40
10

종합문제

작업 영역 | Limits 0,0 ~ 120,90

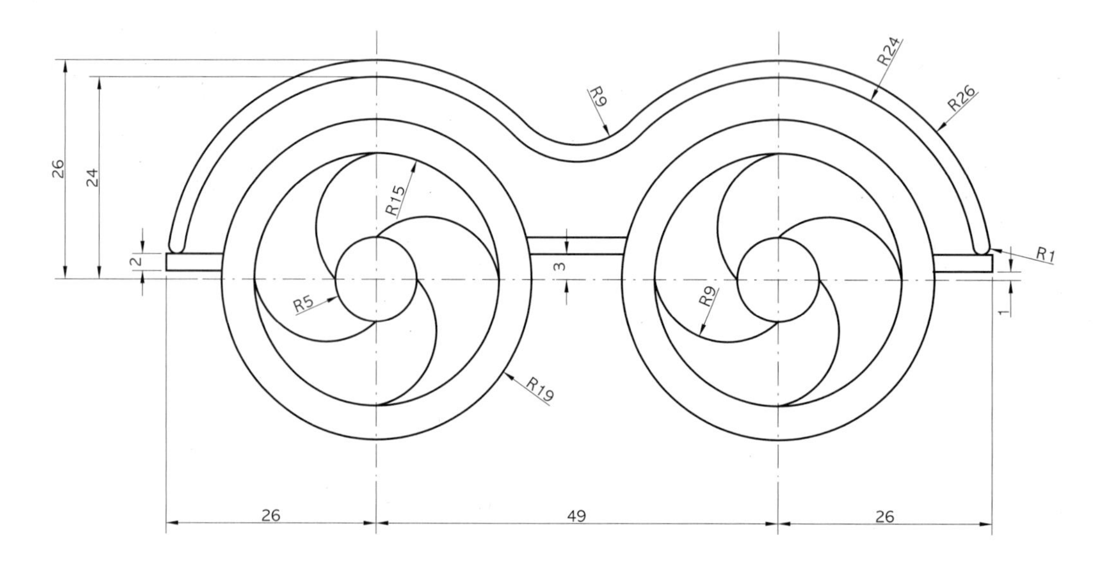

작업 영역 | Limits 0,0 ~ 240,180

잠깐만요

지시 없는 R은 3으로 작성합니다.

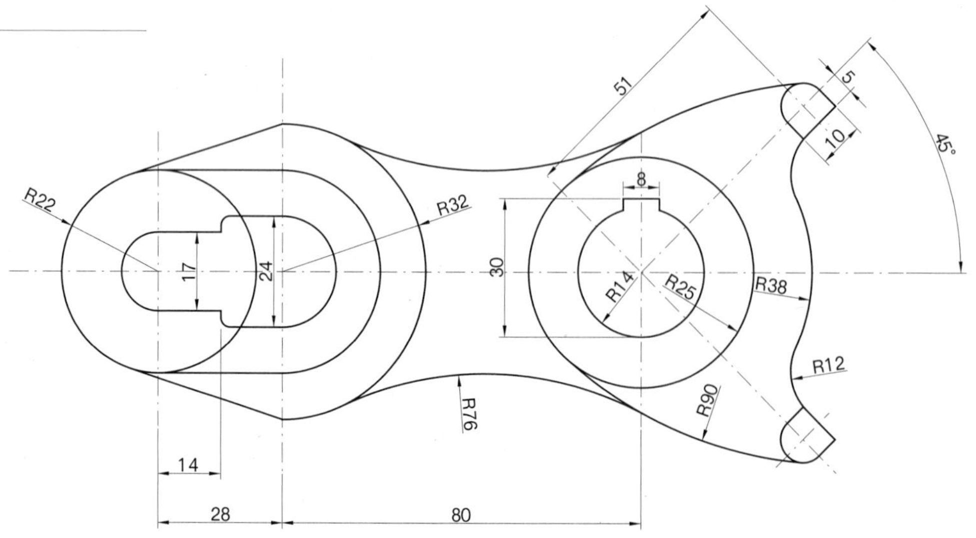

작업 영역	Limits 0,0 ~ 360,270

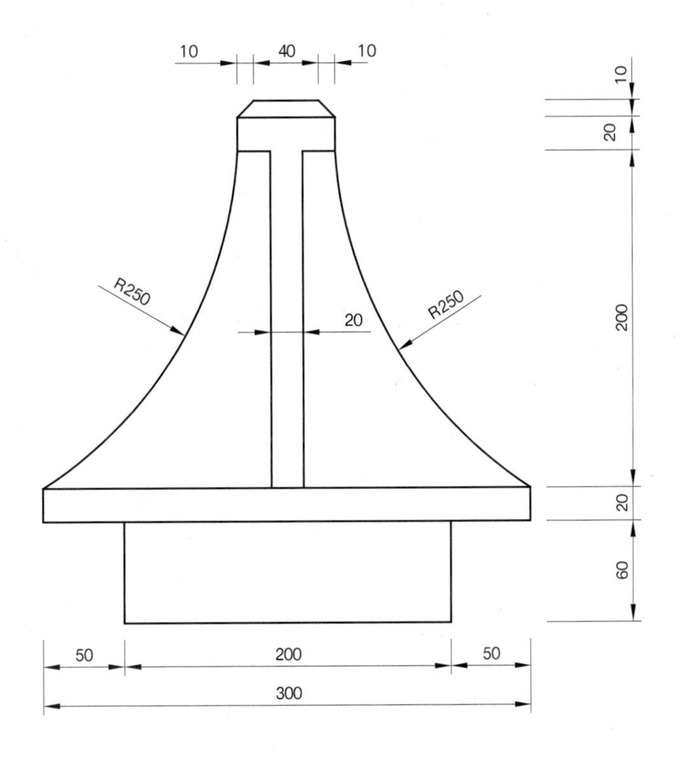

작업 영역	Limits 0,0 ~ 120,90

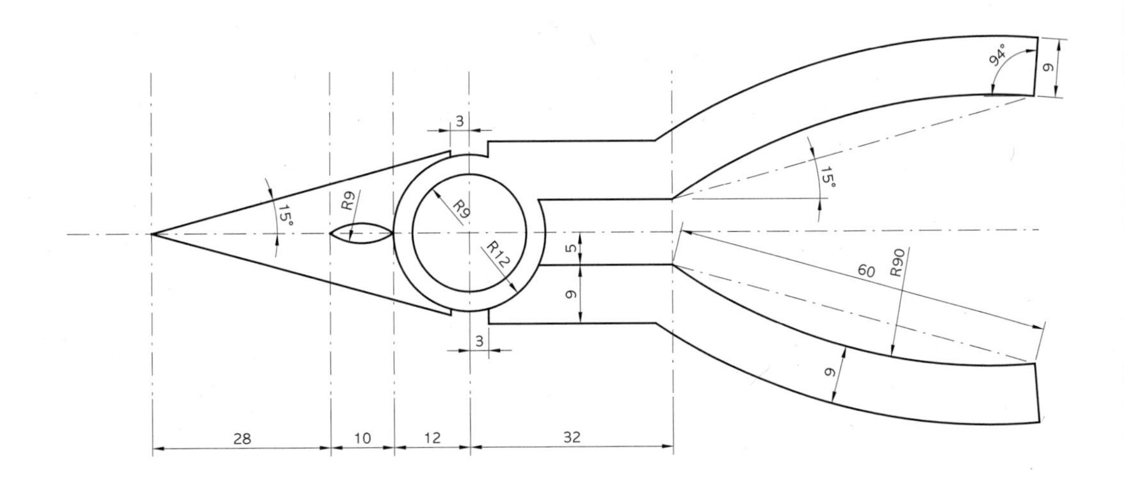

둘째마당

AutoCAD

02

2D 도면의 편집과 수정

둘째 마당에서 학습할 객체 수정 명령어들은 2D 도면의 편집과 수정 시 가장 많이 사용됩니다. 도면 작업 시 고급 명령어들도 중요하지만 가장 기본이 되는 명령어들을 반드시 익혀 옵션 설정 값들에 대해 완벽히 이해하고 넘어갑니다.

Section 01

불필요한 부분 잘라내기 - Trim

Trim은 선택한 객체를 기준으로 불필요한 영역의 선을 잘라내는 기능입니다. 기준선은 한 개 이상 선택 가능하며 기준선을 기준으로 선택한 영역의 객체 일부가 잘립니다. 도면 작업에서 많이 사용하는 명령 중 하나로, 적용 옵션에 따라 다양한 방식으로 사용할 수 있습니다.

Step 01 Trim의 이해

먼저 기준점을 선택한 다음 잘라낼 부분을 선택하여 사용합니다.

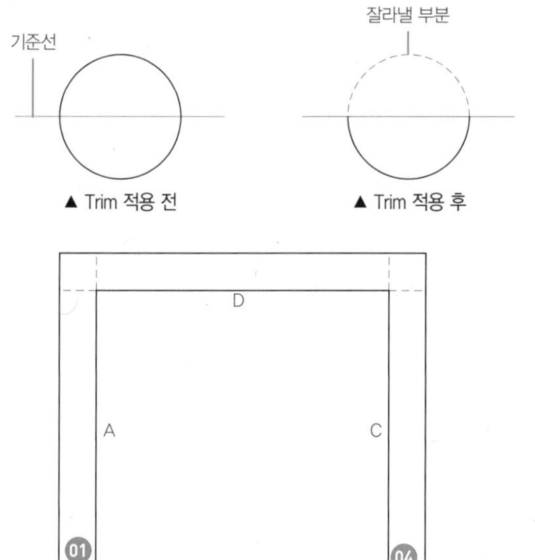

▲ Trim 적용 전　▲ Trim 적용 후

입력 형식

```
Command : trim
Current settings : Projection=UCS, Edge=None
Select cutting edges ...
Select objects or <select all>: 1 found (자르려는 기준 A선을 선택합니다.)
Select objects : 2 total (자르려는 기준 B선을 선택합니다.)
Select objects : 3 total (자르려는 기준 C선을 선택합니다.)
Select objects : 4 total (자르려는 기준 D선을 선택합니다.)
Select objects : (Spacebar를 눌러 다음 메뉴를 진행합니다.)
Select object to trim or shift-select to extend or[Fence/
Crossing/Project/
Edge/eRase/Undo] : (❶ 선 부분을 선택합니다.)
Select object to trim or shift-select to extend or[Fence/
Crossing/Project/Edge/eRase/Undo] : (❷ 선 부분을 선택합니다.)
```

```
Select object to trim or shift-select to extend or[Fence/
Crossing/Project/
Edge/eRase/Undo] : (❸ 선 부분을 선택합니다.)
Select object to trim or shift-select to extend or[Fence/
Crossing/Project/
Edge/eRase/Undo] : (❹ 선 부분을 선택합니다.)
나머지 부분은 위의 전 과정과 동일하게 자르기를 실행합니다.
```

Trim 설정별 특징

- **Fence** : 울타리를 치듯이 선을 그려 잘라낼 객체를 선택합니다.

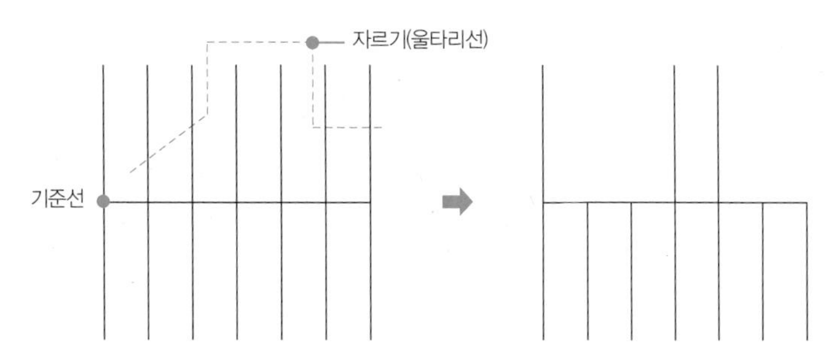

- **Crossing** : 사각형 영역으로 잘라낼 객체를 선택하면 사각형 영역에 걸치는 모든 객체들이 적용됩니다.

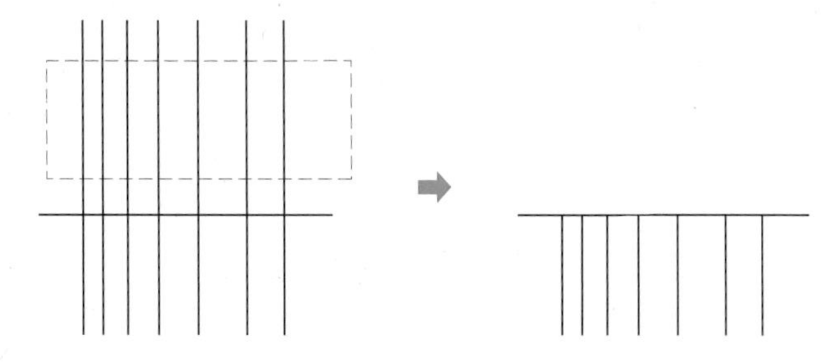

- **Project** : 3D 상에서 객체를 자를 때 사용합니다.
- **Edge** : Trim 명령에서 기준 객체에 가상의 연장선 사용 여부를 결정합니다. Edge에 대한 No Extend/Extend 두 가지 옵션 중에 가상의 연장선을 적용할 경우 Extend를 선택합니다.

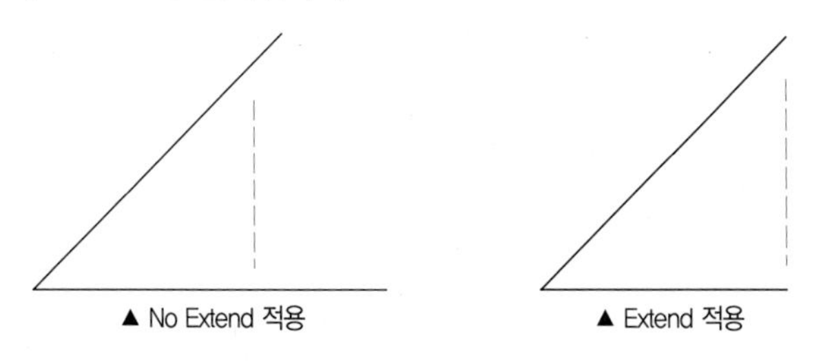

▲ No Extend 적용 ▲ Extend 적용

- **eRase** : Trim 명령으로 자른 후 남은 불필요한 객체를 지웁니다.
- **Undo** : Trim 명령에서 전 단계에 실행한 자르기를 취소합니다.

Trim 연습 문제 | Circle, Line, Trim

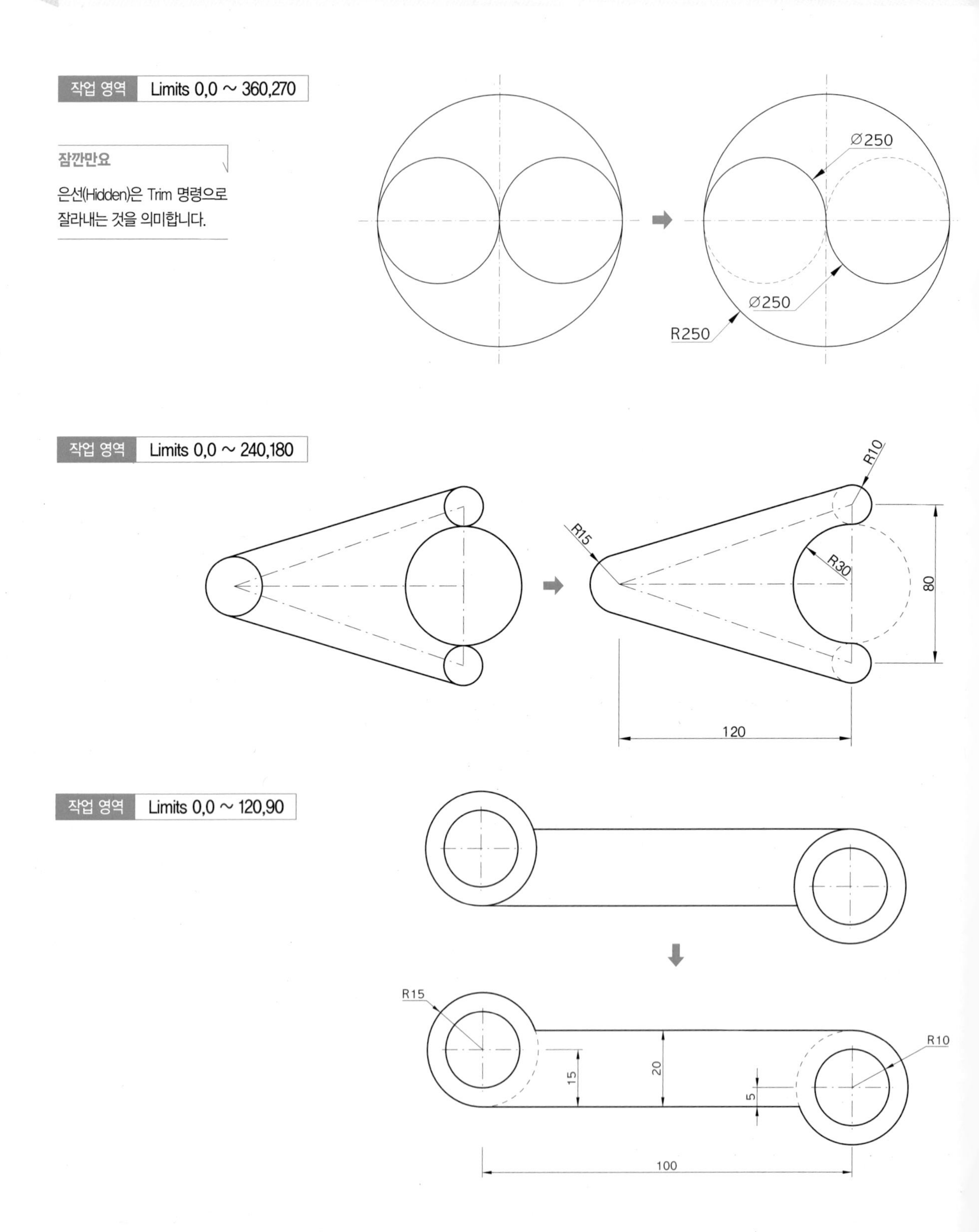

Trim 연습 문제 | Circle, Line, Trim

작업 영역	Limits 0,0 ~ 240,180

잠깐만요

은선(Hidden)은 Trim 명령으로 잘라내는 것을 의미합니다.

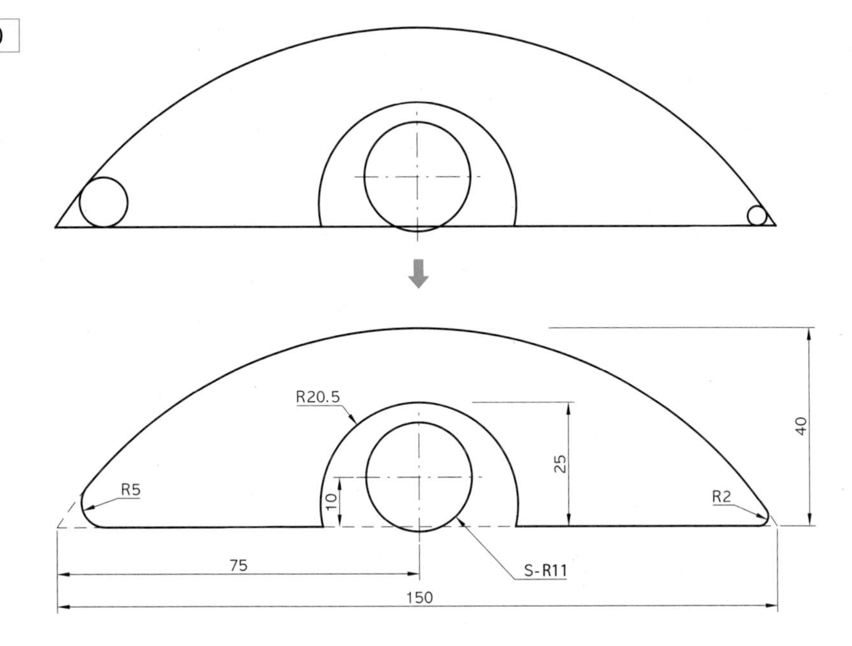

작업 영역	Limits 0,0 ~ 120,90

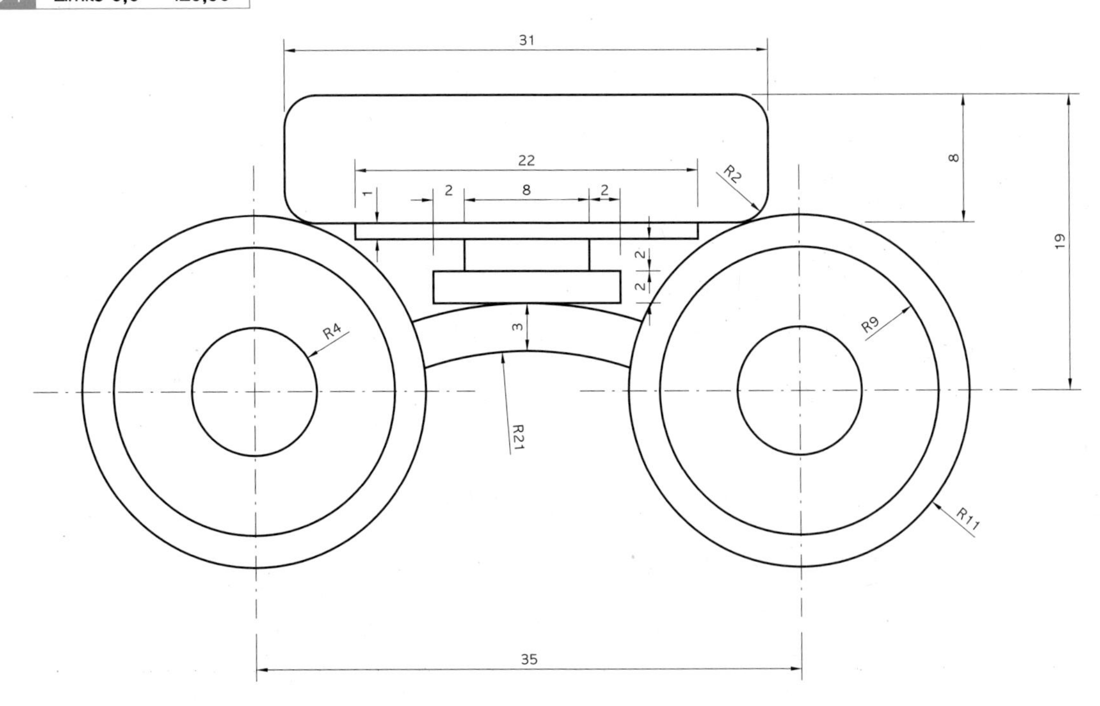

Trim 연습 문제 | Circle, Line, Trim

작업 영역	Limits 0,0 ~ 120,90

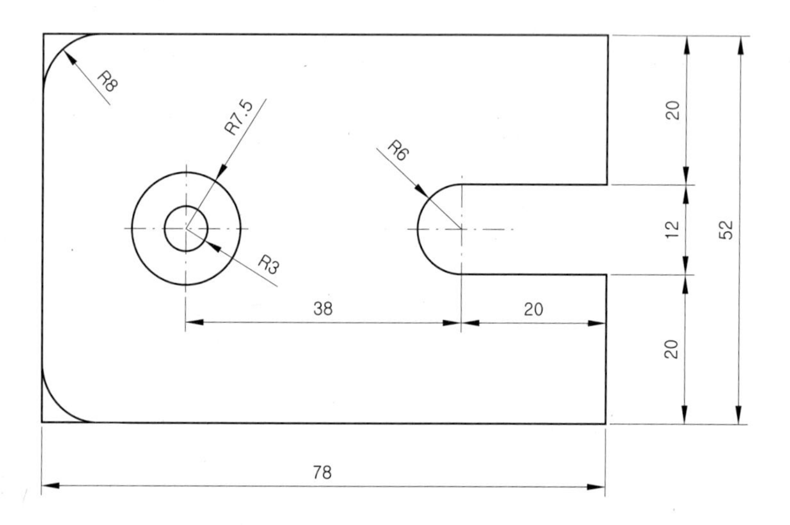

작업 영역	Limits 0,0 ~ 240,180

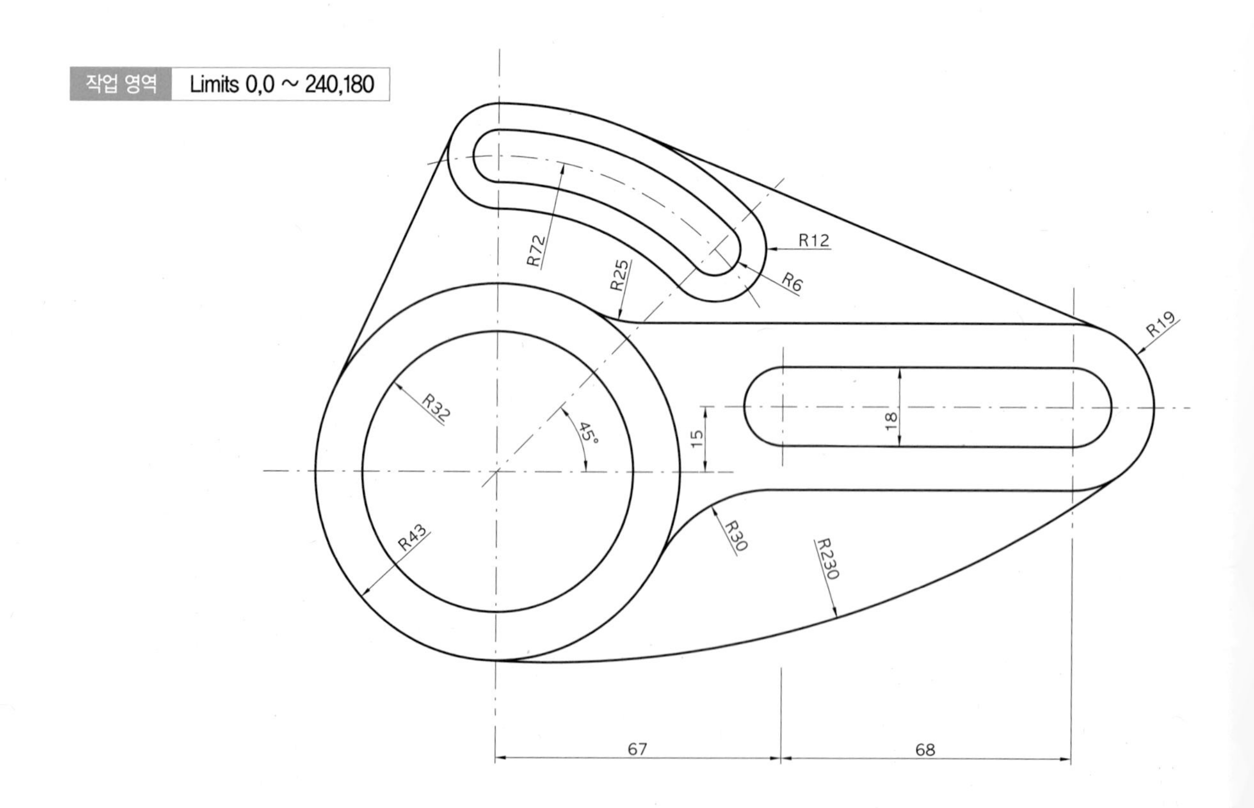

Trim 연습 문제 | Circle, Line, Trim

작업 영역	Limits 0,0 ~ 120,90

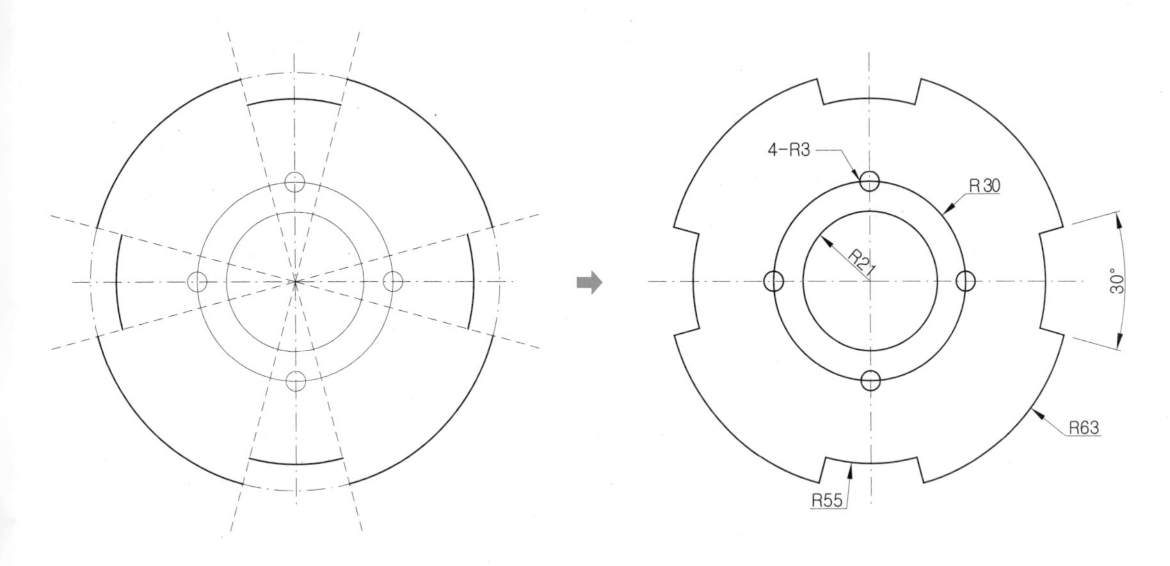

작업 영역	Limits 0,0 ~ 240,180

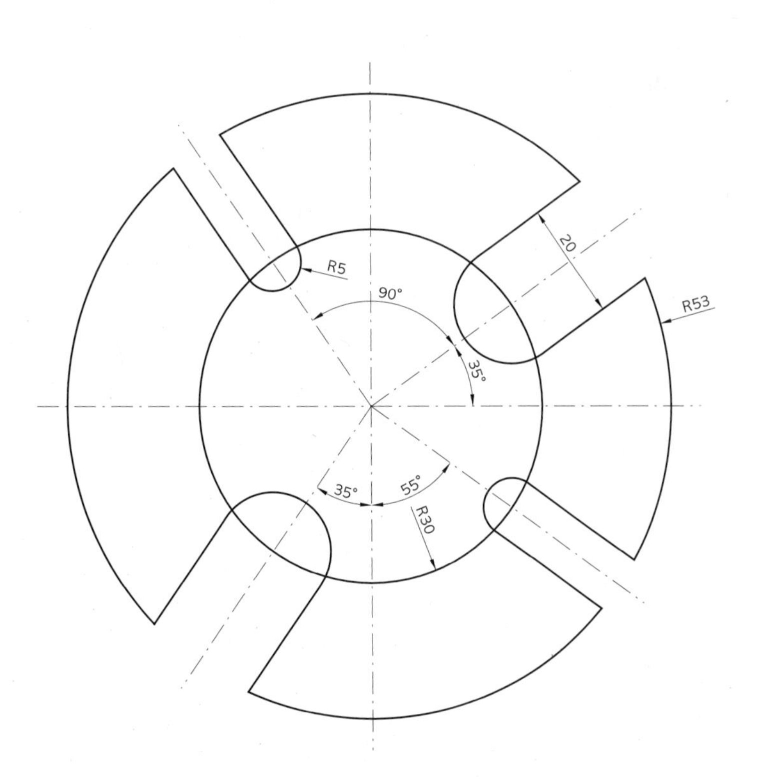

Section 02

등간격 복사하기 - Offset

Offset은 실무 도면 작업에서 사용 빈도 수가 높은 기능 중 하나로써 기준선 및 설계도면의 외곽선을 그린 후 불필요한 부분을 제거하는 방법으로 많이 사용합니다.

Step 01

Offset의 이해

Offset은 선택한 객체를 일정한 간격으로 복사하는 기능입니다. 선뿐만 아니라 호, 원 및 선 등 모든 도면 요소에 적용됩니다. 먼저 등간격으로 복사할 거리 값을 입력한 후 적용할 객체를 선택하여 적용합니다.

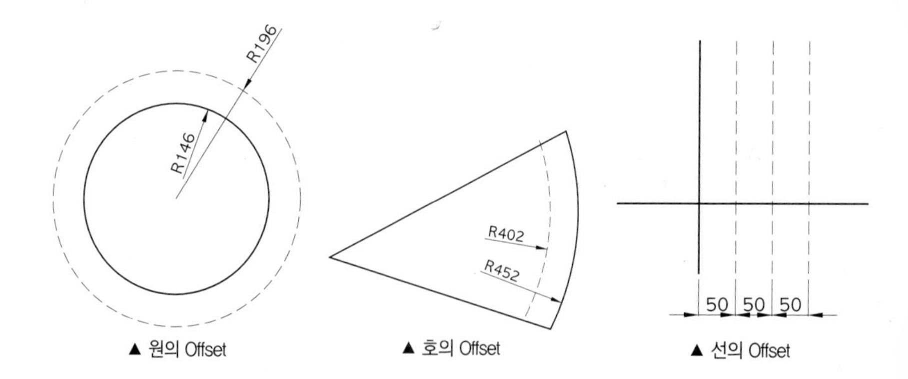

▲ 원의 Offset ▲ 호의 Offset ▲ 선의 Offset

입력 형식

```
Command : offset
Current settings : Erase source=No  Layer=Source
OFFSETGAPTYPE=0 (Offset 명령의 현재 설정 값을 표시합니다.)
Specify offset distance or [Through/Erase/Layer] <131.4805> : (간격 띄우기 거리 값을 입력합니다.)
Select object to offset or [Exit/Undo] <Exit> : (간격을 띄울 객체를 선택합니다.)
Specify point on side to offset or [Exit/Multiple/Undo] <Exit> : (복제할 객체의 방향을 설정합니다.)
Select object to offset or [Exit/Undo] <Exit> : (Spacebar를 눌러 명령을 종료합니다.)
```

Offset 설정별 특징

- **Through** : 임의의 지점에 Offset을 적용할 때 사용합니다.
- **Erase** : Offset 명령 실행 후 원본 객체를 삭제합니다.
- **Layer** : Offset 명령으로 생성되는 객체를 현재 도면층에 적용할지 원본 객체와 같은 도면층에 적용할지를 결정합니다.
- **Undo** : Trim 명령에서 전 단계의 간격 띄우기를 취소합니다.

Step 02

Offset 예제 따라하기

Offset은 등간격 복사 명령어로 선뿐만 아니라 원 또는 호에 적용할 수 있습니다.

작업 영역	Limits 0,0 ~ 240,180

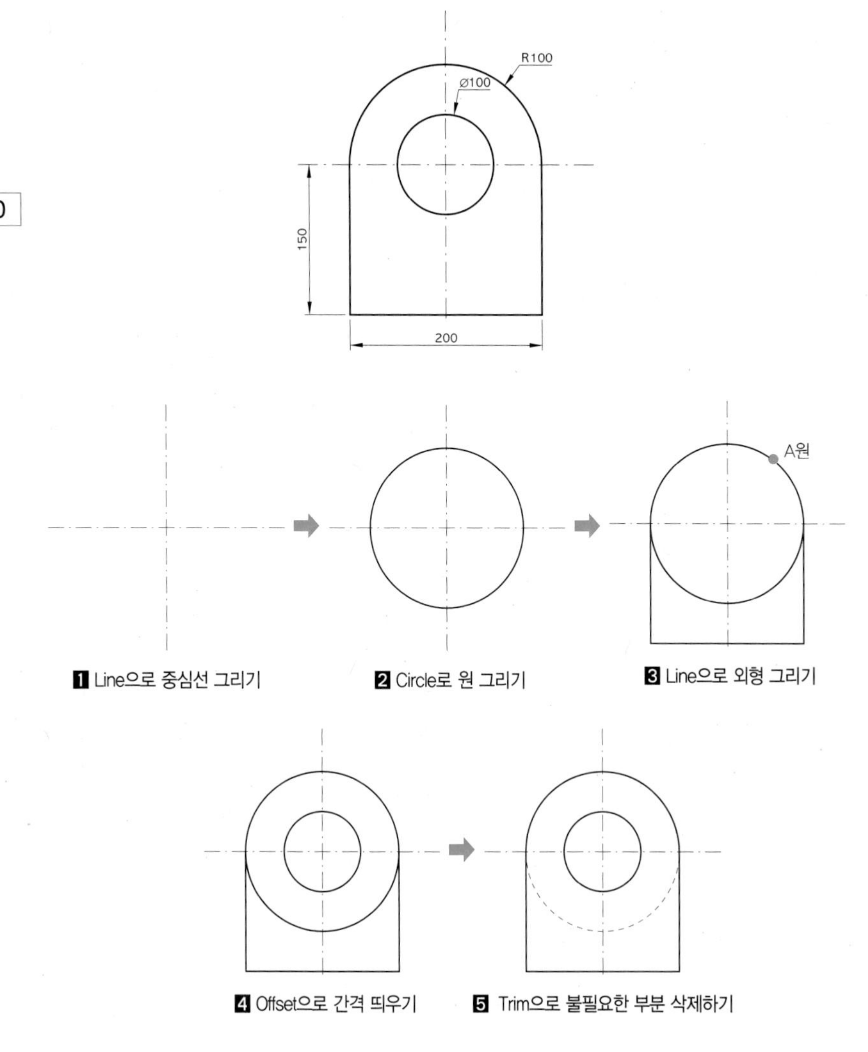

❶ Line으로 중심선 그리기 ❷ Circle로 원 그리기 ❸ Line으로 외형 그리기

❹ Offset으로 간격 띄우기 ❺ Trim으로 불필요한 부분 삭제하기

그리는 방법

Command : offset
Current settings : Erase source=No Layer=Source OFFSETGAPTYPE=0
Specify offset distance or [Through/Erase/Layer] <10.0000> : 50
(간격 띄우기 거리 값을 입력합니다.)
Select object to offset or [Exit/Undo] <Exit> : (A원을 선택합니다.)
Specify point on side to offset or [Exit/Multiple/Undo] <Exit> : (A원을 기준으로 안쪽 방향을 선택합니다.)
Select object to offset or [Exit/Undo] <Exit> : (Spacebar를 눌러 명령을 종료합니다.)

Offset 연습 문제 | Line, Circle, Offset

작업 영역	Limits 0,0 ~ 120,90

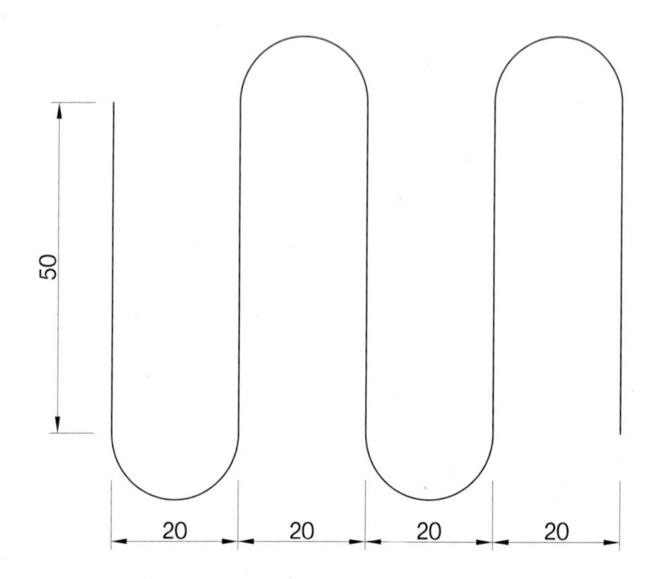

작업 영역	Limits 0,0 ~ 120,90

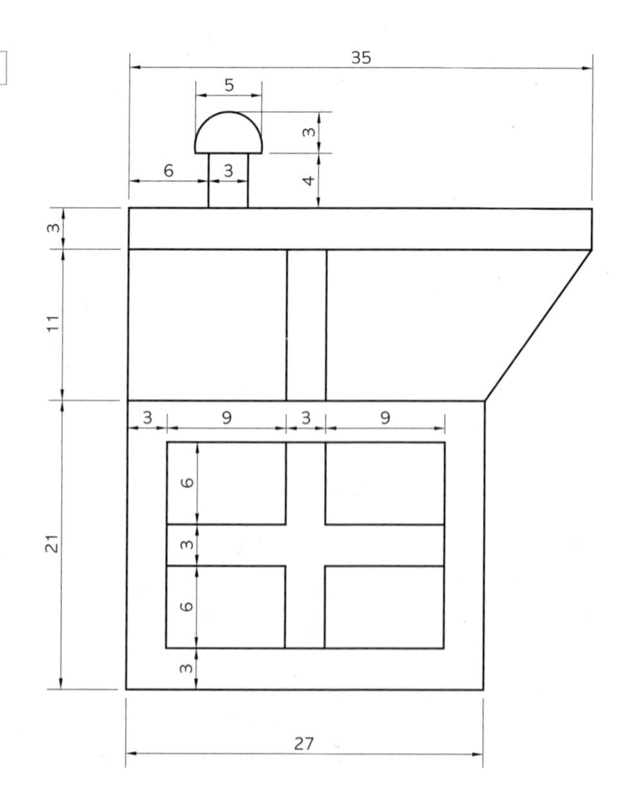

Offset 연습 문제 | Line, Circle, Offset

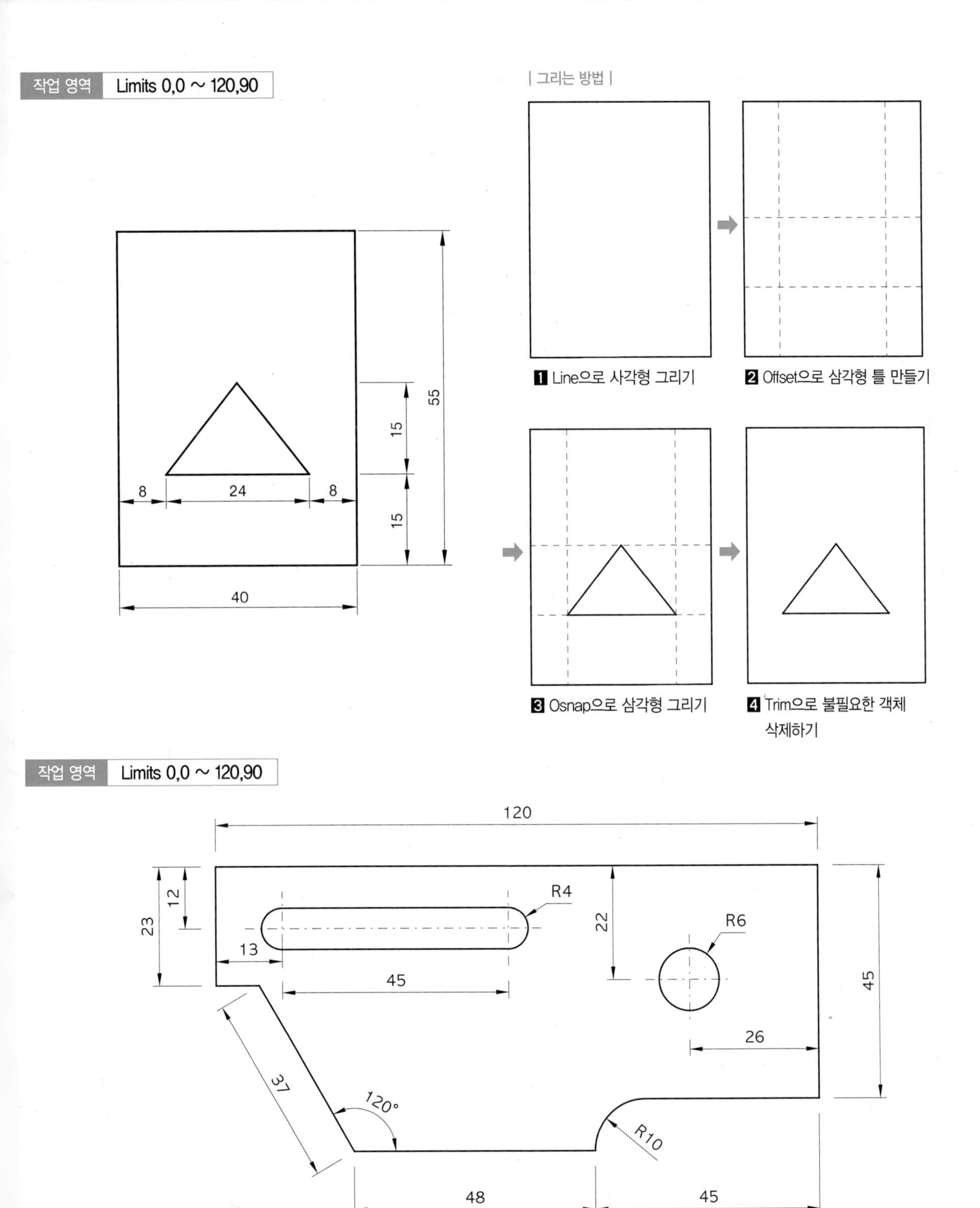

Section 03

대칭 복사하기 - Mirror

도면의 대칭 여부를 판단하여 일정 부분만 도면을 작성한 후, Mirror 명령으로 대칭 복사하면 작업시간을 단축할 수 있습니다. 기계 및 제품의 대칭 모양 설계 시 절반만을 작성하여 도면을 쉽고 간략하게 표현하는 도면 생략을 실시합니다.

Step 01

Mirror의 이해

Mirror 명령으로 동일한 객체를 상하좌우 방향은 물론 지정한 선을 기준으로 대칭 복사할 수 있습니다.

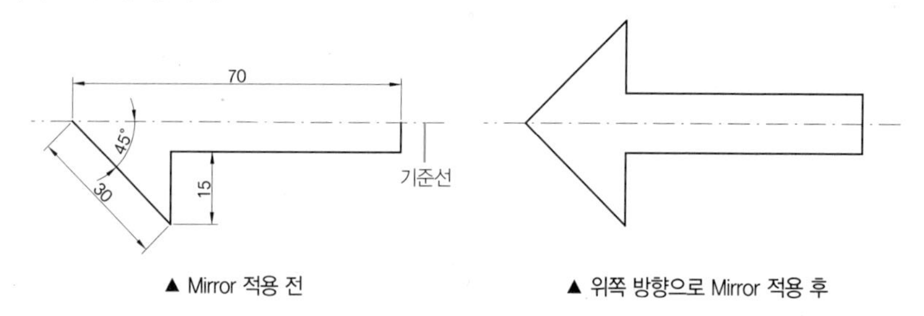

▲ Mirror 적용 전 ▲ 위쪽 방향으로 Mirror 적용 후

입력 형식

```
Command : mirror
Select objects : (Mirror 명령에 사용할 원본 객체를 선택합니다.)
Select objects : (Spacebar를 눌러 다음 메뉴를 진행합니다.)
Specify first point of mirror line : (대칭축의 첫 번째 기준점을 선택합니다.)
Specify second point of mirror line : (대칭축의 두 번째 기준점을 선택합니다.)
Erase source objects? [Yes/No] <N> : (원본 객체의 삭제 여부를 결정합니다.)
```

Mirror 설정별 특징

- **Yes** : 원본 객체를 삭제하며 대칭 복사 객체만 작성합니다.
- **No** : 원본 객체를 삭제하지 않고 대칭 복사 객체도 작성합니다.

Step 02

Mirror 예제 따라하기

작업 영역	Limits 0,0 ~ 240,180

도면을 대칭 복사하는 경우 대칭이 되는 기준선을 잘 파악해야 합니다. 이때 기준선이 잘못되면 도면 모양이 정확하지 않거나 중복되는 선들이 나타날 수 있으므로 주의합니다.

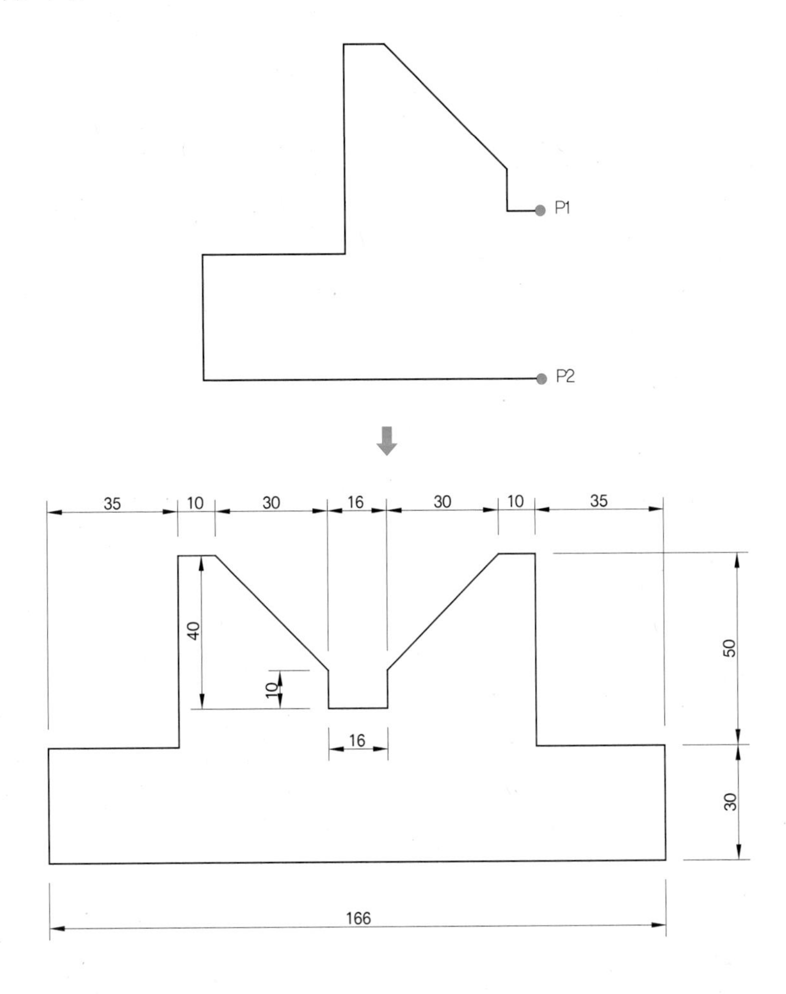

그리는 방법

```
Command : mirror
Select objects : 8 found (대칭 복사할 원본 객체를 선택합니다.)
Select objects : (Spacebar를 눌러 다음 메뉴를 진행합니다.)
Specify first point of mirror line : end of (P1 점을 선택합니다.)
Specify second point of mirror line : end of (P2 점을 선택합니다.)
Erase source objects? [Yes/No] <N> : n (No 옵션을 선택합니다.)
```

Mirror 연습 문제 | Line, Circle, Mirror

작업 영역	Limits 0,0 ~ 2400,1800

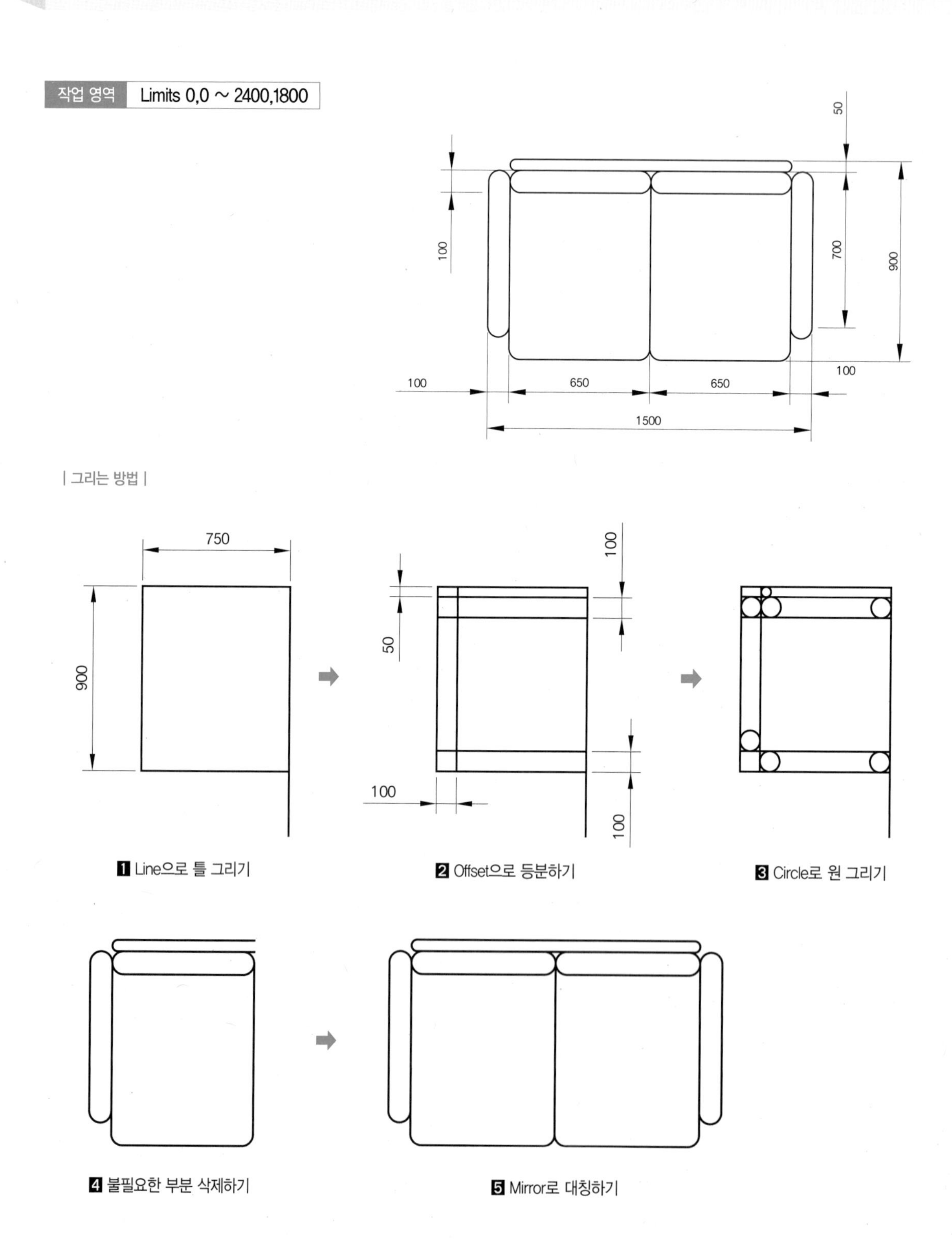

Mirror 연습 문제 | Line, Circle, Mirror

작업 영역 | Limits 0,0 ~ 240, 180

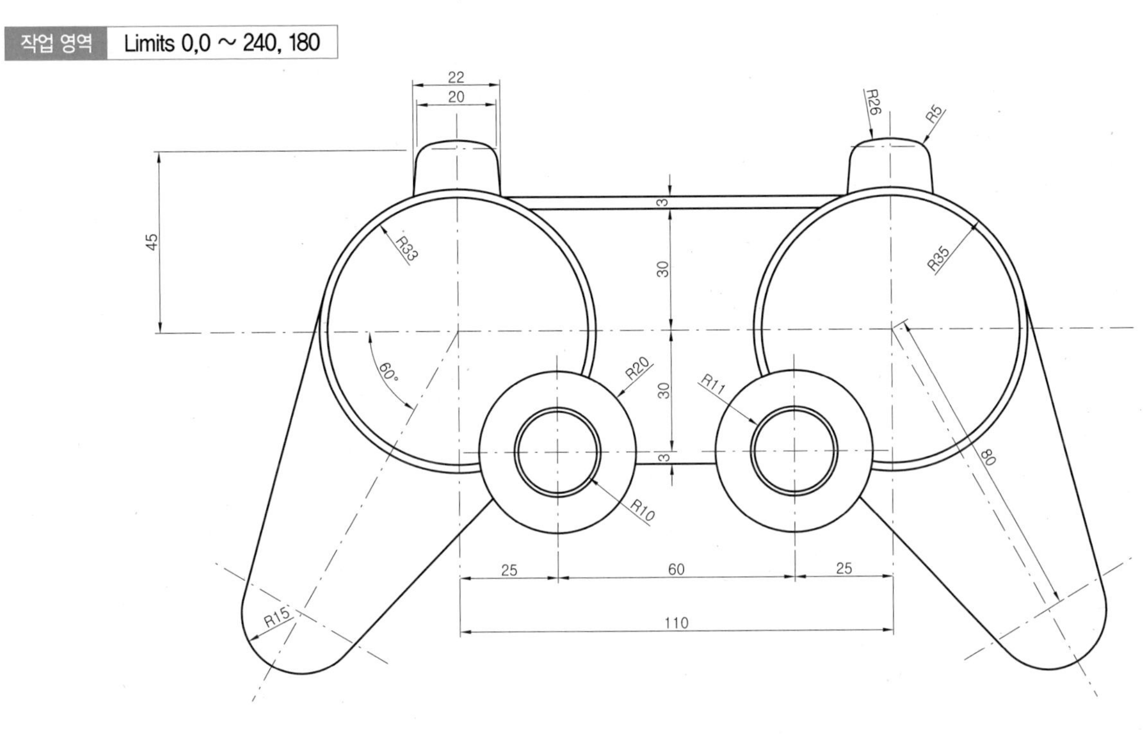

작업 영역 | Limits 0,0 ~ 240, 180

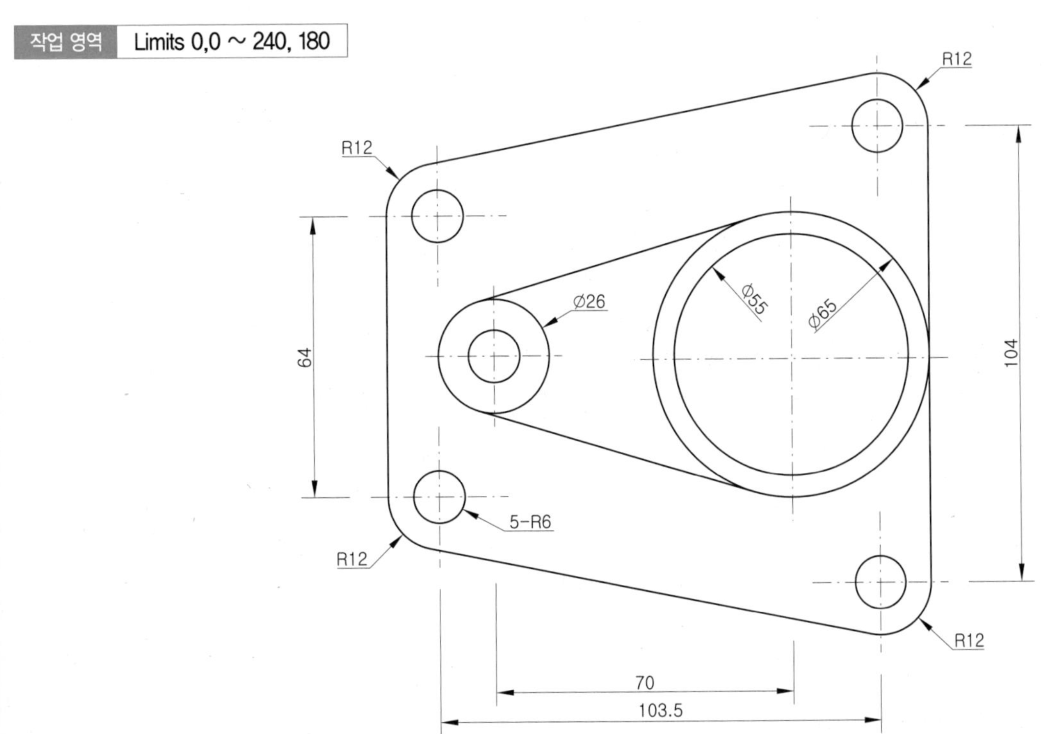

Mirror 연습 문제 | Line, Circle, Mirror

작업 영역	Limits 0,0 ~ 240, 180

잠깐만요

4-C3의 C3란 모서리 모깎기의 거리 값이 3이란 것을 의미하며, 4는 모서리 모깎기를 사용하는 부분이 4개라는 의미입니다.

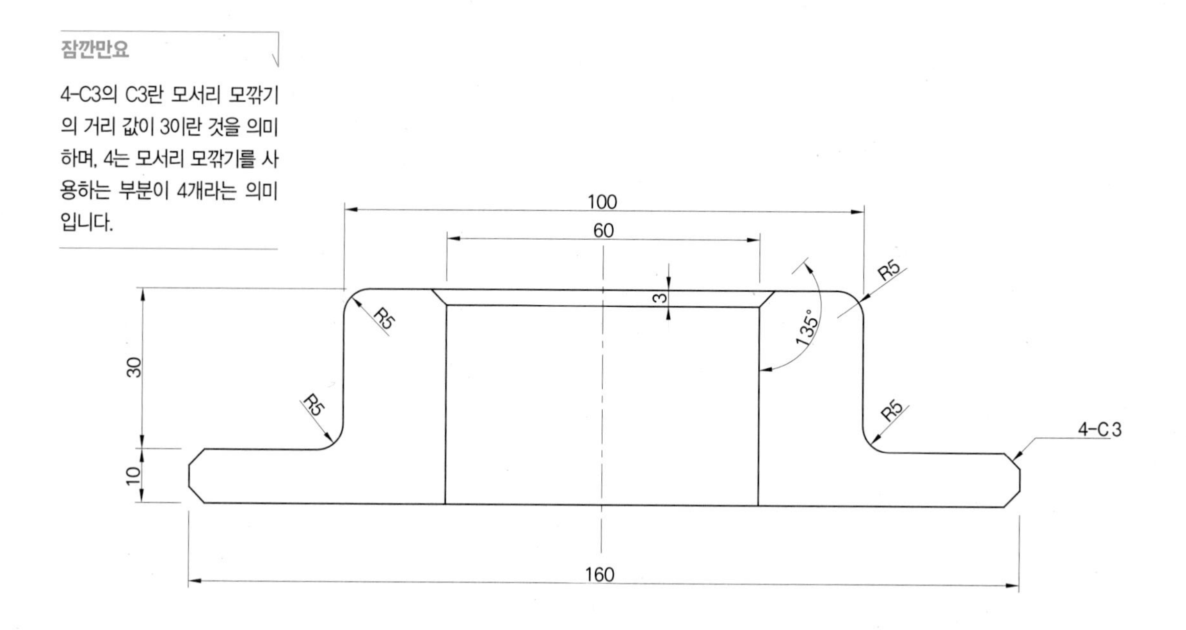

작업 영역	Limits 0,0 ~ 240, 180

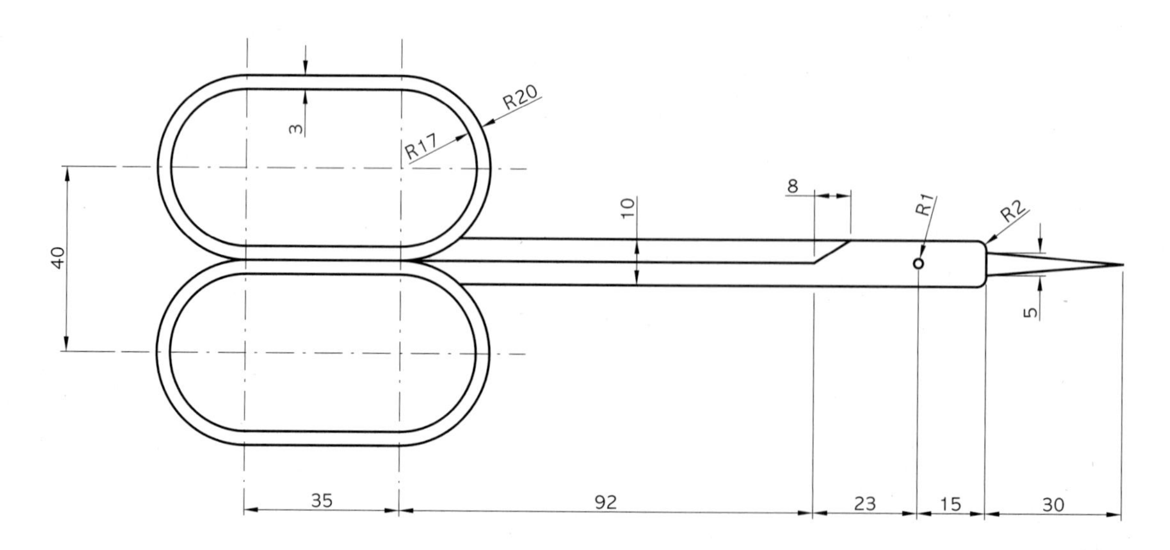

Mirror 연습 문제 | Line, Circle, Mirror

작업 영역	Limits 0,0 ~ 240, 180

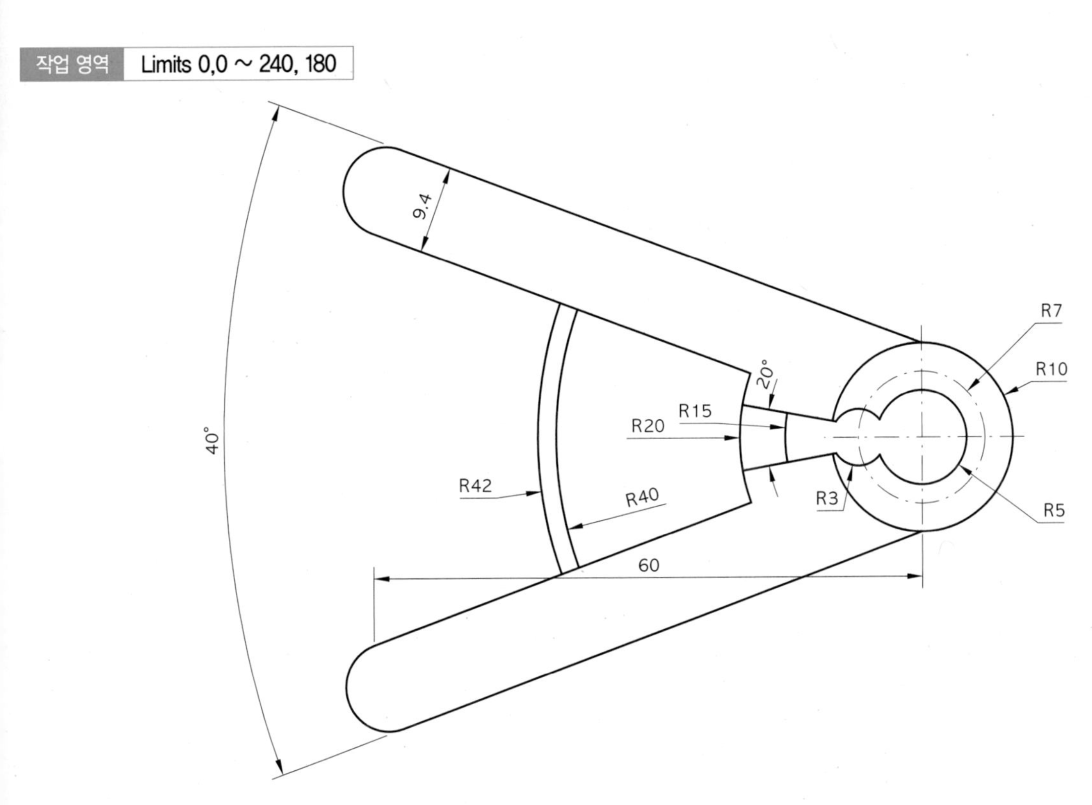

작업 영역	Limits 0,0 ~ 240, 180

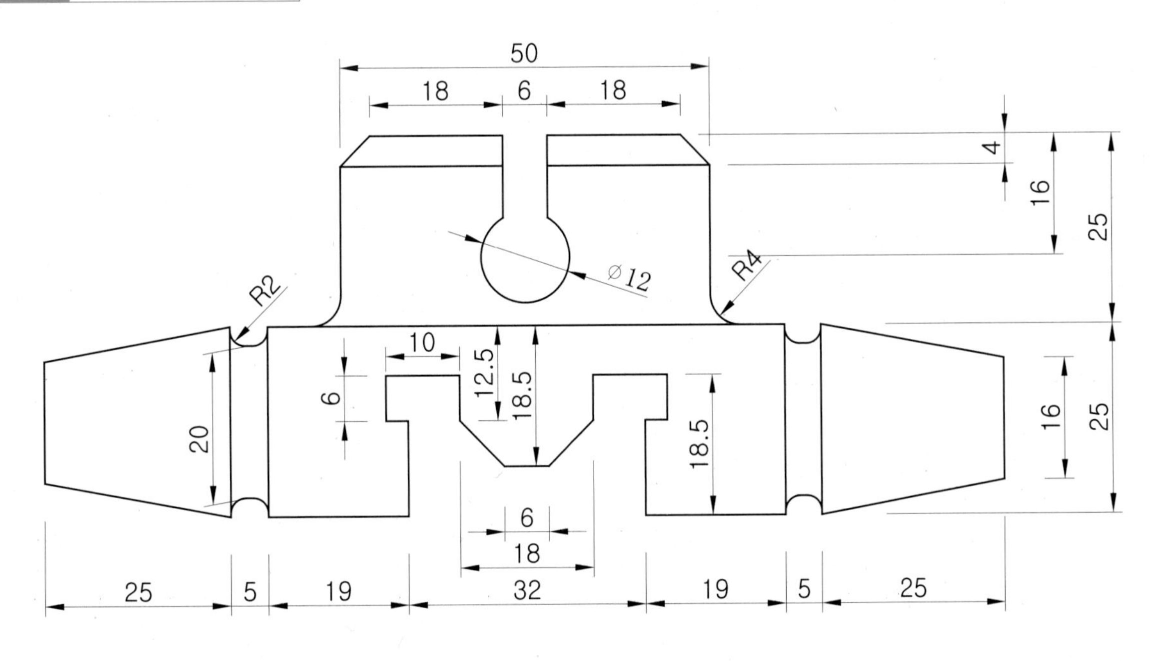

Section 04

객체 연장하기 - Extend

Extend는 선이나 기준선을 연장해야 할 경우 선택한 객체의 방향을 유지하면서 일정한 지점까지 연장시킬 수 있는 명령입니다.

Step 01 Extend의 이해

연장할 지점에 위치한 객체를 선택한 후, 연장할 선을 선택하고 명령어를 입력합니다. Extend 명령의 Edge 옵션을 사용하면 교차하는 기준선 및 교차하지 않는 기준선에도 적용할 수 있습니다.

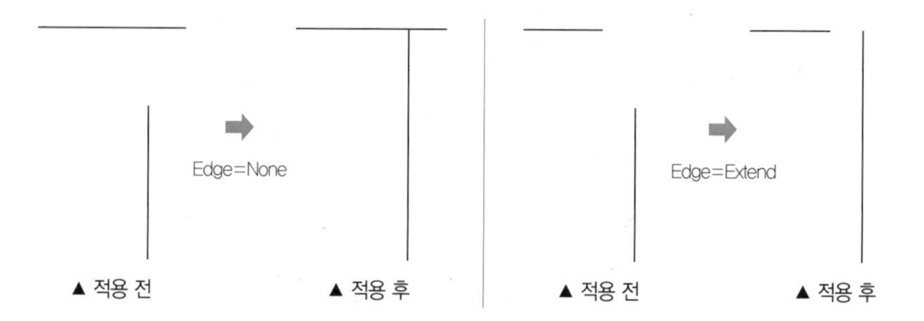

▲ 적용 전 ▲ 적용 후 ▲ 적용 전 ▲ 적용 후

입력 형식

```
Command : extend
Current settings : Projection=UCS, Edge=None
Select boundary edges ...
Select objects or <select all> : (연장할 때의 기준선을 선택합니다. 기준은 단일/다중으로 선택 가능합니다.)
Select objects : (Spacebar를 눌러 다음 메뉴를 진행합니다.)
Select object to extend or shift-select to trim or[Fence/Crossing/Project/Edge/Undo] :
(연장할 객체를 선택하거나 옵션을 선택합니다.)
Select object to extend or shift-select to trim or[Fence/Crossing/Project/Edge/Undo] :
(Spacebar를 눌러 명령을 종료합니다.)
```

Extend 설정별 특징

- **Fence** : 울타리를 치듯이 선을 그려 잘라낼 객체를 선택합니다.
- **Crossing** : 사각형 영역으로 잘라낼 객체를 선택하며 사각형 영역에 있는 모든 객체에 적용됩니다.
- **Project** : 3D 상에서 객체 연장 시 사용하는 투영 방식입니다.
- **Edge** : Extend 명령에서 연장선 생성 시 연장 기준선의 가상 연장선 설정 여부를 결정합니다.
- **Undo** : Extend 명령에서 전 단계의 연장 취소 시 사용합니다.

Step 02

Extend 예제 따라하기

작업 영역	Limits 0,0 ~ 240,180

Extend는 짧은 객체를 연장하는 기능이며 호를 연장할 때는 정원(Circle)이 되는 지점에서는 연장되지 않습니다.

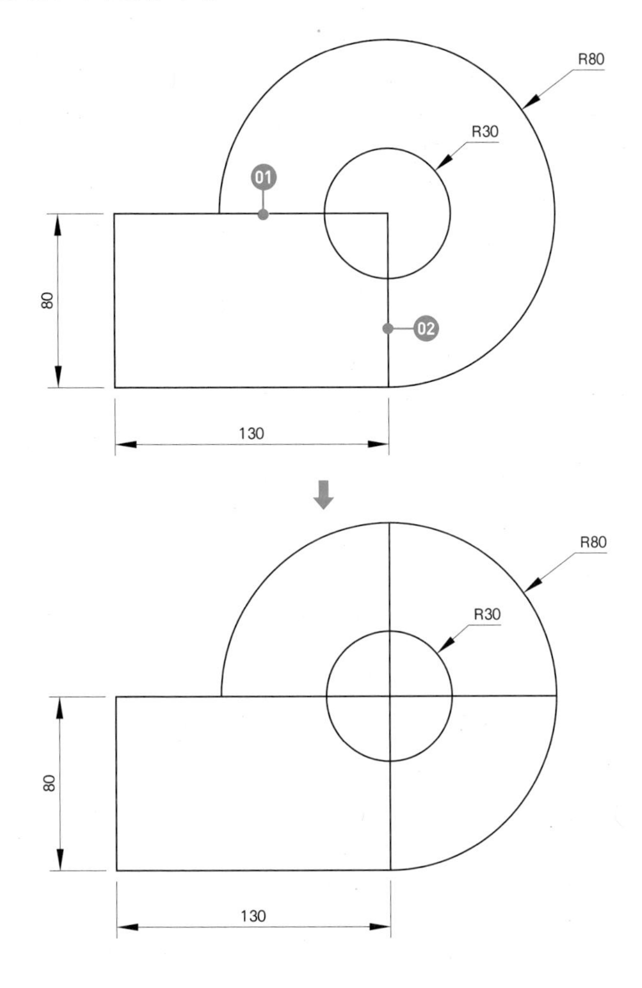

그리는 방법

Command : extend
Current settings : Projection=UCS, Edge=None
Select boundary edges ...
Select objects or <select all> : 1 found (A 원을 선택합니다.)
Select objects : (Spacebar를 눌러 다음 메뉴를 진행합니다.)
Select object to extend or shift-select to trim or[Fence/Crossing/Project/Edge/Undo] :
(❶ 선의 오른쪽 끝 부분을 선택합니다.)
Select object to extend or shift-select to trim or[Fence/Crossing/Project/Edge/Undo] :
(❷ 선의 위쪽 끝 부분을 선택합니다.)
Select object to extend or shift-select to trim or[Fence/Crossing/Project/Edge/Undo] :
(Spacebar를 눌러 명령을 종료합니다.)

Extend 연습 문제 | Line, Extend

작업 영역	Limits 0,0 ~ 240,180

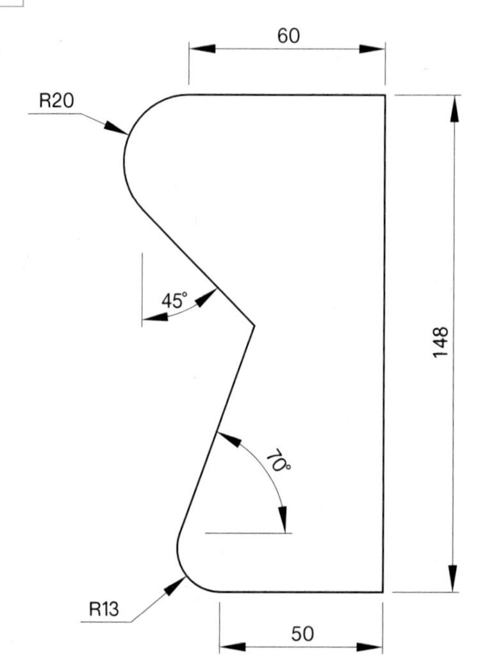

| 그리는 방법 |

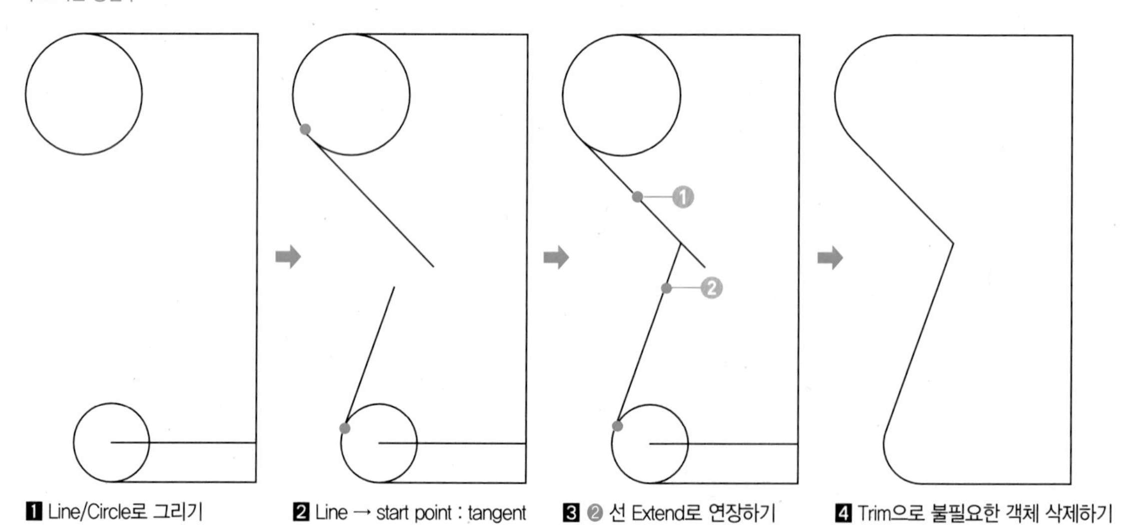

❶ Line/Circle로 그리기 ❷ Line → start point : tangent ❸ ❷ 선 Extend로 연장하기 ❹ Trim으로 불필요한 객체 삭제하기

Extend 연습 문제 | Line, Extend

작업 영역	Limits 0,0 ~ 240,180

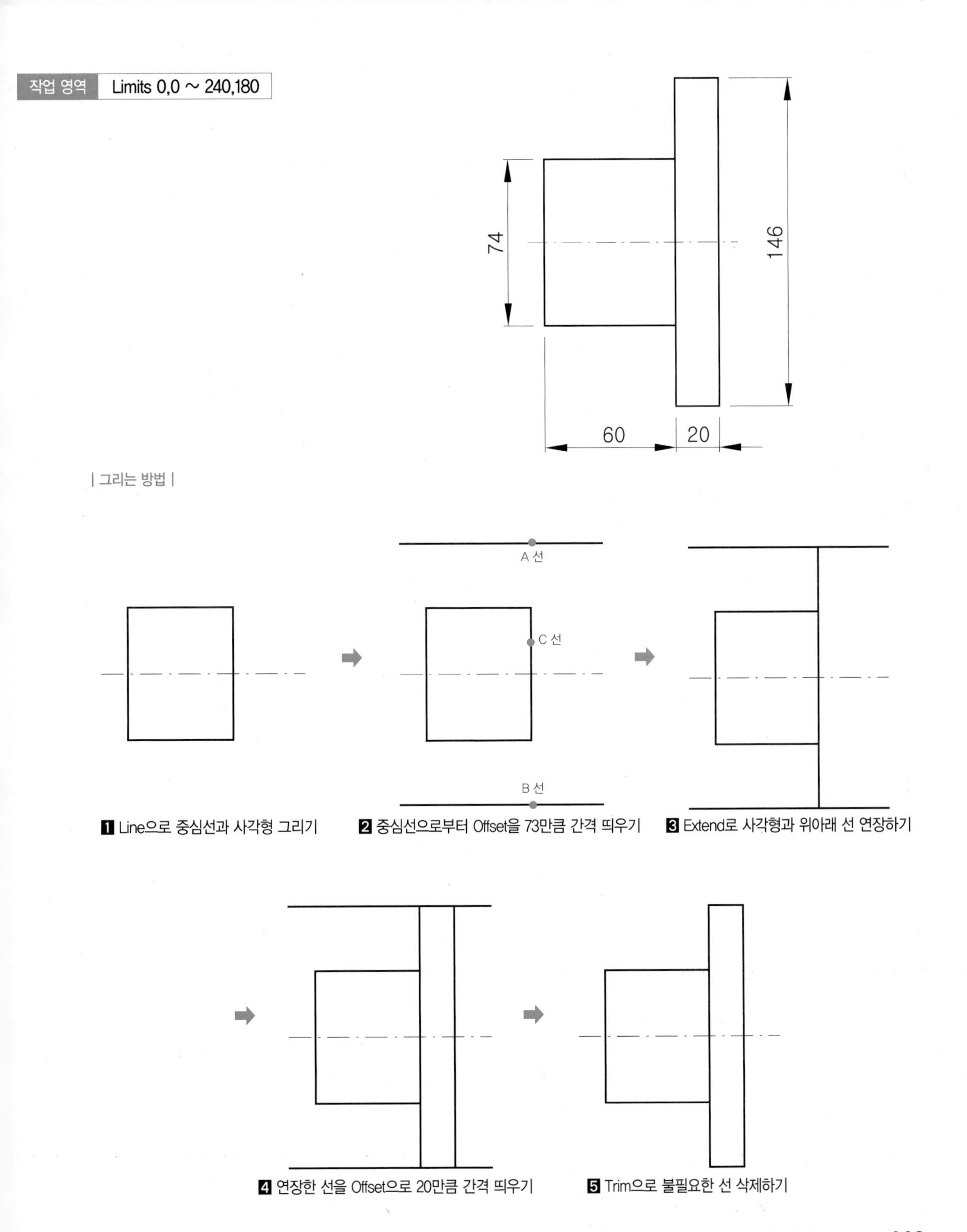

Extend 연습 문제 | Line, Extend, Offset

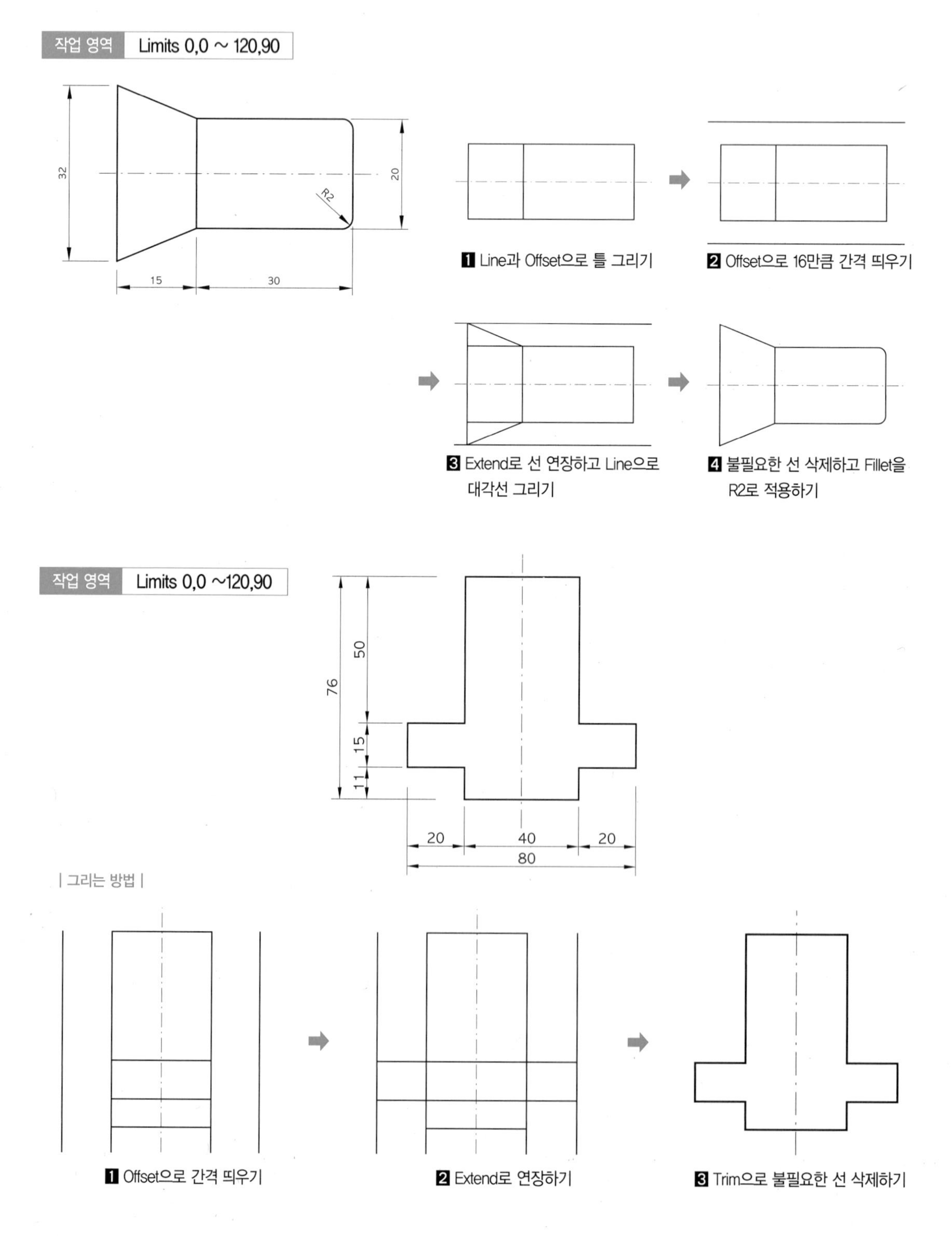

Extend 연습 문제 | Line, Arc, Offset, Trim, Extend

작업 영역	Limits 0,0 ~ 120,90

잠깐만요

M20이란 미터나사를 설명하는 것으로 미터나사의 골과 산의 높이 값은 M 값의 1/8d ~1/10d로 지정하여 사용합니다.

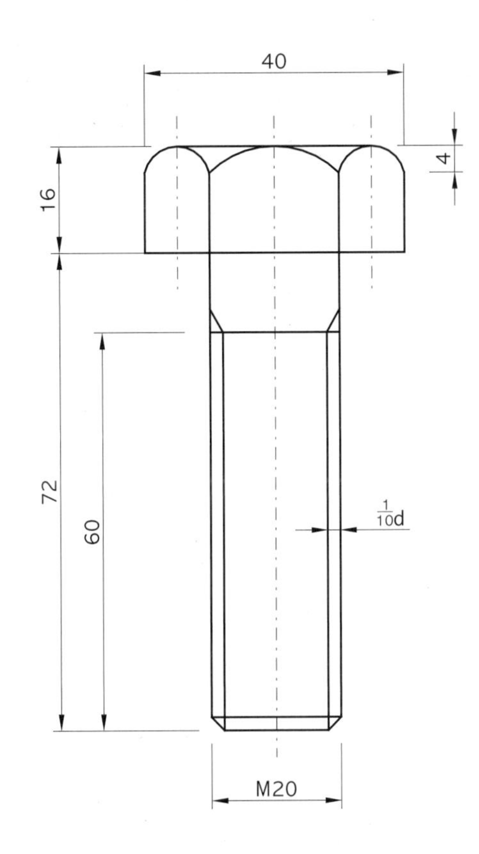

작업 영역	Limits 0,0 ~ 120,90

| 그리는 방법 |

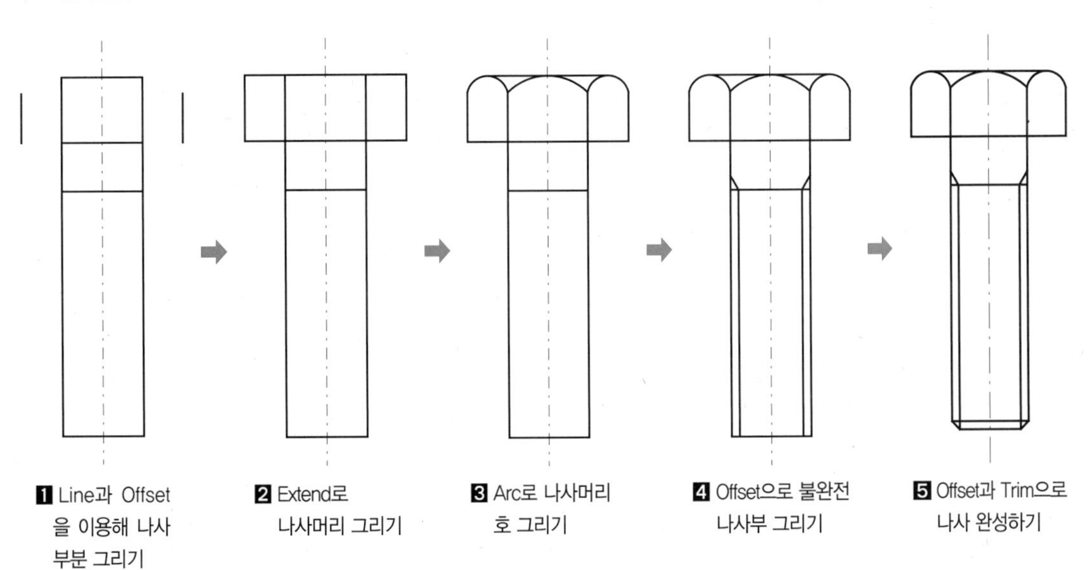

1 Line과 Offset을 이용해 나사 부분 그리기

2 Extend로 나사머리 그리기

3 Arc로 나사머리 호 그리기

4 Offset으로 불완전 나사부 그리기

5 Offset과 Trim으로 나사 완성하기

Section
05
다중 배열 복사하기 - Array

Array는 건축도면에서 동일한 도면 요소들을 배치하기 위해 사용되며 기계도면에서는 기어, 체인스프릿킷 등을 설계할 때 유용하게 사용할 수 있습니다.

Step 01
Array의 이해

Array는 동일한 객체를 일정한 패턴으로 배열할 때 사용하는 명령어로 배열 형식은 원형 배열과 직사각형 배열, 경로 배열로 구분됩니다.

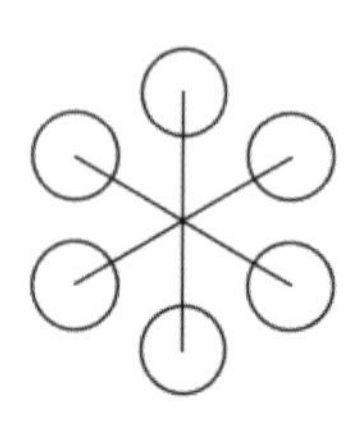
▲ 원형 배열

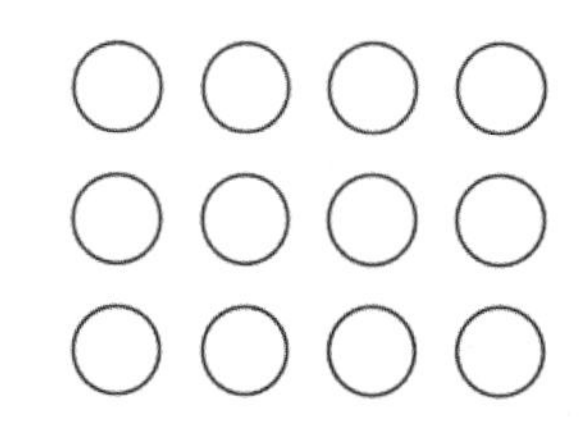
▲ 사각형 배열

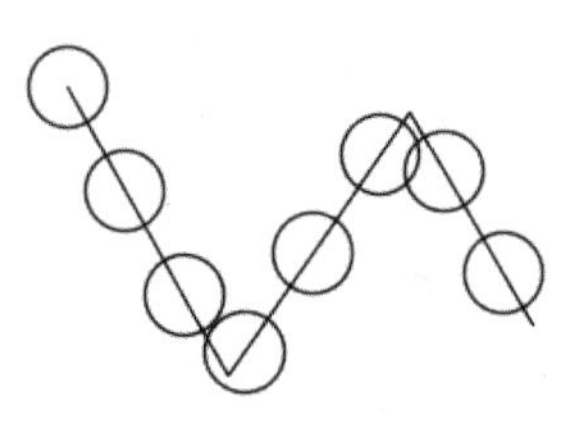
▲ 경로 배열

입력 형식

```
Command : Array
Select objects : (다중 배열할 원본 객체를 선택합니다.)
Select objects : (Spacebar를 눌러 다음 메뉴를 진행합니다.)
Enter array type [Rectangular/PAth/POlar] <Rectangular> : (선택할 옵션 방식을 선택합니다.)
```

Array 설정별 특징

- **Rectangular** : 선택한 객체를 열과 행으로 사각형 배열 복사합니다.
- **PAth** : 선택한 객체를 경로에 따라 경로 배열 복사합니다.
- **POlar** : 선택한 객체를 원형 배열 복사합니다.

Array 대화상자 설정 옵션

■ **Polar Array :** 원본 객체를 원형 방향으로 배열 복사합니다.

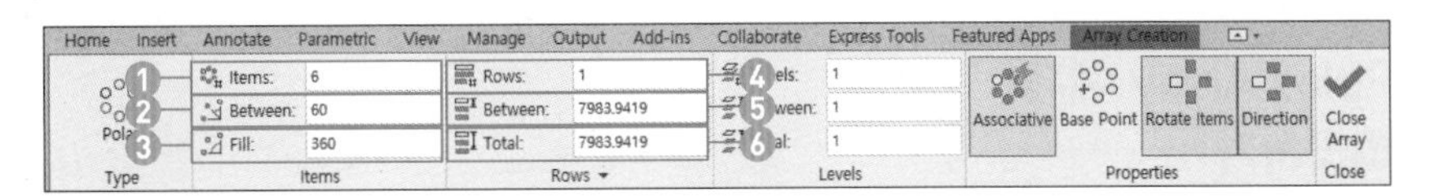

❶ **Items** : 배열 복사할 객체의 개수를 지정합니다.
❷ **Between** : 기준점을 기준으로 객체 간의 회전각도 간격 값을 지정합니다.
❸ **Fill** : 기준점을 기준으로 원형 배열 전체의 회전각도 값을 지정합니다.
❹ **Rows** : 행에 배열되는 객체의 개수를 지정합니다.
❺ **Between** : 기준점을 기준으로 객체의 간격 값을 지정합니다.
❻ **Total** : 기준점을 기준으로 배열되는 객체의 전체 거리 값을 지정합니다.

■ **Rectangular Array :** 원본 객체를 열(Column)과 행(Row) 방향으로 배열 복사합니다.

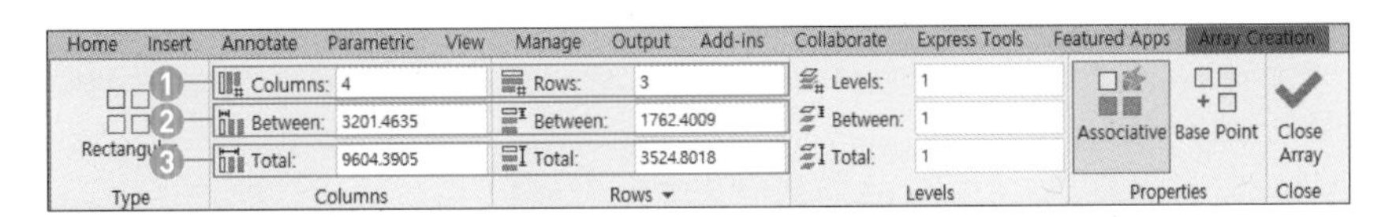

❶ **Columns/Rows** : 열과 행에 배열되는 객체의 개수를 지정합니다.
❷ **Between** : 기준점을 기준으로 객체의 간격 값을 지정합니다.
❸ **Total** : 기준점을 기준으로 배열되는 객체의 전체 거리 값을 지정합니다.

■ **Path Array :** 원본 객체를 선택한 경로(Path)를 따라 배열 복사합니다.

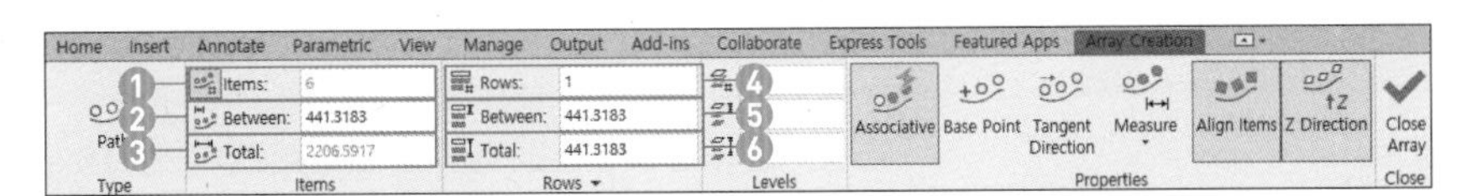

❶ **Items** : 배열 복사할 객체의 개수를 지정합니다.
❷ **Between** : 기준점을 기준으로 객체의 간격 값을 지정합니다.
❸ **Total** : 기준점을 기준으로 배열되는 객체의 전체 거리 값을 지정합니다.
❹ **Rows** : 행에 배열되는 객체의 개수를 지정합니다.
❺ **Between** : 기준점을 기준으로 객체의 간격 값을 지정합니다.
❻ **Total** : 기준점을 기준으로 배열되는 객체의 전체 거리 값을 지정합니다.

Step 02

Polar Array 예제 따라하기

원형 배열은 기준점에 해당하는 회전축의 선택이 중요하며, 하나 이상의 선택된 도면 요소를 회전하면서 복사할 수 있습니다.

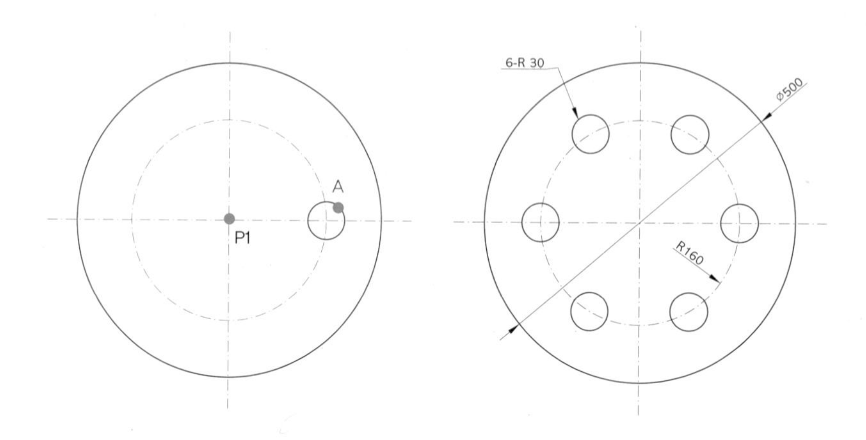

그리는 방법

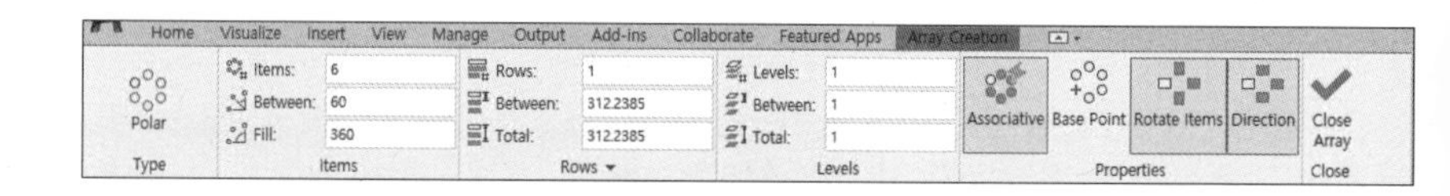

Command : array
Select objects : 1 found (A 객체를 선택합니다.)
Select objects : (Spacebar 를 눌러 다음 메뉴를 진행합니다.)
Enter array type [Rectangular/PAth/POlar] <Path> : po (원형 배열 옵션을 선택합니다.)
Type = Polar Associative = Yes
Specify center point of array or [Base point/Axis of rotation] : (회전의 기준점인 P1 점을 선택합니다.)
Select grip to edit array or [ASsociative/Base point/Items/Angle between/Fill angle/ROWs/Levels/ROTate items/eXit]<eXit> : I (Items 옵션을 선택합니다.)
Enter number of items in array or [Expression] <6> : 6 (복제로 생성할 개수를 지정합니다.)
Select grip to edit array or [ASsociative/Base point/Items/Angle between/Fill angle/ROWs/Levels/ROTate items/eXit]<eXit>: (Spacebar 를 눌러 명령을 종료합니다.)

Step 03

Rectangular Array 예제 따라하기

사각형 배열은 책상과 의자와 같은 집기류나 천장의 조명 등을 동일한 간격으로 배치할 때 유용하게 사용할 수 있습니다. 하나 이상의 객체를 선택할 수 있으며 행과 열의 간격을 각각 조절할 수 있습니다.

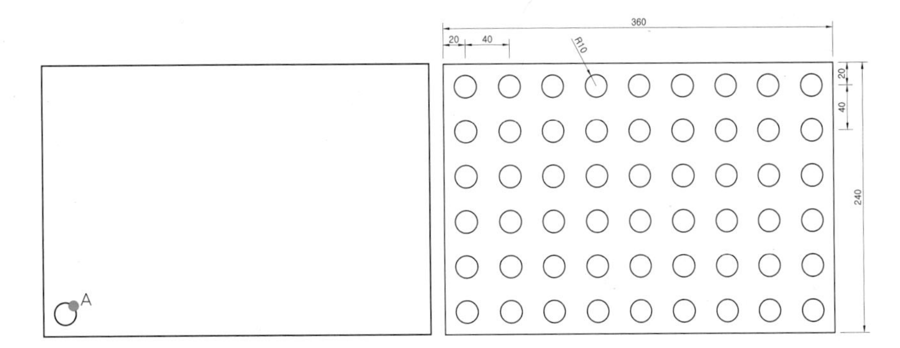

그리는 방법

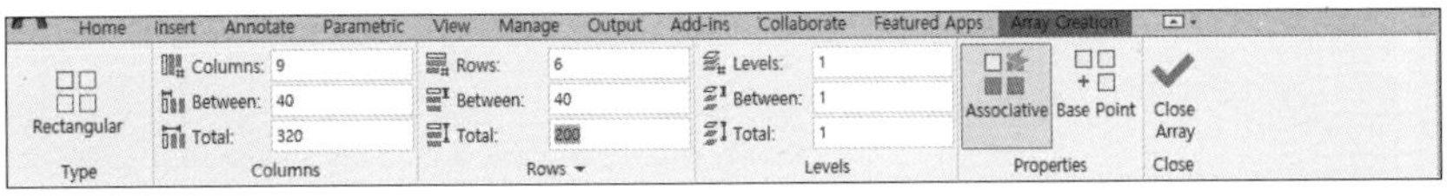

```
Command : array
Select objects : 1 found (A 객체를 선택합니다.)
Select objects : (Spacebar 를 눌러 명령을 진행합니다.)
Enter array type [Rectangular/PAth/POlar] <Polar> : r (사각형 배열 옵션을 선택합니다.)
Type = Rectangular  Associative = Yes
Select grip to edit array or [ASsociative/Base point/COUnt/Spacing/COLumns
/Rows/Levels/eXit]<eXit> : cou (COUnt 옵션을 선택합니다.)
Enter the number of columns or [Expression] <4> : 9 (X축으로 생성될 개수를 지정합니다.)
Enter the number of rows or [Expression] <3> : 6 (Y축으로 생성될 개수를 지정합니다.)
Select grip to edit array or [ASsociative/Base point/COUnt/Spacing/COLumns
/Rows/Levels/eXit]<eXit> : s (Spacing 옵션을 선택합니다.)
Specify the distance between columns or [Unit cell] <30.0000> : 40 (X축 객체 간 등간격 값을 입력합니다.)
Specify the distance between rows <30.0000> : 40 (Y축 객체 간 등간격 값을 입력합니다.)
Select grip to edit array or [ASsociative/Base point/COUnt/Spacing/COLumns.
/Rows/Levels/eXit]<eXit> : (Spacebar 를 눌러 명령을 종료합니다.)
```

Step 04

Path Array 예제 따라하기

경로 배열은 지정한 경로를 따라 설정한 거리 또는 개수만큼 객체를 배열 복사합니다. 거리의 가로수나 울타리와 같은 불규칙적인 동선에 배열할 경우 유용하게 사용할 수 있습니다.

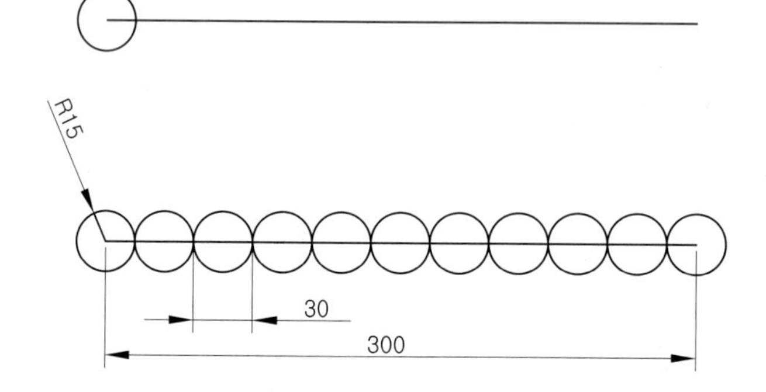

그리는 방법

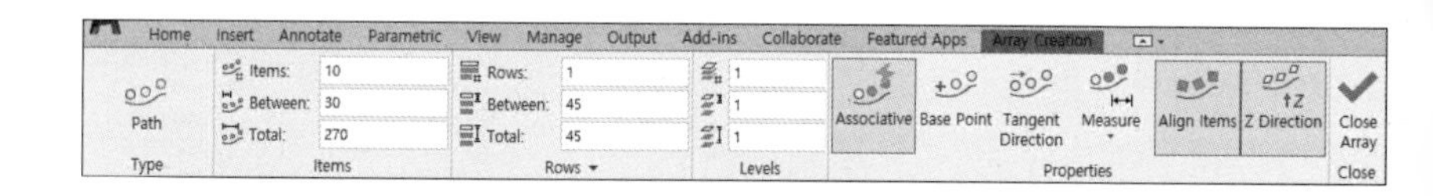

```
Command : array
Select objects : 1 found (A객체를 선택합니다.)
Select objects : (Spacebar를 눌러 명령을 진행합니다.)
Enter array type [Rectangular/PAth/POlar] <Rectangular> : pa
(Path 옵션을 선택합니다.)
Type = Path  Associative = Yes
Select path curve :
Select grip to edit array or [ASsociative/Method/Base point/
Tangent direction/Items
/Rows/Levels/Align items/Z direction/eXit]<eXit> : I (Items 옵션을
선택합니다.)
Specify the distance between items along path or [Expression]
<60.0000> : 30 (객체간의 등간격 거리 값을 입력합니다.)
Maximum items = 11 (자동으로 생성될 객체의 개수를 알려줍니다.)
Specify number of items or [Fill entire path/Expression] <11>
: (Spacebar를 눌러 명령을 종료합니다.)
```

Polar Array 연습 문제 | Line, Circle, Trim, Array

작업 영역	Limits 0,0 ~ 1200,900

잠깐만요

원형으로 배열할 객체 선택 시 중복되는 객체가 생성되지 않도록 주의해야 합니다.

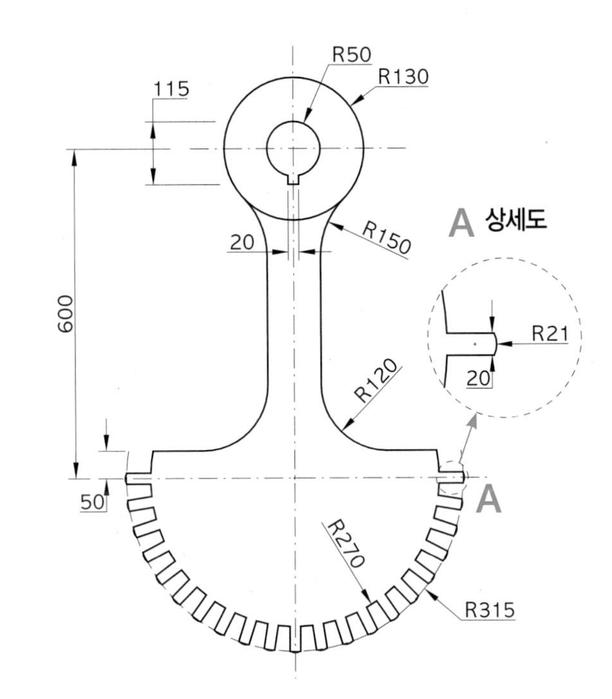

| 그리는 방법 |

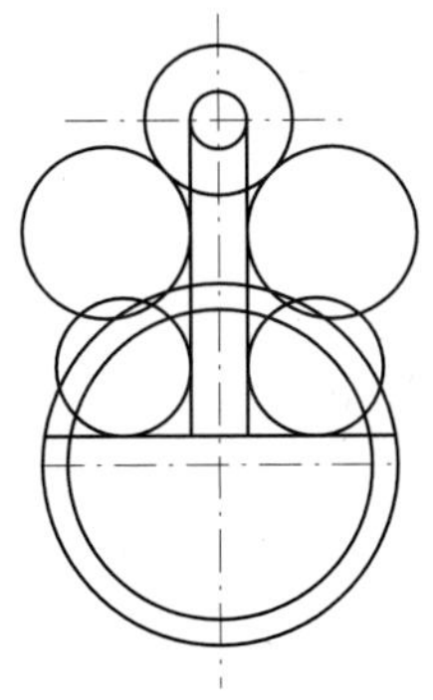

❶ Circle Ttr로 원 그리기

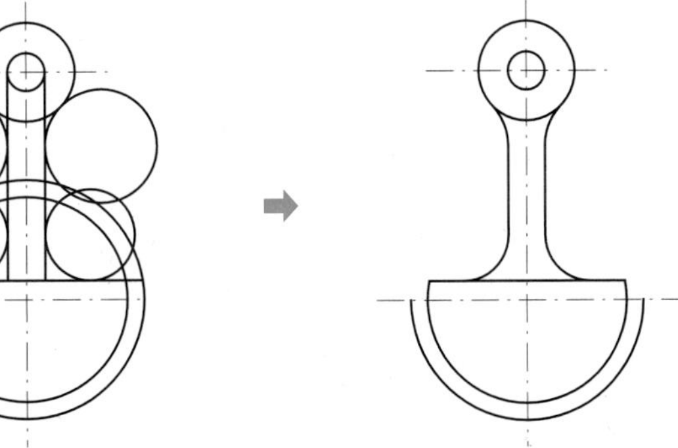

❷ Trim으로 외곽선 정리하기

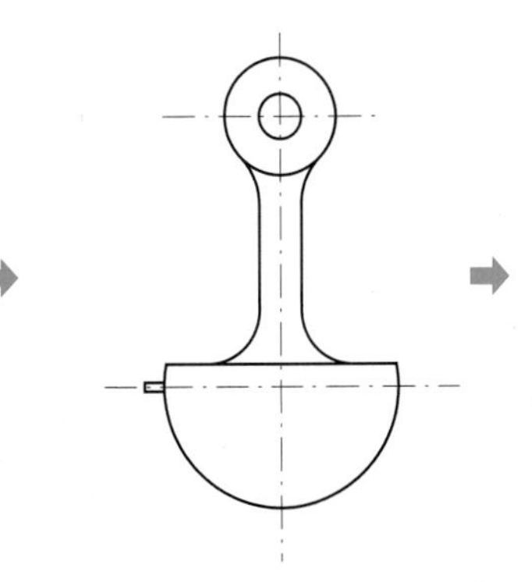

❸ Line으로 배열 복사할 객체 그리기

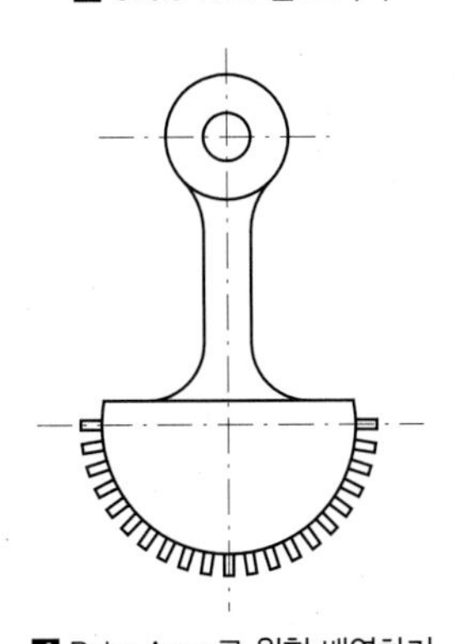

❹ Polar Array로 원형 배열하기

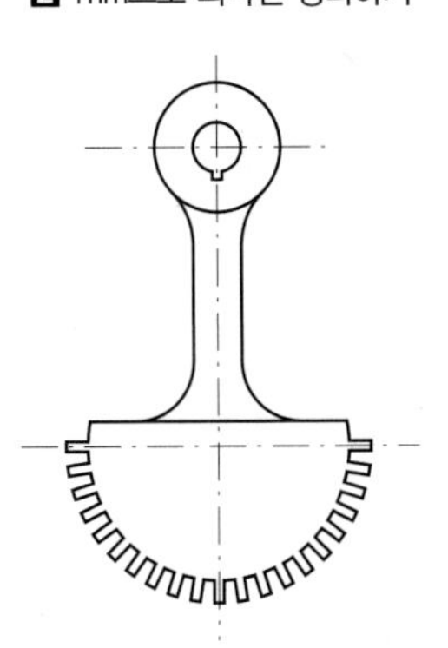

❺ Trim으로 불필요한 부분 정리하기

Polar Array 연습 문제 | Line, Circle, Trim, Array

작업 영역	Limits 0,0 ~ 360,270

잠깐만요

원형 배열할 때 원본 객체는 극좌표의 위치(0, 90, 180, 270)에서 작성하는 것이 편리합니다.

작업 영역	Limits 0,0 ~ 240,180

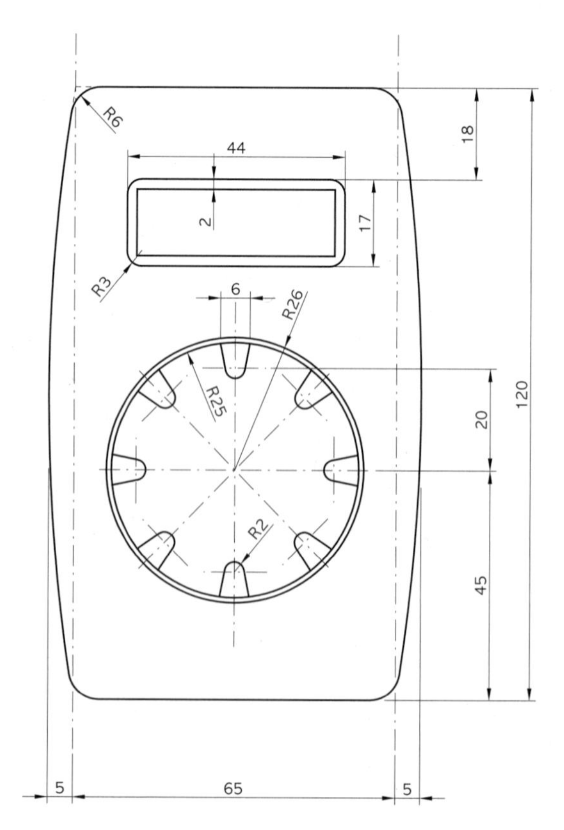

Rectangular Array 연습 문제 | Line, Circle, Array

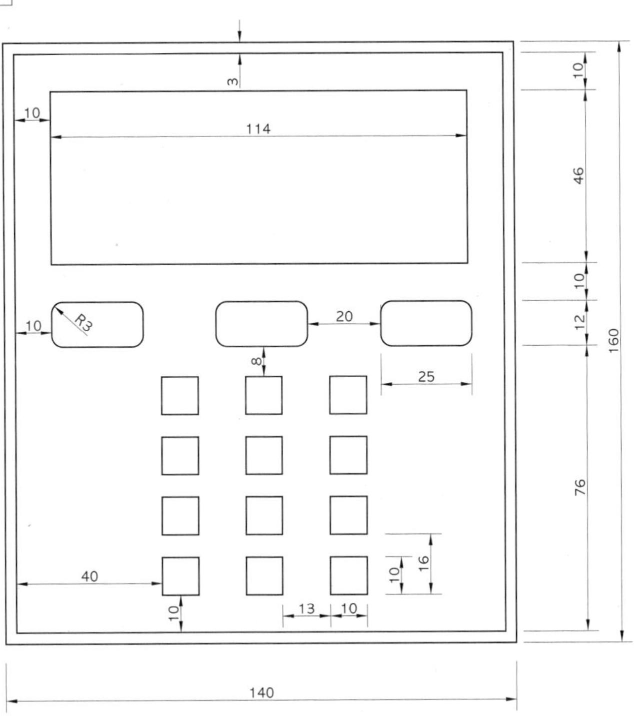

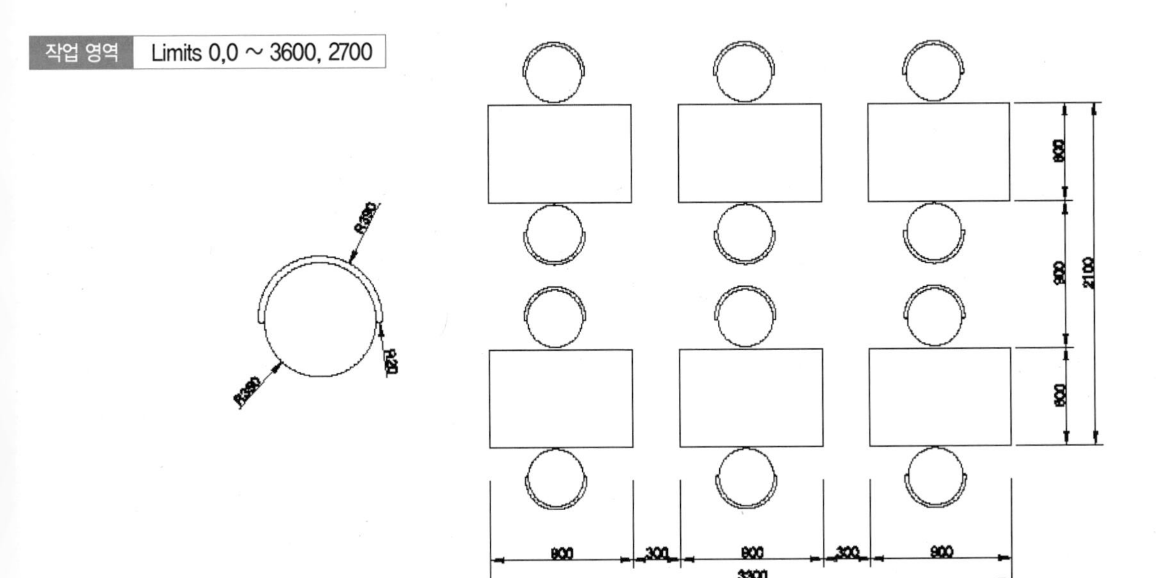

Rectangular Array 연습 문제 | Line, Circle, Array

작업 영역 Limits 0,0 ~ 7200,5400

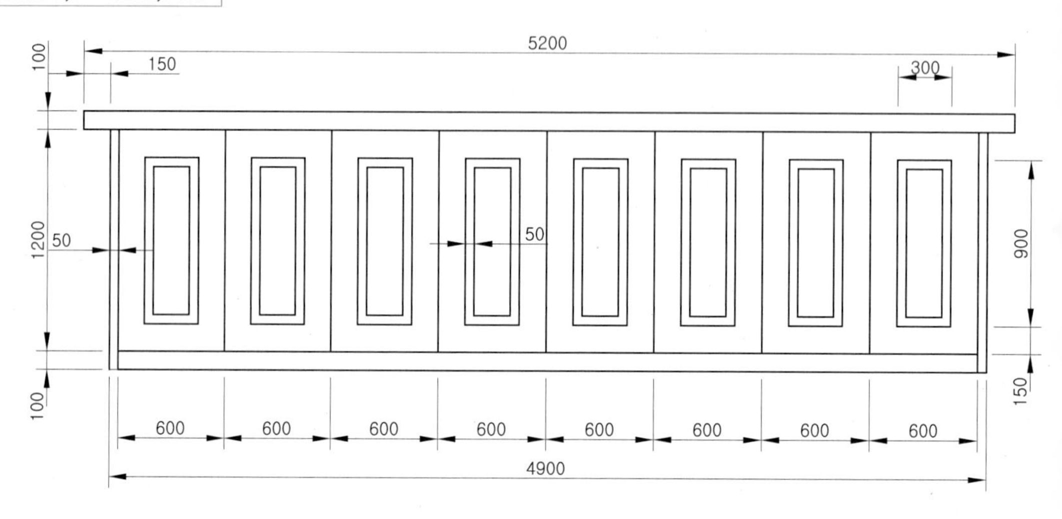

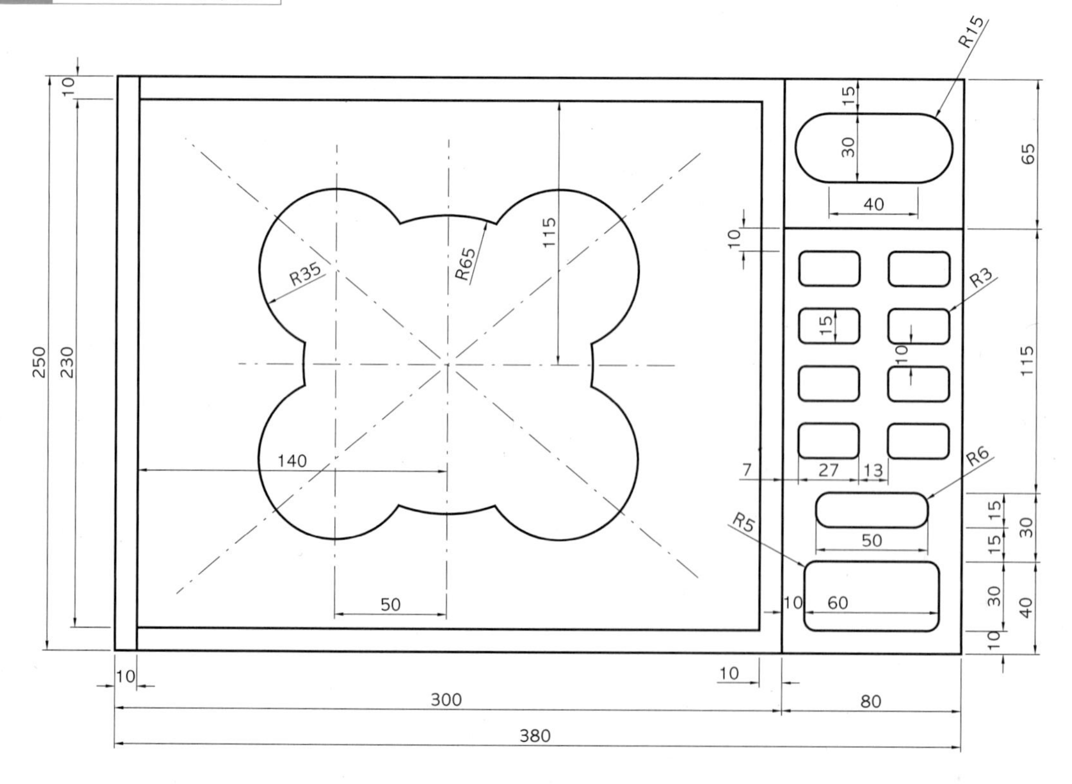

Path Array 연습 문제 | Line, Circle, Array

작업 영역	Limits 0,0 ~ 1200,900

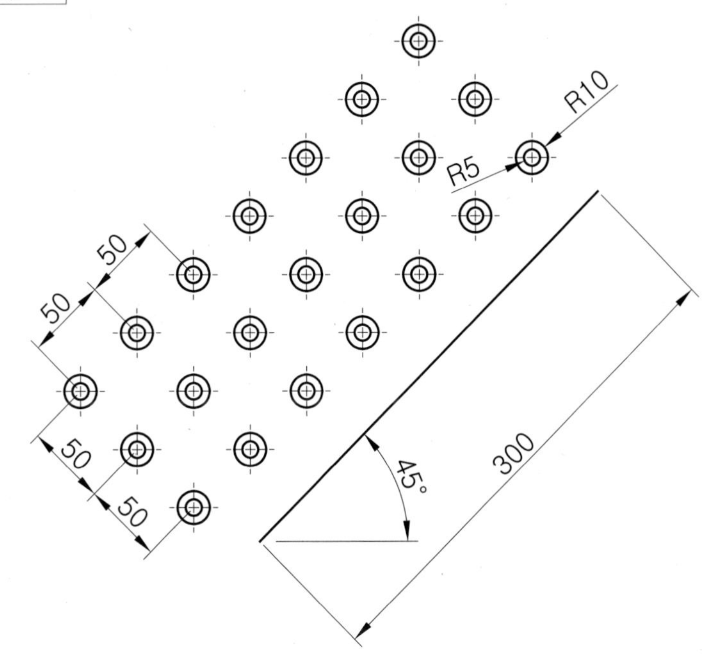

작업 영역	Limits 0,0 ~ 1200,900

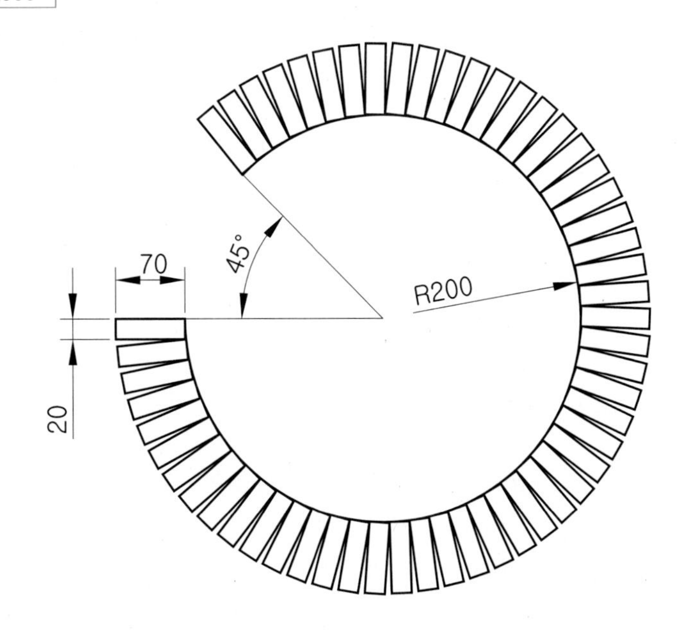

Section

06 객체 복사하기 - Copy

동일한 객체가 여러 개 필요한 경우 하나씩 새로 그리려면 작업 시간이 상당히 오래 걸립니다. 이런 경우에는 동일한 도면 객체를 하나 그린 후 복사하고 나열하여 작업 효율을 높일 수 있습니다.

Step 01

Copy의 이해

Copy는 복사할 원본 객체를 선택한 후 복제된 객체가 위치할 지점을 선택하여 사용합니다. AutoCAD의 버전에 따라 다중 복사가 기본 값인 경우가 있을 수 있습니다.

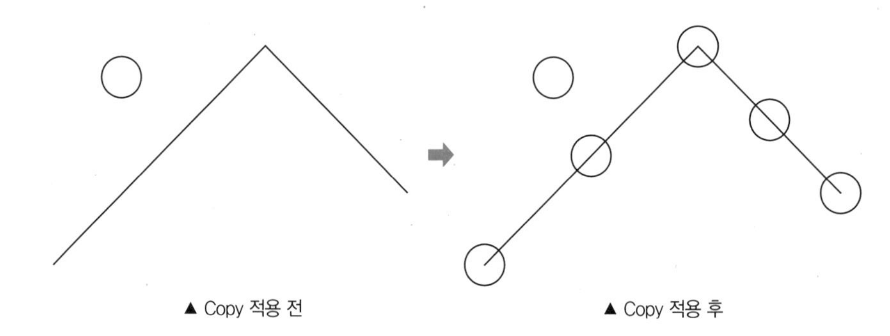

▲ Copy 적용 전 ▲ Copy 적용 후

입력 형식

```
Command : copy
Select objects : (복사할 원본 객체를 선택합니다.)
Select objects : (Spacebar를 눌러 다음 메뉴를 진행합니다.)
Current settings :  Copy mode = Multiple (Copy 명령의 현재 설정 값을 표시합니다.)
Specify base point or [Displacement/mOde] <Displacement> : (Copy 명령에 사용할 기준점을 선택하거나 옵션을 설정합니다.)
Specify second point or <use first point as displacement> : (복사한 객체의 위치를 선택합니다.)
Specify second point or [Exit/Undo] <Exit> : (Spacebar를 눌러 명령을 종료합니다.)
```

Copy 설정별 특징

- **Displacement** : 복사한 객체의 생성 위치를 Osnap 명령어를 사용하여 선택합니다.
- **mOde** : Copy 명령에서 다중 복사와 단일 복사의 형태를 설정합니다.
- **Exit** : 명령을 종료합니다.
- **Undo** : Copy 명령에서의 전 단계 복사를 취소합니다.

Step 02

Copy 예제 따라하기

작업 영역	Limits 0,0 ~ 12,9

동일한 도면요소가 존재할 때 하나의 도면요소만을 작성한 후 복사해 사용합니다. 이때 기준점 선정이 중요합니다.

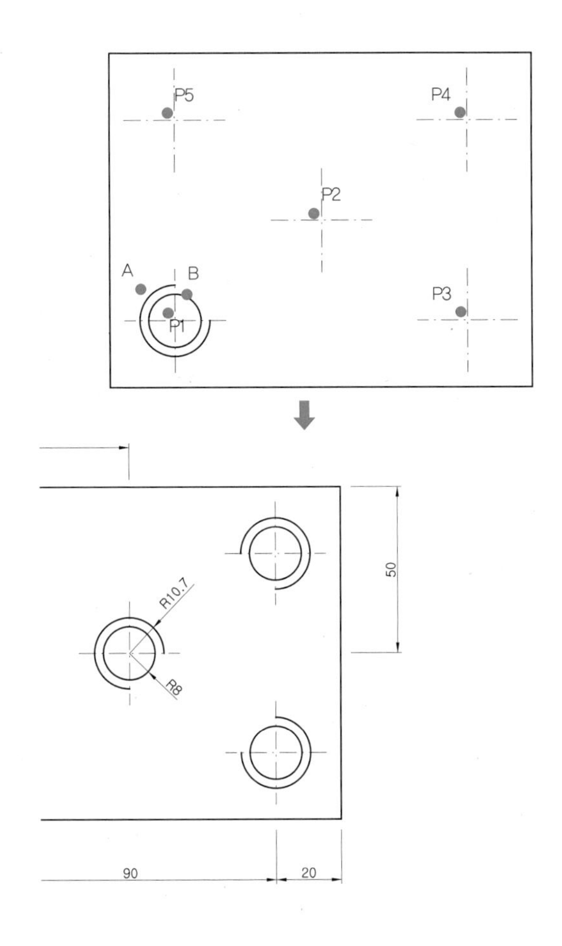

그리는 방법

```
Command : copy
Select objects : 2 found (A 호와 B 원을 선택합니다.)
Select objects : (Spacebar 를 눌러 다음 메뉴를 진행합니다.)
Current settings :  Copy mode = Multiple
Specify base point or [Displacement/mOde] <Displacement> : int
of (P1 점을 선택합니다.)
Specify second point or <use first point as displacement> : int
of (P2 점을 선택합니다.)
Specify second point or [Exit/Undo] <Exit> : int of (P3 점을 선택합니다.)
Specify second point or [Exit/Undo] <Exit> : int of (P4 점을 선택합니다.)
Specify second point or [Exit/Undo] <Exit> : int of (P5 점을 선택합니다.)
Specify second point or [Exit/Undo] <Exit> : (Spacebar 를 눌러 명령을 종료합니다.)
```

잠깐만요

작업 도면의 일정 부분을 다른 도면에 복사할 수 있습니다. 복사할 도면 영역을 선택한 후, Ctrl+C를 눌러 복사하고 Ctrl+V를 눌러 다른 도면에 붙여 넣습니다.

Copy 연습 문제 | Line, Circle, Copy

작업 영역	Limits 0,0 ~ 120, 90

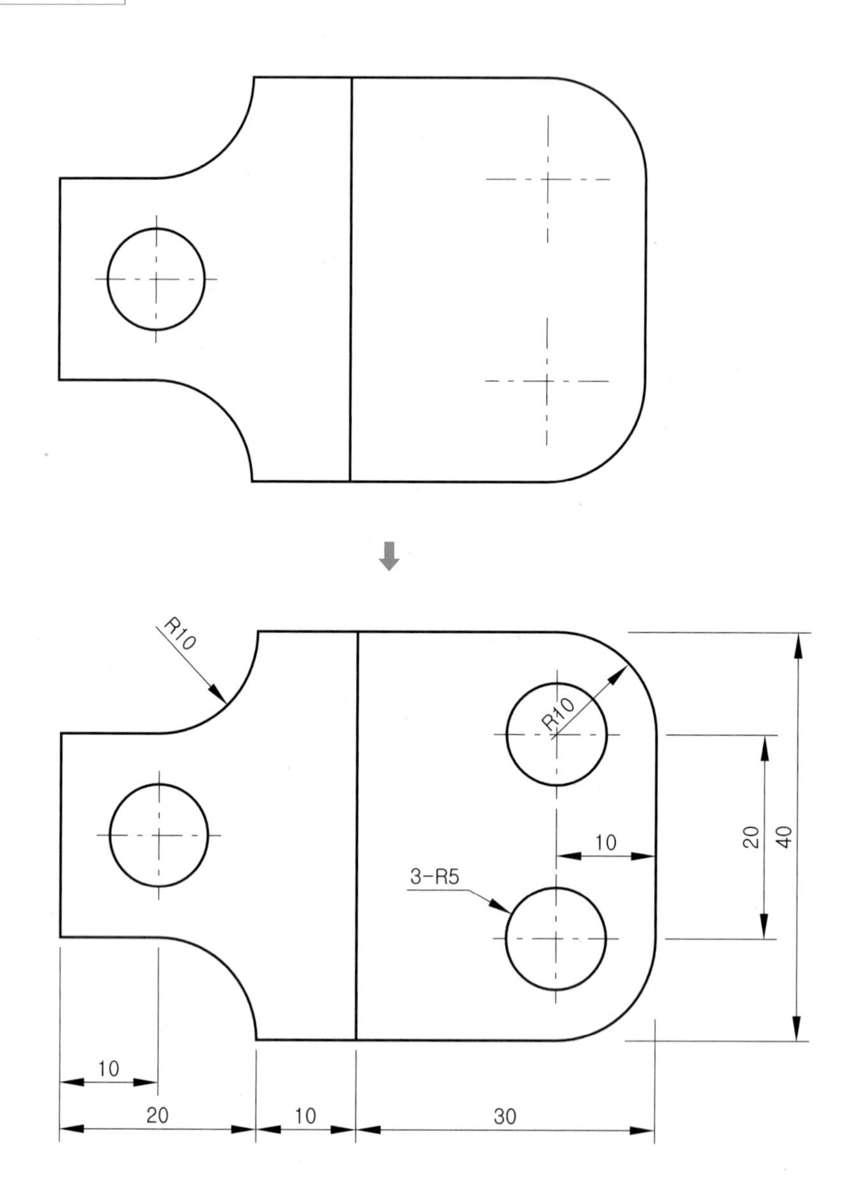

Copy 연습 문제 | Line, Circle, Copy

작업 영역	Limits 0,0 ~ 360, 270

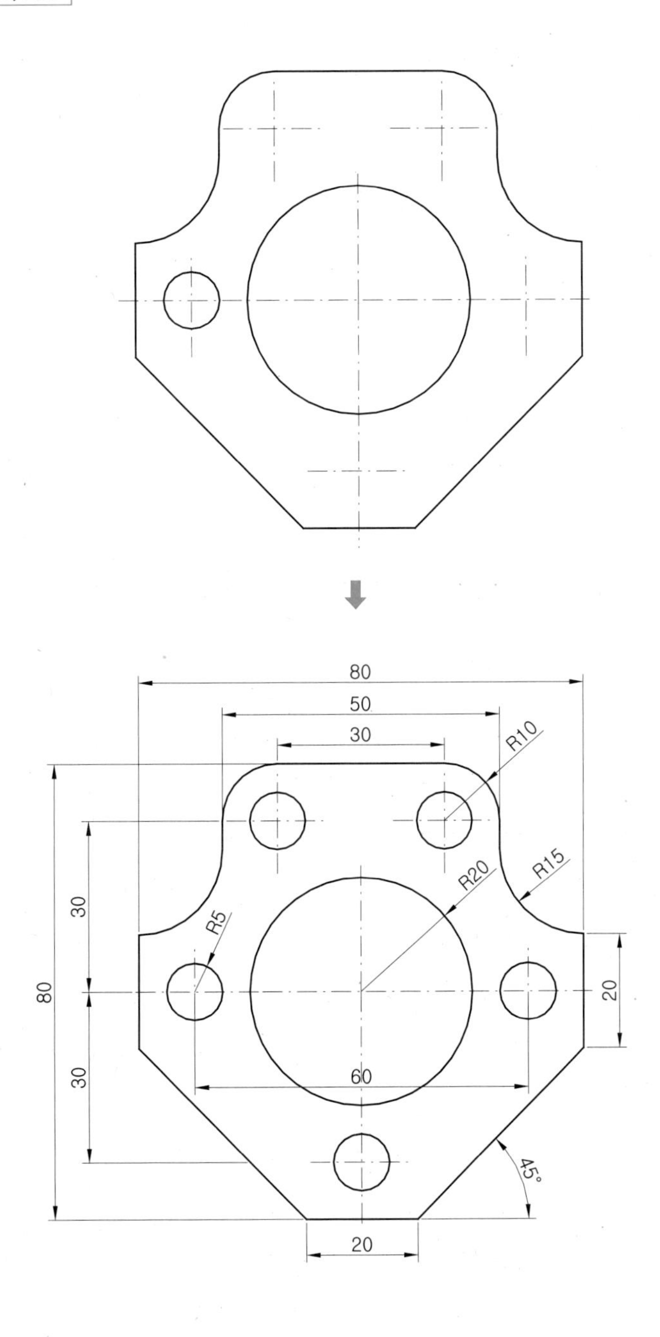

Section 07

객체 이동시키기 - Move

도면의 전체나 부분을 필요한 만큼 이동시키는 Move 명령은 도면 작업에서 빠지지 않는 과정입니다. 선택한 객체를 정확한 위치로 이동시키고 복잡한 도면에서 다양한 선택 옵션으로 쉽게 객체를 선택하는 방법을 알아봅니다.

Step 01

Move의 이해

Move는 수정 및 편집 작업에서 객체의 위치를 변경하는 명령어입니다. 이동시킬 원본 객체를 선택하고 기준점을 선택한 후 이동할 방향과 거리 값을 입력합니다. 이때 좌표 방식으로 직접 입력하거나 객체 스냅을 이용하여 위치를 지정할 수 있습니다.

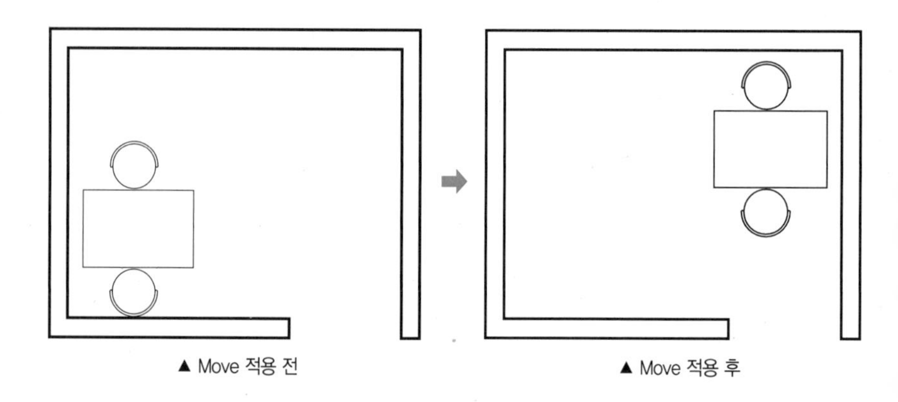

▲ Move 적용 전 ▲ Move 적용 후

입력 형식

```
Command : move
Select objects : (이동할 원본 객체를 선택합니다.)
Select objects : (Spacebar를 눌러 다음 메뉴를 진행합니다.)
Specify base point or [Displacement] <Displacement> : cen of
(객체의 이동 기준점을 선택합니다.)
Specify second point or <use first point as displacement> :
(이동할 객체가 위치할 지점을 선택합니다.)
```

Move 설정별 특징

- **Displacement** : 이동할 객체가 위치할 지점을 Osnap 명령어를 사용하여 선택합니다.

Step 02

객체 선택 옵션의 이해

AutoCAD에서 명령어를 사용하다 보면 'Select objects :'라는 객체 선택 과정이 자주 나타납니다. 선택할 객체가 하나 또는 두 개 정도라면 클릭하여 선택하는 것이 쉽지만, 선택할 객체의 수가 많거나 복잡한 도면에서와 같이 객체를 선택하기가 쉽지 않은 경우라면 선택 작업 또한 만만치 않습니다. 이 때, 다양한 선택 방법으로 작업의 능률을 높일 수 있습니다.

입력 형식

어떠한 명령어를 사용하던지 명령문에서 'Select objects :'로 표시되는 과정에서는 모두 적용됩니다.

`Select objects : W` Enter (Window라는 선택 옵션으로 빠른 실행을 위해 단축 명령어를 입력한 후 사용합니다.)

그리는 방법

- **Window** : 선택 옵션 미적용 시 영역 내에 포함된 모든 객체를 선택합니다. 왼쪽에서 오른쪽으로 지정하면 윈도우가 선택됩니다.
- **Last** : 가장 최근에 작성된 객체를 선택합니다.
- **Crossing** : 영역 내에 포함되거나 교차하는 객체를 선택합니다. 선택 옵션 미적용 시 오른쪽에서 왼쪽으로 지정하면 교차 선택됩니다.
- **BOX** : 영역을 지정하는 방향에 따라 포함되거나 교차하는 모든 객체를 선택합니다.
- **ALL** : 동결 해제된 도면층의 모든 객체를 선택합니다.
- **Fence** : 울타리선과 교차하는 모든 객체를 선택합니다.
- **WPolygon** : 점들로 정의된 다각형 내에 포함된 객체를 선택합니다.
- **CPolygon** : 점들을 지정하여 정의된 다각형 내에 포함되거나 교차하는 객체를 선택합니다.
- **Group** : 지정된 그룹의 모든 객체를 선택합니다.
- **Add** : 기존에 선택된 객체에서 추가로 객체를 선택할 수 있습니다
- **Remove** : 기존에 선택된 객체에서 선택된 객체를 제거할 수 있습니다.
- **Previous** : 이전 단계에 선택한 객체만 선택합니다.
- **Undo** : 선택을 취소합니다.
- **SIngle** : 단일 객체를 선택합니다.
- **SUbobject** : 3D에서 하위 면/모서리 등을 선택합니다.
- **Object** : 객체를 선택합니다.

Move 연습 문제 | Line, Circle, Move

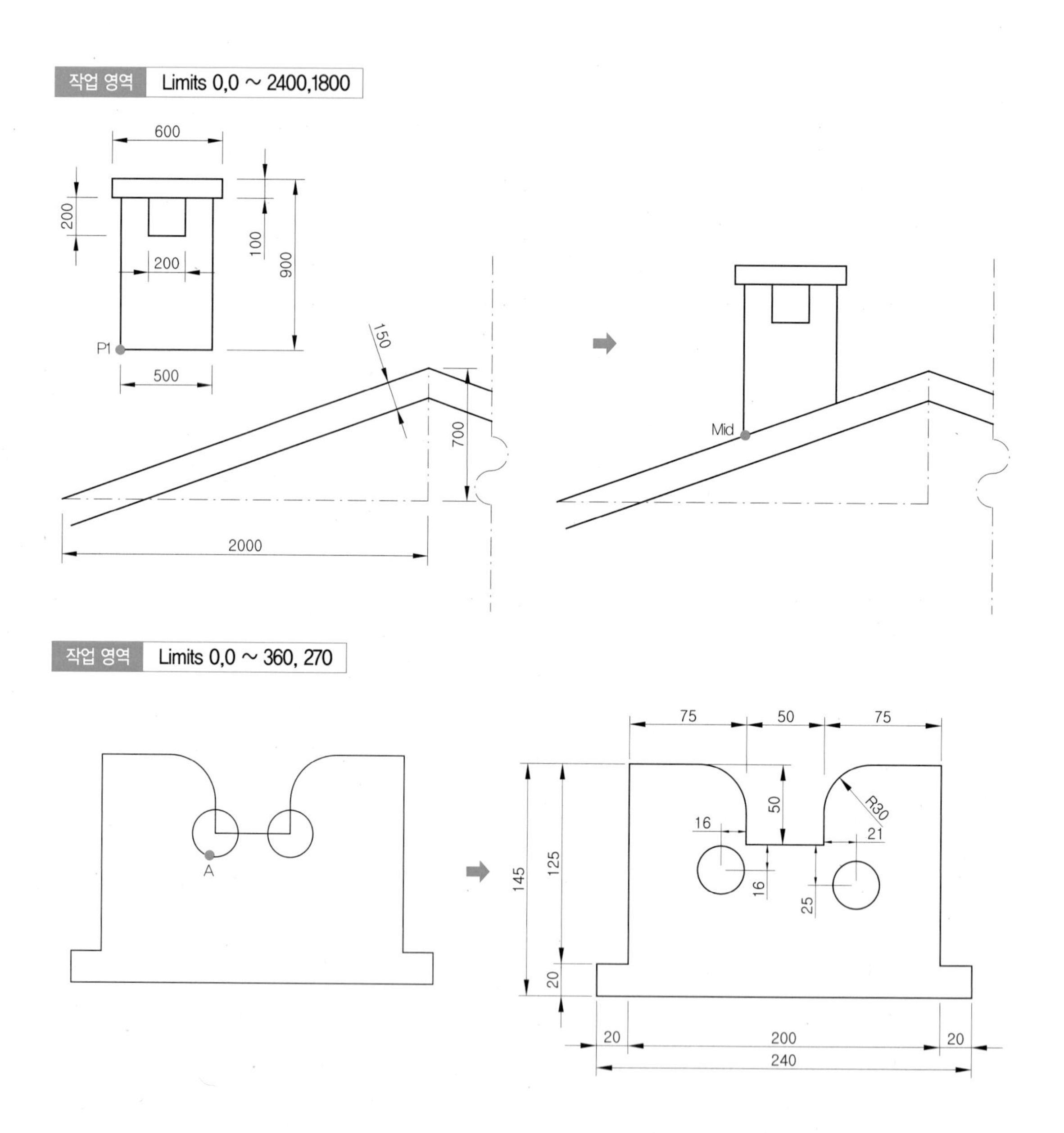

잠깐만요

이동할 지점을 지정할 때, 상대좌표 값을 입력하여 A 원과 같이 이동시킬 수 있습니다.

```
Specify second point or <use first point as displacement> : @-16,-16
```

Move 연습 문제 | Line, Circle, Move

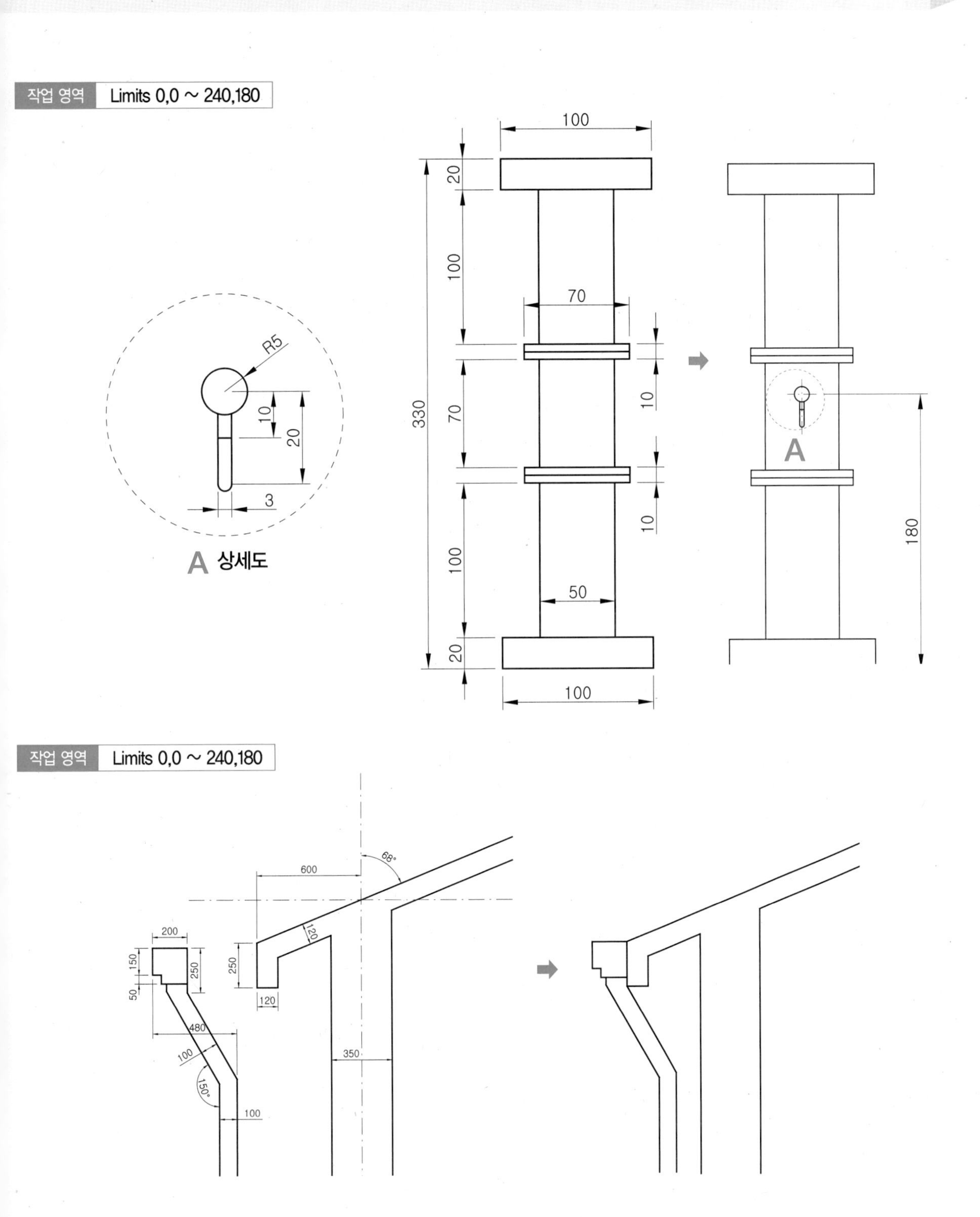

Section 08

객체 회전시키기 - Rotate

객체를 회전시키는 Rotate 명령은 도면 전체 또는 부분의 방향을 전환시키기 위해 꼭 필요한 기능입니다. 방향을 전환할 때에는 회전 방향에 맞도록 각도 값을 정확히 입력해야 합니다.

Step 01 Rotate의 이해

Rotate는 도면 객체 중 일부 또는 전체를 지정한 중심점을 기준으로 일정한 각도로 회전시키는 명령어입니다. Rotate 명령에서는 회전 기준점(Base Point)이 중요하므로 좌표 값을 직접 입력하거나 Osnap 명령을 이용하여 정확하게 지정합니다. 이때 각도의 + 값은 시계 반대 방향으로 회전합니다.

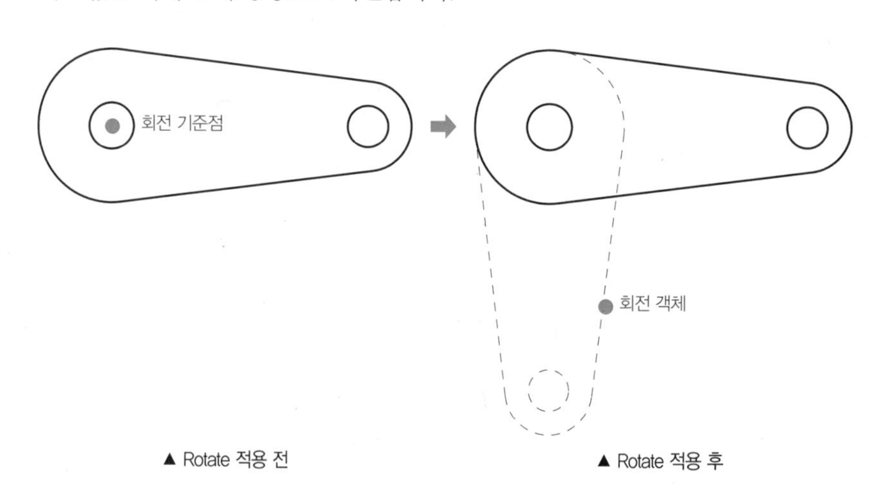

▲ Rotate 적용 전　　▲ Rotate 적용 후

입력 형식

```
Command : rotate
Current positive angle in UCs :  ANGDIR=counterclockwise
ANGBASE=0 (Rotate 명령의 현재 설정 값을 표시합니다.)
Select objects : (회전에 사용될 원본 객체를 선택합니다.)
Select objects : (Spacebar 를 눌러 다음 메뉴를 진행합니다.)
Specify base point: (회전 기준점을 선택합니다.)
Specify rotation angle or [Copy/Reference] <0> : -90 (회전 각도를 입력하거나 옵션을 선택합니다.)
```

Rotate 설정별 특징

- **Copy** : Rotate 명령에서 복사 객체 생성 여부를 결정합니다.
- **Reference** : 절대각도를 적용하지 않고 참조각도를 정의한 후 적용합니다.

Step 02

Rotate 예제 따라하기

Rotate를 이용해 객체를 회전하고 Copy 옵션을 이용하여 회전 복제합니다.

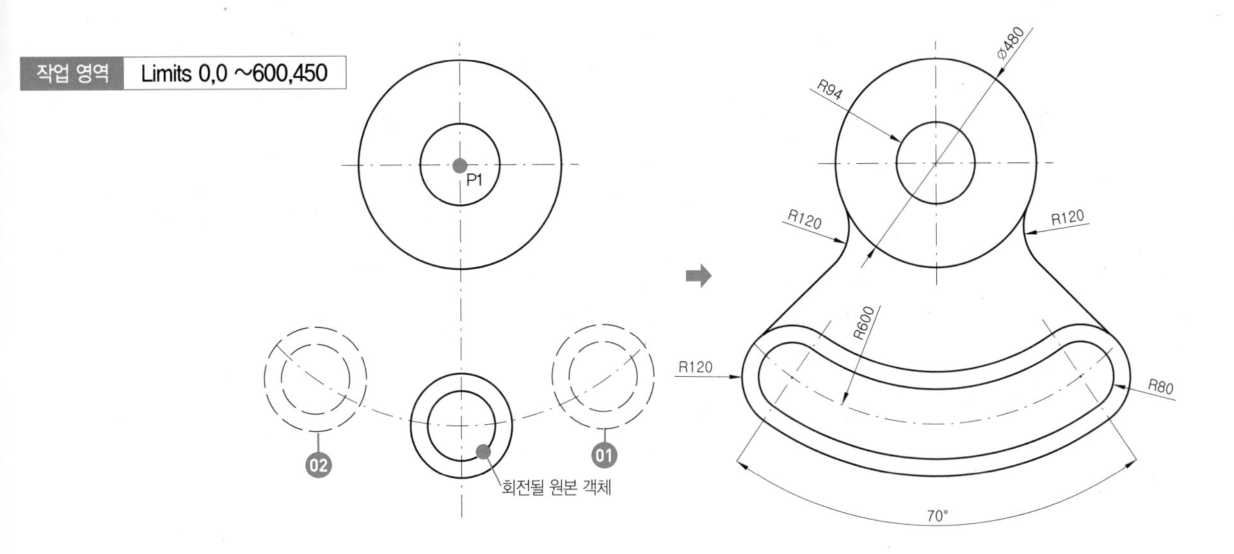

그리는 방법

01

```
Command : rotate
Current positive angle in UCS : ANGDIR=counterclockwise
ANGBASE=0
Select objects : 4 found (Rotate로 회전할 원본 객체를 선택합니다.)
Select objects : (Spacebar를 눌러 다음 메뉴를 진행합니다.)
Specify base point : cen of (P1 점을 선택합니다.)
Specify rotation angle or [Copy/Reference] <45> : 35 (회전 각도를 입력합니다.)
```

02

```
Command : rotate
Current positive angle in UCS : ANGDIR=counterclockwise
ANGBASE=0
Select objects : 4 found (전 단계에서 회전된 객체를 선택합니다.)
Select objects : (Spacebar를 눌러 다음 메뉴를 진행합니다.)
Specify base point : cen of (P1 점을 선택합니다.)
Specify rotation angle or [Copy/Reference] <35> : c (Copy 옵션을 선택합니다.)
Rotating a copy of the selected objects.
Specify rotation angle or [Copy/Reference] <35> : -70 (회전 각도에 - 값을 입력하여 반대 방향으로 복사 객체를 생성합니다.)
```

잠깐만요

AutoCAD 2006 이하 버전에서는 Rotate 내 Copy 옵션이 없습니다. 그러므로 AutoCAD 2006 이하 버전 사용자는 Rotate 내에서 복사하려면 Grip 명령어를 이용해야 합니다.

Rotate 연습 문제 | Line, Circle, Trim, Copy, Rotate

작업 영역	Limits 0,0 ~ 3600,2700

잠깐만요

Adcenter를 사용하여 변기 블록을 삽입합니다. 명령문에서 adc 명령어를 실행한 후, Design Center 팔레트에서 'Home Design.dwg' 파일을 선택합니다. 다양한 블록 중에 'Toilet-top'을 선택합니다.

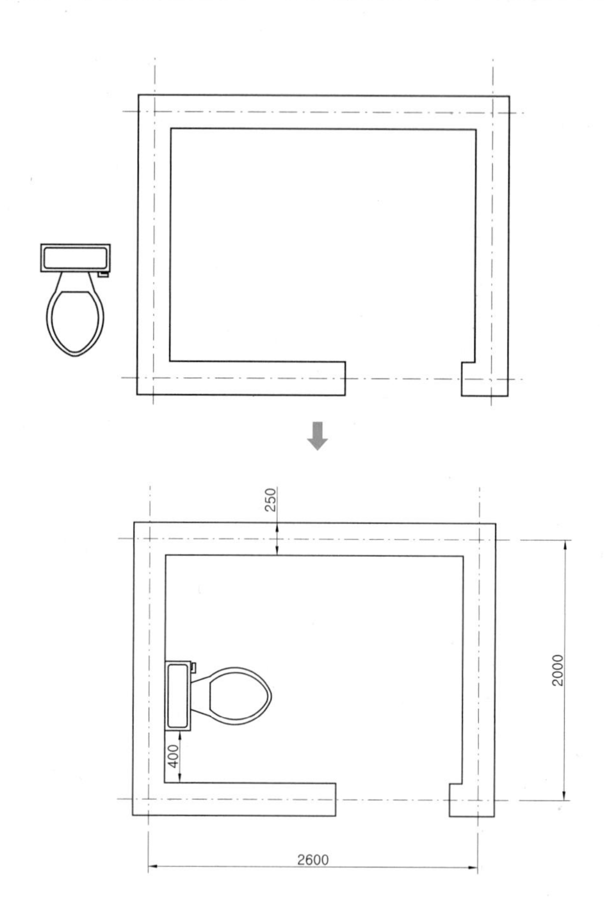

작업 영역	Limits 0,0 ~ 120,90

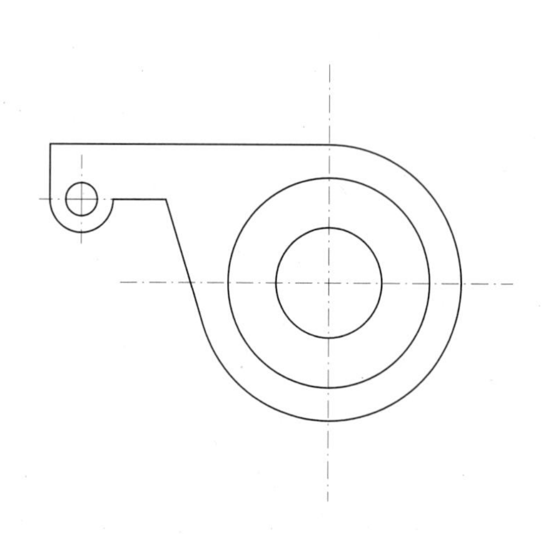

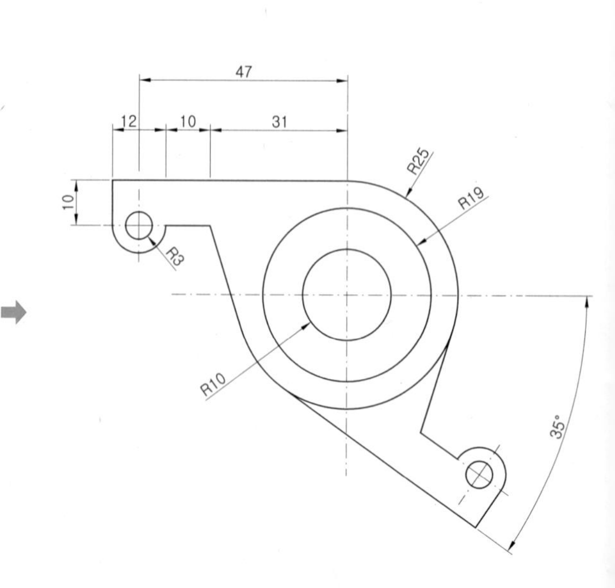

Rotate 연습 문제 | Line, Circle, Trim, Copy, Rotate

작업 영역	Limits 0,0 ~ 120, 90

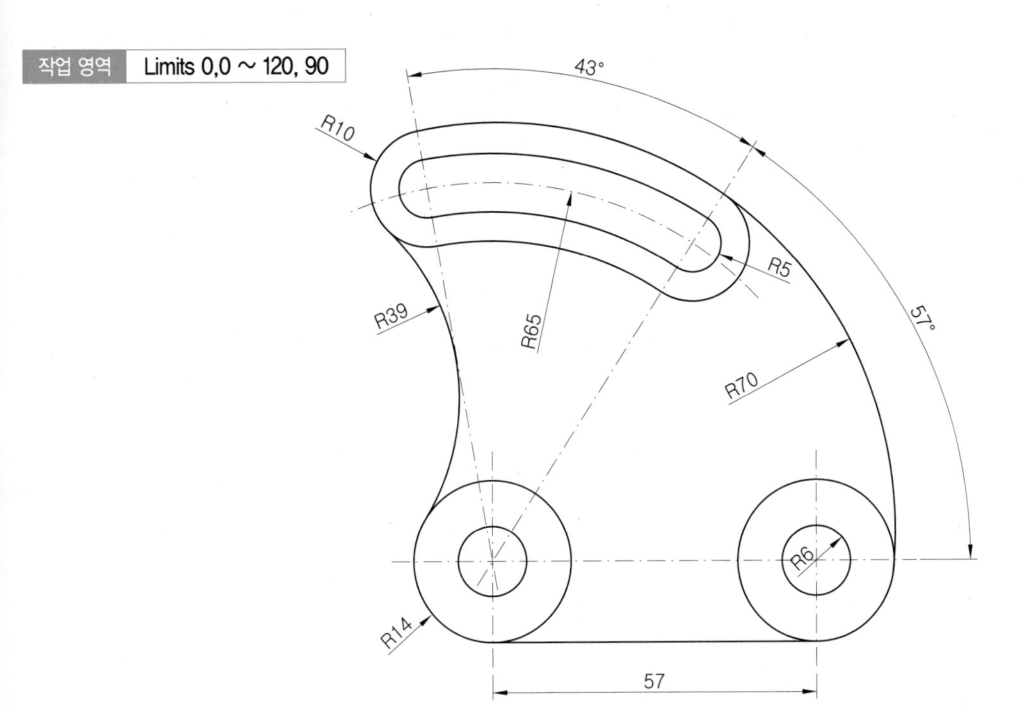

| 그리는 방법 |

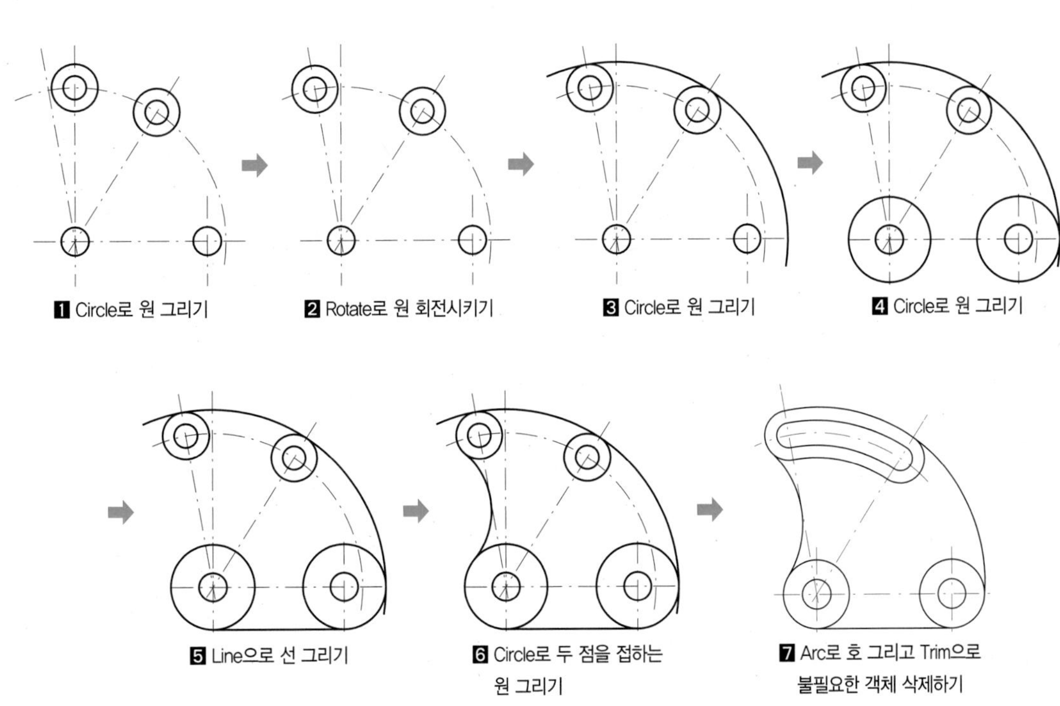

Section

09

객체 크기 조절하기 - Scale

객체 크기를 변경하거나 도면의 일부분을 상세도로 표현할 경우 Scale 명령어를 사용합니다. 상세도를 표현하기 위해 일부 도면을 확대했을 경우에는 치수도 변경되기 때문에 치수 입력 시 축척에 맞는 실제 길이를 입력해야 합니다.

Step 01

Scale의 이해

선택한 객체를 X, Y, Z 축 방향으로 일정한 비율을 확대 또는 축소시키는 명령어입니다. 여기서 Reference 옵션은 대략적인 크기를 정확한 크기로 맞출 때 사용합니다.

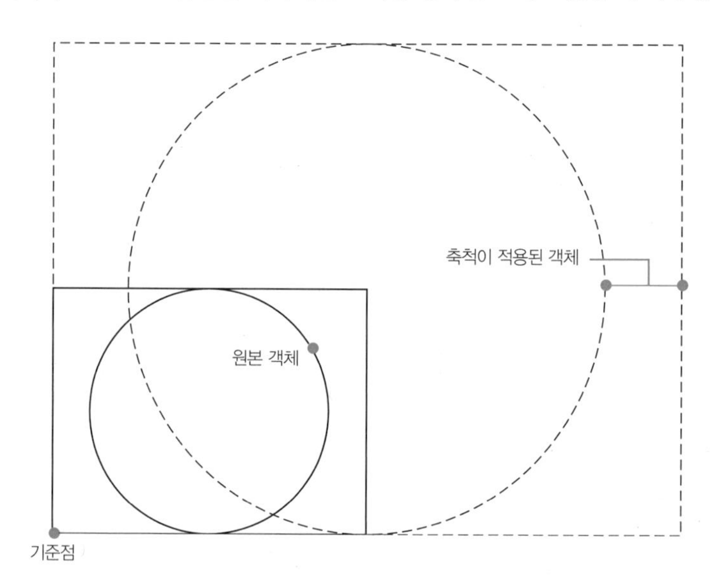

입력 형식

```
Command : scale
Select objects : (Scale을 적용할 원본 객체를 선택합니다.)
Select objects : (Spacebar를 눌러 다음 메뉴를 진행합니다.)
Specify base point: (축척의 기준점을 선택합니다.)
Specify scale factor or [Copy/Reference] <1.0000> : (Scale에 적용할 축척 값을 입력합니다.)
```

Scale 설정별 특징

- **Copy** : Scale 명령에서 복사할 객체 생성 여부를 결정합니다.
- **Reference** : 절대각도를 적용하지 않고 참조각도를 정의한 후 적용합니다.

Step 02

Scale 예제 따라하기

작업 영역 Limits 0,0 ~ 240,180

실무에서 자주 사용하는 기능으로, 가구의 크기를 실제 크기에 맞춰 줄이거나 늘여 봅니다.

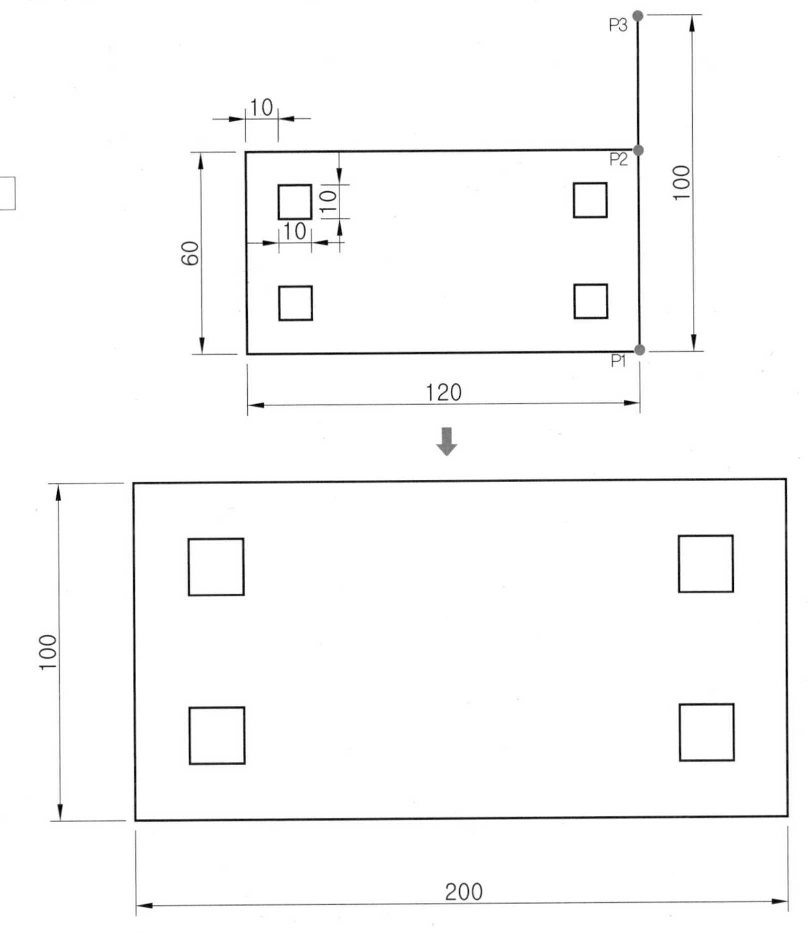

그리는 방법

```
Command : scale
Select objects : 10 total
(크기를 변경할 객체를 선택합니다.)
Select objects : (Enter를 눌러 다음 메뉴로 진행합니다.)
Specify base point : (P1 점을 선택합니다.)
Specify scale factor or [Reference] : r (Reference 옵션을 선택합니다.)
Specify reference length <1> : (P1 점을 선택합니다.)
Specify second point : (P2 점을 선택합니다.)
Specify new length : (P3 점을 선택합니다.)
```

잠깐만요

Scale의 축척 값에서 + 값은 확대, - 값은 축소를 의미하며 분수로 입력해도 축소 및 확대할 수 있습니다.

Scale 연습 문제 | Line, Arc, Offset, Trim, Circle, Scale

작업 영역	Limits 0,0 ~ 360,270

잠깐만요

상세도를 작성하기 위해 일부 도면을 확대한 후 치수를 기입하면 변경된 축척만큼 치수 크기도 변경되므로 수치는 직접 입력해야 합니다.

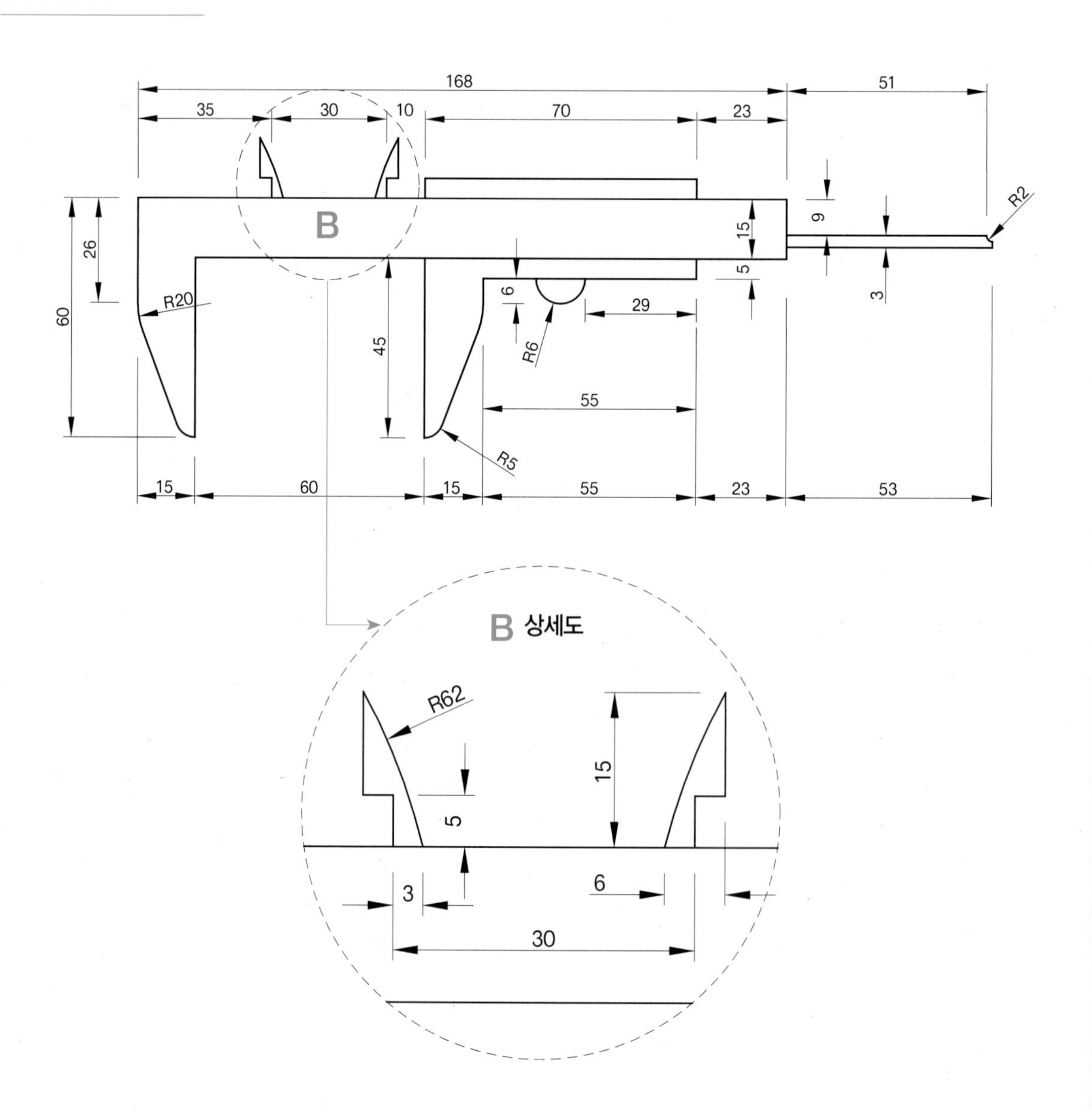

Scale 연습 문제 | Line, Offset, Trim, Insert, Scale

작업 영역	Limits 0,0 ~ 3600,2700

잠깐만요

작업 조건 : 명령문에서 adc 명령어를 실행한 후, Design Center 팔레트에서 'Home-Space.dwg' 파일을 선택합니다. 다양한 블록 중에 'Bed-Queen'을 선택합니다.

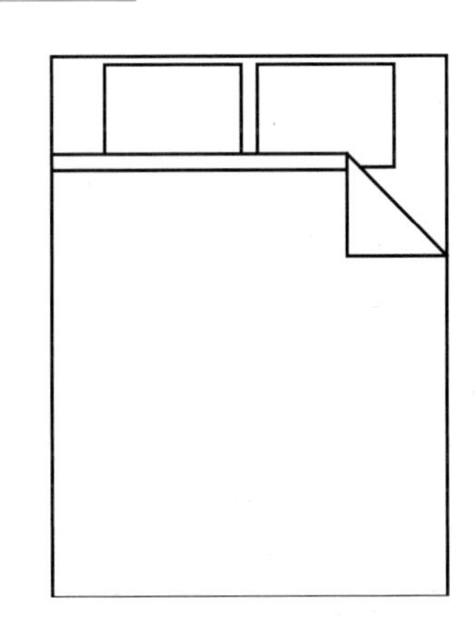

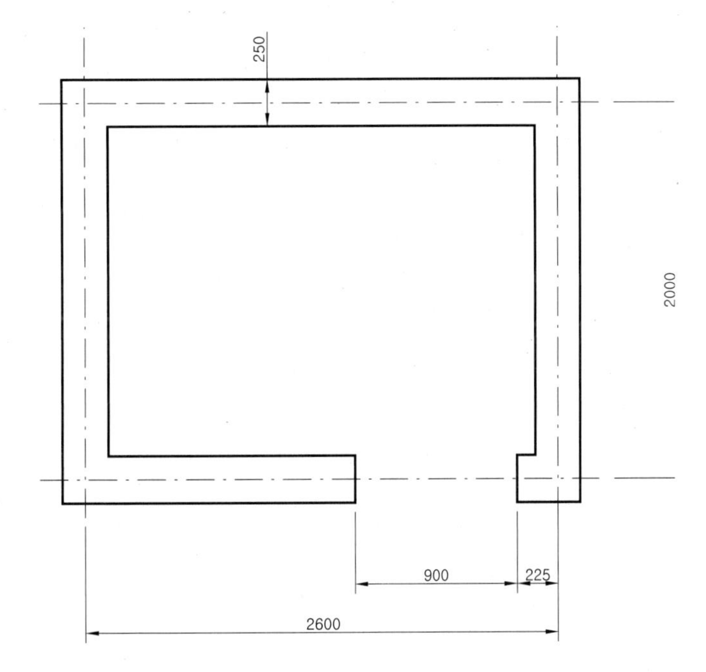

| 그리는 방법 |

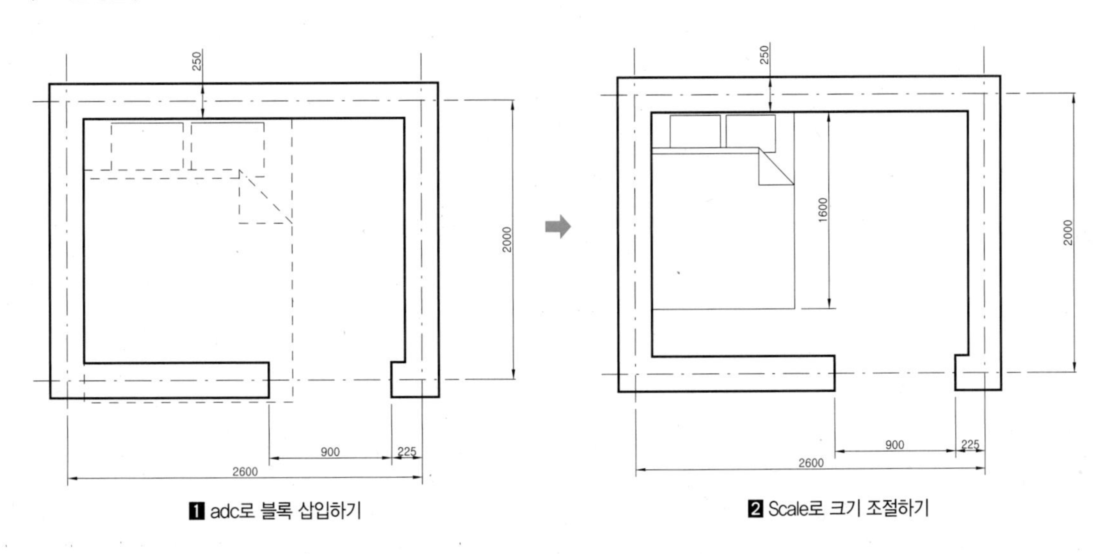

❶ adc로 블록 삽입하기

❷ Scale로 크기 조절하기

Section 10

도면 객체 늘리기 - Stretch

Stretch는 객체의 크기를 늘리고 도면을 수정하는 대표적인 명령어로 도면을 검수하고 수정하는 분야에서 많이 사용합니다. 선택 방식에 따라 Move와 Scale 명령이 적용되므로 선택할 때 주의 해야 합니다.

Step 01

Stretch의 이해

Stretch는 객체를 이동시키거나 신축하는 명령으로 특정한 객체의 양 끝점에 연결된 객체들을 일정한 거리와 방향으로 늘리거나 축소합니다. 이때 늘리려는 객체들을 선택할 때는 반드시 처음 선택할 때만 객체 선택 방법인 Cross나 Window를 사용하여 선택하고 다음에는 다른 방법으로 사용합니다.

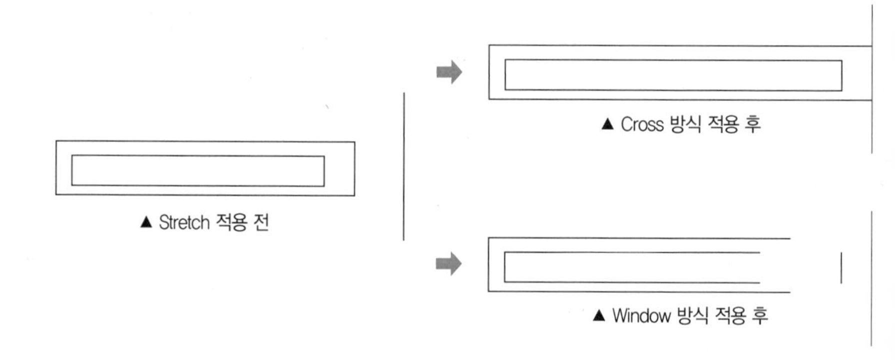

▲ Stretch 적용 전

▲ Cross 방식 적용 후

▲ Window 방식 적용 후

입력 형식

Command : stretch
Select objects to stretch by crossing-window or crossing-polygon...
Select objects : (Stretch 명령을 적용할 원본 객체를 선택합니다. 선택 방법에 따라 신축과 객체 이동의 결과가 결정됩니다.)
Select objects : (Spacebar를 눌러 다음 메뉴를 진행합니다.)
Specify base point or [Displacement] <Displacement> : (신축의 시작점을 선택합니다.)
Specify second point or <use first point as displacement> : (신축의 끝점을 선택합니다.)

Stretch 설정별 특징

- **Window Box** : 왼쪽에서 오른쪽으로 드래그했을 때 실선 사각형 선택 방식이 적용되며 객체가 이동합니다.
- **Crossing Box** : 오른쪽에서 왼쪽으로 드래그했을 때 점선 사각형 선택 방식이 적용되며 객체가 축소됩니다.

Step 02

Stretch 예제 따라하기

객체를 한쪽 방향으로만 늘리는 기능입니다. 이때 Crossing Window로 선택해 X축 방향으로 늘려야 합니다.

작업 영역	Limits 0,0 ~ 36000,27000

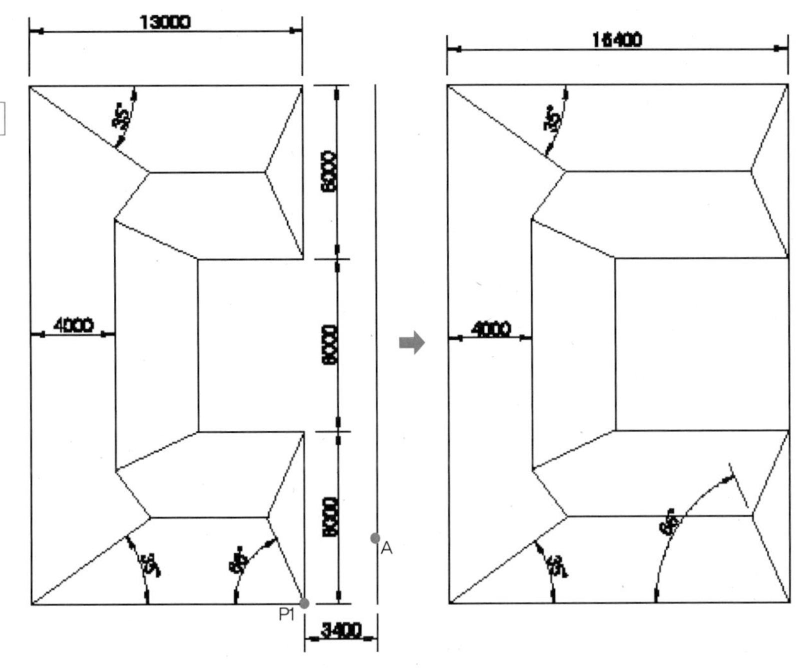

그리는 방법

```
Command : Stretch
Select objects to stretch by crossing-window or crossing-polygon...
Select objects : 16 found (신축에 사용할 원본 객체를 선택합니다.)
Select objects : (Spacebar를 눌러 다음 메뉴를 진행합니다.)
Specify base point or [Displacement] <Displacement> : (P1 점을 선택합니다.)
Specify second point or <use first point as displacement> : per to (A 선에서 P1 점과 수직점을 선택합니다.)
```

Stretch 연습 문제 | Line, Arc, Offset

작업 영역	Limits 0,0 ~ 3600,2700

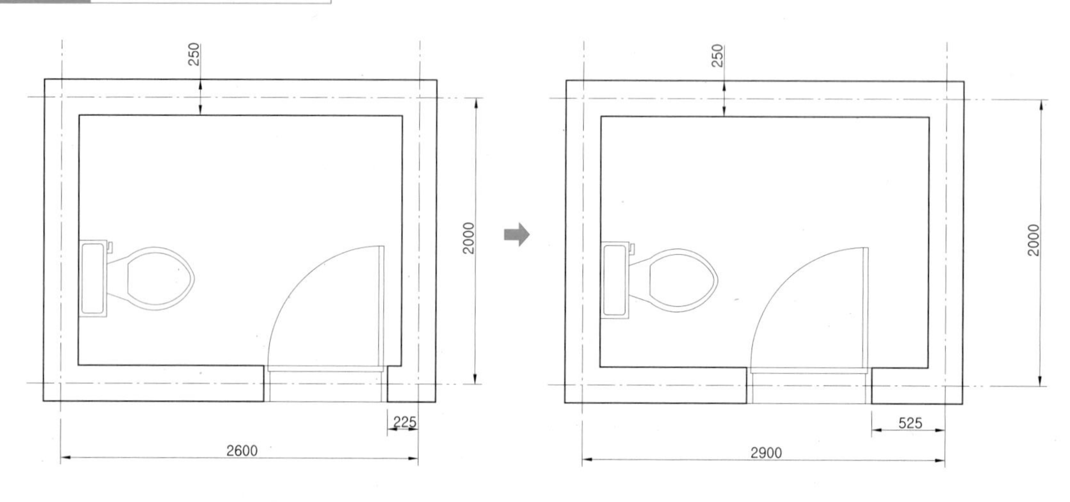

작업 영역	Limits 0,0 ~ 2400,1800

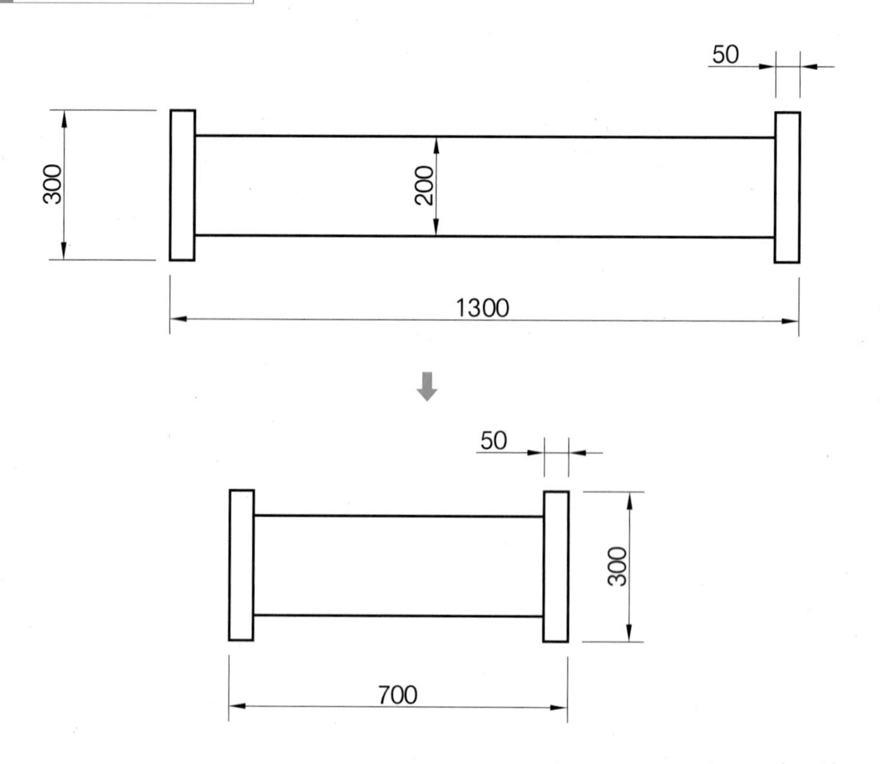

Stretch 연습 문제 | Line, Arc, Offset

작업 영역	Limits 0,0 ~ 2000,900

잠깐만요

Copy와 Stretch를 사용하여 완성해 보세요!

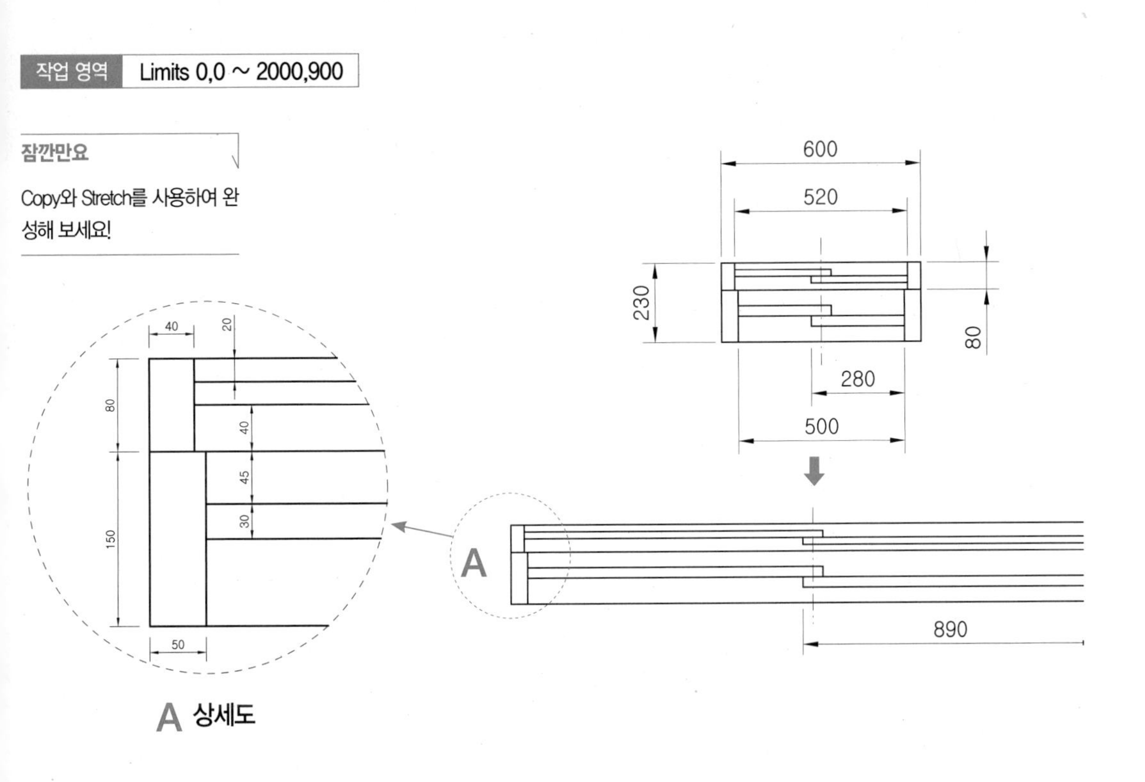

A 상세도

작업 영역	Limits 0,0 ~ 3600,2700

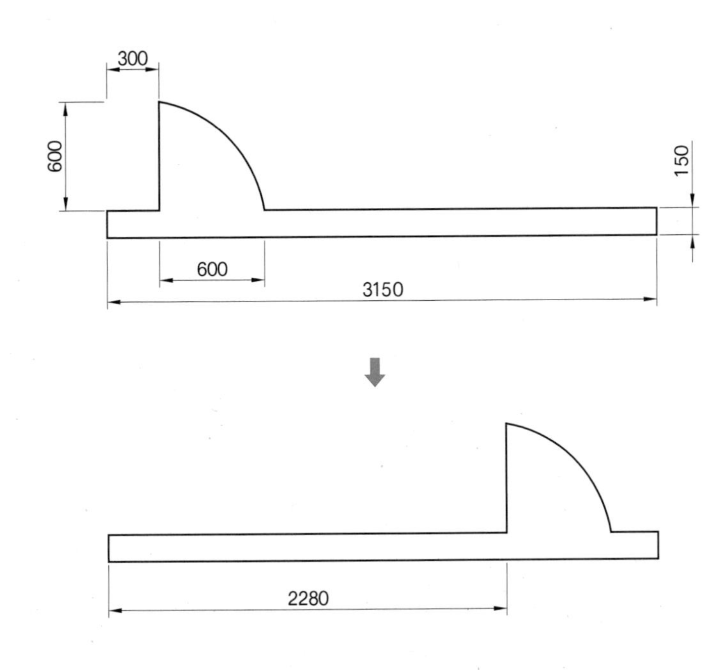

Section 11

모깎기 - Fillet

Fillet 명령은 두 개의 객체가 엇갈리는 모서리를 주어진 반지름 값으로 곡면 처리합니다. Circle의 Ttr과 Trim 명령을 동시에 적용할 수 있으며 Trim 명령과 반지름 값의 조합을 통해 Trim과 Extend 명령의 효과를 동시에 나타낼 수 있습니다.

Step 01

Fillet의 이해

Fillet은 선, 호, 원에서 모두 사용되며 두 개의 객체의 모서리 부분을 곡면 처리합니다. Fillet 명령의 옵션 중 Radius 값을 조정하여 곡면의 크기를 설정합니다.

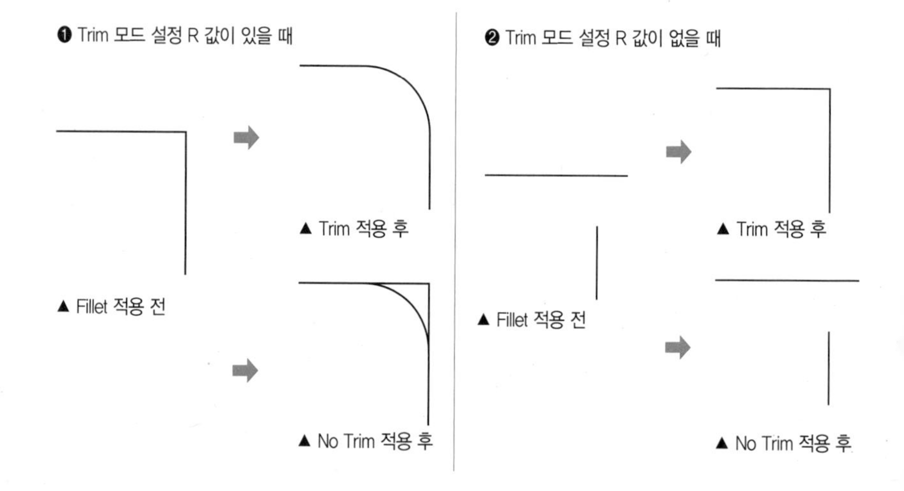

입력 형식

Command : fillet
Current settings : Mode = TRIM, Radius = 0.0000 (Fillet 명령의 현재 설정 값을 표시합니다.)
Select first object or [Undo/Polyline/Radius/Trim/ Multiple] : (모깎기 할 객체 또는 옵션을 선택합니다.)
Specify fillet radius <0.0000> : (모깎기 할 반지름 값을 설정합니다.)
Select first object or [Undo/Polyline/Radius/Trim/ Multiple] : (모깎기 할 객체를 선택하거나 옵션을 선택합니다.)
Select second object or shift-select to apply corner : (모깎기 할 객체를 선택합니다.)

Fillet 설정별 특징

- **Undo** : Fillet 명령 안에서 전 단계에 실행한 모깎기를 취소합니다. 이 옵션은 다중 모깎기 설정에서만 적용됩니다.
- **Polyline** : 폴리선으로 구성된 객체의 모든 모서리에 동일한 반지름 값을 적용합니다.
- **Radius** : 모깎기에 적용할 반지름 값을 설정합니다.
- **Trim** : 선택한 객체의 수정 여부를 선택합니다.
- **Multiple** : 모깎기 명령 실행 시 단일 모깎기 또는 다중 모깎기를 설정합니다.

Step 02

Fillet 예제 따라하기

Fillet을 이용해 모서리를 라운딩 처리합니다. 원에 Fillet을 적용하면 원은 수정되지 않고 반지름 값에 해당하는 호만을 작성합니다.

작업 영역	Limits 0,0 ~ 120,90

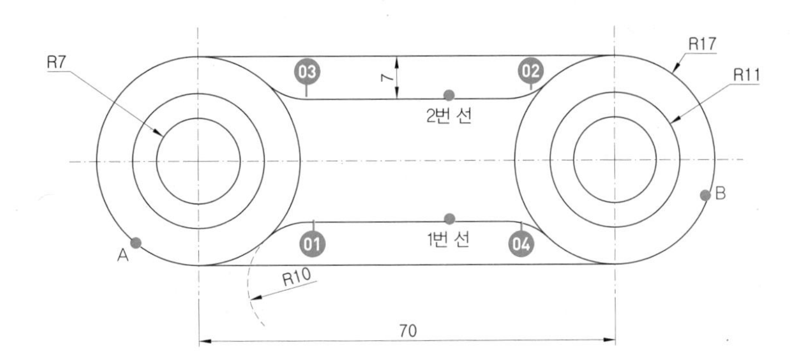

그리는 방법

01 Command : fillet

Current settings : Mode = TRIM, Radius = 5.0000 (Fillet 명령의 현재 설정 값을 표시합니다.)

Select first object or [Undo/Polyline/Radius/Trim/ Multiple] : r (모깎기 반지름 값을 변경하기 위해 Radius 옵션을 선택합니다.)

Specify fillet radius <5.0000> : 10 (모깎기 반지름 값을 설정합니다.)

Select first object or [Undo/Polyline/Radius/Trim/ Multiple] : (A 원을 선택합니다.)

Select second object or shift-select to apply corner : (1번 선을 선택합니다.)

02 Command : fillet

Current settings : Mode = TRIM, Radius = 10.0000

Select first object or [Undo/Polyline/Radius/Trim/ Multiple] : m (Multiple 옵션을 선택합니다.)

Select first object or [Undo/Polyline/Radius/Trim/ Multiple] : (B 원을 선택합니다.)

Select second object or shift-select to apply corner : (2번 선을 선택합니다.)

03 Select first object or [Undo/Polyline/Radius/Trim/ Multiple] : (A 원을 선택합니다.)

Select second object or shift-select to apply corner : (2번 선을 선택합니다.)

04 Select first object or [Undo/Polyline/Radius/Trim/ Multiple] : (B 원을 선택합니다.)

Select second object or shift-select to apply corner : (1번 선을 선택합니다.)

Select first object or [Undo/Polyline/Radius/Trim/ Multiple] : (Spacebar를 눌러 명령을 종료합니다.)

Fillet 연습 문제 | Line, Offset, Fillet, Trim

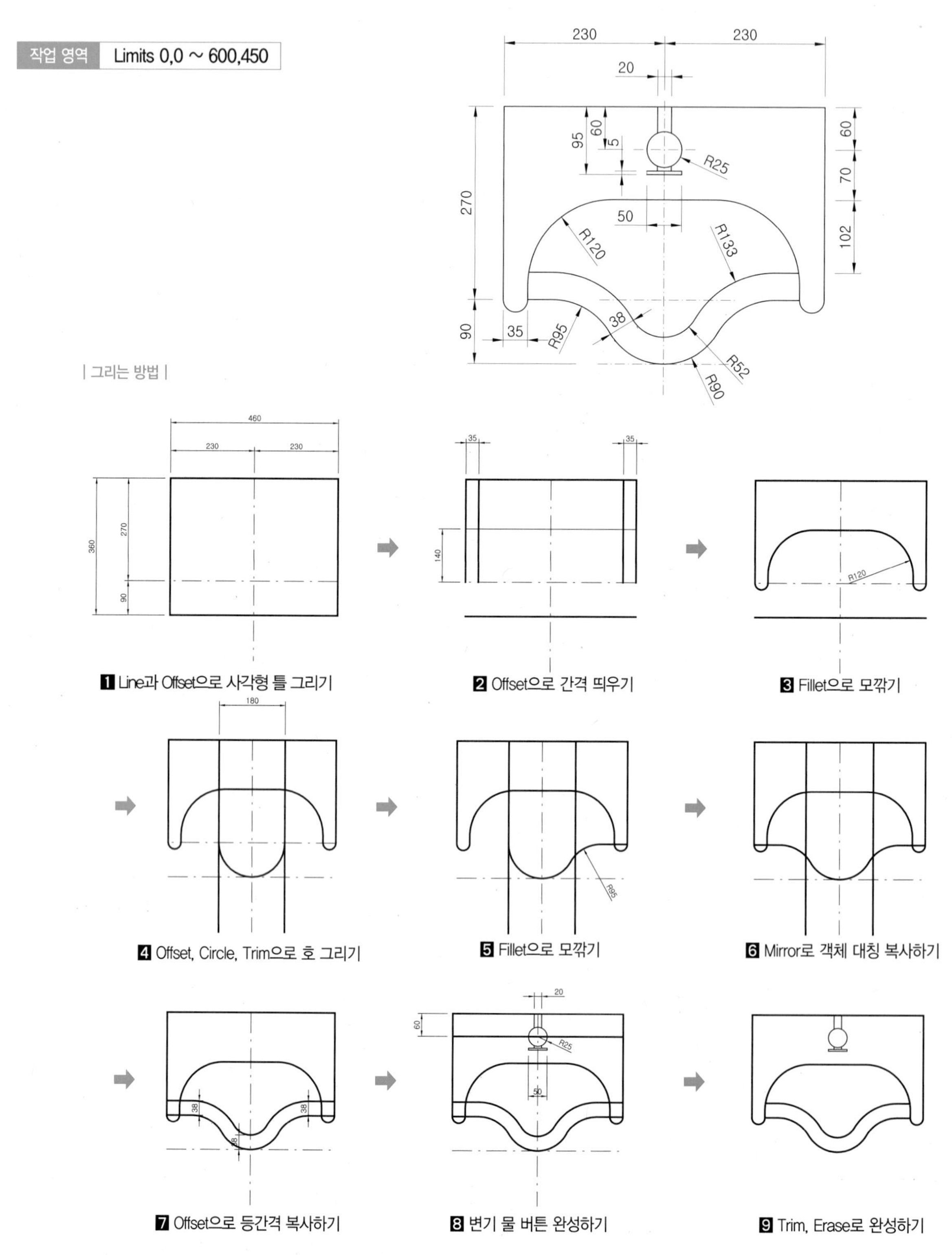

1 Line과 Offset으로 사각형 틀 그리기

2 Offset으로 간격 띄우기

3 Fillet으로 모깎기

4 Offset, Circle, Trim으로 호 그리기

5 Fillet으로 모깎기

6 Mirror로 객체 대칭 복사하기

7 Offset으로 등간격 복사하기

8 변기 물 버튼 완성하기

9 Trim, Erase로 완성하기

Fillet 연습 문제 | Line, Offset, Fillet, Trim

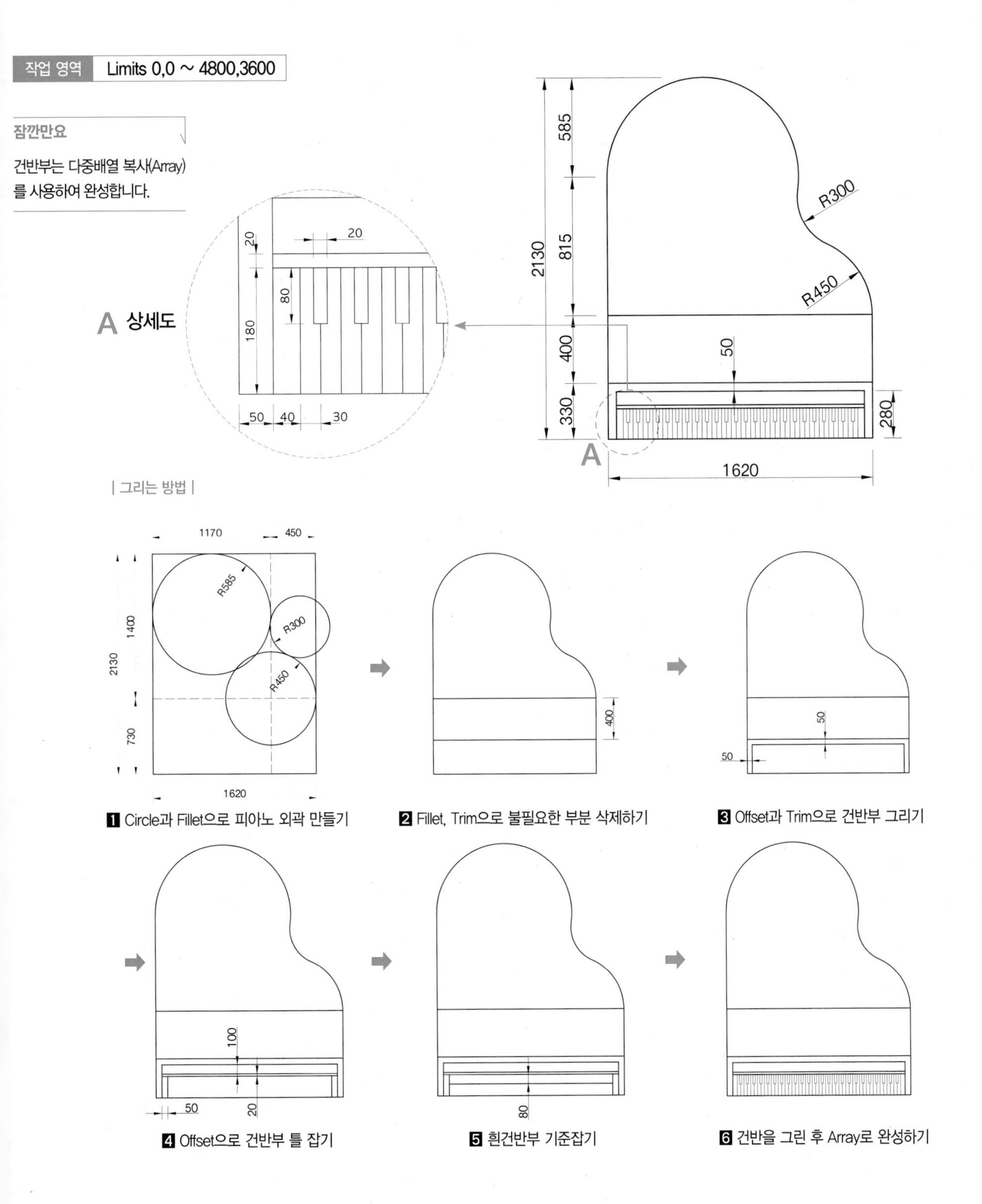

Fillet 연습 문제 | Line, Circle, Offset

작업 영역	Limits 0,0 ~ 600,450

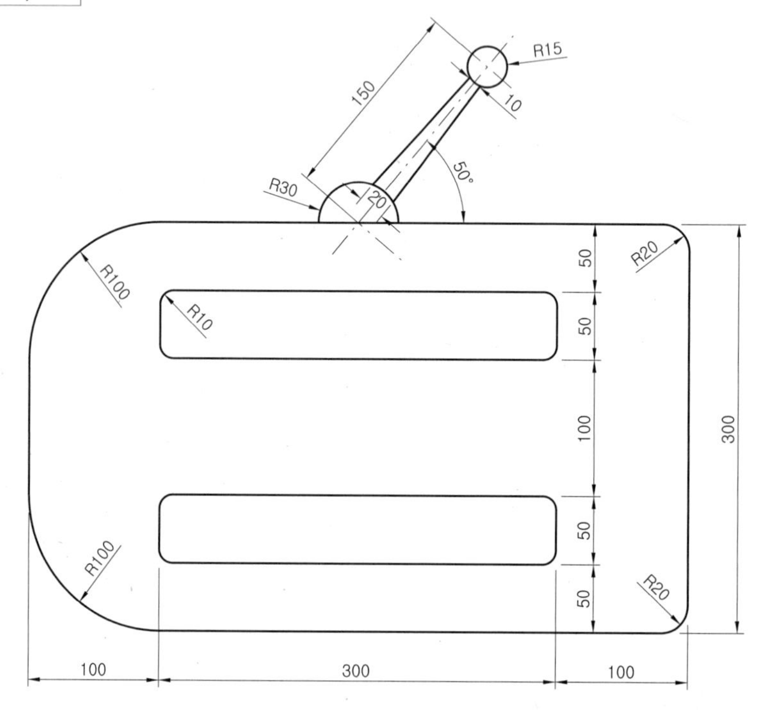

작업 영역	Limits 0,0 ~ 2400,1800

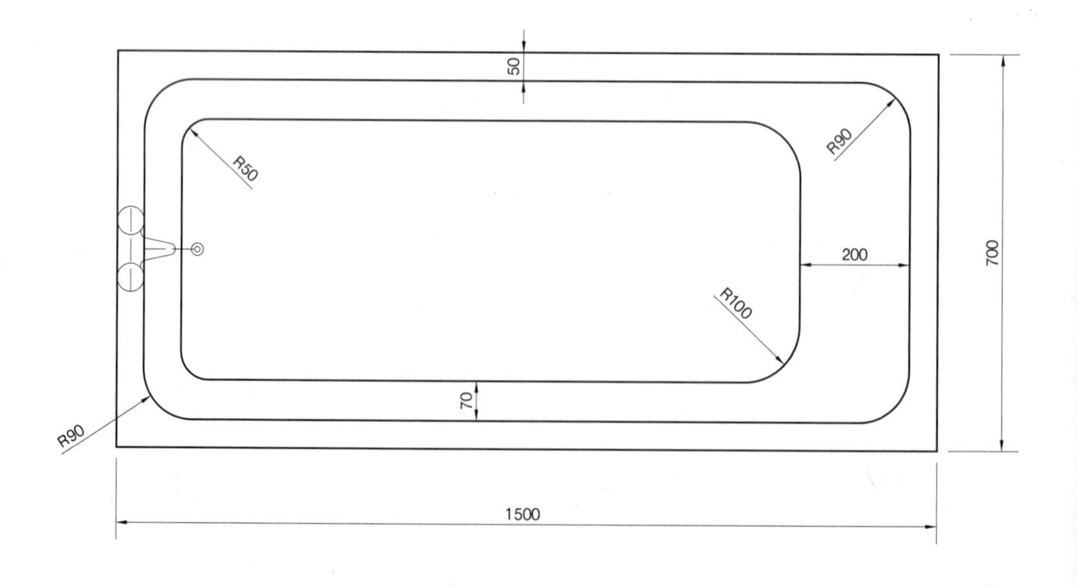

Fillet 연습 문제 | Line, Circle, Array, Offset

작업 영역	Limits 0,0 ~ 240,180

잠깐만요

육각형 도면은 Polygon 명령어를 이용하여 그립니다.

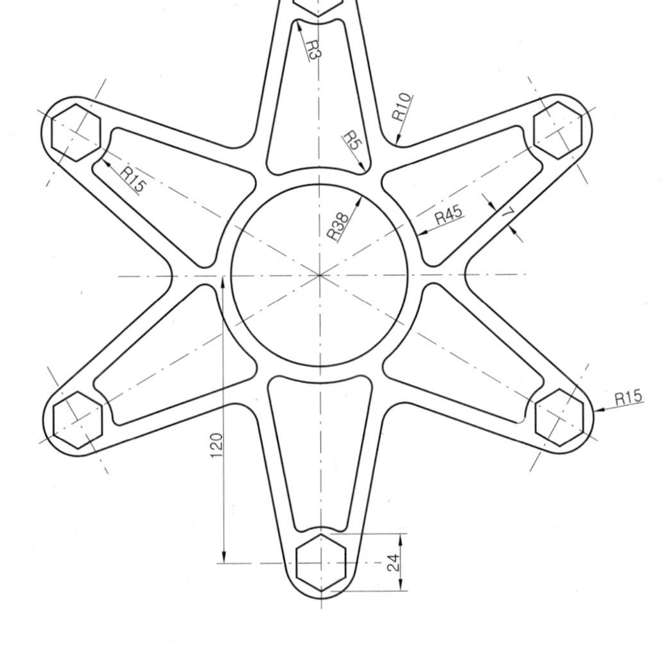

작업 영역	Limits 0,0 ~ 480,360

잠깐만요

지시 없는 R은 10으로 작성합니다.

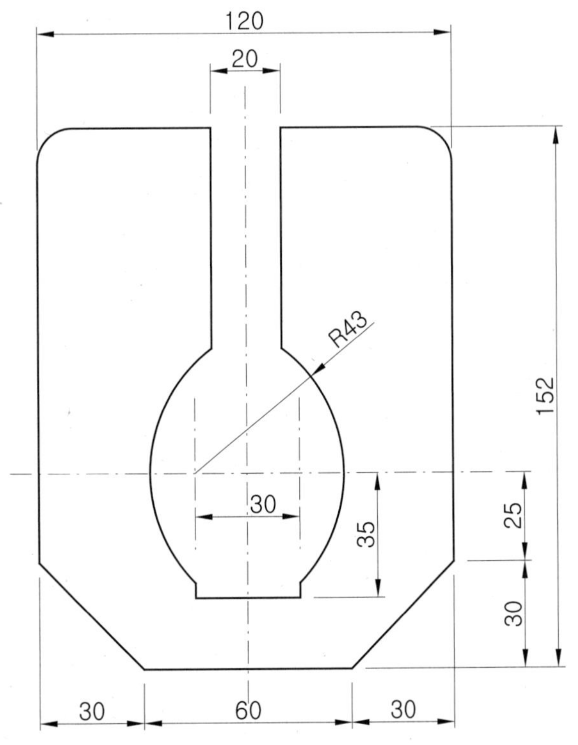

Section 12

모따기 - Chamfer

Chamfer는 두 개의 객체의 모서리 부분을 각모 처리하는 명령입니다. 건축도면에서는 건물의 연결 통로, 인공 조경 공간 설계에 사용되며 특히 기계도면 작업에서 많이 사용되는데 모따기를 뜻하는 기호로는 'C'라는 용어를 사용합니다.

Step 01

Chamfer의 이해

Chamfer란 두 개의 객체의 교차 모서리를 주어진 길이 값으로 모따기(각진 모서리) 처리하며 Fillet 명령과는 다르게 원(Circle)과 호(Arc)에서는 사용할 수 없습니다.

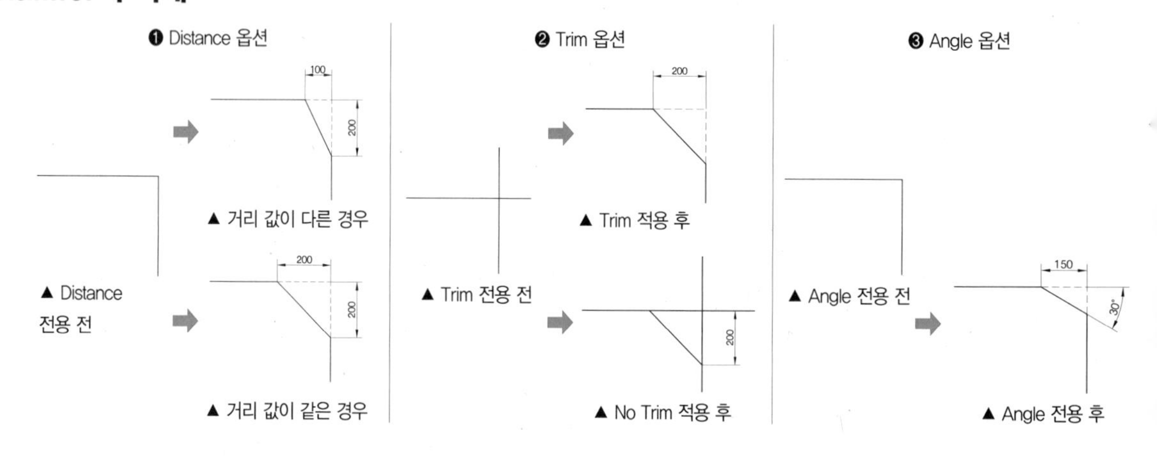

▲ Distance 전용 전 ▲ 거리 값이 다른 경우 ▲ 거리 값이 같은 경우 ▲ Trim 전용 전 ▲ Trim 적용 후 ▲ No Trim 적용 후 ▲ Angle 전용 전 ▲ Angle 전용 후

입력 형식

```
Command : chamfer
(TRIM mode) Current chamfer Dist1 = 3.0000, Dist2 = 6.0000
(Chamfer 명령의 현재 설정 값을 표시합니다.)
Select first line or [Undo/Polyline/Distance/Angle/Trim/
mEthod/Multiple] : (모따기를 적용할 첫 번째 선을 선택하거나 옵션을 선택합니다.)
Select second line or shift-select to apply corner : (모따기를 적용할 두 번째 선을 선택합니다.)
```

Chamfer 설정별 특징

- **Undo** : Chamfer 명령에서 전 단계에 실시한 모따기를 취소합니다.
- **Polyline** : 폴리선의 모든 모서리에 동일한 모따기 값을 적용합니다.
- **Distance** : 선택한 선의 모서리 끝점으로부터 모따기 거리 값을 설정합니다.
- **Angle** : 첫 번째 선택한 선의 모서리 끝점으로부터 모따기 거리 값을, 두 번째 선에 대한 각도를 이용하여 모따기 거리 값을 설정합니다.
- **Trim** : Chamfer 명령에서 선택한 객체의 수정 여부를 선택합니다.
- **mEthod** : Chamfer 명령의 모따기 방식을 설정합니다.
- **Multiple** : 동일한 모따기 값을 다중 반복할 때 사용합니다.

Step 02

Chamfer 예제 따라하기

작업 영역 | Limits 0,0 ~ 120,90

동일한 모깎기 값이 반복적으로 사용될 때 Multiple 옵션을 사용하면 더욱 편리합니다.

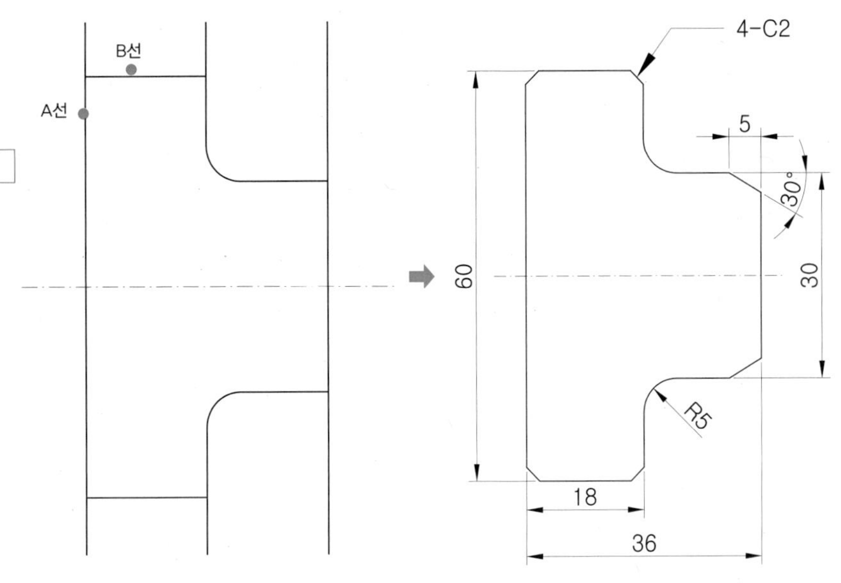

그리는 방법

Command : chamfer
(TRIM mode) Current chamfer Dist1 = 1.0000, Dist2 = 4.0000
(Chamfer 명령의 현재 설정 값을 표시합니다.)
Select first line or [Undo/Polyline/Distance/Angle/Trim/mEthod/Multiple] : d (Distance 옵션을 선택합니다.)
Specify first chamfer distance <1.0000> : 2 (모따기에 적용할 첫 번째 거리 값을 설정합니다.)
Specify second chamfer distance <2.0000> : 2 (모따기에 적용할 두 번째 거리 값을 설정합니다.)
Select first line or [Undo/Polyline/Distance/Angle/Trim/mEthod/Multiple] : t (Trim 옵션을 선택합니다.)
Enter Trim mode option [Trim/No trim] <Trim> : t (선택한 선분이 수정되도록 Trim을 선택합니다.)
Select first line or [Undo/Polyline/Distance/Angle/Trim/mEthod/Multiple] : (A 선을 선택합니다.)
Select second line or shift-select to apply corner : (B 선을 선택합니다.)
위와 같은 방법을 반복하여 완성합니다.

잠깐만요

'C' 도면 기호는 모따기를 의미하며 양쪽 간격이 동일할 때 사용합니다. 'C' 기호 뒤에 숫자는 모따기의 거리 값을 표시합니다.

Chamfer 연습 문제 | Line, Circle, Trim, Chamfer

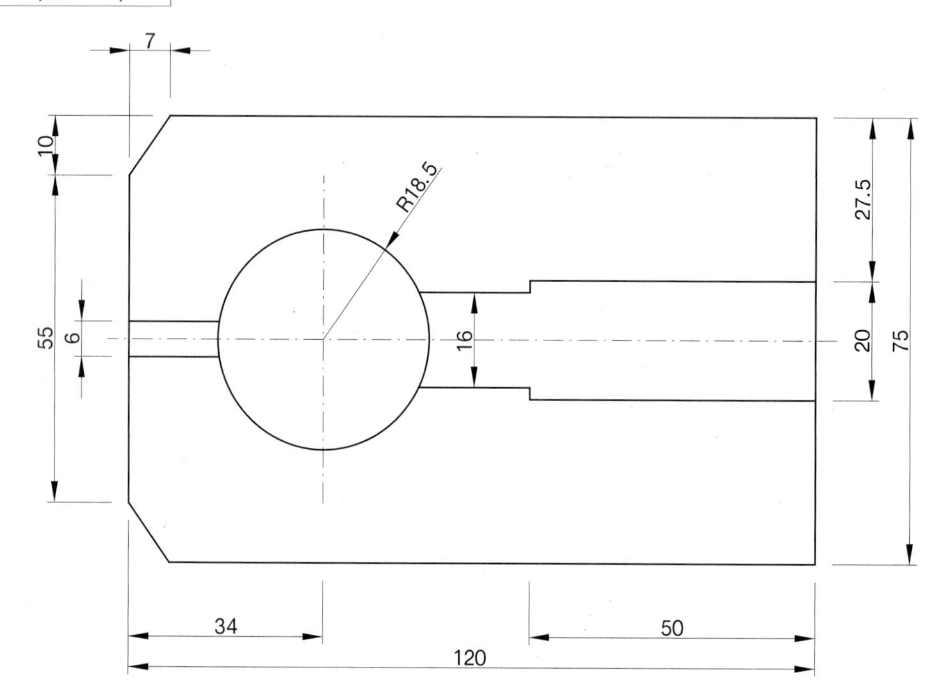

작업 영역 Limits 0,0 ~ 120,90

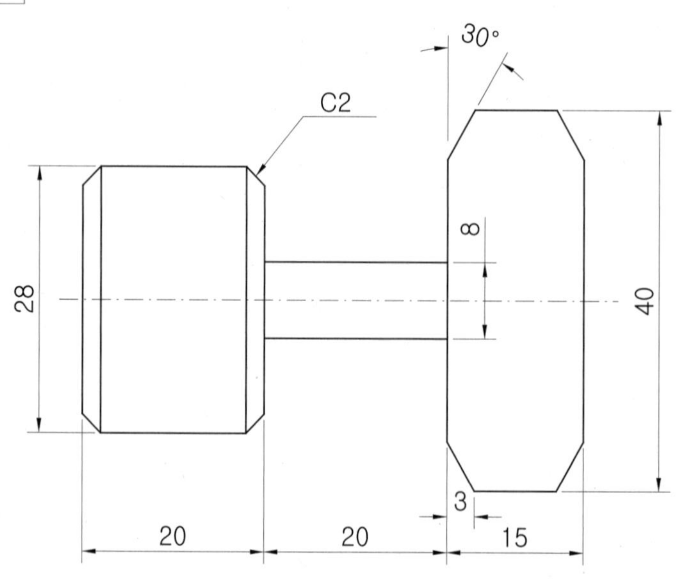

작업 영역	Limits 0,0 ~ 1200,900

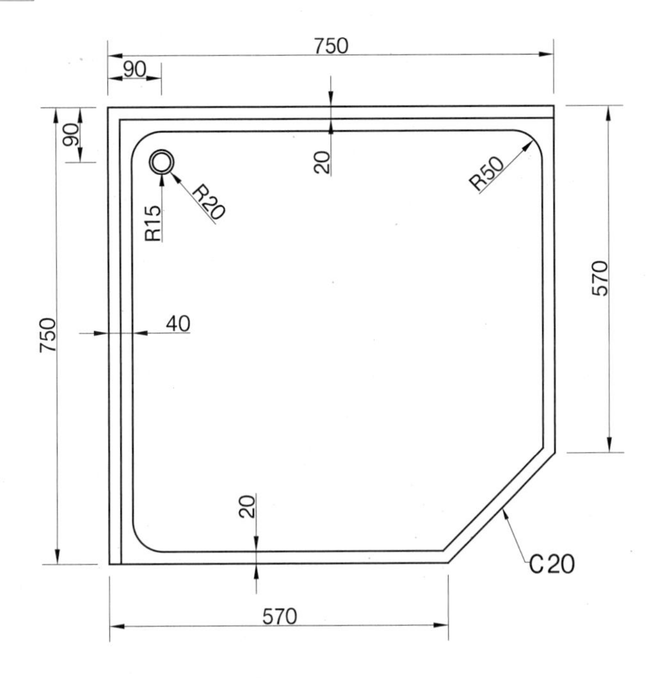

작업 영역	Limits 0,0 ~ 1200,900

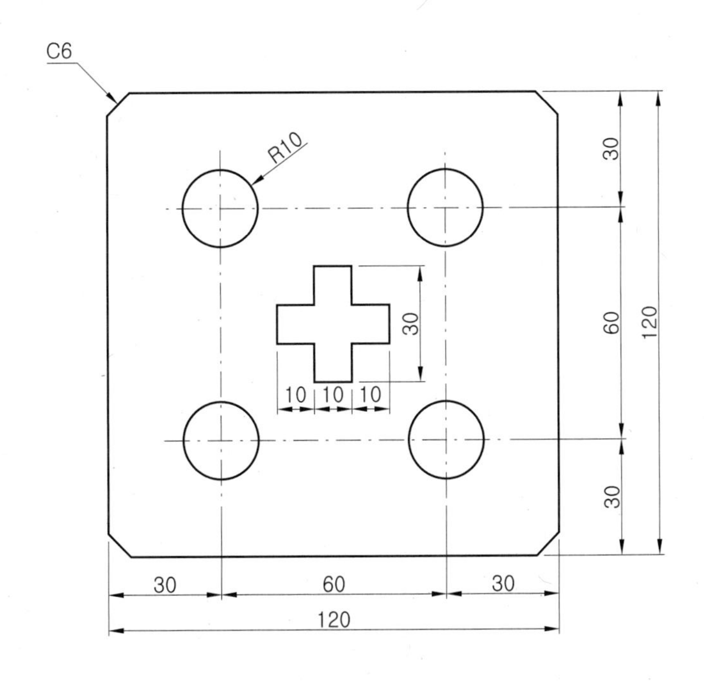

종합문제

작업 영역	Limits 0,0 ~ 120,90

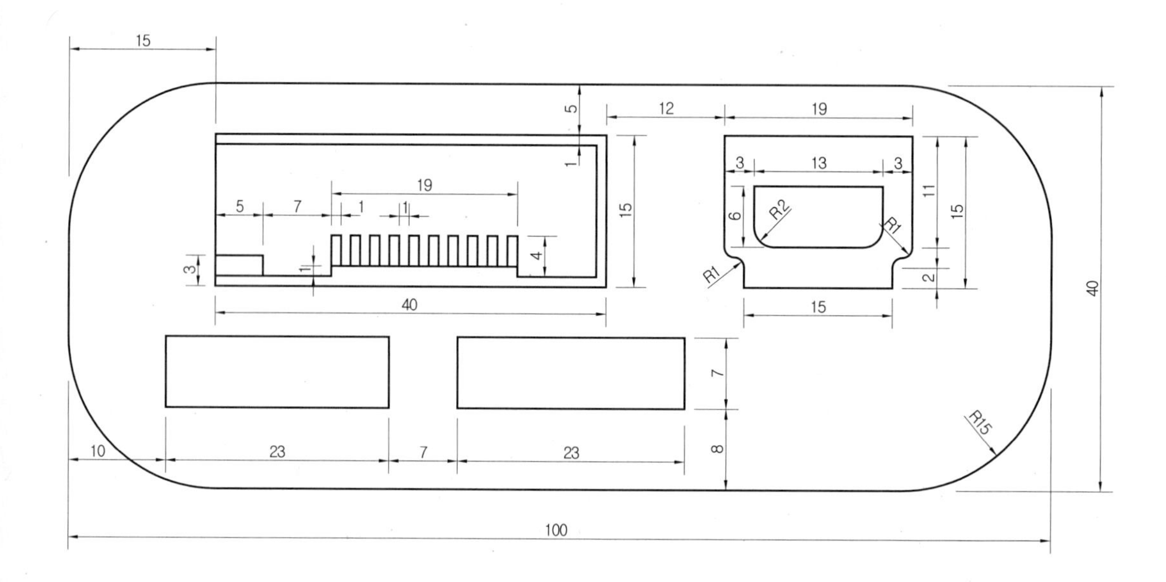

작업 영역	Limits 0,0 ~ 120,90

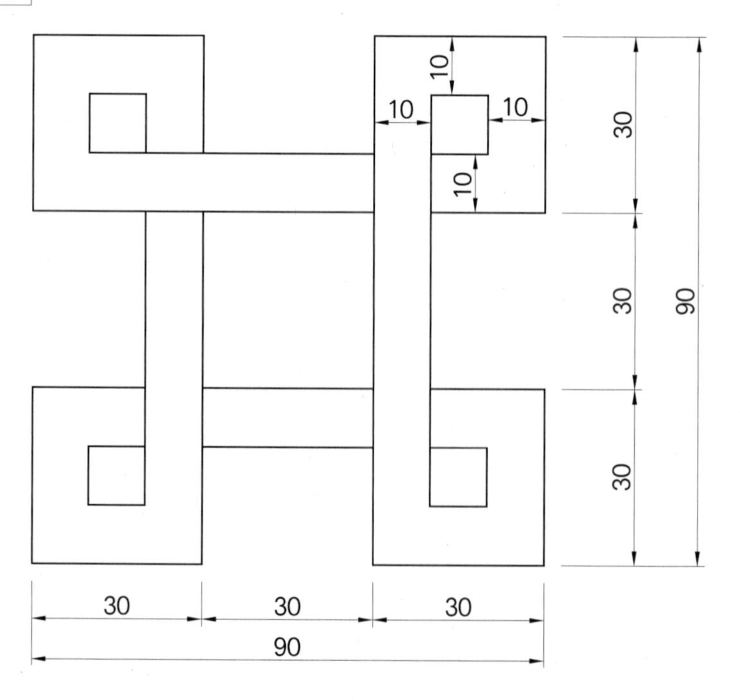

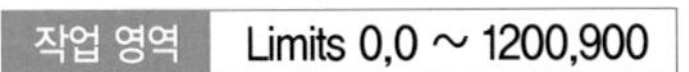

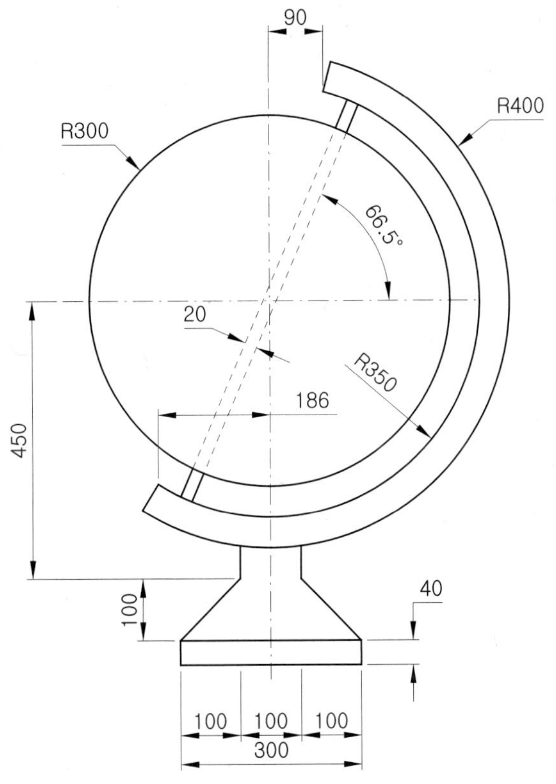

작업 영역 | Limits 0,0 ~ 120,90

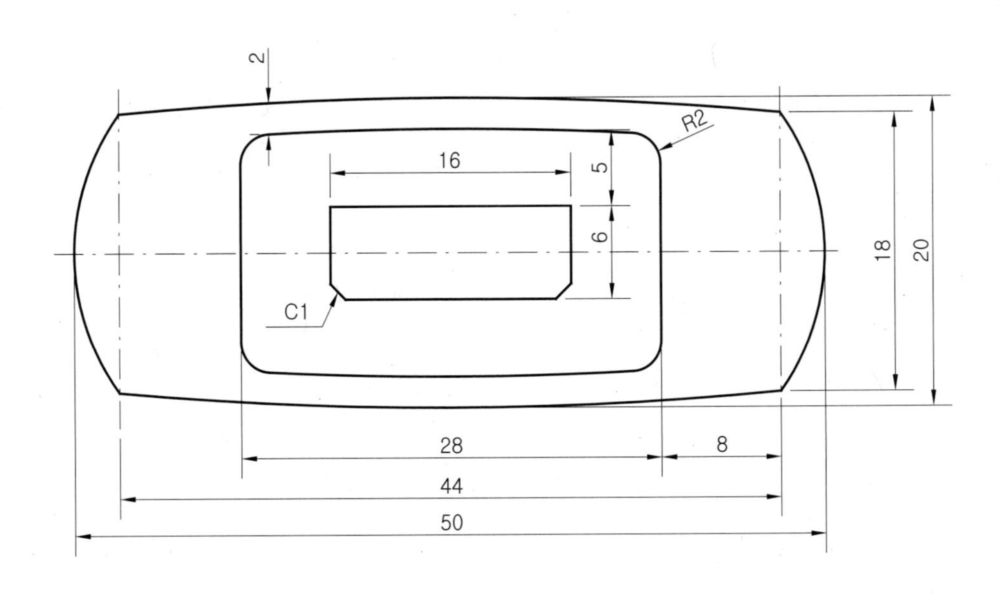

종합문제

작업 영역	Limits 0,0 ~ 240,180

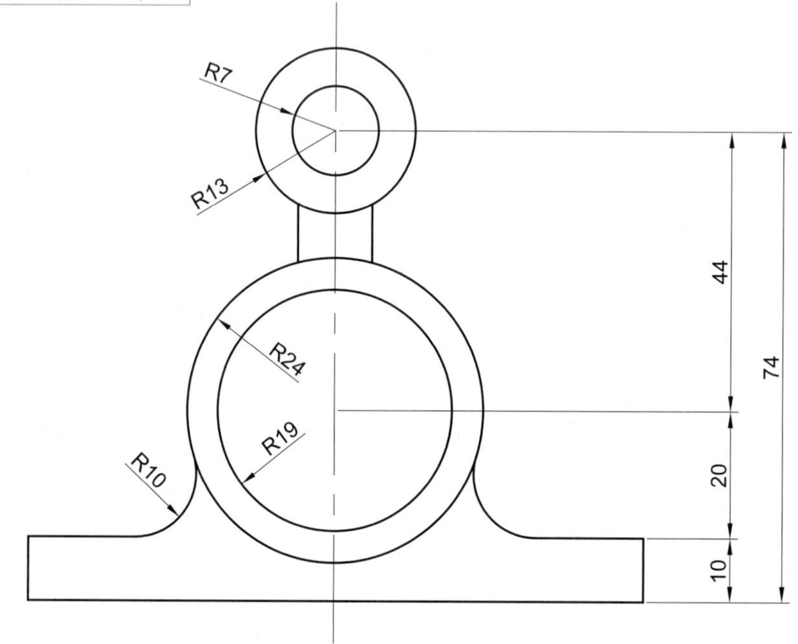

작업 영역	Limits 0,0 ~ 320,270

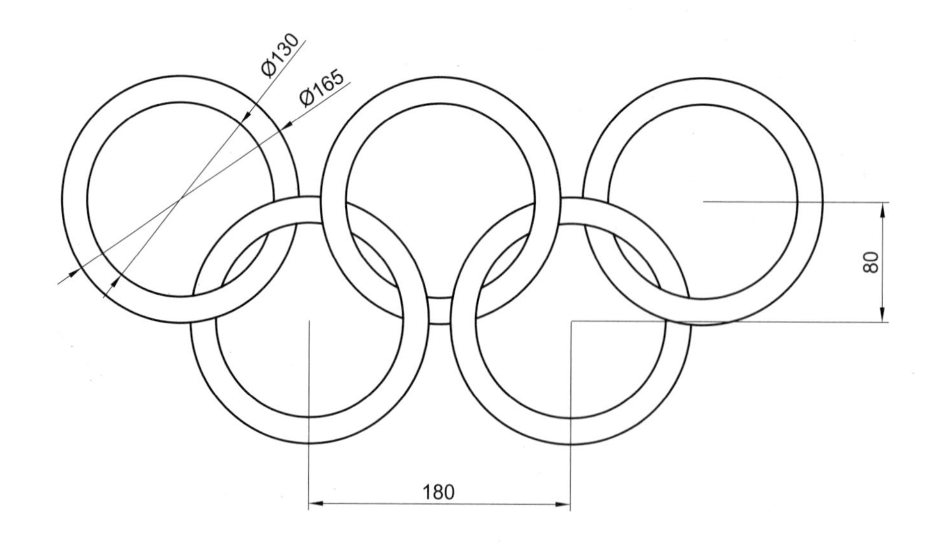

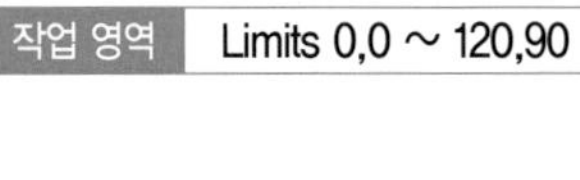

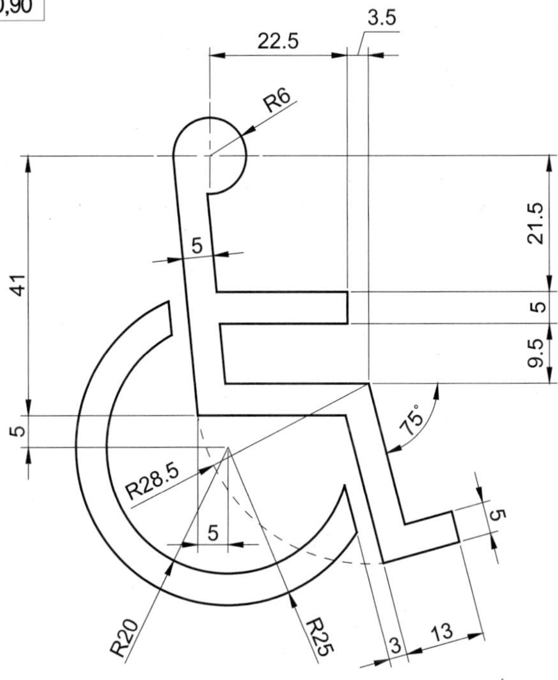

작업 영역 Limits 0,0 ~ 240,180

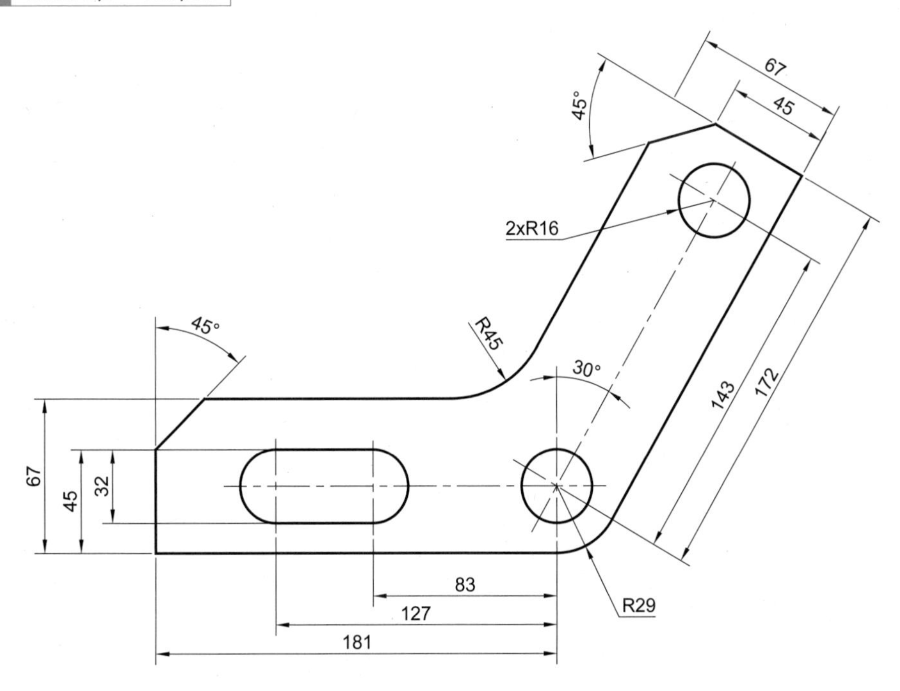

종합문제

작업 영역	Limits 0,0 ~ 1200,900

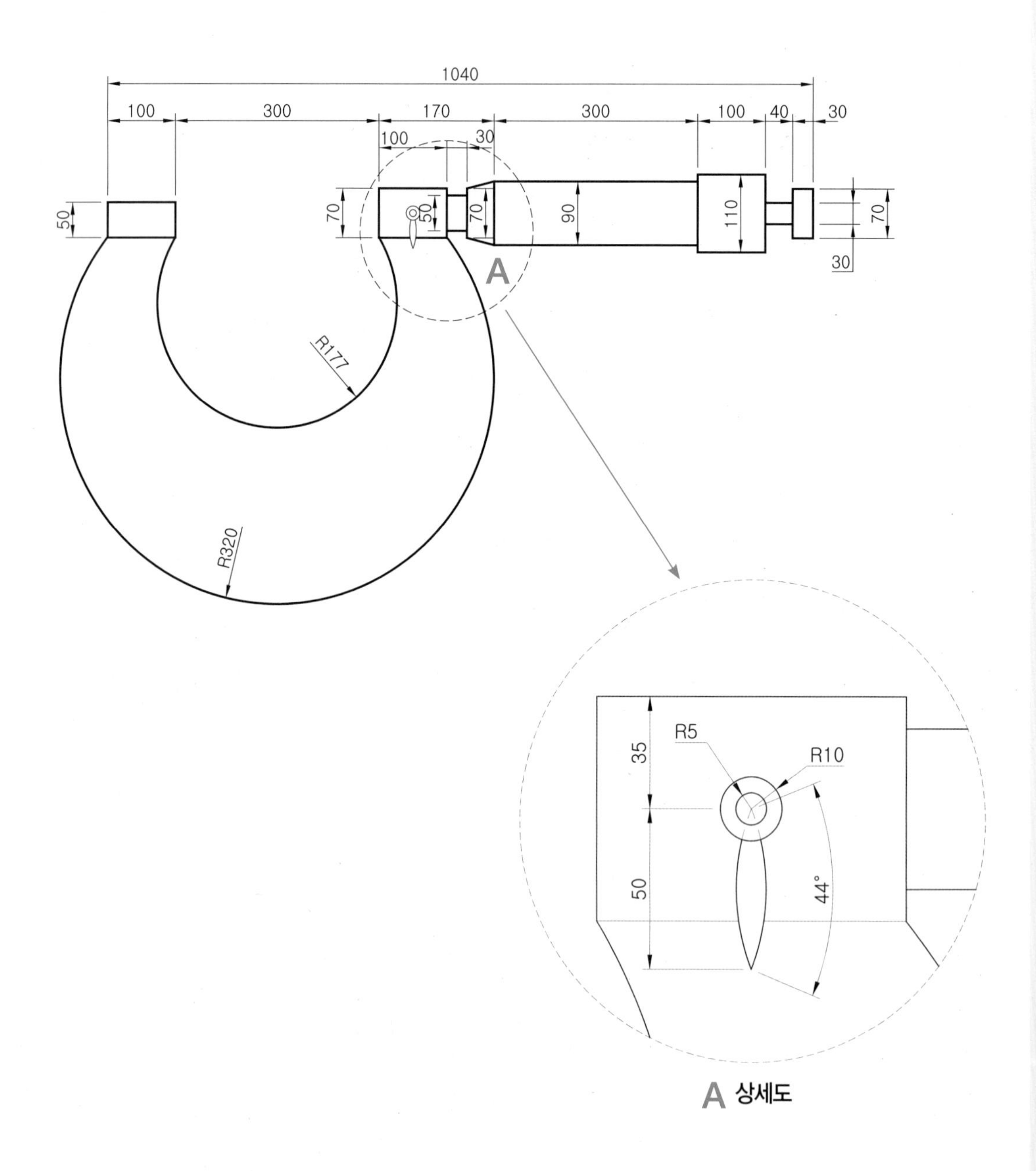

작업 영역 | Limits 0,0 ~ 360,270

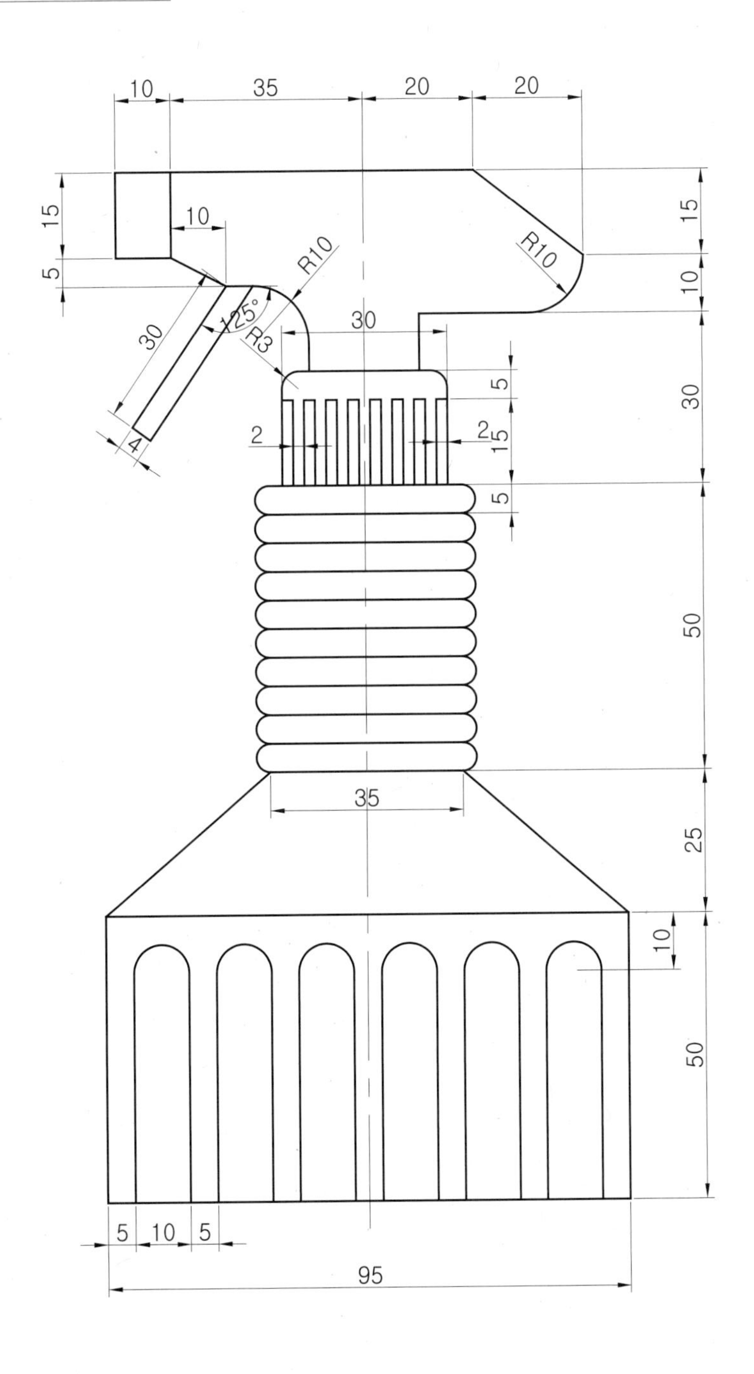

종합문제

작업 영역	Limits 0,0 ~ 120,90

잠깐만요

지시 없는 R은 10으로 작성합니다.

작업 영역	Limits 0,0 ~ 120,90

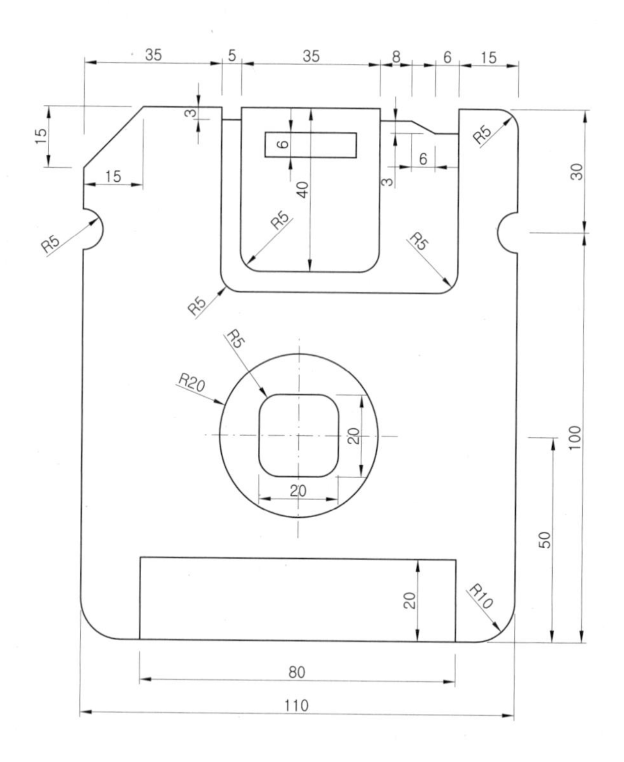

작업 영역	Limits 0,0 ~420,360

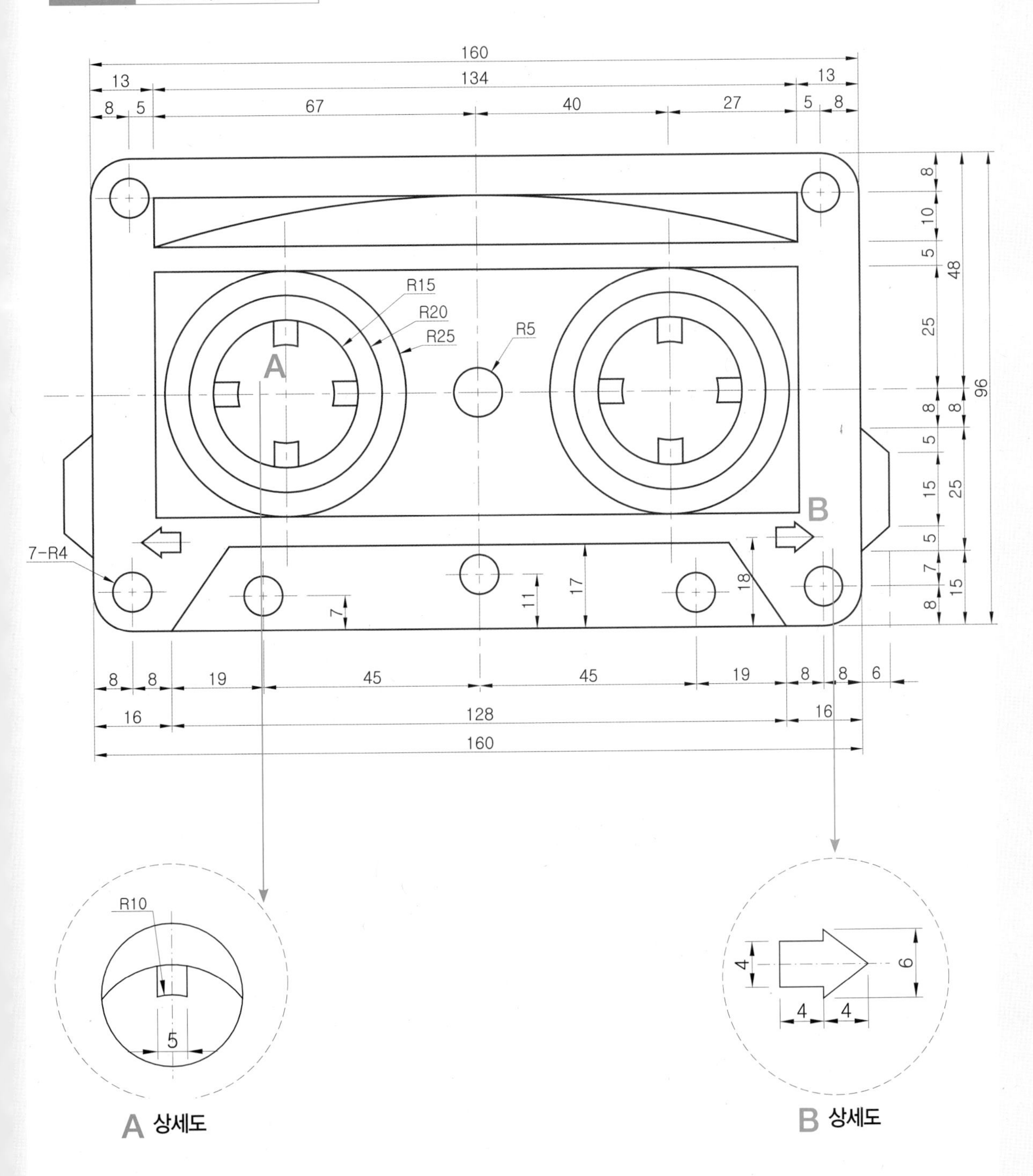

A 상세도

B 상세도

종합문제

작업 영역	Limits 0,0 ~ 240,180

잠깐만요

4X3KEYWAY란 홈의 크기를 폭(넓이) '4', 높이(두께) '3'으로 작성하라는 의미입니다

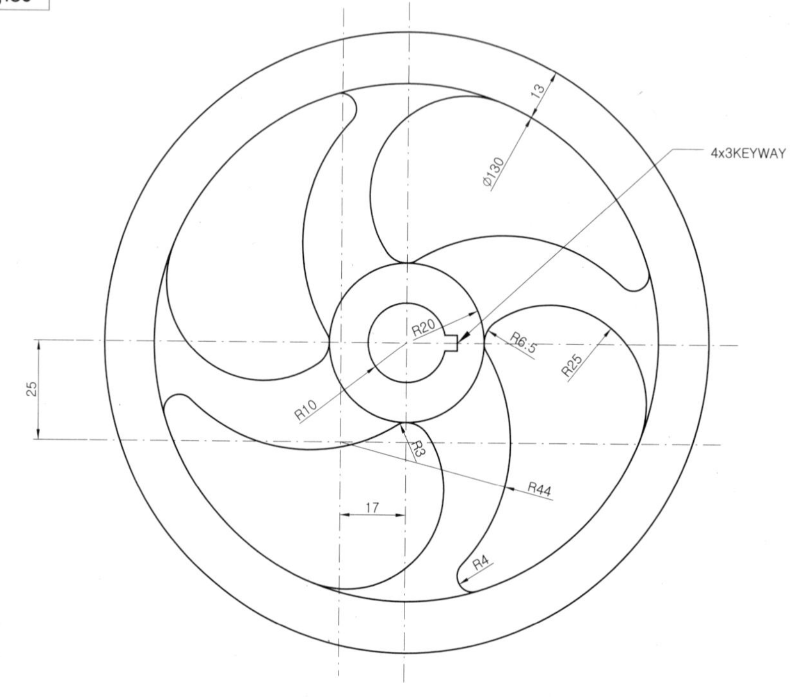

작업 영역	Limits 0,0 ~ 120,90

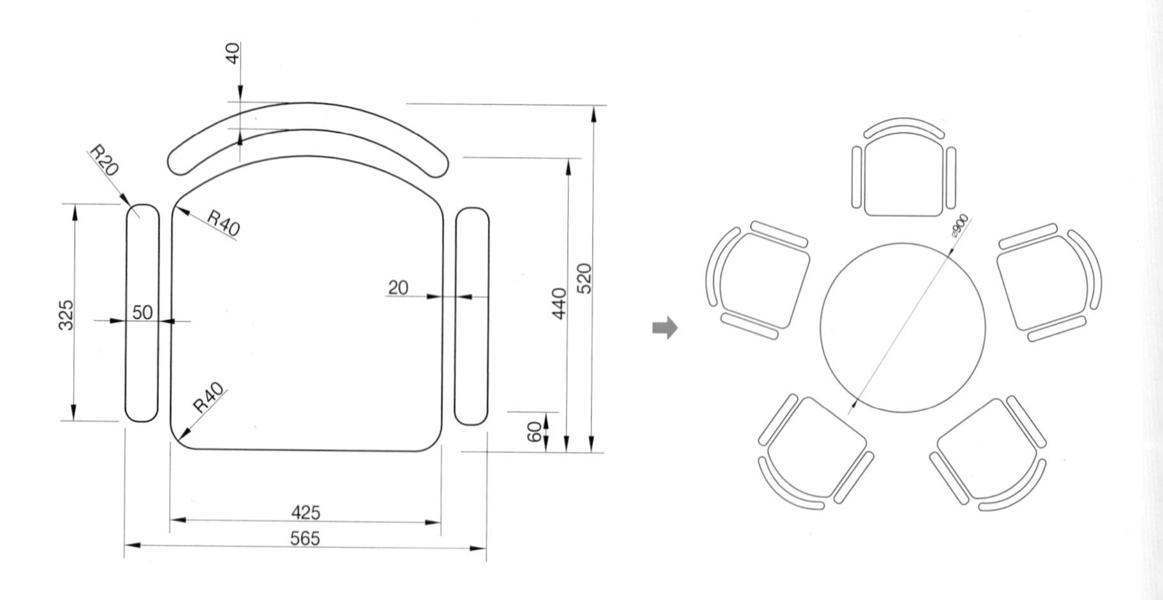

작업 영역	Limits 0,0 ~ 420,360

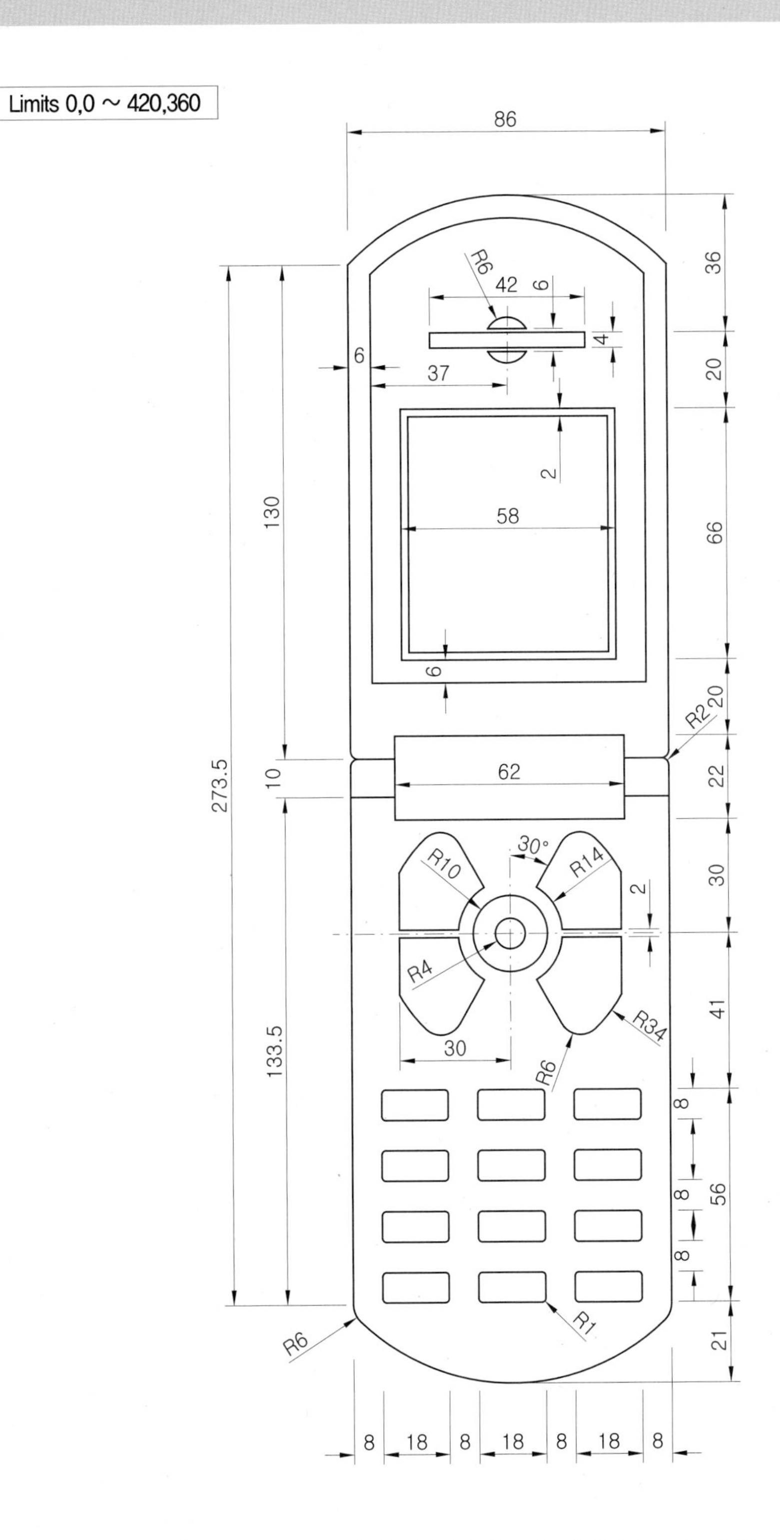

종합문제

작업 영역	Limits 0,0 ~ 240, 180

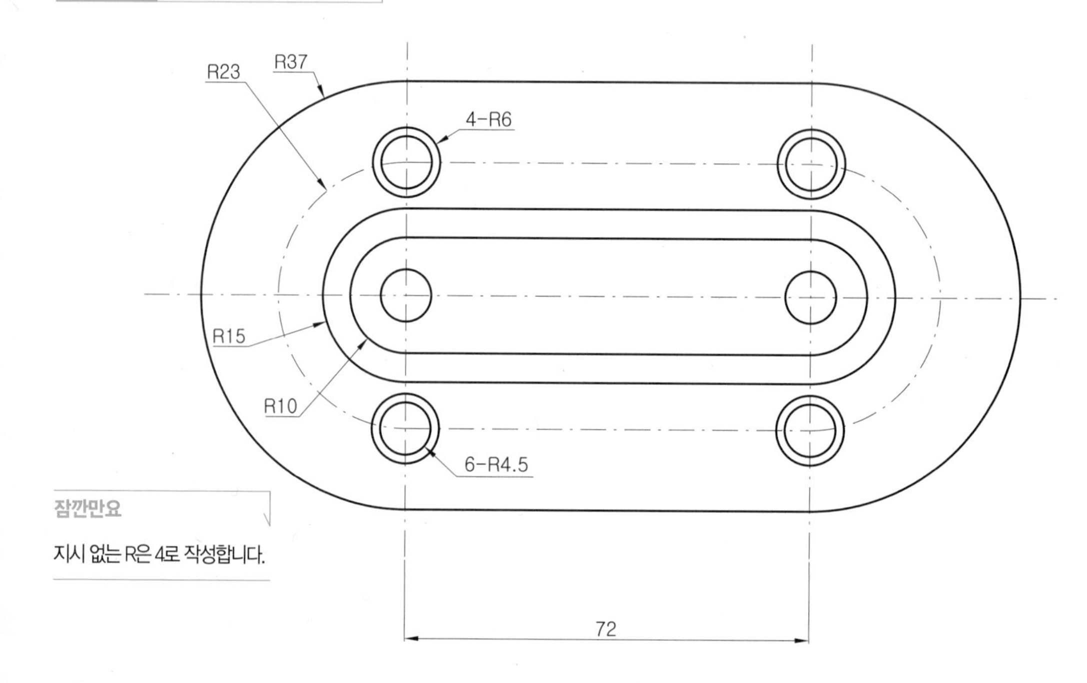

잠깐만요

지시 없는 R은 4로 작성합니다.

작업 영역	Limits 0,0 ~240, 180

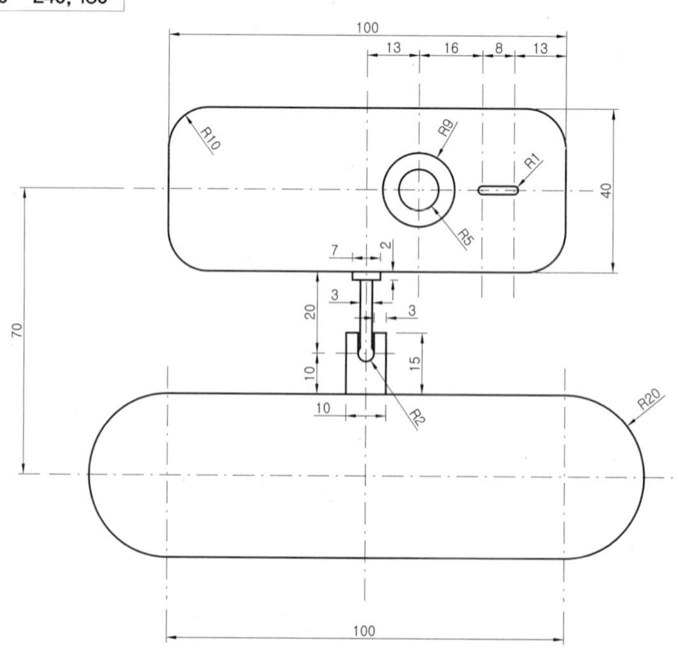

작업 영역	Limits 0,0 ~ 360,270

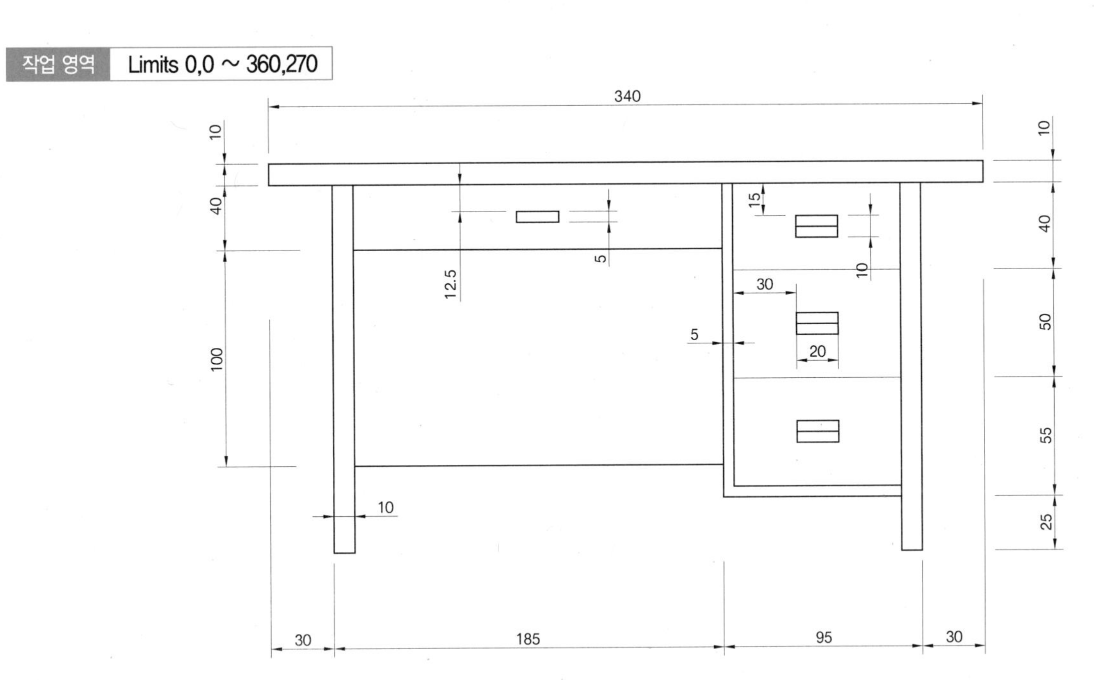

작업 영역	Limits 0,0 ~ 1200,900

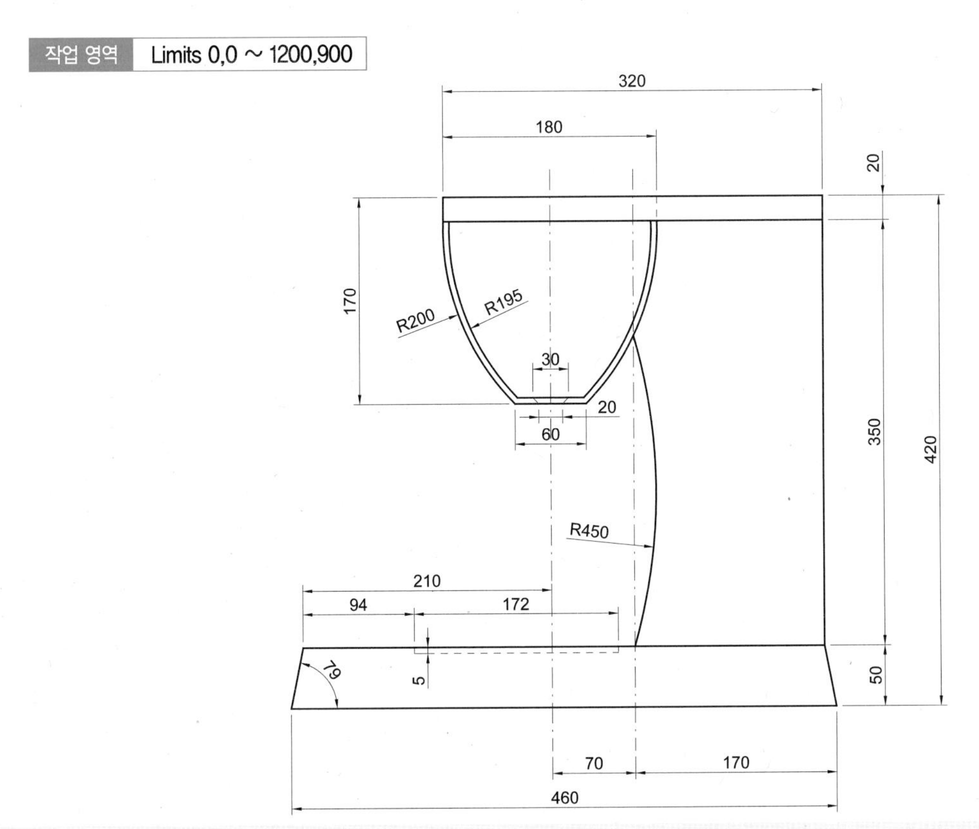

작업 영역	Limits 0,0 ~ 240, 80

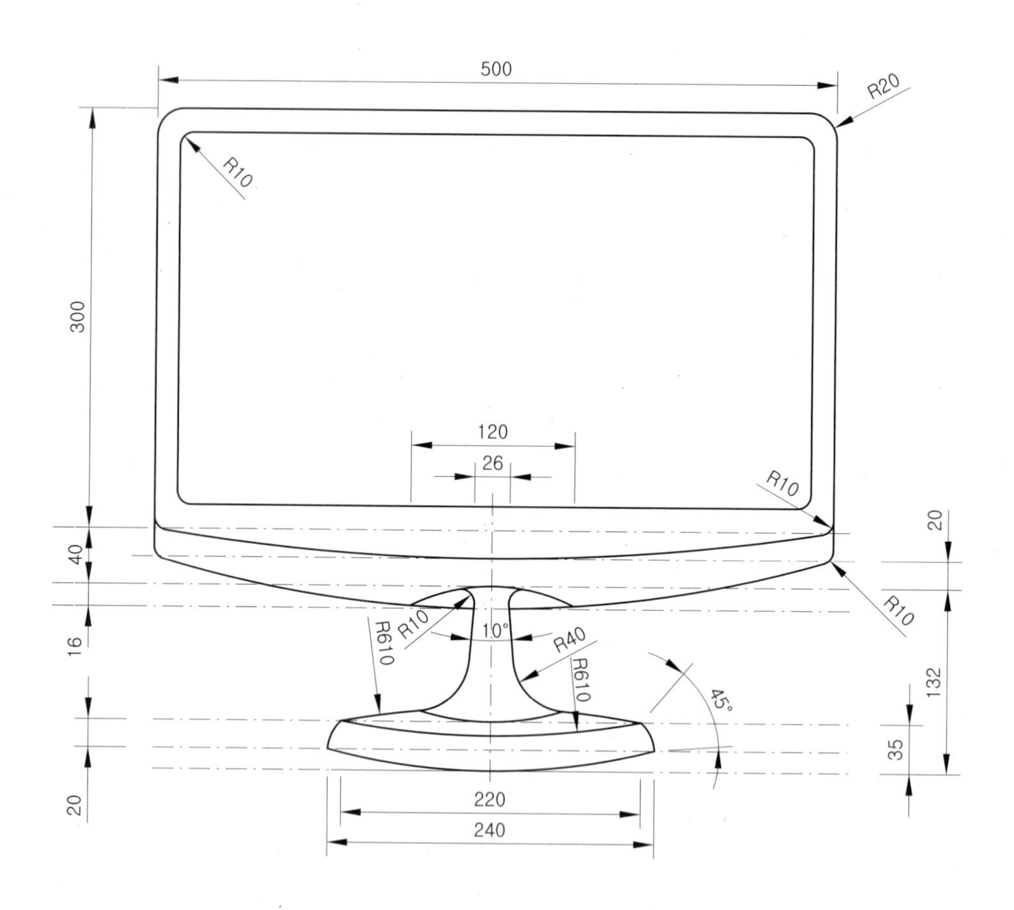

작업 영역	Limits 0,0 ~240, 180

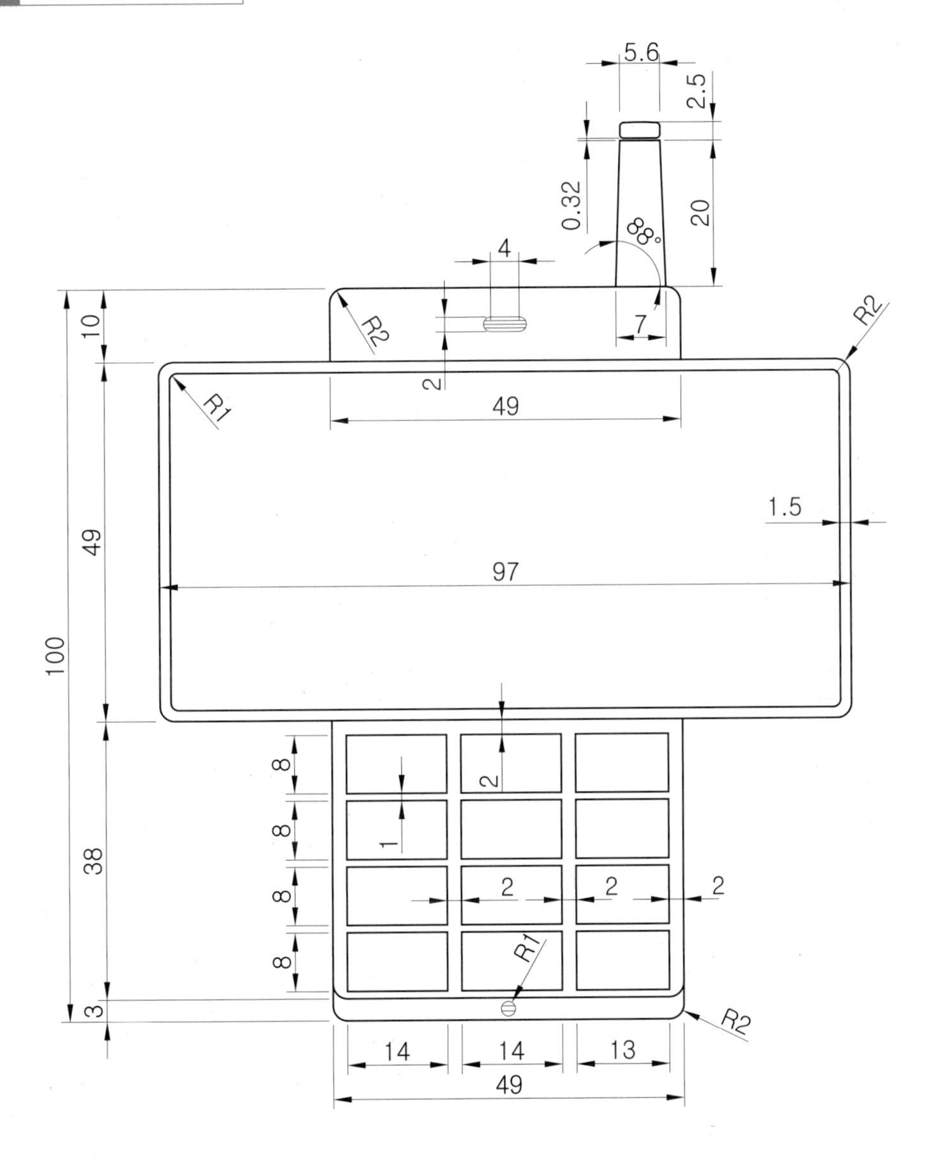

작업 영역	Limits 0,0 ~ 360,170

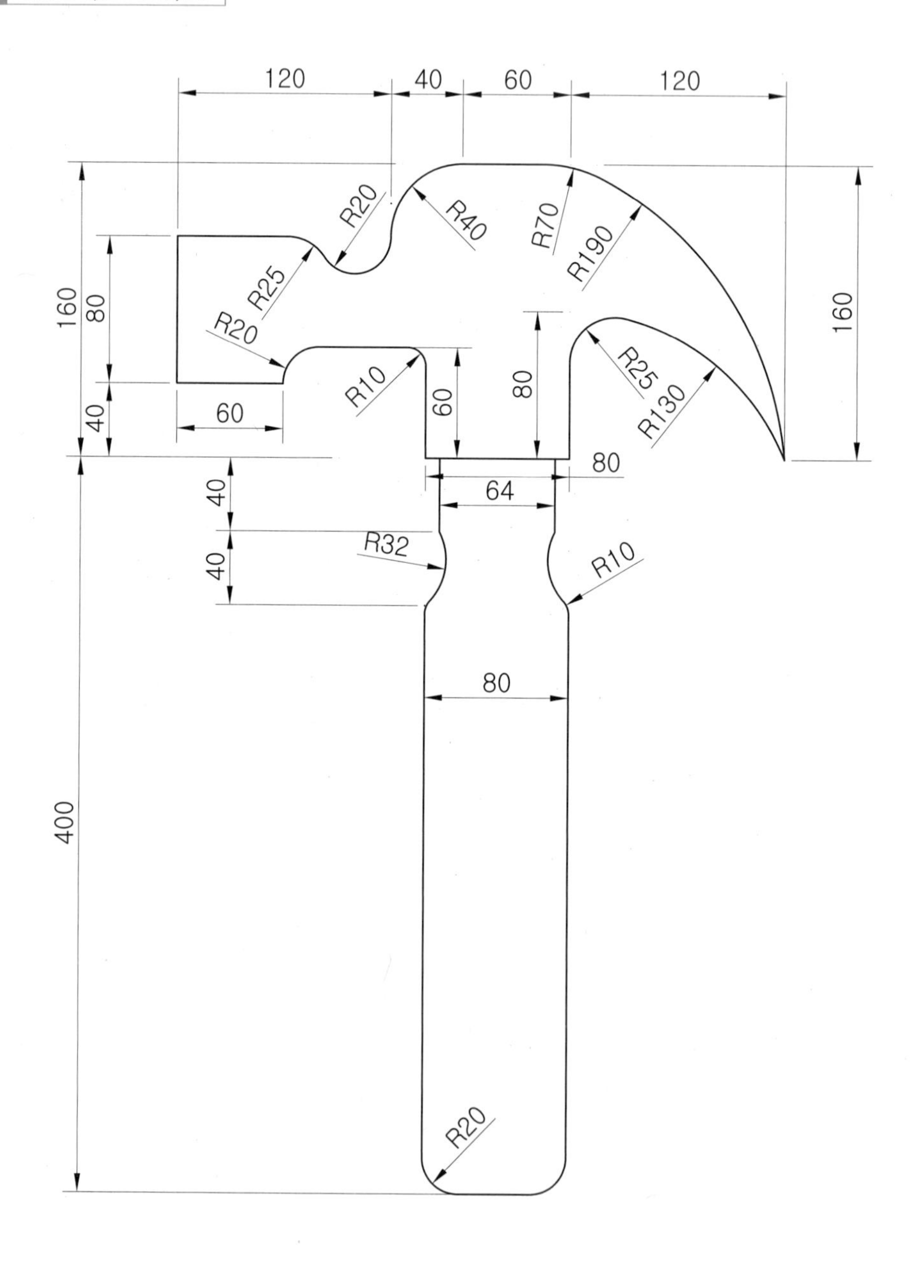

작업 영역	Limits 0,0 ~ 1200,900

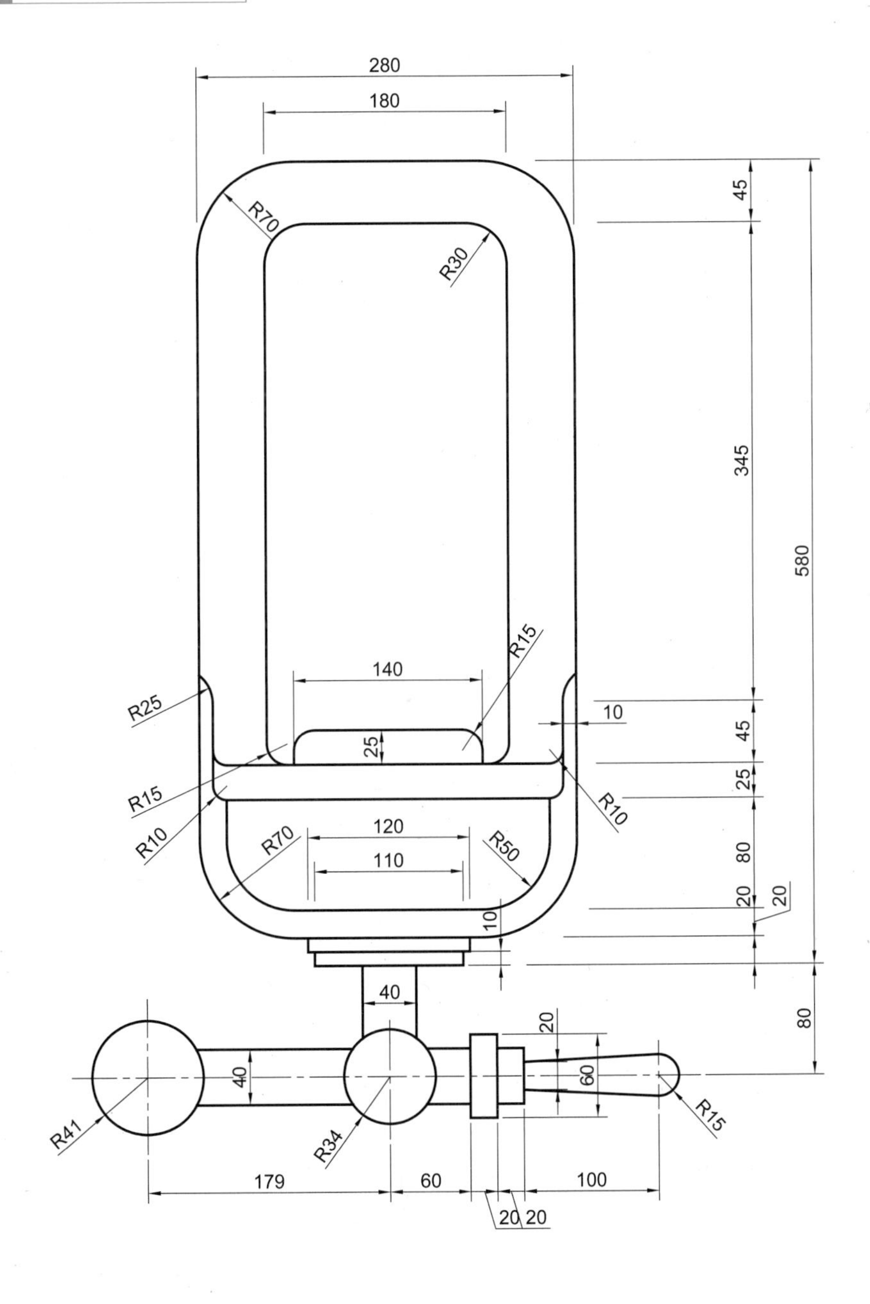

종합문제

작업 영역 | Limits 0,0 ~ 3600,2700

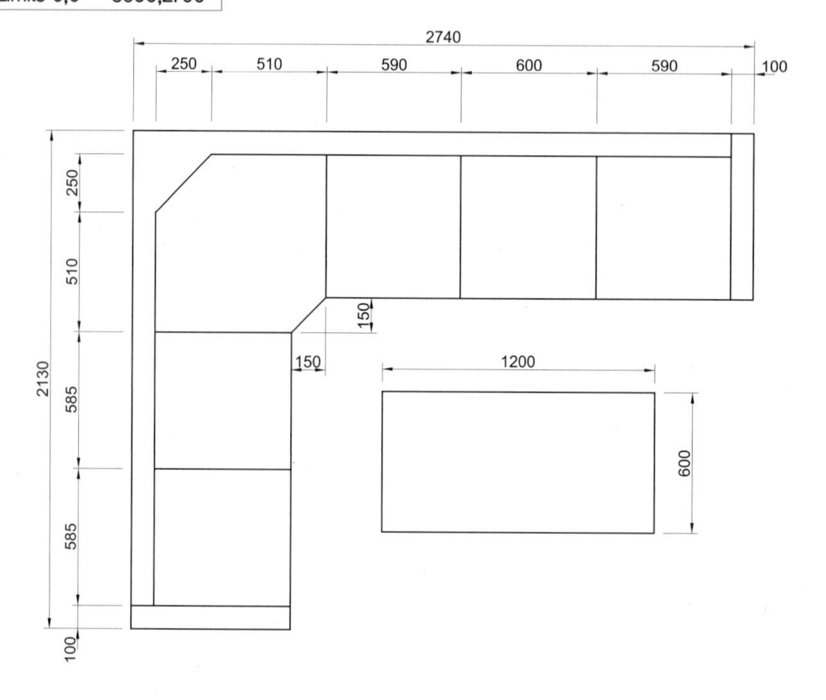

작업 영역 | Limits 0,0 ~240, 180

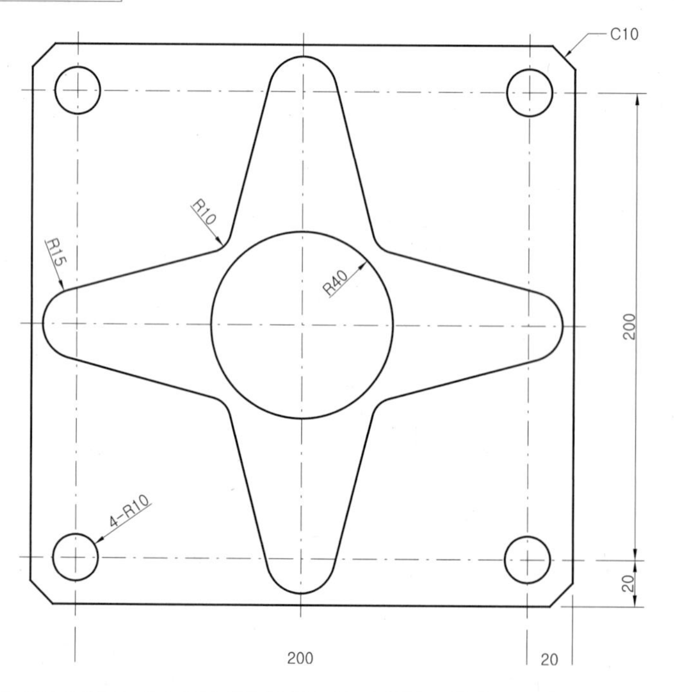

작업 영역 Limits 0,0 ~ 1200,900

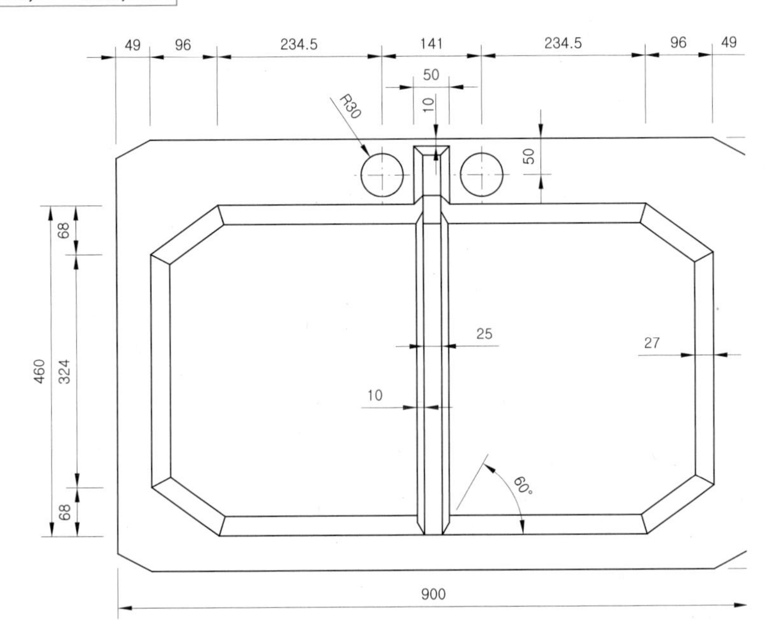

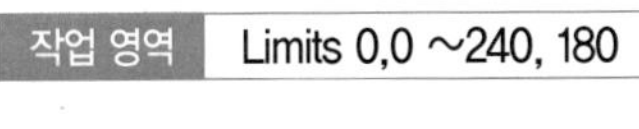

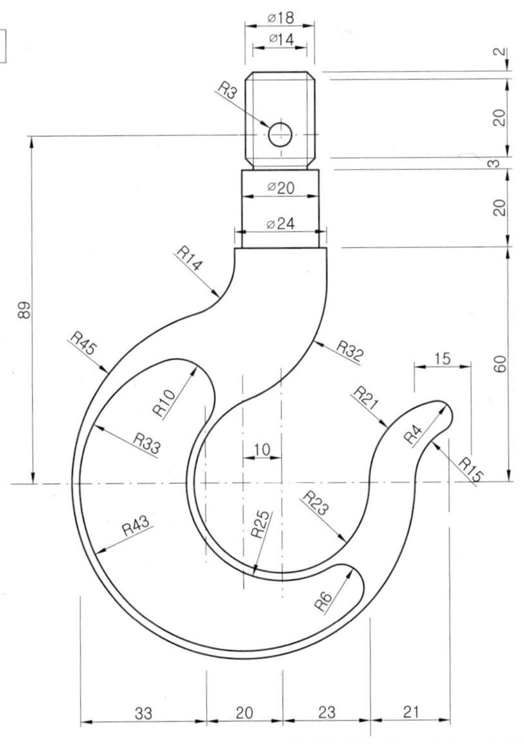

작업 영역	Limits 0,0 ~ 120,90

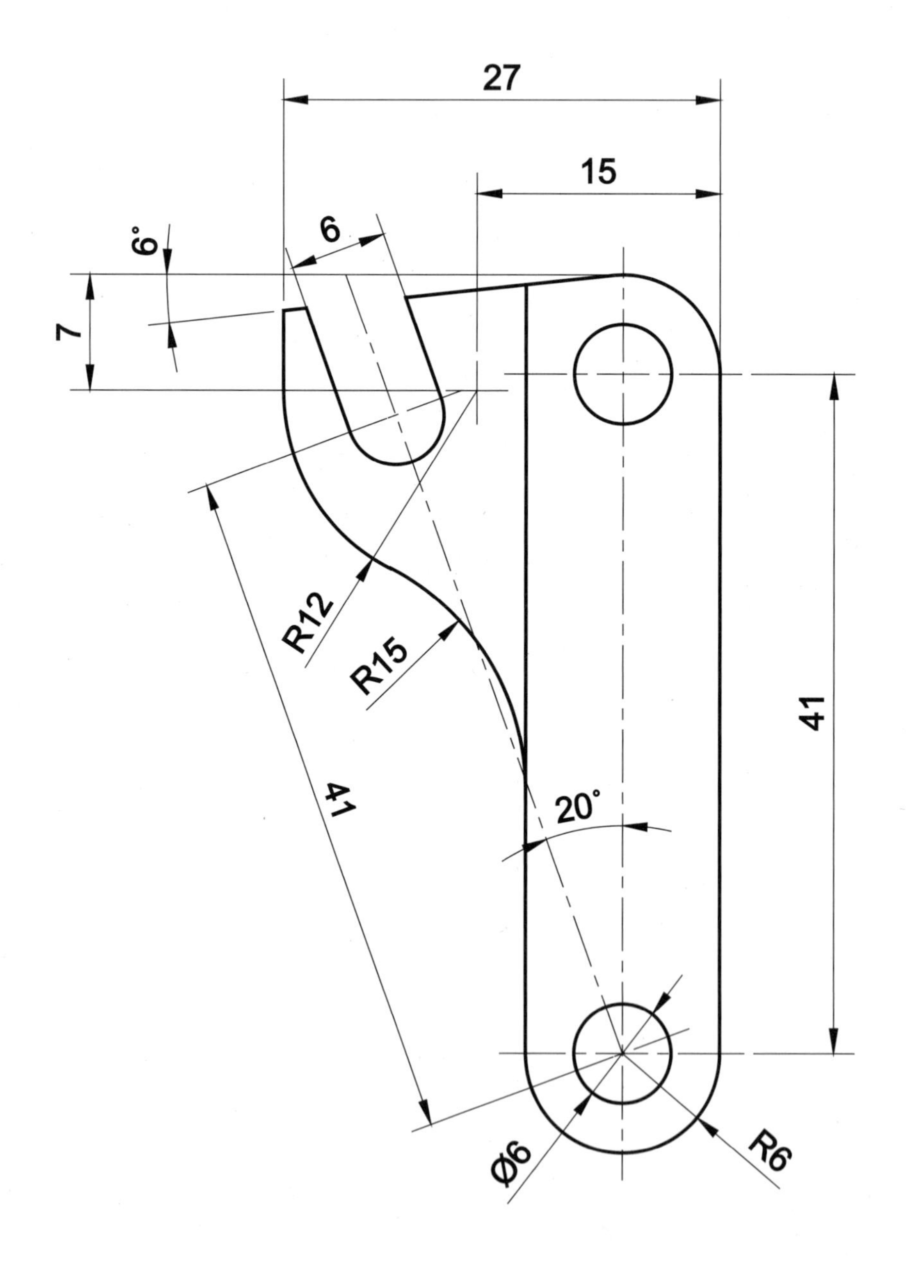

작업 영역	Limits 0,0 ~ 360,270

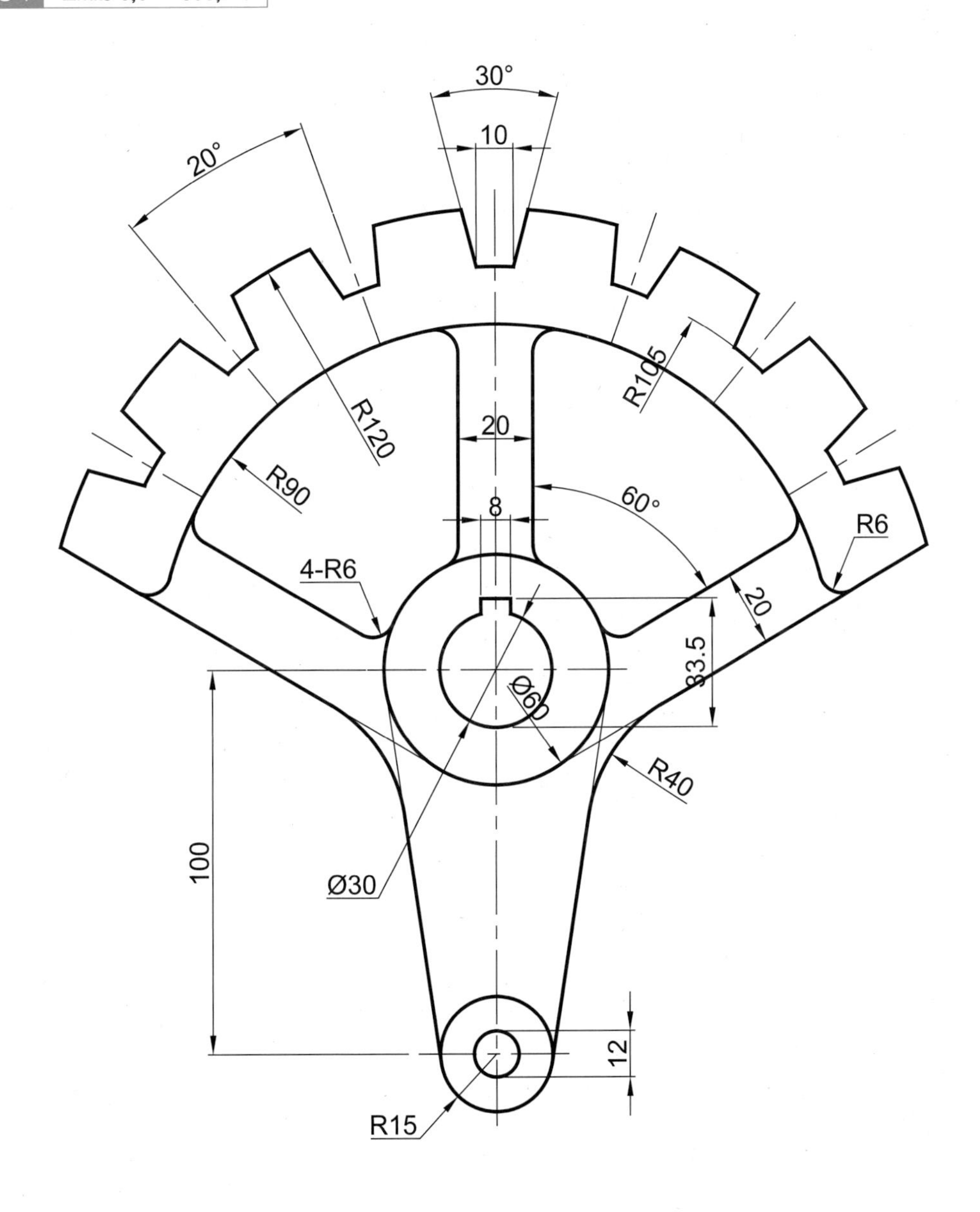

종합문제

작업 영역	Limits 0,0 ~ 120,90

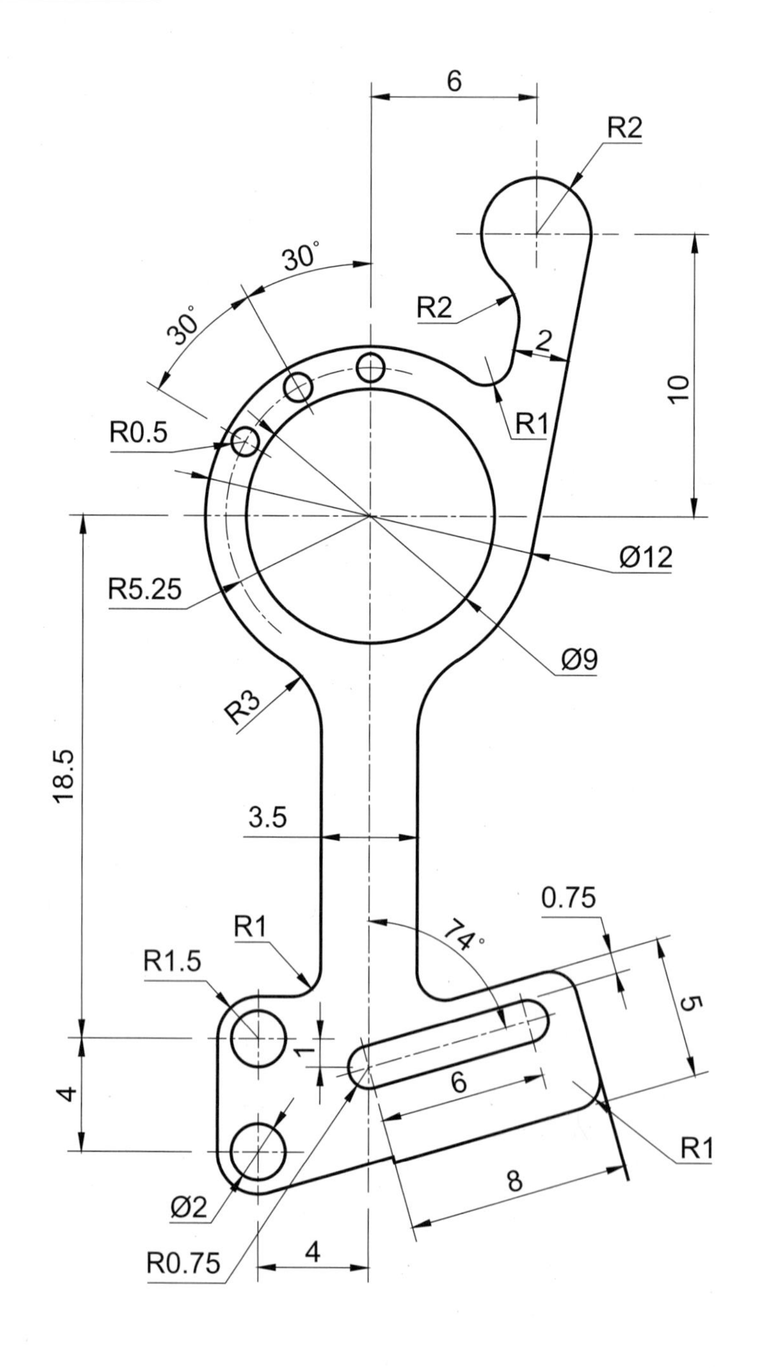

작업 영역	Limits 0,0 ~ 120,90

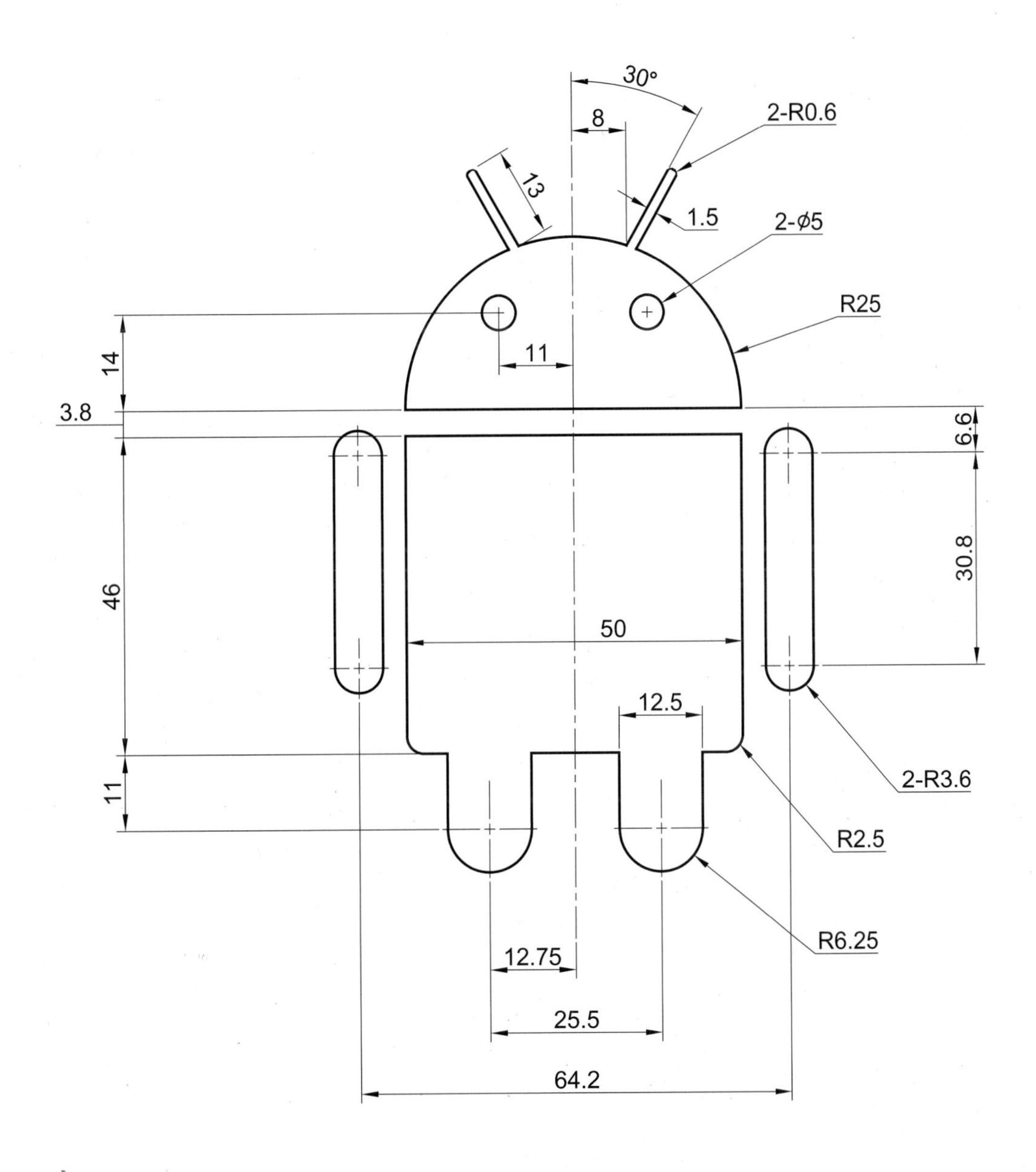

AutoCAD

셋째마당 03

시간 단축을 위한 보조 드로잉

셋째 마당에서는 보조 드로잉 명령을 학습하고 객체의 채색과 관련된 명령들에 대하여 공부합니다. 또한 등각투상을 통하여 입체적 물체에 대한 표현기법을 학습합니다.

Section
01 정다각형 그리기 - Polygon

Polygon이란 변의 길이가 동일한 다각형을 작성하는 명령어로 삼각형에서부터 천이십사각형까지 작성 가능합니다. 정다각형의 중심점을 선택한 후 원에 내접하는 정다각형과 원에 외접하는 정다각형을 작성할 수 있으며, 변의 길이와 기울어진 각도를 이용하여 정사각형을 작성할 수도 있습니다.

Step 01

Polygon의 이해

정다각형을 그리는 방법에는 한변의 길이를 이용하는 방법과 원에 내접하는 방법, 원에 외접하게 그리는 방법이 있습니다.

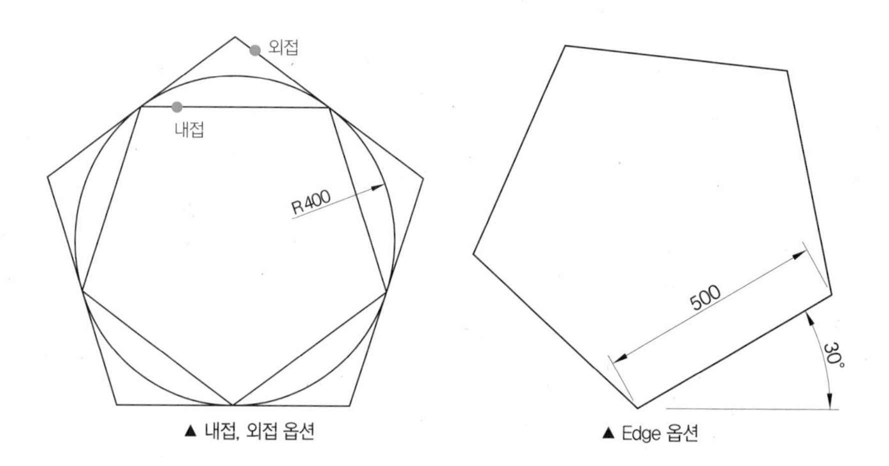

▲ 내접, 외접 옵션

▲ Edge 옵션

입력 형식

```
Command : polygon
Enter number of sides <4> : (작성할 다각형 수를 입력합니다.)
Specify center of polygon or [Edge] : (다각형의 중심점을 선택하거나 모서리 옵션을 선택합니다.)
Enter an option [Inscribed in circle/Circumscribed about circle] <I> : (다각형의 내접 또는 외접을 설정합니다.)
Specify radius of circle : (다각형의 반지름 값을 입력하거나 점을 선택합니다.)
```

Polygon 설정별 특징

- **Edge** : 정다각형의 변의 길이 값을 입력하여 작성합니다.
- **Inscribed in circle** : 원에 내접하는 정다각형을 작성합니다. 정다각형의 꼭지점이 반지름 값에 위치합니다.
- **Circumscribed about circle** : 원에 외접하는 정다각형을 작성합니다. 정다각형에서 한 변의 중간점이 외접 점에 위치합니다.

Step 02

Polygon 예제 따라하기

정다각형을 작성할 때 원와 정다각형이 접하는 형태에 따라 내접, 외접 옵션을 이용해 작성합니다.

원에 내접하는 다각형

작업 영역	Limits 0,0 ~ 120,90

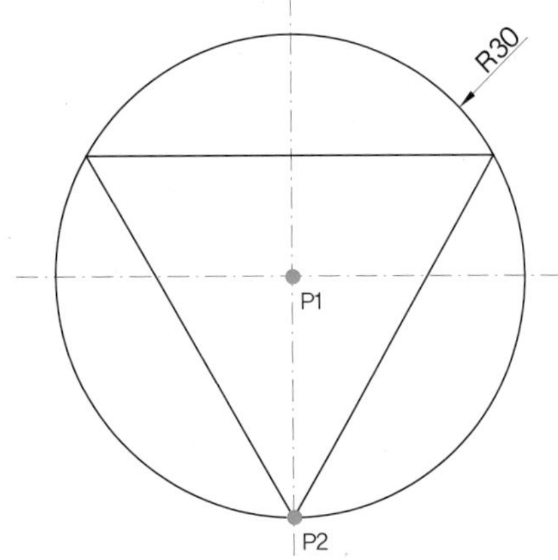

그리는 방법

```
Command : polygon
Enter number of sides <4> : 3 (작성할 정다각형 변의 개수를 설정합니다.)
Specify center of polygon or [Edge] : int of (P1 점을 선택합니다.)
Enter an option [Inscribed in circle/Circumscribed about
circle] <I> : I (내접 옵션을 선택합니다.)
Specify radius of circle: int of (P2 점을 선택합니다.)
```

원에 외접하는 다각형

작업 영역	Limits 0,0 ~ 120,90

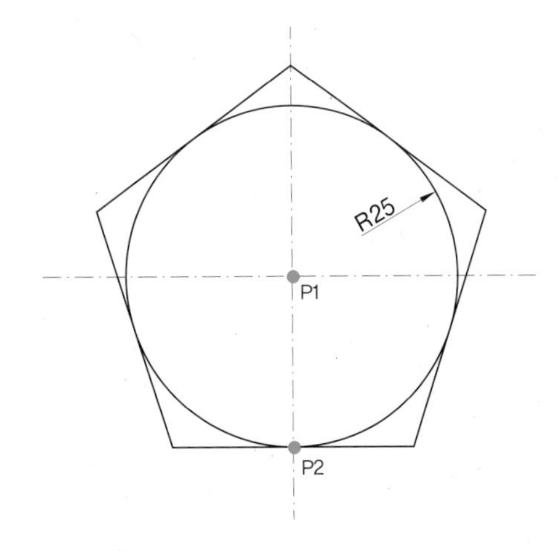

그리는 방법

```
Command : polygon
Enter number of sides <3> : 5 (작성할 정다각형의 변의 개수를 설정합니다.)
Specify center of polygon or [Edge] : int of (P1 점을 선택합니다.)
Enter an option [Inscribed in circle/Circumscribed about
circle] <I> : c (외접 옵션을 선택합니다.)
Specify radius of circle : <Ortho off> int of (P2 점을 선택합니다.)
```

작업 영역	Limits 0,0 ~ 360,270

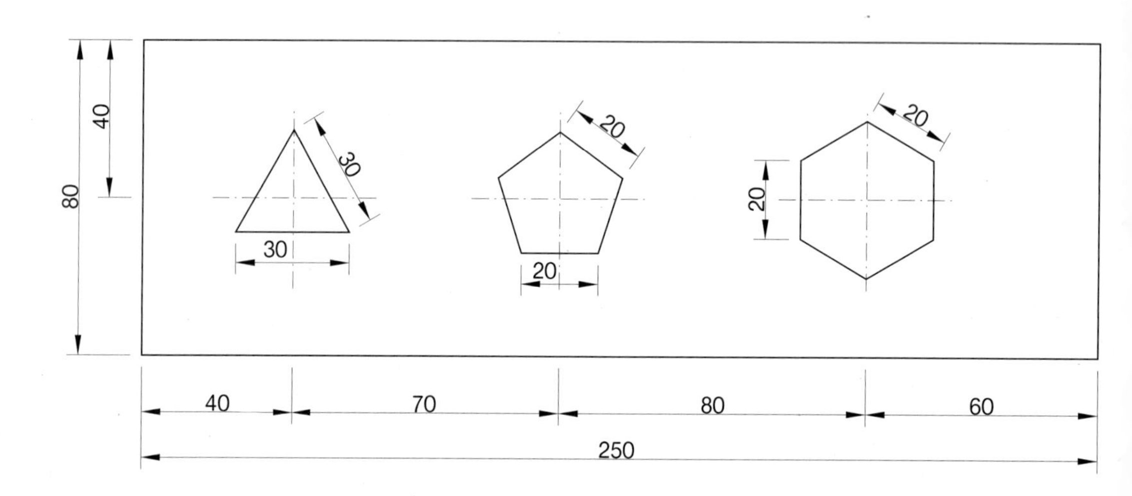

작업 영역	Limits 0,0 ~120,90

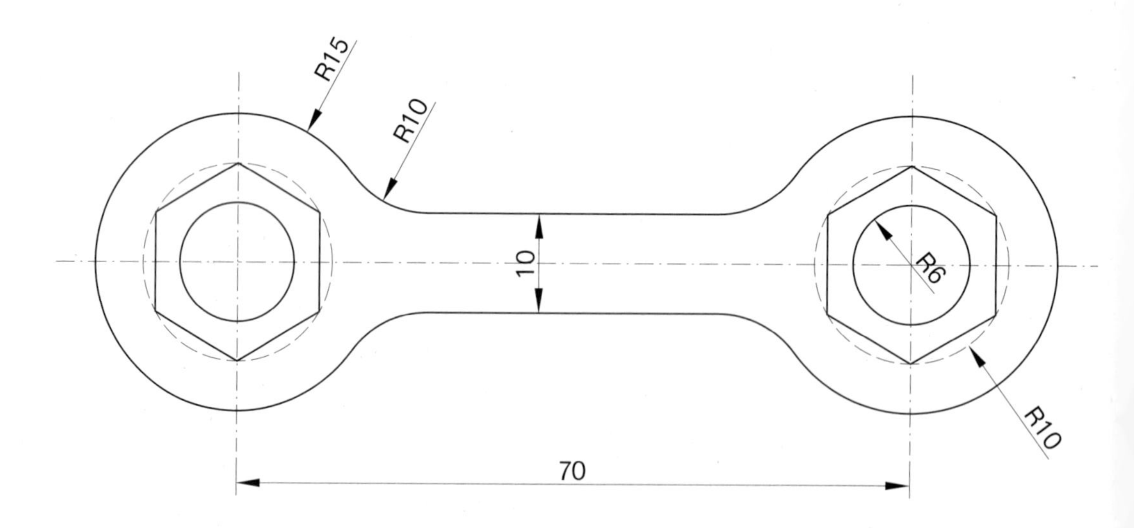

Polygon 연습 문제 | Line, Circle, Polygon

작업 영역 Limits 0,0 ~ 240,180

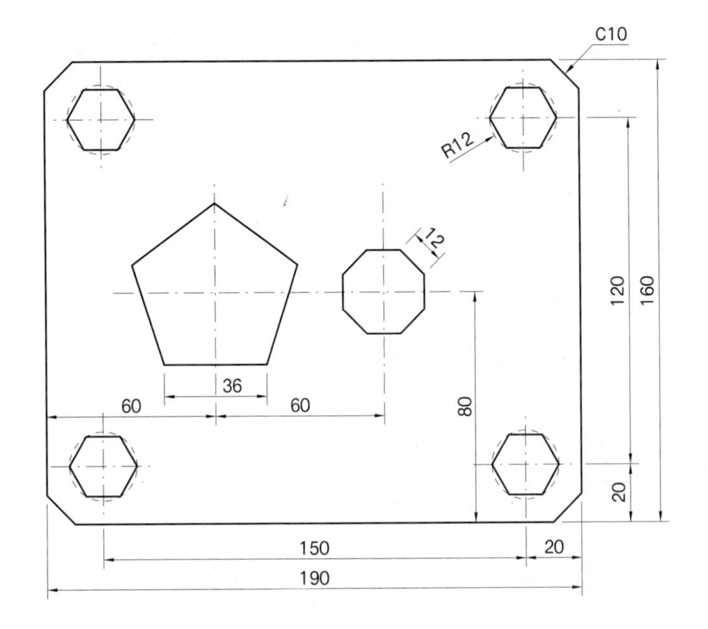

작업 영역 Limits 0,0 ~ 240,180

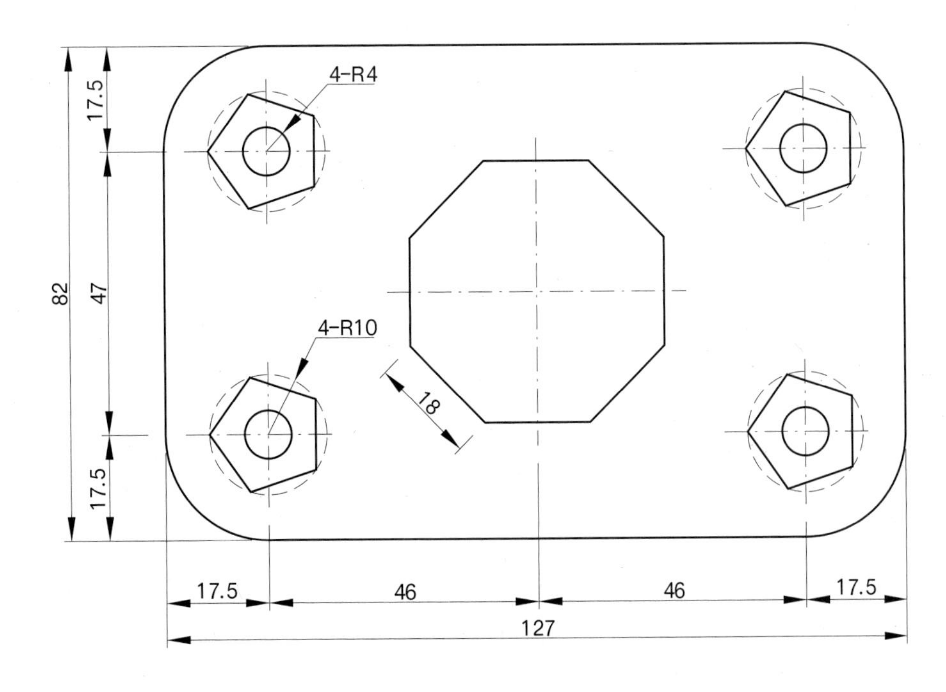

Section
02 타원 그리기 - Ellipse

Ellipse는 기계 설계 분야와 같이 특수한 경우를 제외하고 많이 사용되지는 않습니다. 실무에서는 타원 객체가 필요한 변기, 싱크대와 같은 도면 요소는 라이브러리에서 주로 사용합니다.

Step 01 Ellipse의 이해

Ellipse는 Circle과 유사한 명령어로, 중심점으로부터 양축 간의 거리가 다른 경우 사용합니다. 타원은 장축과 단축으로 구성되며 반지름(R), 지름(Φ)은 사용할 수 없습니다.

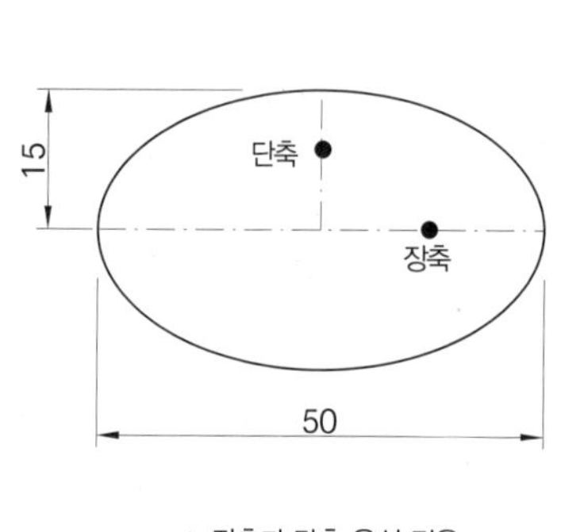

▲ 장축과 단축 옵션 적용

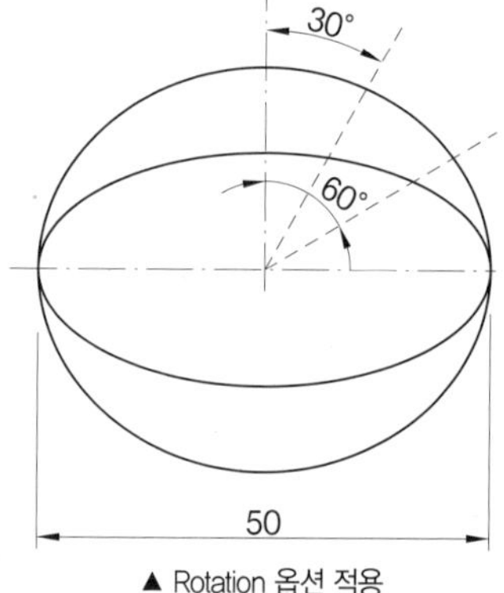

▲ Rotation 옵션 적용

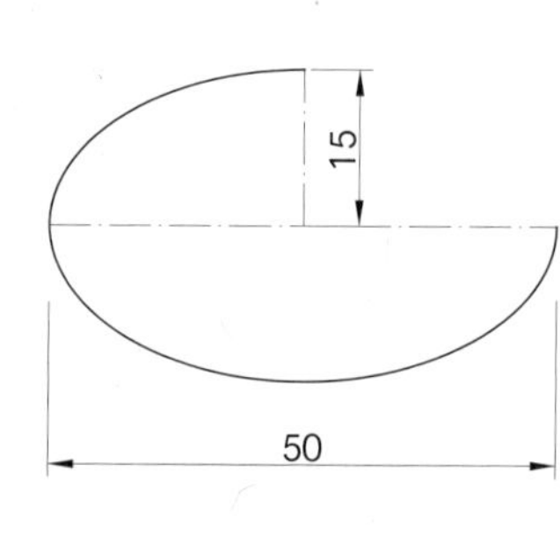

▲ Arc 옵션 적용

입력 형식

Command : ellipse
Specify axis endpoint of ellipse or [Arc/Center] : (타원 축의 첫 번째 시작점이나 옵션을 선택합니다.)
Specify other endpoint of axis : (타원 축의 두 번째 끝점을 선택합니다.)
Specify distance to other axis or [Rotation] : (타원의 다른 축 거리를 선택합니다.)

Ellipse 설정별 특징

- **Arc** : 타원형 호를 작성합니다.
- **Center** : 지정한 중심점을 기준으로 타원을 작성합니다.
- **Rotation** : 타원 곡선의 회전 값을 설정합니다.

Step 02

Ellipse 예제 따라하기

타원을 작성할 때 두 개의 축만 알아도 작성 가능합니다.

작업 영역	Limits 0,0 ~ 2400,1800

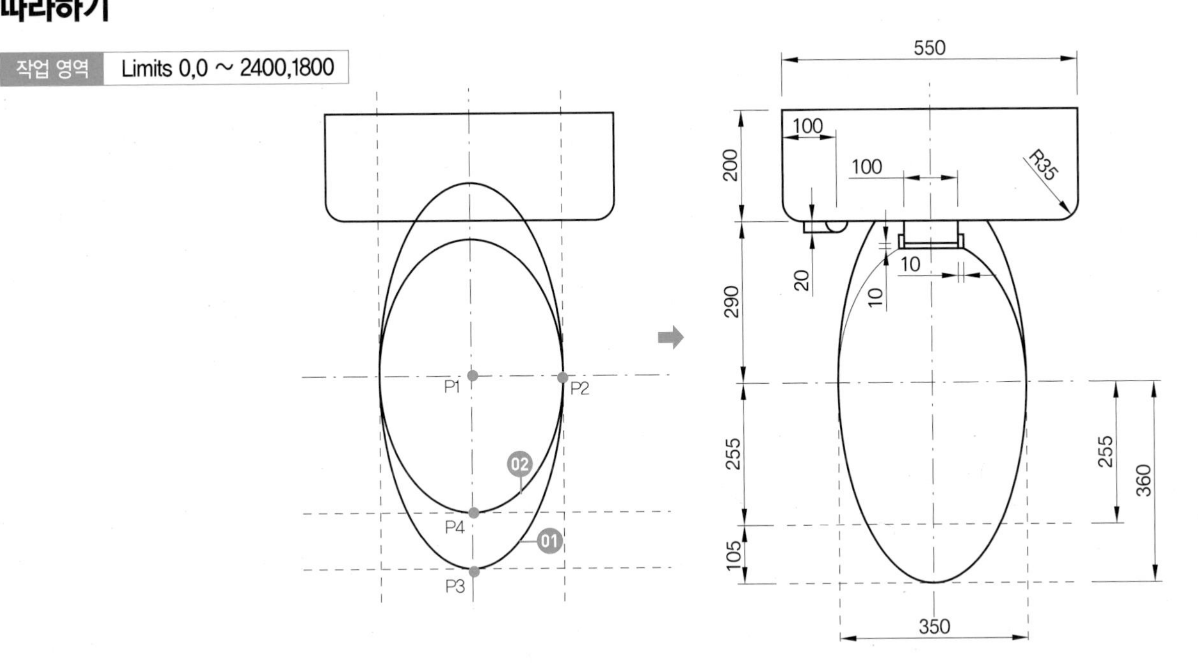

그리는 방법

01 Command : ellipse
Specify axis endpoint of ellipse or [Arc/Center] : int of (P1 점을 선택합니다.)
Specify other endpoint of axis : int of (P2 점을 선택합니다.)
Specify distance to other axis or [Rotation] : int of (P3 점을 선택합니다.)

02 Command : ellipse
Specify axis endpoint of ellipse or [Arc/Center] : int of (P1 점을 선택합니다.)
Specify other endpoint of axis : int of (P2 점을 선택합니다.)
Specify distance to other axis or [Rotation] : int of (P4 점을 선택합니다.)

Ellipse 연습 문제 | Line, Offset, Circle, Trim, Erase

작업 영역	Limits 0,0 ~ 2400,1800

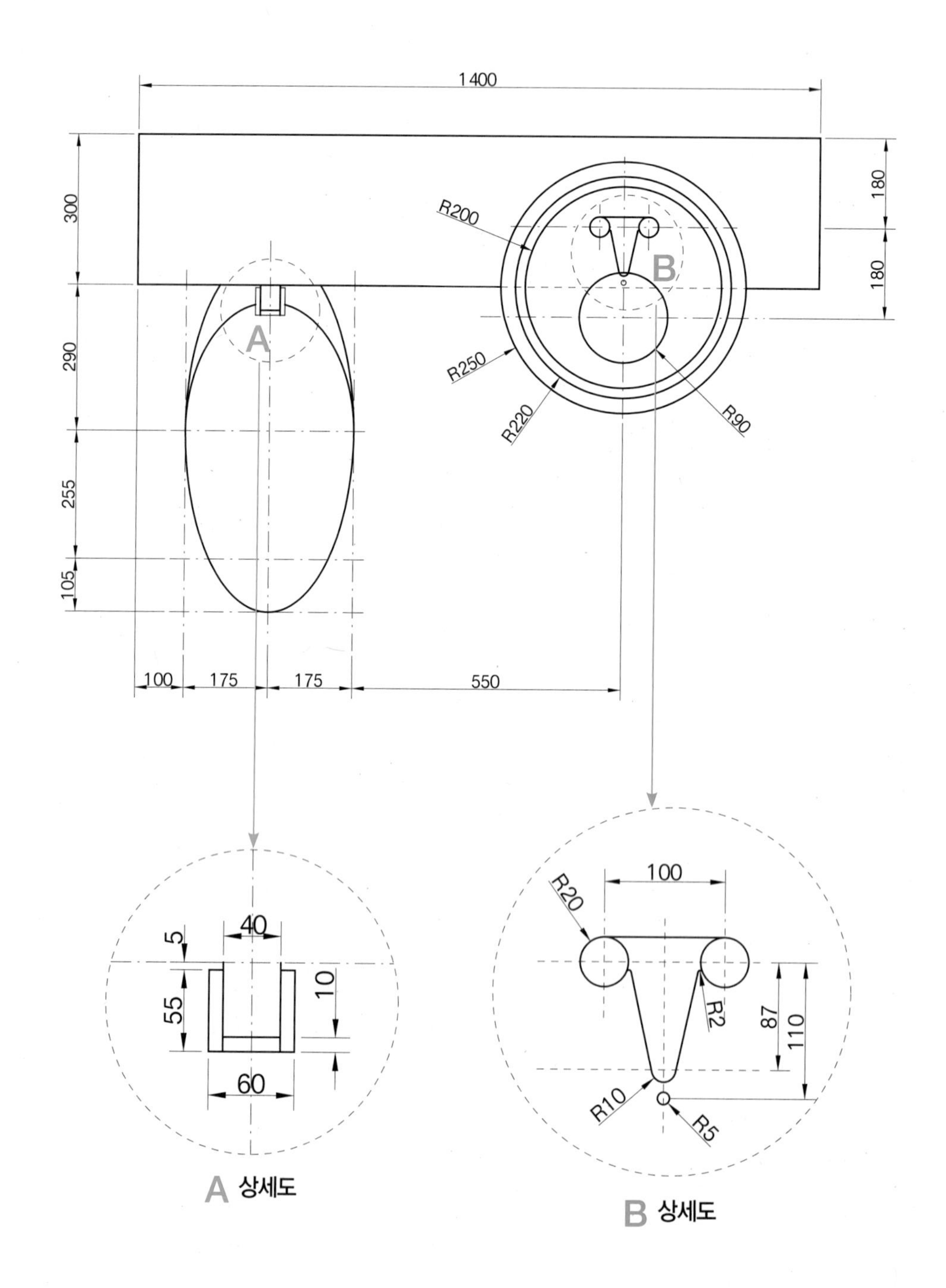

Ellipse 연습 문제 | Line, Offset, Circle, Trim, Erase

작업 영역 | Limits 0,0 ~ 120,90

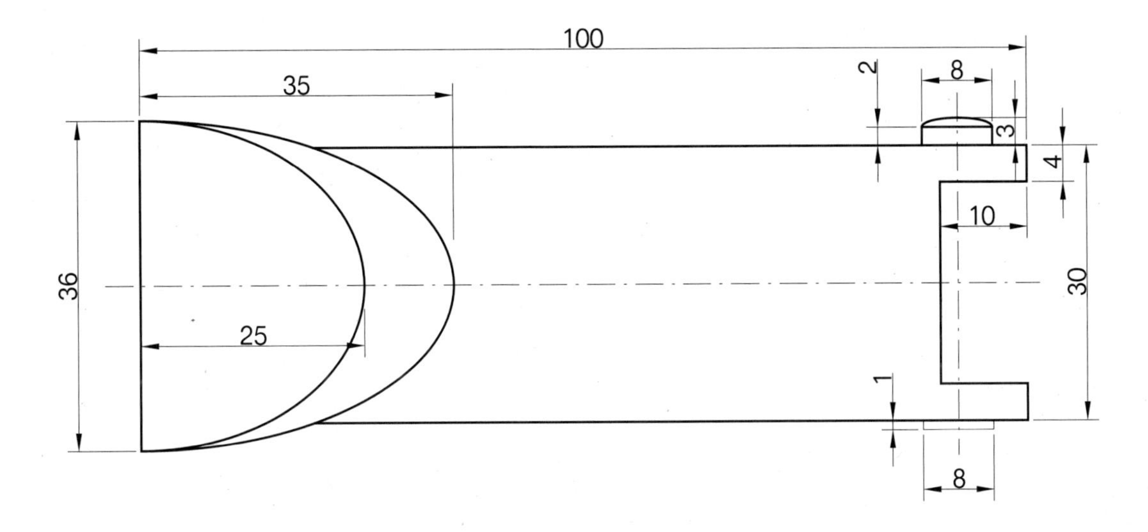

작업 영역 | Limits 0,0 ~ 2400,1800

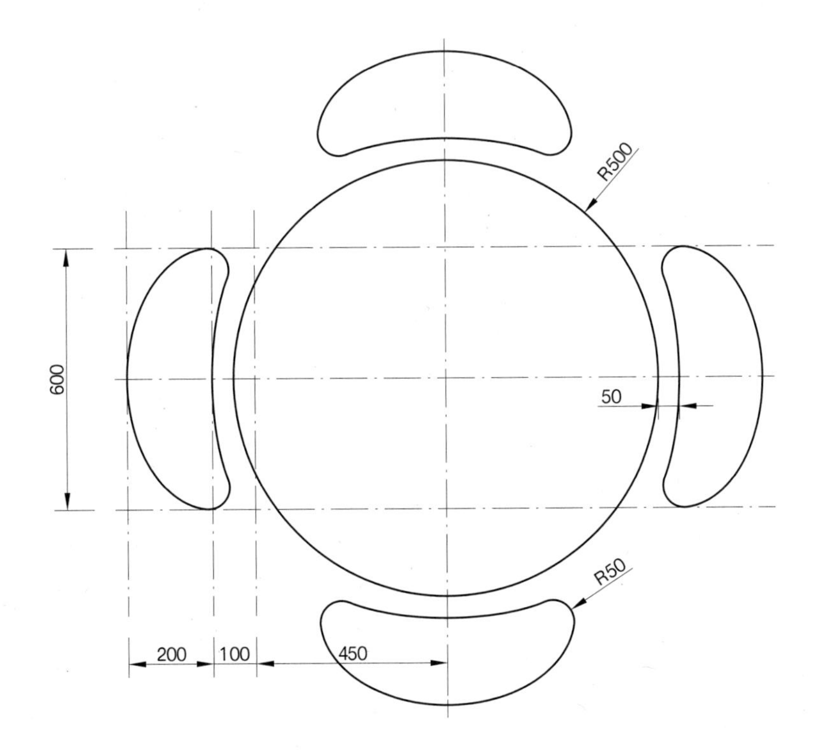

Section

03

폴리선과 객체 색상 적용하기 – Pline, Pedit, Solid, Donut, Trace, Fill

색을 사용하여 객체에 색을 채우는 명령어들을 학습합니다. 각각의 객체들마다 특성의 차이점을 숙지해야 하며 Fill 명령을 통해 내부 채우기 효과의 표시 여부를 설정합니다. 이때 지정한 색 또는 현재 도면층 색상에 영향을 받습니다.

Step 01

Pline의 이해

Pline(Polyline)은 여러 개의 선분이 단일 객체로 결합되어 있어 두께를 지정할 수 있으며 선과 호를 동시에 작성할 수 있고, 각각의 선 두께를 다르게 조정할 수 있습니다. Pline의 시작점을 선택하고 두께를 가진 선을 그릴 경우에는 Width 옵션에서 조정할 수 있으며 호는 Arc 옵션을 선택하여 작성합니다.

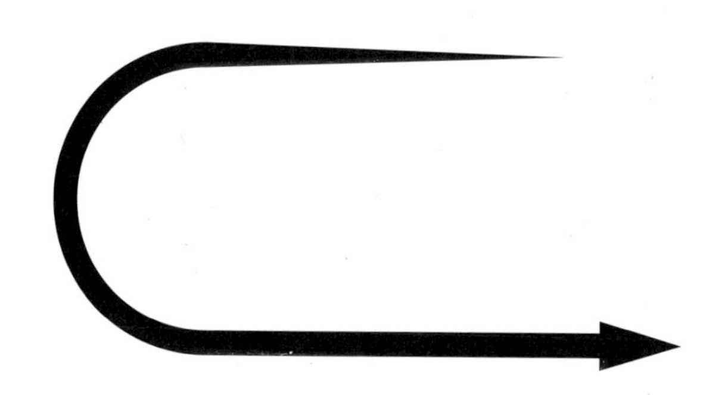

입력 형식

Command : pline
Specify start point : (2D 폴리선의 시작점을 선택합니다.)
Current line-width is 0.0000 (현재 2D 폴리선의 폭 값을 표시합니다.)
Specify next point or [Arc/Halfwidth/Length/Undo/Width] : (2D 폴리선의 두 번째 점 또는 옵션을 선택합니다.)
Specify next point or [Arc/Close/Halfwidth/Length/Undo/ Width] : (2D 폴리선의 세 번째 점 또는 Close 옵션을 선택하거나 Spacebar 를 눌러 명령을 종료합니다.)

Pline 설정별 특징

- **Arc** : 2D 폴리선에 추가로 호를 작성합니다.
- **Halfwidth** : 선의 폭을 절반 값으로 지정합니다.
- **Length** : 지정한 길이 값을 이전 단계의 각도를 유지하여 작성합니다.
- **Undo** : 가장 최근에 폴리선에 추가한 구간 작업을 취소합니다.
- **Width** : 다음 구간 선의 폭 값을 지정합니다.

Step 02

Pline 예제 따라하기

시작점을 선택하고 옵션에서 선의 가중치를 '5'로 설정한 후 선과 호의 옵션을 이용해 작성합니다. 실무에서 계단의 진행 방향을 표시하는 방법이므로 반복하여 학습합니다.

작업 영역	Limits 0,0 ~ 190,90

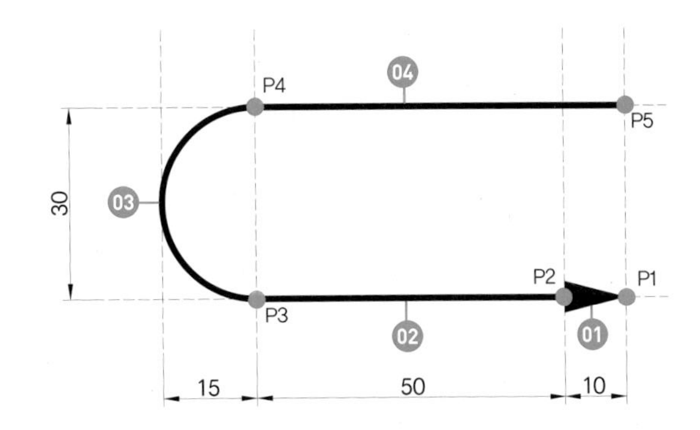

그리는 방법

01
```
Command : pline
Specify start point : int of (P1 점을 선택합니다.)
Current line-width is 0.0000
Specify next point or [Arc/Halfwidth/Length/Undo/ Width] : w
(Width 옵션을 선택합니다.)
Specify starting width <0.0000> : 0 (시작점의 폭 값을 설정합니다.)
Specify ending width <0.0000> : 5 (끝 점의 폭 값을 설정합니다.)
Specify next point or [Arc/Halfwidth/Length/Undo/ Width] : (P2
점을 선택합니다.)
```

02
```
Specify next point or [Arc/Close/Halfwidth/Length/ Undo/Width]
: w (Width 옵션을 선택합니다.)
Specify starting width <5.0000> : 1 (첫 번째 폭 값을 설정합니다.)
Specify ending width <1.0000> : 1 (두 번째 폭 값을 설정합니다.)
Specify next point or [Arc/Close/Halfwidth/Length/ Undo/Width]
: int of (P3 점을 선택합니다.)
```

03
```
Specify next point or [Arc/Close/Halfwidth/Length/ Undo/Width]
: a (Arc 옵션을 선택합니다.)
Specify endpoint of arc or[Angle/CEnter/CLose/Direction/
Halfwidth/Line/ Radius/Second pt/Undo/Width] : int of (P4 점을 선
택합니다.)
```

04
```
Specify endpoint of arc or [Angle/CEnter/CLose/ Direction/
Halfwidth/Line/Radius/Second pt/Undo/Width] : l (Line 옵션을 선택합니다.)
Specify next point or [Arc/Close/Halfwidth/Length/ Undo/Width]
: (P5 점을 선택합니다.)
Specify next point or [Arc/Close/Halfwidth/Length/ Undo/Width]
: (Spacebar를 눌러 명령을 종료합니다.)
```

Step 03

Pedit의 이해

각각 분리된 선, 호 등을 2D 폴리선으로 결합하여 폴리선의 정점 및 선 폭을 수정하고 직선을 곡선으로 변경할 수 있습니다.

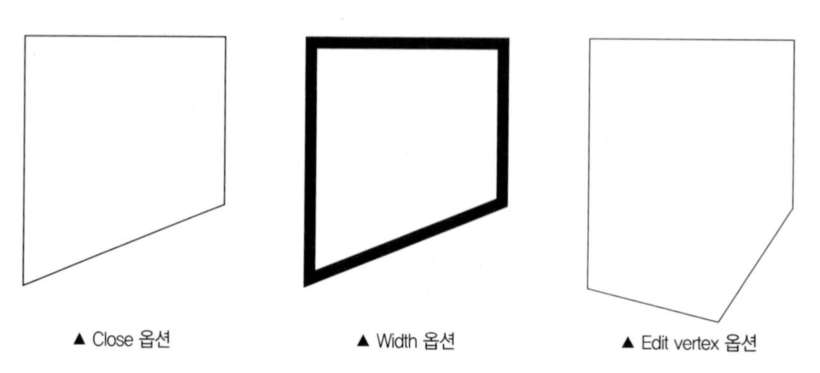

▲ Close 옵션　▲ Width 옵션　▲ Edit vertex 옵션

입력 형식

```
Command : pedit
Select polyline or [Multiple] : (수정할 폴리선을 선택하거나 2D 폴리화할 객체를 선택합니다.)
Object selected is not a polyline (현재 선택한 객체가 폴리선이 아님을 표시합니다.)
Do you want to turn it into one? <Y> y (선택한 객체 속성의 폴리화 유무를 확인합니다.)
Enter an option [Close/Join/Width/Edit vertex/Fit/Spline/
Decurve/Ltype gen/Undo] : (옵션을 선택합니다.)
Select objects : 1 found (객체를 선택합니다.)
Select objects : 1 found, 2 total (객체를 선택합니다.)
Select objects : (Spacebar를 눌러 다음 메뉴를 진행합니다.)
3 segments added to polyline
Enter an option [Close/Join/Width/Edit vertex/Fit/Spline/
Decurve/Ltypegen/Undo] : (Spacebar를 눌러 명령을 종료합니다.)
```

Pedit 설정별 특징

- **Close** : 열려 있는 폴리선 선택 시 닫기 기능이 작동하며 닫혀 있는 폴리선 선택 시 열기 기능이 작동합니다.
- **Join** : 선, 호 또는 열려 있는 폴리선의 끝점을 기준으로 결합시킵니다.
- **Width** : 폴리선의 폭을 조정합니다.
- **Edit vertex** : 선택한 폴리선의 정점 및 선분의 곡선률을 보정합니다.
- **Fit** : 폴리선의 각 끝점을 통과하는 곡선률을 적용합니다.
- **Spline** : 폴리선의 각 중간점을 통과하는 곡선률을 적용합니다.
- **Decurve** : 폴리선의 곡선률을 제거하여 직선으로 변경합니다.
- **Ltypegen** : 실선이 아닌 폴리선의 끝점에 선 간격 띄우기를 조정합니다.
- **Undo** : Pedit 명령에서 전 단계에 적용한 옵션을 취소합니다.

Step 04

Pedit 예제 따라하기

Pedit 명령어를 사용하여 계단의 인조대리석을 표현합니다.

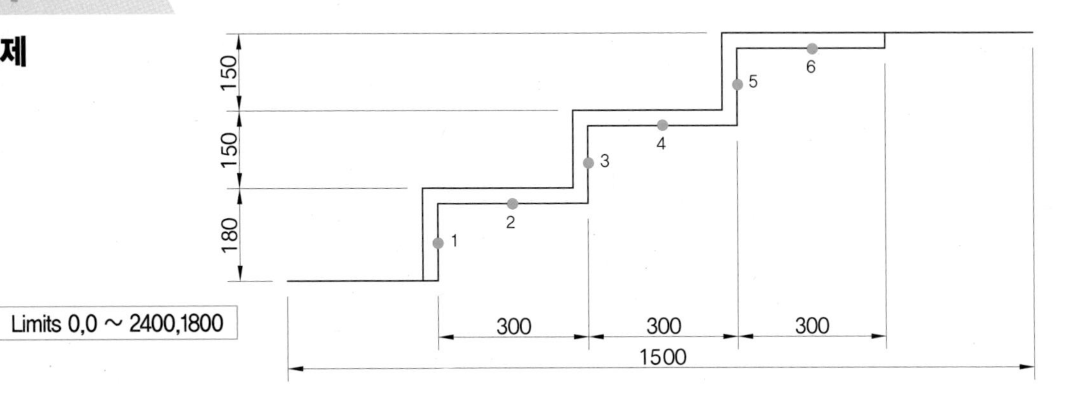

작업 영역 Limits 0,0 ~ 2400,1800

그리는 방법

```
Command : pedit
Select polyline or [Multiple] : (1번 선을 선택합니다.)
Object selected is not a polyline
Do you want to turn it into one? <Y> y (1번 선의 속성을 폴리선으로 변경합니다.)
Enter an option [Close/Join/Width/Edit vertex/Fit/Spline/Decurve/Ltypegen/Undo] : j (결합 옵션을 선택합니다.)
Select objects : 1 found (2번 선을 선택합니다.)
Select objects : 1 found, 2 total (3번 선을 선택합니다.)
Select objects : 1 found, 3 total (4번 선을 선택합니다.)
Select objects : 1 found, 4 total (5번 선을 선택합니다.)
Select objects : 1 found, 5 total (6번 선을 선택합니다.)
Select objects : (Spacebar를 눌러 다음 메뉴를 진행합니다.)
5 segments added to polyline (현재 결합된 선분의 개수를 표시합니다.)
Enter an option [Close/Join/Width/Edit vertex/Fit/Spline/Decurve/Ltypegen/Undo] : (Spacebar를 눌러 명령을 종료합니다.)
```

Step 05

Solid의 이해

Solid는 4개의 점을 입력하여 사각형 형태로 내부에 색을 채우는 명령어입니다. 점을 입력하는 위치에 따라 채워지는 모양이 다르게 나오므로 순서를 잘 지정해야합니다. 최소 삼각형부터 그릴 수 있으며 연속적으로 사용할 수 있어 다양한 모양의 각진 도형을 완성할 수 있습니다.

작업 영역	Limits 0,0 ~ 1200,900

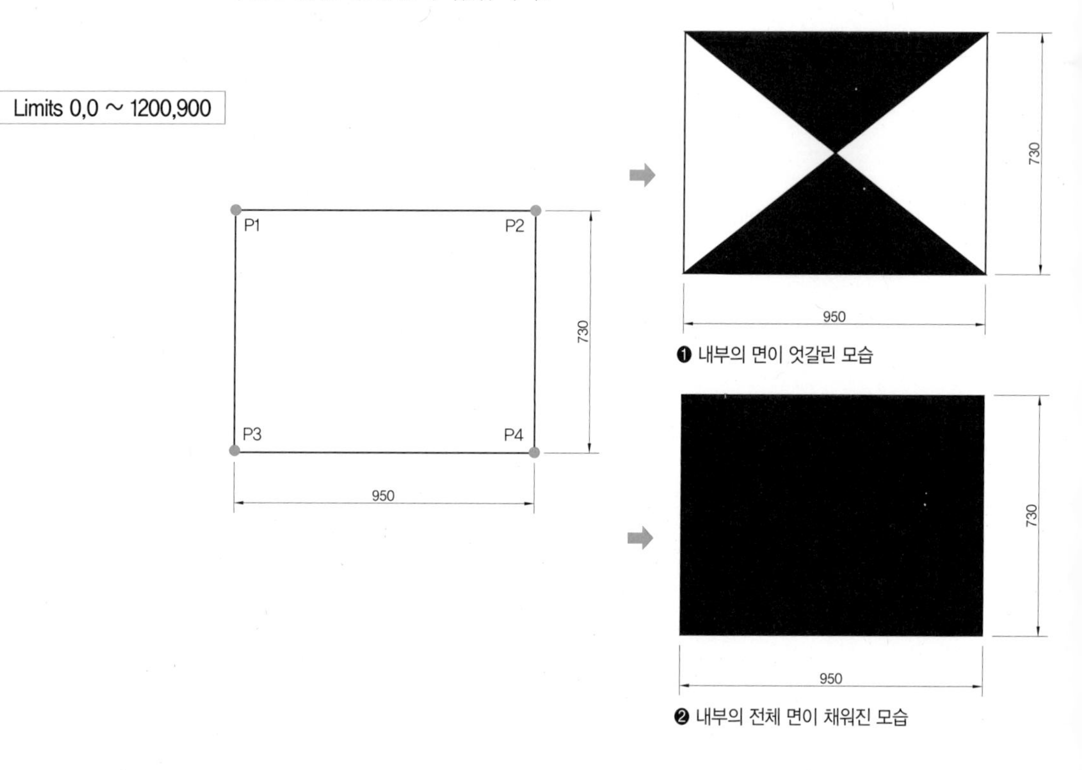

❶ 내부의 면이 엇갈린 모습

❷ 내부의 전체 면이 채워진 모습

입력 형식

01
```
Command : solid
Specify first point : end of (P1 점을 선택합니다.)
Specify second point : end of (P2 점을 선택합니다.)
Specify third point: end of (P4 점을 선택합니다.)
Specify fourth point or <exit> : end of (P3 점을 선택합니다.)
Specify third point : (Spacebar를 눌러 명령을 종료합니다.)
```

02
```
Command : solid
Specify first point : end of (P1 점을 선택합니다.)
Specify second point : end of (P2 점을 선택합니다.)
Specify third point : end of (P3 점을 선택합니다.)
Specify fourth point or <exit> : end of (P4 점을 선택합니다.)
Specify third point: (Spacebar를 눌러 명령을 종료합니다.)
```

Step 06

Donut의 이해

Donut은 도넛 형태의 원을 그리는 명령으로 설정 값에 따라 내부가 채워진 원 형태와 내부가 비워진 도넛 형태의 원을 작성할 수 있습니다. Trim 명령을 이용하여 수정할 수 있고 건축도면에서는 계단실 도면에서 많이 사용됩니다.

Donut의 다양한 모양

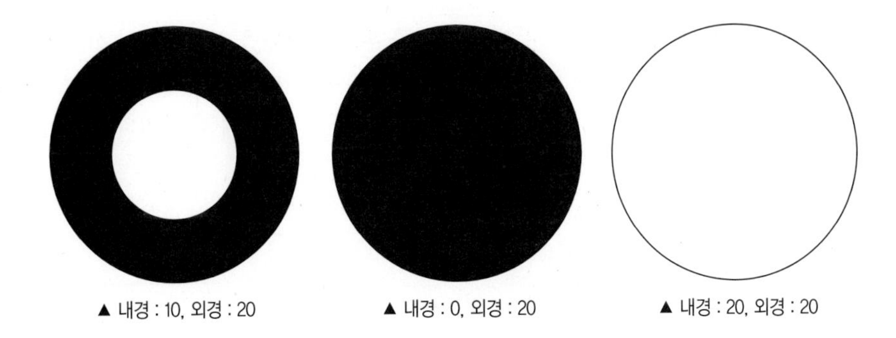

▲ 내경 : 10, 외경 : 20 ▲ 내경 : 0, 외경 : 20 ▲ 내경 : 20, 외경 : 20

입력 형식

```
Command : donut
Specify inside diameter of donut <0.5000> : (Donut의 내경 지름 값을 설정합니다.)
Specify outside diameter of donut <1.0000> : (Donut의 외경 지름 값을 설정합니다.)
Specify center of donut or <exit> : (Donut의 생성 위치를 지정합니다.)
Specify center of donut or <exit> : (Spacebar를 눌러 명령을 종료합니다.)
```

Step 07

Trace의 이해

Trace란 두께를 가진 Solid 선을 그리는 명령어입니다. 2D 공간에서는 Trace를 이용하여 선에 두께를 생성하기보다는 Pline 또는 Solid를 이용하여 작업합니다. 단, 3D 공간에서 Solid 선은 두께가 있는 벽체를 생성할 수 있어 유용하게 사용됩니다.

Trace 사용법

두께를 지정한 후 Line 명령을 사용하듯이 선을 그립니다. 이때 선분의 구간 표시는 한 구간씩 늦게 표시됩니다. 즉, 첫 번째 점과 두 번째 점을 입력하고 세 번째 점을 입력할 때 첫 번째 점과 두 번째 점 사이의 구간이 표시됩니다.

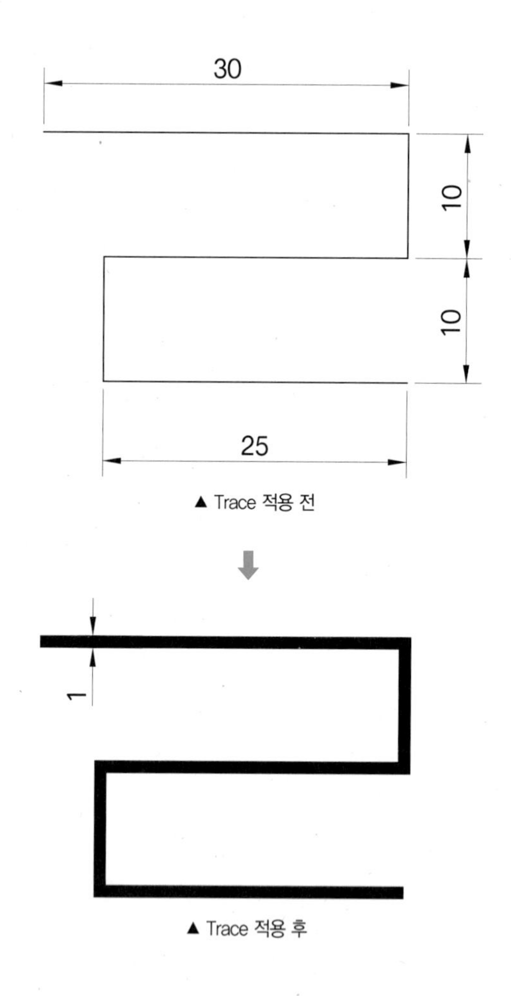

▲ Trace 적용 전

▲ Trace 적용 후

입력 형식

```
Command : trace
Specify trace width <1.0000> : (Solid 선의 두께를 설정합니다.)
Specify start point : (Solid 선의 첫 번째 점을 선택합니다.)
Specify next point : (Solid 선의 두 번째 점을 선택합니다.)
Specify next point : (Spacebar를 눌러 명령을 종료합니다.)
```

Step 08

Fill의 이해

Fill 명령은 주로 도면 작성이 완료된 후에 사용하며 도면 작업 중 색상이 채워진 경우에는 안쪽 공간의 객체들이 보이지 않습니다.

Fill의 사용법

Trace, Solid, Pline, Donut 명령으로 작성된 객체들의 색상 표시 여부를 설정하고 변수 값에 의해 On/Off로 통제합니다.

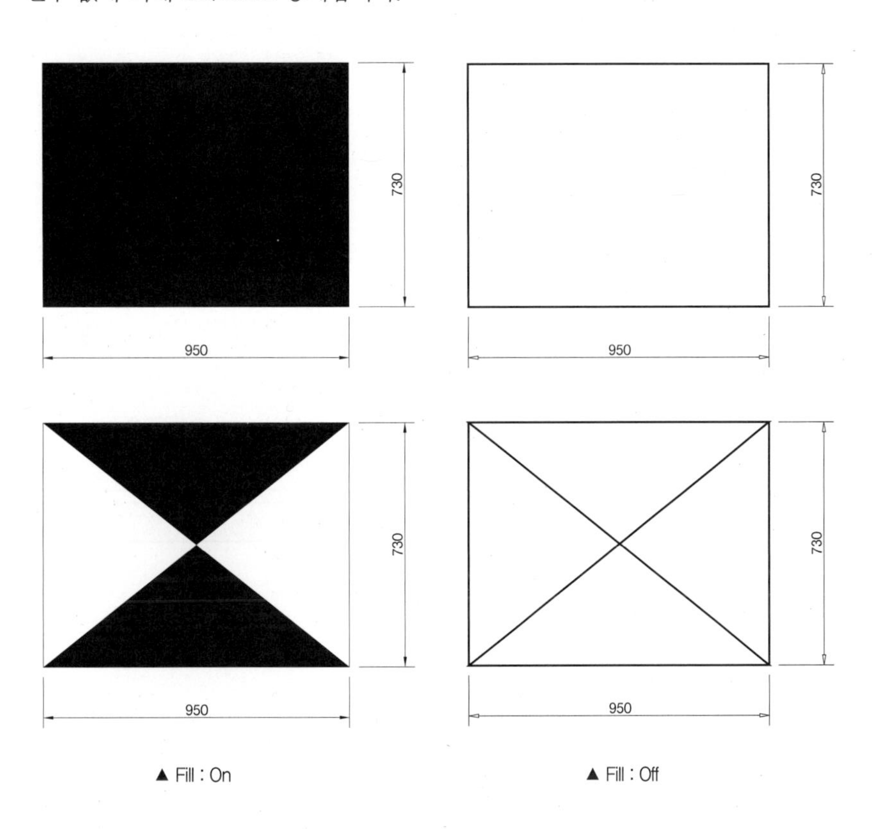

▲ Fill : On

▲ Fill : Off

입력 형식

```
Command : fill
Enter mode [ON/OFF] <ON> : off (채우기를 해제합니다.)
Command : regen (Regen 명령을 실행해야 변수 값에 대한 변경이 적용됩니다.)
Regenerating model.
```

Pedit 연습 문제 | Line, Pline, Pedit

작업 영역	Limits 0,0 ~ 2400,1800

잠깐만요

설계치수란 설계자가 임의로 수치를 지정해 사용한다는 의미입니다.

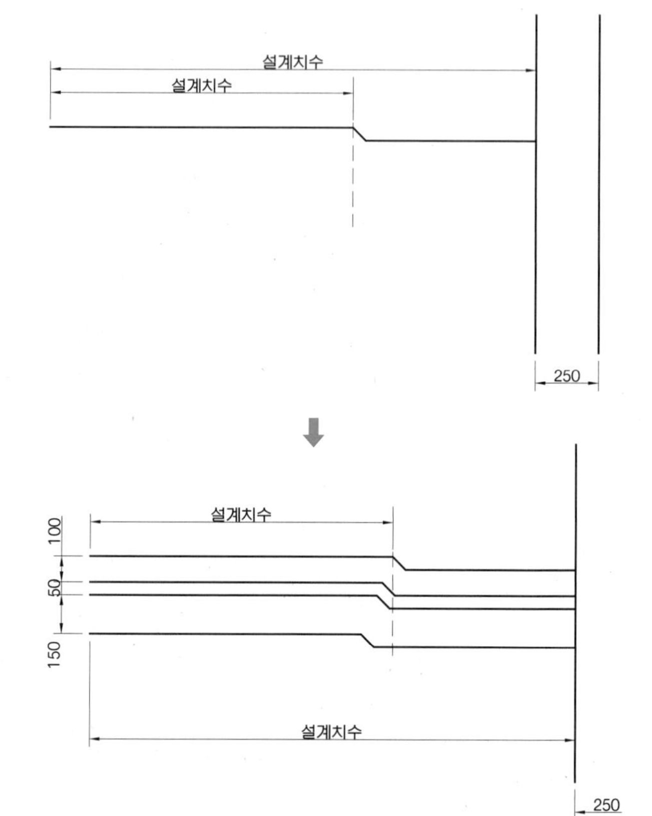

작업 영역	Limits 0,0 ~ 360,270

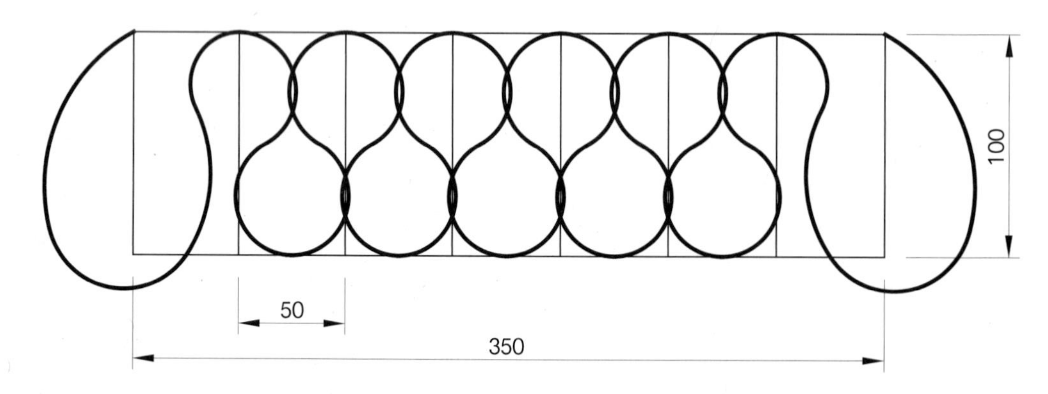

잠깐만요

폴리선의 두께는 1로 설정합니다.

Solid 연습 문제 | Array, Donut, Solid, Trim

작업 영역	Limits 0,0 ~ 600,450

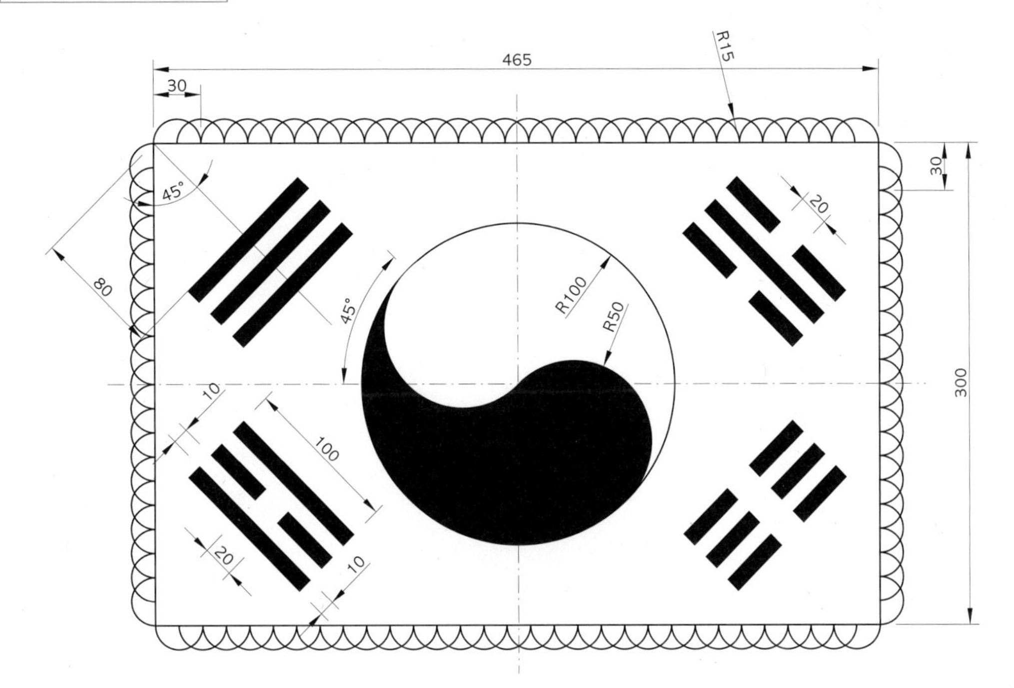

작업 영역	Limits 0,0 ~ 6000,4500

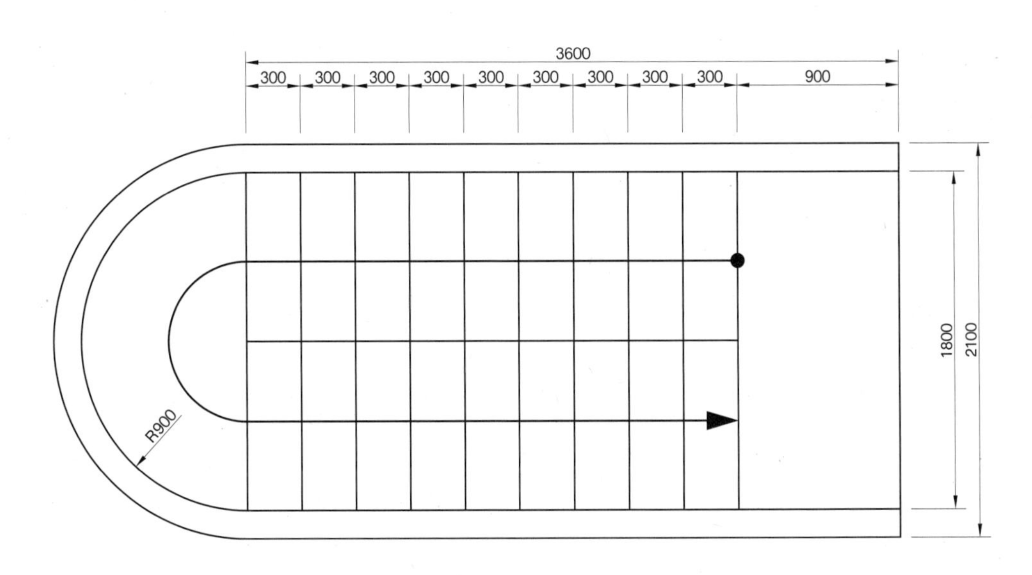

Section 04

보조선 그리기 - Ray, Xline, Spline

Line을 이용하여 보조선을 작성할 수도 있지만 여기서는 Ray, Xline, Spline 명령어를 통해 Line 명령보다 좀 더 확장된 기능에 대해 알아보겠습니다. 특정 각도로 기울어진 사선이나 사용자가 지정하는 두 점을 통과하는 무한대 선 또는 한쪽은 무한대 선이며 반대쪽은 한계점을 가지는 선을 작성합니다.

Step 01

Ray의 이해

Ray 명령은 사용자가 지정한 점을 기준으로 반대 방향의 무한대 선을 작성하며 투시도를 작성할 때 사용하면 유용합니다.

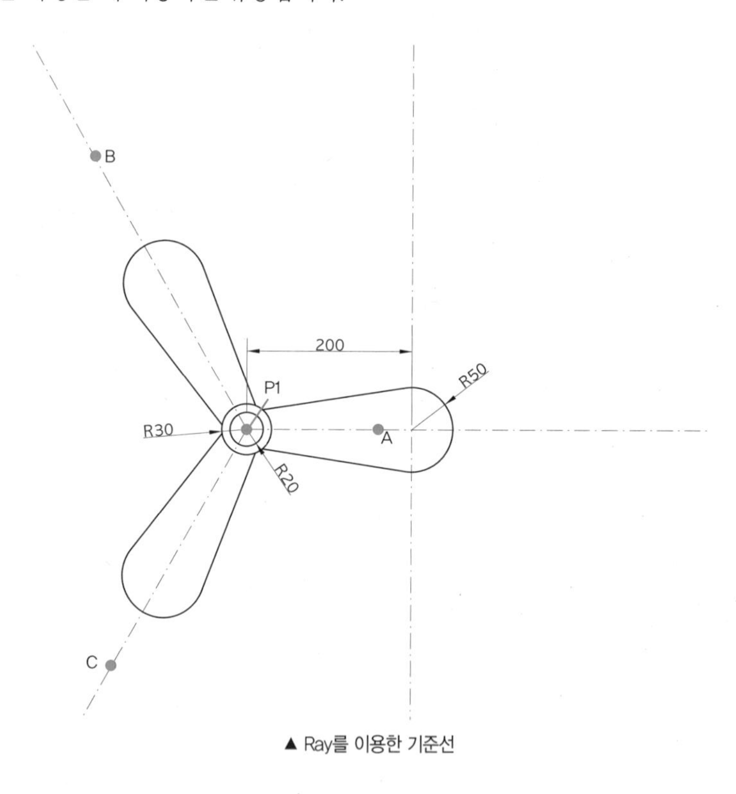

▲ Ray를 이용한 기준선

입력 형식

```
Command : ray
Specify start point : int of (P1 점을 선택합니다.)
Specify through point : @100<0 (Ray 선의 첫 번째 통과 지점인 A 방향을 지정합니다.)
Specify through point : @100<135 (Ray 선의 두 번째 통과 지점인 B 방향을 지정합니다.)
Specify through point : @100<225 (Ray 선의 세 번째 통과 지점인 C 방향을 지정합니다.)
Specify through point : (Spacebar를 눌러 명령을 종료합니다.)
```

Step 02

Xline의 이해

Xline는 사용자가 지정한 두 점을 통과하는 무한대 선을 작성하는 명령어입니다. 주로 중심선을 작성할 때 사용하며 특정한 선분의 이등분 내각을 산출할 경우 사용합니다.

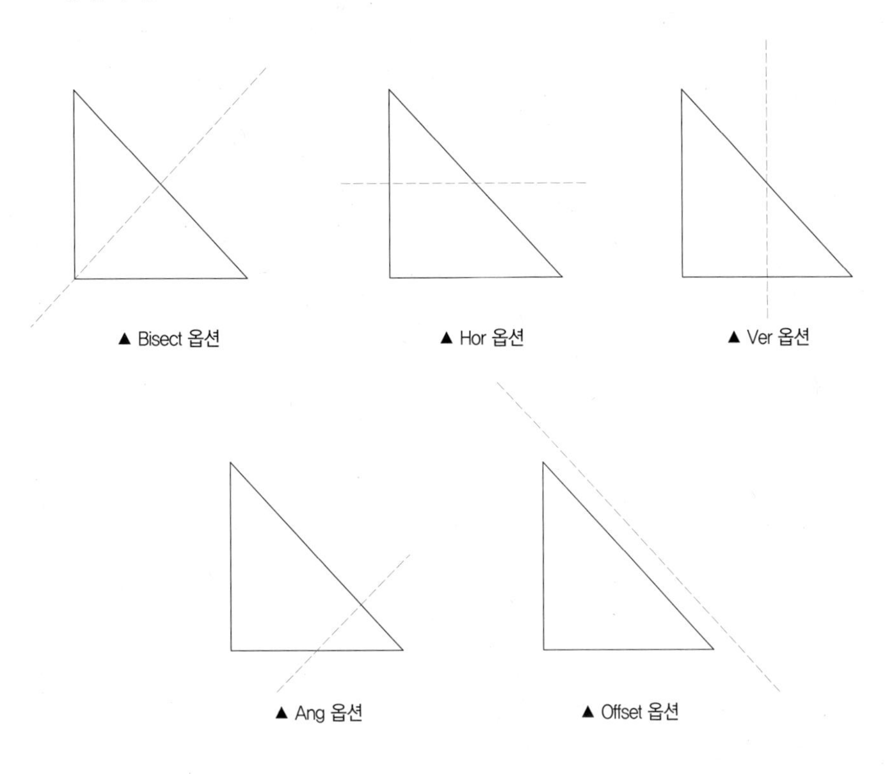

▲ Bisect 옵션 ▲ Hor 옵션 ▲ Ver 옵션

▲ Ang 옵션 ▲ Offset 옵션

입력 형식

```
Command : xline
Specify a point or [Hor/Ver/Ang/Bisect/Offset] : (Xline의 시작점을 선택하거나 옵션을 선택합니다.)
Specify through point : (Xline의 첫 번째 통과 지점을 선택합니다.)
Specify through point : (Xline의 두 번째 통과 지점을 선택합니다.)
Specify through point : (Spacebar를 눌러 명령을 종료합니다.)
```

Xline 설정별 특징

- **Hor** : 가로 방향 무한대 선을 작성합니다.
- **Ver** : 세로 방향 무한대 선을 작성합니다.
- **Ang** : 지정한 각도의 기울어진 무한대 선을 작성합니다.
- **Bisect** : 선택한 사이각의 이등분 점을 통과하는 무한대 선을 작성합니다.
- **Offset** : 간격 띄우기로 생성되는 객체를 무한대 선으로 변경합니다.

Step 03

Xline 예제 따라하기

작업 영역	Limits 0,0 ~ 120,90

Xline을 이용한 내각이 120°이므로 60°로 입력해 작성합니다. 기계도면의 실무에서 나사부의 끝부분 작성 시 자주 사용되므로 이해하고 넘어가야 합니다.

잠깐만요

작성한 선분의 길이를 모르고 각도만을 알 경우 Xline 명령어를 사용하면 매우 유용합니다. 도면의 중심이 되는 시작 기준선 작성 시에도 많이 사용됩니다.

그리는 방법

Command : xline
Specify a point or [Hor/Ver/Ang/Bisect/Offset] : a (Angle 옵션을 선택합니다.)
Enter angle of xline (0) or [Reference] : 60 (기울기를 입력합니다.)
Specify through point : int of (P1 점을 선택합니다.)
Specify through point : (Spacebar 를 눌러 명령을 종료합니다.)

02 Command : xline
Specify a point or [Hor/Ver/Ang/Bisect/Offset] : a (Angle 옵션을 선택합니다.)
Enter angle of xline (0) or [Reference] : -60 (기울기를 입력합니다.)
Specify through point : int of (P2 점을 선택합니다.)
Specify through point : (Spacebar 를 눌러 명령을 종료합니다.)

Step 04

Spline의 이해

Spline은 사용자가 지정한 점을 통과하는 자유 곡선을 작성합니다. 실무에서는 주로 지형도 및 등고선, 하천, 산의 단면 등을 작성할 때 사용하고 도면 생략 기호 또는 부분 단면도를 표시할 때 사용됩니다.

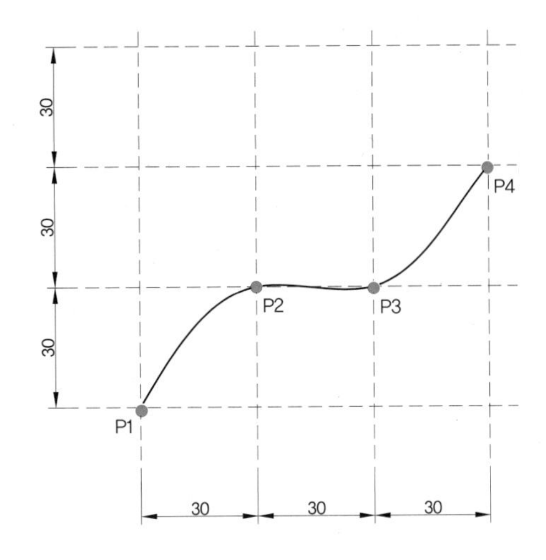

입력 형식

```
Command : spline
Specify first point or [Object] : int of (P1 점을 선택합니다.)
Specify next point : int of (P2 점을 선택합니다.)
Specify next point or [Close/Fit tolerance] <start tangent> :
int of (P3 점을 선택합니다.)
Specify next point or [Close/Fit tolerance] <start tangent> :
int of (P4 점을 선택합니다.)
Specify next point or [Close/Fit tolerance] <start tangent> :
(Spacebar 를 눌러 다음 메뉴를 진행합니다.)
Specify start tangent : (첫 번째 자유 곡선을 설정합니다.)
Specify end tangent : (두 번째 자유 곡선을 설정합니다.)
```

잠깐만요

이미 작성된 자유 곡선은 Splinedit 명령을 사용하여 곡선의 모양을 수정할 수 있습니다.

Spline 설정별 특징

- **Object** : 객체의 자유 곡선을 맞춥니다.
- **Close** : 열려 있는 자유 곡선을 닫습니다.
- **Fit tolerance** : 정점으로부터 장력까지의 이격거리 값을 나타냅니다.

Xline 연습 문제 | Line, Offset, Trim, Xline

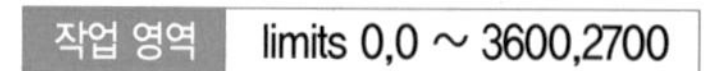

잠깐만요

물매 : 가로 길이가 10일 때 세로 길이를 3.5로 작성한 후, 두 객체를 연결한 사선의 기울기를 말합니다.

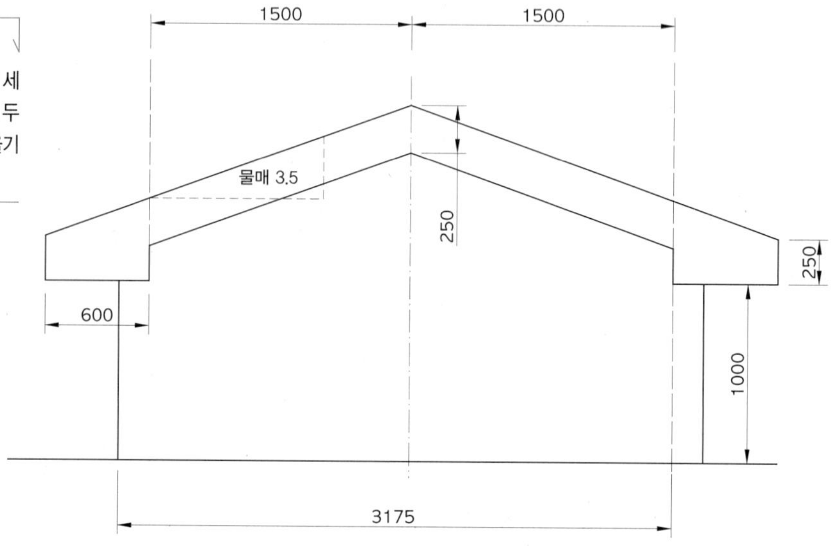

작업 영역 | limits 0,0 ~ 2400,1800

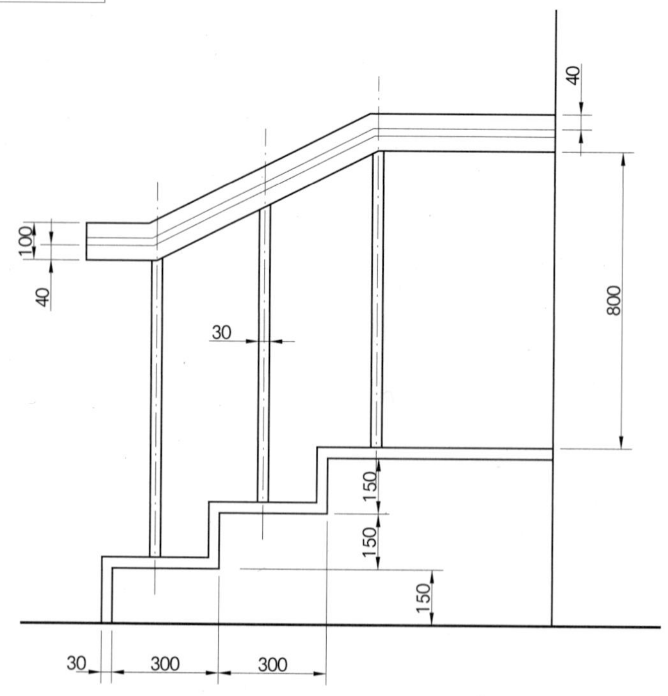

Xline 연습 문제 | Line, Offset, Trim, Xline

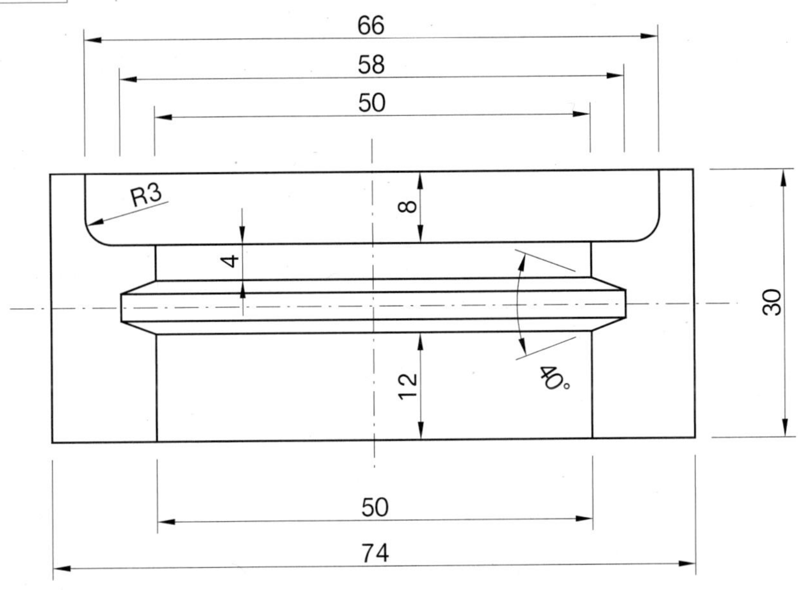

작업 영역 Limits 0,0 ~ 240,180

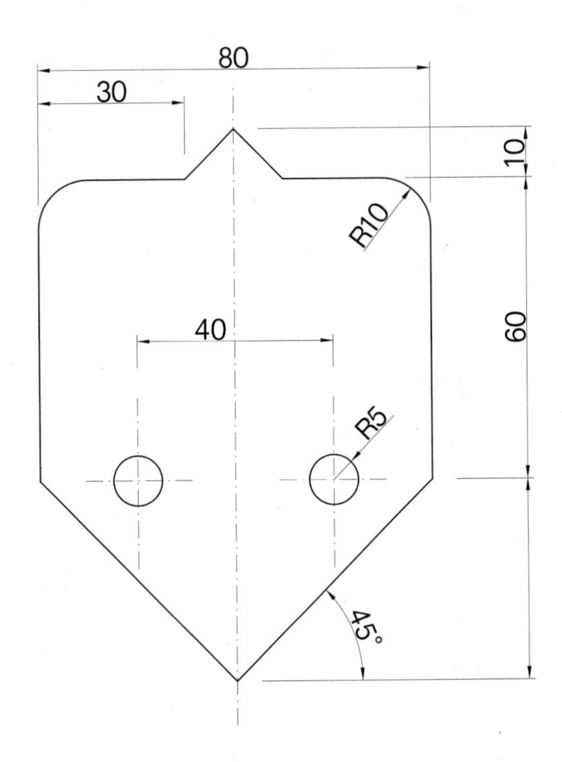

Section
05 등각투상도 그리기 - Snap, Grid, Isoplane

등각투상도란 기본 투영법으로, 원을 120도 간격으로 등분하여 물체를 설계하면 2D에서도 3D 효과를 표현할 수 있습니다. 이러한 작업은 Snap과 Grid를 이용하면 더욱 쉽게 표현할 수 있습니다.

Step 01
Snap의 이해

Snap은 마우스 포인터의 이동 간격을 설정 값에 의해 일정하게 제어하는 명령어입니다. 캐드를 처음 접하는 사용자는 화면의 영역을 파악하기 어려우므로 등각투상도를 제외한 경우에는 가급적 Snap을 사용하지 않는 것이 좋습니다.

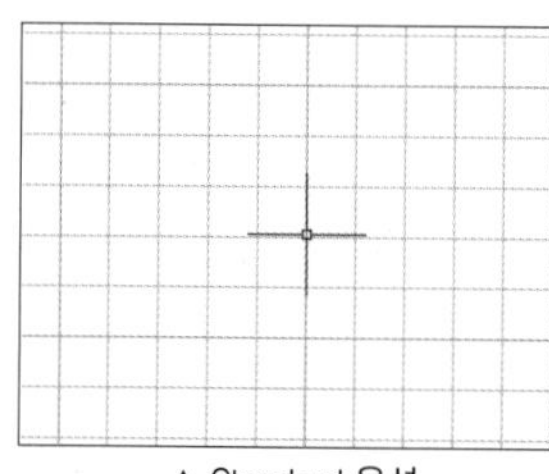
▲ Standard 옵션

▲ Isometric 옵션

입력 형식

```
Command : snap
Specify snap spacing or [ON/OFF/Aspect/Style/Type] <10.0000> :
```
(Snap 간격 값을 입력하거나 옵션을 선택합니다.)

Snap 설정별 특징

- **Snap spacing** : Snap 간격 값을 입력합니다.
- **ON/OFF** : Snap 모드를 활성 또는 비활성화합니다.
- **Aspect** : X/Y축 방향 마우스 포인터의 이동 간격을 다르게 설정합니다.
- **Style** : Snap의 형태를 표준 또는 등각 투영 모드로 전환합니다.
- **Type** : 간격 띄우기 형식을 지정합니다.

Step 02

Grid의 이해

Grid란 모눈종이 눈금을 표시하는 명령어입니다. Grid 명령은 Limits, 즉 도면 한계 영역의 영향을 받으므로 등각투상도를 제외한 경우는 가급적 사용하지 않는 것이 좋습니다.

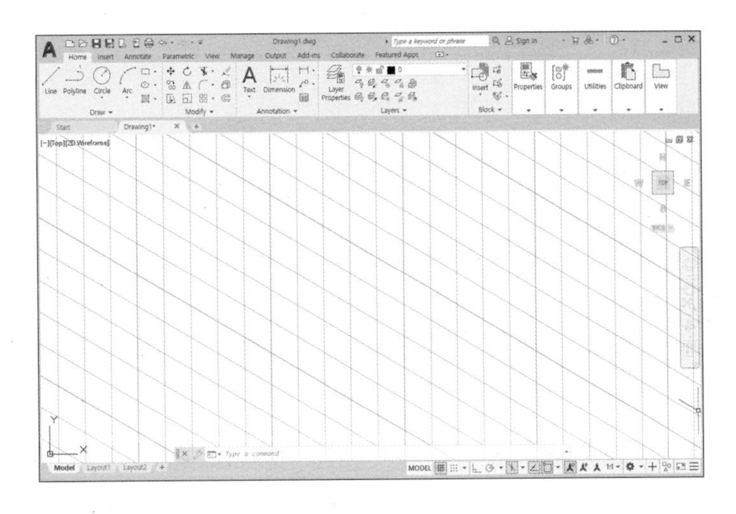

입력 형식

```
Command : grid
Specify grid spacing(X) or [ON/OFF/Snap/Major/aDaptive/
Limits/Follow/Aspect] <10.0000> : (모눈 눈금 간격 값을 입력하거나 옵션을 선택합니다.)
```

Grid 설정별 특징

- **Grid spacing** : 모눈종이 눈금의 간격을 제어합니다.
- **ON/OFF** : 설정된 모눈종이를 표시하거나 표시하지 않습니다.
- **Snap** : 모눈종이 눈금을 Snap 간격에 맞춰 설정합니다.
- **Major** : 보조 모눈선과 비교할 주 모눈선을 작성하여 2D에서는 작동되지 않습니다.
- **aDaptive** : Zoom 명령에서 모눈종이 눈금의 밀도를 제어합니다.
- **Limits** : 모눈종이 표시 영역을 Limits 영역에 맞춰 표시합니다.
- **Follow** : 동적 UCS의 X,Y 평면을 따르도록 모눈 평면을 변경합니다.
- **Aspect** : 모눈 간격의 X/Y축 방향 간격을 다르게 설정합니다.

Step 03

Isoplane의 이해

Isoplane은 등각 투영 시 작업 평면을 변경하는 명령입니다. 다른 명령 사용 중 F5를 눌러 투영 평면을 변경할 수 있습니다.

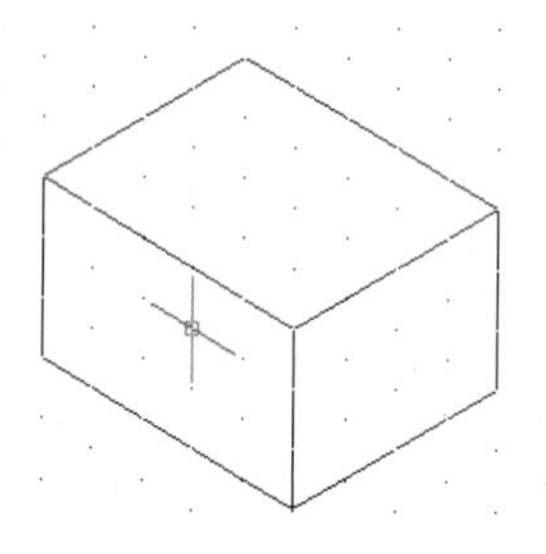

▲ 왼쪽 면에 Isometric 적용

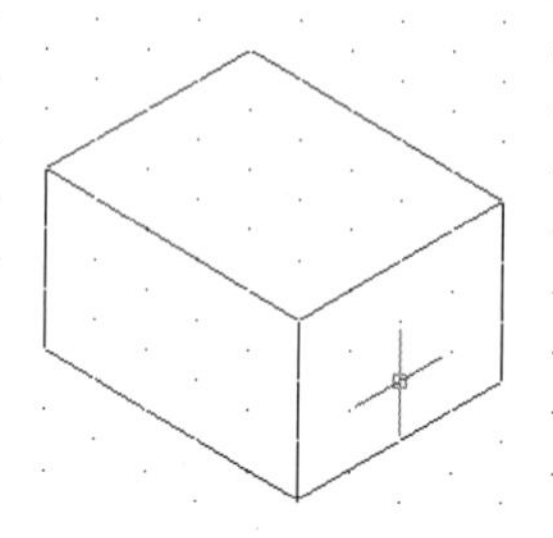

▲ 오른쪽 면에 Isometric 적용

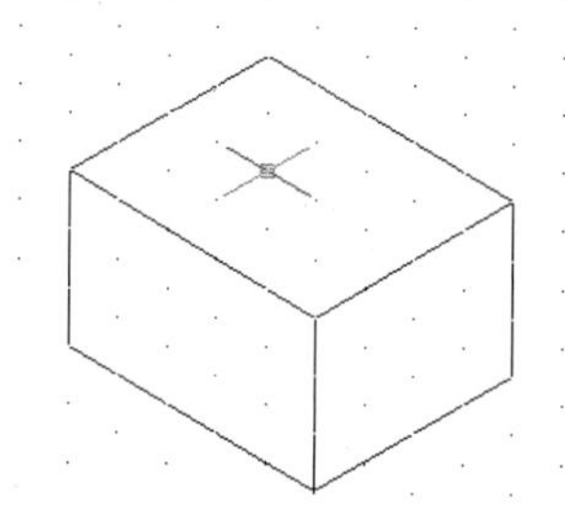

▲ 위쪽 면에 Isometric 적용

입력 형식

```
Command : isoplane
Current isoplane : Left (현재 맞춰진 등각 투영 평면을 표시합니다.)
Enter isometric plane setting [Left/Top/Right] <Top> : (변경할 등각 투영 평면을 선택합니다.)
```

Isoplane 설정별 특징

- **Left** : 90° 및 150° 축으로 정의된 한 쌍의 왼쪽 평면을 지시합니다.
- **Top** : 30° 및 150° 축으로 정의된 한 쌍의 위쪽 평면을 지시합니다.
- **Right** : 90° 및 30° 축으로 정의된 한 쌍의 오른쪽 평면을 지시합니다.

Step 04

Isoplane 예제 따라하기

등각투상도를 이용한 표현 방법으로 등각투상을 하기 위해서는 Snap, Grid, Isoplane 명령어를 이용해 작업합니다. 등각투상에서 원의 표현은 Ellipse(타원)을 이용해 표현합니다.

작업 영역	Limits 0,0 ~ 120,90

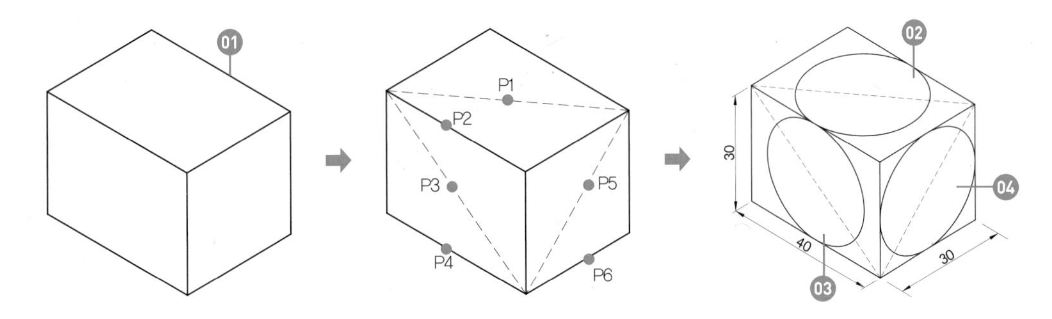

그리는 방법

01
```
Command : snap
Specify snap spacing or [ON/OFF/Aspect/Style/Type] <10.0000> :
s (Style 옵션을 선택합니다.)
Enter snap grid style [Standard/Isometric] <S> : I (등각투영 옵션을 선택합니다.)
Specify vertical spacing <10.0000> : (등각 투영 시 수직 간의 간격 값을 설정합니다.)
```
Isometric 설정 후 Line 명령으로 도형을 작성합니다.

02
```
Command : ellipse
Specify axis endpoint of ellipse or[Arc/Center/ Isocircle] : I
(등각 투영을 선택합니다.)
Specify center of isocircle : (P1 점을 선택합니다.)
Specify radius of isocircle or [Diameter] : (P2 점을 선택합니다.)
```

03
```
Command : ellipse
Specify axis endpoint of ellipse or [Arc/Center/ Isocircle] :
I (등각 투영을 선택합니다.)
Specify center of isocircle : (P3 점을 선택합니다.)
Specify radius of isocircle or [Diameter] : <Isoplane Left>
(F5를 눌러 등각 투영 평면을 변경 후 P4 점을 선택합니다.)
```

04
```
Command : ellipse
Specify axis endpoint of ellipse or [Arc/Center/ Isocircle] :
I (등각 투영을 선택합니다.)
Specify center of isocircle : (P5 점을 선택합니다.)
Specify radius of isocircle or [Diameter] : <Isoplane Top>
(F5를 눌러 등각 투영 평면 변경 후 P6 점을 선택합니다.)
```

Isoplane 연습 문제 | Line, Ellipse, Snap, Grid

작업 영역	Limits 0,0 ~ 120,90

잠깐만요

눈금 한 칸은 '10'입니다.

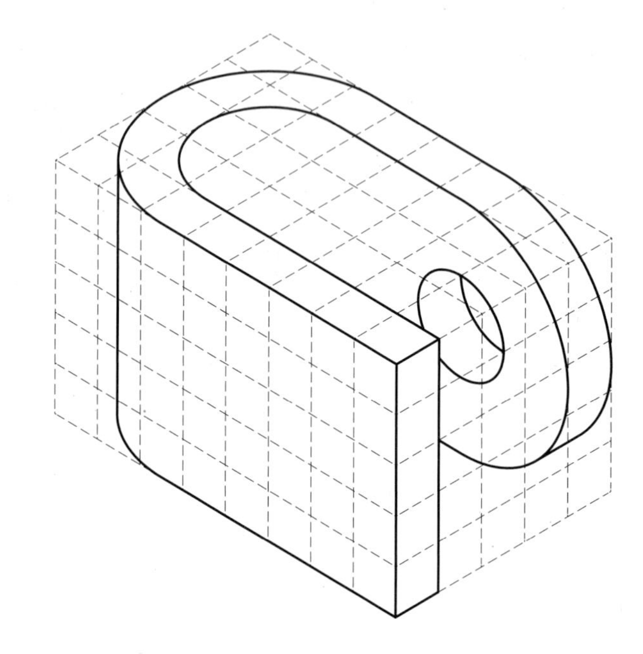

| 그리는 방법 |

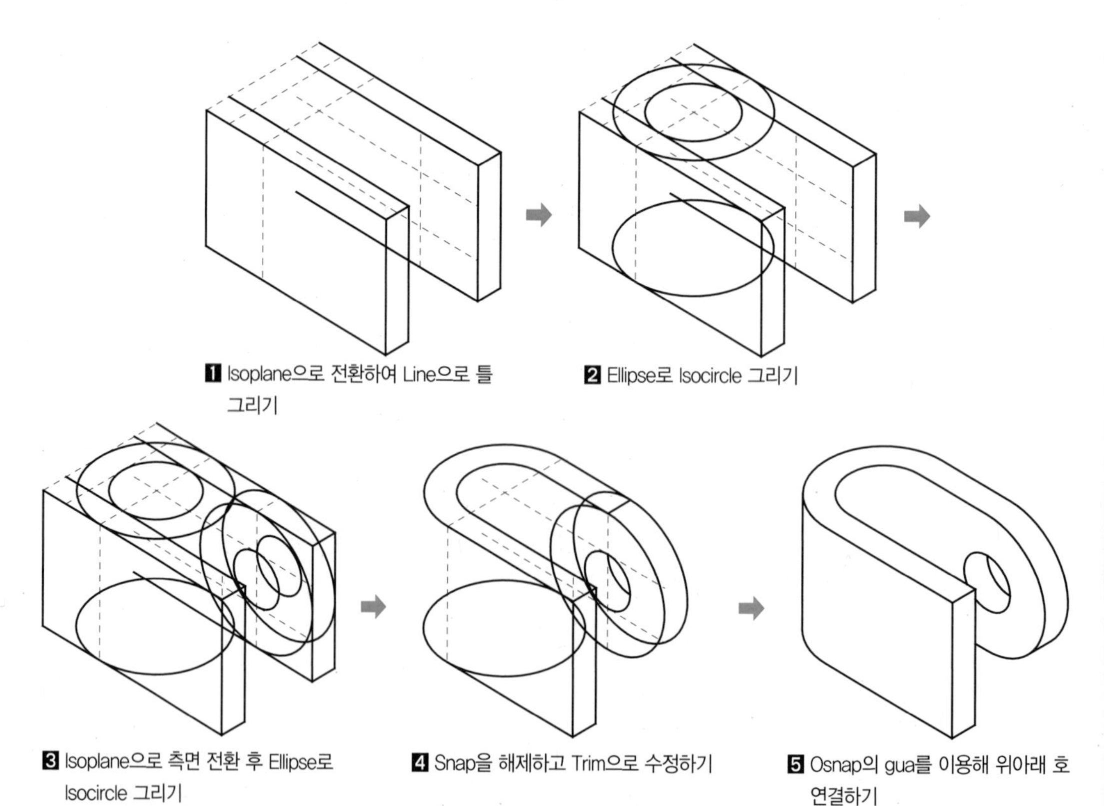

1 Isoplane으로 전환하여 Line으로 틀 그리기

2 Ellipse로 Isocircle 그리기

3 Isoplane으로 측면 전환 후 Ellipse로 Isocircle 그리기

4 Snap을 해제하고 Trim으로 수정하기

5 Osnap의 gua를 이용해 위아래 호 연결하기

Isoplane 연습 문제 | Line, Ellipse, Snap, Grid

작업 영역	Limits 0,0 ~ 120,90

잠깐만요

눈금 한 칸은 '10'입니다.

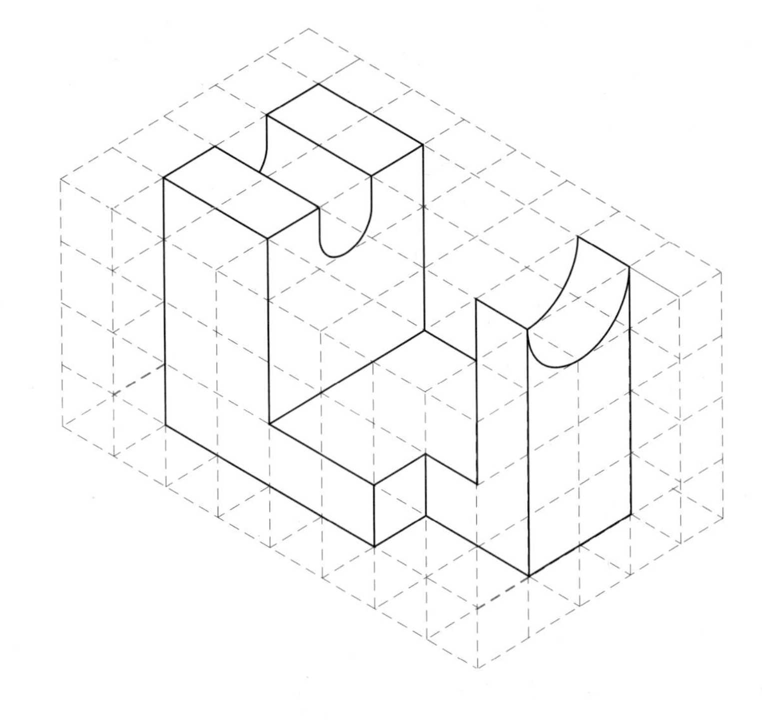

작업 영역	Limits 0,0 ~ 120,90

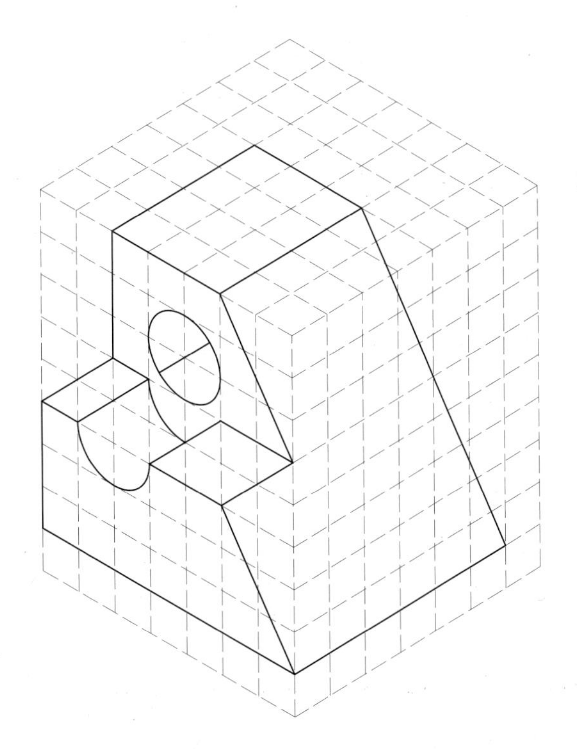

Isoplane 연습 문제 | Line, Ellipse, Snap, Grid

작업 영역	Limits 0,0 ~ 120,90

잠깐만요

눈금 한 칸은 '10'입니다.

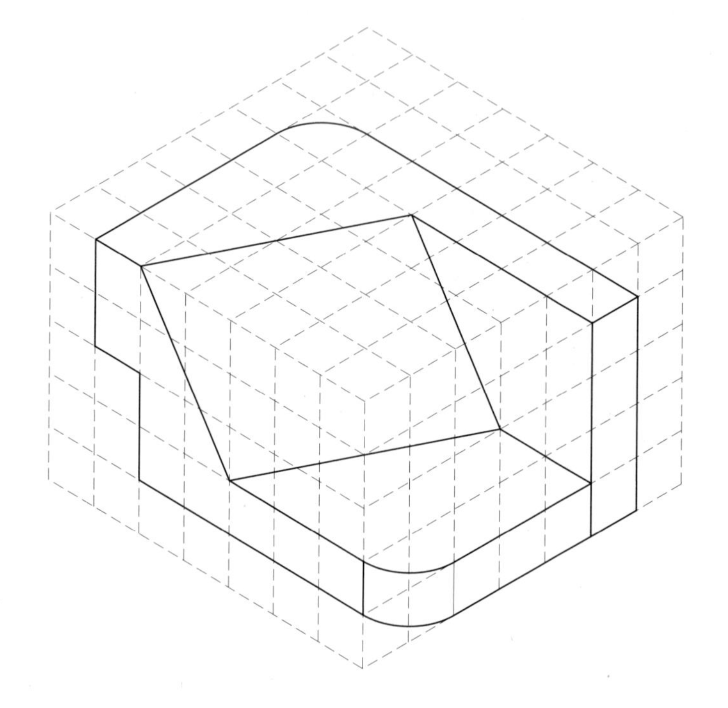

작업 영역	Limits 0,0 ~ 240,180

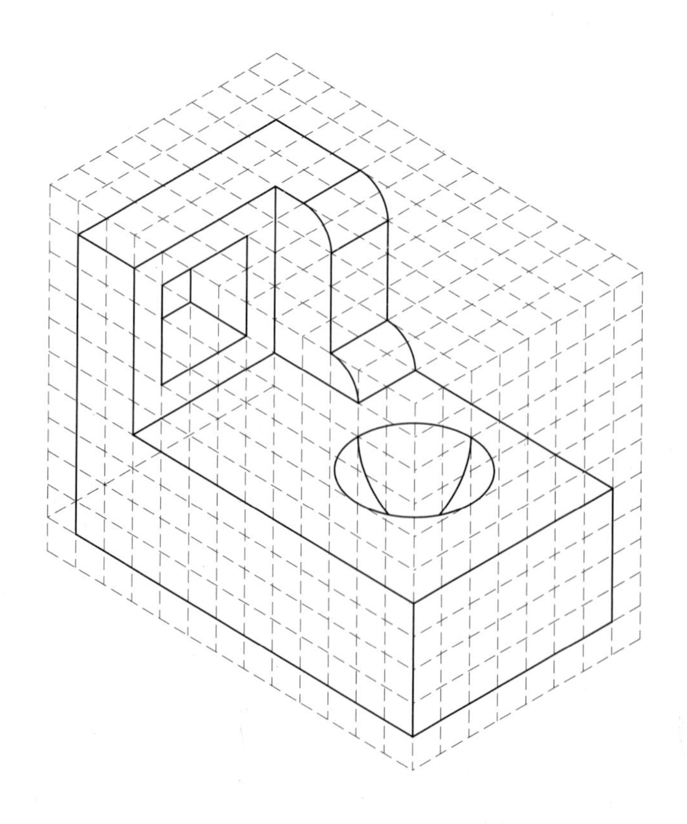

작업 영역	Limits 0,0 ~ 3600,2700

잠깐만요

Isoplane 상태에서 객체를 복사할 시 Offset 명령이 아닌 Copy 명령을 사용해야 합니다.

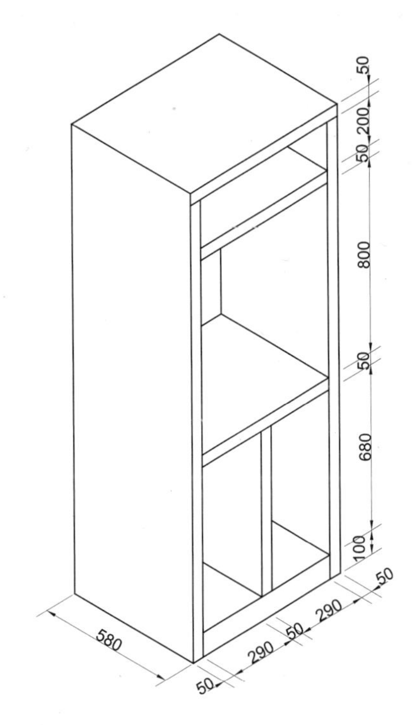

작업 영역	Limits 0,0 ~ 600,450

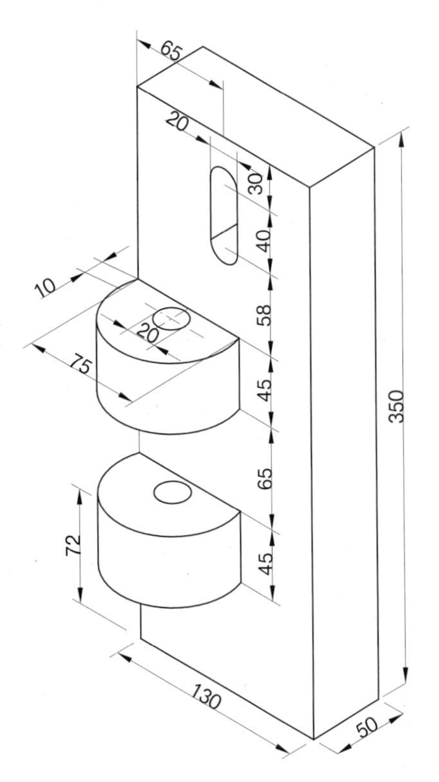

Section 06

사각형 그리기 - Rectang

객체를 구성하는 선분은 단일 객체로 구성되어 있으며 Offset, Erase 명령 적용 시 전체에 적용됩니다. 사각형에서는 네 개의 모서리에 동일하게 모따기 및 모깎기를 적용할 수 있습니다.

Step 01

Rectang의 이해

Rectang은 시작점을 선택한 후 사각형에서 대각선 방향의 끝점을 지정하여 작성합니다. 이때 생성될 사각형의 네 개의 모서리에 동일한 모깎기 또는 모따기를 적용시킬 경우 시작점을 지정하기 전에 수치 값을 설정해야 합니다.

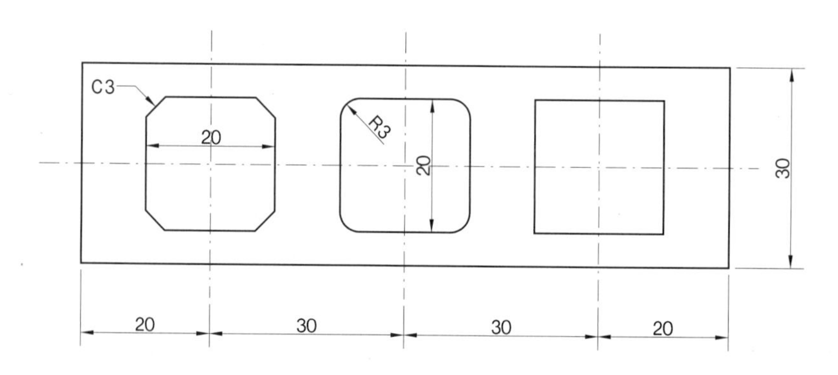

입력 형식

```
Command : rectang
Specify first corner point or [Chamfer/Elevation/Fillet/
Thickness/Width] : (사각형의 시작점 또는 옵션을 선택합니다.)
Specify other corner point or [Area/Dimensions/Rotation] : (사각형의 끝점 또는 옵션을 선택합니다.)
```

Rectang 설정별 특징

- **Chamfer** : 사각형의 모든 모서리를 동일한 값으로 모따기합니다.
- **Elevation** : 사각형의 작성될 고도 값을 설정합니다.
- **Fillet** : 사각형의 모든 모서리를 동일한 값으로 모깎기합니다.
- **Thickness** : 사각형의 Z축 방향 돌출 값을 설정합니다.
- **Width** : 작성될 사각형의 폭 값을 설정합니다.
- **Area** : 작성될 사각형의 면적 값을 설정합니다.
- **Dimensions** : 작성될 사각형의 크기를 설정합니다.
- **Rotation** : 작성될 사각형의 회전 값을 설정합니다.

Step 02

Rectang 예제 따라하기

Rectang 명령을 이용해 사각형 작성 시 4개의 모서리가 동일한 반지름 값이므로 Fillet 옵션을 설정해 작업합니다. Rectang 명령은 반드시 상대좌표로 작성해야 하므로 주의합니다.

작업 영역	Limits 0,0 ~ 1200,900

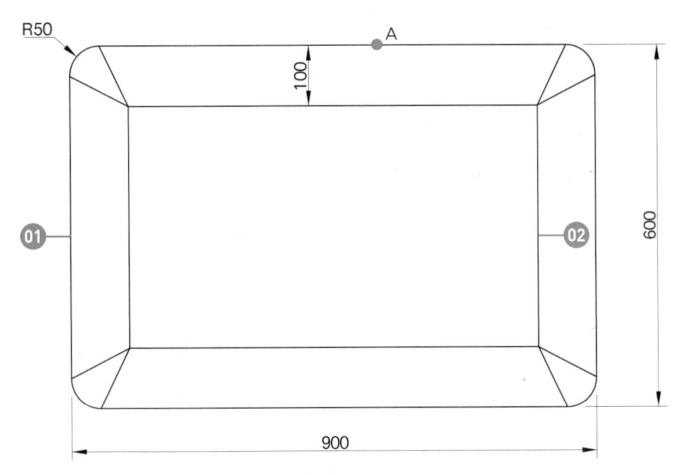

그리는 방법

01 Command : rectang
Specify first corner point or [Chamfer/Elevation/ Fillet/ Thickness/Width] : f (모깎기 옵션을 선택합니다.)
Specify fillet radius for rectangles <0.0000> : 50 (모깎기 값을 설정합니다.)
Specify first corner point or [Chamfer/Elevation/ Fillet/ Thickness/Width] : (사각형의 시작점을 선택합니다.)
Specify other corner point or [Area/Dimensions/ Rotation] : @900,600 (사각형의 끝점 값을 상대좌표를 이용해 입력합니다.)

02 Command : offset
Current settings: Erase source=No Layer=Source OFFSETGAPTYPE=0
Specify offset distance or [Through/Erase/Layer] <100.0000> : 100 (간격 띄우기에서 거리 값을 설정합니다.)
Select object to offset or [Exit/Undo] <Exit> : (A 사각형을 선택합니다.)
Specify point on side to offset or [Exit/Multiple/ Undo] <Exit> : (안쪽 방향을 선택합니다)
Select object to offset or [Exit/Undo] <Exit> : (Spacebar를 눌러 명령을 종료합니다.)

Rectang 연습 문제 | Line, Rectang, Trim

작업 영역	Limits 0,0 ~ 3600,2700

잠깐만요

원(손잡이)의 크기는 임의로 작성합니다.

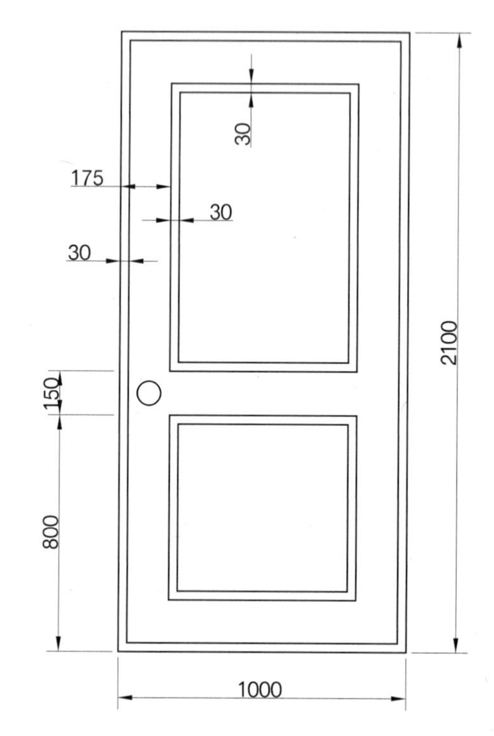

작업 영역	Limits 0,0 ~ 2400,1800

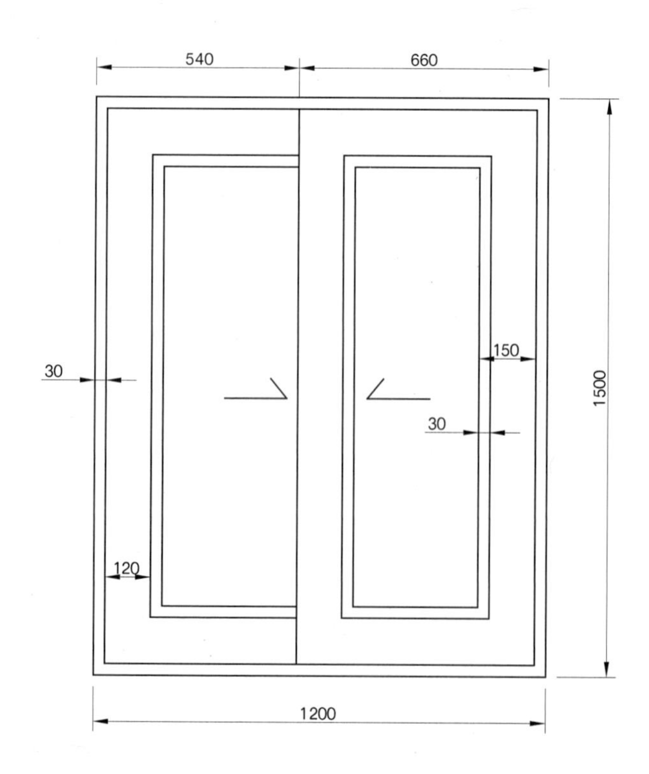

Rectang 연습 문제 | Line, Rectang, Trim, Stretch, Mirror

작업 영역	Limits 0,0 ~ 3600,2700

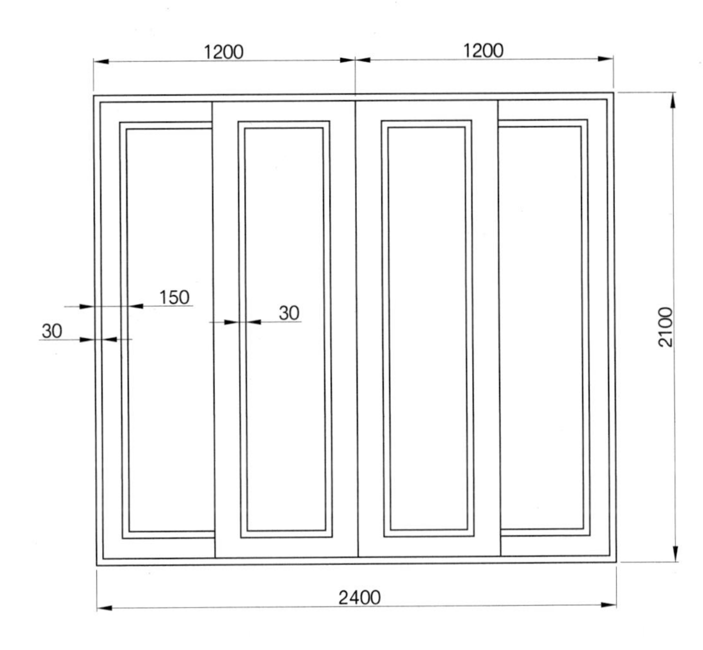

| 그리는 방법 |

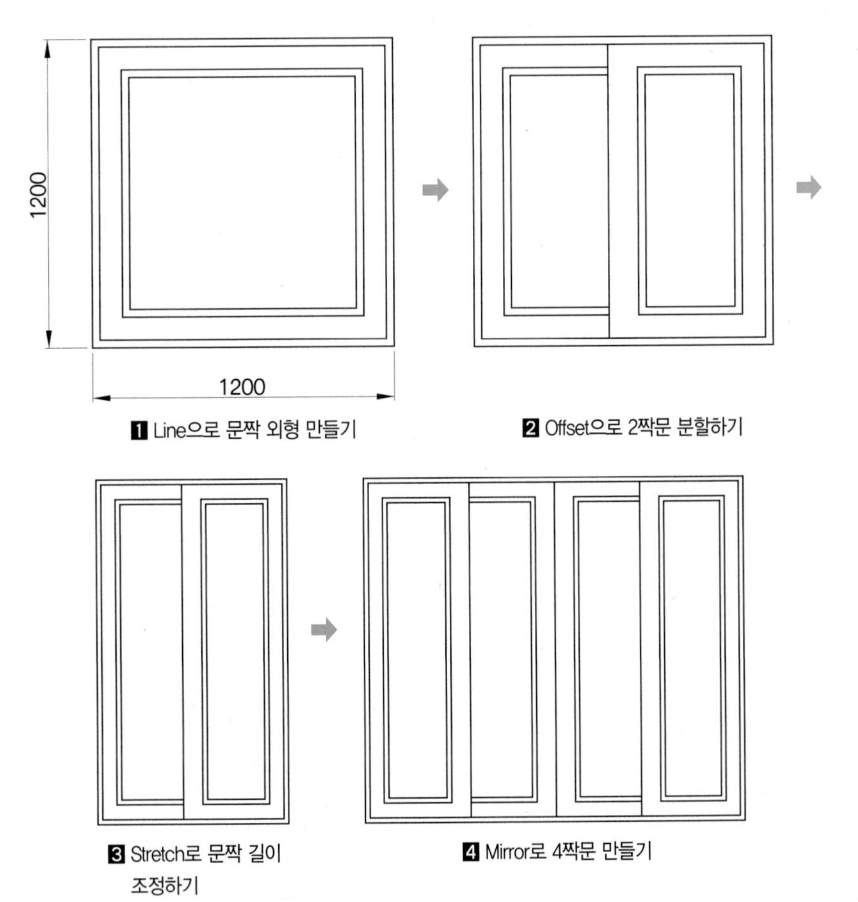

1 Line으로 문짝 외형 만들기

2 Offset으로 2짝문 분할하기

3 Stretch로 문짝 길이 조정하기

4 Mirror로 4짝문 만들기

종합문제

작업 영역 Limits 0,0 ~ 240,180

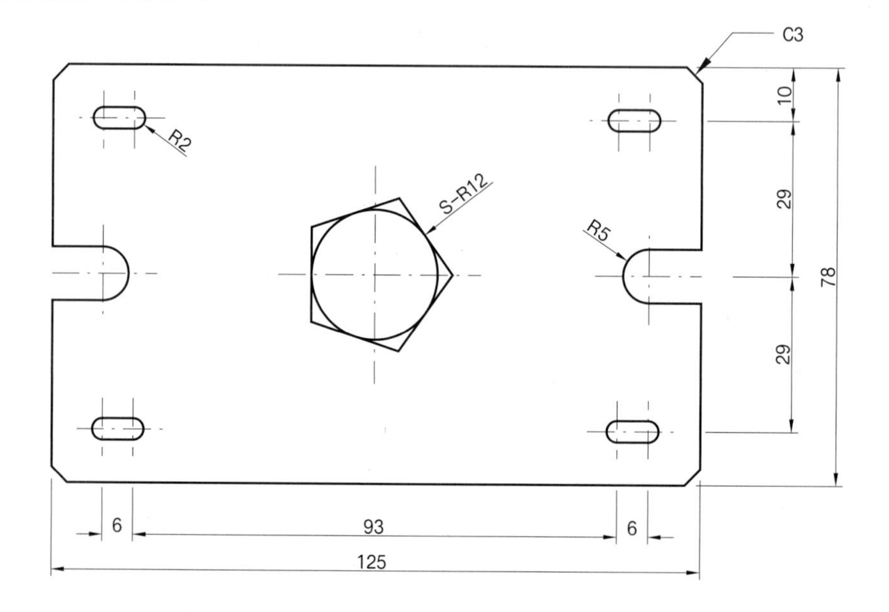

작업 영역 Limits 0,0 ~ 120,90

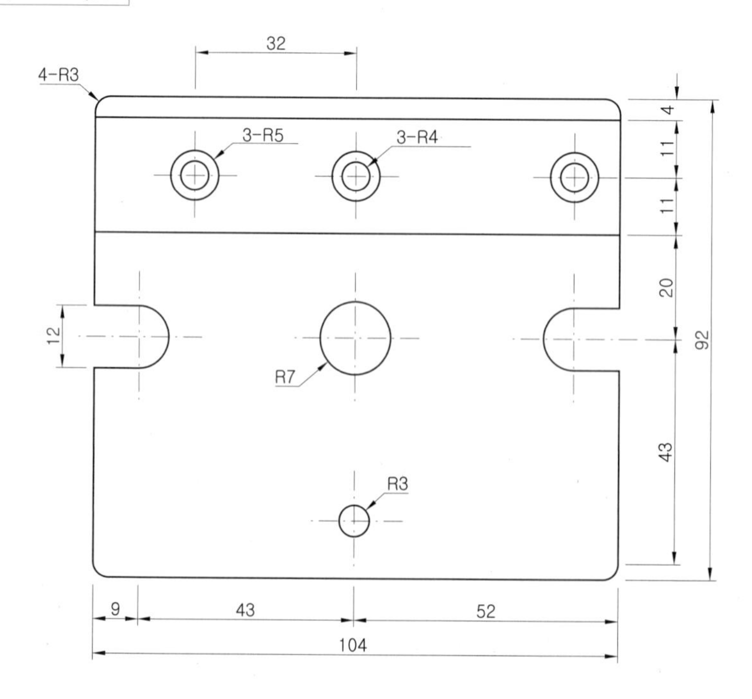

작업 영역	Limits 0,0 ~ 120,90

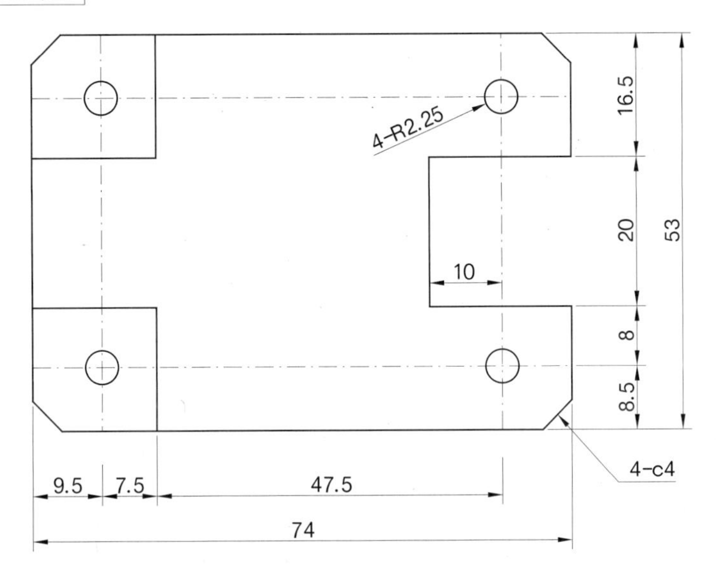

작업 영역	Limits 0,0 ~ 360,240

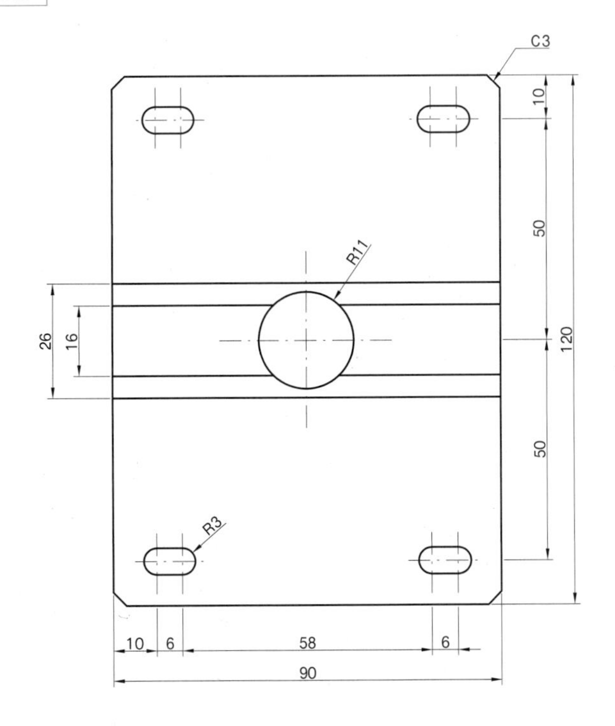

종합문제

작업 영역	Limits 0,0 ~ 120,90

잠깐만요

SR8 : S는 3차원 구를 의미하며 R은 반지름 값을 지시합니다.

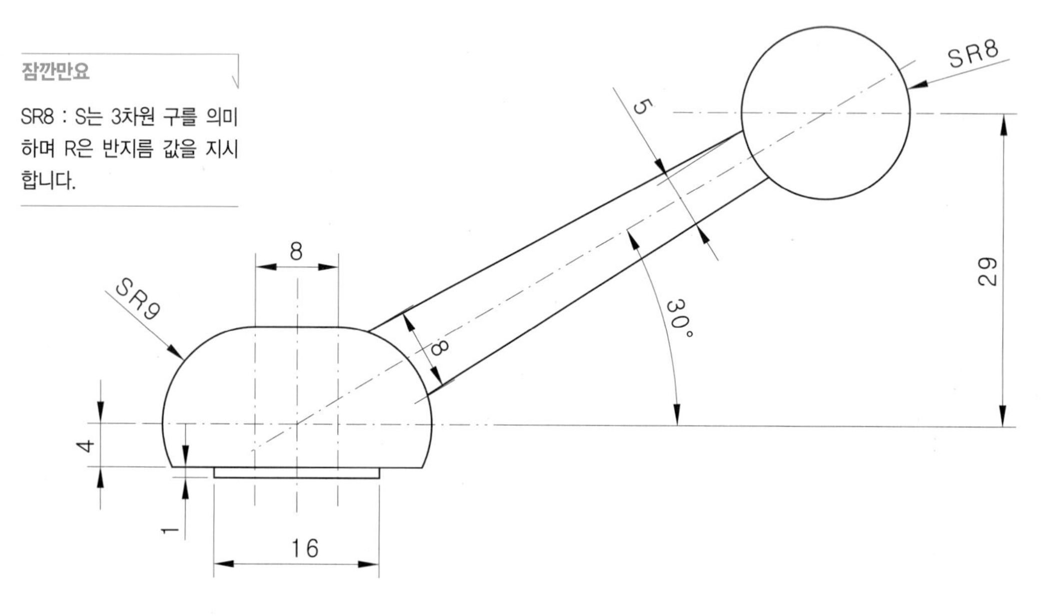

작업 영역	Limits 0,0 ~ 120,90

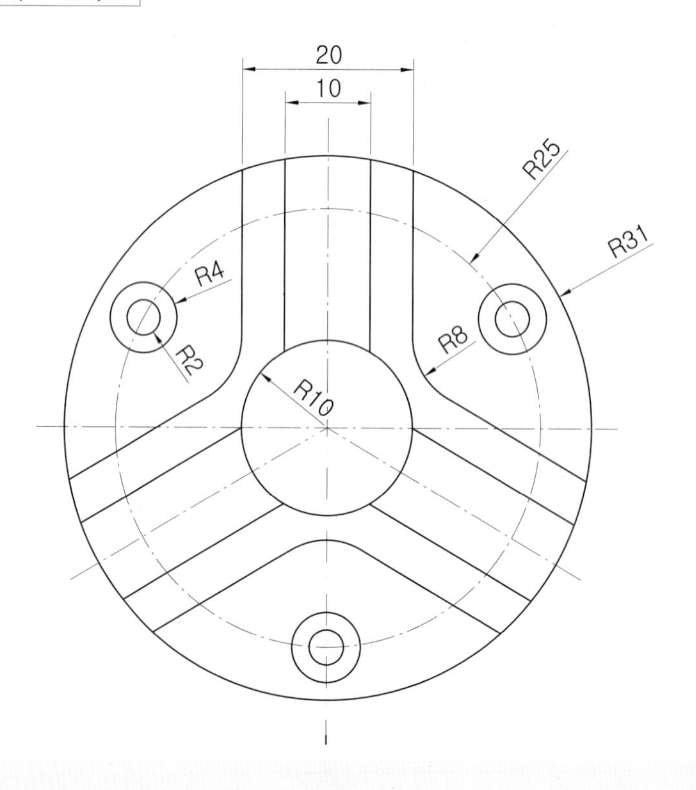

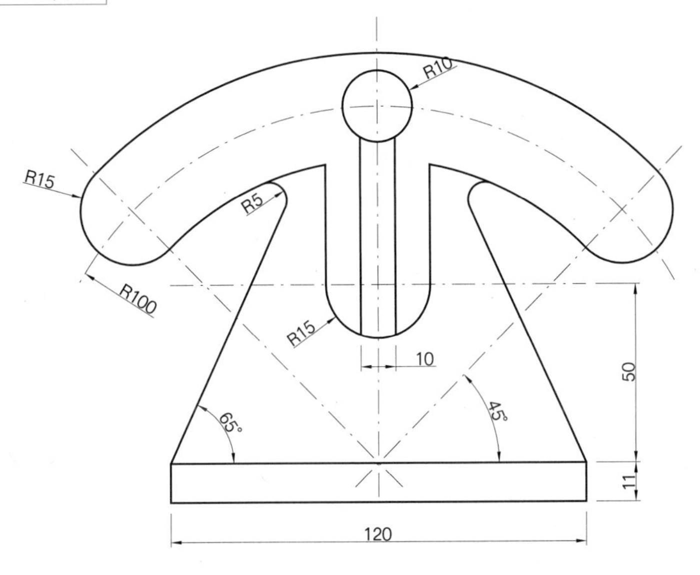

작업 영역 | Limits 0,0 ~ 120,90

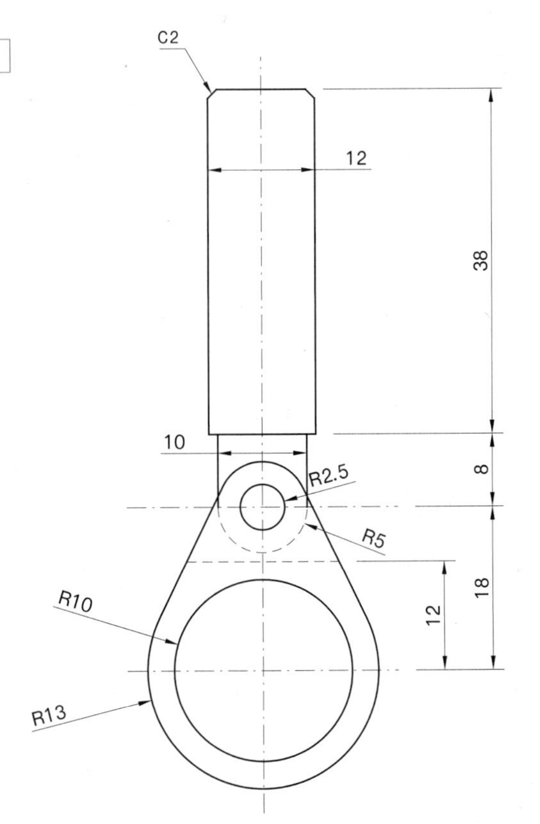

종합문제

작업 영역	Limits 0,0 ~ 480,360

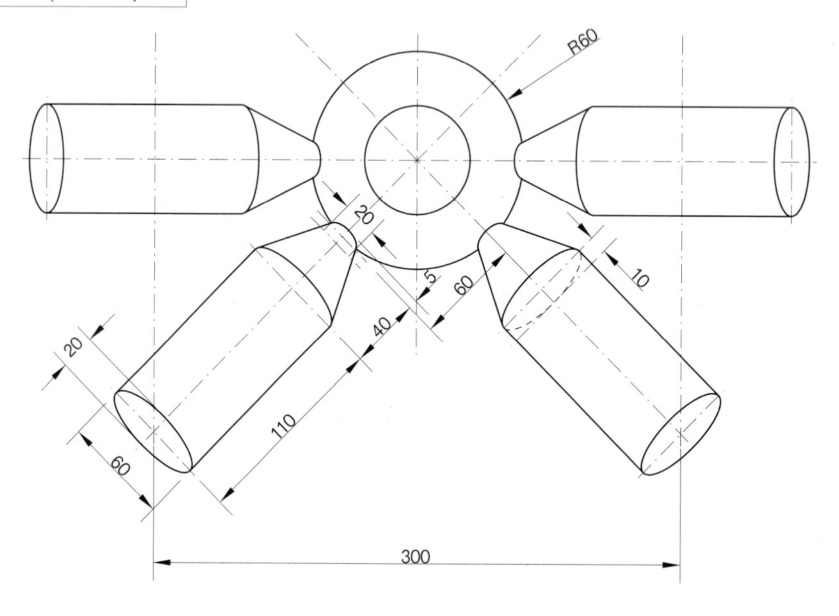

작업 영역	Limits 0,0 ~240, 180

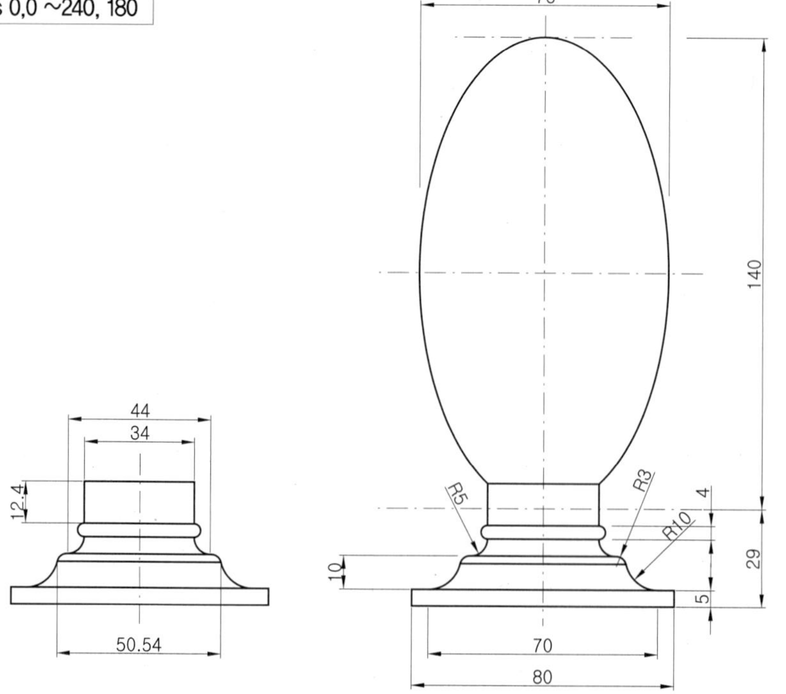

작업 영역 Limits 0,0 ~ 2400,1800

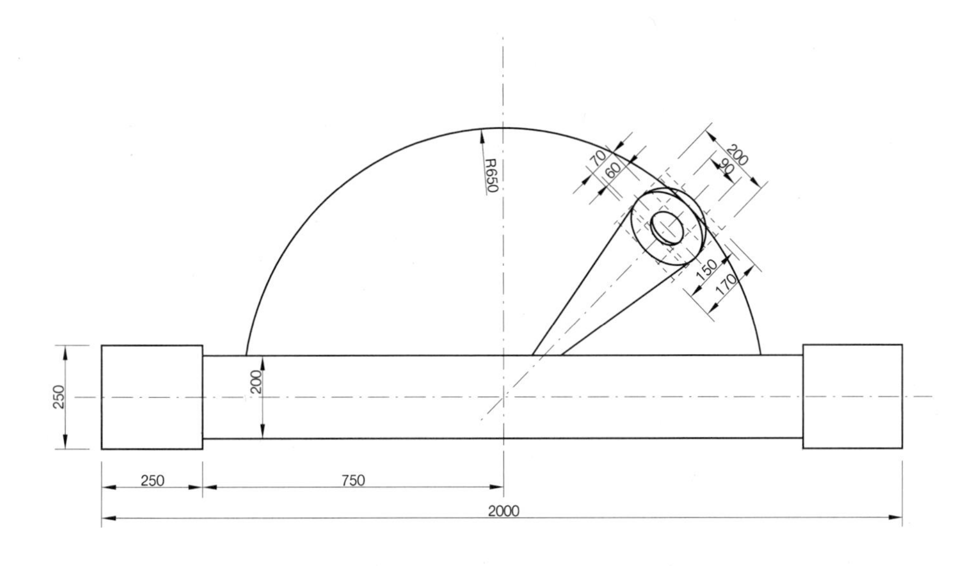

작업 영역 Limits 0,0 ~ 1200,900

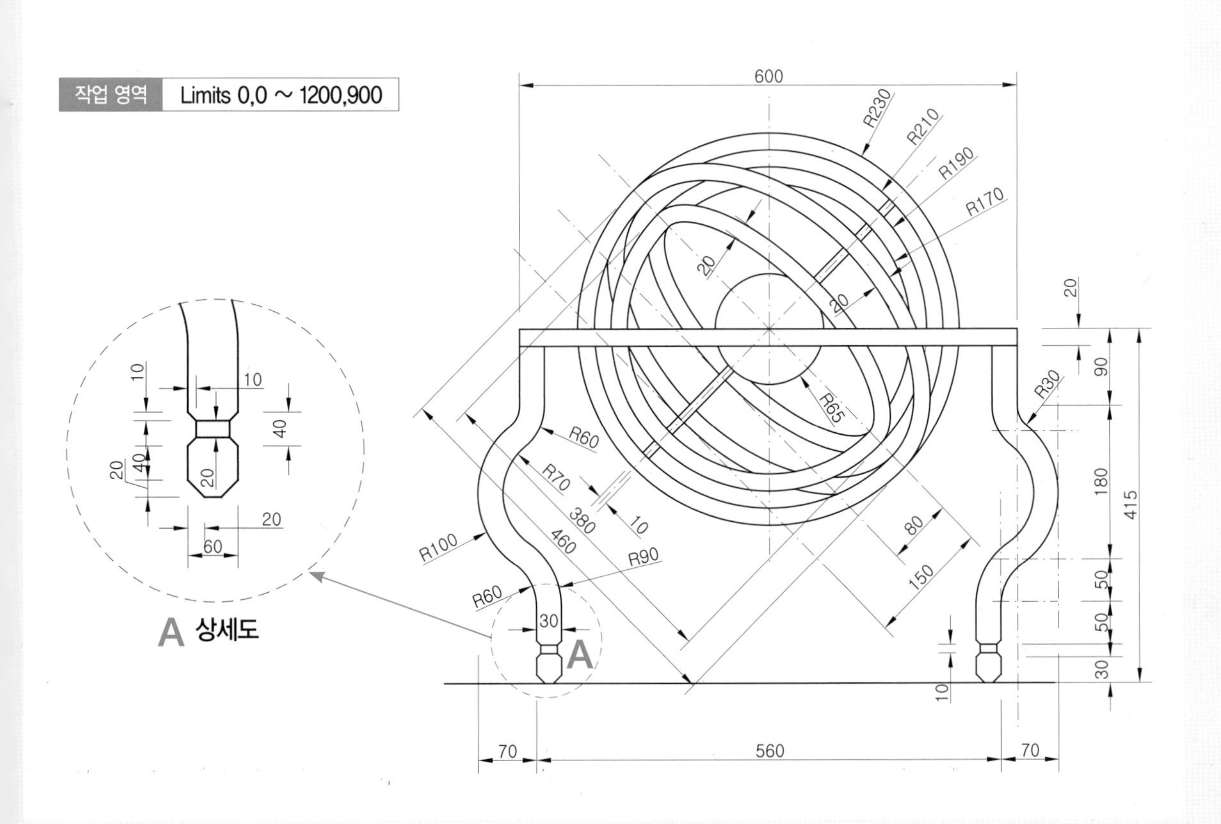

종합문제

작업 영역	Limits 0,0 ~ 120,90

잠깐만요

지시 없는 반지름은 R3으로 작성합니다. M이란 미터나사를 표시하는 것으로 나사의 호칭경 값을 표시합니다. 안쪽의 원은 M나사의 간격의 1/8~1/10의 크기 만큼을 적용합니다.

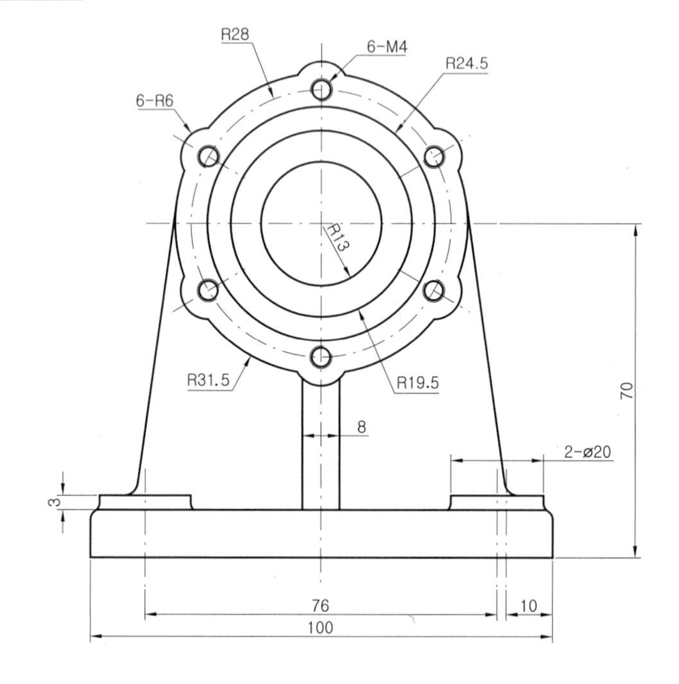

작업 영역	Limits 0,0 ~ 120,90

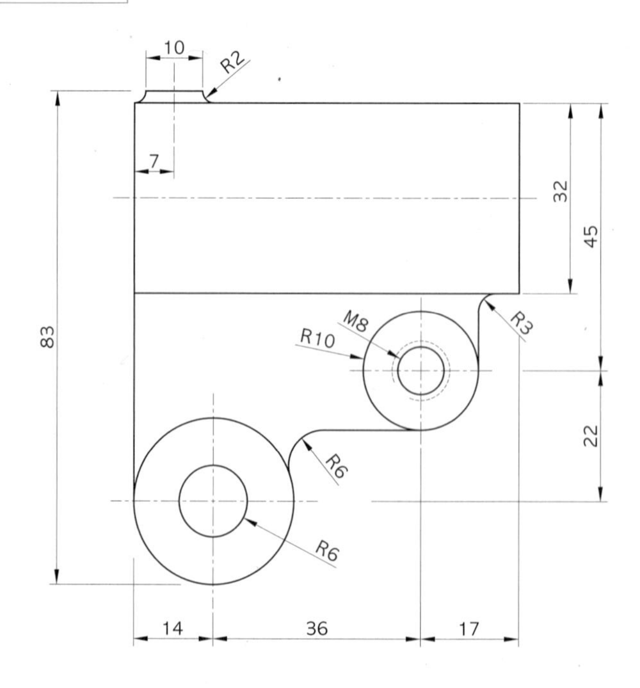

작업 영역 Limits 0,0 ~ 120,90

잠깐만요

지시 없는 반지름은 R2로 작성합니다.

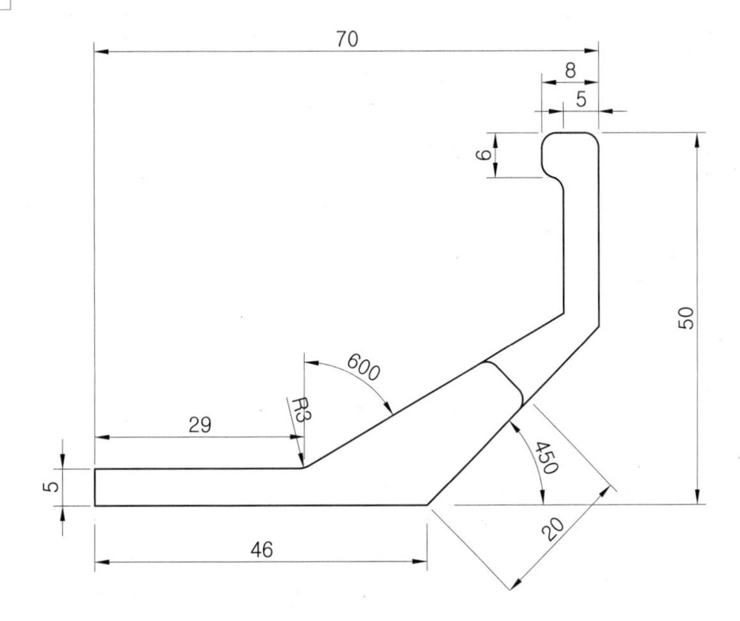

작업 영역 Limits 0,0 ~ 120,90

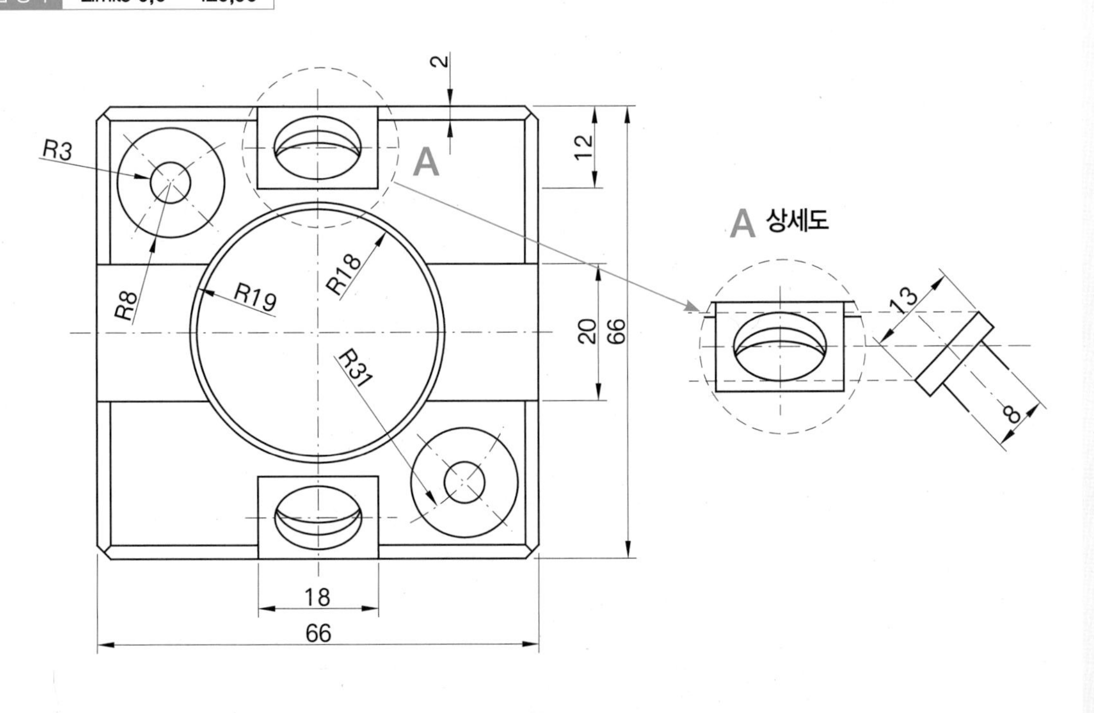

AutoCAD

04

넷째마당

도면 완성과 효율적 관리

넷째 마당에서는 도면의 구성 요소를 정확하게 표현하고 설계의 내용을 정확하게 전달하기 위해서는 도면에 맞는 올바른 선의 사용이 매우 중요합니다. 또한 수많은 도면 요소들을 레이어로 분리하여 작성하는 것은 도면의 수정 및 관리를 위해 핵심 과정이라 할 수 있습니다.

Section 01

선의 유형과 축척 설정하기 – Linetype, Ltscale, Lweight

도면의 특징에 따라 직관적인 정보 전달을 위해 다양한 유형의 선으로 도면을 구성합니다. AutoCAD에서는 acad.lin, acaddiso.lin 파일 등에서 다양한 선을 제공합니다.

Step 01

Linetype의 이해 – 선의 유형

도면은 다양한 선들로 구성되며, 선은 용도에 맞게 모양과 굵기 등으로 각각 구분하여 표시합니다. Linetype을 이용해 기본 선과 국제규격(ISO) 선 등 다양한 선들을 사용할 수 있습니다.

선 유형 불러오기

1 명령문에 Linetype 명령어를 실행하면 [Linetype Manager] 대화상자가 표시됩니다. 필요한 선을 불러오기 위해 〈Load〉 버튼을 누릅니다.

```
Command : linetype
```

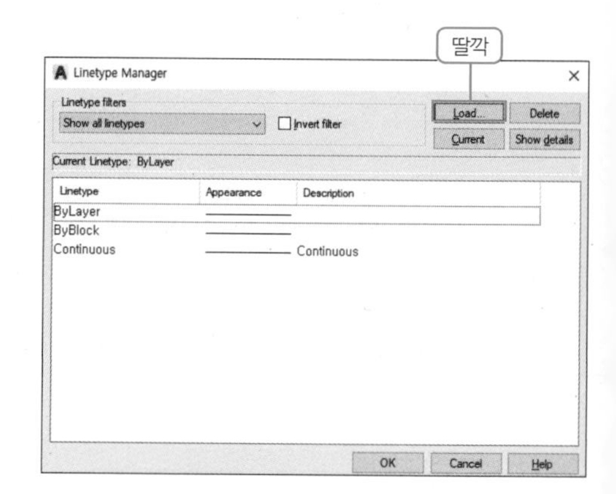

2 필요한 선의 유형을 선택한 후 〈OK〉 버튼을 누릅니다.

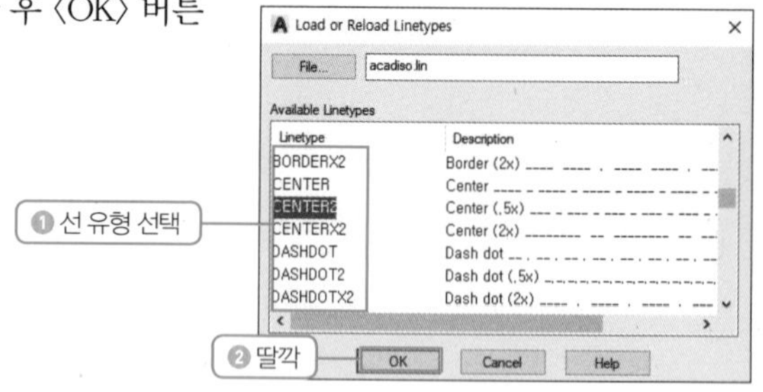

3 적용할 선의 종류를 선택한 후 〈OK〉 버튼을 누릅니다.

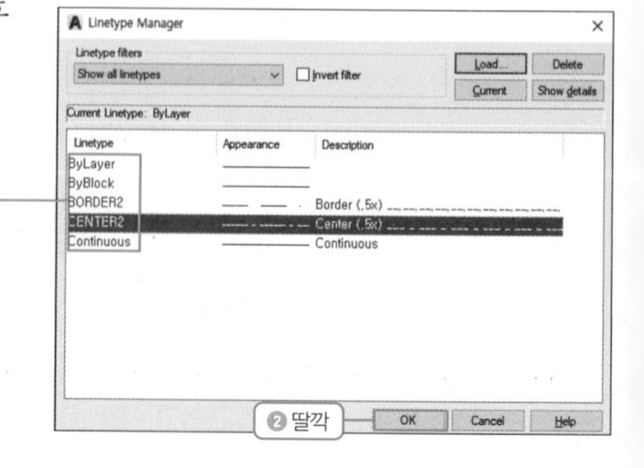

[Linetype Manager] 설정 대화상자

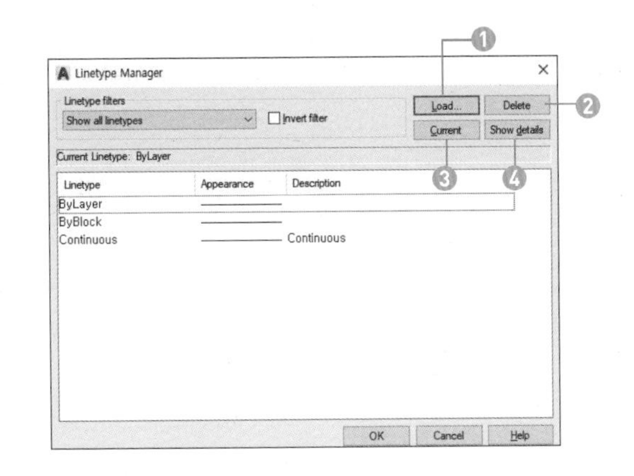

❶ **Load** : 현재의 작업 파일에 선의 유형을 불러옵니다.

❷ **Delete** : 불필요한 선의 유형을 삭제합니다.

❸ **Current** : 선택한 선의 유형을 현재 사용하는 선으로 설정합니다.

❹ **Show details** : 선의 유형을 자세히 표시합니다.

유형별 선의 용도

용도에 따른 명칭	표현	굵기	용도
외형선(일반 실선)		0.5~0.7	물체에서 보이는 부분의 형상 표시
숨은선(은선, 파선)		0.3~0.4	물체에서 보이지 않는 부분의 형상 표시
중심선(가는 1점 쇄선)		0.1~0.25	도형의 중심 표시
특수 지정선 (굵은 1점 쇄선)		0.8~1.0	특수한 가공 부분, 특수 요구 사항 부분 표시
가상선 (가는 2점 쇄선)		0.1~0.25	인접 부분 표시, 물체의 회전, 이동 범위 표시
파단선(자유 실선)		0.1~0.25	대상물의 일부 파단 표시
절단선(가는 실선)		0.1~0.25	단면도 작성 시 절단의 위치 표시
해칭선(가는 실선)		0.1~0.25	객체 간의 맞춤 상태, 단면 객체 유무 표시
가는 실선		0.1~0.25	치수선, 지시선, 치수보조선 공차 치수 표시
중간선		0.3~0.4	치수문자, 문자, 주석문 표시

Step 02

Linetype 예제 따라하기

일반적으로 선을 그린 후 선의 유형을 변경하는 경우는 매우 드물며, 먼저 기본 선(실선)을 이용하여 도면을 그리고 Change 및 Line Type Control을 이용하여 변경하는 것이 빠르고 편리합니다.

작업 영역	Limits 0,0 ~ 120,90

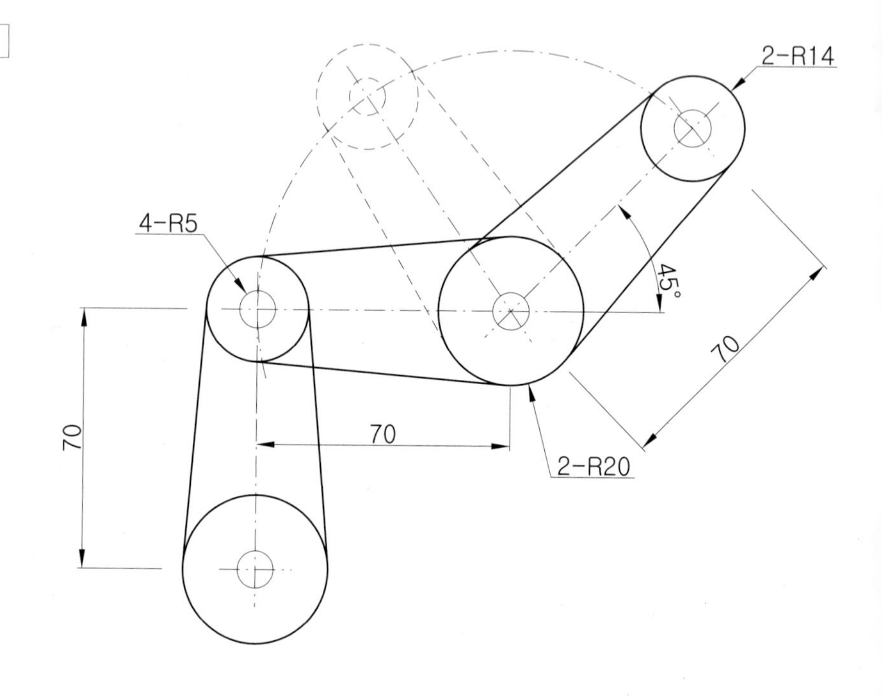

잠깐만요

선의 유형을 빠르게 변경하려면 Properties 툴바의 [Line Type Controler]를 사용합니다. 이때 필요한 선들이 불러들여져 있어야 하며 객체를 선택하고 Line Type Controler 항목에서 선의 유형을 변경합니다.

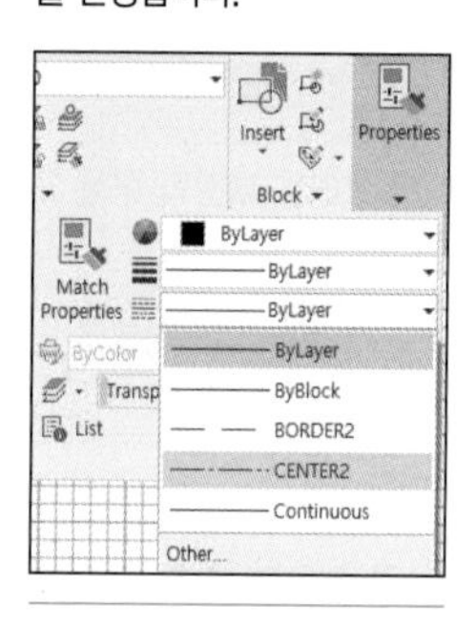

입력 형식

```
Command : change
Select objects : 1 found (변경할 선을 선택합니다.)
Select objects :  Specify change point or [Properties] : p (변경할 특성을 선택하기 위해 Properties 옵션을 선택합니다.)
Enter property to change
[Color/Elev/LAyer/LType/ltScale/LWeight/Thickness/Material/Annotative] : lt (선의 유형 옵션을 선택합니다.)
Enter new linetype name <ByLayer> : center (변경할 선 유형의 이름을 입력합니다.)
Enter property to change
[Color/Elev/LAyer/LType/ltScale/LWeight/Thickness/Material/Annotative] : (Spacebar를 눌러 명령을 완료합니다.)
```

Step 03

Ltscale의 이해 - 선의 축척

작업 영역 | Limits 0,0 ~ 120,90

Ltscale은 도면 전체에서 모든 선들의 크기를 조정해 도면의 크기에 따라 Ltscale 값이 영향을 받습니다. 작은 도면은 기본 값인 1보다 작은 소수점 이하로 작성하며 건축도면과 큰 경우 값이 100을 넘어갈 수도 있습니다. 도면 작업 시 부분적인 축척을 적용할 경우는 Change 명령의 Ltscale 값을 설정합니다.

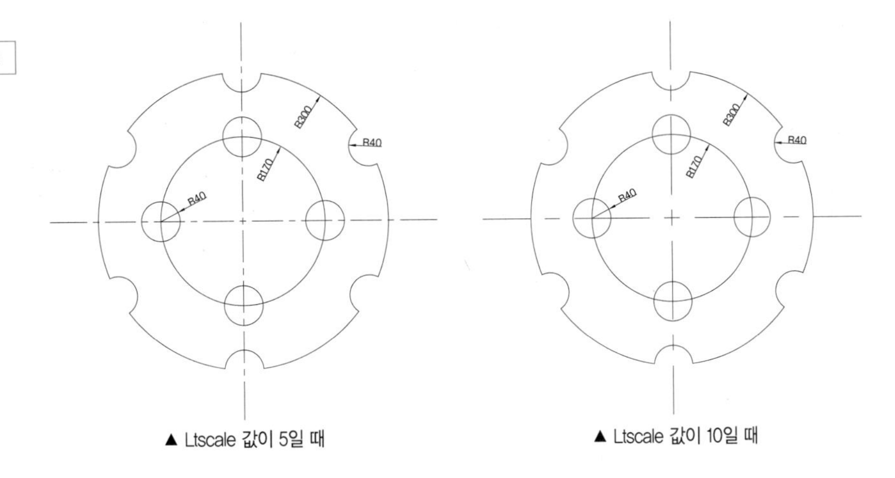

▲ Ltscale 값이 5일 때

▲ Ltscale 값이 10일 때

입력 형식

```
Command : ltscale
Enter new linetype scale factor <1.0000> : (전체 도면에서 선에 적용할 축척 값을 적용합니다.)
Regenerating model.
```

Step 04

Lweight의 이해 - 선의 두께

Lweight를 사용하여 선의 두께를 조정합니다. 명령문에 직접 입력하거나 상태 표시줄의 'Lineweight' 아이콘에서 마우스 오른쪽 버튼을 눌러 [Lineweight Settings..]를 선택합니다.

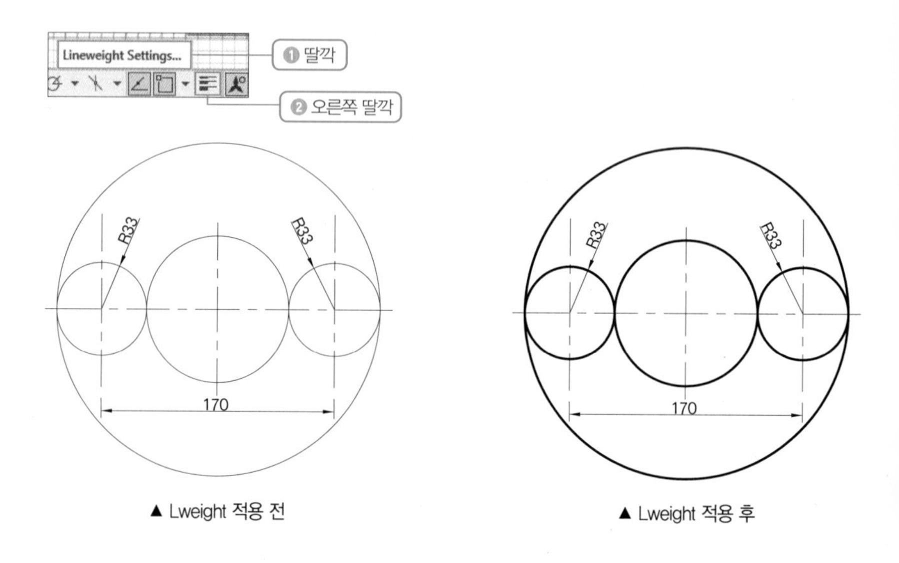

▲ Lweight 적용 전

▲ Lweight 적용 후

입력 형식

Command : lweight ([Lineweight Settings] 대화상자가 표시됩니다.)

[Lineweight Settings] 설정 대화상자

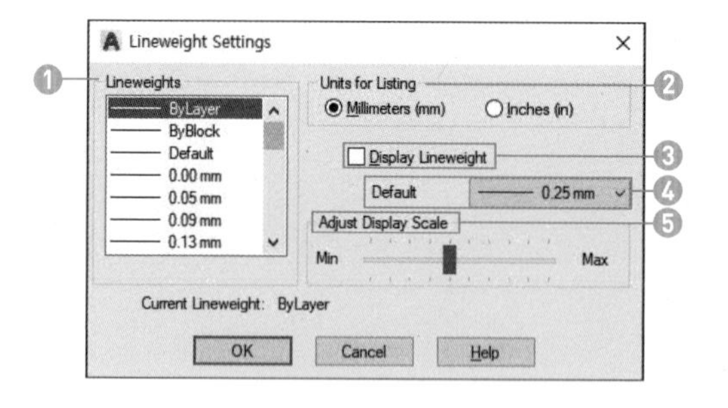

❶ **Lineweights** : 다양한 선 두께를 선택하여 사용합니다.

❷ **Units for Listing** : 선 두께의 단위를 조정합니다.

- **Millimeters (mm)** : 국내에서 사용하는 밀리미터 단위로 조정합니다.
- **Inches (in)** : 해외에서 사용하는 인치 단위로 조정합니다.

❸ **Display Lineweight** : 선 두께를 작업 화면에 표시합니다.

❹ **Default** : 작업 화면에 표시되는 선 두께를 설정합니다.

❺ **Adjust Display Scale** : 화면에 시각적으로 보이는 선 두께의 축척을 조정합니다.

작업 영역	Limits 0,0 ~ 120,90

잠깐만요

은선(Hidden)은 가상선입니다.

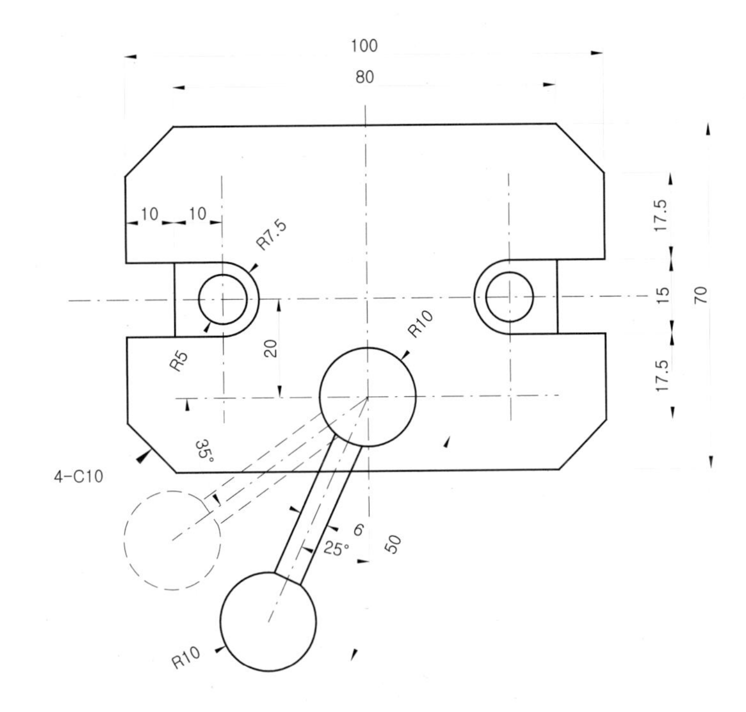

작업 영역	Limits 0,0 ~ 240,180

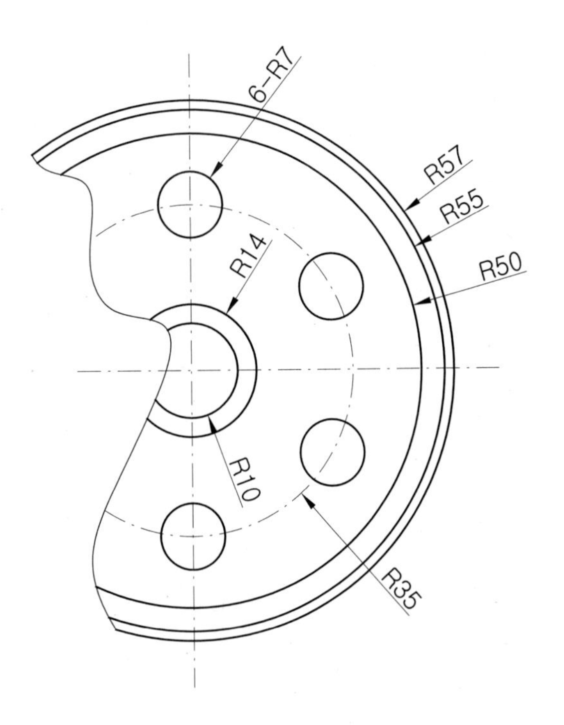

Linetype 연습 문제 | Line, Circle, Change

작업 영역	Limits 0,0 ~ 1200,900

잠깐만요

'□'는 정사각형을 나타내는 도면 기호입니다.

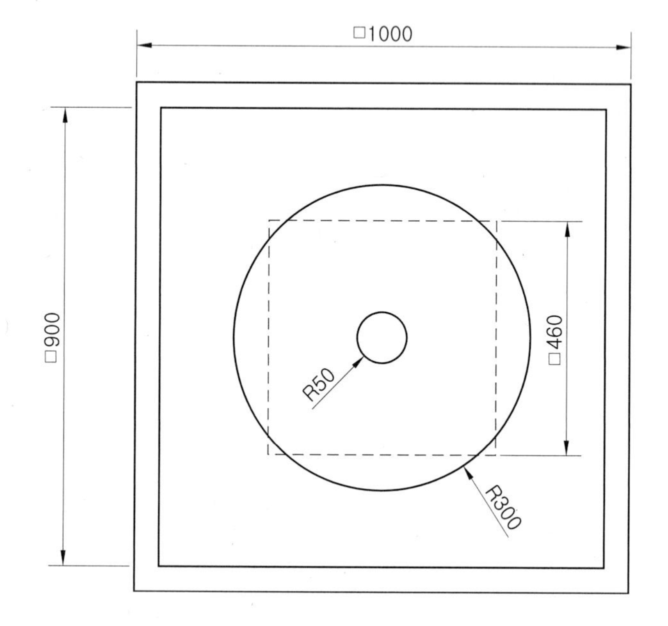

작업 영역	Limits 0,0 ~ 240,180

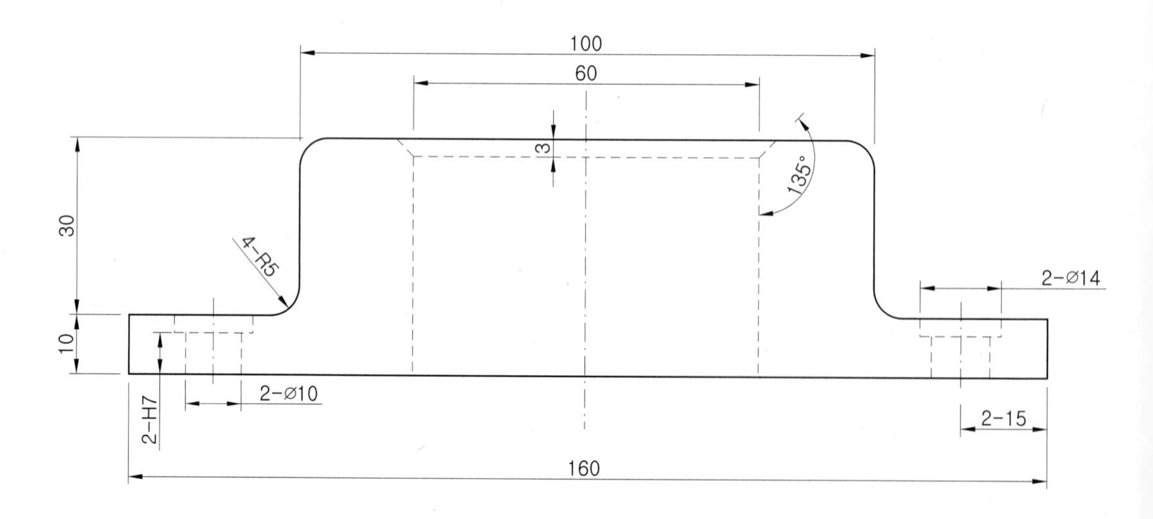

Linetype 연습 문제 | Line, Circle, Change

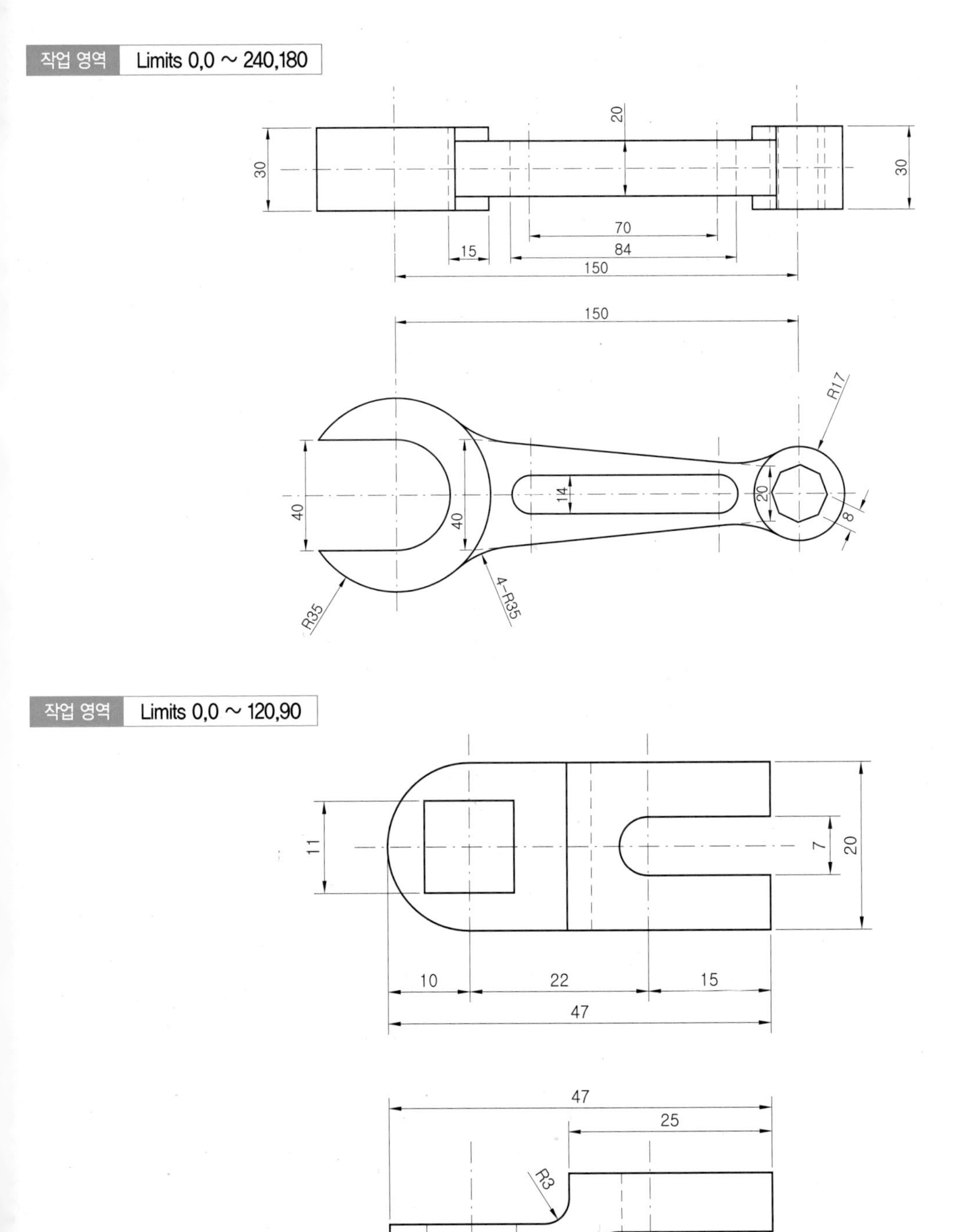

Section 02

도면층 관리하기 - Layer

도면층(Layer)이란 투명한 종이와 같은 특성을 살려 도면의 구성 요소들을 각각의 층으로 분리하여 작업할 수 있도록 하는 기능입니다.

Step 01

Layer의 이해

도면층(Layer)은 복잡한 도면에서 도면 요소들을 효율적으로 관리할 때 매우 유용한 기능이므로 작업 방법에 대해 알아보겠습니다.

1 효율적인 도면 관리

도면을 구성하는 선을 종류별, 색상별, 목적별로 각각의 도면층으로 구분할 수 있어 관리하기 편리합니다.

2 출력 시 선의 제어

작업한 도면 데이터는 최종적으로 용지에 출력합니다. 이때 선의 두께를 도면층별로 설정하여 출력할 수 있습니다. 실무에서는 도면 작성 시 각각의 선 두께를 설정하기보다는 도면의 구성요소를 도면층으로 분류한 후, 출력 시 선의 두께를 조절하는 방법을 많이 사용합니다. 도면층에 색상을 적용하여 동일한 도면 요소들의 선 두께를 맞춰 출력할 수도 있습니다.

3 작업 효율의 극대화

도면 작업 시 동일한 도면 요소들을 구분하여 설정 값을 일괄적으로 적용할 수 있으며 필요한 도면층만 표시하거나 숨길 수 있어 복잡한 도면에서 작업의 능률을 높일 수 있습니다.

잠깐만요

도면층의 구분 방식

- 선의 종류별 : 기계 분야에서 주로 사용
- 선의 색상별 : 토목 분야에서 주로 사용
- 선의 용도별 : 건축(인테리어) 분야에서 주로 사용

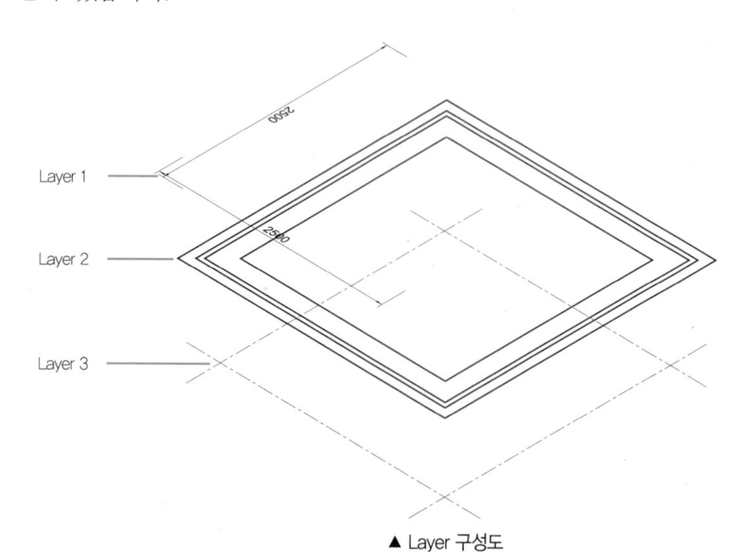

▲ Layer 구성도

입력 형식

Command : layer ([Layer Properties Manager] 대화상자가 표시됩니다.)

Layer 설정별 특징

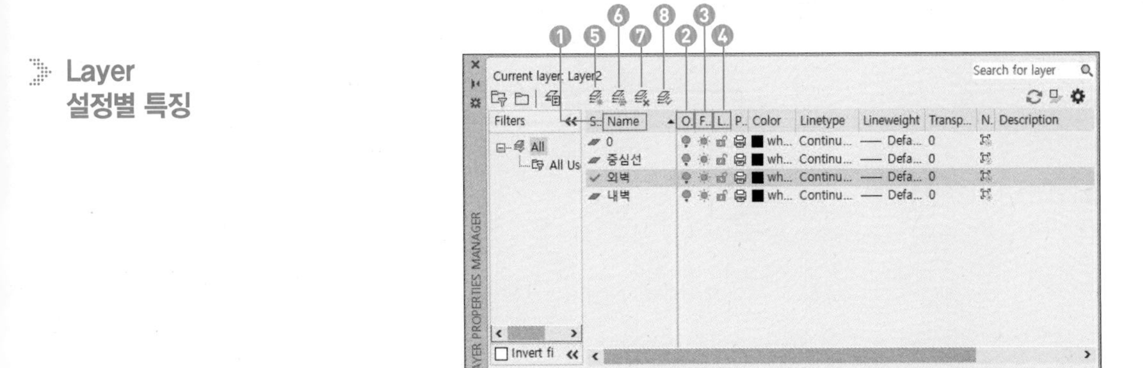

❶ **Name** : 도면층 이름으로 31자까지 포함할 수 있습니다.

❷ **ON/OFF** : 도면층을 보이거나 숨기고 도면층의 화면 표시를 조정합니다.

❸ **Freeze** : 화면이 분할된 경우 선택한 도면층을 모든 화면에서 동결합니다. 시각적으로는 On/Off와 같지만 개념적으로는 큰 차이가 있습니다. On/Off를 조정하면 메모리에 남아 있어 화면에서만 보이지 않습니다. Freeze/Thaw를 조정하면 메모리에서 해당 도면층이 없어지므로 내부 처리 속도가 빨라집니다.

❹ **Lock** : 선택한 도면층을 잠급니다. 잠겨진 도면층에서는 객체를 작성할 수 있지만 수정할 수 없습니다.

❺ **New Layer** : 새 도면층을 작성합니다.

❻ **New Layer VP Frozen in All Viewports** : 새 도면층을 작성하고 기존의 전체 배치 뷰포트를 동결합니다.

❼ **Delete Layer** : 선택한 도면층을 삭제합니다. 해당 도면층에 객체가 존재하지 않을 때만 삭제됩니다.

❽ **Set Current** : 선택한 도면층을 현재 도면층으로 설정합니다.

Step 02

Layer 예제 따라하기

작업 영역	Limits 0,0 ~ 6000,4500

중심선을 작성하고 Offset 명령을 이용해 벽체를 작성합니다. 여기서는 도면층을 추가하여 필요한 도면층으로 변경합니다.

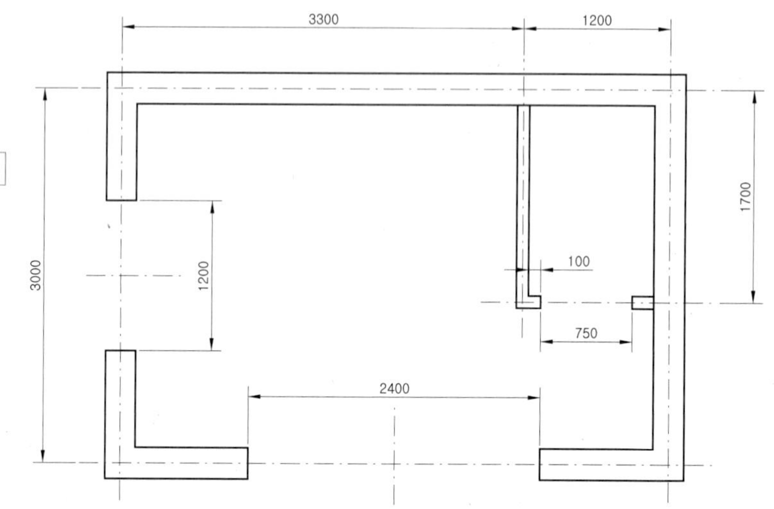

도면층 명칭	Color	Linetype
중심선	Red	Center
외벽	Yellow	Continuous
내벽	Cyon	Continuous

그리는 방법

1 명령문에 Layer 명령어를 실행합니다. [Layer Properties Manager] 대화상자가 표시되면 그림과 같이 도면층을 추가하고 중심선 Layer를 현재 도면층으로 설정합니다.

```
Command : layer
```

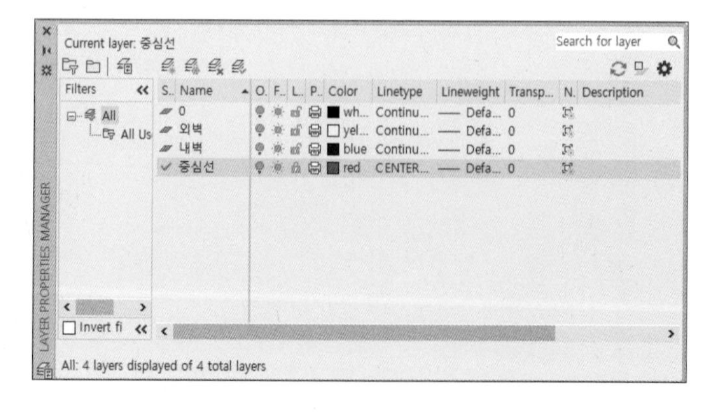

2 도면 치수와 같이 Line과 Offset을 이용하여 중심선을 작성합니다.

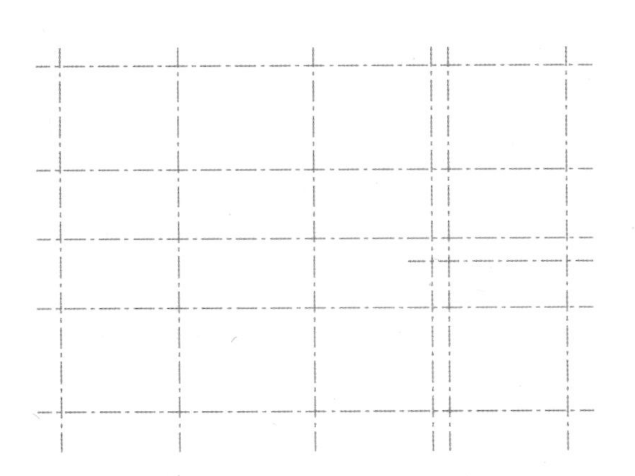

3 Offset을 사용하여 벽의 두께를 '200mm'만큼씩 간격 띄우기를 적용합니다.

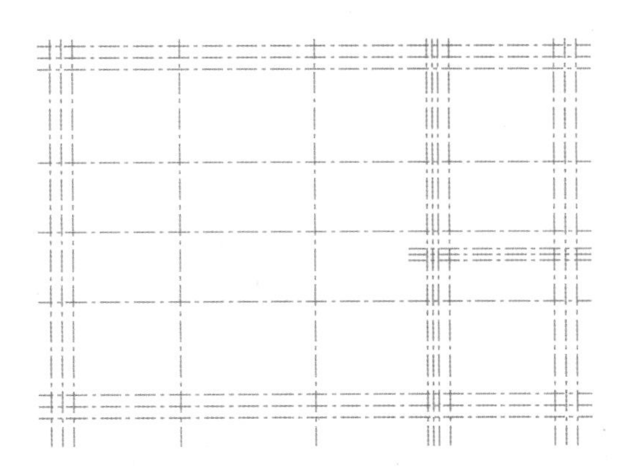

4 선의 유형을 빠르게 변경하기 위해 [Layer Properties Manager] 툴바의 기능을 사용합니다. 외벽으로 그려진 객체를 선택한 후 [Layer Control]에서 '외벽' 레이어를 선택합니다. '중심' 레이어로 작성된 벽체들이 실선으로 변경된 것을 확인할 수 있습니다.

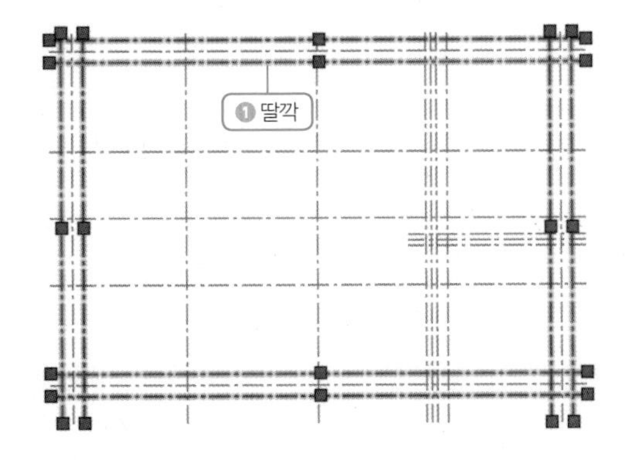

5 도면을 작성하기 전, 특성에 맞는 레이어를 현재 도면층으로 설정하여 도면을 작성할 수 있습니다. 수정 명령(Trim/Fillet)을 이용하여 정리하고 현재의 도면층을 변경하기 위해 객체가 선택되지 않은 상태에서 [Layer Properties Manager] 툴바를 이용해 '내벽' 레이어로 변경합니다. 치수에 맞게 내벽을 그린 후 작업을 완료합니다.

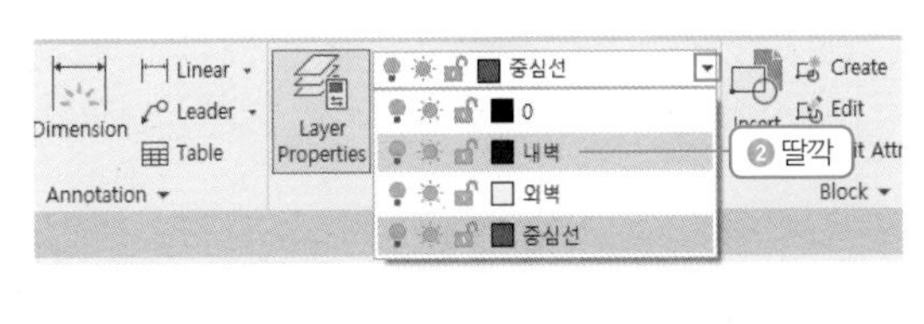

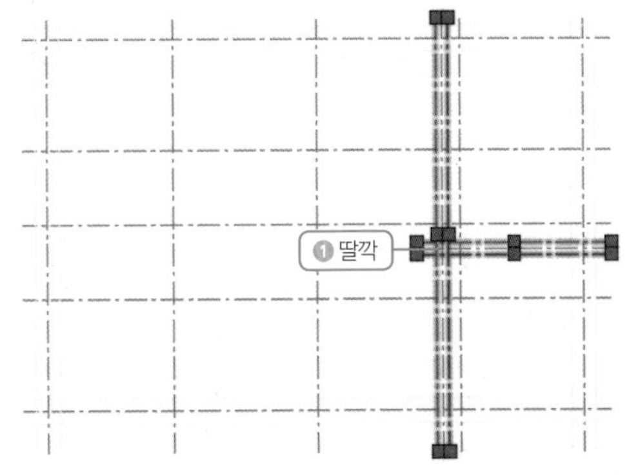

Layer 연습 문제 | Line, Circle, Layer

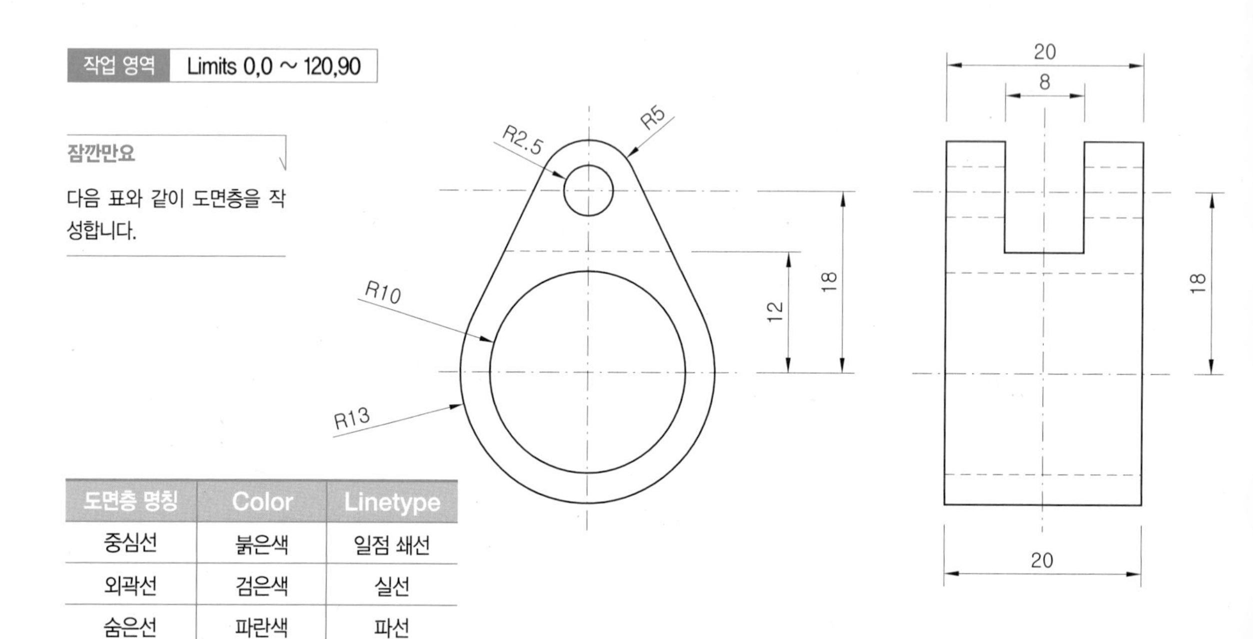

작업 영역	Limits 0,0 ~ 120,90

잠깐만요

다음 표와 같이 도면층을 작성합니다.

도면층 명칭	Color	Linetype
중심선	붉은색	일점 쇄선
외곽선	검은색	실선
숨은선	파란색	파선

작업 영역	Limits 0,0 ~ 240,180

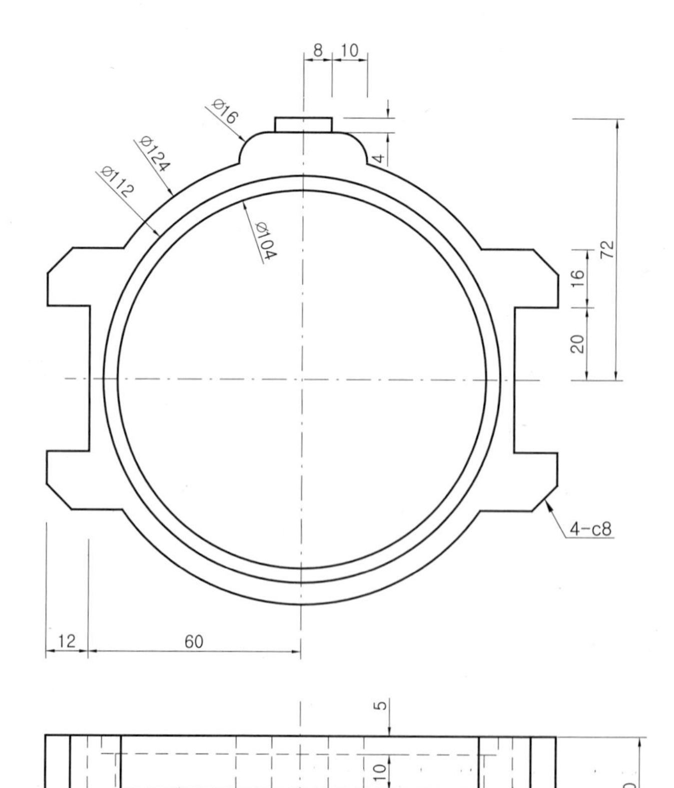

도면층 명칭	Color	Linetype
중심선	붉은색	일점 쇄선
외곽선	검은색	실선
숨은선	파란색	파선

Layer 연습 문제 | Line, Circle, Layer

작업 영역	Limits 0,0 ~ 120,90

잠깐만요

'□'는 정사각형을 나타내는 도면 기호입니다.

도면층 명칭	Color	Linetype
중심선	붉은색	일점 쇄선
외곽선	검은색	실선
숨은선	파란색	파선

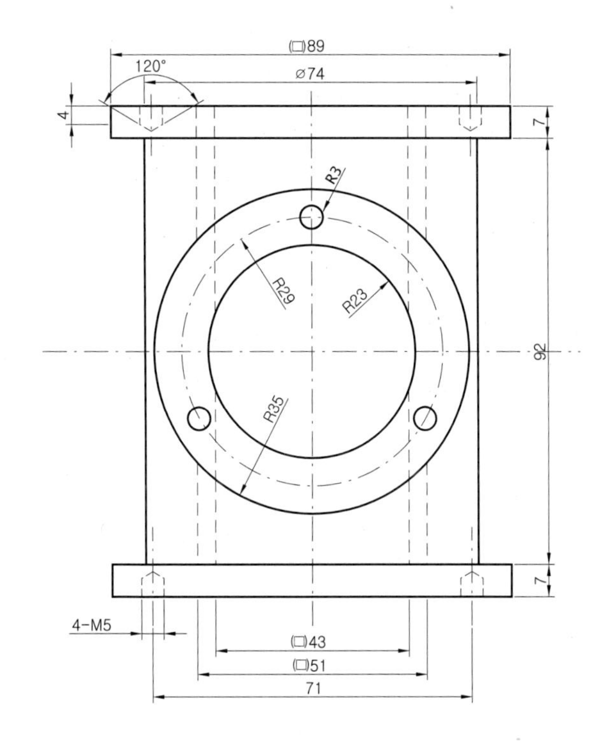

작업 영역	Limits 0,0 ~ 240,180

잠깐만요

2-M6에서 M은 6mm의 미터 나사를 표시하며 2는 개수를 표시합니다.

도면층 명칭	Color	Linetype
중심선	붉은색	일점 쇄선
외곽선	검은색	실선
숨은선	파란색	파선

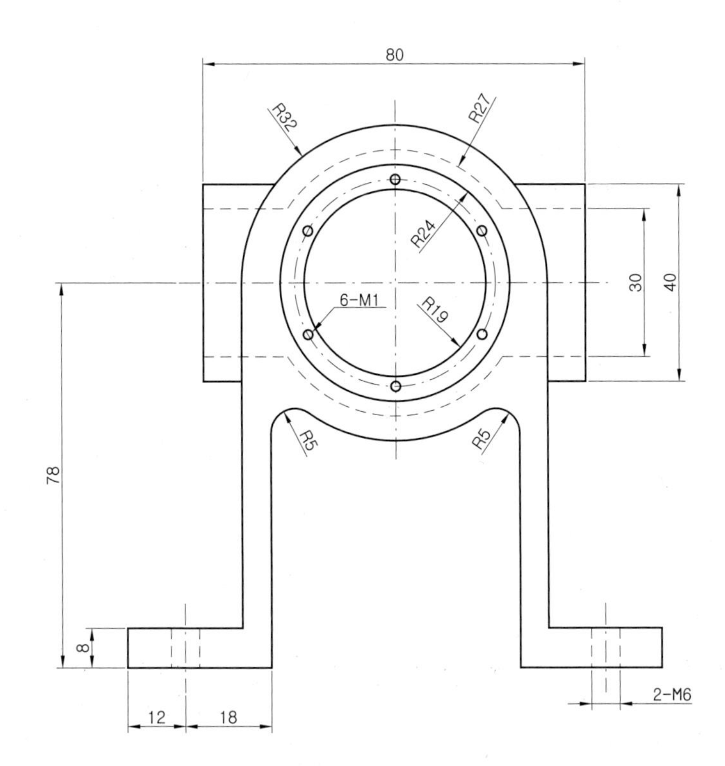

Section 03

객체 특성 수정하기 - Change

효율적인 도면 작성을 위해서는 객체들의 특성을 변경해야 하는 경우가 많습니다. 이러한 기능을 수행하는 Change 명령을 이용하여 도면층과 선의 종류 등을 변경하는 방법에 대해 알아봅니다.

Step 01

Change의 이해

Change는 선택한 객체의 특성을 변경합니다. 변경 가능한 특성의 범주는 선의 종류, 도면층, 선의 가중치, 3D 돌출 높이 값, 고도 위치 값 등이 포함됩니다.

입력 형식

잠깐만요

명령문에 명령어를 입력하지 않은 상태에서 더블클릭하면 [Properties] 대화상자가 표시됩니다. 여기에서 Linetype과 도면층, Ltscale을 수정할 수 있습니다.

```
Command : change
Select objects : (특성을 변경할 객체를 선택합니다.)
Select objects : (Spacebar를 눌러 다음 메뉴를 진행합니다.)
Specify change point or [Properties] : p (변경 점 선택 또는 특성 옵션을 선택합니다.)
Enter property to change [Color/Elev/LAyer/LType/ltScale/LWeight/Thickness/Material/Annotative] : (객체의 특성 중 변경할 옵션을 선택합니다.)
```

Change 설정별 특징

- **Specify change point** : 객체의 끝점으로 위치를 이동하여 길이와 크기를 변경합니다.
- **Properties** : 특성 옵션을 설정합니다.
- **Color** : 선택한 객체의 색상을 변경합니다.
- **Elev** : 선택한 객체의 Z축 방향 고도를 변경합니다.
- **LAyer** : 선택한 객체의 도면층을 변경합니다.
- **LType** : 선택한 객체의 선 종류를 변경합니다.
- **ltScale** : 선택한 객체의 선 축척을 변경합니다.
- **LWeight** : 선택한 객체의 선 두께를 변경합니다.
- **Thickness** : 선택한 객체의 3D 두께를 조정합니다.
- **Material** : 선택한 객체의 재질을 변경합니다.
- **Annotative** : 선택한 주석을 변경합니다.

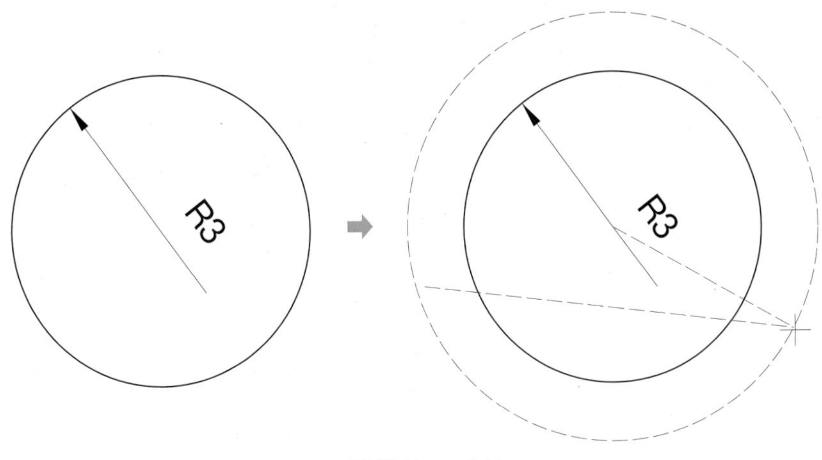

▲ 객체의 Change Point

네모기획사 ➡ 네모기획사

▲ 문자의 Change Point

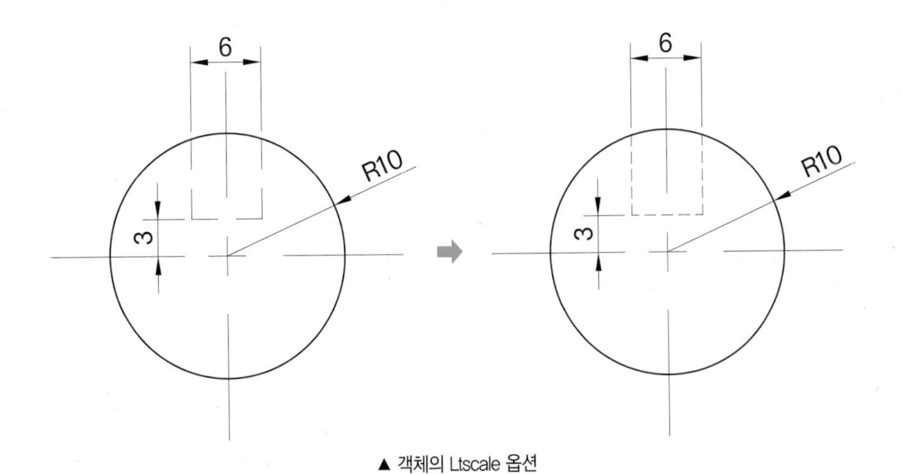

▲ 객체의 Ltscale 옵션

Step 02

Change 예제 따라하기

작업 영역	Limits 0,0 ~ 240,180

중심선에 Offset 명령을 적용하면 선의 종류가 중심선과 같습니다. 외형선에 해당해야 하는 객체들을 선택하여 변경합니다.

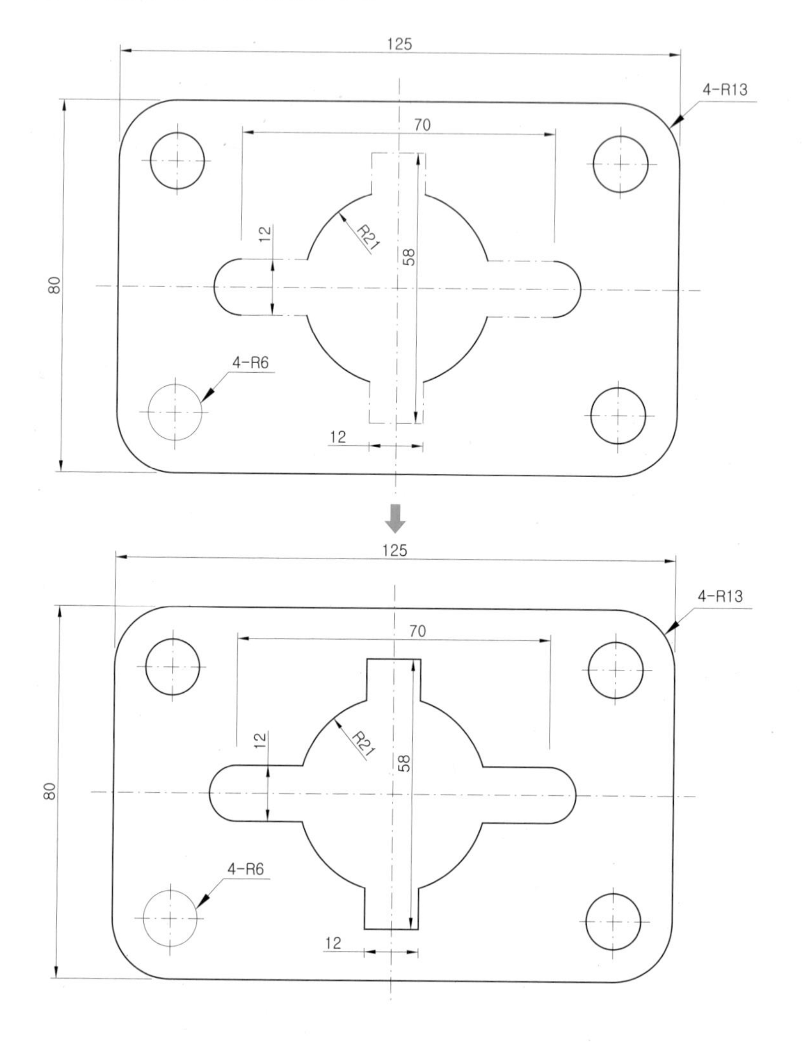

그리는 방법

Command : change
Select objects : 3 found, 12 total (중심선으로 작성된 객체 12개를 선택합니다.)
Select objects : (Spacebar를 눌러 다음 메뉴를 진행합니다.)
Specify change point or [Properties] : p (속성 메뉴를 선택합니다.)
Enter property to change [Color/Elev/LAyer/LType/ltScale/LWeight/Thickness/Material/Annotative] : lt (속성 중 Ltype을 선택합니다.)
Enter new linetype name <varies> : bylayer (객체가 포함된 레이어가 속성을 따라가도록 변경합니다.)
Enter property to change [Color/Elev/LAyer/LType/ltScale/LWeight/Thickness/Material/Annotative] : (Spacebar를 눌러 명령을 종료합니다.)

Change 연습 문제 | Layer, Change, Offset, Fillet

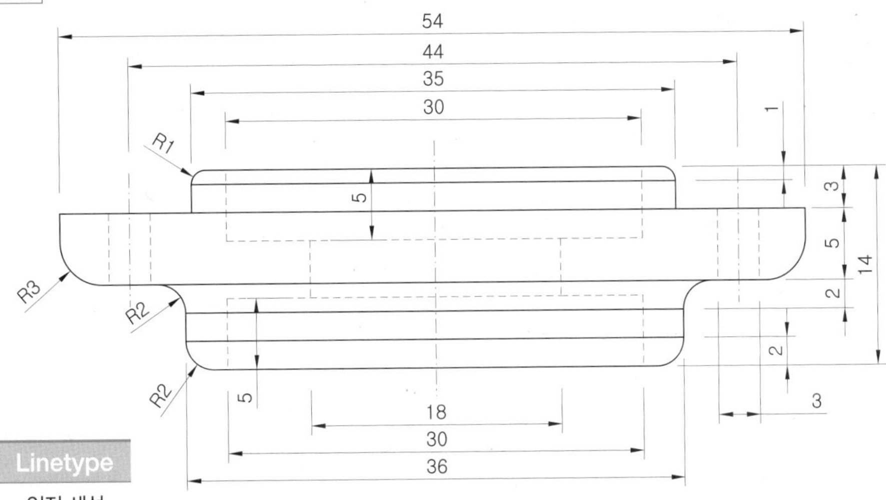

도면층 명칭	Color	Linetype
중심선	붉은색	일점 쇄선
외곽선	검은색	실선
숨은선	파란색	파선

작업 영역 | Limits 0,0 ~ 120,90

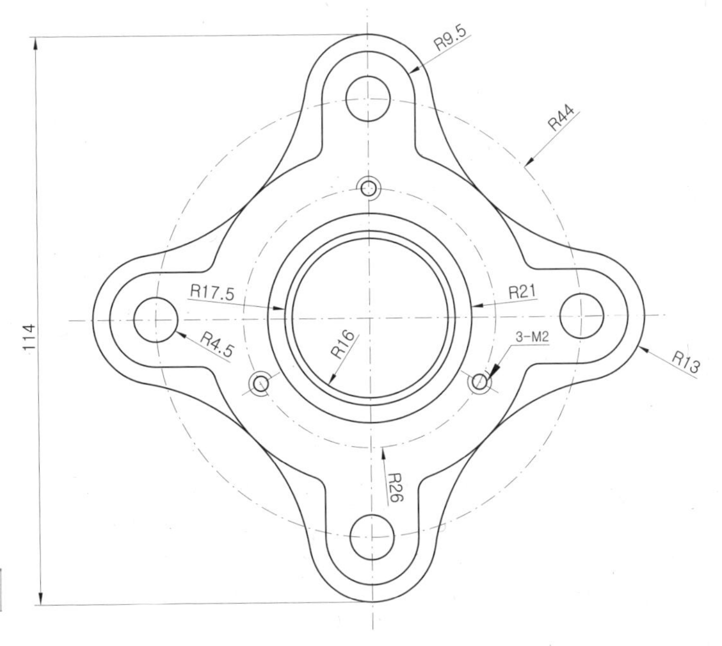

도면층 명칭	Color	Linetype
중심선	붉은색	일점 쇄선
외곽선	검은색	실선

Change 연습 문제 | Line, Circle, Fillet, Layer, Change

작업 영역	Limits 0,0 ~ 240,180

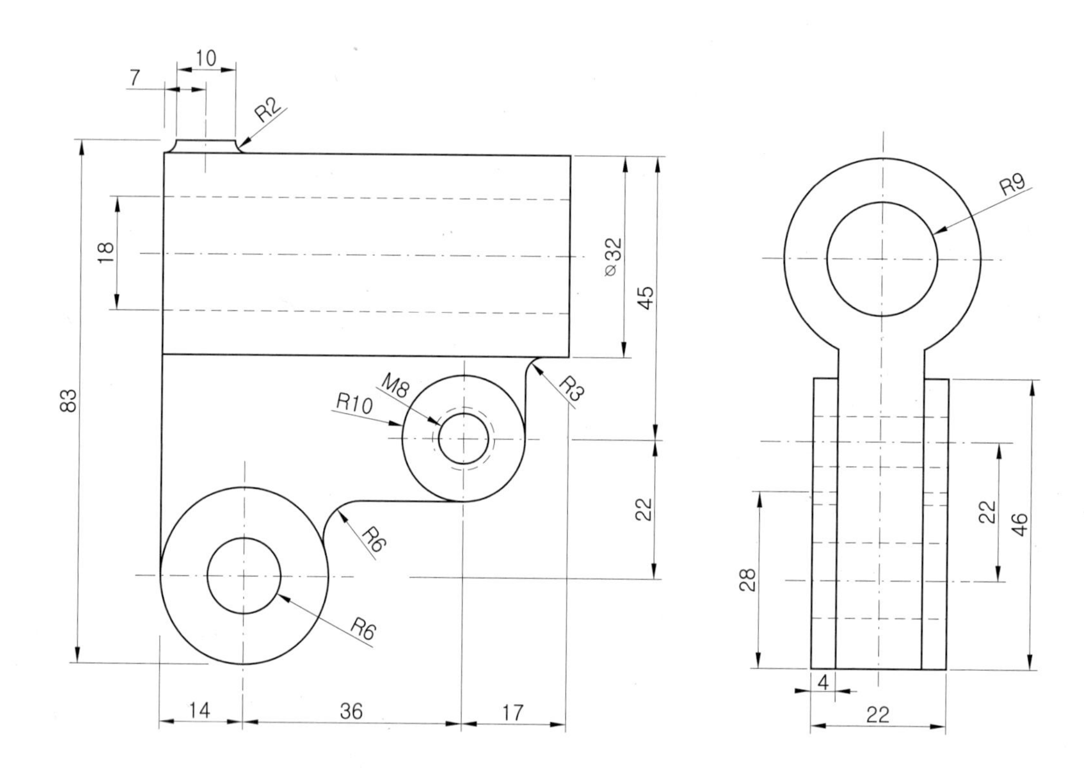

도면층 명칭	Color	Linetype
중심선	붉은색	일점 쇄선
외곽선	검은색	실선
숨은선	파란색	파선

Change 연습 문제 | Line, Offset, Layer, Change

작업 영역	Limits 0,0 ~ 240,180

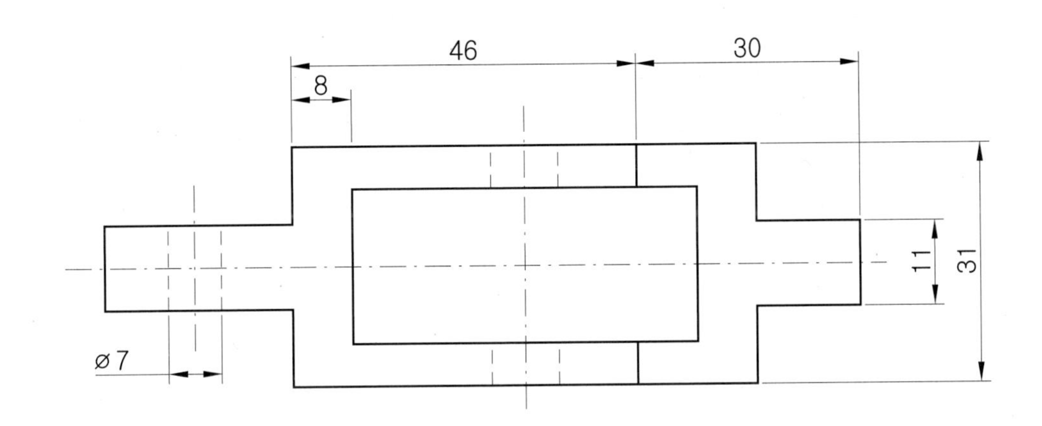

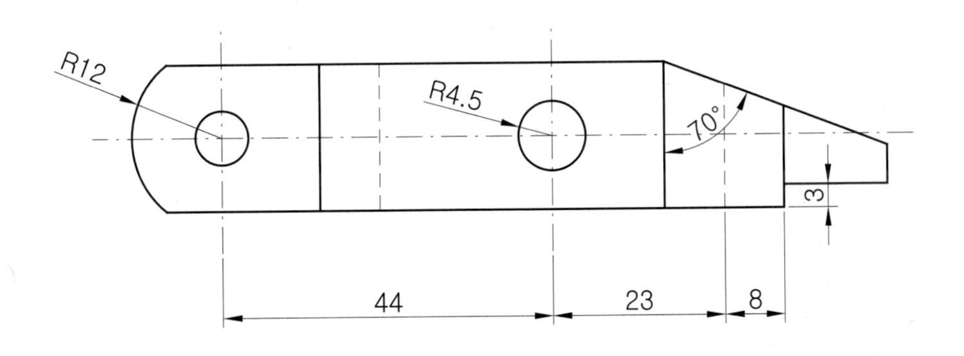

도면층 명칭	Color	Linetype
중심선	붉은색	일점 쇄선
외곽선	검은색	실선
숨은선	파란색	파선

Section
04 다중선 그리기 - Mline, Mlstyle, Mledit

동시에 여러 개의 선을 그릴 수 있는 Mline 명령은 건축 및 인테리어분야에서 설계도면 작성 시 활용도가 매우 높습니다. 또한 건축 내부 평면도에서 일정한 크기로 이루어진 벽체 부분을 작성할 때 Mlstyle, Mledit와 더불어 효율적으로 사용할 수 있습니다.

Step 01

Mline의 이해

Mline은 2개 이상의 선분을 동시에 작성할 때 사용하는 명령어입니다. 기본적으로 2개의 선으로 이루어진 벽체 선이 작성되며 Mlstyle 명령어를 이용하면 다양한 종류의 벽체를 작성할 수 있습니다.

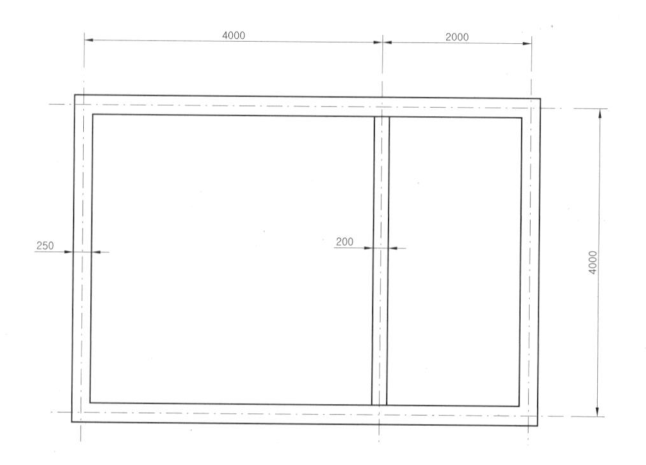

입력 형식

```
Command : mline
Current settings : Justification = Top, Scale = 20.00, Style = STANDARD (Mline 명령의 현재 설정 값을 표시합니다.)
Specify start point or[Justification/Scale/STyle] : (Mline의 시작점 또는 옵션을 선택합니다.)
Enter justification type [Top/Zero/Bottom] <top> : (Mline 작성 시 정렬 방식을 설정합니다.)
Specify next point : (Mline의 시작점을 선택합니다.)
Specify next point or [Undo] : (Mline의 다음 점을 선택합니다.)
```

Mline 설정별 특징

- **Justification** : 다중선 작성 시 정렬 방식을 설정합니다.
- **Scale** : 다중선의 폭을 조정합니다.
- **STyle** : 다중선의 스타일을 적용합니다.
- **Top** : 맨 위쪽을 기준으로 다중선을 작성합니다.
- **Zero** : 가운데를 기준으로 다중선을 작성합니다.
- **Bottom** : 맨 아래쪽을 기준으로 다중선을 작성합니다.

Step 02

Mline 예제 따라하기

작업 영역	Limits 0,0 ~ 4800,3600

잠깐만요

벽체 개구부 위치는 공간의 중간 지점에서 창문을 작성합니다.
실내문의 위치는 벽체로부터 100mm만큼 이동시켜서 문의 시작점을 작성합니다.

Mline에서 Justification은 'Zero', Scale은 '250'으로 설정한 후 다음의 예제를 따라 합니다. Mline으로 작성한 다중선은 분해 후 수정 명령이 적용됩니다.

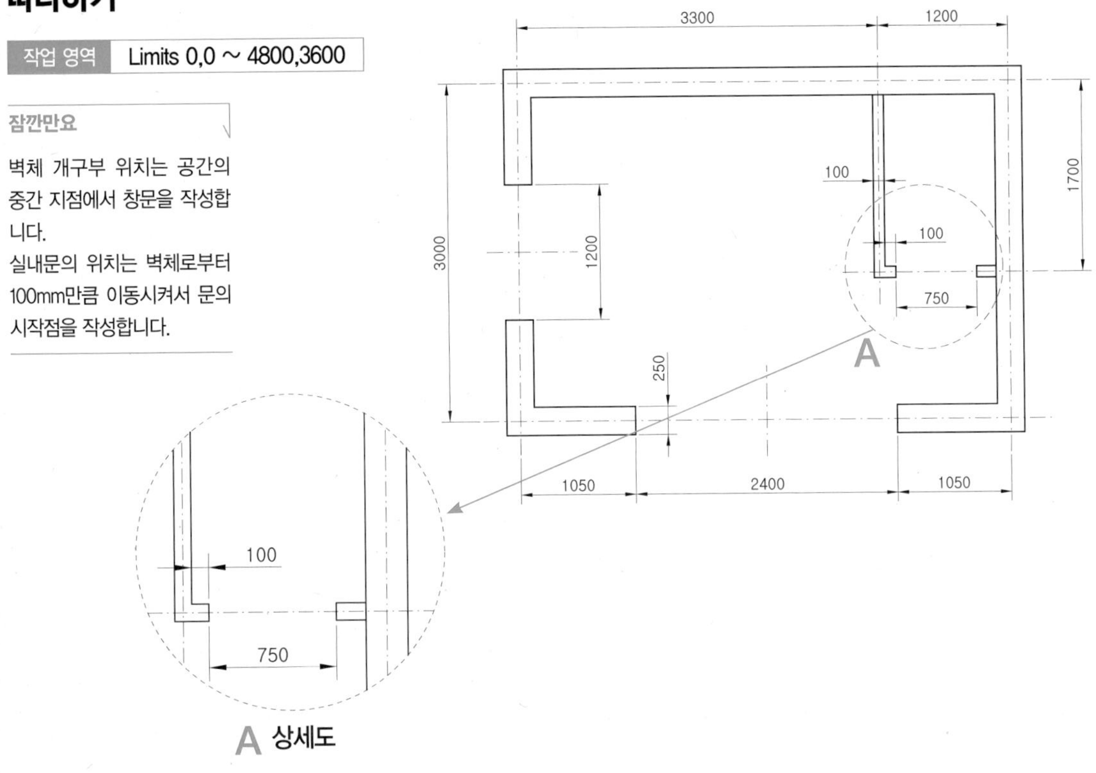

그리는 방법

1 실내 도면에서 벽체의 기준이 될 중심선을 그림과 같이 작성합니다.

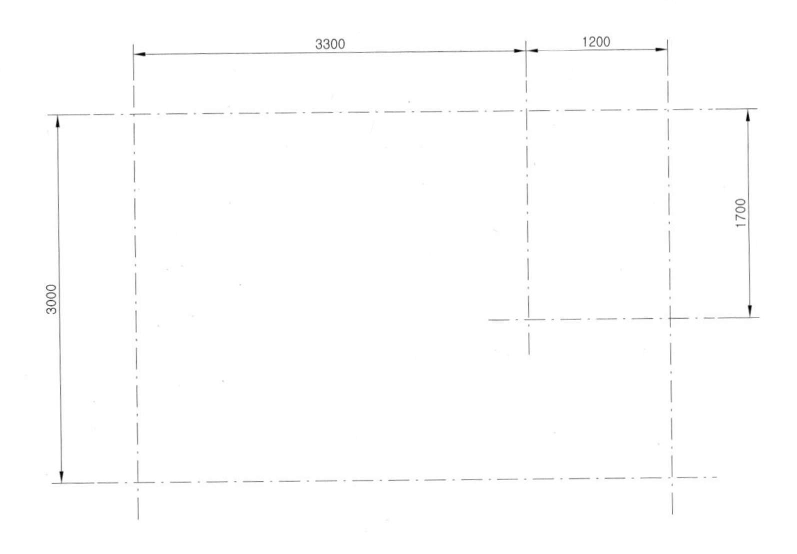

2 중심선이 작성되면 다중선을 작성하는 명령인 Mline을 이용하여 그림과 같이 외벽을 그립니다.

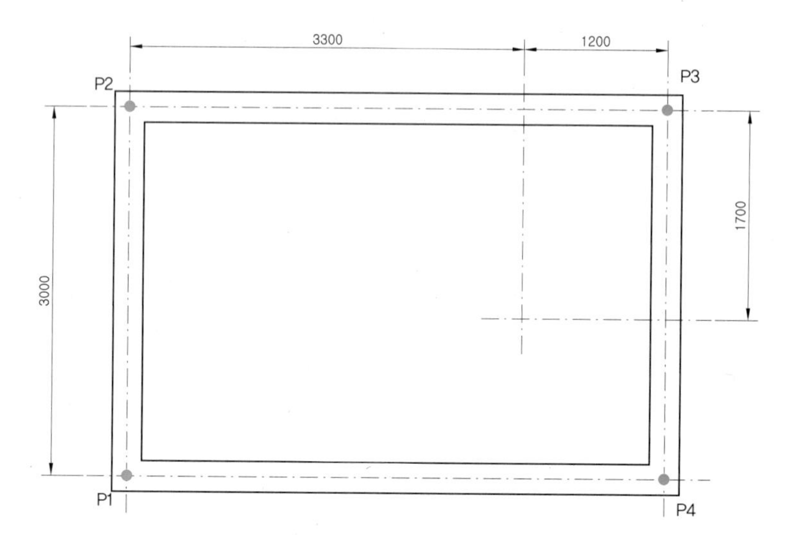


```
Command : mline
Current settings : Justification = Top, Scale = 1, Style =
STANDARD
Specify start point or [Justification/Scale/STyle] : j (Mline의 정렬 옵션을 선택합니다.)
Enter justification type [Top/Zero/Bottom] <top> : z (Mline의 정렬점을 중간점으로 설정합니다.)
Current settings: Justification = Zero, Scale = 1, Style =
STANDARD
Specify start point or [Justification/Scale/STyle] : s (Scale 옵션을 선택합니다.)
Enter mline scale <20.00> : 250 (다중선 간의 간격 거리 값을 설정합니다.)
Current settings : Justification = Zero, Scale = 250.00, Style
= STANDARD
Specify start point or [Justification/Scale/STyle] : (P1 점을 선택합니다.)
Specify next point : (P2 점을 선택합니다.)
Specify next point or [Undo] : (P3 점을 선택합니다.)
Specify next point or [Close/Undo] : (P4 점을 선택합니다.)
Specify next point or [Close/Undo] : c (닫기 옵션을 선택합니다.)
```

3 Mline을 이용하여 그림과 같이 내벽을 그립니다.

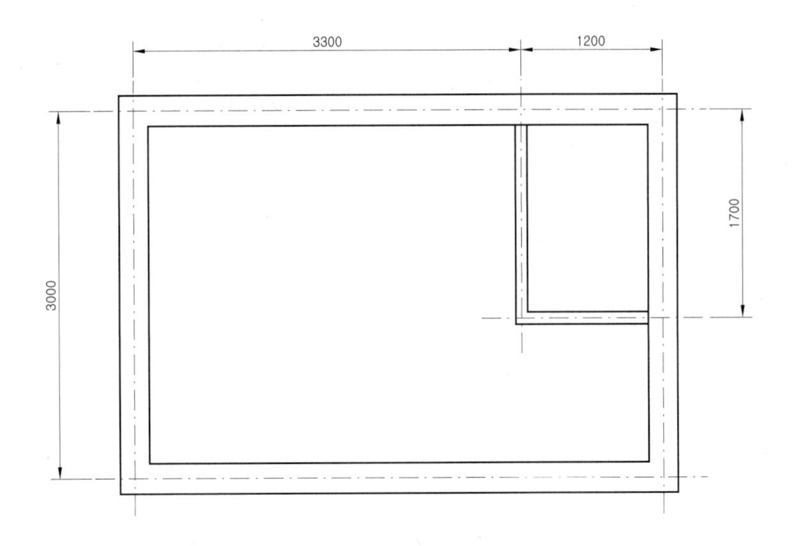

4 창문 및 문이 들어가는 위치를 그리기 위해 다중선 벽체를 편집합니다. Mline은 폴리선의 특징을 가지고 있기 때문에 수정하기 위해서는 Explode 명령어를 사용하여 선을 분리해야 합니다.

잠깐만요

Explode 명령은 단일화된 폴리 객체를 각각의 선으로 분리합니다.

```
Command : explode
Select objects : 1 found (외벽을 선택합니다.)
```

5 Offset과 Trim 명령어를 이용하여 그림과 같이 수정합니다.

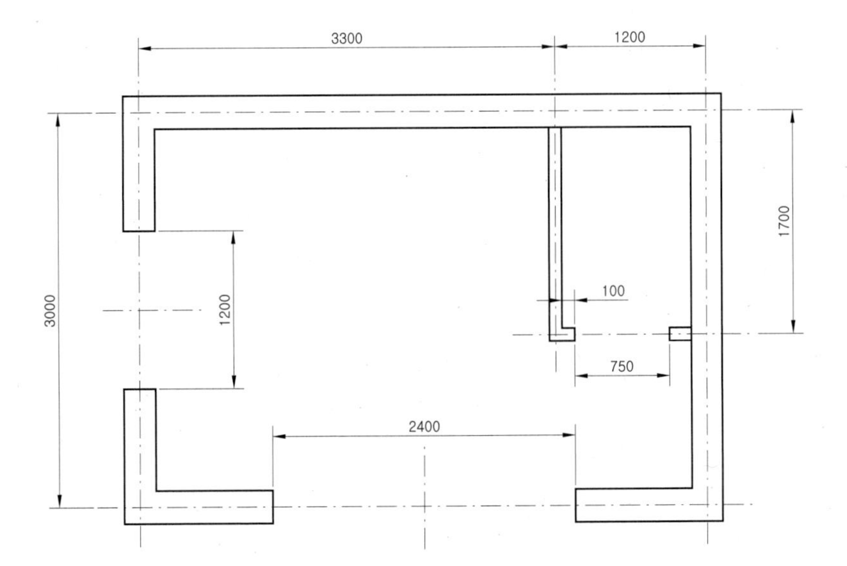

Step 03

Mlstyle의 이해 – 다중선 유형

Mlstyle이란 다중선의 유형을 정의하는 명령입니다. 생성되는 선의 개수 및 선 간의 이격거리 값을 설정하고 선의 마무리 형태를 정의합니다.

입력 형식

```
Command : mlstyle ([Multiline Style] 대화상자가 표시됩니다.)
```

[Multiline Style] 설정 대화상자

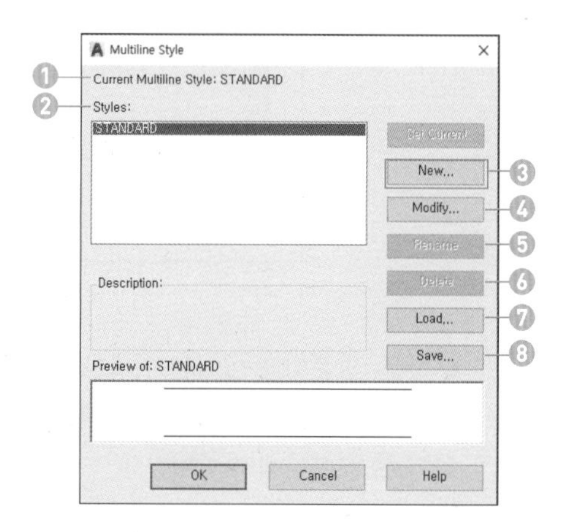

❶ **Current Multiline Style** : 사용 중인 다중선 스타일을 표시합니다.

❷ **Styles** : 만들어진 다중선 형태의 목록을 표시합니다.

❸ **New** : 새로운 다중선 스타일을 만듭니다. 새로운 다중선 스타일의 이름을 입력한 후 〈Continue〉 버튼을 누릅니다.

❶ 입력

Create New Multiline Style

New Style Name:

Start With: STANDARD

Continue Cancel Help

❷ 딸깍

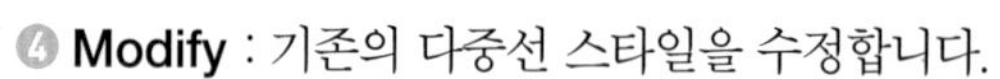

❹ **Modify** : 기존의 다중선 스타일을 수정합니다.

❺ **Rename** : 다중선 스타일의 이름을 변경합니다.

❻ **Delete** : 불필요한 다중선 스타일을 삭제합니다.

❼ **Load** : 라이브러리 파일에서 다중선 스타일을 불러옵니다.

❽ **Save** : 다중선 스타일을 정의한 후 저장하여 사용합니다.

[New Multiline Style] 설정 대화상자

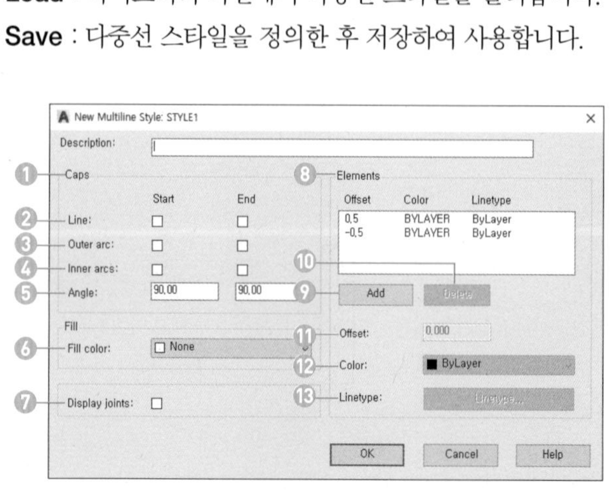

❶ **Caps** : 다중선의 시작과 끝부분의 마감처리를 설정합니다.

❷ **Line** : 다중선의 시작과 끝부분을 선으로 마감합니다.

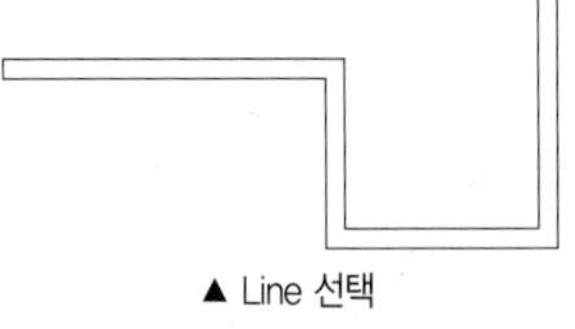

▲ Line 선택

❸ **Outer arc** : 다중선의 시작과 끝부분을 호로 마감합니다.

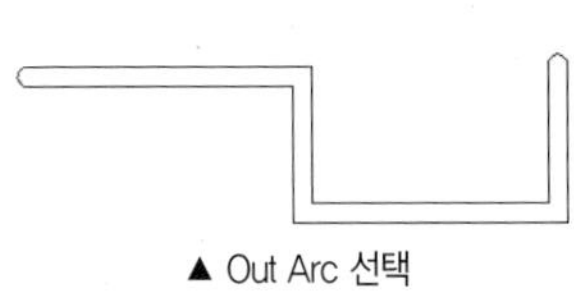

▲ Out Arc 선택

❹ **Inner arcs** : 다중선이 벽체선인 경우 효과를 살펴볼 수 있도록 시작과 끝부분을 호로 마감합니다.

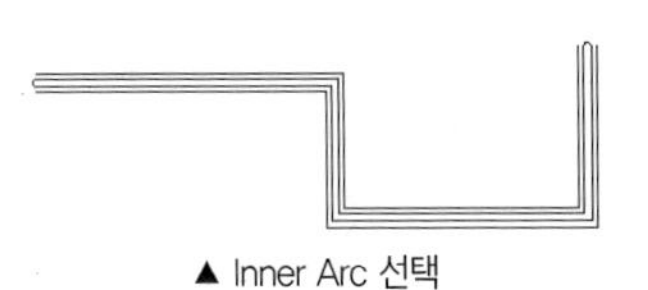

▲ Inner Arc 선택

❺ **Angle** : 다중선의 시작과 끝부분의 각도를 조정합니다.

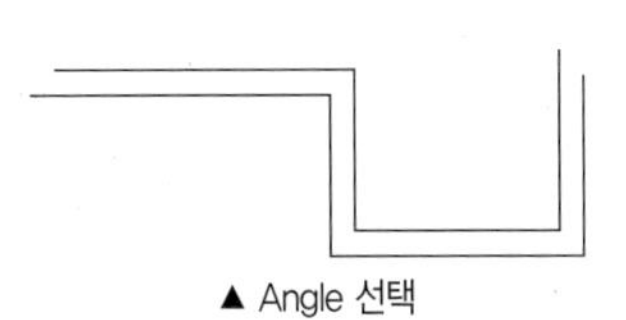

▲ Angle 선택

❻ **Fill color** : 다중선의 내부를 지정한 색상으로 채웁니다.

▲ Fill Color 선택

❼ **Display joints** : 선이 꺾이는 부분의 처리를 조정하며 체크 표시하면 선이 표시됩니다.

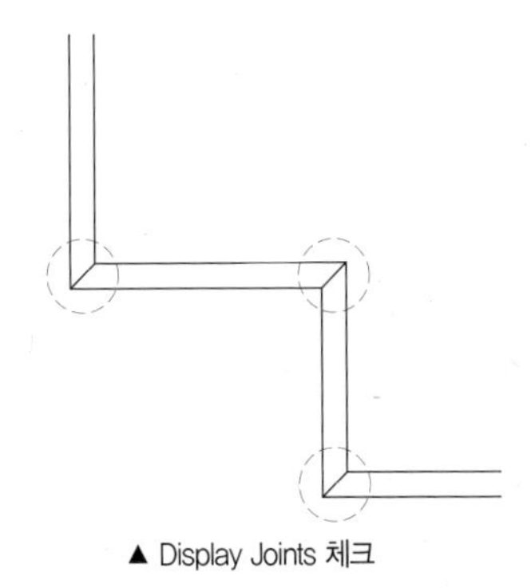

▲ Display Joints 체크

❽ **Elements** : 선의 두께, 종류, 색상 등을 조정합니다.

❾ **Add** : 다중선을 추가합니다.

❿ **Delete** : 선택한 선을 지웁니다.

⓫ **Offset** : 여러 줄 스타일에서 선 요소 간의 간격 띄우기를 지정합니다.

⓬ **Color** : 선 색상을 표시합니다.

⓭ **Linetype** : 선 종류를 표시합니다.

Step 04

Mlstyle 예제 따라하기

1.5B 공간벽의 평면에 대한 표현으로 Mlstyle을 설정해 외벽을 작성합니다. 이때 Mlstyle 값을 똑같이 설정해도 Mline 작성 시 시계 방향으로 작성하느냐 반시계 방향으로 작성하느냐에 따라 벽체의 형태가 달라질 수 있습니다.

작업 영역	Limits 0,0 ~ 3600,2700

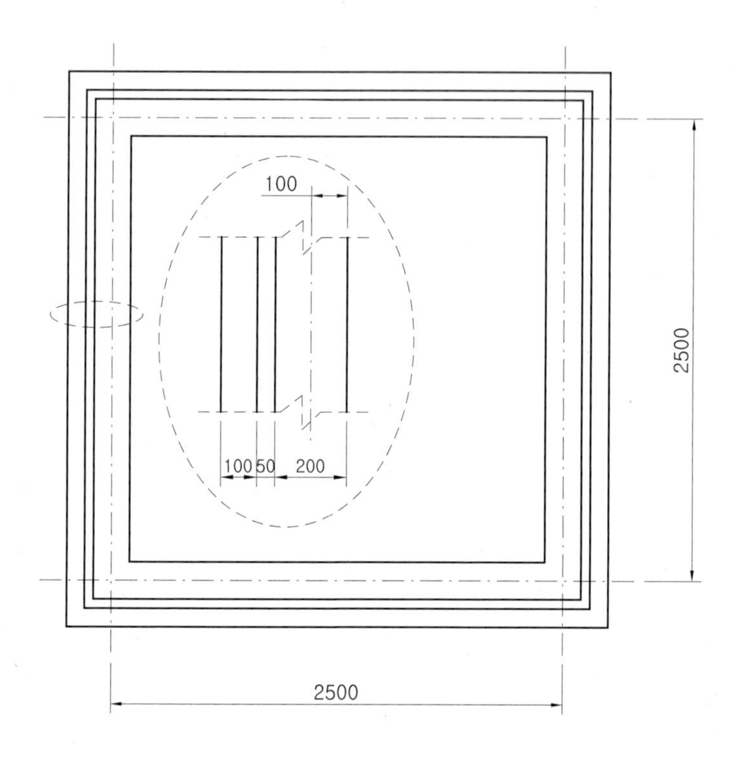

그리는 방법

1 명령문에 Mlstyle 명령어를 입력하여 실행하면 [Multiline Style] 대화상자가 표시됩니다. 새로운 다중선을 만들기 위해 〈New〉 버튼을 누릅니다.

```
Command : mlstyle
```

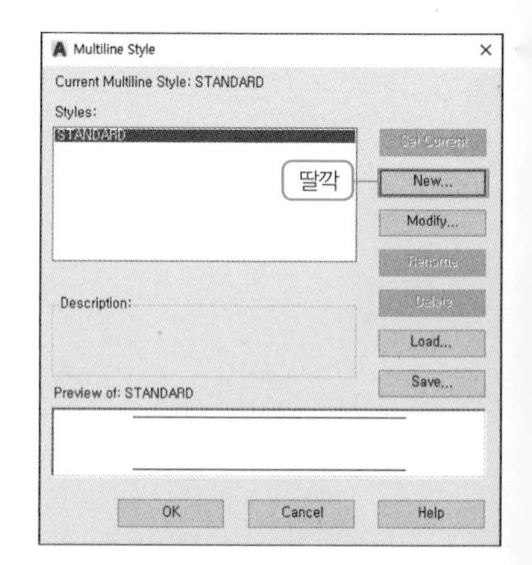

2 [Create New Multiline Style] 대화상자가 표시되면 New Style Name 항목에 벽체의 이름을 입력하고 〈Continue〉 버튼을 누릅니다.

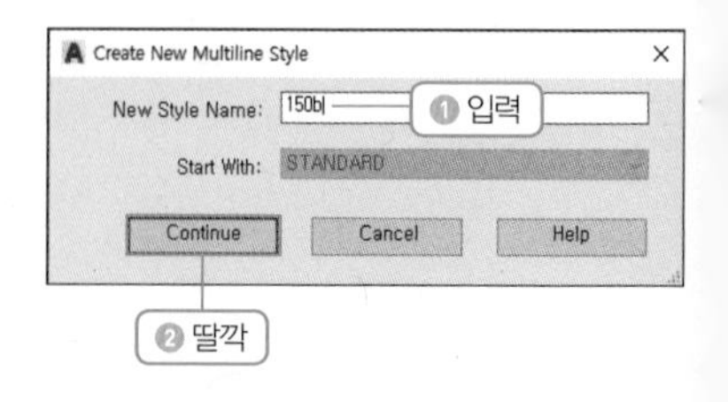

3 [Modify Multiline Style] 대화상자가 표시되면 그림과 같이 값을 입력합니다. 이때 항상 0을 기준으로 선이 작성된다는 점을 주의해야 합니다.

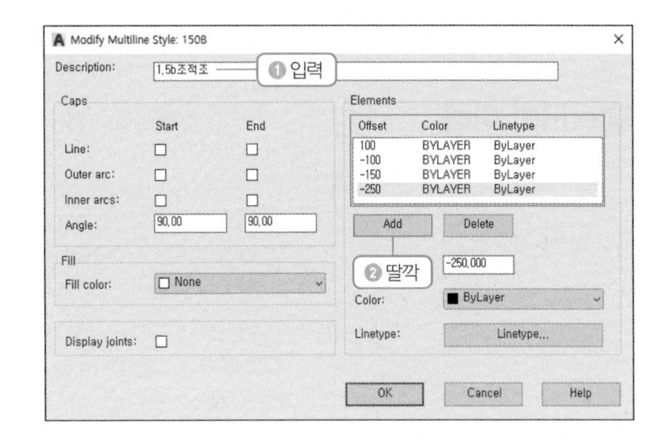

4 Line과 Offset 명령어를 이용하여 벽체의 중심선을 작성합니다.

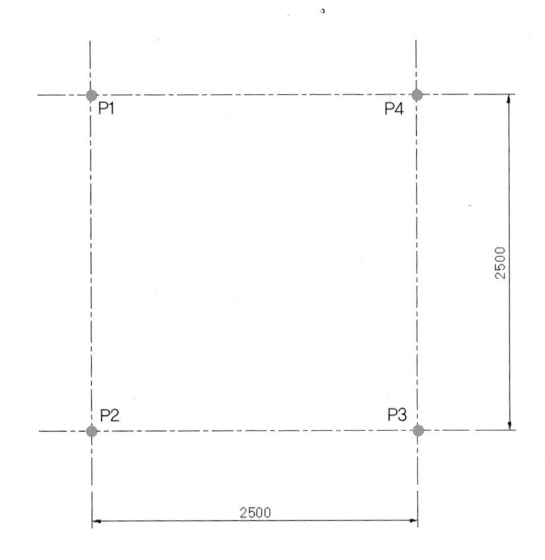

5 Mline 명령을 실행한 후, P1 점 → P2 점 → P3 점 → P4 점을 차례대로 선택하여 도면을 완성합니다.

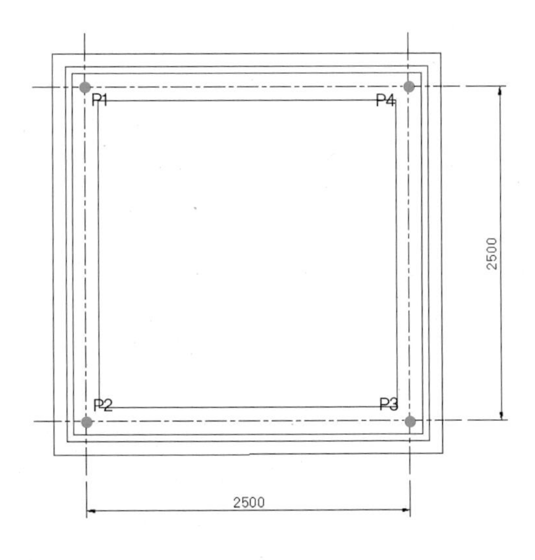

잠깐만요

다중선을 그리기 전 Mline 옵션에서 Justification=Zero, Scale=1로 설정합니다.

Step 05

Mledit의 이해

Mledit란 도면으로 작성된 Mline을 수정하는 명령어입니다. Mline으로 작성한 선은 AutoCAD 2004 버전 이하에서는 Trim 명령을 적용할 수 없습니다. 이때 Mline으로 작성한 선은 Explode 명령어를 이용하여 수정합니다.

입력 형식

Command : mledit (사용자가 원하는 형태의 선을 선택한 후 캐드 화면으로 자동 전환되면 수정할 Mline을 선택합니다.)
Select first mline : (첫 번째 수정할 Mline을 선택합니다.)
Select second mline : (두 번째 수정할 Mline을 선택합니다.)
Select first mline or [Undo] : (추가 수정할 객체를 선택하거나 Spacebar를 눌러 명령을 종료합니다.)

[Multilines Edit Tools] 설정 대화상자

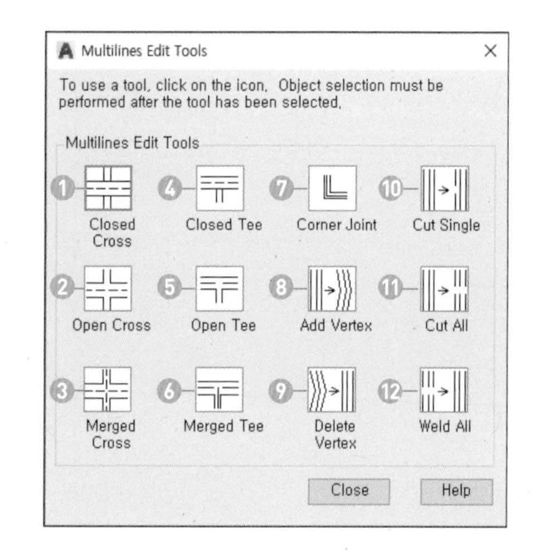

❶ **Closed Cross** : 두 개의 다중선 사이에 닫힌 십자형 교차를 작성합니다.
❷ **Open Cross** : 두 개의 다중선 사이에 열린 결자형 교차를 작성합니다.
❸ **Merged Cross** : 두 개의 다중선 사이에 결합형 교차를 작성합니다 .
❹ **Closed Tee** : 두 개의 다중선 사이에 닫힌 T자형 교차를 작성합니다.
❺ **Open Tee** : 두 개의 다중선 사이에 열린 T자형 교차를 작성합니다.
❻ **Merged Tee** : 두 개의 다중선 사이에 결합된 T자형 교차를 작성합니다.
❼ **Corner Joint** : 두 개의 다중선 사이에 구석 접합을 작성합니다.
❽ **Add Vertex** : 다중선에 정점을 추가합니다.
❾ **Delete Vertex** : 다중선의 정점을 삭제합니다.
❿ **Cut Single** : 다중선에서 선택한 선분에 대한 구간을 끊습니다.
⓫ **Cut All** : 선택한 다중선의 전체 구간을 삭제합니다.
⓬ **Weld All** : 열린 벽선을 닫습니다.

Mlstyle 연습 문제 | Line, Offset, Mline, Mlstyle

작업 영역	Limits 0,0 ~ 12000,9000

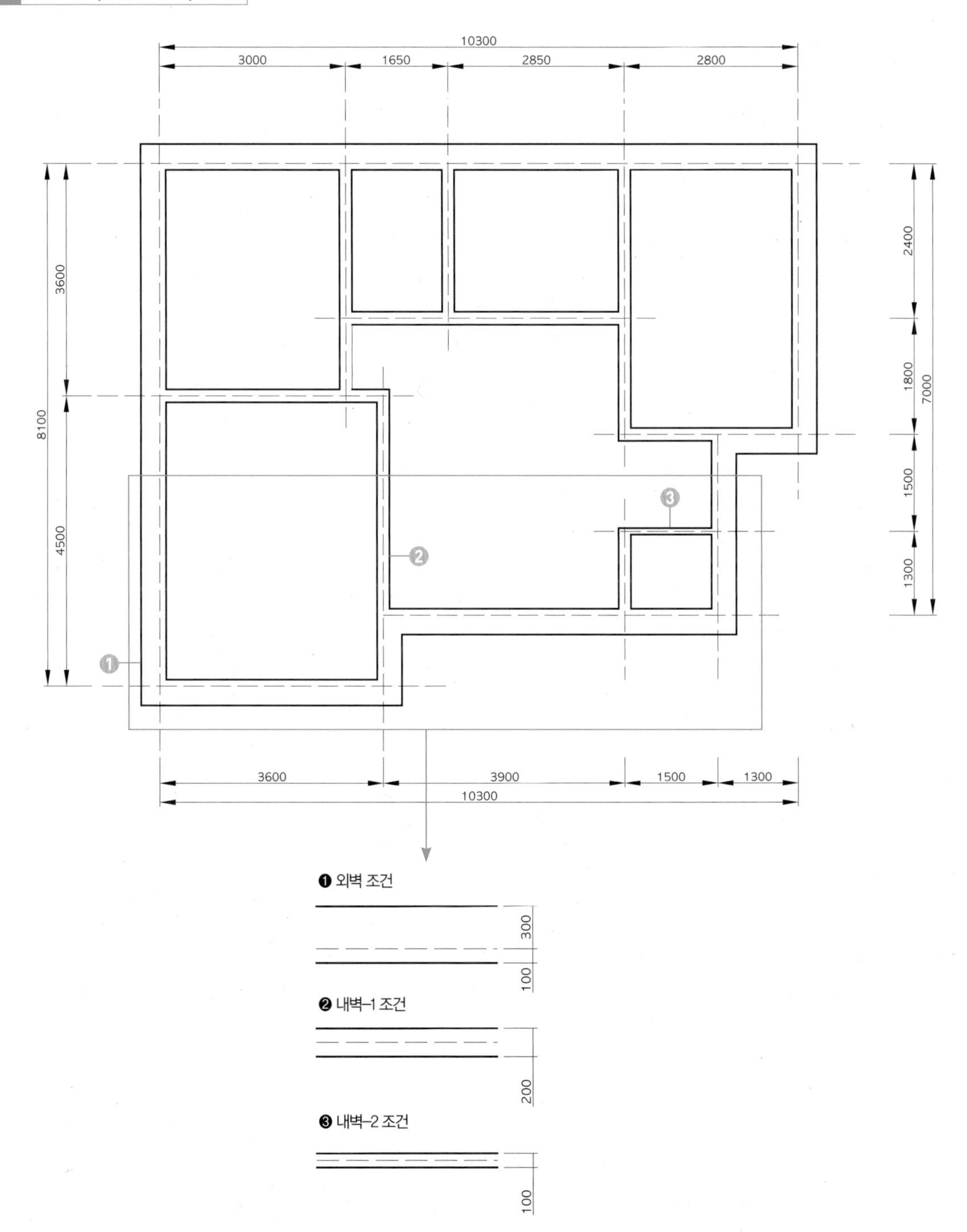

Mline 연습 문제 | Mline, Explode, Trim

작업 영역	Limits 0,0 ~ 12000,9000

잠깐만요

벽체에서 외벽은 200, 내벽은 100으로 설정합니다.

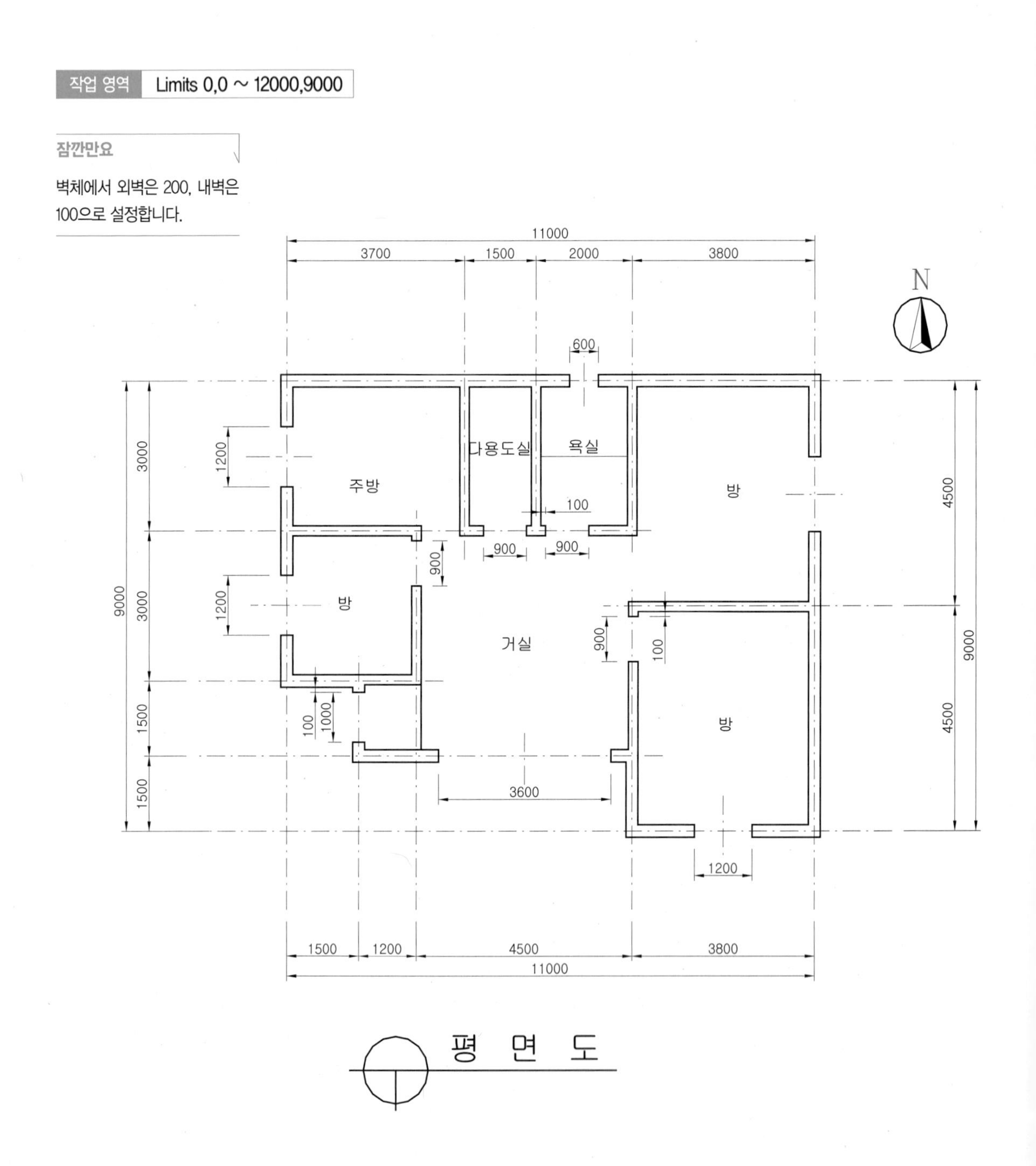

Mline 연습 문제 | Mline, Offset, Trim

작업 영역	Limits 0,0 ~ 12000,9000

잠깐만요

벽체에서 외벽은 200, 내벽은 200으로 설정합니다.

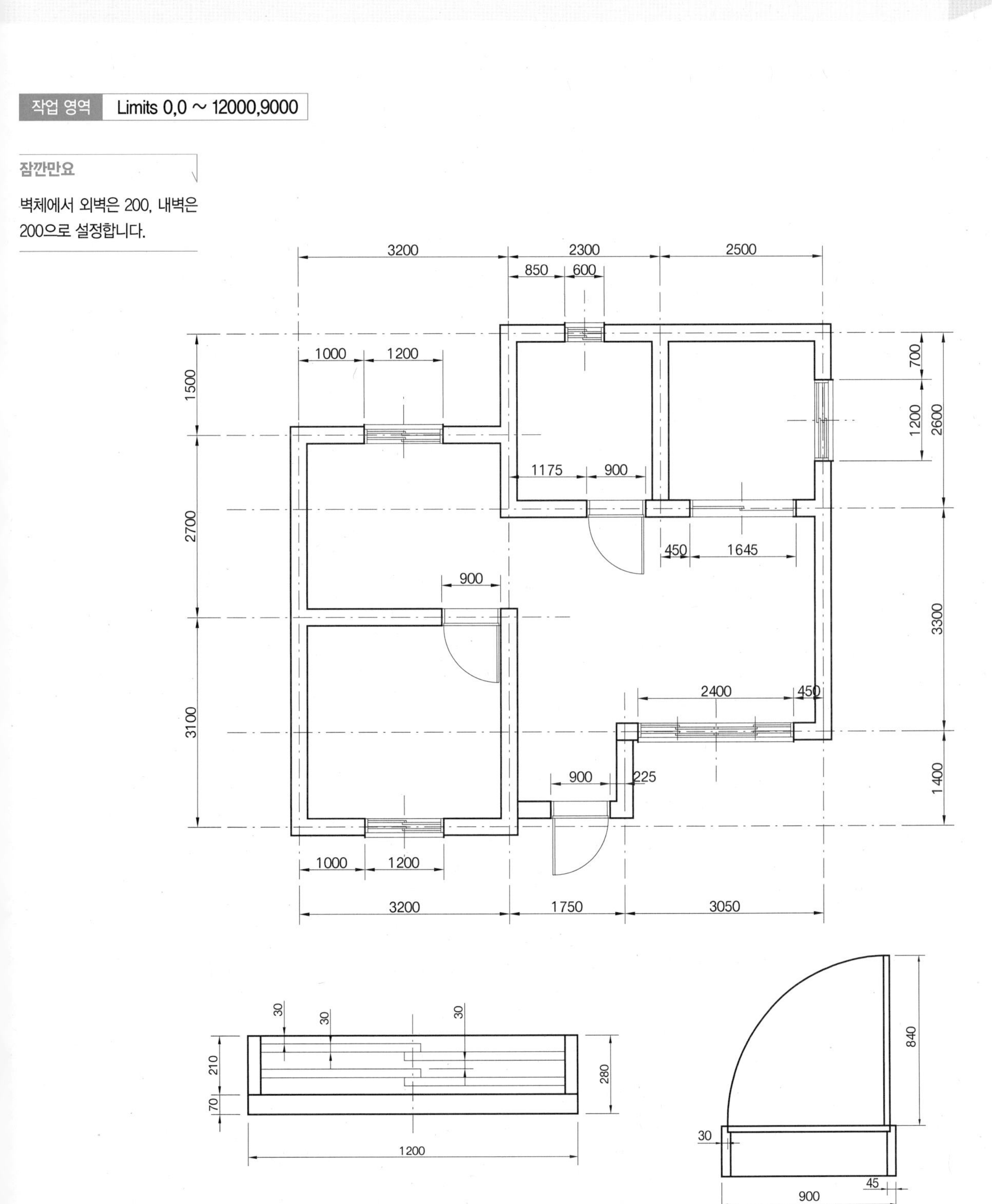

Mlstyle 연습 문제 | Mlstyle, Mline

잠깐만요

다음 설정 값을 참고하여 Mline 명령어를 사용하여 도면을 작성합니다.

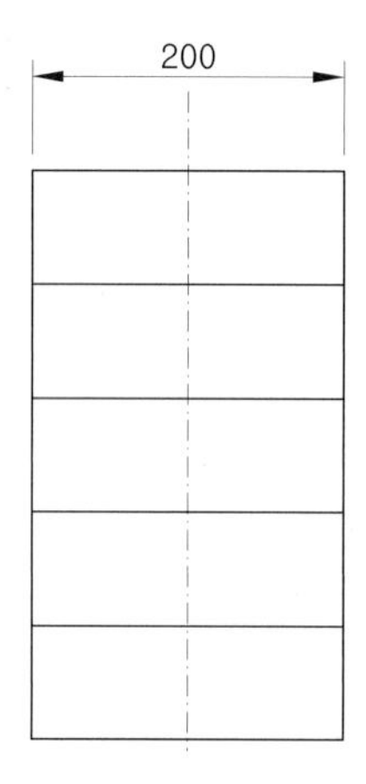

Elements

Offset	Color	Linetype
0.5	BYLAYER	ByLayer
-0.5	BYLAYER	ByLayer

설정 값
Mlstyle : STANDARD
Mline 설정 값
Justification : zero
Scale : 200

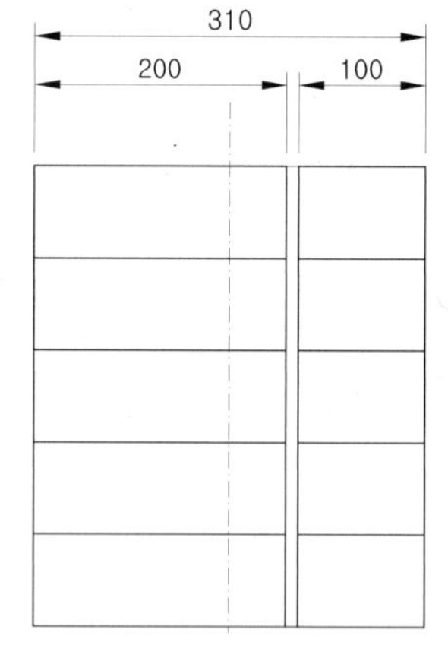

Elements

Offset	Color	Linetype
155	BYLAYER	ByLayer
55	BYLAYER	ByLayer
45	BYLAYER	ByLayer
-155	BYLAYER	ByLayer

설정 값
Mlstyle 설정 값 참조
Mline 설정 값
Justification : zero
Scale : 1

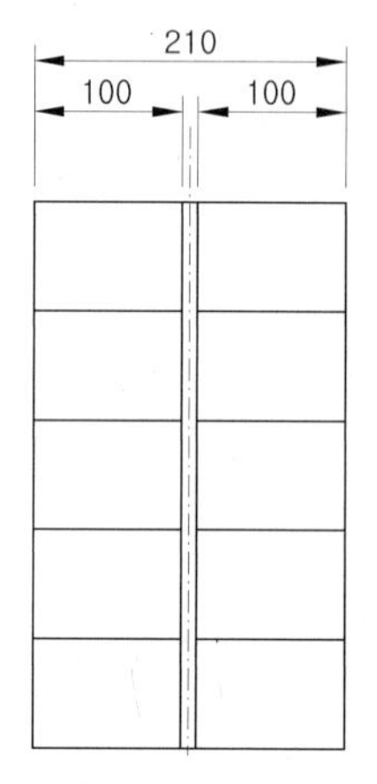

Elements

Offset	Color	Linetype
105	BYLAYER	ByLayer
5	BYLAYER	ByLayer
-5	BYLAYER	ByLayer
-105	BYLAYER	ByLayer

설정 값
Mlstyle 설정 값 참조
Mline 설정 값
Justification : zero
Scale : 1

Mlstyle 연습 문제 | Mlstyle, Mline

잠깐만요

다음 설정 값을 참고하여 Mline 명령어를 사용하여 도면을 작성합니다.

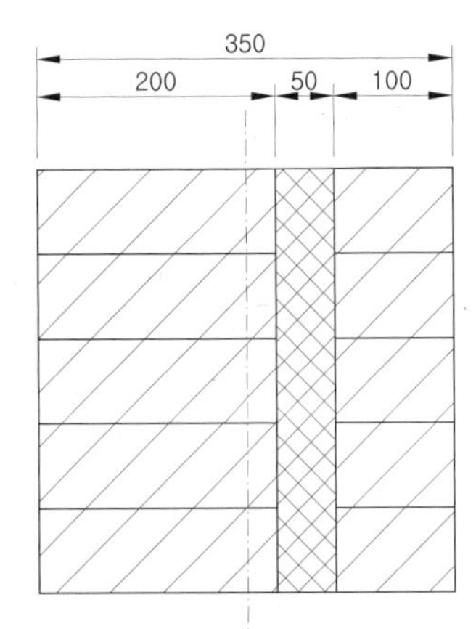

Elements

Offset	Color	Linetype
175	BYLAYER	ByLayer
75	BYLAYER	ByLayer
25	BYLAYER	ByLayer
-175	BYLAYER	ByLayer

설정 값
Mlstyle : STANDARD
Mline 설정 값
Justification : zero
Scale : 1

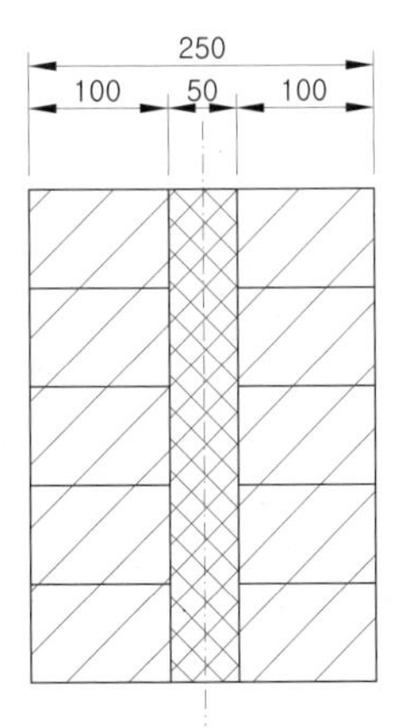

Elements

Offset	Color	Linetype
125	BYLAYER	ByLayer
25	BYLAYER	ByLayer
-25	BYLAYER	ByLayer
-125	BYLAYER	ByLayer

설정 값
Mlstyle : STANDARD
Mline 설정 값
Justification : zero
Scale : 1

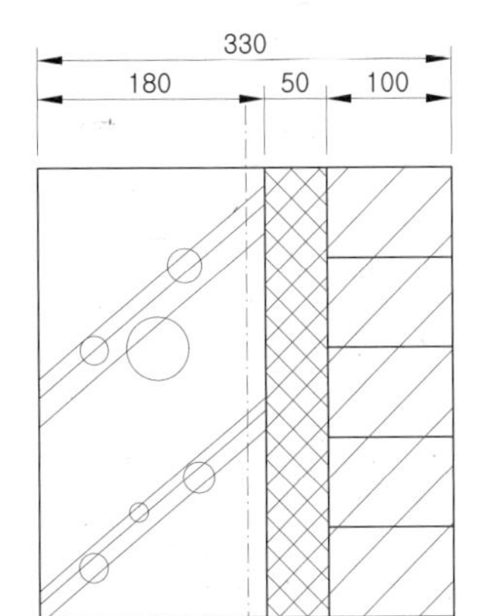

Elements

Offset	Color	Linetype
165	BYLAYER	ByLayer
-15	BYLAYER	ByLayer
-65	BYLAYER	ByLayer
-165	BYLAYER	ByLayer

설정 값
Mlstyle : STANDARD
Mline 설정 값
Justification : zero
Scale : 1

작업 영역	Limits 0,0~12000,9000

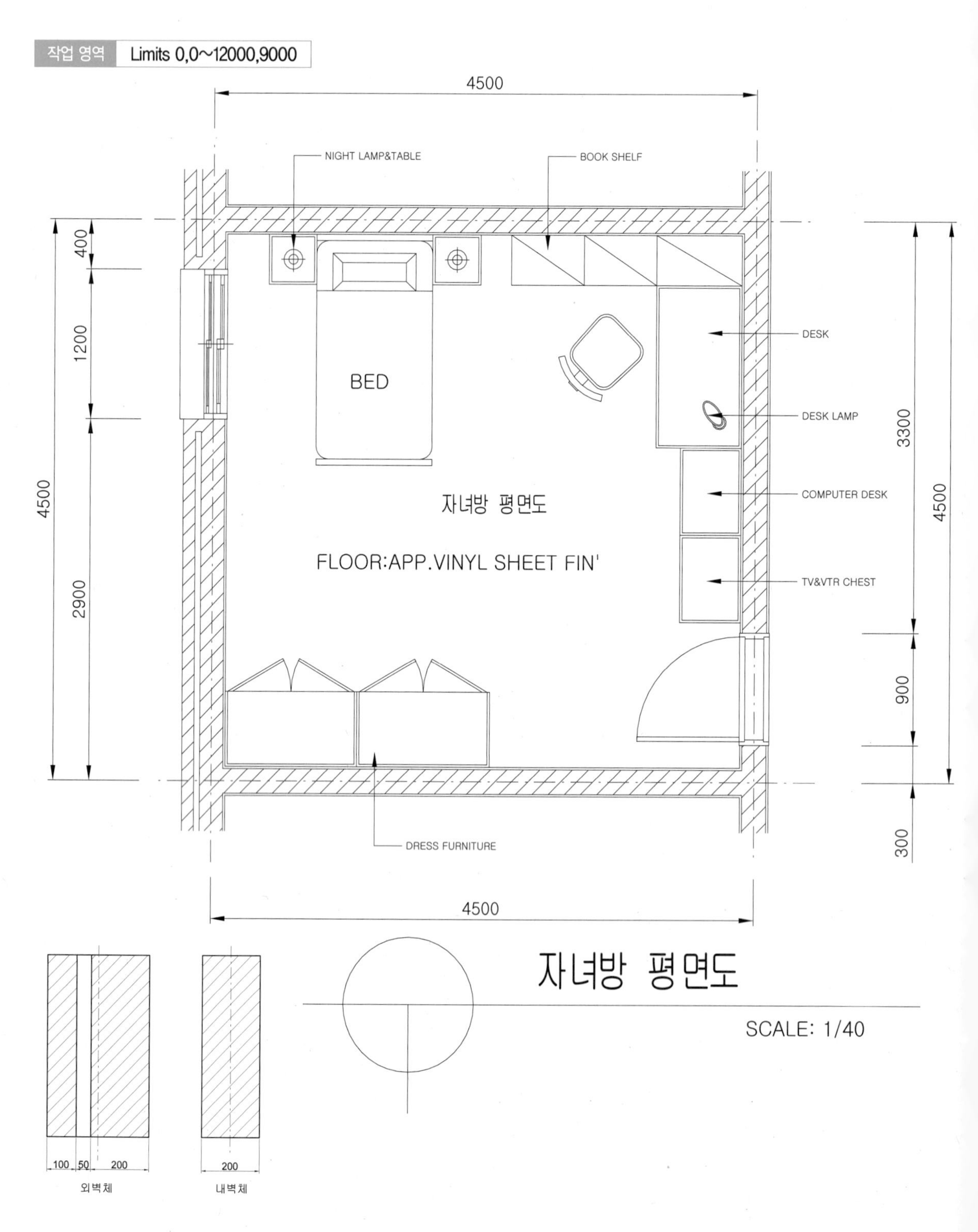

Mlstyle 연습 문제 | Minsert, Mline, Mledit, Explode, Trim

작업 영역	Limits 0,0~12000,9000

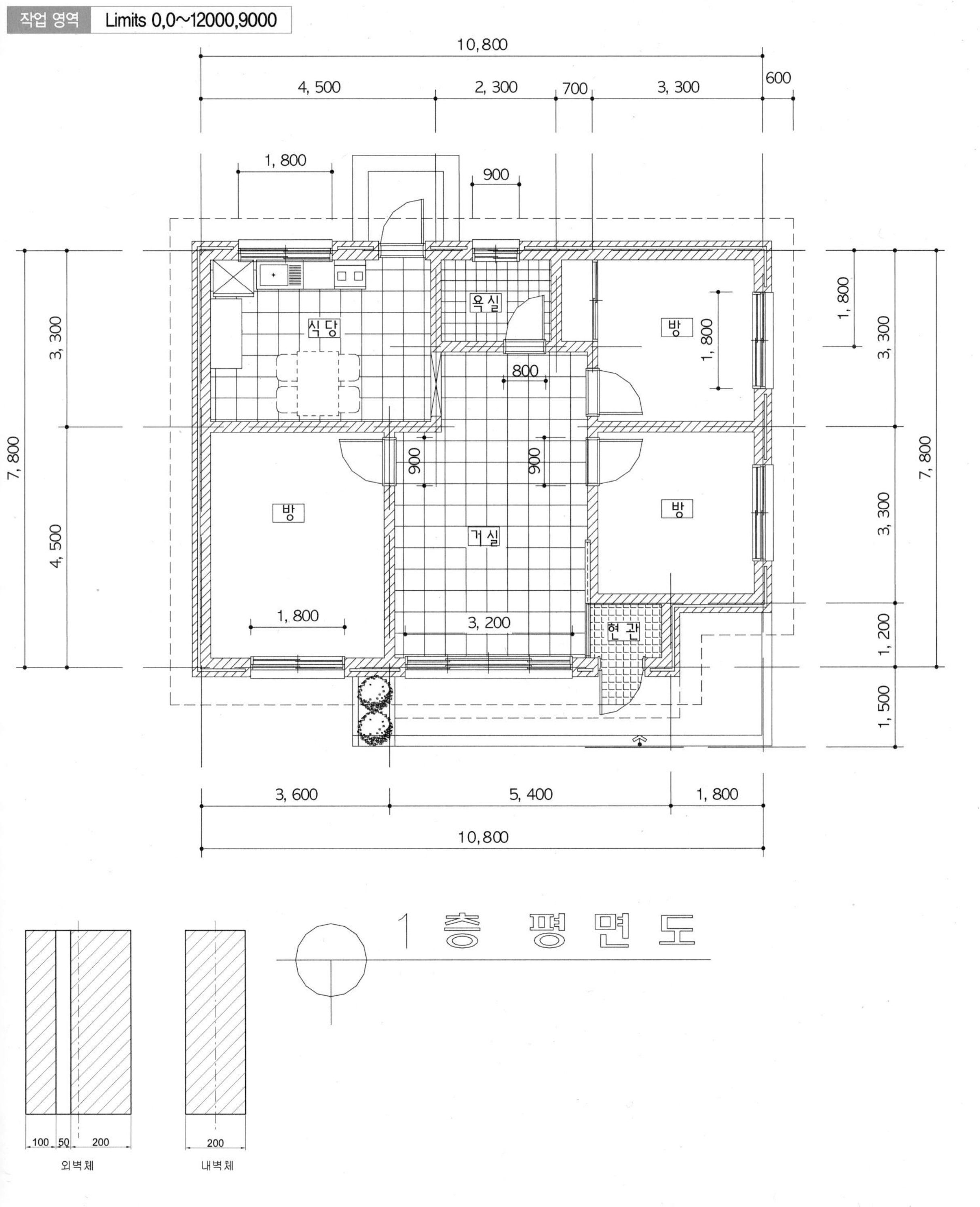

Section 05

블록 만들기 - Block, Wblock, Insert, Minsert

블록이란 자주 사용되는 도면 요소를 미리 저장했다가 필요할 때 불러들여 사용하는 기능입니다. 도면에는 문, 창, 가구, 변기, 싱크대 등과 같이 반복적으로 사용되는 도면 요소들을 매번 그리지 않고 블록을 이용하면 작업의 효율을 높일 수 있습니다.

Step 01

Block의 이해

Block은 블록을 생성하는 명령어로, 도면에서만 사용 가능한 블록 형태를 만들어 줍니다.

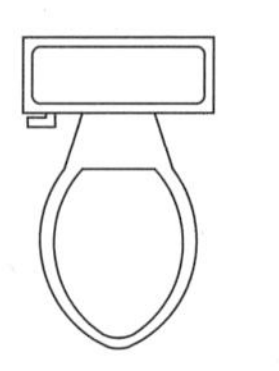
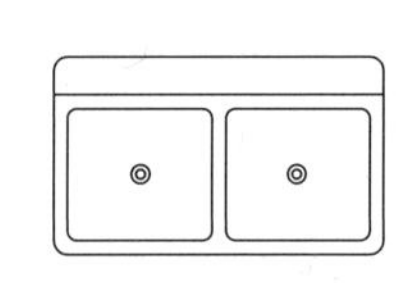
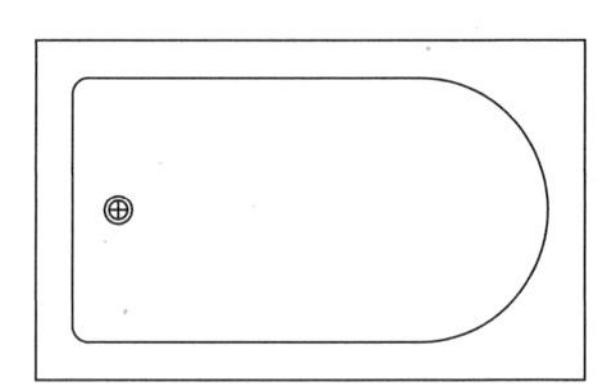

▲ 자주 사용되는 블록 도면

입력 형식

```
Command : block ([Block Definition] 대화상자가 표시됩니다.)
Select objects : (블록으로 설정할 객체를 선택합니다.)
Specify insertion base point : (블록 삽입 시 사용될 기준점을 선택합니다.)
```

[Block Definition] 설정 대화상자

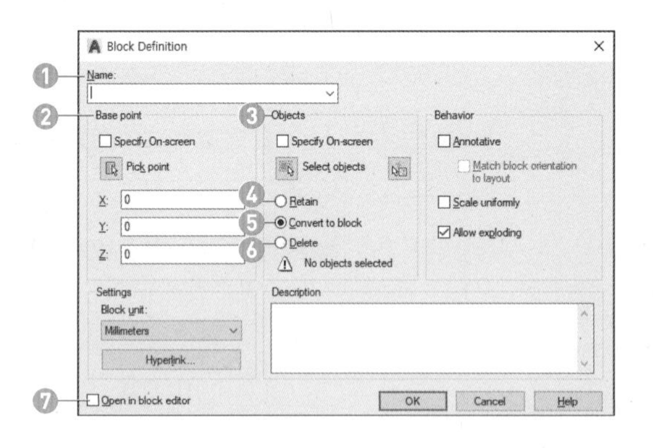

❶ **Name** : 블록의 이름을 지정합니다.
❷ **Base point** : 블록의 기준점을 지정합니다.
❸ **Objects** : 블록을 만들 객체를 선택합니다.
❹ **Retain** : 블록 작성 후 선택된 객체의 형태를 그대로 유지합니다.
❺ **Convert to block** : 도면에서 블록을 작성하고 선택된 객체를 블록 객체로 변경합니다.
❻ **Delete** : 블록을 작성하고 선택된 객체는 삭제합니다.
❼ **Open in block editor** : 체크 표시하면 블록 생성 후 수정 화면으로 자동 전환됩니다.

Step 02

Block 예제 따라하기

기계도면에서 너트를 설계할 때 자주 사용되는 경우로, 외곽의 사각형을 작성한 후 너트가 위치할 중심선을 설정합니다. 너트의 모양을 작성하고 Block을 생성한 후 삽입합니다.

작업 영역	Limits 0,0 ~ 120,90

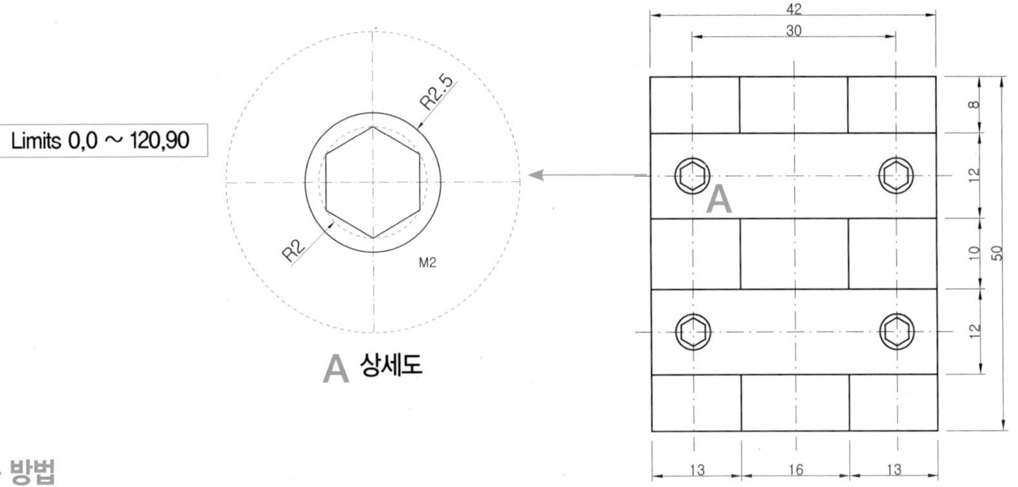

A 상세도

그리는 방법

1 그림과 같이 M2 나사의 도면을 작성하고 명령문에 Block 명령어를 입력한 후 실행하면 [Block Definition] 대화상자가 표시됩니다.

```
Command : block
```

2 M2 나사의 도면을 블록으로 지정하기 위해 〈Select objects〉 버튼을 누릅니다. M2 나사를 선택하고 Spacebar 를 누릅니다.

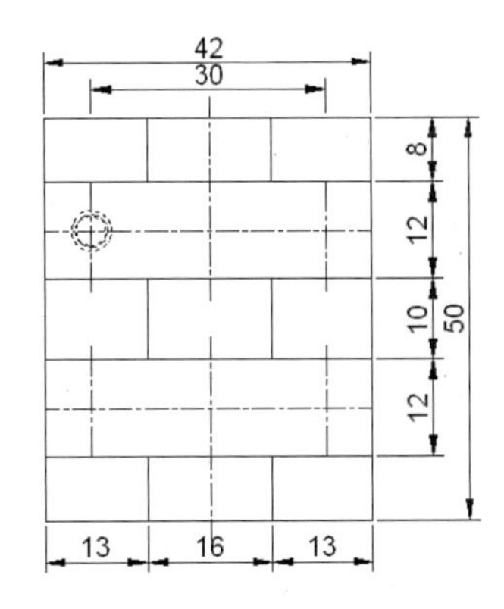

Select objects : (Spacebar 를 눌러 다음 메뉴를 진행합니다.)

3 블록 삽입 시 기준점을 지정하기 위해 〈Pick point〉 버튼을 눌러 원의 중심점을 선택합니다. [Block Definition] 대화상자가 다시 표시되면 〈OK〉 버튼을 눌러 명령을 종료합니다.

Specify insertion base point : (원의 중심점을 선택합니다.)

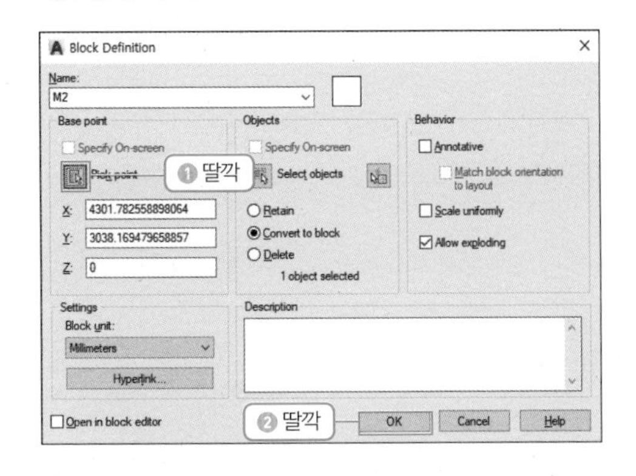

Step 03

Wblock의 이해

Wblock이란 Block 명령을 사용할 때 저장되지 않는 단점을 보완하여 도면 라이브러리를 파일로 저장하는 명령어입니다. Wblock을 이용하여 다른 도면에서도 저장된 블록들을 자유롭게 사용할 수 있습니다.

입력 형식

```
Command : wblock ([Write Block] 대화상자가 표시됩니다.)
<Select Objects> 버튼을 누릅니다.
Select objects : (Wblock으로 작성할 객체를 선택합니다.)
Select objects : (객체 추가 선택 또는 Spacebar 를 눌러 대화상자로 돌아옵니다.)
<Pick Point> 버튼을 누릅니다.
Specify insertion base point : (블록 삽입 시 사용할 기준점을 선택합니다.)
File Name and path에서 저장할 위치를 설정하고 〈OK〉 버튼을 눌러 저장을 종료합니다.
```

[Write Block] 설정 대화상자

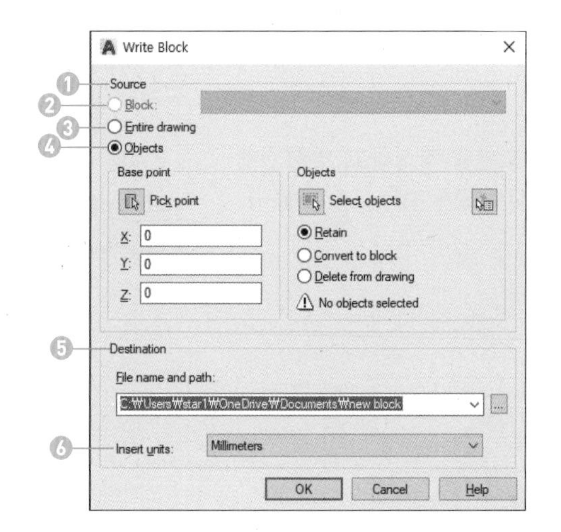

❶ **Source** : 지정한 객체의 블록에 대한 변경과 저장 여부를 설정합니다.
❷ **Block** : 기존의 블록을 선택하여 저장합니다.
❸ **Entire drawing** : 현재 작업하는 도면의 모든 객체를 블록으로 지정합니다.
❹ **Objects** : 도면에서 필요한 객체를 선택하여 블록으로 저장합니다.
❺ **Destination** : 블록을 정의하여 저장할 위치 및 파일명을 설정합니다.
❻ **Insert units** : 새 파일에 블록 삽입 시 축척에 사용될 값을 지정합니다.

Step 04

Wblock 예제 따라하기

자주 사용되는 요소를 블록으로 저장한 후 여러 도면 작업에서 필요할 때 저장된 블록으로 삽입하여 작업의 능률을 높일 수 있습니다.

작업 영역 | Limits 0,0 ~ 240,180

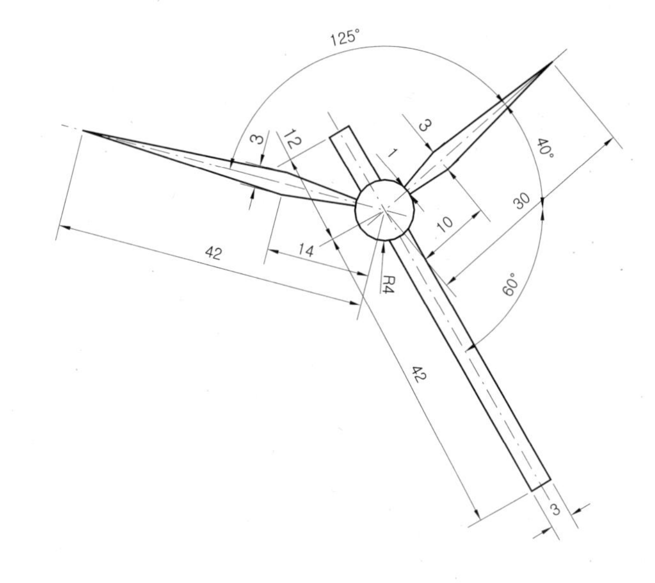

그리는 방법

1 블록으로 적용할 도면을 완성하고 명령문에 Wblock 명령어를 입력한 후 실행하면 [Write Block] 대화상자가 표시됩니다.

```
Command : wblock
```

2 블록으로 지정할 객체를 선택하기 위해 〈Select objects〉 버튼을 누르고 시침을 선택한 후 Spacebar를 누릅니다.

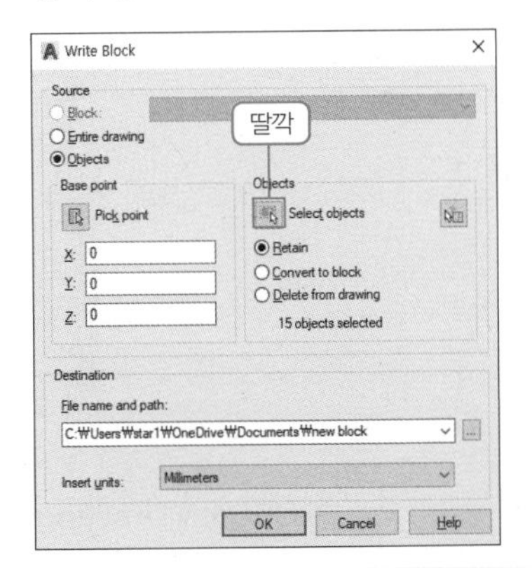


```
Select objects : 17 found (시침을 선택합니다.)
Select objects : (Spacebar를 눌러 다음 메뉴를 진행합니다.)
```

3 [Write Block] 대화상자가 다시 표시되면 기준점을 지정하기 위해 〈Pick point〉 버튼을 누르고 원의 중심점을 선택합니다.

```
Specify insertion base point : (시계 바늘 원의 중심점을 선택합니다.)
```

4 [Write Block] 대화상자가 다시 표시되면 File name and path에서 저장 경로 및 파일명을 설정한 후 〈OK〉 버튼을 누릅니다.

Step 05

Insert의 이해

Insert는 Block 또는 Wblock 명령으로 저장된 블록을 현재 도면에 삽입시키는 명령어입니다. 블록이 삽입되면 하나의 객체로 인식하며 Explode 명령을 사용하여 분해시킬 수 있고, 블록의 축척 및 각도 등을 조정하여 삽입시킬 수 있습니다.

입력 형식

Command : insert ([Insert] 대화상자가 표시됩니다.)
<Browser> 버튼을 눌러 삽입할 파일 및 블록을 선택합니다.
[Insert] 대화상자가 다시 표시되면 〈OK〉 버튼을 누릅니다.
Specify insertion point or [Basepoint/Scale/X/Y/Z/Rotate] : (블록의 삽입점을 지정합니다.)

[Insert] 설정 대화상자

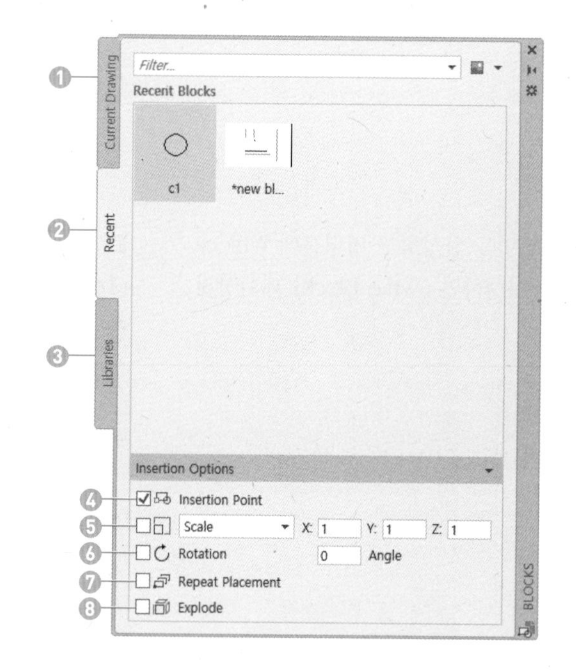

① **Current Drawing** : 현재 도면 블록이 표시됩니다.
② **Recent** : 최근에 사용된 블록을 표시합니다.
③ **Libraries** : 블록이나 도면 파일을 선택합니다.
④ **Insertion Point** : 블록의 삽입점을 지정합니다.
⑤ **Scale** : 삽입될 블록의 축척을 설정합니다.
⑥ **Rotation** : 삽입될 블록의 회전 각도를 설정합니다.
⑦ **Repeat Placement** : 삽입될 블록의 연속성을 설정합니다.
⑧ **Explode** : 삽입될 블록의 객체별 분해 여부를 결정합니다.

Step 06

Insert 예제 따라하기

전 단계에서 작업한 시계 바늘을 삽입하며 블록의 기준점에 따라 위치시킬 삽입 기준점을 선택합니다.

작업 영역	Limits 0,0 ~ 360,270

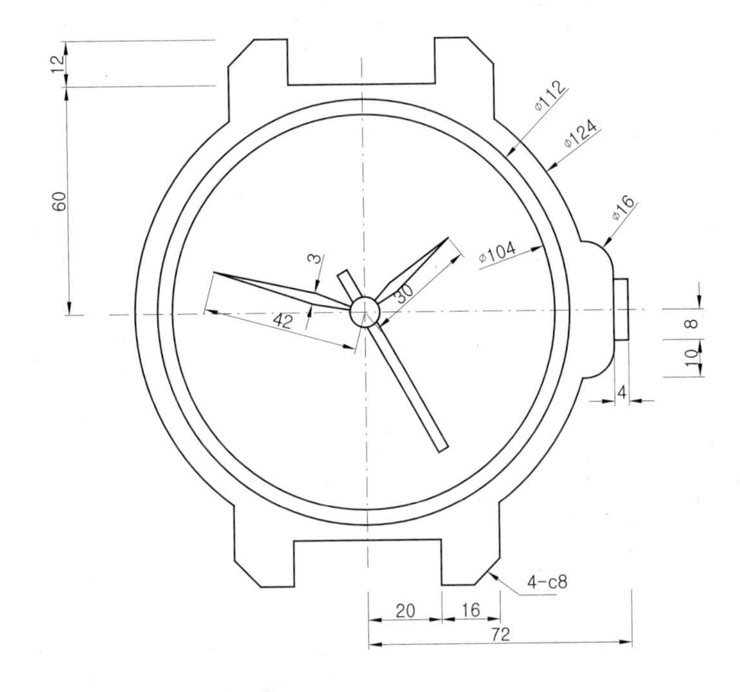

그리는 방법

1 시계의 외형 도면을 완성한 후, 시계 바늘 블록을 불러오기 위해 명령문에서 Insert 명령어를 실행합니다.

```
Command : insert
```

2 [Blocks] 대화상자가 표시되면 시계 바늘 블록 파일을 선택합니다. 그다음 작성 도면에서 삽입할 블록의 위치를 지정합니다.

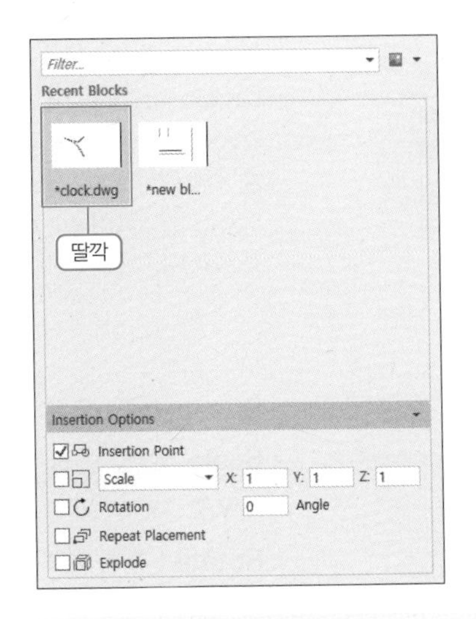


```
Specify insertion point or [Basepoint /
Scale/X/Y/Z/Rotate] : (원의 중심점을 선택합니다.)
```

Step 07

Minsert의 이해

Minsert란 블록으로 삽입할 객체를 다중 배열하는 명령어입니다. 건축도면에서 천정도의 전등을 배치하거나 강의실과 같은 평면도의 책상 배치에 많이 사용되지만 Explode 명령을 통해 객체를 분리시킬 수 없습니다.

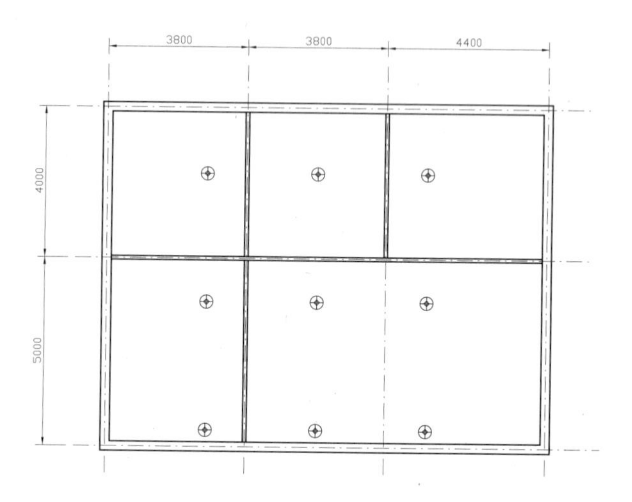

입력 형식

```
Command : minsert
Enter block name or [?] <1> : (삽입될 블록 이름을 입력합니다.)
Units: Millimeters   Conversion : 1.0000 (단위계의 변환을 표시합니다.)
Specify insertion point or [Basepoint/Scale/X/Y/Z/Rotate] : (삽입점 또는 옵션을 선택합니다.)
Enter X scale factor, specify opposite corner, or [Corner/XYZ] <1> : (X축 방향의 크기 값을 설정합니다.)
Enter Y scale factor <use X scale factor> : (Y축 방향의 크기 값을 설정합니다.)
Specify rotation angle <0> : (삽입될 블록의 회전 기울기 각도를 설정합니다.)
Enter number of rows (---) <1> : (Y축 방향의 다중 배열 개수를 설정합니다.)
Enter number of columns (|||) <1> : (X축 방향의 다중 배열 개수를 설정합니다.)
Enter distance between rows or specify unit cell (---) : (Y축 방향 객체 간의 등간격 값을 설정합니다.)
Specify distance between columns (|||) : (X축 방향 객체 간의 등간격 값을 설정합니다.)
```

잠깐만요

Minsert 명령어가 적용된 블록 전체는 하나의 객체로 인식하기 때문에 Copy 및 Array 명령어를 이용하여 작업한 결과물보다 도면의 용량이 작아집니다.

Minsert 설정별 특징

- **Basepoint** : 블록의 삽입 기준점을 선택합니다.
- **Scale** : 삽입될 블록의 X, Y, Z 축 방향에 일정한 비율의 크기를 적용합니다.
- **X/Y/Z** : X, Y, Z 축 방향의 크기 비율을 설정합니다.
- **Rotate** : 블록의 회전 기울기 각도를 설정합니다.

Step 08

Minsert 예제 따라하기

Minsert는 강의실 의자나 책상들을 배열하거나 건물의 천정도, 전등의 위치를 설계할 때 사용하며 절대로 수정되지 않으므로 작업 시 정확한 값을 입력해야 합니다.

작업 영역 | Limits 0,0 ~ 12000,9000

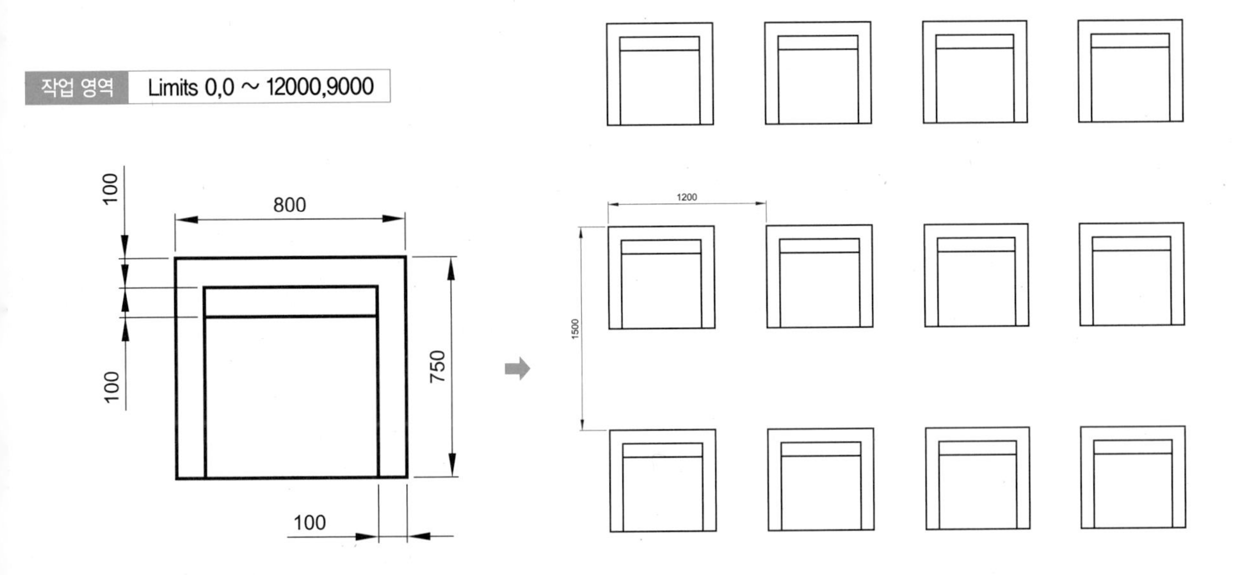

그리는 방법

```
Command : minsert
Enter block name or [?] <test1>: (Minsert에 사용할 블록 이름을 선택합니다.)
Units: Millimeters   Conversion : 1.0000 (블록과 현재 작업 파일의 단위계를 변환합니다.)
Specify insertion point or [Basepoint/Scale/X/Y/Z/Rotate] : (삽입점을 선택합니다.)
Enter X scale factor, specify opposite corner, or [Corner/XYZ] <1> : (X축 방향의 크기 비율을 1로 입력합니다.)
Enter Y scale factor <use X scale factor> : (Y축 방향의 크기 비율을 1로 입력합니다.)
Specify rotation angle <0> : (삽입될 블록의 회전 각도를 설정합니다.)
Enter number of rows (---) <1> : 3 (Y축 방향의 등간격 배열 개수를 입력합니다.)
Enter number of columns (|||) <1>: 4 (X축 방향의 등간격 배열 개수를 입력합니다.)
Enter distance between rows or specify unit cell (---) : 1500 (Y축 방향의 등간격 거리 값을 설정합니다.)
Specify distance between columns (|||) : 1200 (X축 방향의 등간격 거리 값을 설정합니다.)
```

잠깐만요

소파 모양의 도면을 작성한 후 블록으로 지정하고 다중 배열합니다.

Block 연습 문제 | Block, Wblock, Insert

작업 영역	Limits 0,0 ~ 120,90

20
12
30
R3
R2
36

작업 영역	Limits 0,0 ~ 24000,18000

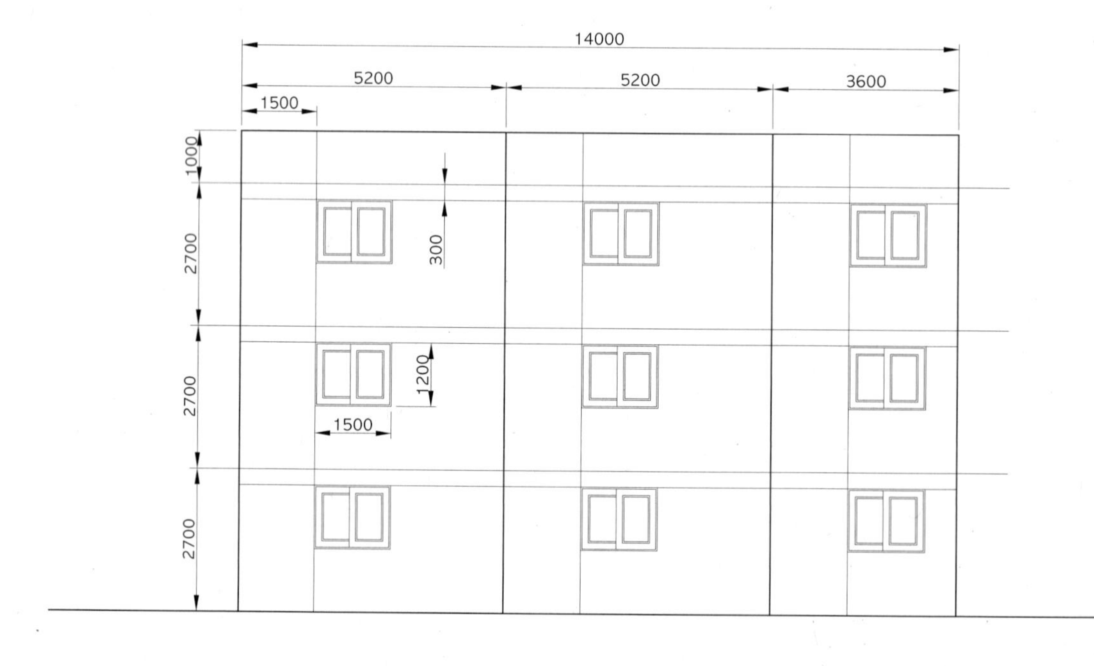

Block 연습 문제 | Block, Minsert

작업 영역 Limits 0,0 ~ 24000,18000

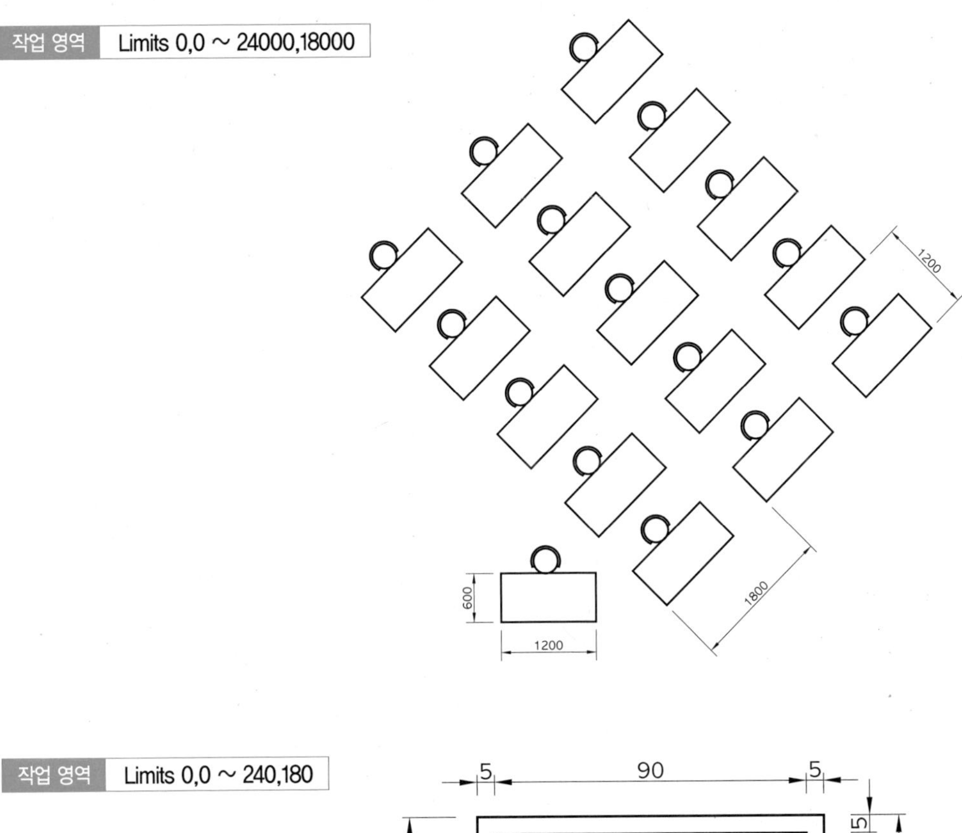

작업 영역 Limits 0,0 ~ 240,180

Section
06 선 나누기 - DDptype, Divide, Measure

객체에서 점의 형태를 나타내는 DDptype 명령, 선, 호 등을 등분해야 할 경우 사용하는 명령어인 Divide, Measure에 대해 알아보겠습니다. 이때 표시되는 점들은 Osnap 명령에서 Node 옵션을 이용하여 선택할 수 있습니다.

Step 01

DDptype의 이해 - 점의 표시 형태

DDptype은 점의 표시 형태를 설정하는 명령어입니다. Divide나 Measure 명령으로 객체를 등분할 경우 등분된 위치를 표시할 때 사용하는 명령어로, 객체 스냅으로 선택하기 어렵거나 객체의 등분점을 찾고자 할 때 사용합니다.

입력 형식

```
Command : ddptype
```
([Point Style] 대화상자가 표시됩니다.)

[Point Style] 설정 대화상자

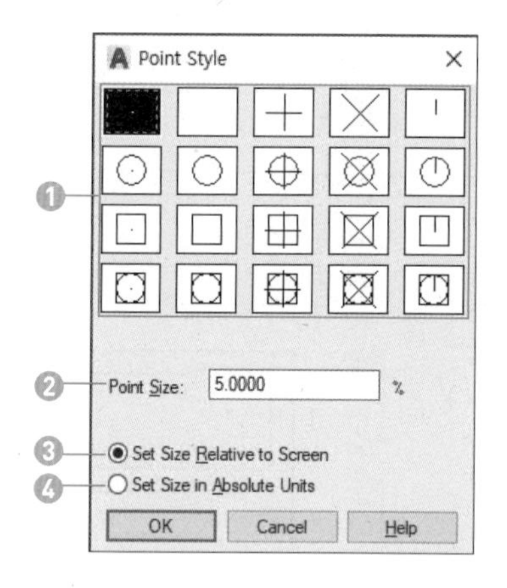

잠깐만요

지정한 위치에 DDptype 명령을 이용하여 선택한 점의 형태를 표시하고 3D에서 Rulesurf를 사용합니다.

① **Point Style** : 점 표시에 사용될 형태를 지정합니다.

② **Point Size** : 점 표시의 크기를 설정합니다.

③ **Set Size Relative to Screen** : 화면 비율로 점의 크기를 조정하며 기본 값은 5%입니다.

④ **Set Size in Absolute Units** : 절대 크기를 기준으로 5 Units로 점의 크기가 고정됩니다.

Step 02

Divide의 이해 - 세그먼트 개수로 등분하기

Divide는 선, 호, Pline 등의 객체를 구성하는 선분을 지정한 개수로 등분하는 명령어이며, 나눠진 구간을 다양한 점으로 표시하여 확인할 수 있습니다.

작업 영역	Limits 0,0 ~ 3600,2700

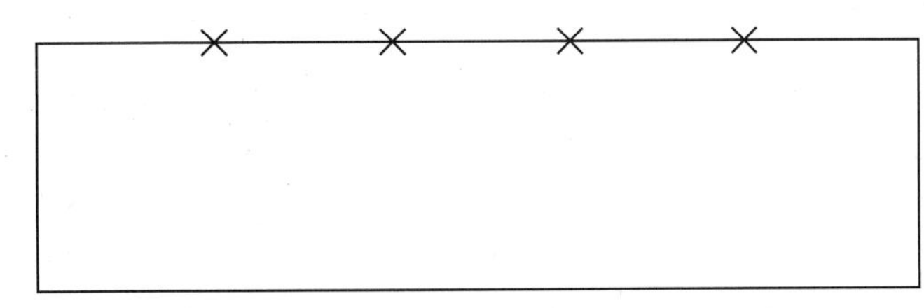

▲ Divide로 5등분한 선의 모습

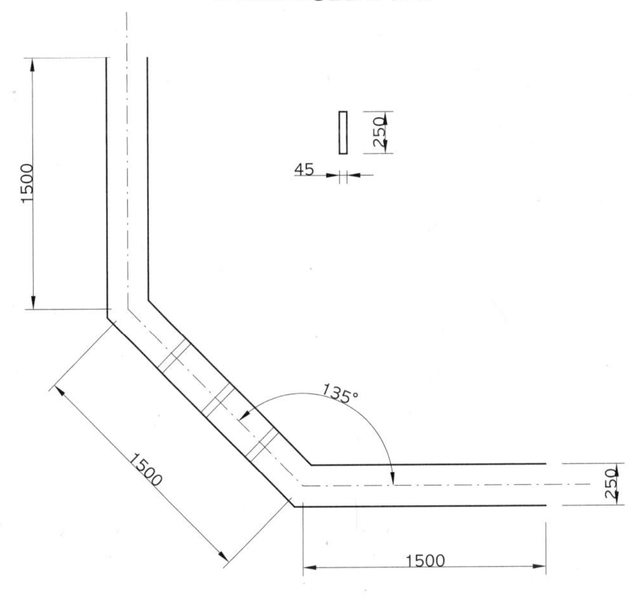

입력 형식

```
Command : divide
Select object to divide : (사선의 중심선을 선택합니다.)
Enter the number of segments or [Block] : 5 (선분을 등분힐 개수를 설정합니다.)
```

Divide 설정별 특징

- **Block** : 등분 시 표시될 참고점의 형태를 지정한 블록으로 대체합니다.

Step 03

Measure의 이해 - 세그먼트 길이로 등분하기

Measure은 선분을 구간의 길이 값으로 등분합니다. 객체를 선택할 때 선택한 점과 가까운 끝점으로부터 지정한 거리 값으로 등분하여 원의 경우 0도 방향을 기준으로 등분합니다.

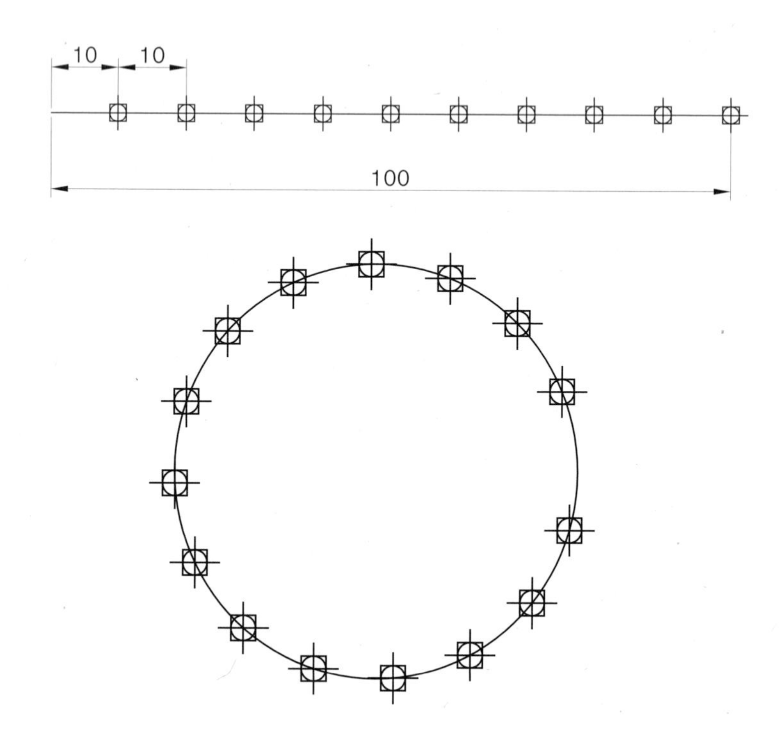

입력 형식

Command : measure
Select object to measure : (구간의 길이 값으로 등분할 객체를 선택합니다.)
Specify length of segment or [Block] : 10 (등분에 사용될 구간의 길이 값을 입력합니다.)

Measure 설정별 특징

- **Block** : 등분 시 표시될 참고점의 형태를 지정한 블록으로 대체합니다.

Step 04

Measure 예제 따라하기

한쪽 벽체가 유리창으로 되어 있는 경우 Block을 생성한 후 창문을 그려줍니다.

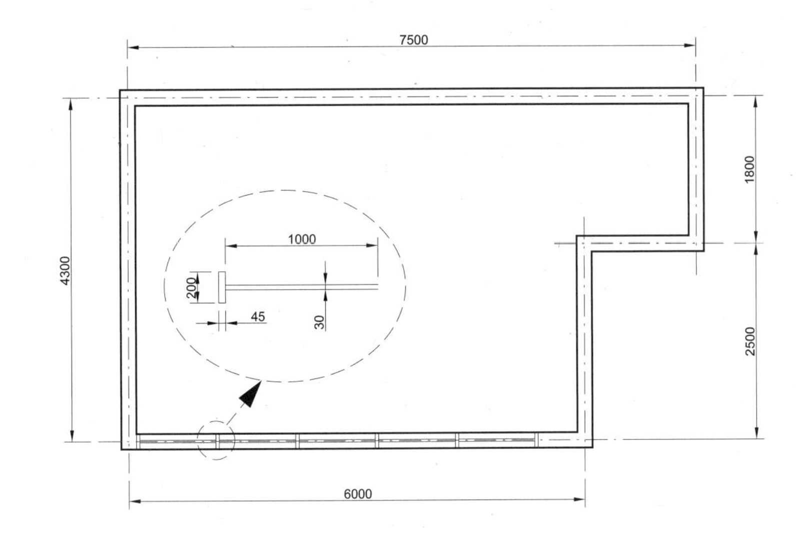

작업 영역	Limits 0,0 ~ 12000,9000

잠깐만요

Arc 명령어에서 Length 옵션으로 작성된 객체는 반드시 Measure 명령으로 수정해야 합니다.

그리는 방법

1 블록으로 사용할 도면을 작성하고 Block 명령을 실행합니다.

Command : block ([Block Definition] 대화상자가 표시됩니다.)

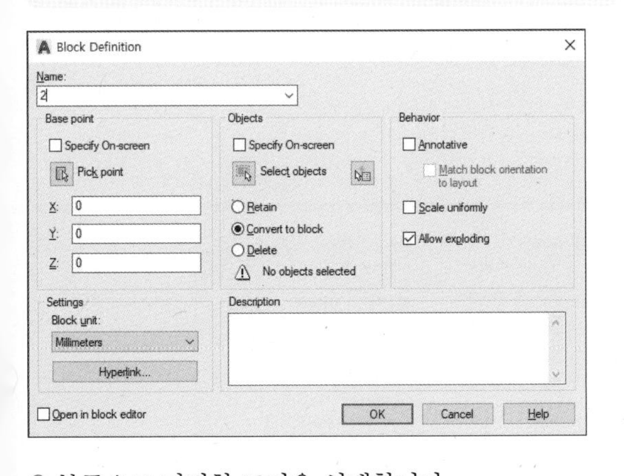

2 Select objects 아이콘을 클릭한 후 블록으로 지정할 도면을 선택합니다.

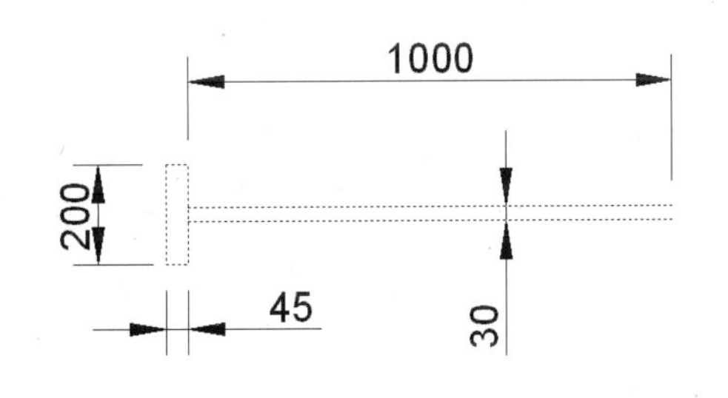

Specify insertion base point : (기준점을 선택합니다.)
Select objects : 1 found (블록으로 지정할 객체를 선택합니다.)
Select objects : (Spacebar 를 눌러 명령을 종료합니다.)

3 블록으로 지정할 도면을 선택합니다.

Command : measure
Select object to measure : (등분할 객체를 선택합니다.)
Specify length of segment of [Block] : b (블록 옵션을 선택합니다.)
Enter name of block to insert : 2 (등분에 사용할 블록을 지정합니다.)
Align block with object? [Yes/No] <Y> : (삽입될 블록의 정렬 여부를 설정합니다.)
Specify length of segment : 1045 (등분 간의 거리 값을 설정합니다.)

Section

07

해치 그리기 - Bhatch

해치는 건축도면의 상세도나 입면도, 기계도면의 단면도 등에서 많이 사용하는 기능입니다. 기본적으로 'Acad.pat', 'Acadiso.pat' 파일을 제공하며 사용자가 패턴을 개발할 수 있도록 개방형 구조를 가지고 있습니다.

Step 01

Bhatch의 이해 – 패턴(재질)

도면의 특정 영역이나 객체에 일정하고 반복된 모양을 지정합니다. 이때 해치의 옵션들을 정확하게 이해해야 원하는 형태를 만들 수 있습니다.

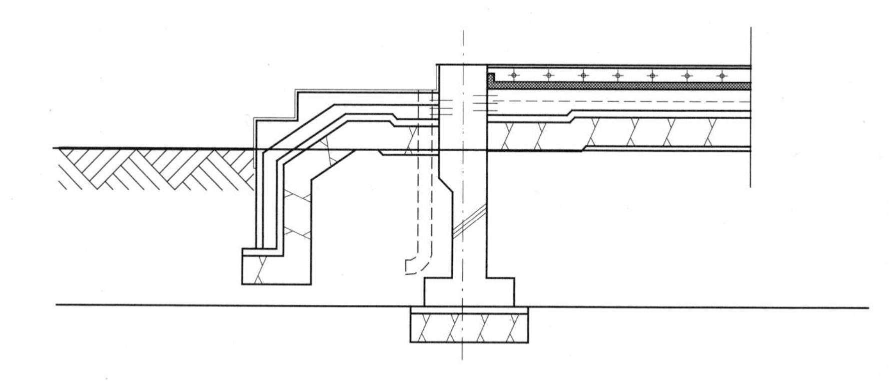

입력 형식

Command : bhatch ([Hatch and Gradient] 대화상자가 표시됩니다.)
Pick internal point or [Select objects/remove Boundaries] : (패턴을 적용할 영역을 지정합니다.)

[Hatch and Gradient] 설정 대화상자

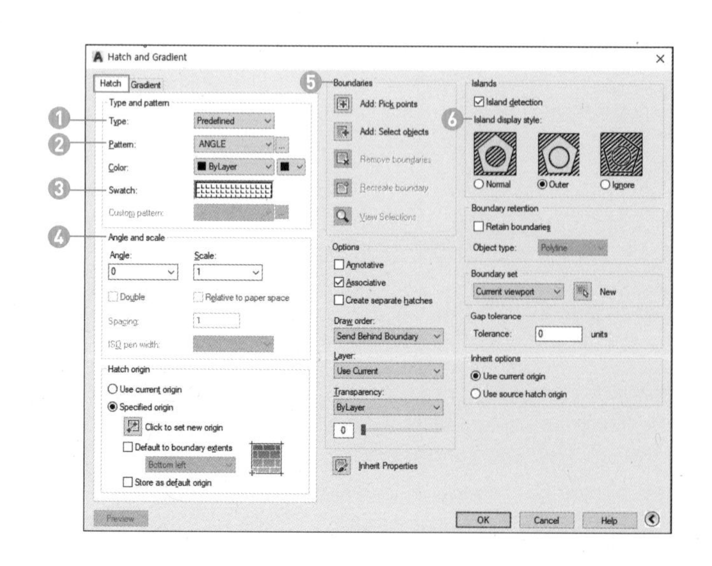

잠깐만요

Bhatch를 실행하면 리본 메뉴에 [Hatch Creation] 탭이 표시되어 해치의 기본 옵션 값을 바로 적용할 수 있습니다.

■ Hatch 탭

❶ **Type** : Hatch에 사용할 패턴의 종류를 선택합니다.

- **Predefined** : 미리 정의된 형태를 사용합니다.
- **Use Defined Pattern** : 패턴의 종류는 ANSI31로 고정되고, 사용자는 선 간의 이격거리 값만을 변경합니다.
- **Custom** : 마지막으로 사용한 유형을 사용합니다.

❷ **Pattern** : 사용 가능한 패턴의 목록을 표시합니다.

❸ **Swatch** : 사용 가능한 패턴의 형태에 대해 미리 보기 기능을 제공합니다.

❹ **Angle and scale** : 선택한 해치 패턴의 축척 및 각도를 제어합니다.

❺ **Boundaries** : 해치를 넣기 위한 영역을 찾습니다.

- **Add Pick points** : 기존 객체에서 지정한 영역을 자동으로 탐지합니다.
- **Add Select object** : 해치를 채울 객체를 선택합니다.
- **Remove boundaries** : 해치 작업에서 선택 영역 중 불필요한 공간을 제거합니다.

❻ **Island display style** : 해치 패턴의 채우기 유형을 선택합니다.

- **Normal** : 외부 경계로부터 안쪽을 채우며 채우기와 비우기의 반복 형태를 가집니다.
- **Outer** : 영역의 가장 바깥쪽 부분에 해치를 사용하거나 채우며, 내부는 비웁니다.
- **Ignore** : 가장 바깥쪽을 기준으로 안쪽 영역은 무시한 채 채웁니다.

잠깐만요

해치를 사용하는 경우

- 평면 상에서 재질을 표현할 때 : 벽돌, 콘크리트, 단열재, 타일
- 단면도 상에서 채워진 공간과 빈 공간 구분할 때 : 채워진 공간에 해치 적용
- 입면도 상에서 재질을 표시할 때 : 벽돌, 콘크리트, 기와

잠깐만요

Hatchedit 명령어를 사용하여 작성된 해치 패턴을 편집할 수 있습니다.

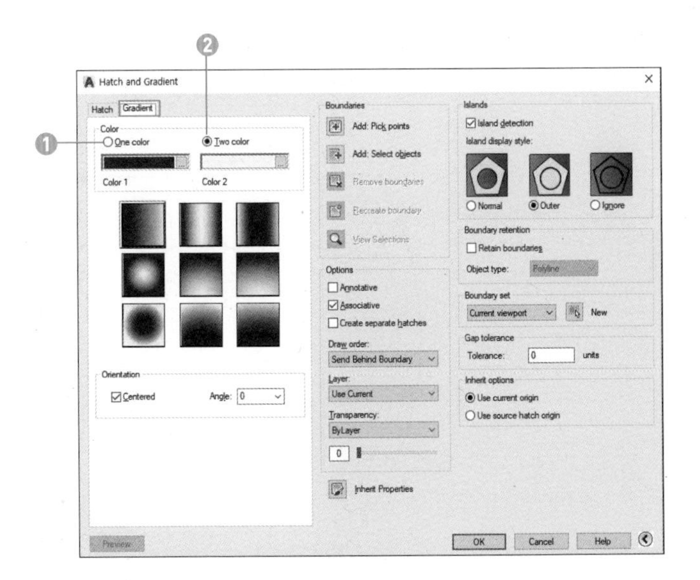

■ Gradient 탭

❶ **One color** : 단색으로 채웁니다.

❷ **Two color** : 두 가지 색으로 채웁니다.

Hatch 연습 문제 | Line, Circle, Hatch

작업 영역	Limits 0,0 ~ 360,270

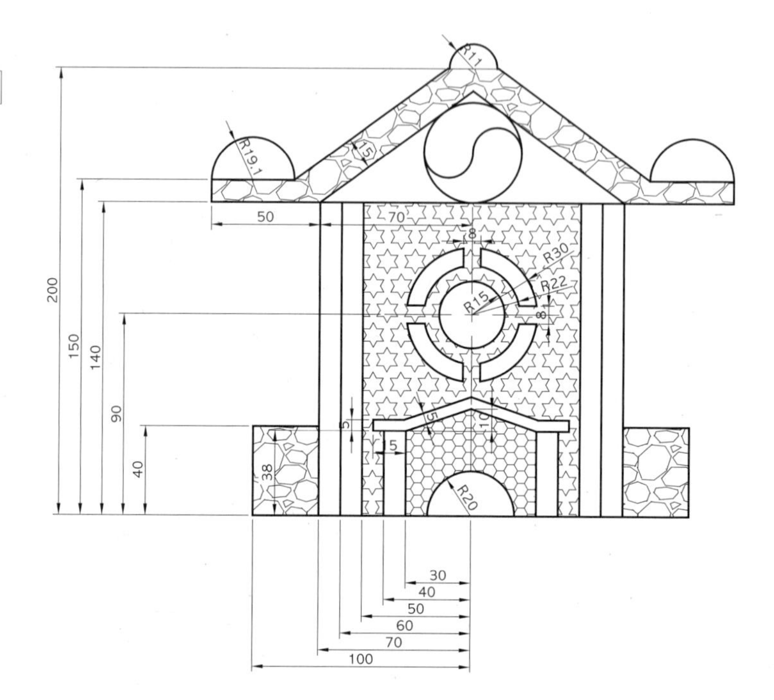

작업 영역	Limits 0,0 ~ 360,270

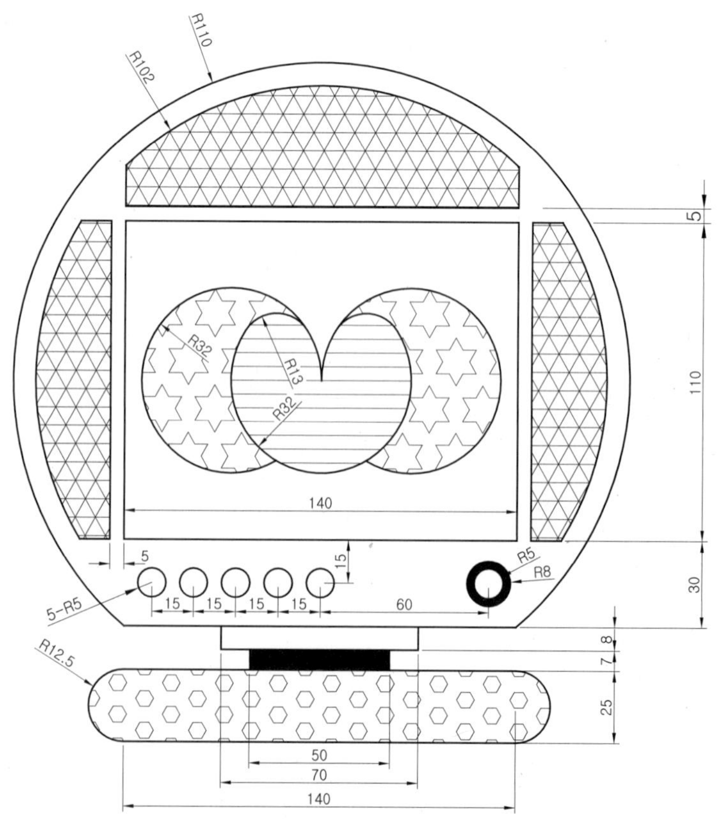

작업 영역 | Limits 0,0 ~ 360,270

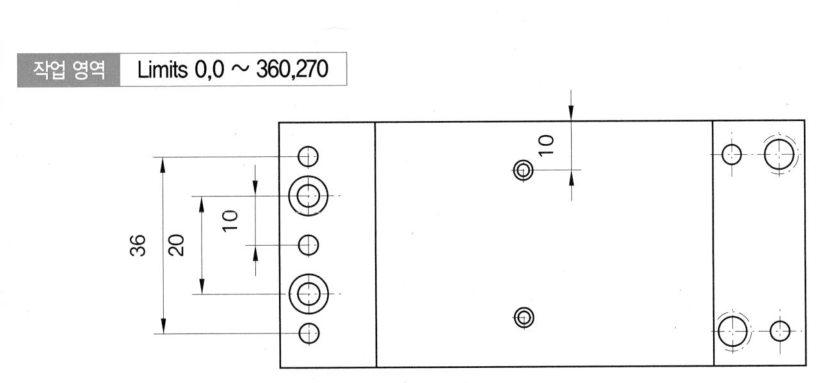

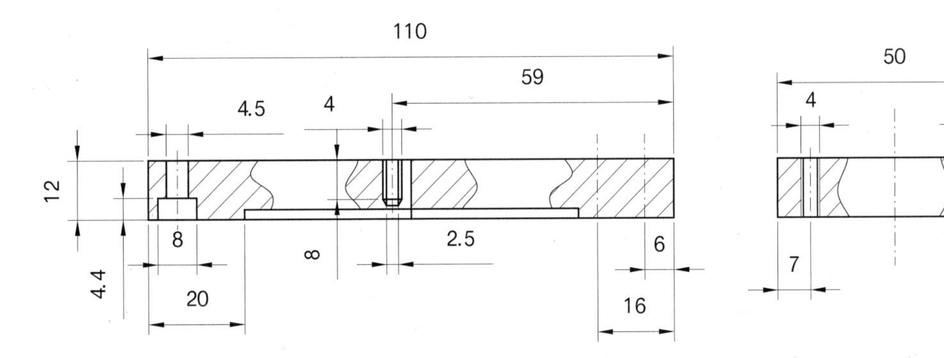

작업 영역 | Limits 0,0 ~ 12000,9000

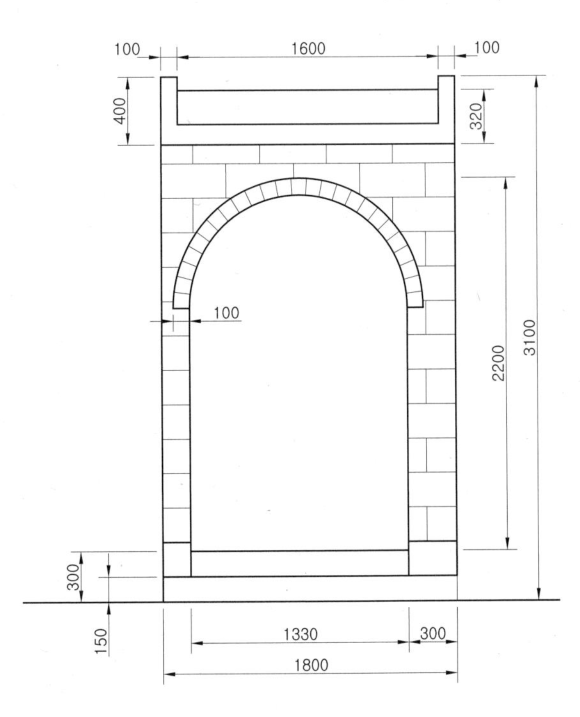

종합문제

작업 영역 Limits 0,0 ~ 240,180

잠깐만요

지시 없는 C는 1.5로 작성합니다.

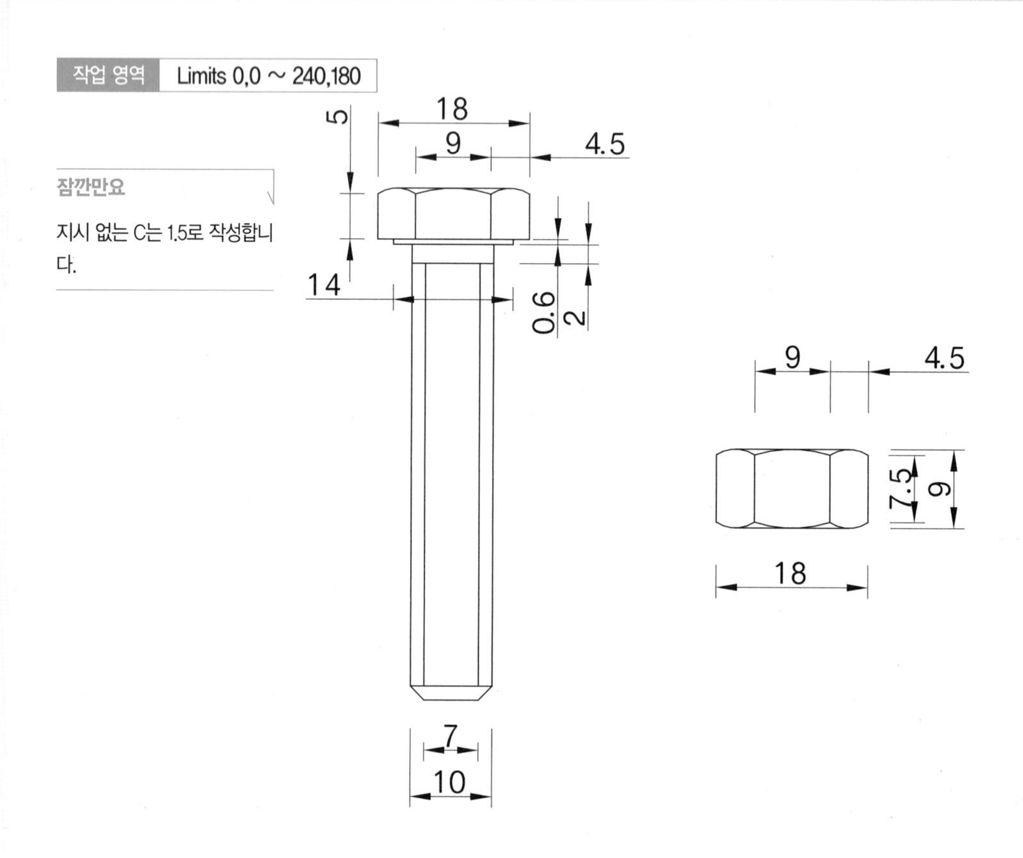

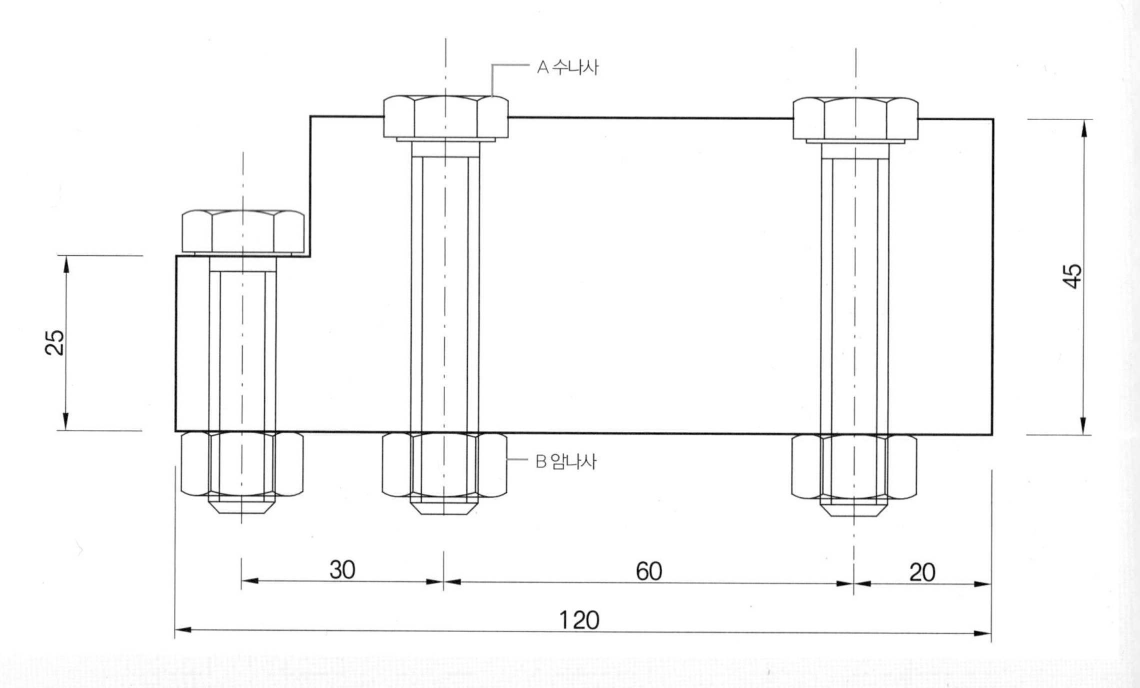

작업 영역 | Limits 0,0 ~ 240,180

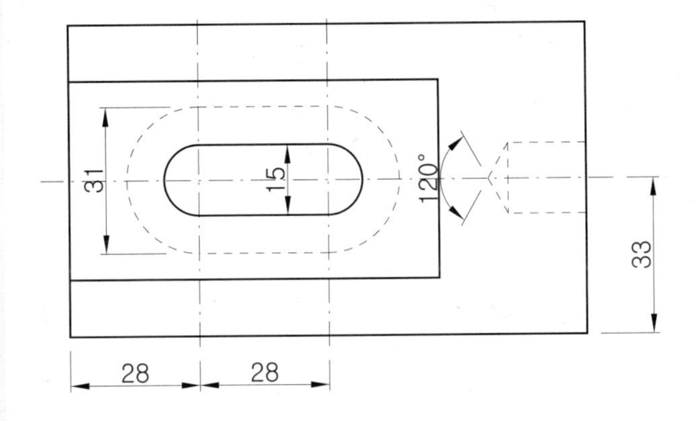

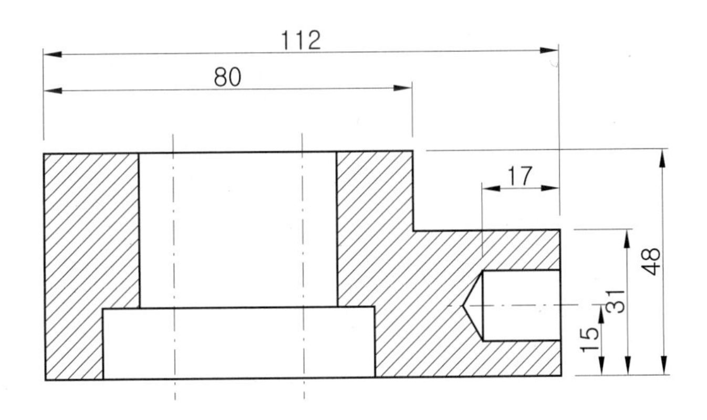

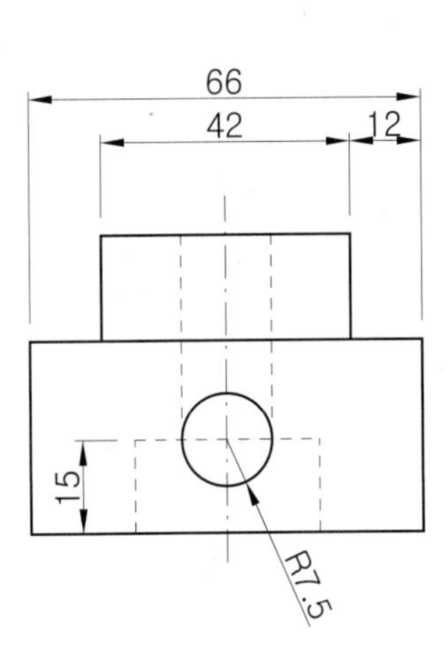

종합문제

작업 영역	Limits 0,0 ~ 360,180

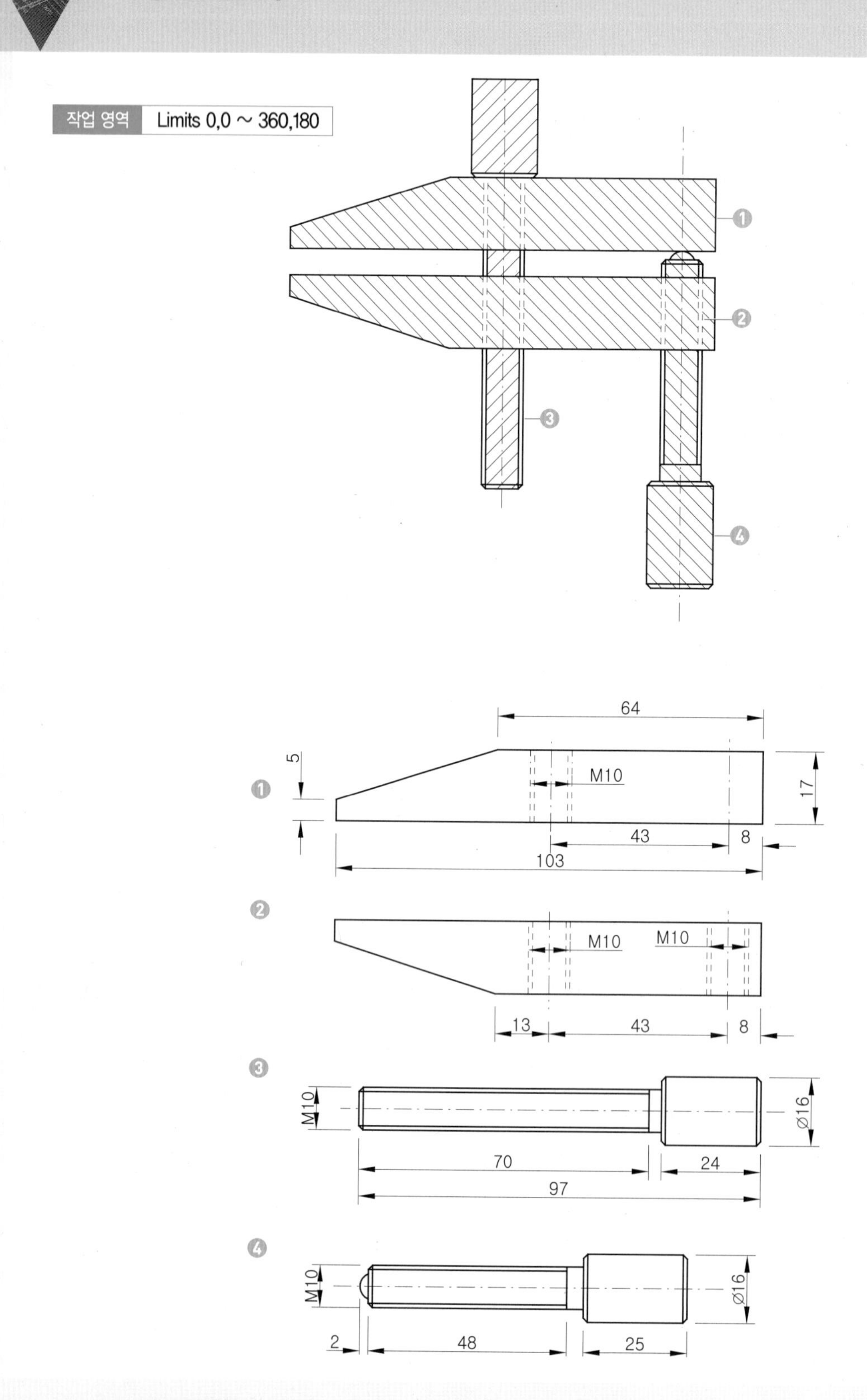

작업 영역	Limits 0,0 ~ 360,180

잠깐만요

조립도에서 해치는 빈공간과 채워진 공간에 대한 표시입니다. 채워진 두 개의 공간 인접 시, 해치는 반대 각도로 표시하며 그림과 같이 각도를 -45로 변경합니다.

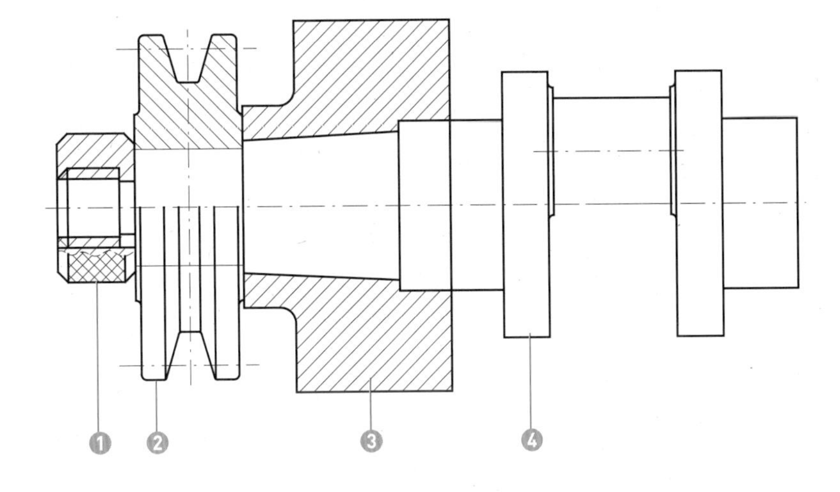

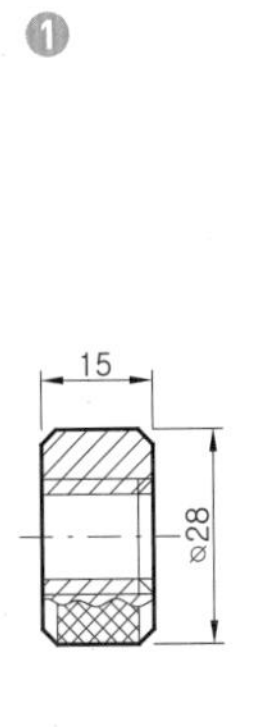

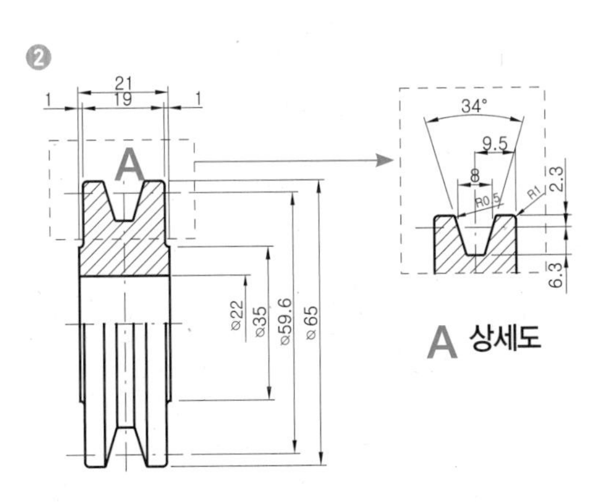

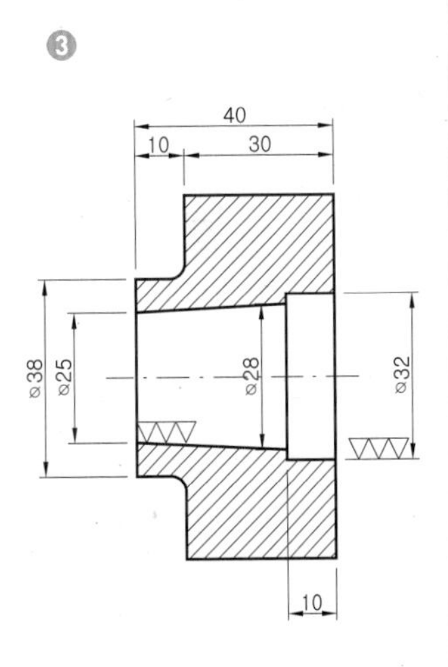

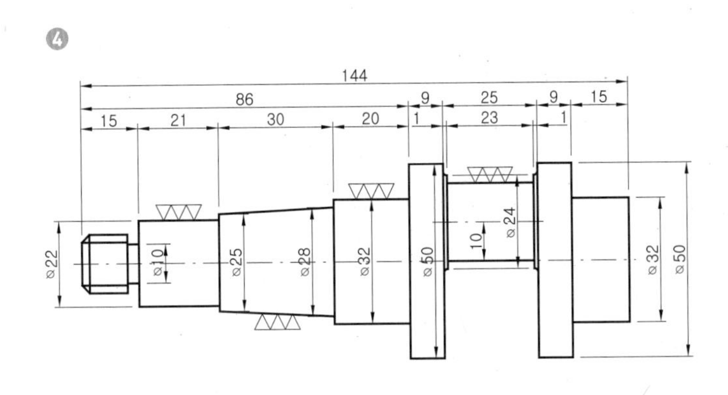

다섯째마당

AutoCAD

05

정확한 정보 전달을 위한 문자와 치수 입력

다섯째 마당에서는 문자와 치수 입력에 대하여 학습합니다. 치수 입력은 도면 작업의 마지막 단계로 완성도를 높이는 부분이며 문자 입력은 도면의 공간 활용도 및 구성요소의 특성 등을 표시하는 중요한 기능입니다. 치수 입력과 문자는 도면 작업에서 아주 중요하므로 잘 숙지해야 합니다.

Section

01 문자 스타일 설정하기 - Style, Dtext, Mtext, DDedit

문자를 입력하여 도면 작성에 대한 목적을 더욱 명확히 전달할 수 있습니다. 문자 크기, 서체 간격 등을 자유롭게 조정하기 위해서 먼저 정확하게 명령어를 숙지한 후 다양하게 적용해 보도록 합니다.

Step 01

Style의 이해

Style 명령어는 문자의 스타일을 설정합니다. 트루타입 글꼴을 기본적으로 지원하며 필요한 서체를 추가하여 사용할 수 있습니다. 기본 서체는 'txt.shx'이며 한글을 입력하기 위해서는 한글이 지원되는 서체가 필요합니다. 일반적으로 사용하는 운영체제에는 기본 한글 서체가 지원되며 필요한 서체를 설치하여 사용할 수 있습니다.

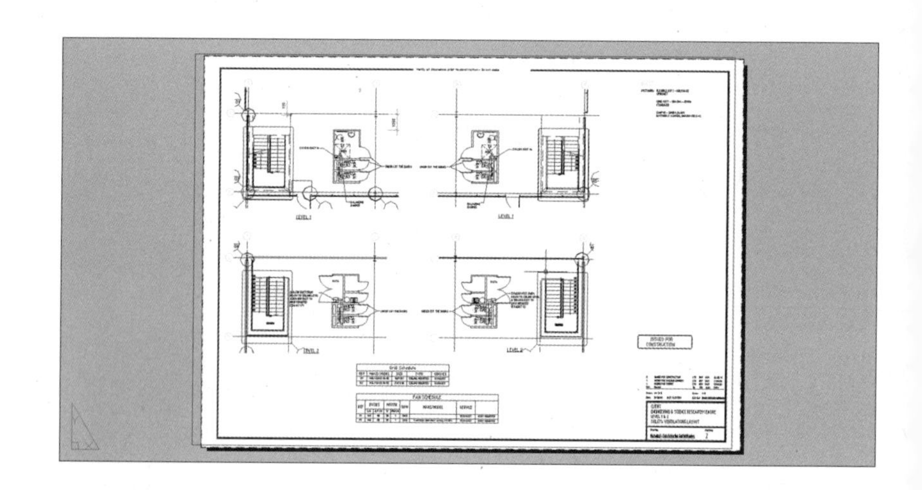

입력 형식

Command : style ([Text Style] 대화상자가 표시됩니다.)

[Text Style] 설정 대화상자

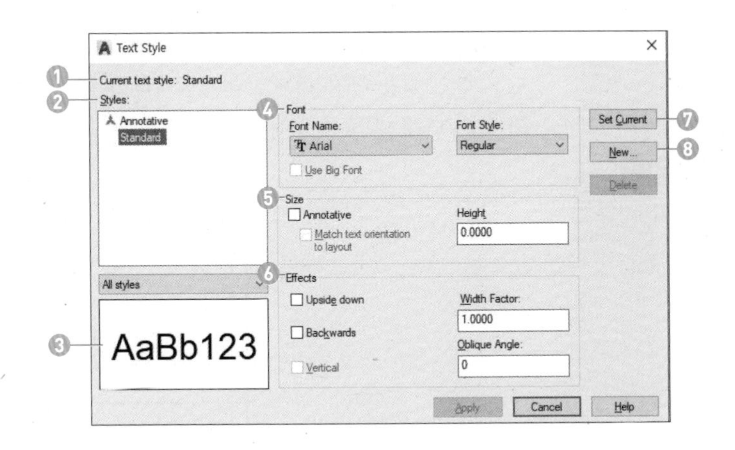

❶ **Current text style** : 사용 중인 문자 스타일의 이름을 표시합니다.

❷ **Styles** : 사용 중인 문자 스타일을 표시합니다.

❸ **Preview** : 서체 변경 및 효과 설정 시 미리 보기를 나타냅니다.

❹ **Font** : 스타일을 적용할 서체를 지정합니다.

❺ **Size** : 문자 크기를 지정하거나 변경할 수 있습니다. 크기 입력 시 문자 작성 명령에서는 문자의 크기를 지정할 수 없습니다.

❻ **Effects** : 높이, 비율, 너비, 기울기를 설정합니다.

❼ **Set Current** : 새로운 문자 스타일을 만들거나 변경한 문자 스타일을 현재 스타일로 지정합니다.

❽ **New** : 새로운 스타일을 지정할 수 있습니다.

▲ Upside Down 스타일

▲ Back Wards 스타일

▲ Width Factor 스타일

▲ Vertical 스타일

Step 02

Dtext의 이해 – 단일행 문자 입력

Dtext는 단일행 문자 입력을 위한 명령어입니다. 몇 개의 행으로 된 문단을 입력해도 각각의 행을 단일 객체로 인식합니다. 문자를 입력할 때 Spacebar 를 누르면 명령의 다음 단계 및 종료가 아닌 문자의 간격을 띄우는 기능을 실행합니다.

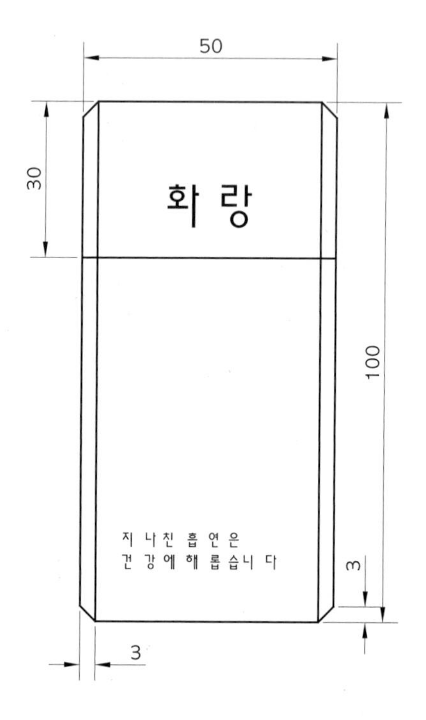

입력 형식

```
Command : dtext
Current text style: "style1" Text height: 2.5000 Annotative : No (현재 설정 값을 표시합니다.)
Specify start point of text or [Justify/Style] : (문자 입력의 시작점 또는 옵션을 선택합니다.)
Specify height <2.5000> : (작성할 문자의 크기를 입력합니다.)
Specify rotation angle of text <0> : (작성될 문자의 기울기 값을 설정합니다.)
본문 내용을 입력합니다.
```

Dtext 설정별 특징

- **Start point** : 문자를 작성할 시작점을 지정합니다.
- **Justify** : 문자의 작성 정렬점 및 배열 방식을 선택합니다.
  - **Align** : 두 점 사이에 문자를 정렬합니다.
  - **Fit** : 두 점 사이에 문자를 정렬하고 높이를 지정합니다.
- **Style** : 작성될 문자의 스타일을 선택하거나 변경할 수 있습니다.

Step 03

Mtext의 이해 – 다중행 문자 입력

Mtext는 다중행 문자 입력을 위한 명령어입니다. 한 줄로 입력하거나 여러 줄로 입력해도 문장 전체를 하나로 인식하며, 일반 워드프로그램과 같이 입력된 문자는 Text Formatting 도구막대를 사용하여 다양하고 편리하게 편집할 수 있습니다. 또한 일반 문자 파일(*.txt)을 불러와 도면에 삽입할 수도 있습니다.

13. MAXIMUM MISALIGNMENT OF ANY SUPPORT FROM A STRAIGHT LINE BETWEEN I.P.'s HORIZONTAL ±10mm
    VERTICAL ±3mm
14. INSULATION SHALL BE IN ACCORDANCE WITH THE FOLLOWING SPECIFICATION AND DRAWINGS:
    SPECIFICATION SK-M-SP-0036
    DRAWINGS SK-M-DR-0037, 0038, 0039
15. CONSTANT WEIGHT SUPPORT TO BE INSTALLED HORIZONTAL IN THE COLD POSITION (BOTH PIPING AND WELL) UNLESS NOTED OTHERWISE.
16. CHANGES IN DIRECTION OR SLOPE TO BE FULL OR TRIMMED ELBOWS UNLESS SINGLE OR DOUBLE MITER BENDS ARE SPECIFIED. FOR NITRE BEND DETAILS SEE DRAWING LISTED IN NOTE 1 ABOVE.
17. CONTRACTOR SHALL SUBMIT CONSTRUCTION PLAN AND METHODOLOGY FOR EACH AREA (WELL PAD, CROSS COUNTRY ROUTE, TIE-IN, ETC.) TO COMPANY FOR REVIEW PRIOR TO COMMENCING WORK.
18. CONTRACTOR SHALL SUBMIT HYDROTEST PLAN AND METHODOLOGY FOR EACH AREA TO COMPANY FOR REVIEW PRIOR TO TESTING.

입력 형식

```
Command : MTEXT
Current text style: "Standard" Text height : 2.5 Annotative : No
Specify first corner : (다중행 문자가 작성될 구간의 첫 번째 점을 지정합니다.)
Specify opposite corner or [Height/Justify/Line spacing/Rotation/Style/Width/Columns] :
(다중행 문자가 작성될 구간의 끝점을 지정합니다.)
([Text Formatting 창이 표시됩니다.)
```

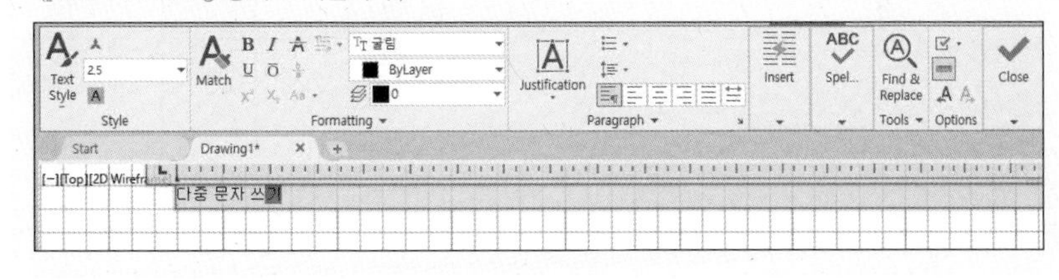

잠깐만요

지름을 표시하는 'Ø'나 각도를 표시하는 '°' 는 특수 문자 입력 방식을 사용하여 입력합니다. Mtext로 특수 문자 입력 시 일반적으로 많이 사용되는 특수 문자 입력 방식은 다음과 같습니다.

%%C40	Ø40
40%%D	40°
%%P40	±40

Mtext 설정별 특징

- **Height** : 작성될 문자의 높이 값을 설정합니다.
- **Justify** : 문자 작성의 정렬점 및 배열 방식을 선택합니다.
- **Line spacing** : 눈금을 표시합니다.
- **Rotation** : 문자의 회전 각도를 설정할 수 있습니다.
- **Style** : 문자의 서체를 지정할 수 있습니다.
- **Width** : 문자의 폭을 지정할 수 있습니다.
- **Columns** : 문자가 작성될 문장의 폭을 지정할 수 있습니다.

Step 04

DDedit의 이해 – 문자 수정

DDedit란 작성된 문자의 본문 내용을 수정하는 명령으로, 치수문자도 DDedit 명령어를 이용하여 수정할 수 있습니다.

입력 형식

```
Command : DDedit
Select an annotation object or [Undo] : (수정할 본문 내용을 선택합니다.)
Select an annotation object or [Undo] : (추가로 수정할 본문 내용을 선택하거나 Spacebar 를 눌러 명령을 종료합니다.)
```

Step 05

DDedit 예제 따라하기

달력의 틀을 작성하고 Style 명령으로 서체를 설정합니다. Dtext로 문자를 작성하고 Array를 실시한 후 본문 내용을 수정합니다.

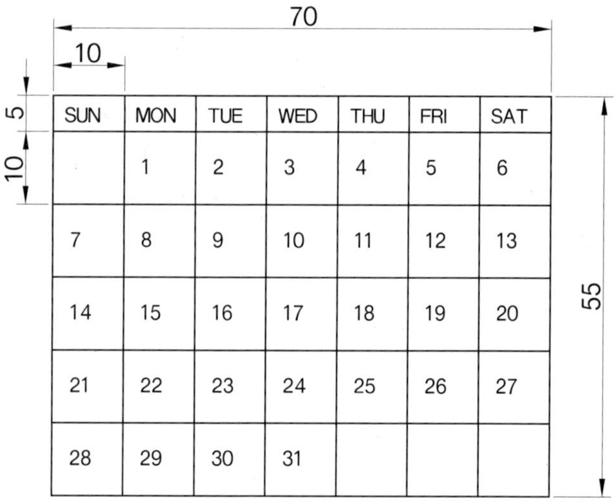

SUN	MON	TUE	WED	THU	FRI	SAT
	1	2	3	4	5	6
7	8	9	10	11	12	13
14	15	16	17	18	19	20
21	22	23	24	25	26	27
28	29	30	31			

그리는 방법

1 달력 틀을 완성한 후, Mtext 명령으로 그림과 같은 위치에 '1'을 입력합니다.

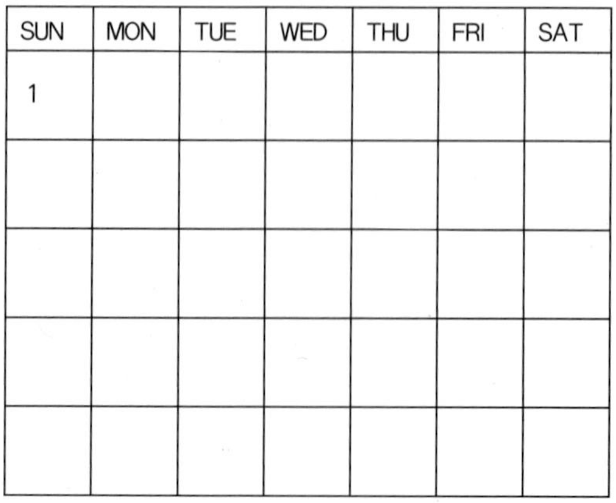

SUN	MON	TUE	WED	THU	FRI	SAT
1						

2 다중 배열 복사를 하기 위해 Array 명령을 실행합니다. 배열 복사 시킬 객체를 선택한 후, Columns(열) 값을 '7', Rows(행) 값을 '5', 열의 Between 값을 '10', 행의 Between 값을 '-10'으로 입력하고 Spacebar 또는 Enter 를 눌러 배열 복사를 완료합니다.

```
Command : ARRAY
Select objects : 1 found (숫자 '1' 객체를 선택합니다.)
Select objects : (Spacebar 를 눌러 명령을 진행합니다.)
Enter array type [Rectangular/PAth/POlar] <Polar> : r (사각형 배열 옵션을 선택합니다.)
Type = Rectangular  Associative = Yes
Select grip to edit array or [ASsociative/Base point/COUnt/
Spacing/COLumns.
/Rows/Levels/eXit]<eXit> : (Spacebar 를 눌러 명령을 종료합니다.)
```

Type	Columns		Rows		Levels		Properties		Close
Rectangular	Columns:	7	Rows:	5	Levels:	1	Associative	Base Point	Close Array
	Between:	10	Between:	10	Between:	1			
	Total:	60	Total:	40	Total:	1			

SUN	MON	TUE	WED	THU	FRI	SAT
1	1	1	1	1	1	1
1	1	1	1	1	1	1
1	1	1	1	1	1	1
1	1	1	1	1	1	1
1	1	1	1	1	1	1

3 DDedit 명령을 이용하여 달력의 날짜를 수정합니다.

```
Command : ddedit
Select an annotation object or [Undo] : (수정할 본문 내용을 선택합니다.)
Select an annotation object or [Undo] : (추가로 수정할 본문 내용을 선택하거나 Spacebar 를 눌러 명령을 종료합니다.)
```

문자 입력 연습 문제 | Chamfer, Fillet, Circle, Style, Dtext

작업 영역	Limits 0,0 ~ 360,180

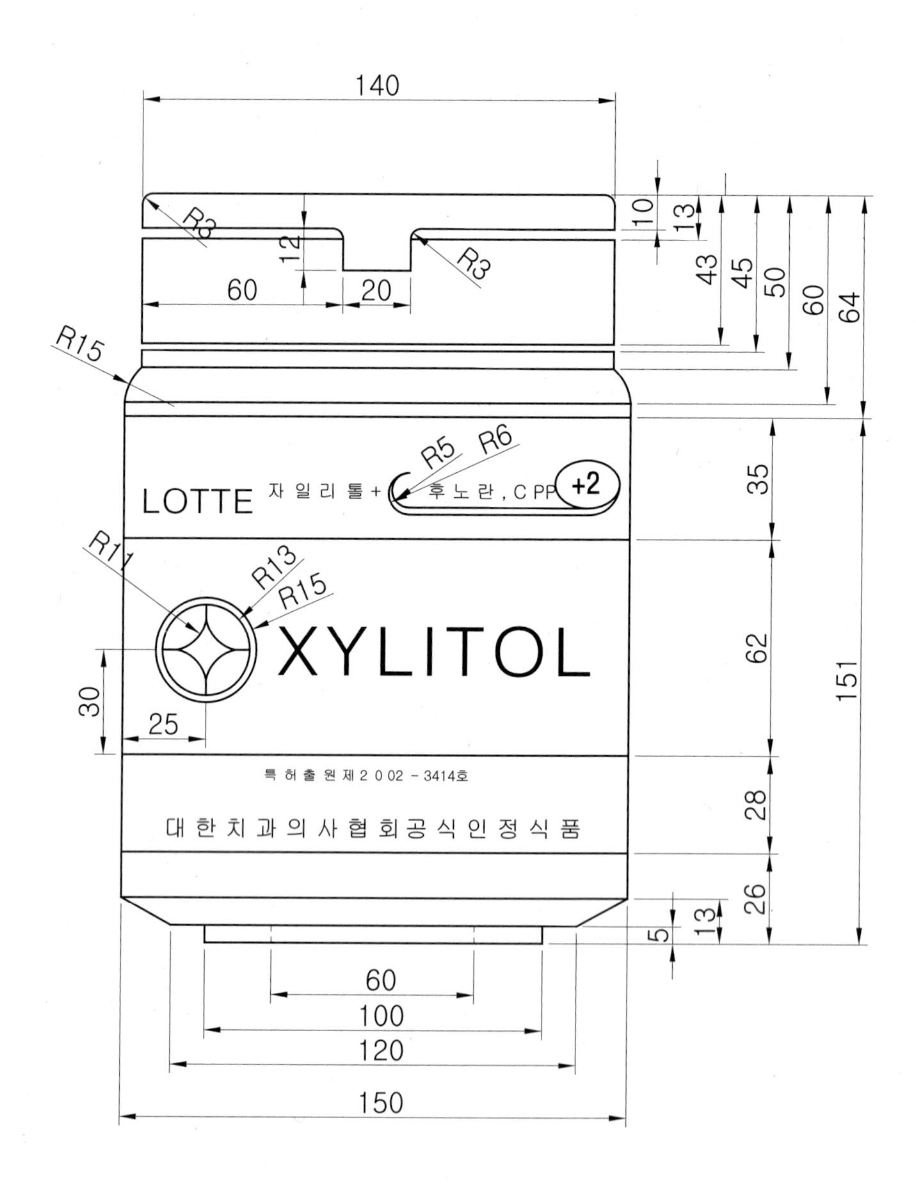

문자 입력 연습 문제 | MLine, Block, Insert, Dtext

작업 영역	Limits 0,0 ~ 12000,9000

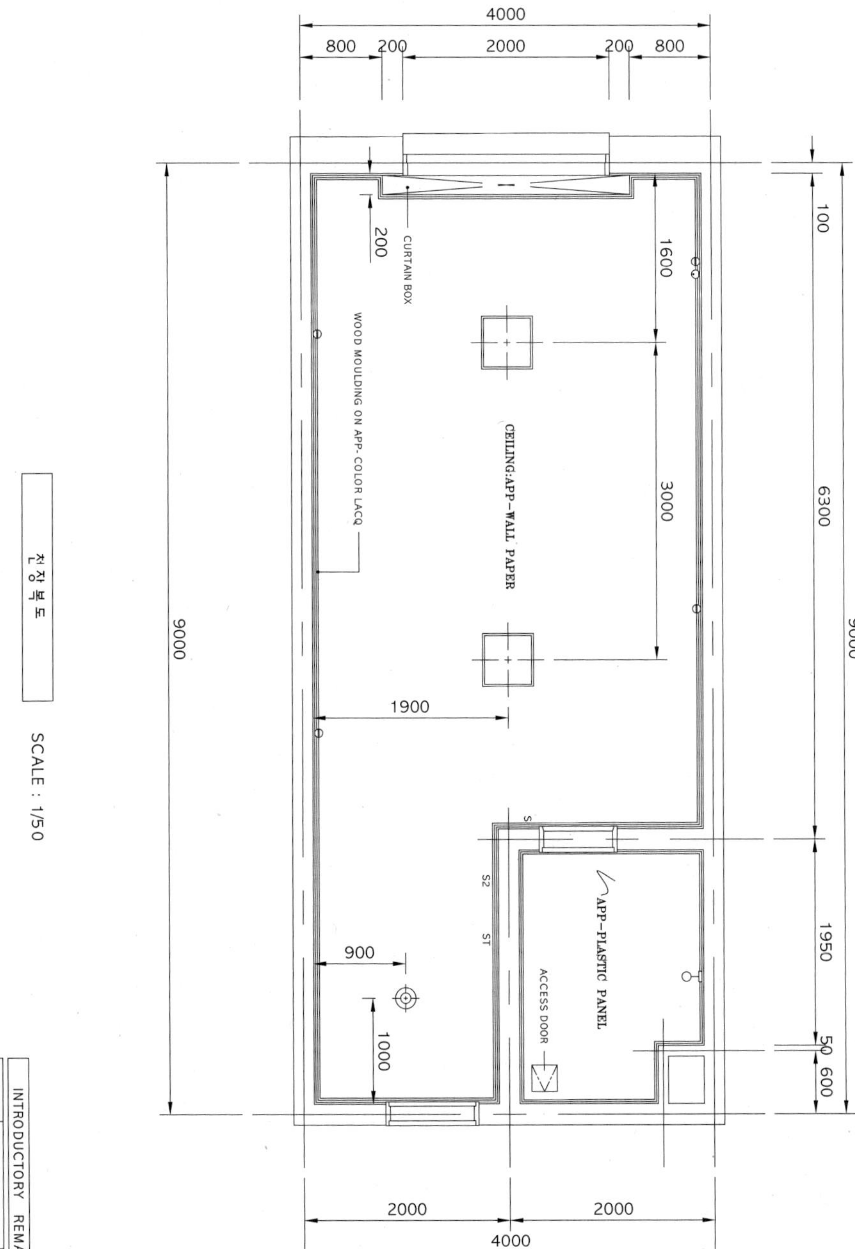

천장복도

SCALE : 1/50

INTRODUCTORY REMARKS

TYPE	CONTENTS	QUNT
⊞	Ceiling Light	2
⊕	Ceiling Light	1
⊩O	Bracket	1
Ⓖ	Telephon Outlet	1
ST	Time Switch	1
S	Switch	2
⊖	Concent	4

Section
02
치수 구성요소 설정하기 - Ddim, New Dimension Style

도면에서 무엇보다 중요한 것은 정확한 치수 입력 및 실무자들이 알아보기 쉽도록 표시하는 것입니다. 그러므로 도면 작성의 마지막 단계의 치수 입력 작업은 어떠한 과정보다도 중요하며 주의가 필요합니다.

Step 01

치수 구성요소의 이해

치수는 4가지 요소로 구성되어 있으며 각각의 크기와 모양을 변경할 수 있습니다.

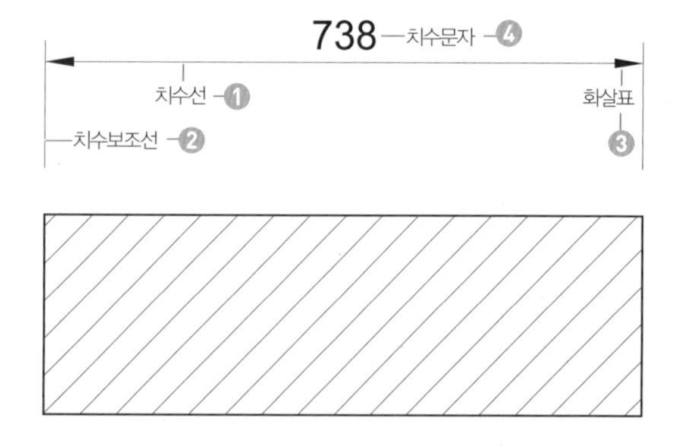

① **치수선(Dimension Line)** : 치수문자의 밑에 작성되는 선을 말합니다.
② **치수보조선(Extension Line)** : 객체에서 치수선까지 그려지는 선을 말합니다.
③ **화살표(Arrowhead)** : 치수가 어디까지 가리키는지 표시하는 역할을 합니다.
④ **치수문자(Dimension Text)** : 작성되는 치수의 길이 및 각도를 수치로 표시하는 문자입니다.

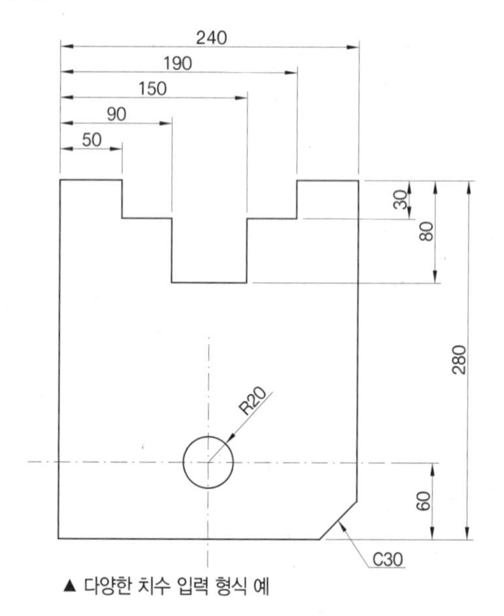

▲ 다양한 치수 입력 형식 예

Step 02

Ddim의 이해 - 치수 구성 관리

Ddim이란 사용자가 쉽게 치수의 변수를 변경할 수 있도록 정리한 부분입니다. 치수의 변수를 제어하여 완벽한 도면을 산출할 수 있도록 각각의 기능을 정확하게 숙지해야 합니다.

입력 형식

```
Command : DDIM ([Dimension Style Manger] 대화상자가 표시됩니다.)
```

Ddim 설정별 특징

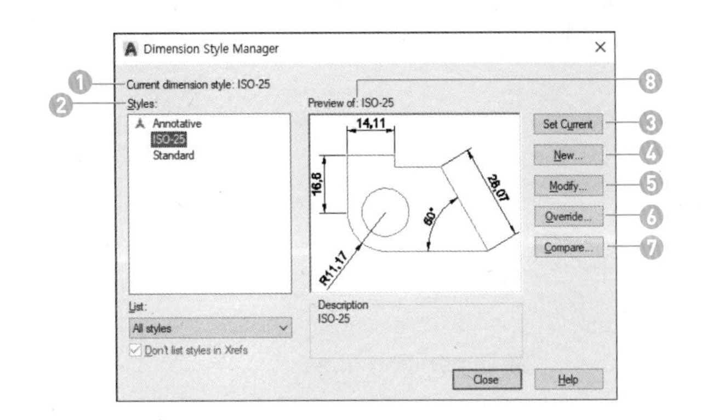

① **Current dimension style** : 사용 중인 치수 유형을 표시합니다.
② **Styles** : 사용 중인 치수 유형의 목록을 표시합니다.
③ **Set Current** : Styles 항목에서 선택된 치수 유형을 사용할 치수 유형으로 설정합니다.
④ **New** : 새로운 치수 스타일을 정의합니다.
⑤ **Modify** : 사용 중인 스타일 또는 기존에 사용한 치수 스타일을 변경합니다.
⑥ **Override** : 치수 유형을 별도로 만들지 않고 부분적으로 다른 치수 형태가 필요할 때 변수를 조정하여 해당 객체에 적용할 수 있습니다.
⑦ **Compare** : Dimmension Style의 모든 특성을 비교할 수 있습니다.
⑧ **Preview of** : 현재 적용되는 치수 스타일을 미리 보기 형태로 보여줍니다.

새로운 Dimension Style 만드는 방법

자주 사용할 치수 스타일을 새롭게 만들어 등록할 수 있습니다.

① [Dimension Style Manager] 대화상자에서 〈New〉 버튼을 누르면 [Create New Dimension Style] 대화상자가 표시됩니다.
② New Style Name 항목에 치수 유형의 이름을 'text'로 입력하고 〈Continue〉 버튼을 누릅니다.

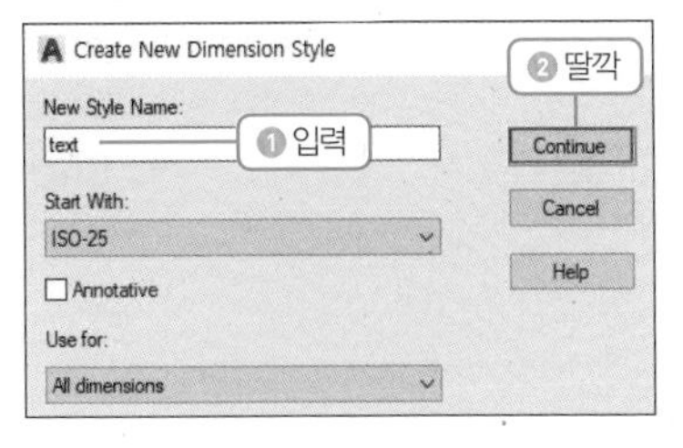

Step 03

Lines의 이해 – 치수선 및 치수보조선

[New Dimension Style] 대화상자의 Lines 탭에서는 치수선과 치수보조선에 대한 변수 값을 설정합니다.

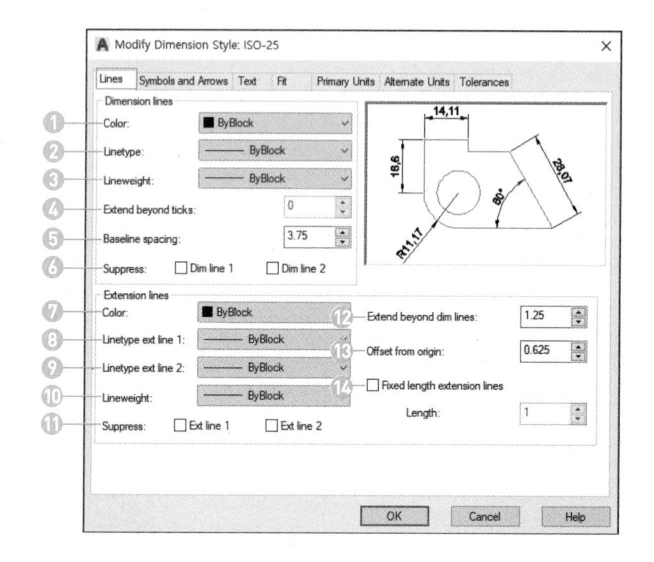

■ Dimension lines

① **Color** : 치수선의 색상을 설정합니다.

② **Linetype** : 치수선의 선 종류를 설정합니다.

③ **Lineweight** : 치수선의 두께를 설정합니다.

④ **Extend beyond ticks** : 치수보조선 너머로 치수선을 연장할 거리를 지정합니다.

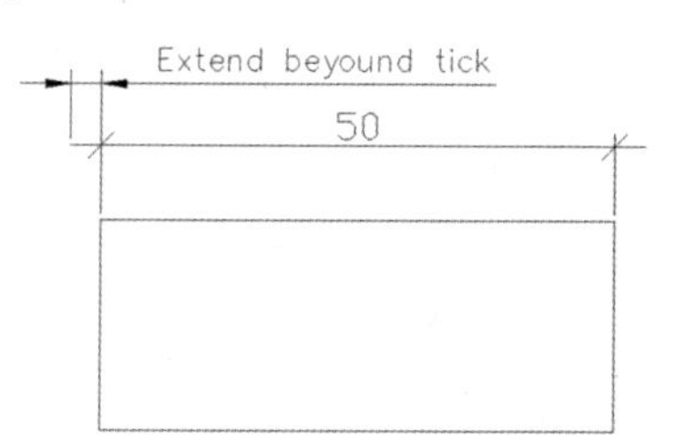

⑤ **Baseline spacing** : 기준선 치수의 치수선 사이 간격을 설정합니다.

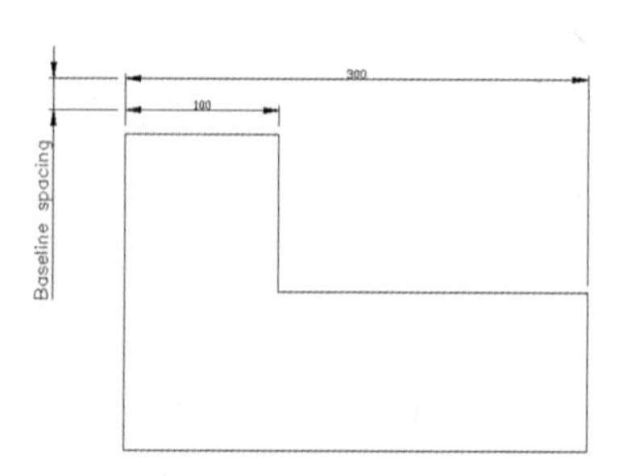

⑥ **Suppress** : 치수선 표시를 억제합니다.

■ Extension lines

⑦ **Color** : 치수보조선의 색상을 설정합니다.

⑧ **Linetype ext line 1** : 1번 치수보조선의 선 종류를 설정합니다.

⑨ **Linetype ext line 2** : 2번 치수보조선의 선 종류를 설정합니다.

⑩ **Lineweight** : 선의 두께를 설정합니다.

⑪ **Suppress** : 치수보조선 표시를 억제합니다.

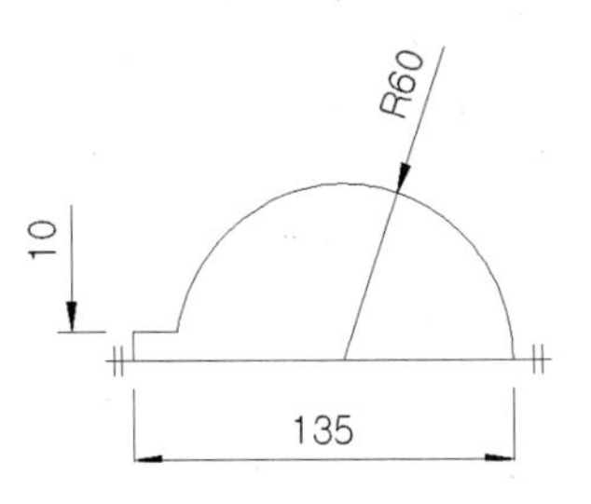

⑫ **Extend beyond dim lines** : 치수선 위로 치수보조선을 연장할 거리를 지정합니다.

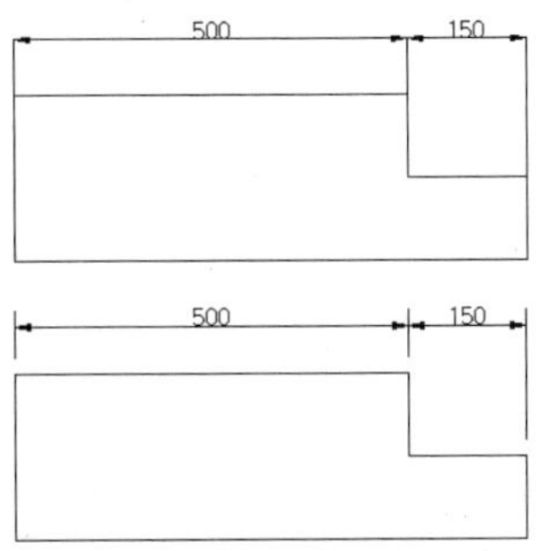

⑬ **Offset from origin** : 도면에서 치수를 정의하는 점으로부터 치수보조선 간격을 띄울 거리를 설정합니다.

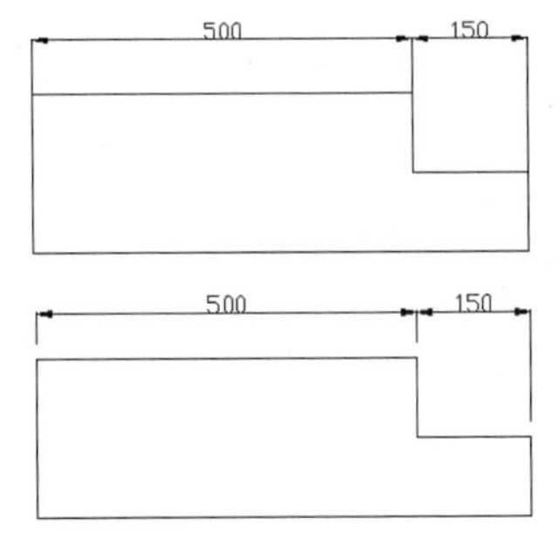

⑭ **Fixed length extension lines** : 고정 길이 치수보조선이 작동 가능합니다.

Step 04

Symbols and Arrows의 이해 – 화살표

[New Dimension Style] 대화상자의 Symbols and Arrows 탭에서 화살표 종류 및 지시선 종류를 선택하거나 크기를 설정합니다.

[Symbols and Arrows] 대화상자 설정 옵션

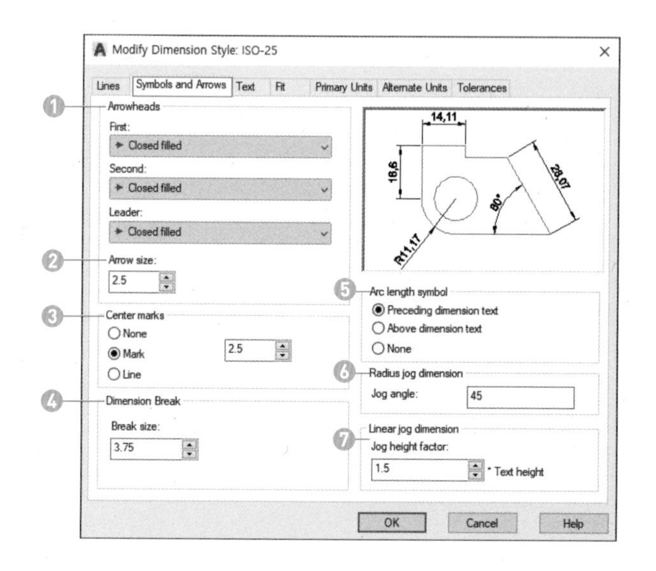

❶ **Arrowheads** : 치수선 양끝에 있는 화살촉의 형태 및 크기를 설정합니다.

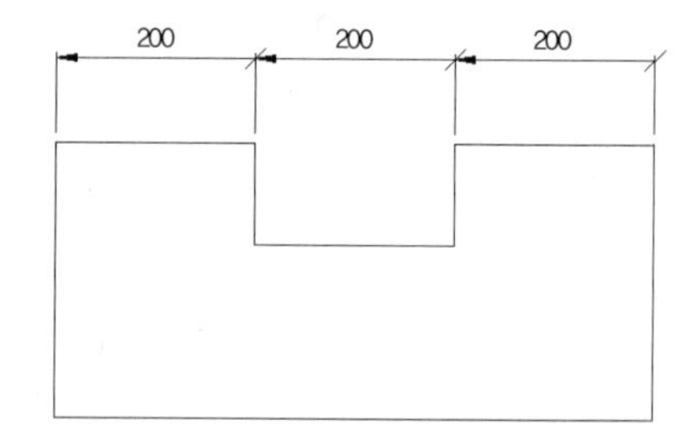

❷ **Arrow size** : 화살촉의 크기를 설정합니다.

❸ **Center marks** : 원, 호 등의 중심점을 표기하며 유형을 설정합니다.

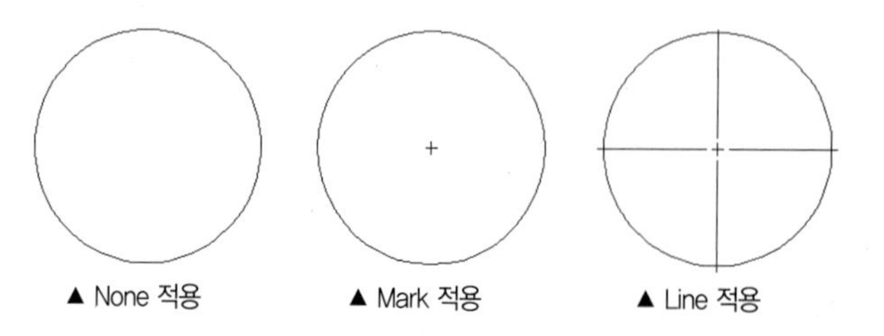

▲ None 적용　▲ Mark 적용　▲ Line 적용

❹ **Dimension Break** : 치수 끊기에 사용되는 간격의 크기를 표시하거나 설정합니다.

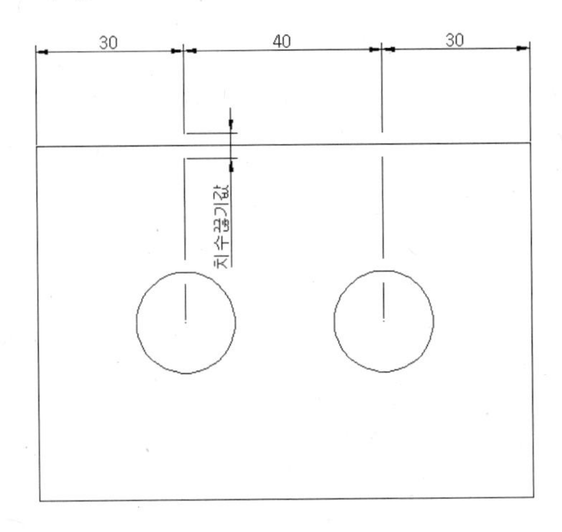

❺ **Arc length symbol** : 호 길이, 치수의 원호 기호 및 문자 표시를 조정합니다.

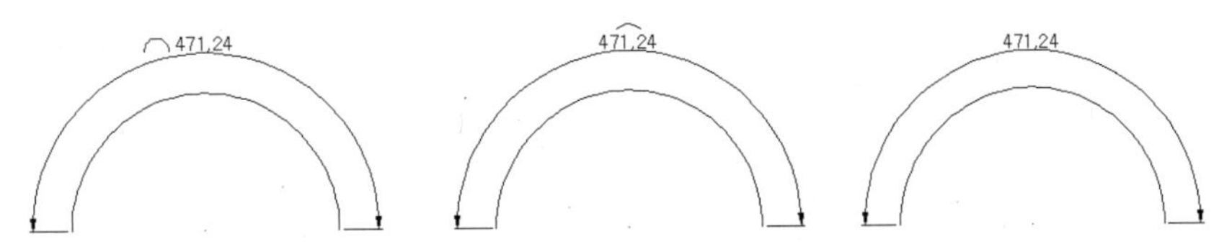

❻ **Radius jog dimension** : 꺾기 반지름 치수의 표시를 조정합니다.

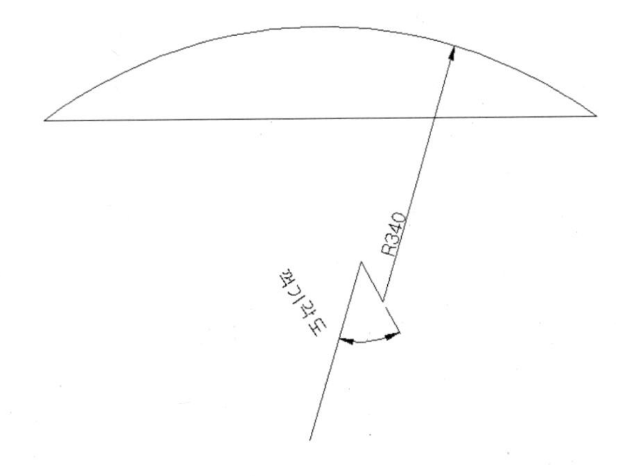

❼ **Linear jog dimension** : 선형 치수의 꺾기 표시를 설정합니다.

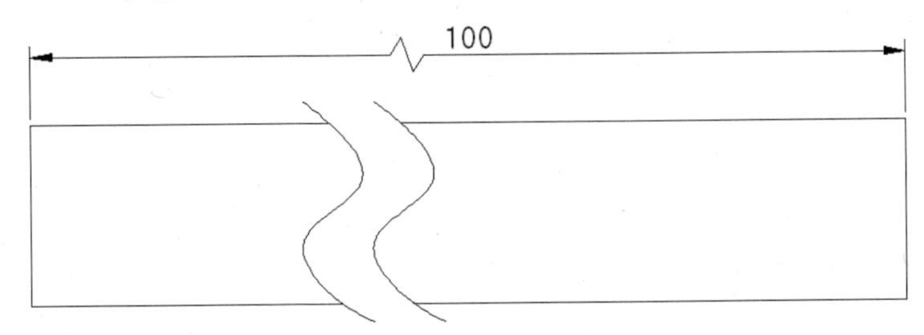

Step 05

Text의 이해 - 치수문자

[New Dimension Style] 대화상자의 Text 탭에서 치수문자의 크기 및 정렬방식을 설정합니다. 도면 크기에 따라 치수문자 크기 또한 변경해야 할 경우가 많기 때문에 각각의 옵션 기능을 이해해야 합니다.

[Text] 대화상자 설정 옵션

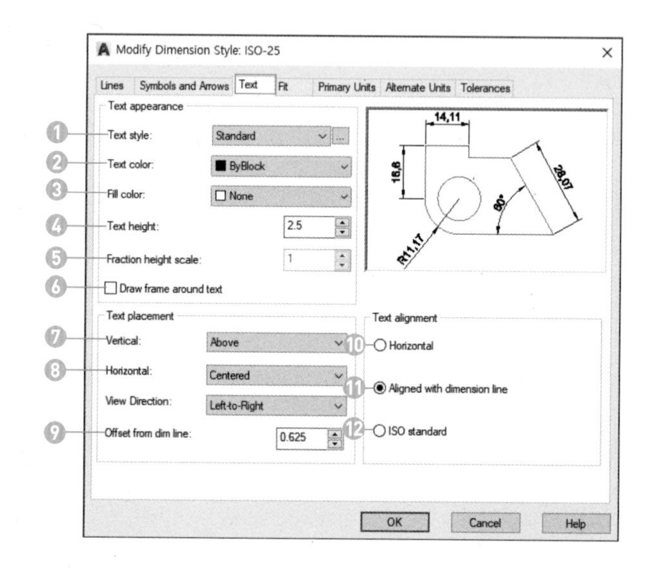

■ **Text appearance :** 치수문자의 형식과 크기를 조정합니다.

❶ **Text style** : 치수문자의 현재 스타일을 표시하고 설정합니다.

❷ **Text color** : 치수문자의 색상을 지정합니다.

❸ **Fill color** : 치수문자의 배경 색상을 설정합니다.

❹ **Text height** : 치수문자의 크기를 설정합니다.

❺ **Fraction height scale** : 분수의 축척을 치수문자 기준으로 설정합니다.

❻ **Draw frame around text** : 치수문자 주위에 사각형 상자를 작성합니다.

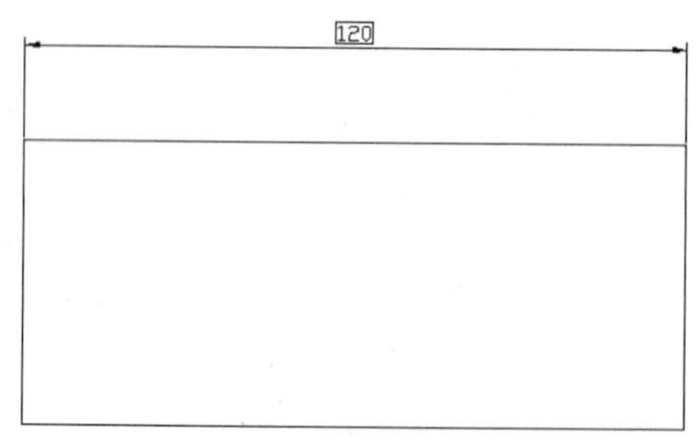

▲ Draw frame around text

■ **Text placement :** 치수문자의 배치를 조정합니다.

⑦ **Vertical** : 치수선과 관련하여 치수문자의 수직 배치를 조정합니다.

- **Center** : 치수문자를 치수선 중심에 배치합니다.
- **Above** : 치수문자를 치수선 위쪽으로 배치합니다.
- **Outside** : 첫 번째 정의점에서 가장 먼쪽으로 치수문자를 배치합니다.
- **JIS** : JIS(Japanese Industrial Standards) 표기법에 따라 치수문자를 배치합니다.

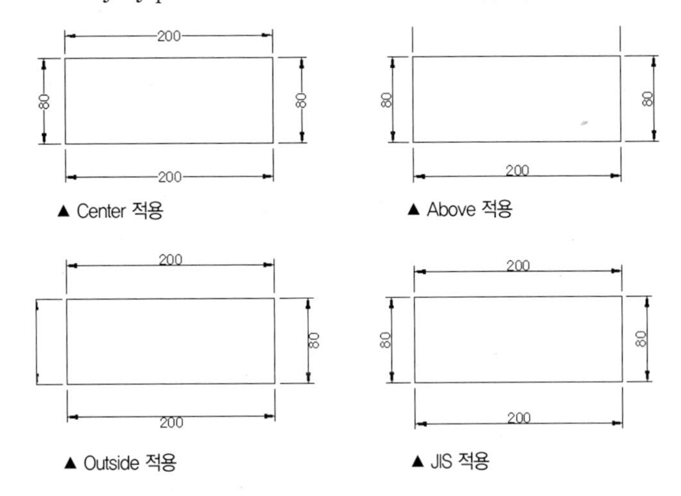

▲ Center 적용
▲ Above 적용
▲ Outside 적용
▲ JIS 적용

⑧ **Horizontal** : 치수보조선을 기준으로 치수선에 대한 치수문자의 수평 배치를 조정합니다.

- **Centered** : 치수문자를 치수보조선 중간에 배치합니다.
- **At Ext Line 1** : 치수문자를 첫 번째 치수보조선에 인접하여 정렬합니다.
- **At Ext Line 2** : 치수문자를 두 번째 치수보조선에 인접하여 정렬합니다.
- **Over Ext line 1** : 치수문자를 첫 번째 치수보조선 위에 배치합니다.
- **Over Ext line 2** : 치수문자를 두 번째 치수보조선 위에 배치합니다.

⑨ **Offset from dim line** : 문자 간격을 설정합니다.

■ **Text alignment :** 치수보조선 안 또는 밖에서 치수문자의 방향을 조정합니다.

⑩ **Horizontal** : 수평 위치로 문자를 배치합니다.

⑪ **Aligned with dimension line** : 문자를 치수선과 평행으로 정렬합니다.

⑫ **ISO standard** : 치수문자가 치수보조선 안에 있을 때는 치수선과 평행을 유지하며 치수문자가 치수보조선을 벗어날 때는 수평으로 작성됩니다.

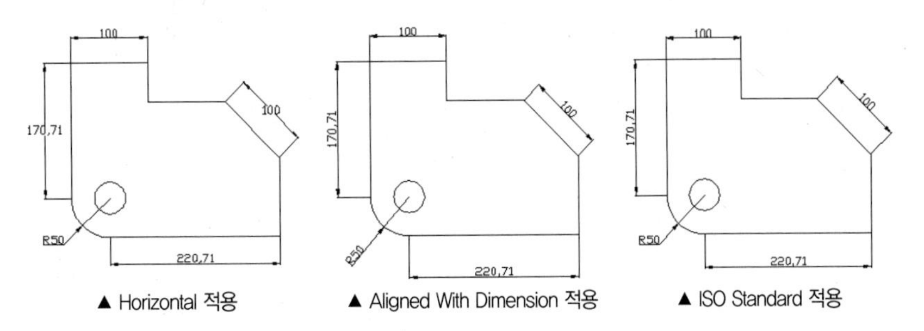

▲ Horizontal 적용
▲ Aligned With Dimension 적용
▲ ISO Standard 적용

Step 06

Fit의 이해 - 치수 구성요소의 위치 설정

치수선, 치수보조선, 치수문자를 상황에 맞게 정렬하는 방법을 알아봅니다. Fit 탭의 항목을 설정하는 경우는 실무에서 치수를 입력할 구간이 좁을 때입니다.

[Fit] 대화상자 설정 옵션

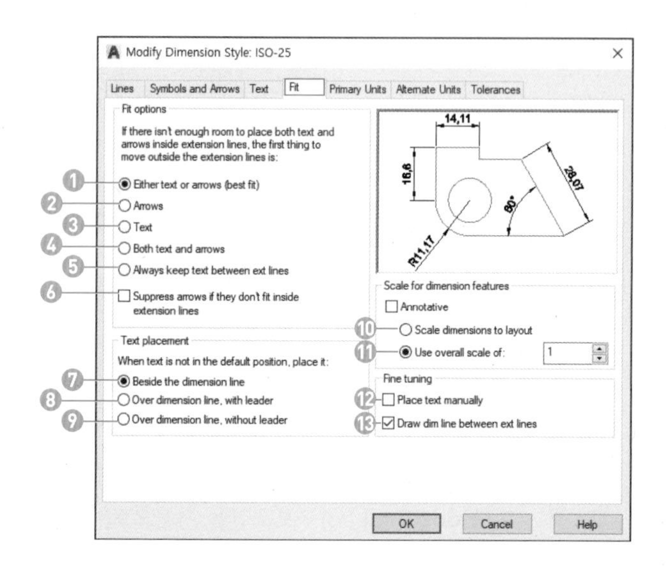

■ **Fit options** : 치수보조선 사이에 사용 가능한 공간을 기준으로 문자 및 화살표의 배치를 조정합니다.

❶ **Either text or arrows** : 최대 맞춤을 기준으로 치수보조선 바깥쪽의 문자 또는 화살표를 이동합니다.

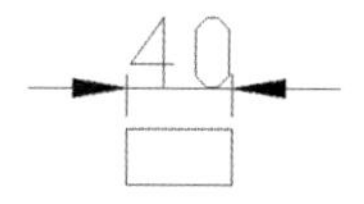

❷ **Arrows** : 치수보조선 바깥쪽으로 화살표를 이동한 다음 문자를 이동합니다.

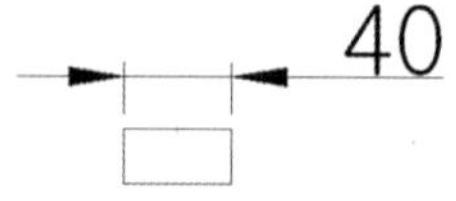

❸ **Text** : 치수보조선 바깥쪽으로 문자를 이동한 다음 화살표를 이동합니다.

❹ **Both text and arrows** : 문자와 화살표 공간이 부족할 경우 치수보조선 바깥쪽으로 모두 이동합니다.

❺ **Always keep text between ext lines** : 문자를 항상 치수보조선 사이에 배치합니다.

❻ **Suppress arrows if they don't fit inside extension lines** : 치수문자가 치수보조선 안에 있어 화살표와 치수선이 겹칠 경우 화살촉을 표시하지 않습니다.

■ **Text placement** : 치수문자가 기본 위치, 즉 치수 스타일에 의해 정의된 위치에서 이동하는 경우 배치를 설정합니다.

⑦ **Beside the dimension line** : 치수보조선 안쪽에 치수보조선을 작성하고 치수문자는 바깥의 치수선과 평행하게 작성합니다.

⑧ **Over dimension line, with leader** : 문자 이동 시 치수선이 따라 움직이지 않습니다.

⑨ **Over dimension line, without leader** : 치수보조선 안에 치수문자를 작성하기 어려운 경우 무조건 치수선 위쪽에 작성합니다.

■ **Scale dimension features** : 전체 치수에 대한 축척 값 또는 도면 공간 축척을 설정합니다.

⑩ **Scale dimensions to layout** : 현재 모형 공간 뷰포트와 도면 공간 사이의 축척을 기준으로 축척 비율을 결정합니다.

⑪ **Use overall scale of** : 문자 및 화살촉 크기를 비롯하여 크기, 거리 또는 간격을 지정하는 모든 치수 스타일 설정에 대한 축척을 설정합니다.

■ **Fine tuning** : 상세하게 치수문자 배치를 맞춥니다.

⑫ **Place text manually** : 치수 입력 시 문자의 위치를 클릭하여 지정합니다.

⑬ **Draw dim line between ext lines** : 좁은 공간에 치수 입력 시 치수보조선 밖에 있는 치수선을 강제로 치수보조선에 넣을 것인지 설정합니다.

Step 07

Primary Units의 이해 – 치수 단위 설정

[New Dimension Style] 대화상자의 Primary Units 탭에서 치수문자의 단위계 및 소수점 표시, 머리말과 꼬리말을 설정합니다. 도면 작업 시 치수문자의 소수점을 표시할 때 사용하며 소수점 5 이상의 숫자는 반올림됩니다.

[Primary Units] 대화상자 설정 옵션

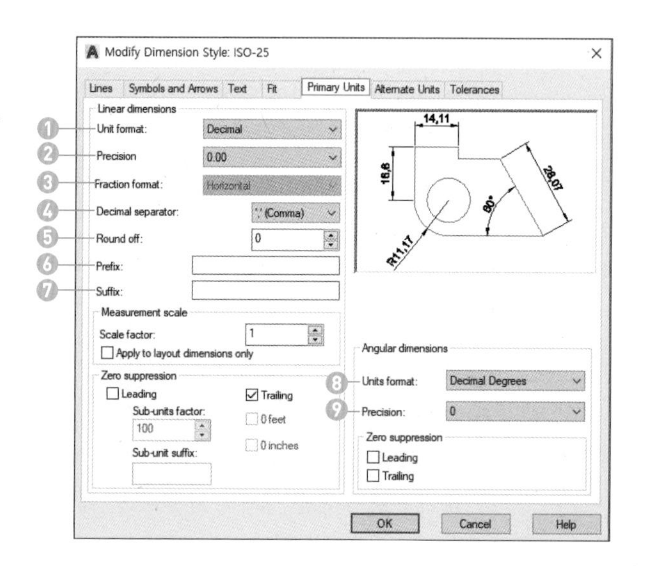

■ **Linear dimensions :** 치수문자의 표현 단위계 및 소수점 자릿수를 설정합니다.

❶ **Units format** : 치수에 사용할 단위계를 설정합니다.

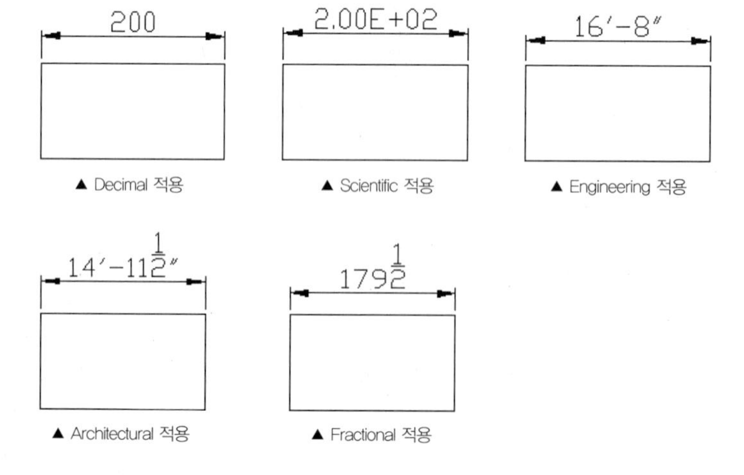

▲ Decimal 적용　▲ Scientific 적용　▲ Engineering 적용

▲ Architectural 적용　▲ Fractional 적용

② **Precision** : 치수문자의 소수점 자릿수를 설정합니다.

③ **Fraction format** : 분수 단위의 형식을 설정합니다.

④ **Decimal separator** : 십진수 단위를 선택했을 때 소수점 구분을 마침표, 쉼표, 공백으로 설정합니다.

⑤ **Round off** : 각도 치수를 제외한 모든 치수 유형의 측정 값에 대한 반올림 설정합니다.

⑥ **Prefix** : 치수문자에 머리말을 삽입합니다.

⑦ **Suffix** : 치수문자에 꼬리말을 삽입합니다.

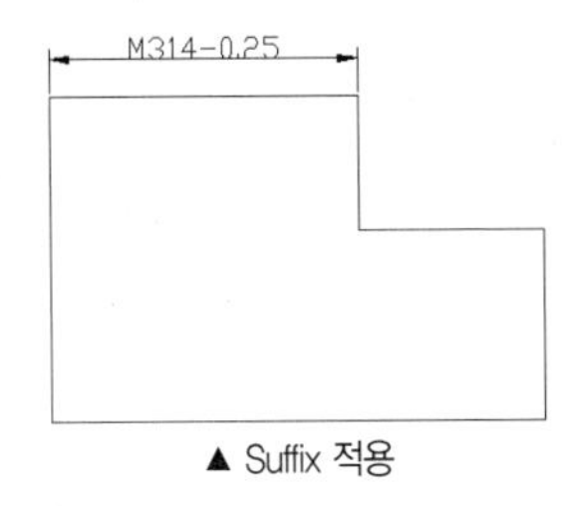

▲ Suffix 적용

■ **Measurement scale** : Scale factor에서 치수문자 값에 대한 축척을 적용합니다.

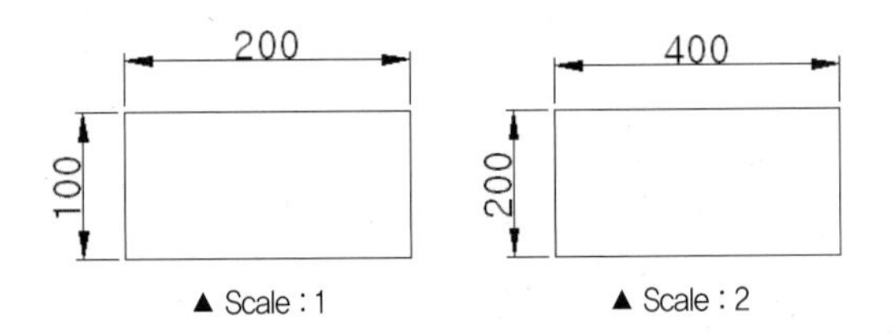

▲ Scale : 1　　▲ Scale : 2

■ **Angular dimensions** : 각도 치수의 단위계 및 소수점 자릿수를 설정합니다.

⑧ **Units format** : 각도 단위계를 설정합니다.

⑨ **Precision** : 각도 치수에 사용될 소수점 자릿수를 설정합니다.

Step 08

Alternate Units의 이해 – 치수 단위 설정

[New Dimension Style] 대화상자의 Alternate Units 탭에서 두 단위의 치수 입력 시 뒷부분 치수문자의 표현을 설정합니다. 이때 앞부분의 치수문자 표시는 Primary Units 탭에서 설정합니다. 해외로 도면을 보낼 경우 사용하며 각 국가마다 표준 도량형이 다르기 때문에 상대국의 도량형에 맞춰 작업해야 합니다.

[Alternate Units] 대화상자 설정 옵션

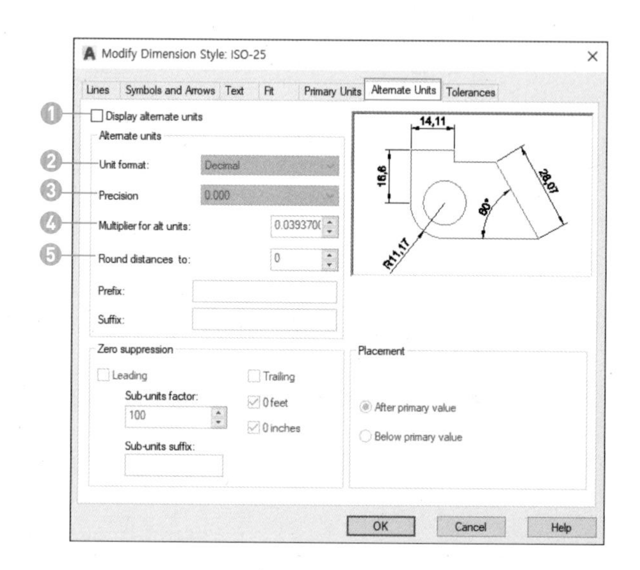

❶ **Display alternate units** : 2차 단위의 치수 입력 여부를 설정합니다.

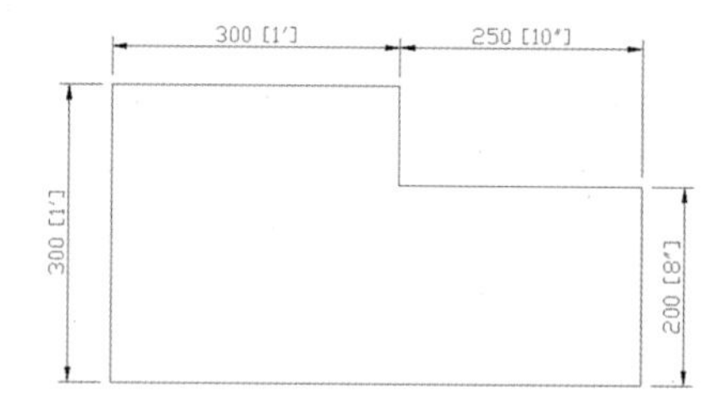

■ **Alternate units** : 각도를 제외한 모든 치수 유형에 대해 2차 치수 형식을 표시 하거나 설정합니다.

❷ **Unit format** : 2차 단위에 사용할 단위 형식을 설정합니다.

❸ **Precision** : 2차 단위 치수의 소수점 자리를 설정합니다.

❹ **Multiplier for alt units** : 1차 단위와 2차 단위 사이의 변환 과정에서 발생하는 공차를 조정합니다 .

❺ **Round distances to** : 각도를 제외한 모든 치수 유형의 2차 단위에 대한 반올림을 설정합니다.

■ **Placement** : 2차 단위 치수문자의 위치를 조정합니다.

Step 09

Tolerances의 이해 - 치수 공차 설정

[New Dimension Style] 대화상자의 Tolerances 탭에서는 기계 분야에서 사용되는 허용 공차를 조정합니다. 허용 공차란 기계 가공 시 허용할 수 있는 오차의 범주를 말합니다. 단, 기계 설계 시 허용 공차의 범주는 KS 데이터 규격에 의거해서 작성해야 합니다.

[Tolerances] 대화상자 설정 옵션

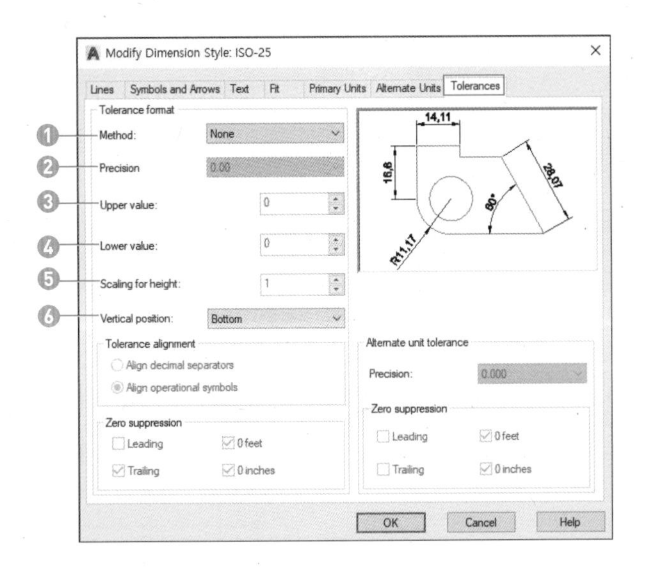

■ **Tolerance format** : 공차의 표시 방법을 설정합니다.

❶ **Method** : 공차의 계산 방법을 설정합니다.

- **None** : 공차를 추가하지 않습니다.
- **Symmetrical** : 치수에 단일 편차를 적용합니다.
- **Deviation** : 양수, 음수 공차 표현식을 추가합니다.
- **Limits** : 한계 치수를 작성합니다.
- **Basic** : 치수의 전체 범위를 포함하는 상자를 표시합니다.

❷ **Precision** : 공차의 소수점 자릿수를 설정합니다.

❸ **Upper value** : 최대 또는 상한 공차 값을 설정합니다.

❹ **Lower value** : 최소 또는 하한 공차 값을 설정합니다.

❺ **Scaling for height** : 공차 문자의 현재 높이를 설정합니다.

❻ **Vertical position** : 대칭 및 편차 공차의 문자 자리 맞추기를 조정합니다.

- **Top** : 공차 문자를 주 치수문자의 맨 위에 정렬합니다.
- **Middle** : 공차 문자를 주 치수문자의 중간에 정렬합니다.
- **Botton** : 공차 문자를 주 치수문자의 맨 아래에 정렬합니다.

Section 03

치수 입력하기

시공도면에 치수를 입력할 때에는 현장 실무자들이 도면을 보고 작업을 진행하면서 수치의 오차로 인해 피해를 입을 수 있기 때문에 치수가 중복되거나 누락되지 않도록 세밀한 주의가 필요합니다.

Step 01

Dimlinear의 이해

선택한 치수 구간 또는 객체의 치수를 수직(Vertical), 수평(Horizontal) 방향으로 입력합니다.

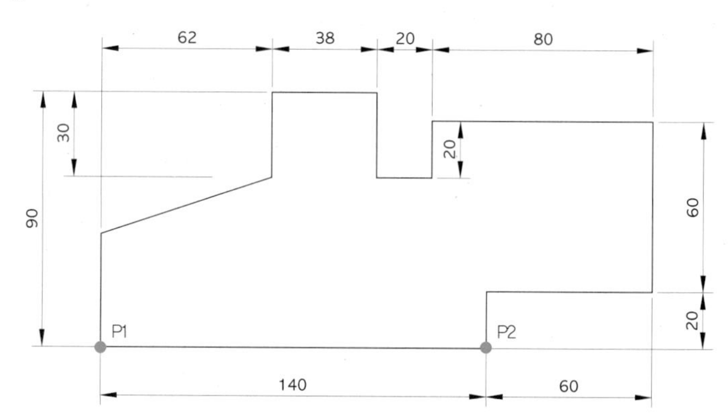

입력 형식

```
Command : dimlinear
Specify first extension line origin or <select object> : (P1 점을 선택합니다.)
Specify second extension line origin : (P2 점을 선택합니다.)
Non-associative dimension created. (작성될 예상 치수가 표시됩니다.)
Specify dimension line location or[Mtext/Text/Angle/Horizontal/Vertical/Rotated] : (화면에서 적당한 위치를 지정합니다.)
Dimension text = 140 (치수가 작성됩니다.)
```

Dimlinear 설정별 특징

- **Dimension line location** : 선택한 구간 또는 객체에서 마우스 포인터의 지시 방향에 따라 수직, 수평이 구분됩니다.
- **Mtext** : 치수문자를 Mtext로 작성합니다.
- **Text** : 치수문자를 Text로 작성합니다.
- **Angle** : 치수문자의 기울기를 설정합니다.
- **Horizontal** : 수평으로 치수를 입력합니다.
- **Vertical** : 수직으로 치수를 입력합니다.
- **Rotated** : 치수문자의 회전 각도를 설정합니다.

Step 02

Dimaligned의 이해

선택한 치수 구간 또는 치수를 선택한 객체, 구간의 평행 방향으로 치수를 입력합니다.

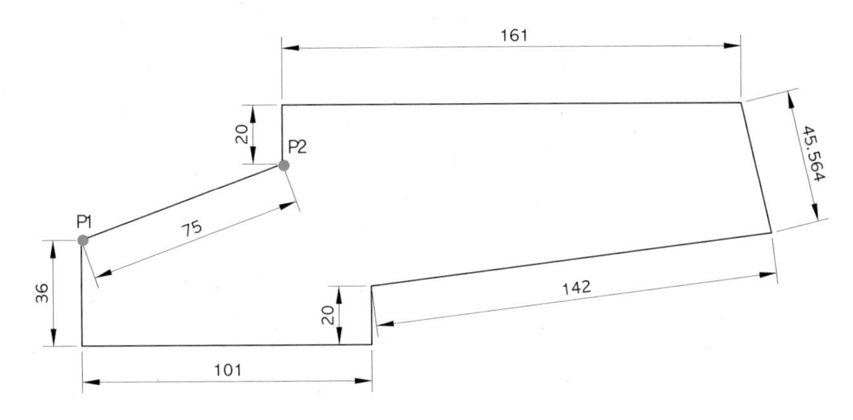

입력 형식

```
Command : dimaligned
Specify first extension line origin or <select object> : (P1 점을 선택합니다.)
Specify second extension line origin : (P2 점을 선택합니다.)
Non-associative dimension created.
Specify dimension line location or [Mtext/Text/Angle] :
(치수문자가 작성될 위치를 선정합니다.)
Dimension text = 75
```

Dimaligned 설정별 특징

- **Dimension line location** : 선택한 구간 또는 객체와 평행한 치수선의 위치를 선정합니다.
- **Mtext** : 치수문자를 Mtext로 작성합니다.
- **Text** : 치수문자를 Text로 작성합니다.
- **Angle** : 치수문자의 기울기를 설정합니다.

Step 03

Dimarc의 이해 - 현의 길이

선택한 호에서 현의 길이 값을 입력합니다.

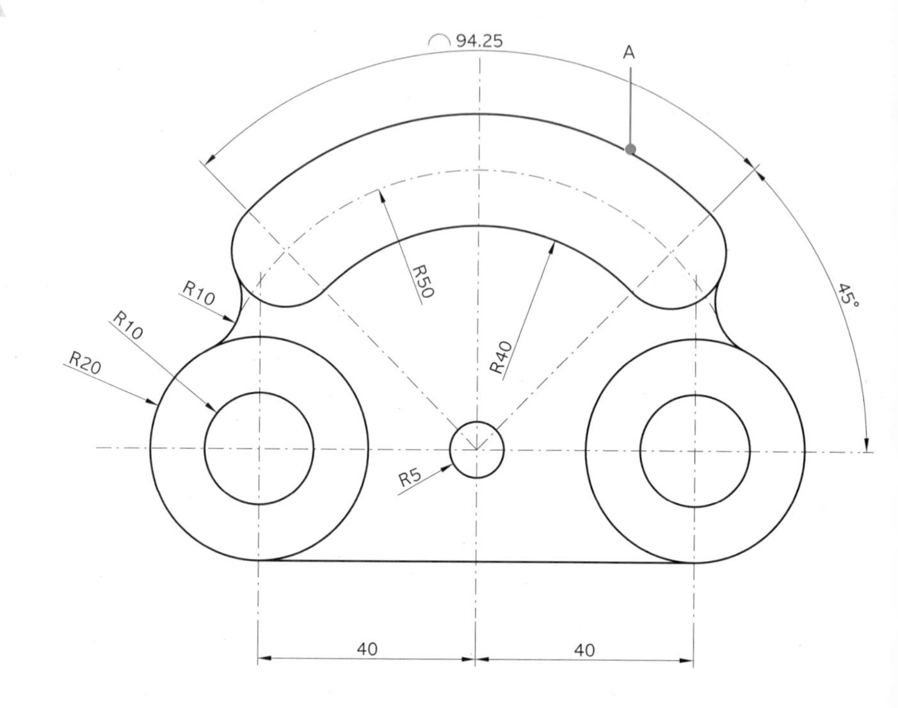

입력 형식

```
Command : dimarc
Select arc or polyline arc segment : (A 호를 선택합니다.)
Specify arc length dimension location, or [Mtext/Text/ Angle/
Partial/Leader] : (치수문자가 작성될 위치를 지정하거나 옵션을 선택합니다.)
Dimension text = 94.25(현의 치수가 작성됩니다.)
```

Dimarc 설정별 특징

- **Arc length dimension location** : 선택한 호의 길이를 나타내는 치수선의 위치를 설정합니다.
- **Mtext** : 치수문자를 Mtext로 작성합니다.
- **Text** : 치수문자를 Text로 작성합니다.
- **Angle** : 치수문자의 기울기를 설정합니다.
- **Partial** : 두 점을 지정하여 호의 표면에서 두 점 사이의 거리 값을 입력합니다.
- **Leader** : 호의 길이 값을 지시선을 이용하여 표시합니다.

Step 04

Dimradius의 이해 – 반지름 치수

선택한 원, 호의 반지름 값을 입력합니다.

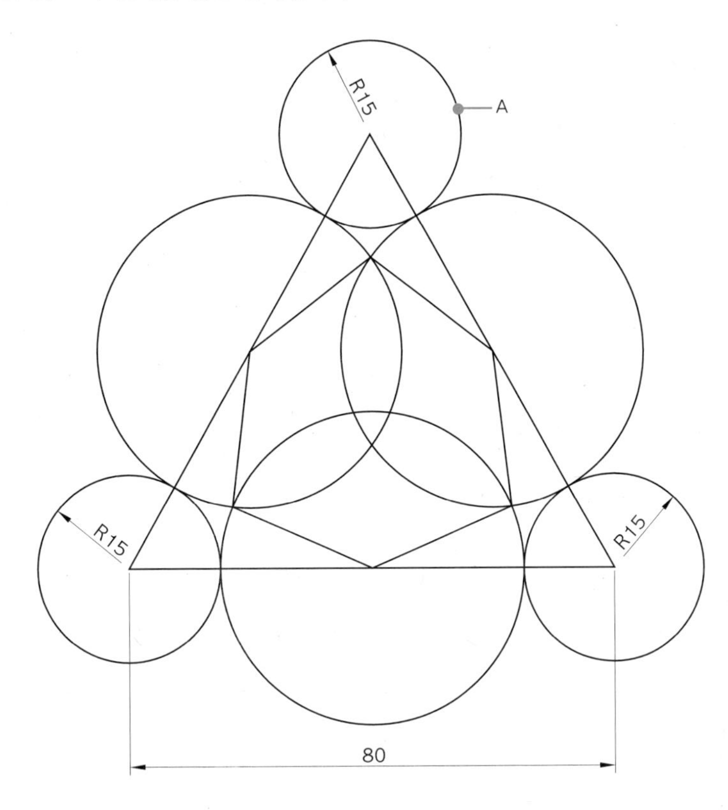

입력 형식

```
Command : dimradius
Select arc or circle : (A 원을 선택합니다.)
Specify dimension line location or [Mtext/Text/Angle] :
(치수문자가 작성될 위치를 지정합니다.)
Dimension text = R15
```

Dimradius 설정별 특징

- **Dimension line location** : 선택한 원/호의 반지름을 나타내는 치수선의 위치를 설정합니다.
- **Mtext** : 치수문자를 Mtext로 작성합니다.
- **Text** : 치수문자를 Text로 작성합니다.
- **Angle** : 치수문자의 기울기를 설정합니다.

Step 05

Dimjogged의 이해 – 꺾인 반지름 치수

수직, 수평 방향의 선형 치수를 꺾어 표시합니다. 꺾인 반지름 치수란 도면의 구간을 생략할 때 사용하는 방법으로 도면을 생략하면 전체의 길이 값에 변화가 생겨 원래의 치수와 다르게 표시됩니다.

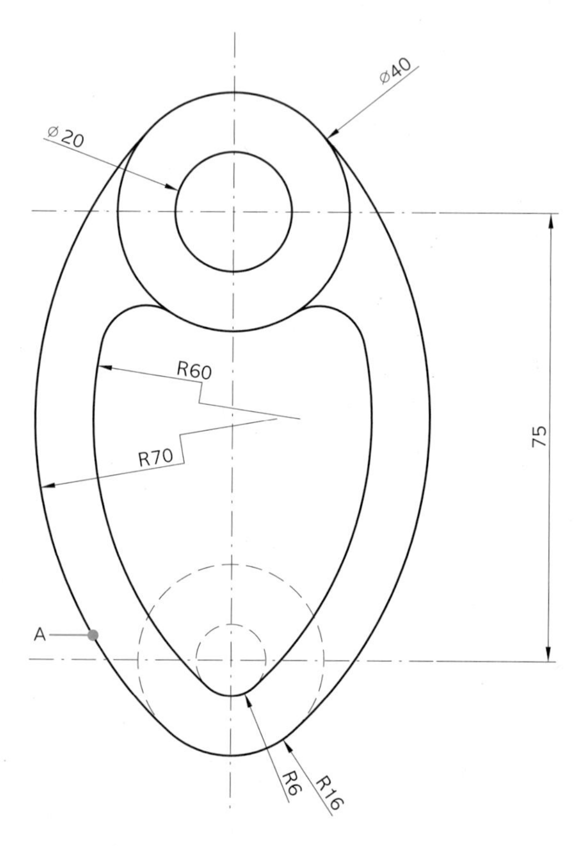

입력 형식

```
Command : dimjogged
Select arc or circle : (A 호를 선택합니다.)
Specify center location override : (꺾인 반지름 치수의 중심점을 표시할 위치를 지정합니다.)
Dimension text = 70 (꺾인 반지름 값이 작성됩니다.)
Specify dimension line location or [Mtext/Text/Angle] :
(꺾인 치수문자가 작성될 위치를 지정합니다.)
Specify jog location : (꺾인 지점을 지정합니다.)
```

Dimjogged 설정별 특징

- **Dimension line location** : 선택한 원/호의 반지름을 나타내는 꺾인 반지름 치수선의 위치를 설정합니다.
- **Mtext** : 치수문자를 Mtext로 작성합니다.
- **Text** : 치수문자를 Text로 작성합니다.
- **Angle** : 치수문자의 기울기를 설정합니다.

Step 06

Dimdiameter의 이해 - 지름 치수

원, 호에 대하여 지름(ø) 값을 표시합니다. 단, 타원은 지름을 표시할 수 없습니다.

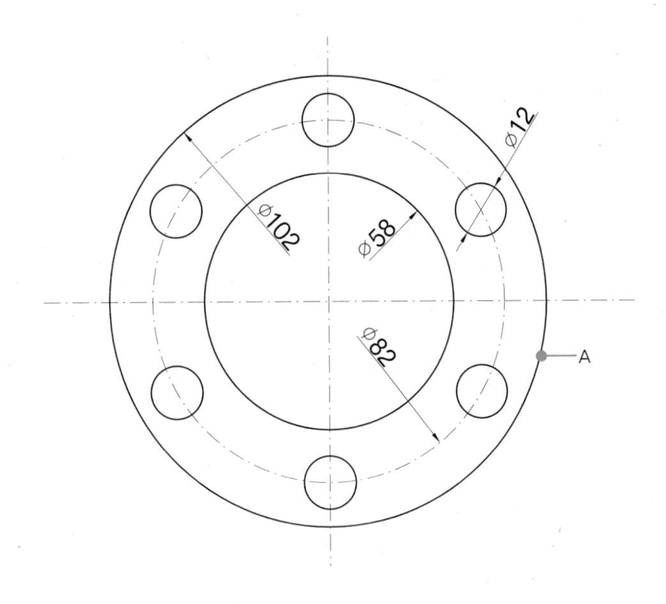

입력 형식

```
Command : dimdiameter
Select arc or circle : (A 원을 선택합니다.)
Dimension text = 100 (작성할 지름(Ø) 값이 표시됩니다.)
Specify dimension line location or [Mtext/Text/Angle] :
(치수문자가 작성될 위치를 지정합니다.)
```

Dimdiameter 설정별 특징

- **Dimension line location** : 선택한 원/호의 지름(ø)을 나타내는 치수선의 위치를 설정합니다.
- **Mtext** : 치수문자를 Mtext로 작성합니다.
- **Text** : 치수문자를 Text로 작성합니다.
- **Angle** : 치수문자의 기울기를 설정합니다.

Step 07

Dimangular의 이해 - 각도 치수

선택한 호, 선분의 각도를 입력합니다. 기본적으로는 2개의 객체를 선택하여 각도 치수를 입력하고, 특별한 경우 사용자가 접점을 이용하여 단일 객체의 절대 각도에 대한 기울기를 표시할 수 있습니다.

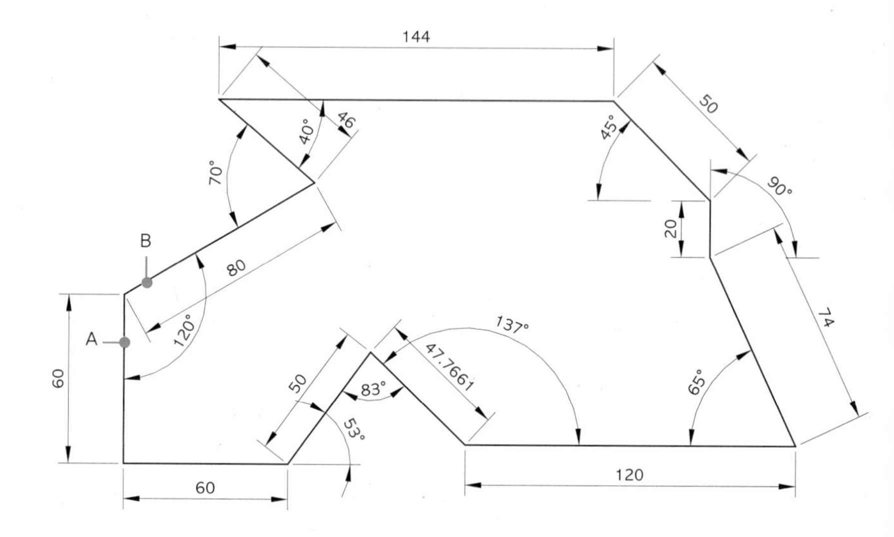

입력 형식

```
Command : dimangular
Select arc, circle, line, or <specify vertex> : (A 선과 B 선을 선택합니다.)
Specify dimension arc line location or [Mtext/Text/Angle/Quadrant] : (치수문자가 작성될 위치를 지정하거나 옵션을 선택합니다.)
Dimension text = 120 (각성될 각도 치수문자가 표시됩니다.)
```

Dimangular 설정별 특징

- **Dimension arc line location** : 선택한 객체 간에 각도를 나타내는 치수선의 위치를 설정합니다.
- **Mtext** : 치수문자를 Mtext로 작성합니다.
- **Text** : 치수문자를 Text로 작성합니다.
- **Angle** : 치수문자의 기울기를 설정합니다.
- **Quadrant** : 사선과 같이 기준이 없는 경우 사분점을 기준으로 하여 각도를 산출합니다. 단, 원과 호가 존재할 때 사용할 수 있습니다.

Step 08

Dimbaseline의 이해 – 계단 치수 입력

이전 치수나 선택한 치수의 첫 번째 치수보조선을 기준으로 선형 및 각도 치수를 일정한 간격의 계단 형태로 치수를 입력합니다. 단, 치수 입력 이전에 Ddim 및 Dimdli(시스템 변수)가 지정된 증분 값에 의해서만 작동됩니다.

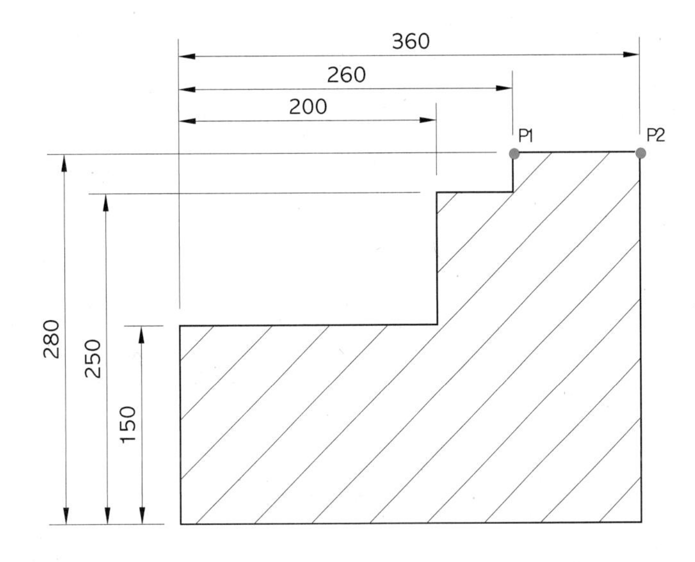

입력 형식

```
Command : dimbaseline
Specify a second extension line origin or [Undo/Select]
<Select> : (P1 점을 선택합니다.)
Dimension text = 260 (작성될 치수가 표시됩니다.)
Specify a second extension line origin or [Undo/Select]
<Select> : (P2 점을 선택합니다.)
Dimension text = 360 (작성될 치수가 표시됩니다.)
Specify a second extension line origin or [Undo/Select]
<Select> : (Spacebar를 눌러 명령을 종료합니다.)
```

Dimbaseline 설정별 특징

- **Second extension line origin** : 연속으로 치수를 입력할 다음 구간의 점을 선택합니다.
- **Undo** : 전 단계에 선택한 점을 취소합니다.
- **Select** : 계단 치수로 입력할 치수보조선을 선택합니다.

Step 09

Dimcontinue의 이해 – 연속 치수 입력

바로 이전에 작성한 치수나 선택한 치수의 두 번째 치수보조선을 기준으로 선형 및 각도 치수를 연속적으로 입력합니다. 즉, 마지막에 작성한 치수에서 두 번째 치수보조선 원점을 다음 치수 입력의 첫 번째 치수보조선 원점으로 자동 설정하여 연속적으로 치수를 입력하는 것입니다.

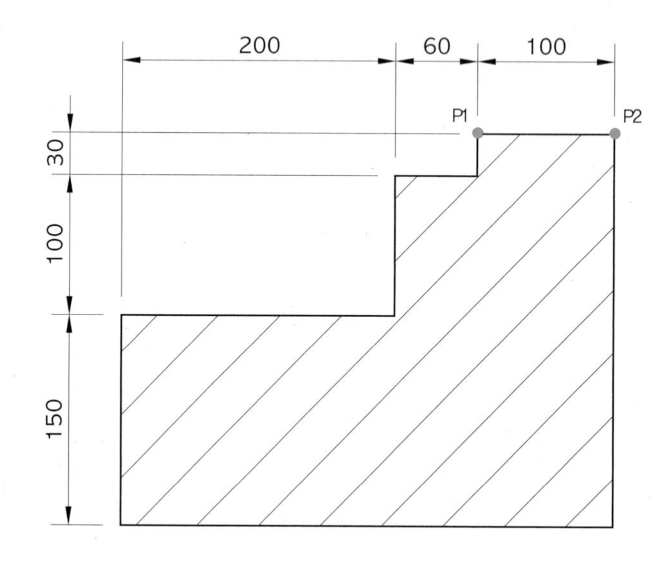

입력 형식

```
Command : dimcontinue
Specify a second extension line origin or [Undo/Select]
<Select> : (P1 점을 선택합니다.)
Dimension text = 60 (작성할 치수가 표시됩니다.)
Specify a second extension line origin or [Undo/Select]
<Select> : (P2 점을 선택합니다.)
Dimension text = 100 (작성할 치수가 표시됩니다.)
Specify a second extension line origin or [Undo/Select]
<Select> : (Spacebar를 눌러 명령을 종료합니다.)
```

잠깐만요

Dimcontinue 명령어는 Dimlinear 명령을 실행한 후에 사용하는 명령입니다.

Dimcontinue 설정별 특징

- **Second extension line origin** : 연속을 치수를 입력할 다음 구간의 점을 선택합니다.
- **Undo** : 전 단계에 선택한 점을 취소합니다.
- **Select** : 계단 치수를 입력할 치수보조선을 선택합니다.

Step 10

Dimspace의 이해 – 계단 치수선 간격 띄우기

선택한 계단 치수의 간격 띄우기 값을 조정합니다. 기존의 치수 입력 시 기준선을 미리 작성하고 치수를 입력했지만 이 명령을 이용하면 간단하게 모든 치수를 동일한 간격으로 유지시킬 수 있습니다.

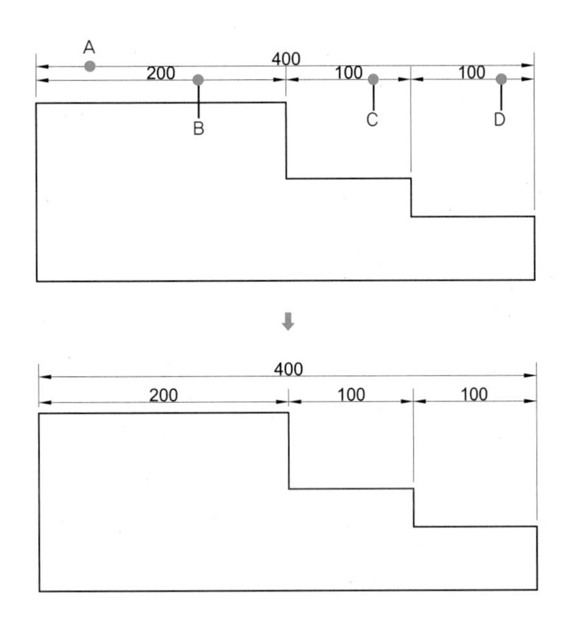

입력 형식

```
Command : dimspace
Select base dimension : (기준 치수선으로 A 선을 선택합니다.)
Select dimensions to space : 1 found (조정될 치수선으로 B 선을 선택합니다.)
Select dimensions to space : 1 found, (조정될 치수선으로 C 선을 선택합니다.)
Select dimensions to space : 1 found, (조정될 치수선으로 D 선을 선택합니다.)
Select dimensions to space : (Spacebar를 눌러 다음 메뉴 진행합니다.)
Enter value or [Auto] <Auto> : (Auto를 선택하거나 간격 띄우기 거리 값을 입력합니다.)
```

Dimspace 설정별 특징

- **Value** : 입력한 거리 값을 치수선 간격 띄우기 거리 값으로 적용합니다.
- **Auto** : Ddim의 설정 값에 따라 적용됩니다.

Step 11

Dimbreak의 이해 - 치수 끊기

도면의 실선과 교차되는 부분의 치수보조선이 겹치지 않도록 끊어서 표기합니다.

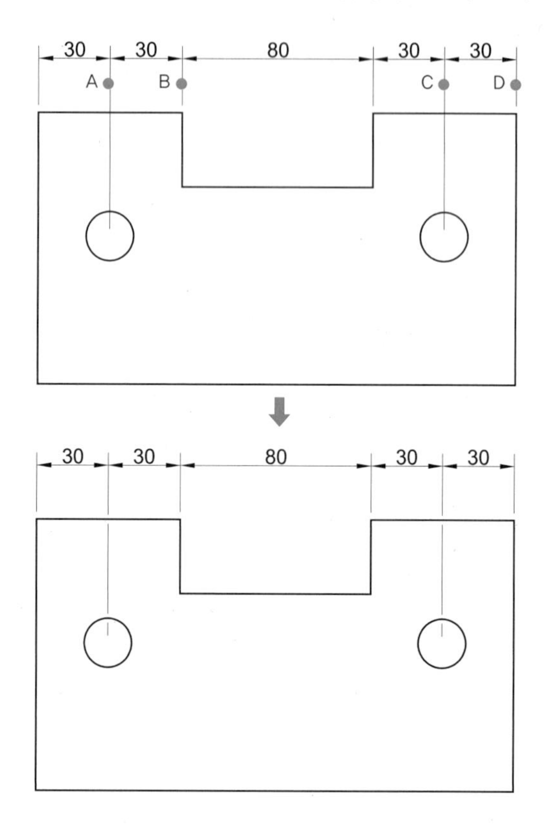

입력 형식

```
Command: DIMBREAK
Select dimension to add/remove break or [Multiple]: m (치수보조선을 끊을 다중 옵션을 선택합니다.)
Select dimensions: 5 found (A, B, C, D의 치수보조선을 선택합니다.)
Select dimensions: (Spacebar를 눌러 다음 메뉴를 진행합니다.)
Select object to break dimensions or [Auto/Remove] <Auto>: (Spacebar를 눌러 적용합니다.)
```

Dimbreak 설정별 특징

- **Dimension to add/remove break** : 치수 끊기를 적용할 치수선을 선택합니다.
- **Multiple** : 여러 개의 치수선을 동일한 값으로 끊을 때 사용합니다.
- **Auto** : 객체의 모든 교차점에 선택된 치수를 자동으로 끊습니다. 단, 이때 적용되는 값은 Ddim의 설정 값에 의해 결정됩니다.
- **Manual** : 치수를 끊을 위치에 대한 치수 또는 치수보조선의 두 점을 지정할 수 있습니다.
- **Remove** : 선택한 치수로부터 모든 치수 끊기를 실행 취소합니다.

Step 12

Mleader의 이해 - 다중지시선

특정한 지점에 주석을 연결하는 선을 작성합니다. 지시선은 자유 곡선이나 직선 세그먼트에 부착된 화살촉으로 이루어지는 객체입니다. Dimtad 명령으로 치수 입력 변수 값을 조정하여 갈고리선 위에 배치할 수 있습니다.

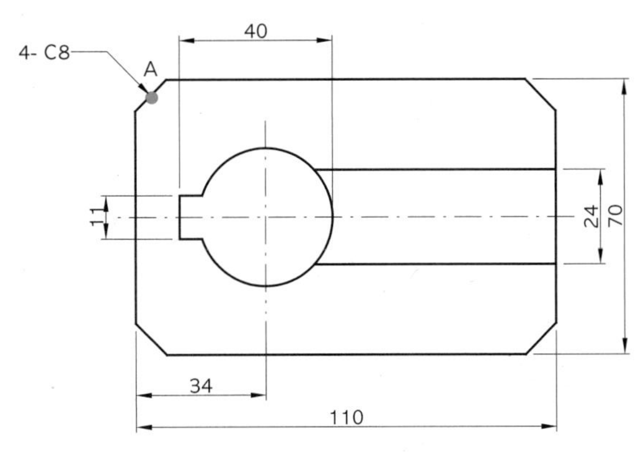

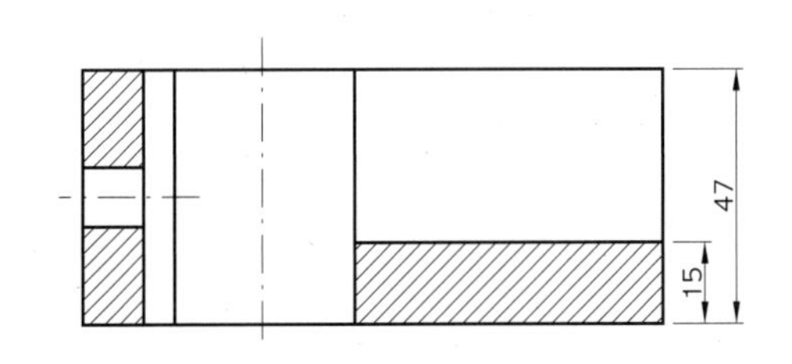

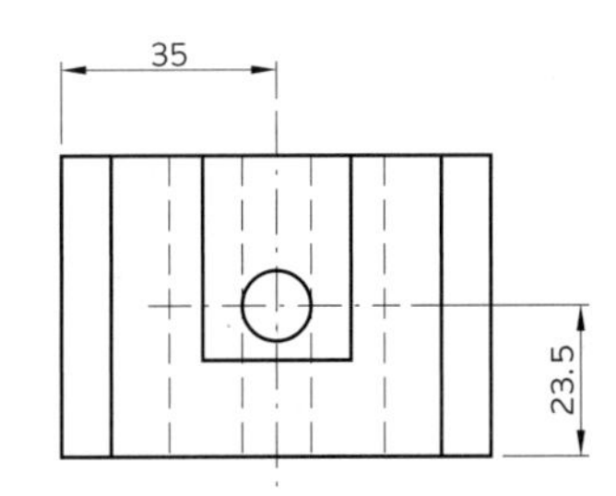

입력 형식

```
Command: mleader
Specify leader arrowhead location or [leader Landing first/
Contentfirst/Options]
 <Options> : (A 선을 선택합니다.)
Specify leader landing location: (지시선 문자의 작성 위치를 선택하고 문자 입
력 창이 표시되면 '4-C8'을 입력합니다.)
```

Mleader 설정별 특징

- **Leader arrowhead location** : 지시선의 화살표 위치를 지정합니다.
- **Leader Landing first** : 지시선을 우선으로 작성합니다.
- **Contentfirst** : 지시 문자를 우선으로 지정합니다.
- **Options** : 옵션을 지정합니다.

Step 13

Tolerance의 이해 - 기하공차

기하학적 공차를 작성하여 기계 설계에서의 형상공차를 자동적으로 입력할 수 있습니다. Tolerance 명령어를 입력하면 [Geometric Tolerance] 대화상자가 표시되어 기하학적 공차 입력 란에 기하학적 특성 기호와 하나 이상의 공차와 재질을 입력할 수 있습니다.

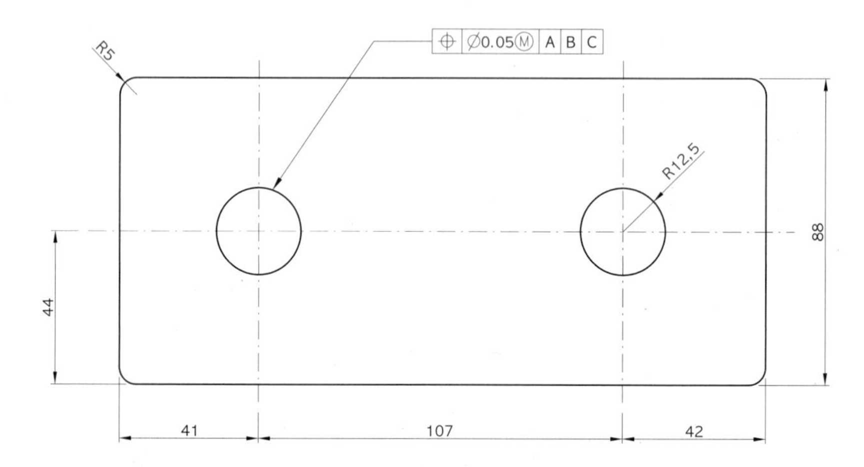

입력 형식

```
Command : tolerance ([Geometric Tolerance] 대화상자가 표시됩니다.)
Enter tolerance location : (기하공차가 작성될 위치를 지정합니다.)
```

[Geometric Tolerance] 설정 대화상자

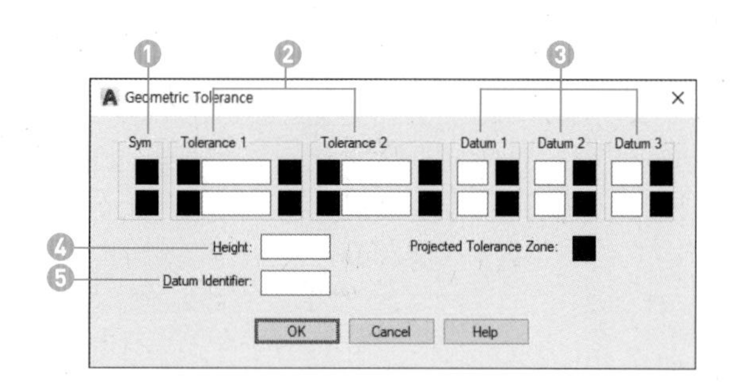

❶ **Sym** : 기학학적 상태 기호를 나타냅니다.
❷ **Tolerance** : 공차 값을 나타냅니다.
❸ **Datum** : 공차의 재질 조건을 설정합니다.
❹ **Height** : 최소 투영 공차 구간의 높이를 설정합니다.
❺ **Datum Identifier** : 기준 식별자를 확인합니다.

기하공차의 종류

종류	이름	기호	굵기
모양공차	진직도	⏤	물체의 표면 및 축선이 직선으로부터 벗어난 공차 값
	평면도	⏥	정확한 평면으로부터 벗어난 표면의 공차 값
	진원도	○	축의 공통 중심에 수직인 표면의 진원 상태 공차 값
	원통도	⌭	진원도/진직도/평행도의 복합 공차 값
자세공차	평행도	∥	형체의 표면 또는 축 직선에서 어긋난 크기의 공차 값
	직각도	⊥	평면이나 축 직선을 기준으로 90도 완전 직각에서 벗어난 공차 값
	경사도	∠	90도를 제외한 임의 각도에서 평면이나 축 중심에서의 공차 값
위치공차	동심(축)도	◎	물체가 두 개의 축 직선을 가질 때 두 축 직선 간의 허용 범위에서 벗어난 공차 값
	대칭도	⌯	두 개의 평면이 대칭일 때 대칭 위치로부터 벗어나는 공차 값
	위치도	⌖	다중의 객체가 관련된 경우 축 직선 또는 중심에서 벗어나는 공차 값
흔들림공차	흔들림(원주)	↗	축 직선을 기준으로 원통형 평면의 1회전 시 최대 공차 값
	흔들림(온)	⌰	원통/원추/호/표면을 규제하는 공차 값

Step 14

Dimcenter의 이해 - 중심마크

원이나 호에 중심 표시나 중심선을 작성합니다. 이때 중심선의 크기는 Ddim 또는 Dimcen 치수 입력 변수 값을 변경하여 조정합니다. 지정된 값은 중심에서부터의 길이 값이며 표시된 후에는 변경되지 않습니다.

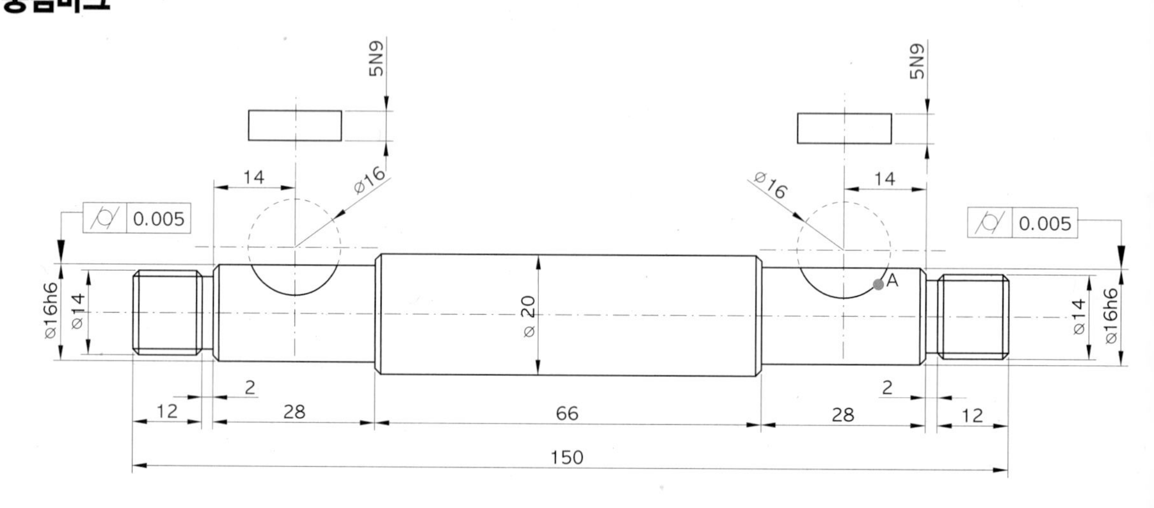

입력 형식

```
Command : dimcenter
Select arc or circle : (A 원을 선택합니다.)
```

잠깐만요

Dimcenter 명령은 Ddim 명령에서 Center 설정에 영향을 받습니다.

Dimcenter 설정별 특징

- **Center** : 원/호의 중심선을 표시할 때 사용합니다.
- **Mark** : 원/호의 중심점을 Mark로 표시할 때 사용합니다.
- **None** : 원/호의 중심점을 표시하지 않을 때 사용합니다.

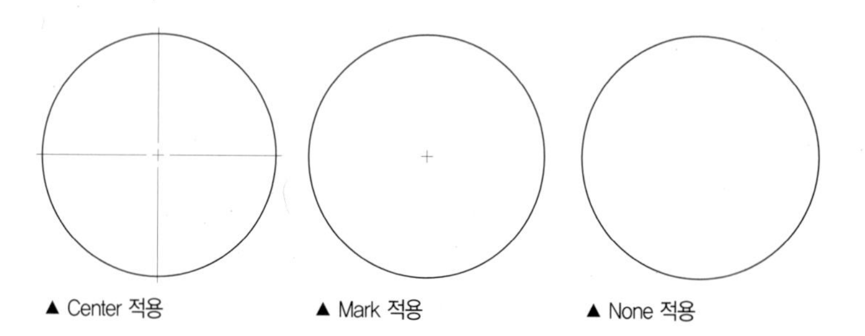

▲ Center 적용　▲ Mark 적용　▲ None 적용

Step 15

Dimjogline의 이해 - 선형 치수 꺾기

도면의 반복 구간을 생략했을 경우 실제 크기를 표시할 때 사용합니다. 도면 생략으로 인해 작성된 객체의 길이가 짧아졌을 때 물체의 전체 크기를 제시합니다.

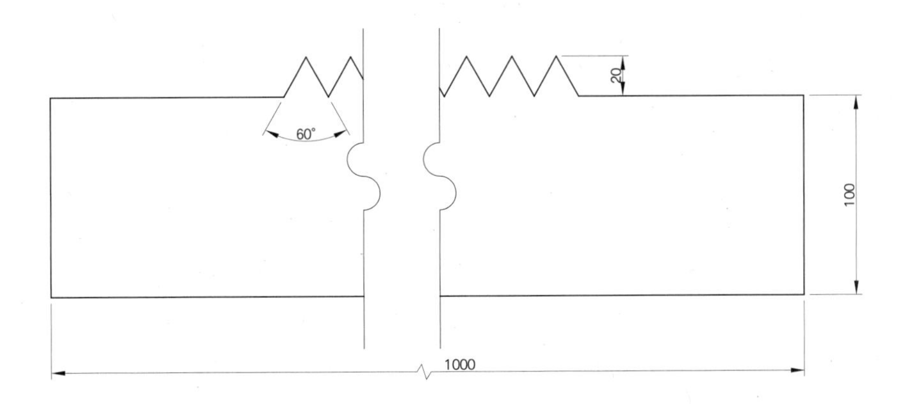

입력 형식

```
Command : dimjogline
Select dimension to add jog or [Remove] : (꺾인 선으로 표현할 선형 치수를 선택합니다.)
Specify jog location (or press ENTER ) : (꺾기 기호의 작성 위치를 지정합니다.)
```

Dimjogline 설정별 특징

- **Dimension to add jog** : 선형 치수선에 꺾기 기호를 추가합니다.
- **Remove** : 꺾인 선형 치수를 제거합니다.

Step 16

Dimedit의 이해 - 치수 수정

이미 입력된 치수를 편집하여 치수문자와 치수보조선에 영향을 미칩니다. 신규 및 회전 선택 사항은 치수문자에 영향을 주고, 기울기 선택 사항은 치수보조선에 영향을 줍니다.

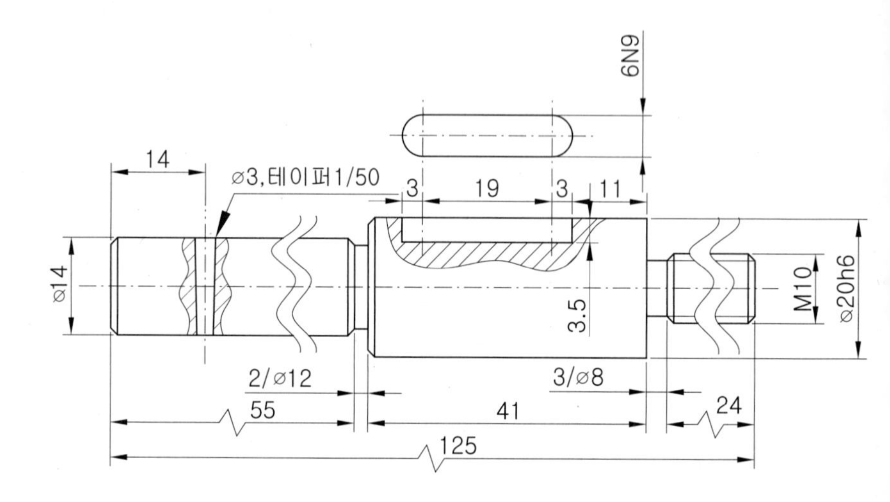

입력 형식

잠깐만요

치수를 작성한 후 Dimedit 명령을 이용하여 치수문자를 수정합니다. 반드시 생략도를 작성한 후 설계할 때 치수로 변경합니다.

Command : dimedit
Enter type of dimension editing [Home/New/Rotate/Oblique] <Home> : (수정할 옵션을 선택합니다.)
Select objects : 1 found (수정할 치수선을 선택합니다.)
Select objects : (Spacebar를 눌러 다음 과정을 진행합니다.)
Enter obliquing angle (press ENTER for none) : 45 (치수선의 기울기 각도를 지정합니다.)

Dimedit 설정별 특징

- **Home** : 치수를 원래 상태로 복원합니다.
- **New** : 새로운 치수문자로 수정합니다.
- **Rotate** : 치수문자를 회전합니다.
- **Oblique** : 치수보조선에 기울기를 적용합니다.

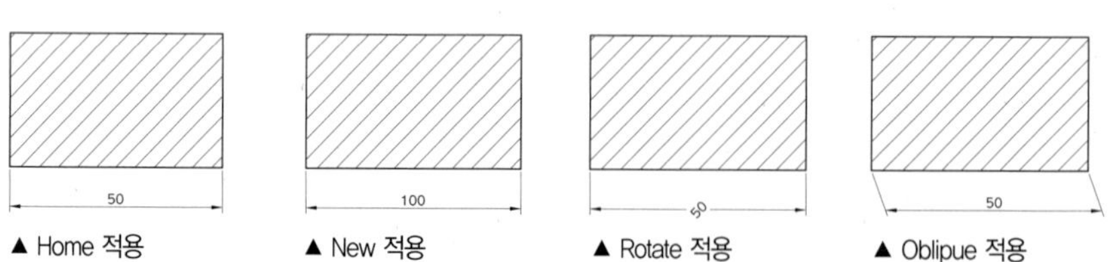

▲ Home 적용 ▲ New 적용 ▲ Rotate 적용 ▲ Oblipue 적용

작업 영역	Limits 0,0 ~ 120,90

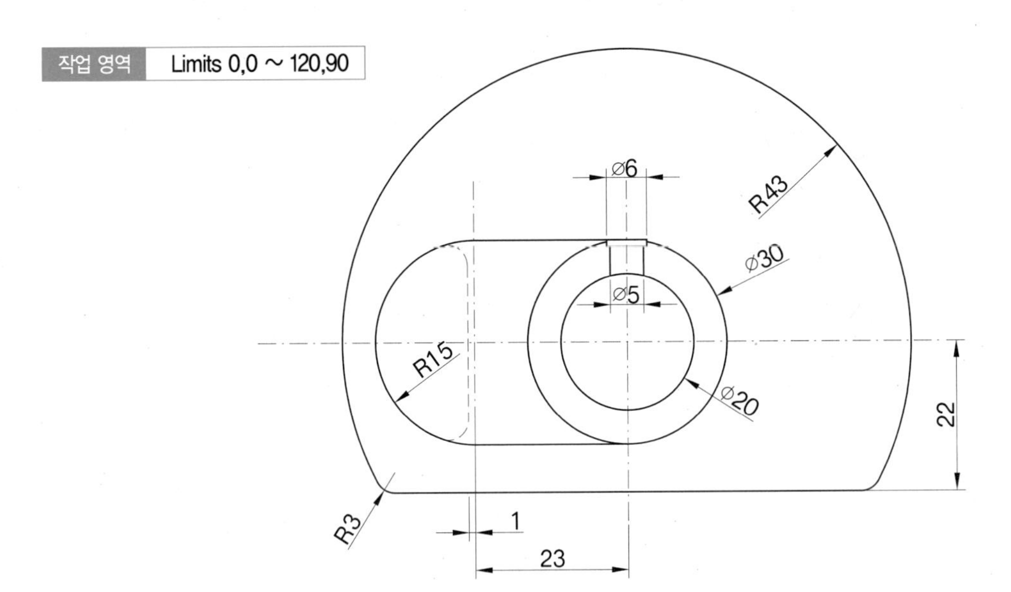

작업 영역	Limits 0,0 ~ 120,90

잠깐만요

- 4-Ø3N7 : 4는 개수를 표시하고 Ø3은 지름 값입니다. N7은 구멍을 기준으로 끼워 맞출 때 공차를 표시하며 헐거운 상태의 끼워 맞춤을 의미합니다.
- TM20 : 길이 20의 30° 사다리꼴 나사를 표시합니다.

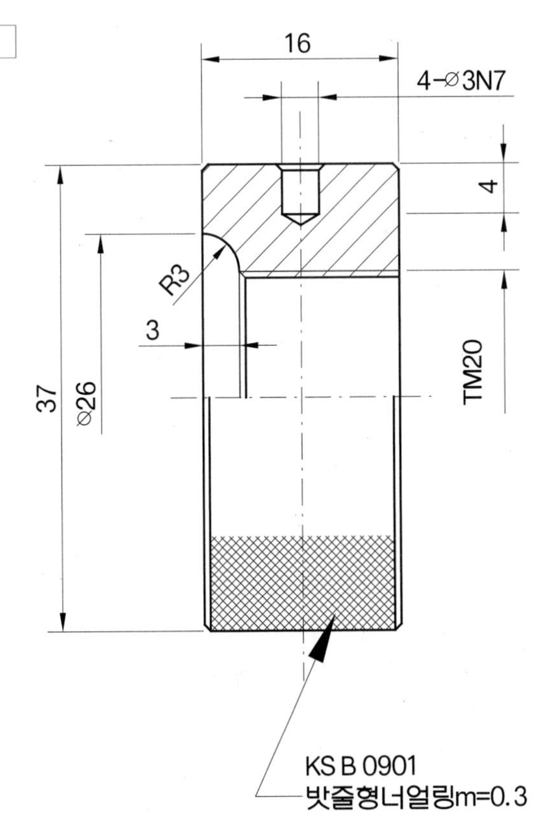

종합문제

작업 영역 | Limits 0,0 ~ 120,90

잠깐만요

지시 없는 R은 1로 설정합니다.

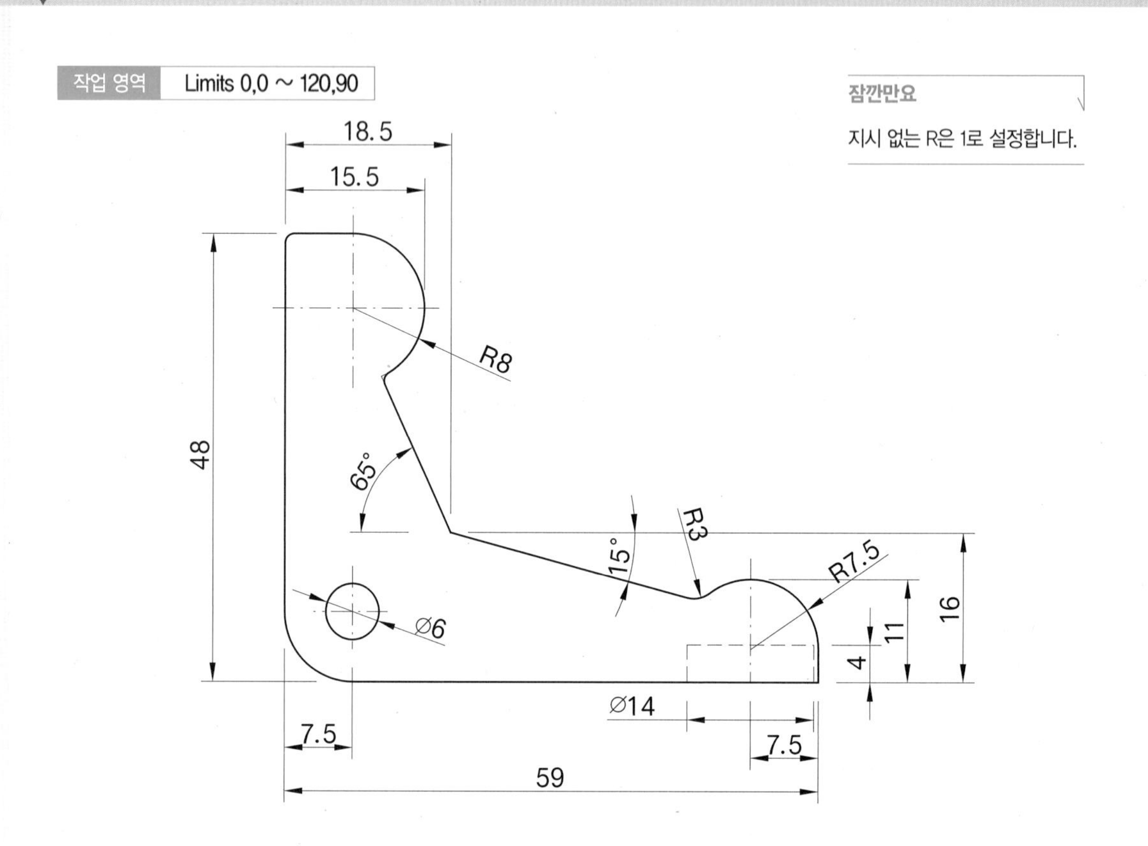

작업 영역 | Limits 0,0 ~ 120,90

잠깐만요

지시 없는 R은 4로 설정합니다.

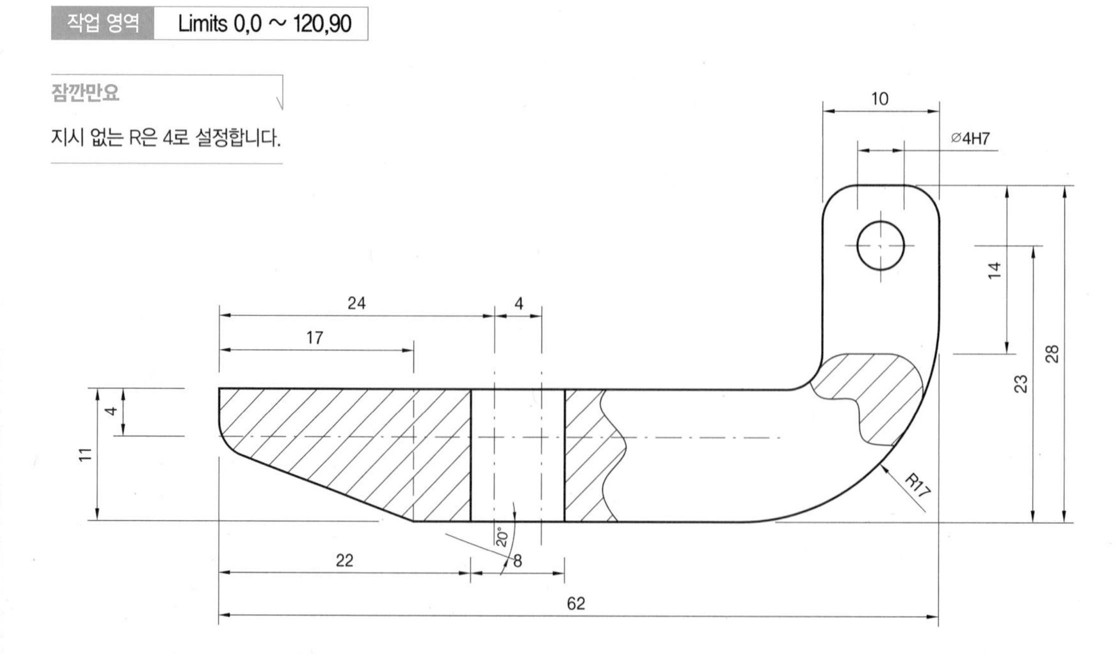

작업 영역	Limits 0,0 ~ 120,90

잠깐만요

지시 없는 C는 1로 설정합니다.

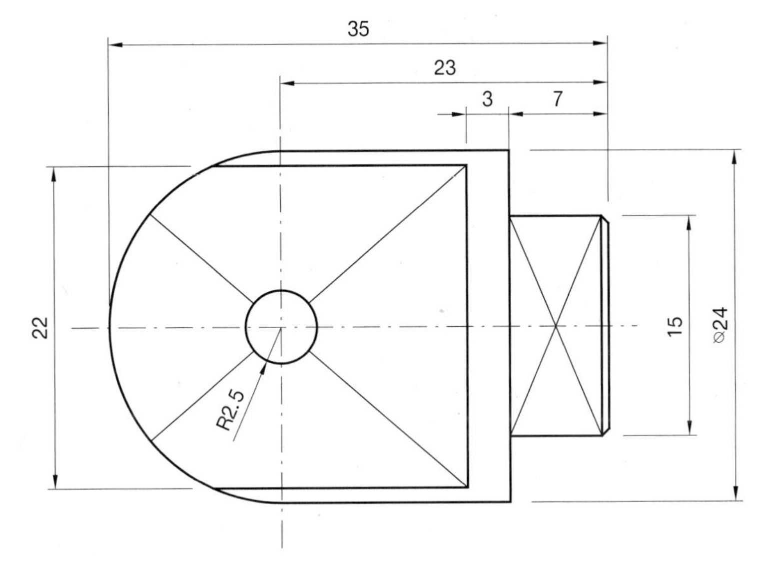

작업 영역	Limits 0,0 ~ 240,180

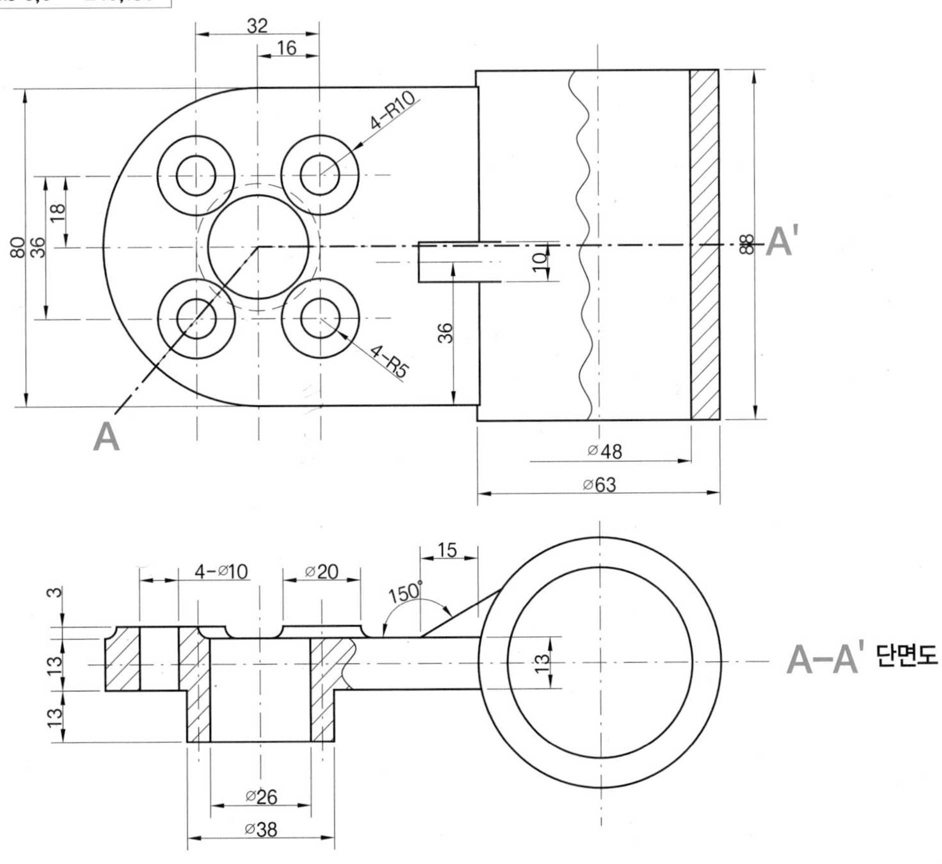

종합문제

작업 영역	Limits 0,0 ~ 12000,9000

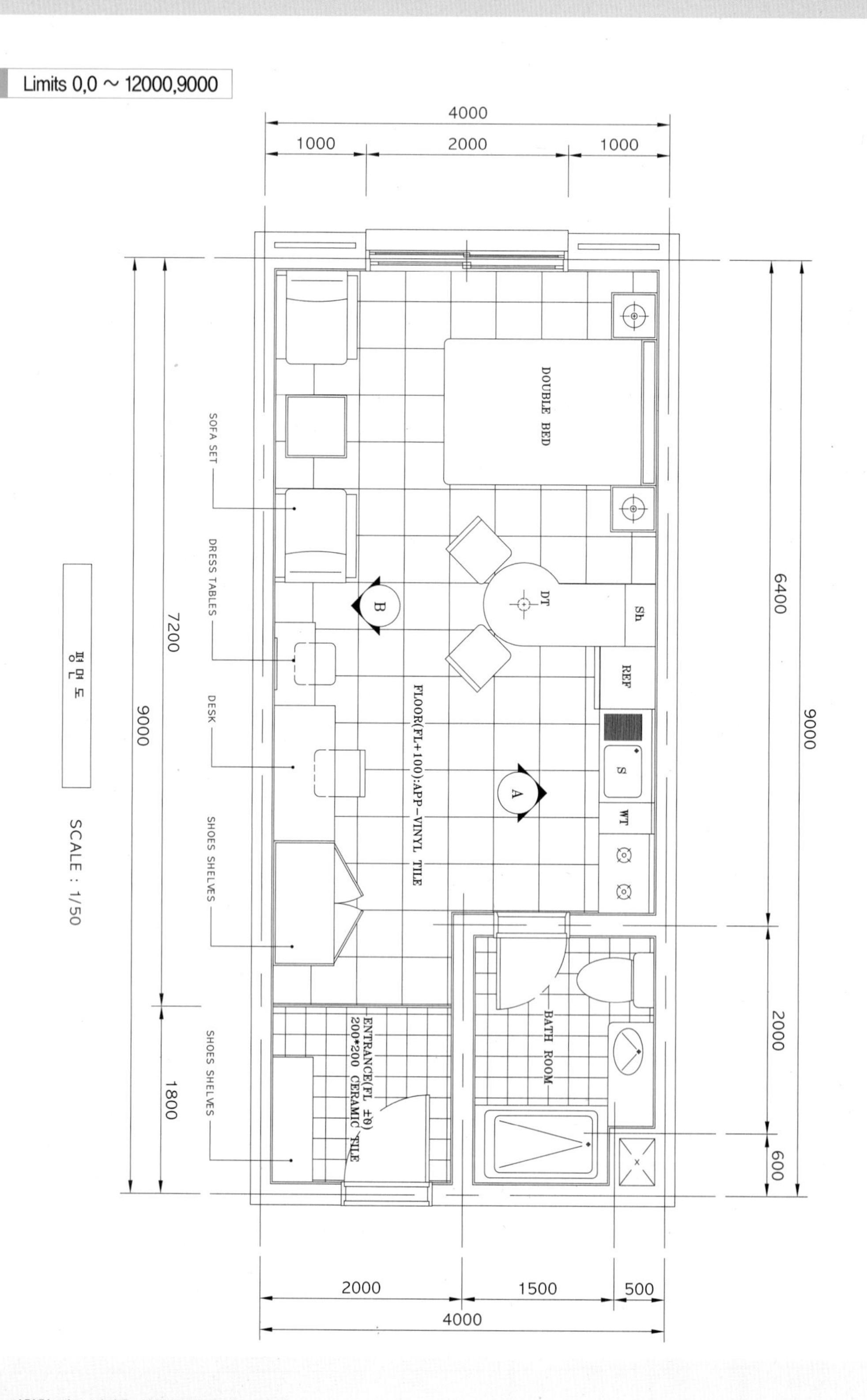

작업 영역	Limits 0,0 ~ 12000,9000

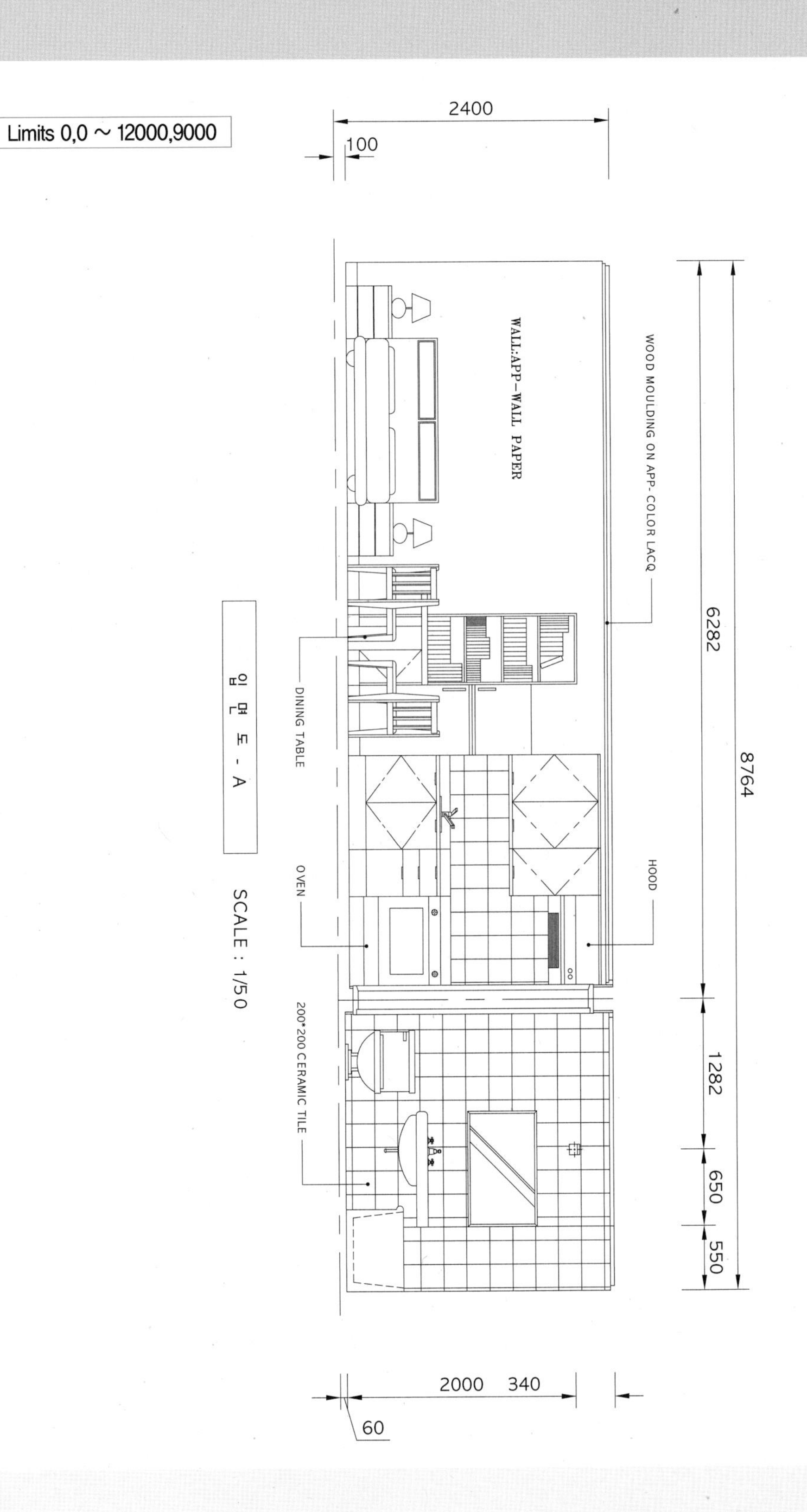

종합문제

작업 영역	Limits 0,0 ~ 24000,18000

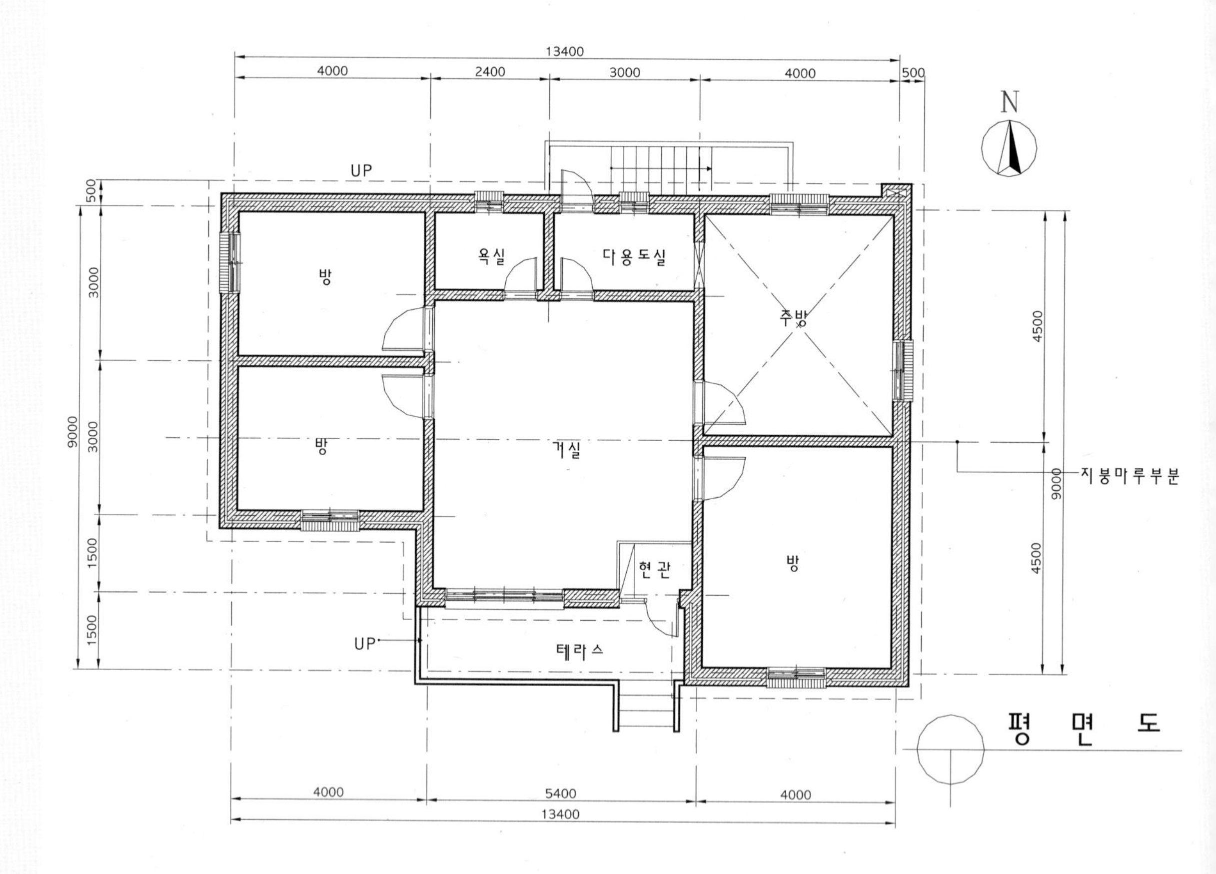

작업 영역	Limits 0,0 ~ 12000,9000

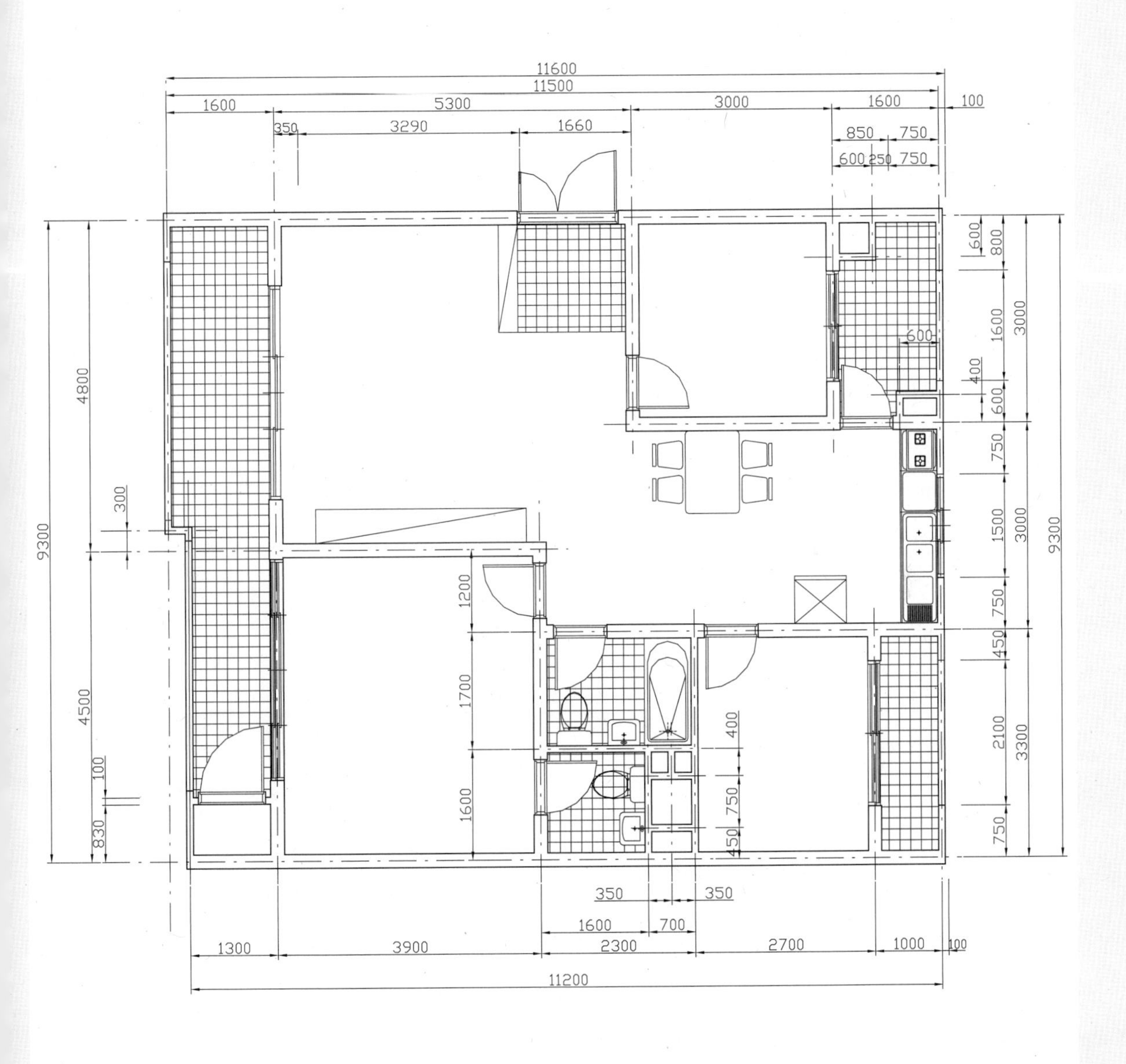

여섯째마당

AutoCAD

06

입체적인 도면 제작을 위한 투상도법과 단면도

비중조절도면을 작성할 때는 입체적인 형상을 평면화 할 수 있어야 하고, 읽을 때는 평면적인 도면을 입체적인 형상으로 상상할 수 있는 능력이 필요합니다. 이러한 기술과 능력을 키우지 못한다면 단순한 도면 오퍼레이터에서 벗어날 수 없습니다. 여섯째 마당에서는 학습할 단면과 투상도법은 기계 및 제품 디자인에서 중요한 부분이므로 반드시 이해하도록 합니다.

Section

01 정투상도법 알아보기

투상도법이란 물체의 형태와 크기 등을 표현하기 위해 일정한 법칙에 따라 평면상에 입체적인 형태를 정확히 그리는 방법을 말합니다. 즉, 물체를 평면인 벽 앞에 두고 그 물체의 뒤에서 광선을 보내면 물체의 화상이 생기게 되는데, 그 화상으로 물체의 크기와 모양을 알 수 있습니다.

Step 01

정투상도의 이해

정투상도는 물체를 직교하는 두 투상면에 투사시켜 그리는 복면 투상입니다. 물체의 형상을 가장 간단하고 정확하게 나타내며, 물체의 길이, 내부 구조를 충분히 표현할 수 있습니다. 평면적인 표현이 가능하며 가구의 배치, 구조 등을 정확히 표시하므로 실제 환경을 느낄 수 있습니다.

정투상도법의 원리

오른쪽 그림과 같이 정투상도법에서 가상의 투상면은 항상 물체와 평행하고, 투상선은 투상면에 수직입니다. 따라서 투상면이 어느 위치에 있든지 투상도의 크기는 항상 일정합니다. 정투상도법은 서로 다른 방향에서 투상된 몇 개의 투상도를 조합하여 3D의 물체를 2D의 평면 위에 정확하게 표현하는 방법으로, 정투상도법으로 그려진 투상도를 정투상도(Orthographic View)라고 합니다.

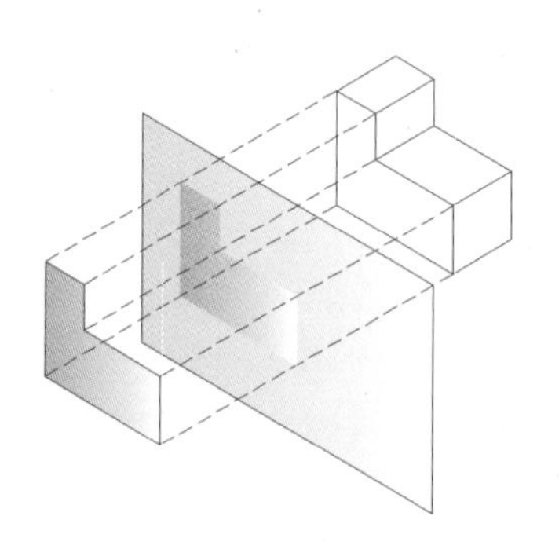

정투상도법의 종류

정투상도법으로는 제1각법, 제3각법이 있으며 일반적으로 제3각법을 원칙으로 사용하지만, 토목이나 선박 제도 등과 같이 필요한 경우에는 제1각법을 사용하기도 합니다.

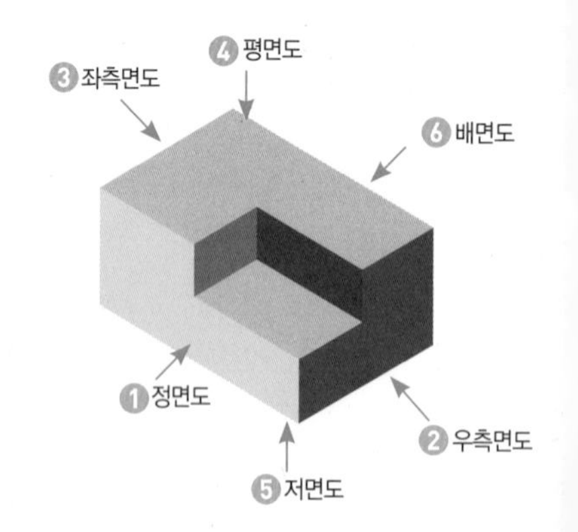

① **정면도** : 물체의 특징이 가장 잘 나타나 있는 도면입니다.
② **우측면도** : 정면도를 기준으로 오른쪽에서 본 도면입니다.
③ **좌측면도** : 정면도를 기준으로 왼쪽에서 본 도면입니다.
④ **평면도** : 정면도를 기준으로 위쪽에서 본 도면입니다.
⑤ **저면도** : 정면도를 기준으로 아래쪽에서 본 도면입니다.
⑥ **배면도** : 정면도를 기준으로 뒤쪽에서 본 도면입니다.

Step 02

제3각법의 이해

제3각법은 가장 많이 사용되는 정투상도법으로 우리나라에서는 제도 통칙으로 사용하고 미국에서도 사용하는 투상법입니다.

제3각법의 특징

1 제3각법은 눈(시점) → 화면 → 물체의 순으로 진행되며, 보는 위치면에 상이 나타납니다.

2 평화면, 측화면을 입화면과 같이 평면이 되도록 회전시키면 정면도 위에 놓이고, 정면도의 오른쪽에 우측면도가 놓입니다.

3 제3각법은 제1각법에 비해 도면을 이해하기 쉬우며, 치수 입력이 편리하고 보조 투상도를 사용하여 복잡한 물체도 쉽고 정확하게 나타낼 수 있습니다.

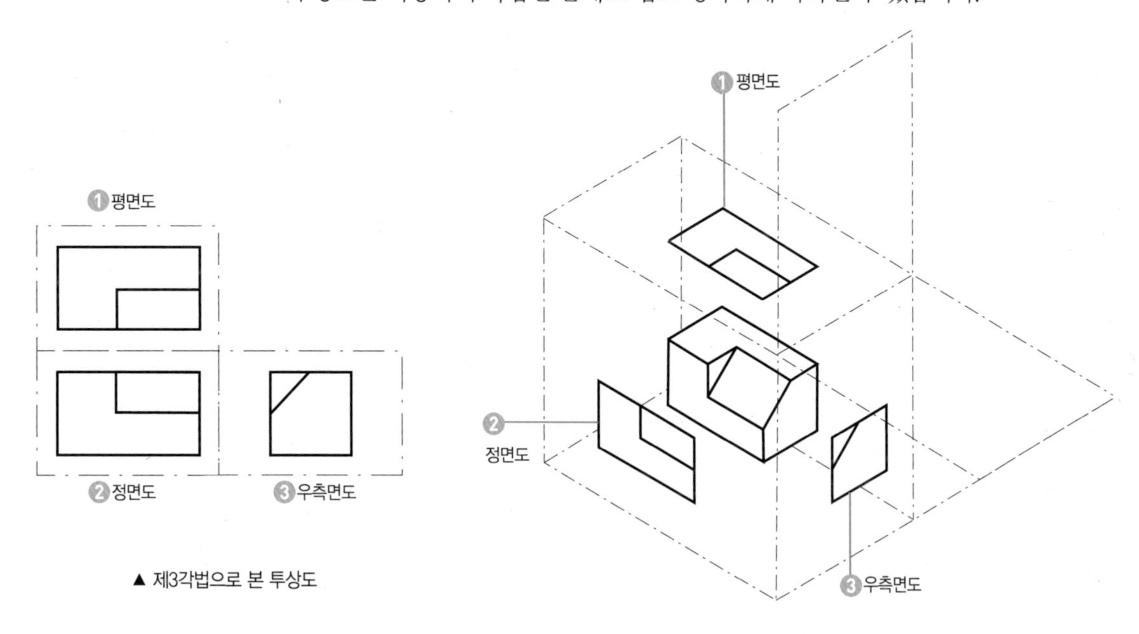

▲ 제3각법으로 본 투상도

제3각법의 작도

제3각법이란 KS 규정에 3각법을 기준 도법으로 정의하고 있습니다. 즉, 물체를 놓고 보는 위치에 투상도가 그려지는 투상법입니다.

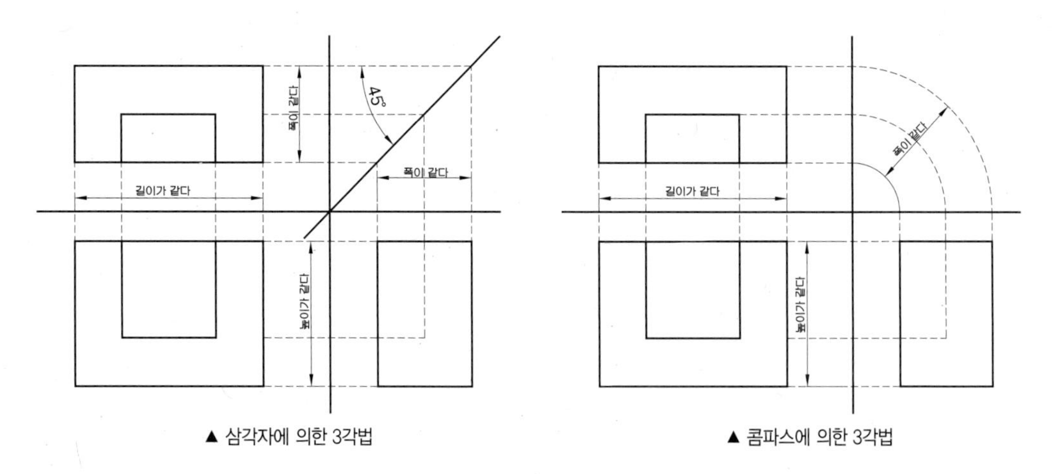

▲ 삼각자에 의한 3각법 ▲ 콤파스에 의한 3각법

Step 03

제1각법의 이해

제1각법은 영국에서 발달한 정투상도법으로 유럽과 일본에서 사용하며 토목이나 선박 제도 등에서 사용됩니다.

제1각법의 특징

1 제1각법은 눈(시점) → 물체 → 화면 순서대로 도면을 작성합니다.

2 물체를 제1각 안에 놓고 투상하므로 투사선이 물체를 통과하여 투사면에 이릅니다. 보는 위치의 반대편에 상이 나타나므로 제3각법과 위치는 반대입니다.

3 수직으로 교차하는 2개의 가상 평면으로 하나의 공간을 4등분했을 때 오른쪽 위의 공간을 제1각(1st Angle) 또는 1사분면(1st Quadrant)이라 하며, 제1각을 기준으로 반시계 방향으로 제2각(2nd Angle), 제3각(3rd Angle), 제4각(4th Angle)이라 합니다. 제1각법(1st Angle Projection)은 물체를 제1각에 놓고 정투상하는 방법으로 물체는 눈과 투상면 사이에 위치합니다. 평화면, 측화면을 입화면과 같은 평면이 되도록 회전시키면 정면도의 왼쪽에 우측면도가 놓이고, 평면도는 정면도의 아래쪽에 놓입니다.

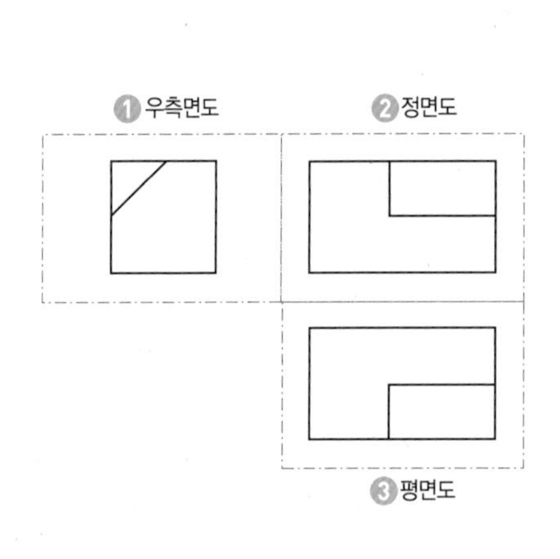

▲ 제 1각법으로 본 투상도

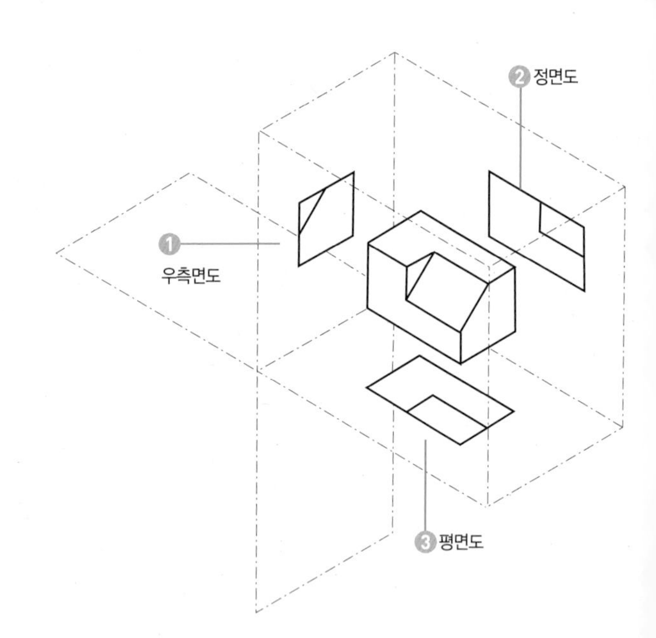

Step 04

1면 도법의 이해

1면 도법은 물체의 형상을 하나의 투상도로 표현이 가능할 때 작성하는 도법으로 주로 원형 및 얇은 판재 등을 표현할 때 사용합니다.

1면 도법의 특징

1 물체의 모양을 완전히 나타내기 위해서는 6개의 투상도가 필요하지만 대부분 1~3개의 투상도만으로도 물체를 이해할 수 있습니다. 투상도를 적게 작업하면 그 만큼 시간과 노력을 덜 수 있으므로 투상도의 수는 가급적 적게 작업하는 것이 좋습니다. 그러나 꼭 필요한 투상도를 빠트리면 물체의 모양을 잘못 이해할 수 있으므로 주의해야 합니다.

2 그림 (가)의 축과 (나)의 부시는 정면도와 평면도의 모양이 같아서 평면도를 그릴 필요가 없습니다. ø50, ø100처럼 치수의 수치 앞에 붙은 ø는 지름 값을 나타낼 때 사용하는 치수 보조 기호로서 그 부분의 모양이 둥근 원임을 뜻합니다. 따라서 우측면도가 없어도 그 모양을 이해할 수 있습니다.

3 단순한 모양의 축, 부시, 바퀴, 파킹 등은 정면도 또는 평면도 하나로도 나타내는 경우가 많으며 치수 보조 기호나 단면도 등을 함께 사용합니다.

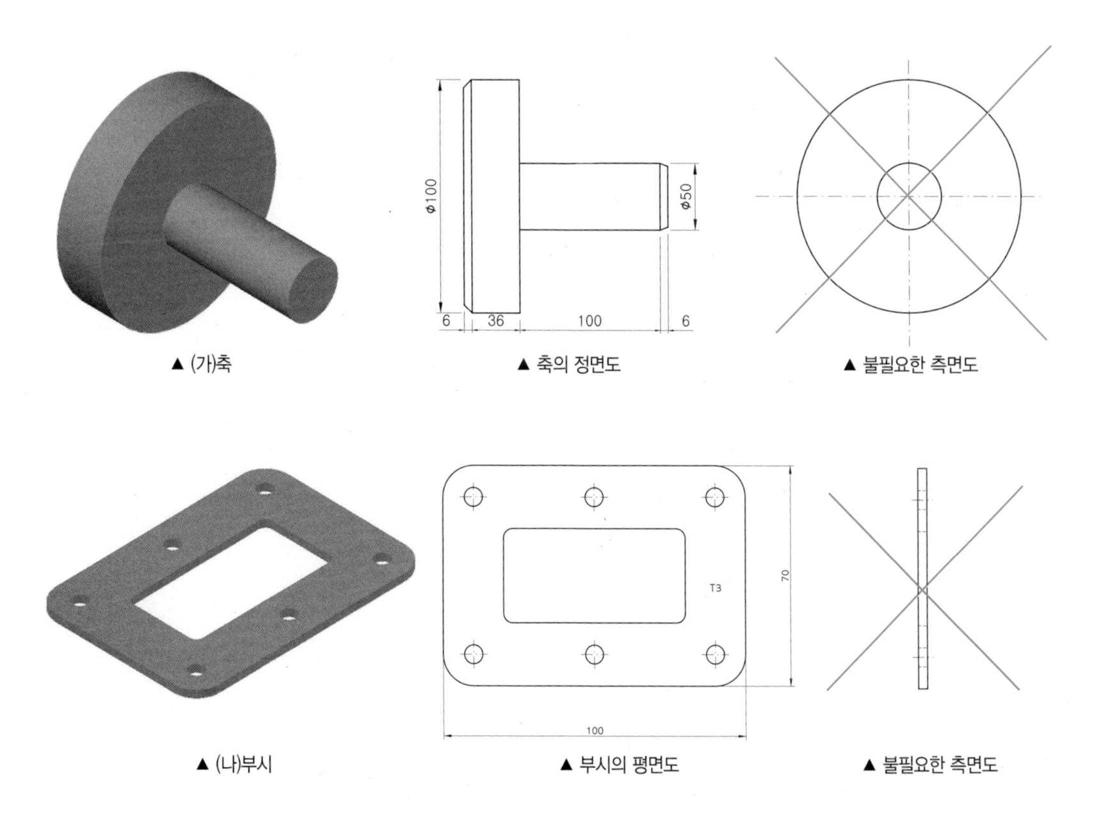

▲ (가)축 ▲ 축의 정면도 ▲ 불필요한 측면도

▲ (나)부시 ▲ 부시의 평면도 ▲ 불필요한 측면도

Step 05

2면 도법의 이해

1면 도법과 마찬가지로 2면 도법에서 투상도의 수를 적게 하면 작업의 효율을 높일 수 있으므로 물체의 형태를 가장 잘 표현할 수 있는 방향을 설정해야 합니다.

2면 도법의 특징

다음 그림과 같이 두 개의 투상도를 가지고 객체의 정확한 형태를 알고 있을 때 도면을 작성할 수 있습니다. 평면도와 정면도만을 가지고도 객체를 이해할 수 있으므로 측면도는 작성하지 않습니다. 이와 같이 두 개의 투상도만을 가지고 객체를 설계하는 것을 2면 도법이라고 합니다.

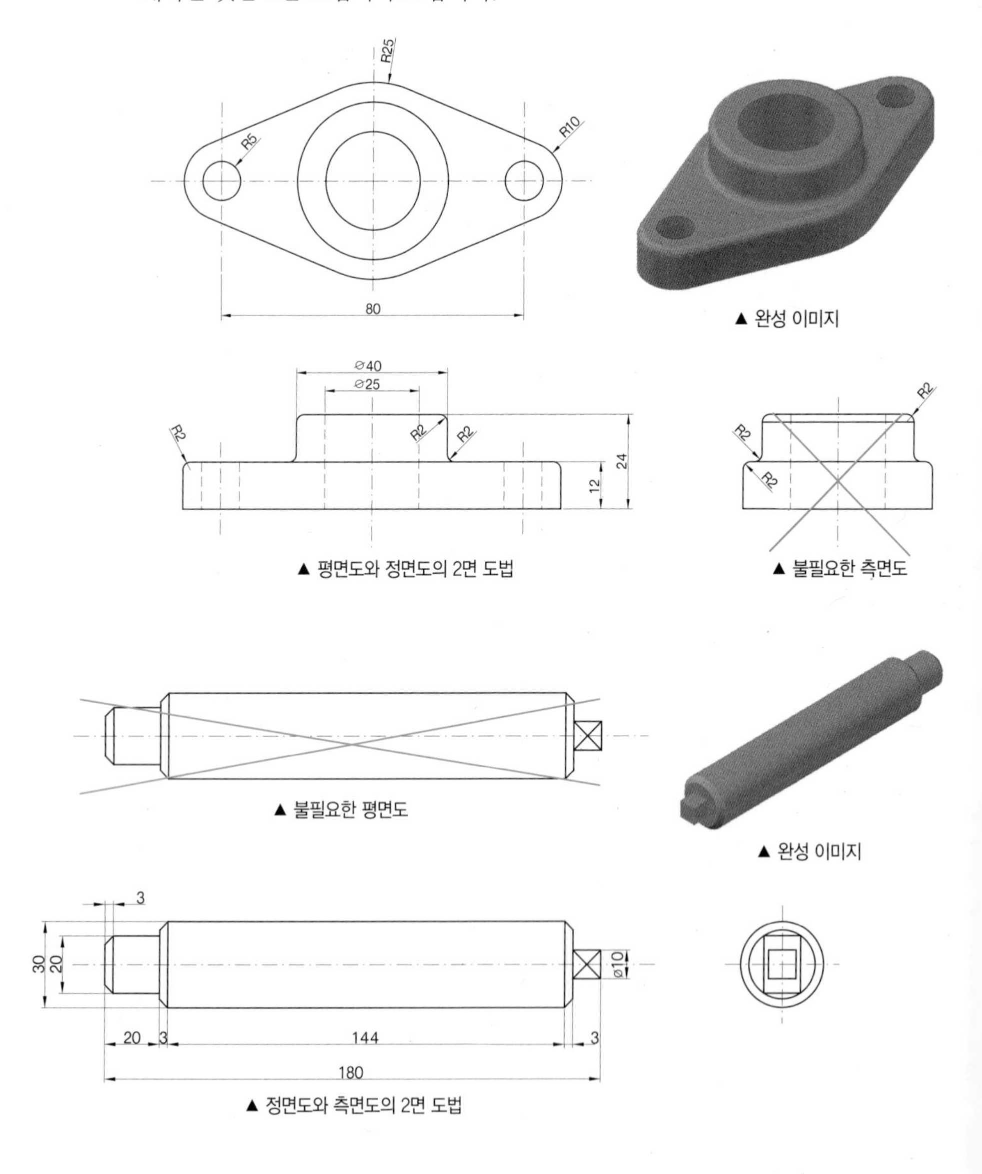

▲ 완성 이미지

▲ 평면도와 정면도의 2면 도법

▲ 불필요한 측면도

▲ 불필요한 평면도

▲ 완성 이미지

▲ 정면도와 측면도의 2면 도법

Step 06

도면 일부분 생략

도면은 가급적 간단명료하고 깨끗하게 그려야 하며, 제도하는데 드는 시간과 노력은 적을수록 좋습니다. 상하 또는 좌우가 대칭인 물체는 어느 한쪽만 그려도 물체를 이해하는 데 지장이 없습니다. 일직선 위에 같은 간격, 같은 크기로 뚫린 여러 개의구멍을 전부 그리기보다는 처음과 마지막 부분의 몇 개만 그리고, 나머지 부분은 구멍의 중심 위치만 표시하는 것이 훨씬 간단하고 경제적입니다.

1 대칭도형의 생략 : 대칭인 도형의 한쪽을 생략하여 그릴 때에는 오른쪽 그림과 같이 중심선 양끝에 가는 실선으로 대칭 도시 기호를 그려야 합니다.

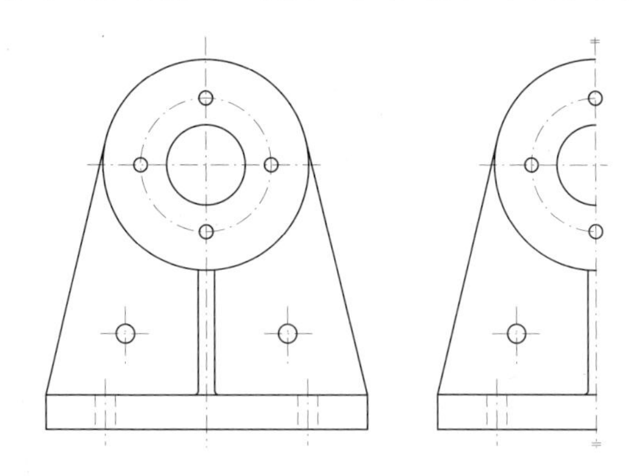

2 반복도형의 생략 : 동일한 간격이나 각도로 같은 모양, 같은 크기의 구멍이 반복될 때 하나의 구멍만 그리고 나머지는 그 중심 위치만 표시합니다.

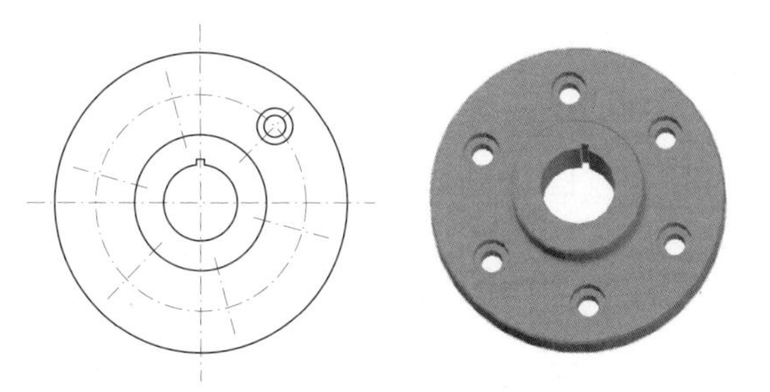

3 중간 부분의 생략 : 축과 같이 단면이 같은 긴 물체, 랙 기어처럼 같은 모양이 규칙적으로 나열되어 있는 물체 등은 지면을 절약하기 위해 중간 부분을 잘라내고 짧게 그리는 것이 좋습니다. 잘라낸 부분의 경계는 파단선으로 표시하고 치수는 원래의 치수를 입력합니다.

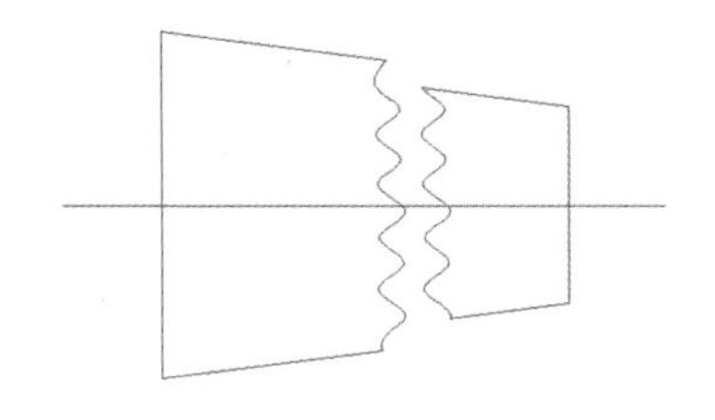

제3각법 연습 문제 | Line, Trim, Offset

작업 영역	Limits 0,0 ~ 240,180

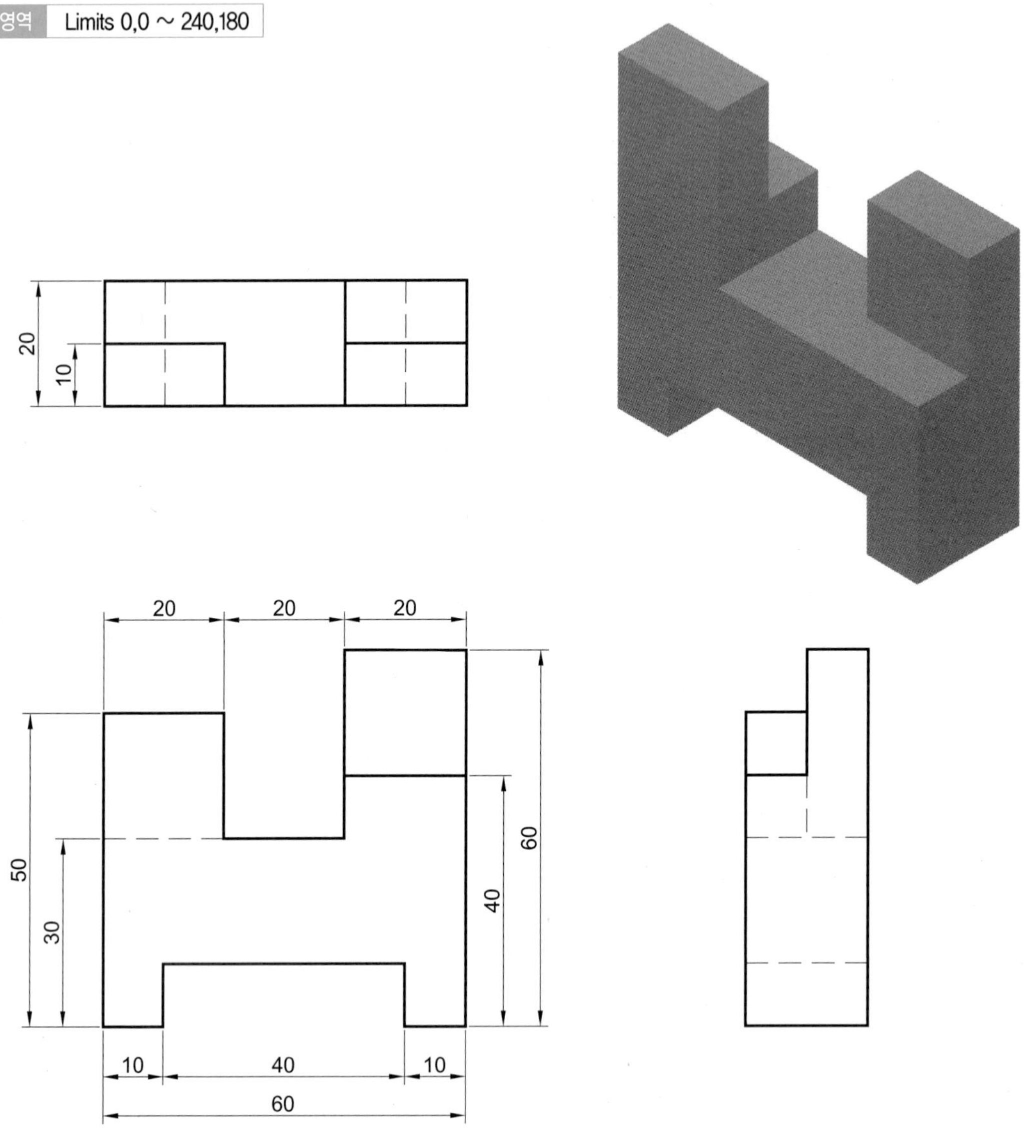

20
10

20 20 20
50
30
40
60
10 40 10
60

제3각법 연습 문제 | Line, Trim, Offset

작업 영역	Limits 0,0 ~ 240,180

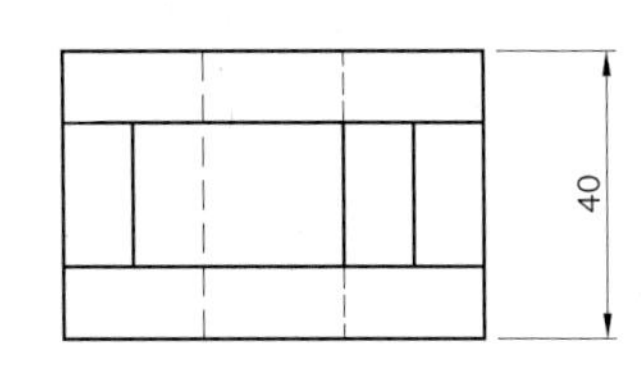

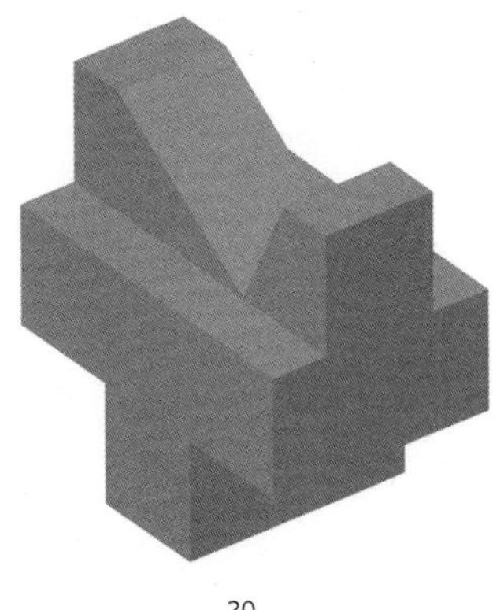

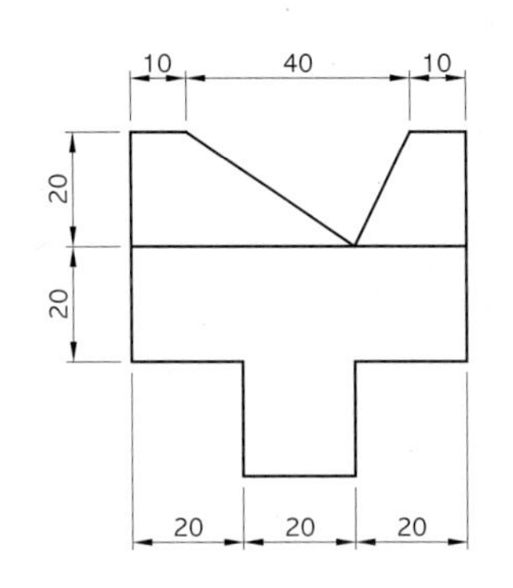

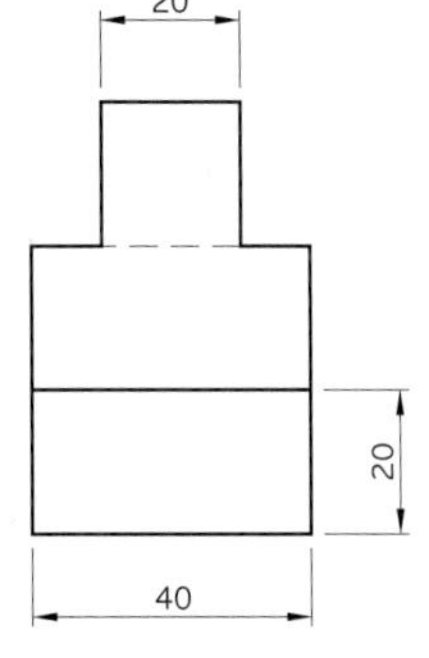

작업 영역	Limits 0,0 ~ 240,180

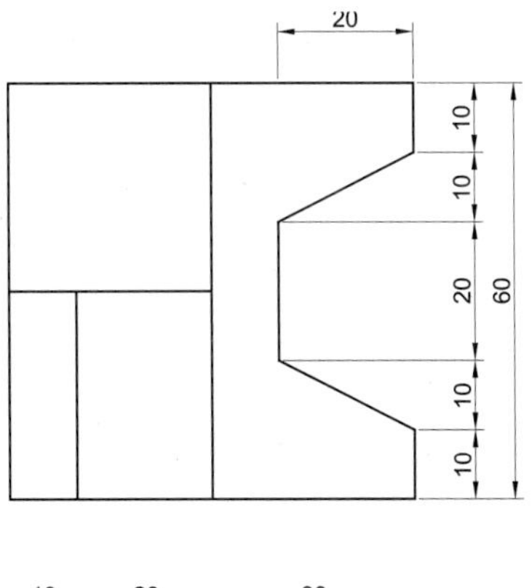

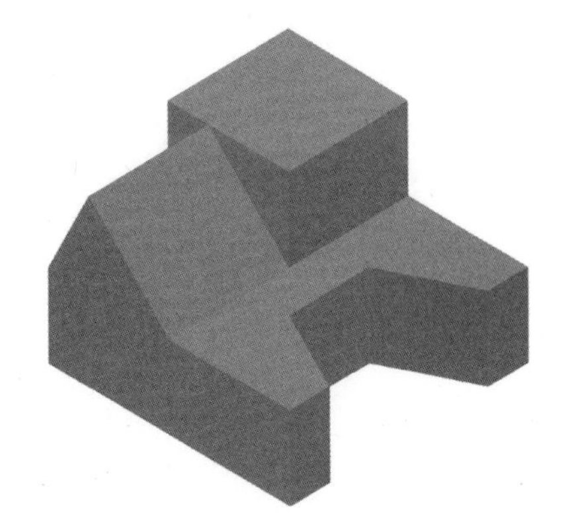

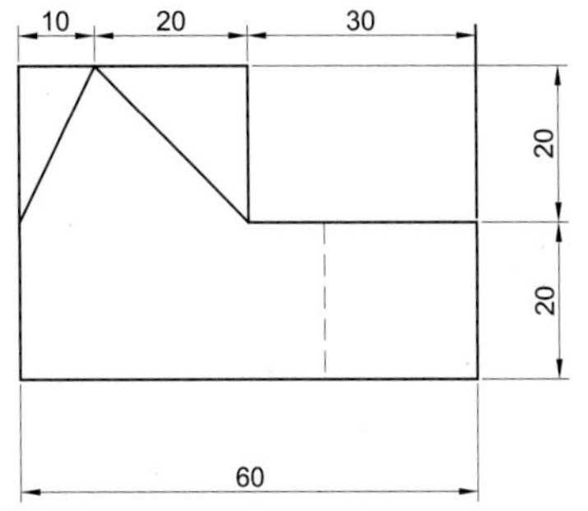

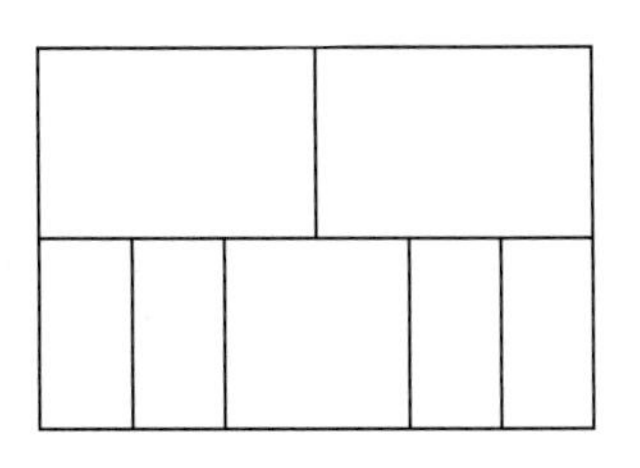

제3각법 연습 문제 | Line, Trim, Offset

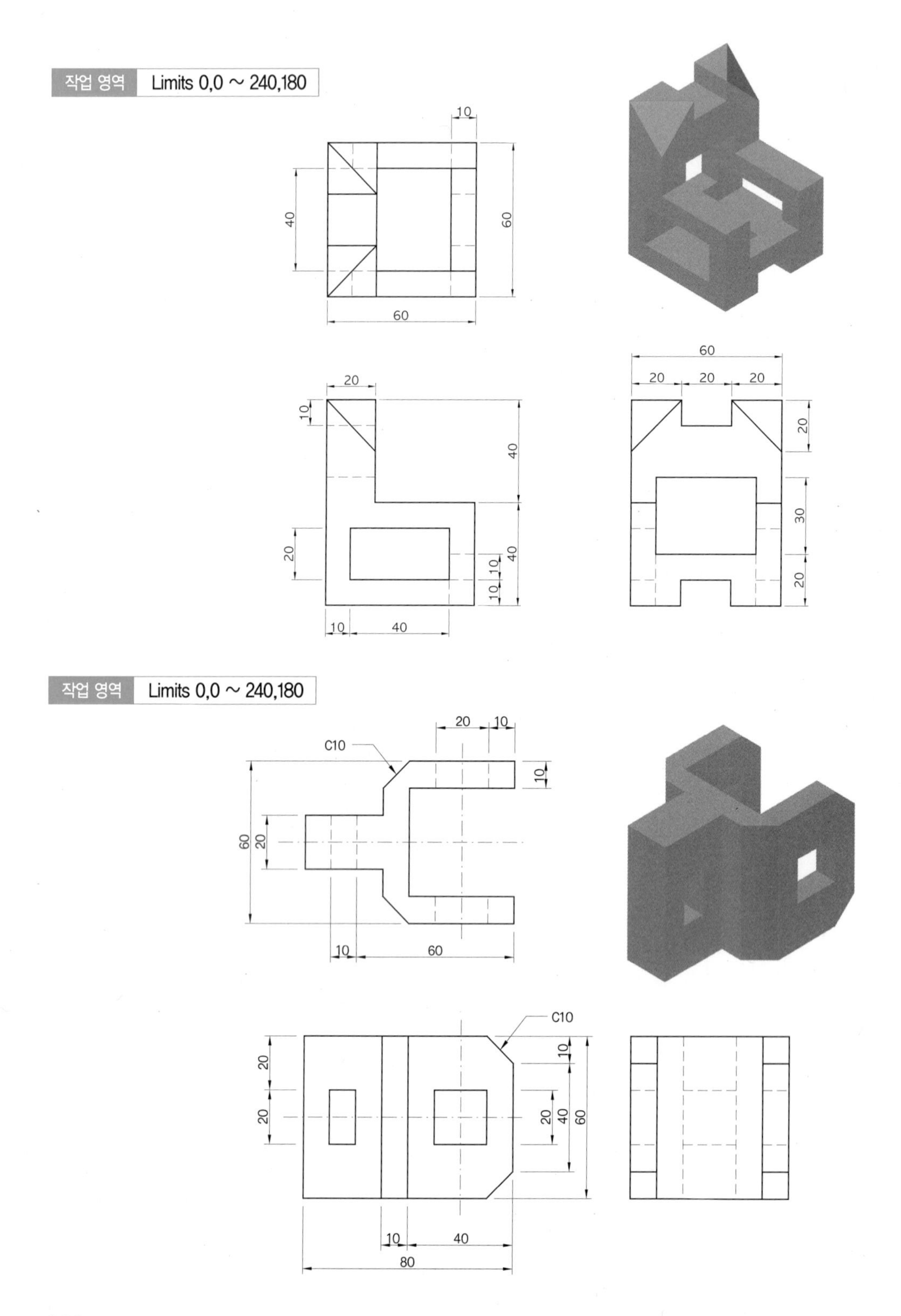

제3각법 연습 문제 | Line, Trim, Offset

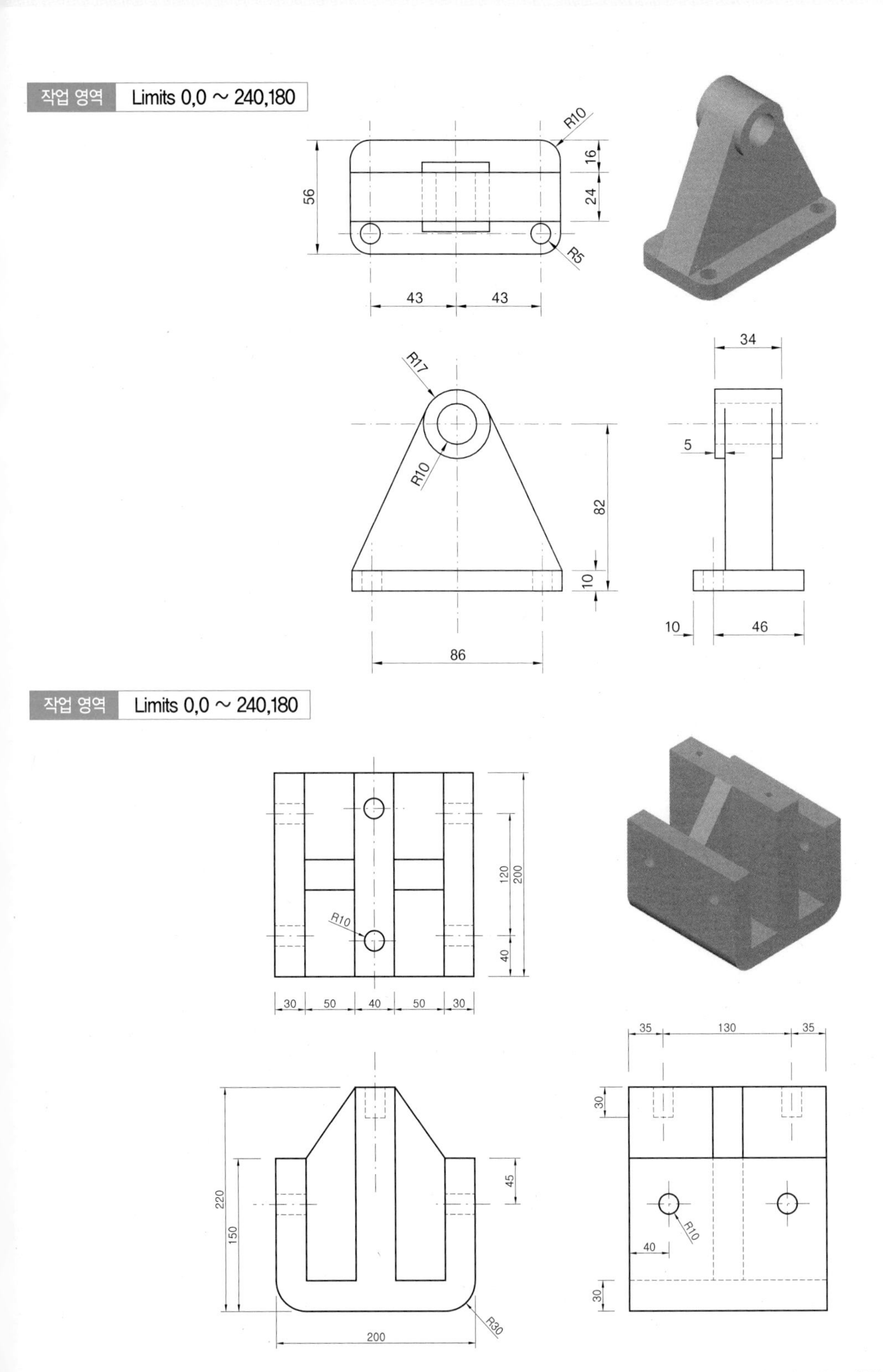

Section

02 보조투상도 알아보기

가장 많이 사용되는 제3각법을 이용하여 도면을 작성할 때 물체의 형태에 따라 도면을 좀 더 정확하고 직관적으로 전달하기 위해서 보조투상도가 필요합니다.

Step 01

보조투상도의 이해

제3각법으로 도면을 작성할 때 경사면의 실제 길이 값에 변화가 발생하면 보조투상도를 사용합니다. 보조투상도는 대상물의 경사면을 실형으로 사용할 필요가 있을 경우 사용하는 투상도를 말하며 경사면과 맞서는 위치에 그립니다.

보조투상도의 원리

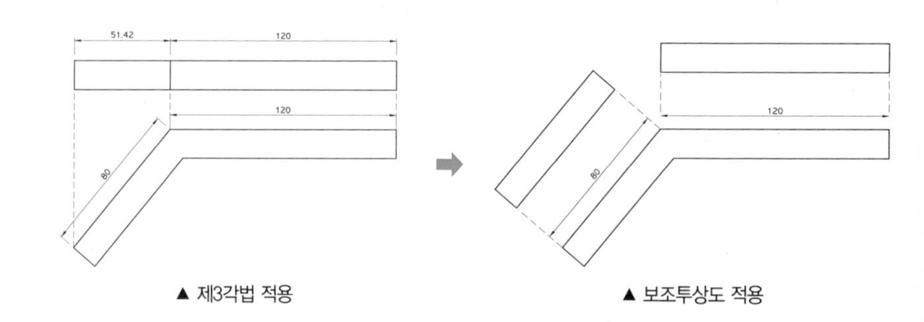

▲ 제3각법 적용 ▲ 보조투상도 적용

그리는 방법

1 각각의 면과 수직인 방향에서 평면을 작성합니다.

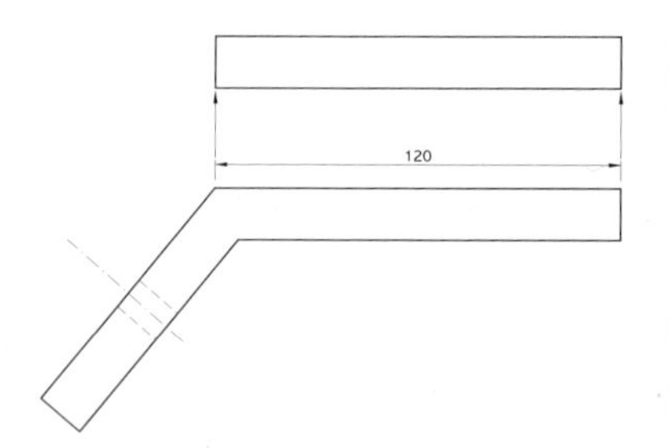

2 중심선을 수직 방향으로 연결합니다.

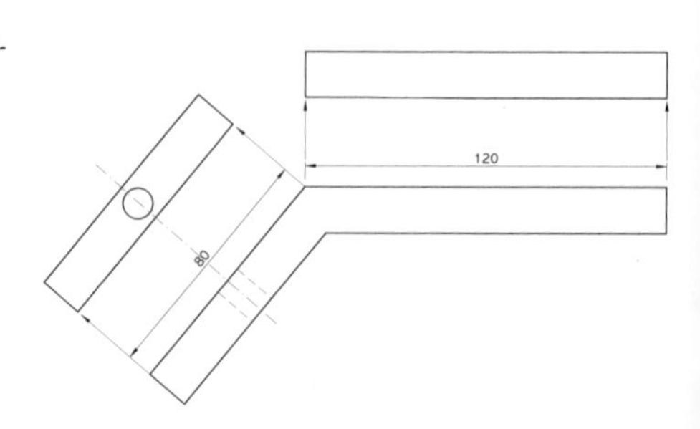

3 불필요한 부분은 도면을 생략합니다.

Step 02

회전투상도의 이해

회전투상도는 투상면의 각도로 인해 실형의 표시가 어려운 경우 그 부분을 회전하여 실형으로 표시합니다.

회전투상도의 원리

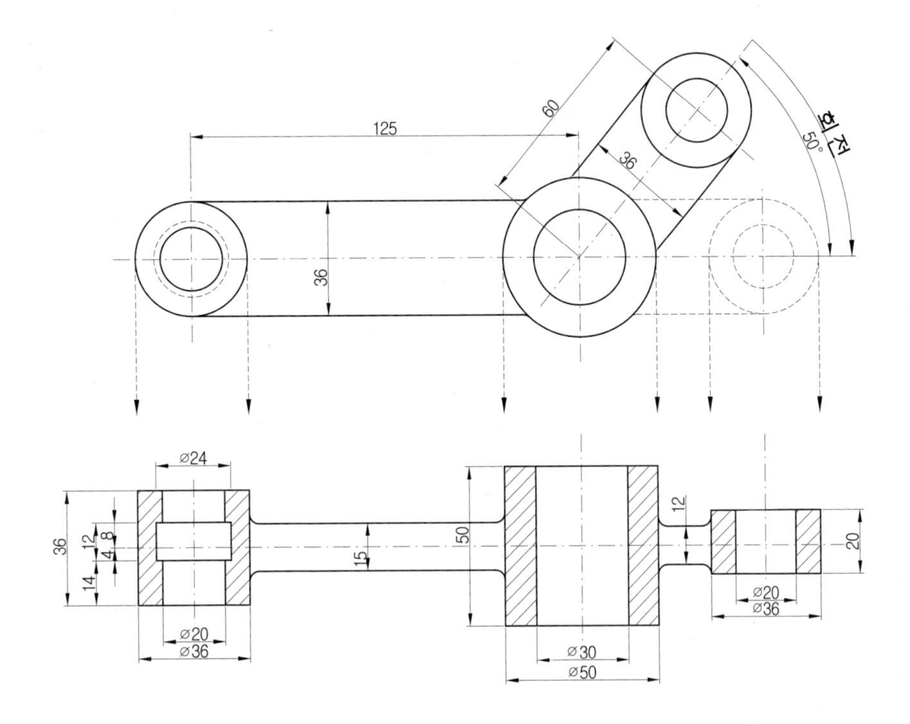

그리는 방법

1 투상면에 대하여 대상물의 일부분이 경사 방향인 경우, 투상면에 평행인 위치까지 회전했다고 가정한 다음 작도합니다. 중심선을 수직 방향으로 연결합니다.

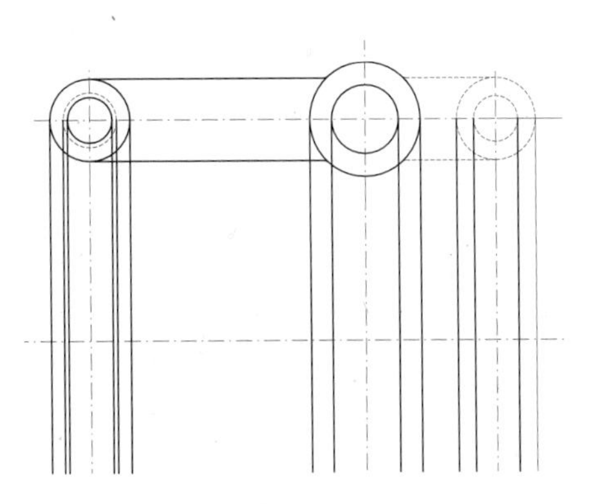

2 객체와 중심선 간 교차지점을 수직 방향으로 인출하여 작도합니다.

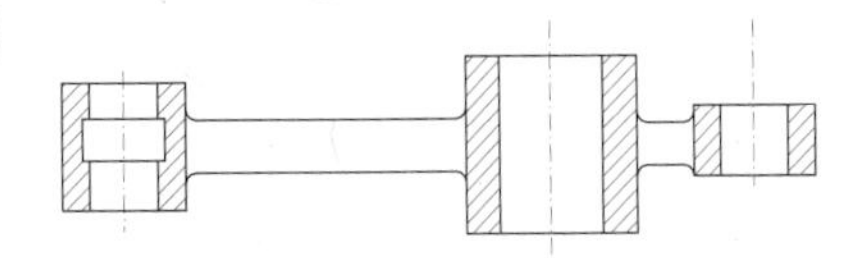

Step 03

국부투상도의 이해

실무에서는 축을 설계할 때 키홈에서 끼워질 키의 정면을 작도합니다. 축과 끼워지는 기계적 요소들을 설계할 때 국부투상으로 단면의 모양을 작성해야 합니다.

국부투상도 원리

국부투상도는 도면을 작성할 때 정면과 측면만을 작도하여 물체의 형태를 알 수 있도록하며, 측면은 반단면도로 작성합니다.

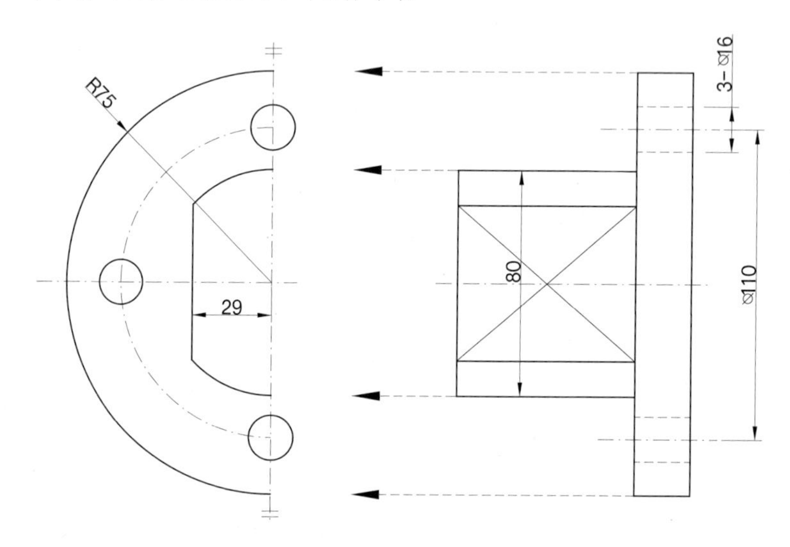

그리는 방법

1 정면도의 중심선을 인출하여 작성할 위치를 지정하기 위해 정면도의 외형선에서 선을 인출하고 원의 위치에 원을 작성합니다.

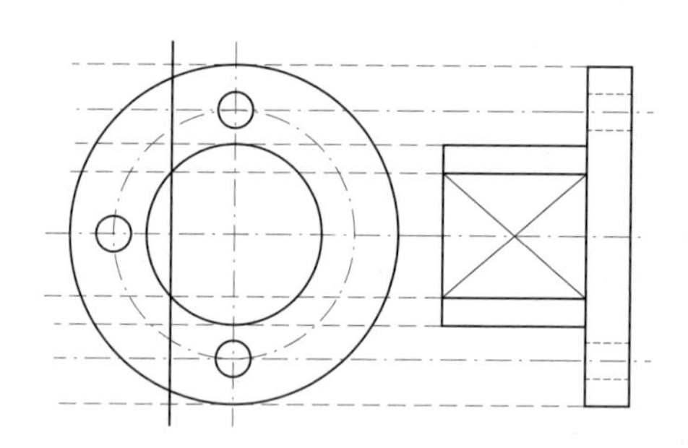

2 절반을 남기고 불필요한 부분은 삭제합니다.

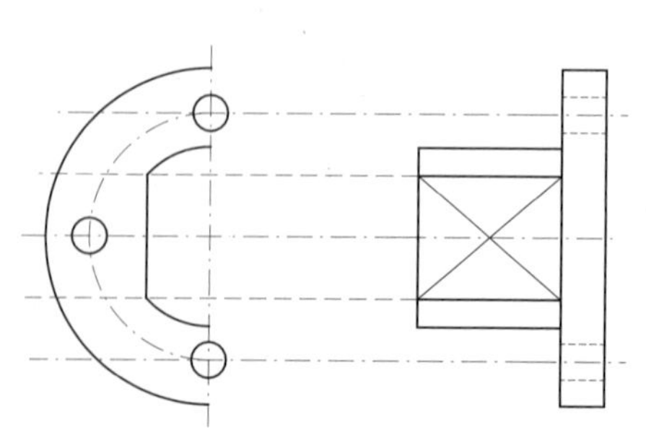

잠깐만요

국부투상을 실시하는 객체는 축과 키홈 또는 프라마 블록이 끼워질 때 사용합니다. 단 축의 경우 편심축에서는 국부투상을 실시해야 합니다. 위의 그림은 축 형태에 사각형 형태가 가공된 부분을 표시하기 위해 국부투상을 실시한 것입니다.

Step 04

부분투상도의 이해

부분투상도는 주투상도에서 잘 나타나지 않는 방향의 부분 또는 반드시 평면 모양을 도식할 필요가 있는 부분을 잘라내어 투상하는 도법을 말합니다.

부분투상도 원리

부분투상도는 일부분만을 도식하는 것으로 충분하거나 물체의 전부를 나타내는 것보다 오히려 도면을 이해하기 쉬운 경우 사용되며 투상을 생략한 부분과의 경계는 파단선으로 표시합니다.

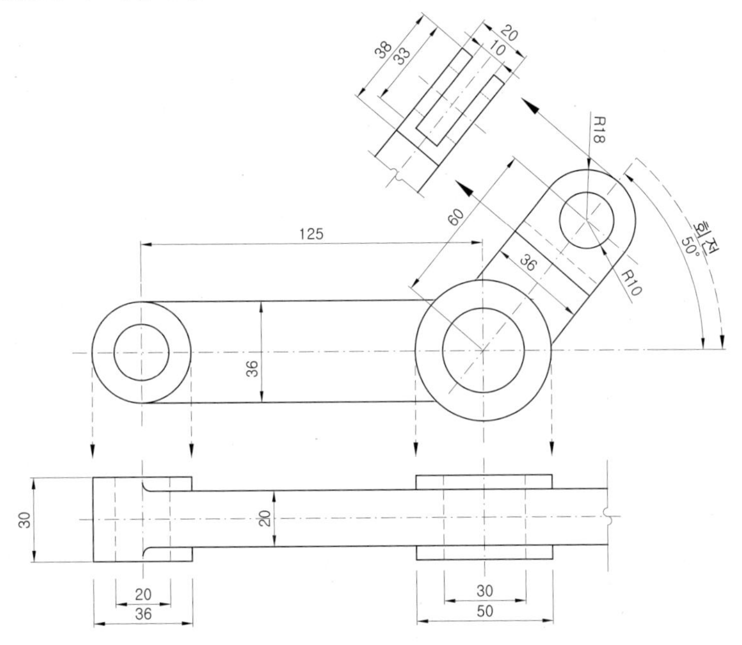

그리는 방법

1 수직 방향으로 작도 가능한 방향에 중심선을 작도합니다. 수직 방향에 외형선과 은선 영역을 작도합니다.

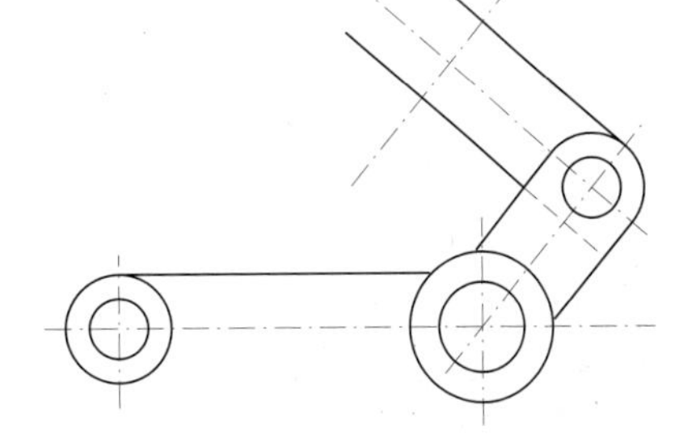

2 사선 방향의 중심선을 평행 방향으로 작도합니다. 사선 방향에 외형선과 은선 방향을 작도합니다.

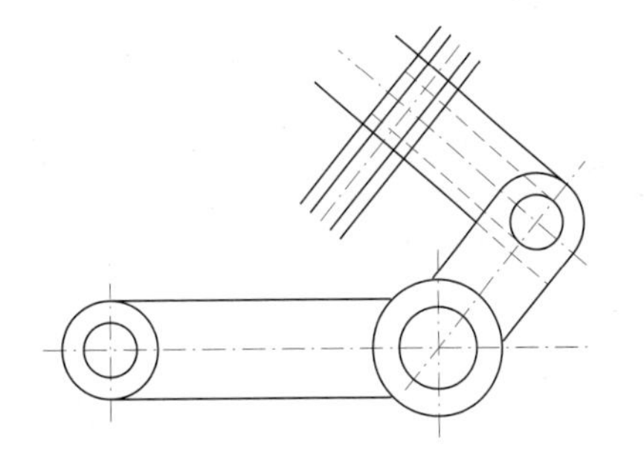

Step 05

부분확대도의 이해

도형의 특정 부분이 너무 작아 치수 입력 등이 어려운 경우 확대하여 그릴 수 있습니다.

부분확대도의 원리

해당 부분은 가는 실선으로 표시하고, 확대 비율은 반드시 표시해야 합니다.

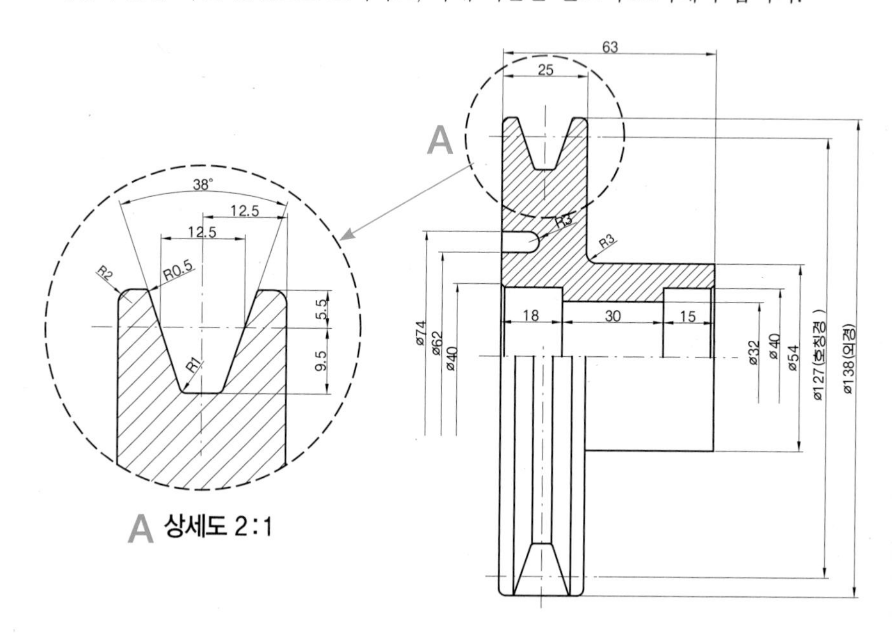

그리는 방법

1 확대할 A 부분을 복사하고 복사한 부분에 Scale 명령을 적용합니다.

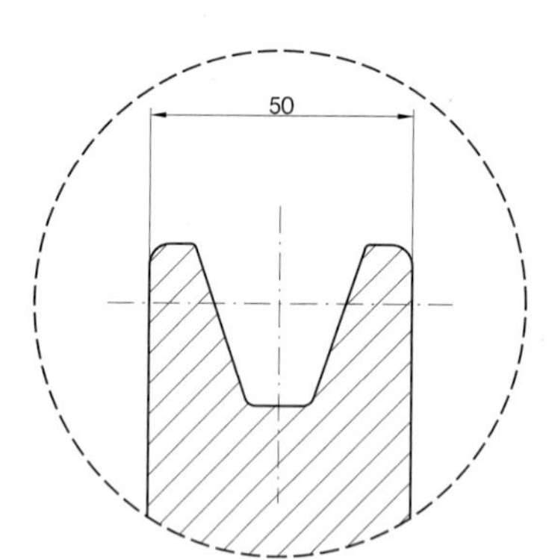

2 확대된 A 부분에 치수를 입력한 후 Ddedit 명령으로 수정합니다.

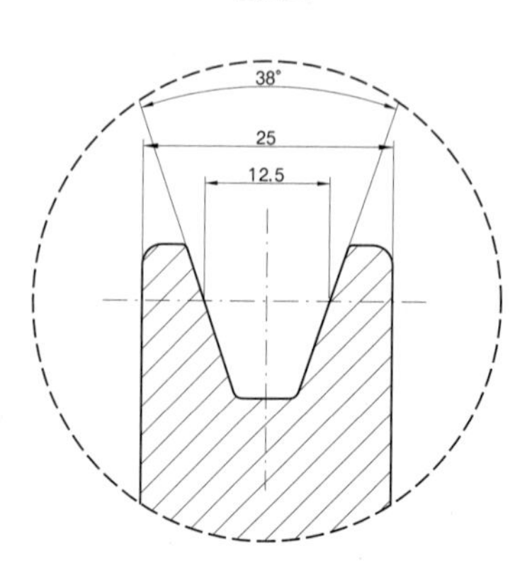

잠깐만요

부분확대도 작성 시 주의할 점은 원 도면에 원/사각형을 이용하여 은선으로 확대 영역을 표시하는 것입니다. 확대 부분이 많을 경우 A/B 등을 표시해야 하며 확대도의 아래쪽에는 반드시 A/B의 확대 영역에 대한 표시를 합니다. 또한 어느 정도 확대되었는지 정확하게 Scale 명령을 이용하여 표기해야 나중에 도면 해석에 대한 오차 값을 줄일 수 있습니다.

보조투상도 연습 문제 | Ucs, Hatch, Offset, Trim

작업 영역 | Limits 0,0 ~ 240,180

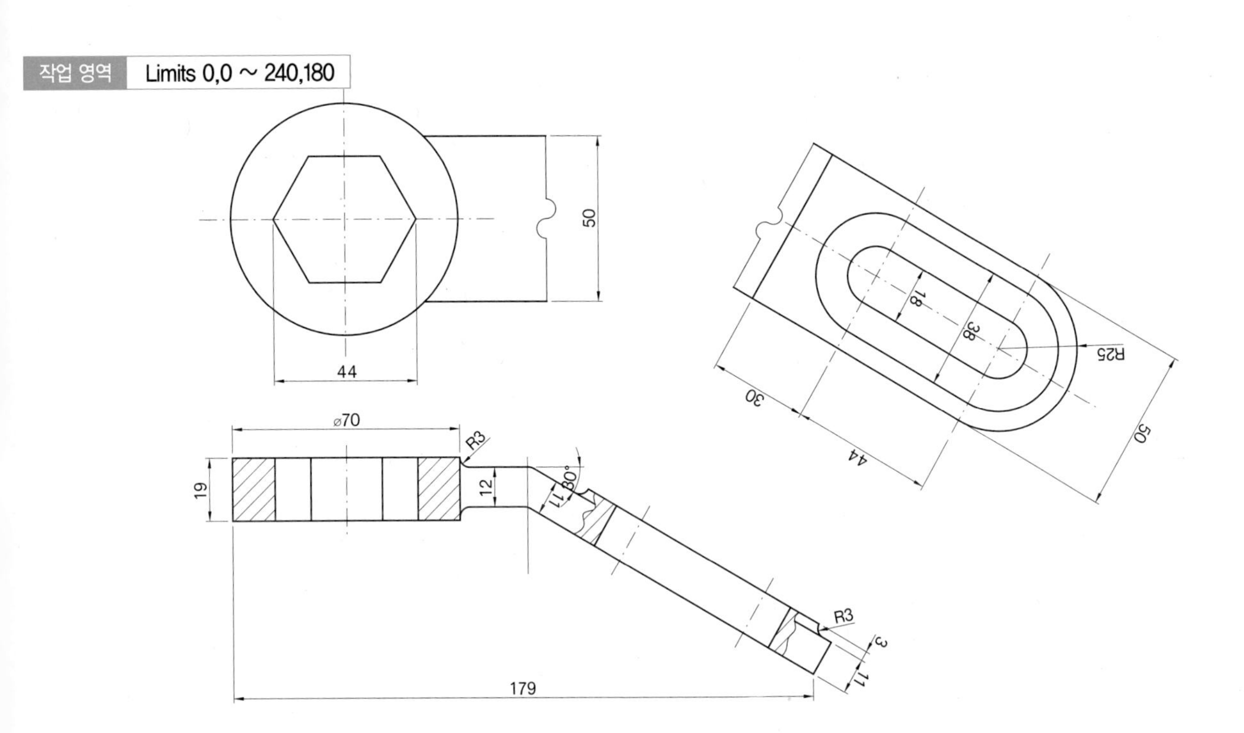

작업 영역 | Limits 0,0 ~ 240,180

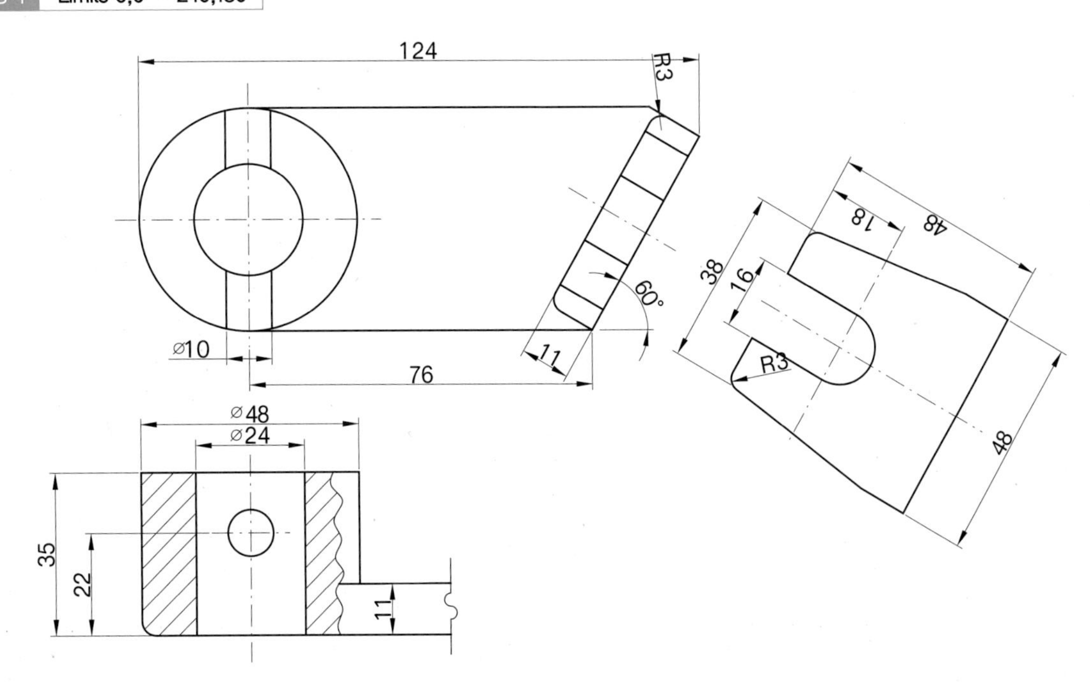

보조투상도 연습 문제 | Ucs, Hatch, Offset, Trim

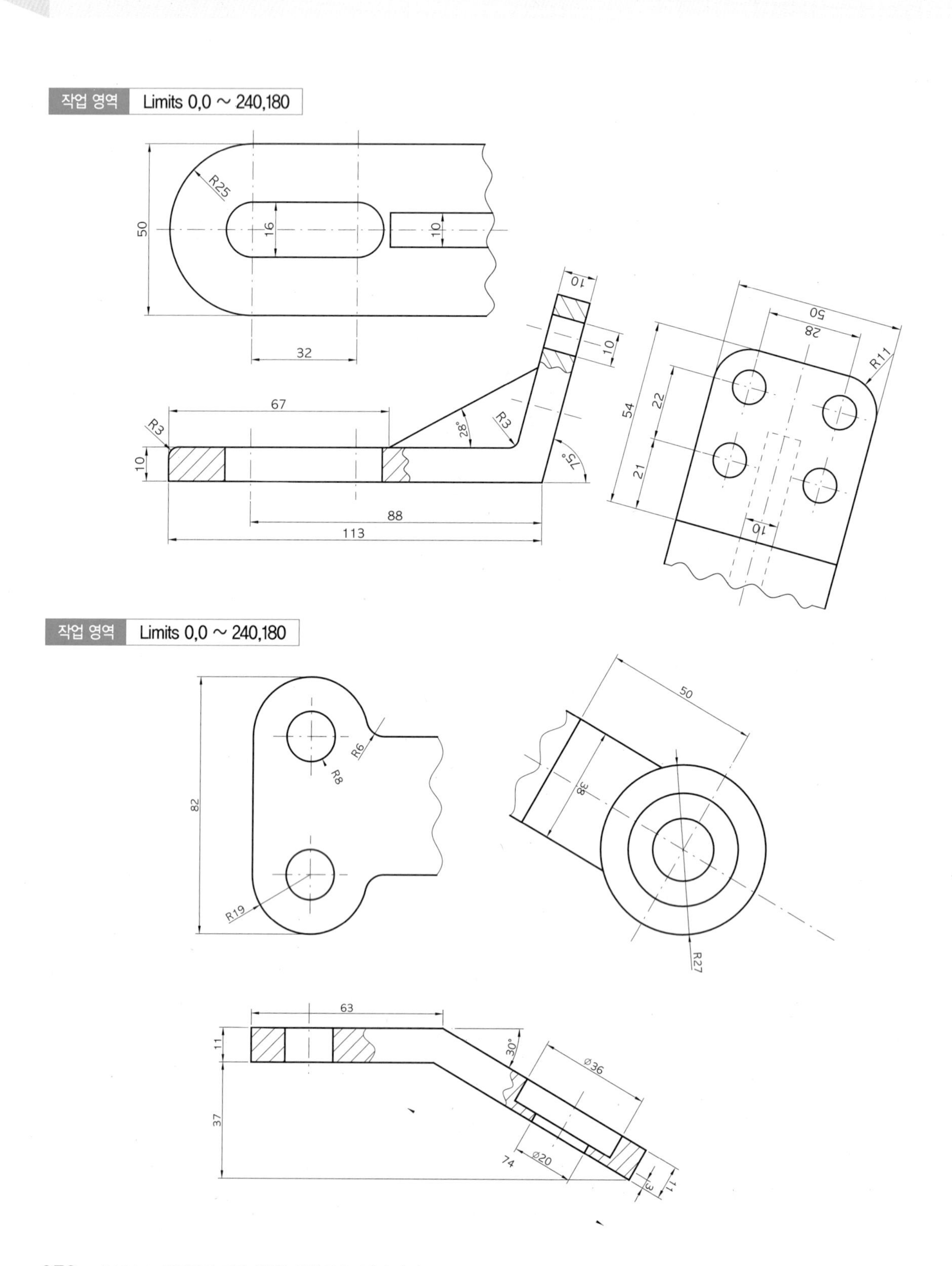

작업 영역 | Limits 0,0 ~ 240,180

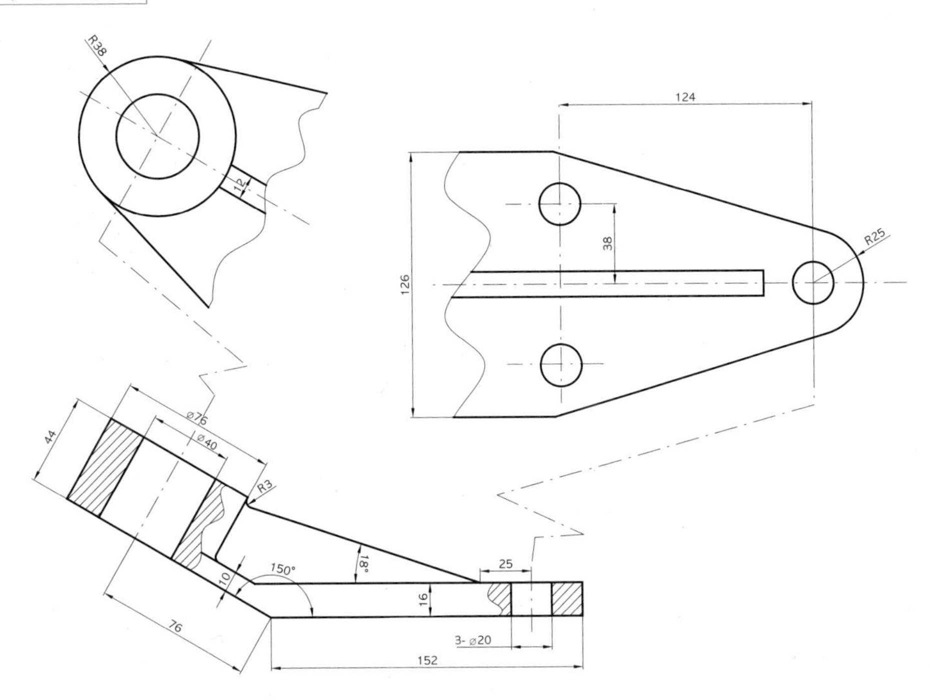

작업 영역 | Limits 0,0 ~ 240,180

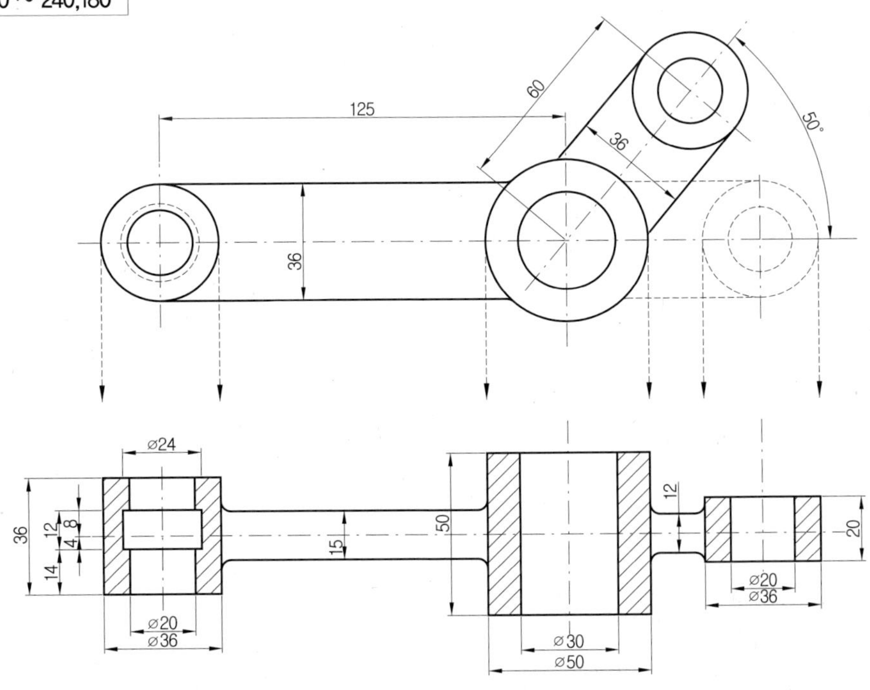

국부투상도 연습 문제 | Hatch, Offset, Trim

작업 영역	Limits 0,0 ~ 240,180

잠깐만요

지시 없는 R은 2로 작성합니다.

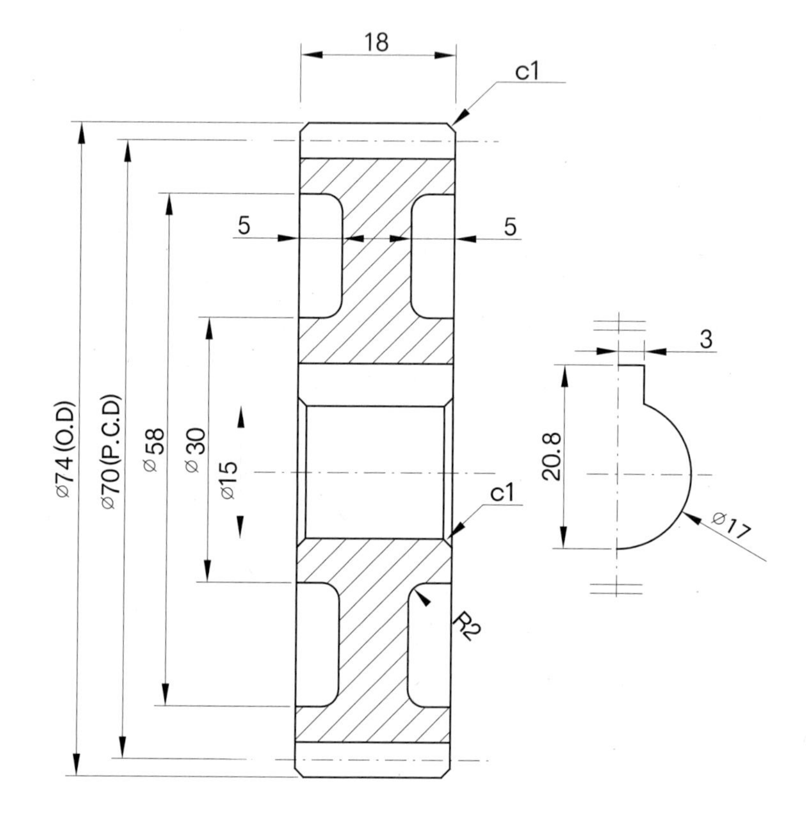

작업 영역	Limits 0,0 ~ 240,180

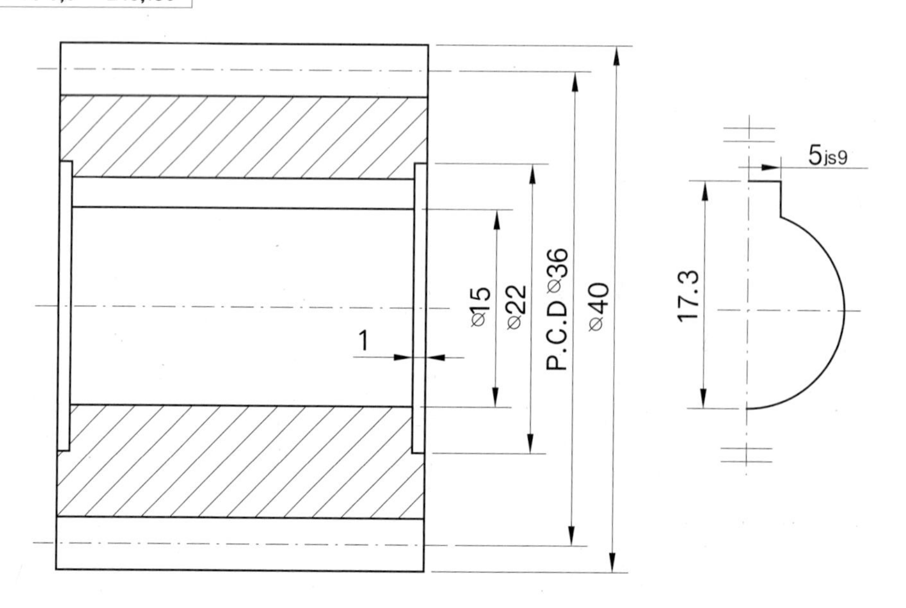

작업 영역	Limits 0,0 ~ 240,180

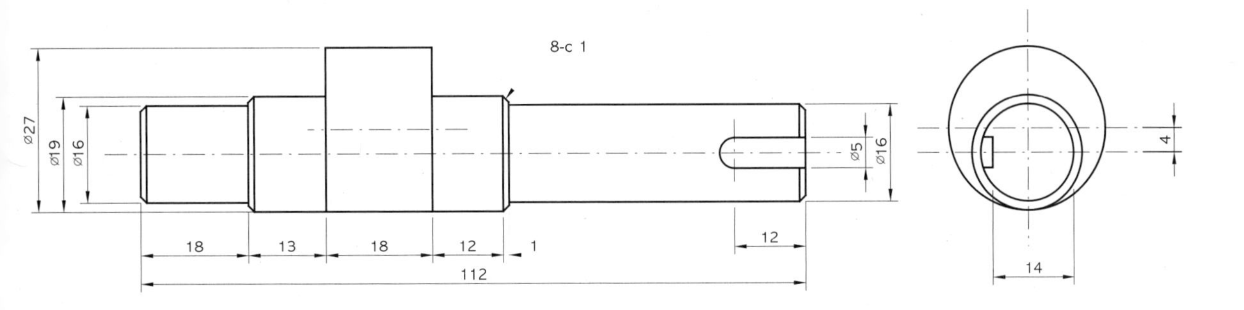

작업 영역	Limits 0,0 ~ 240,180

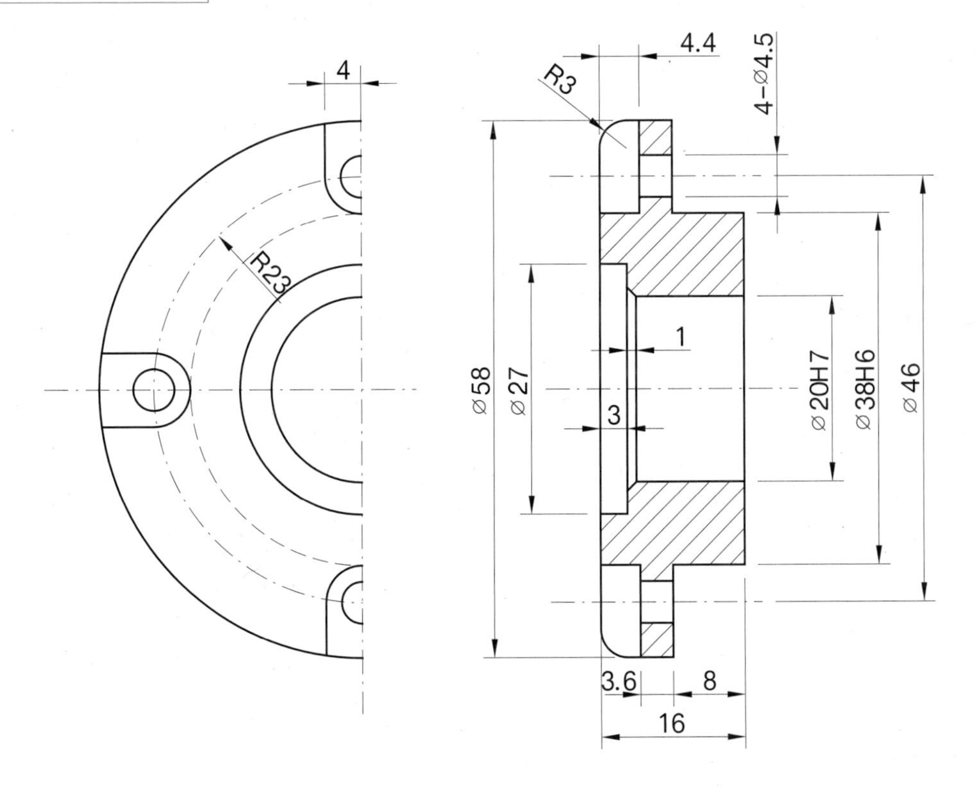

작업 영역	Limits 0,0 ~ 240,180

잠깐만요

지시 없는 C은 3으로 작성합니다.

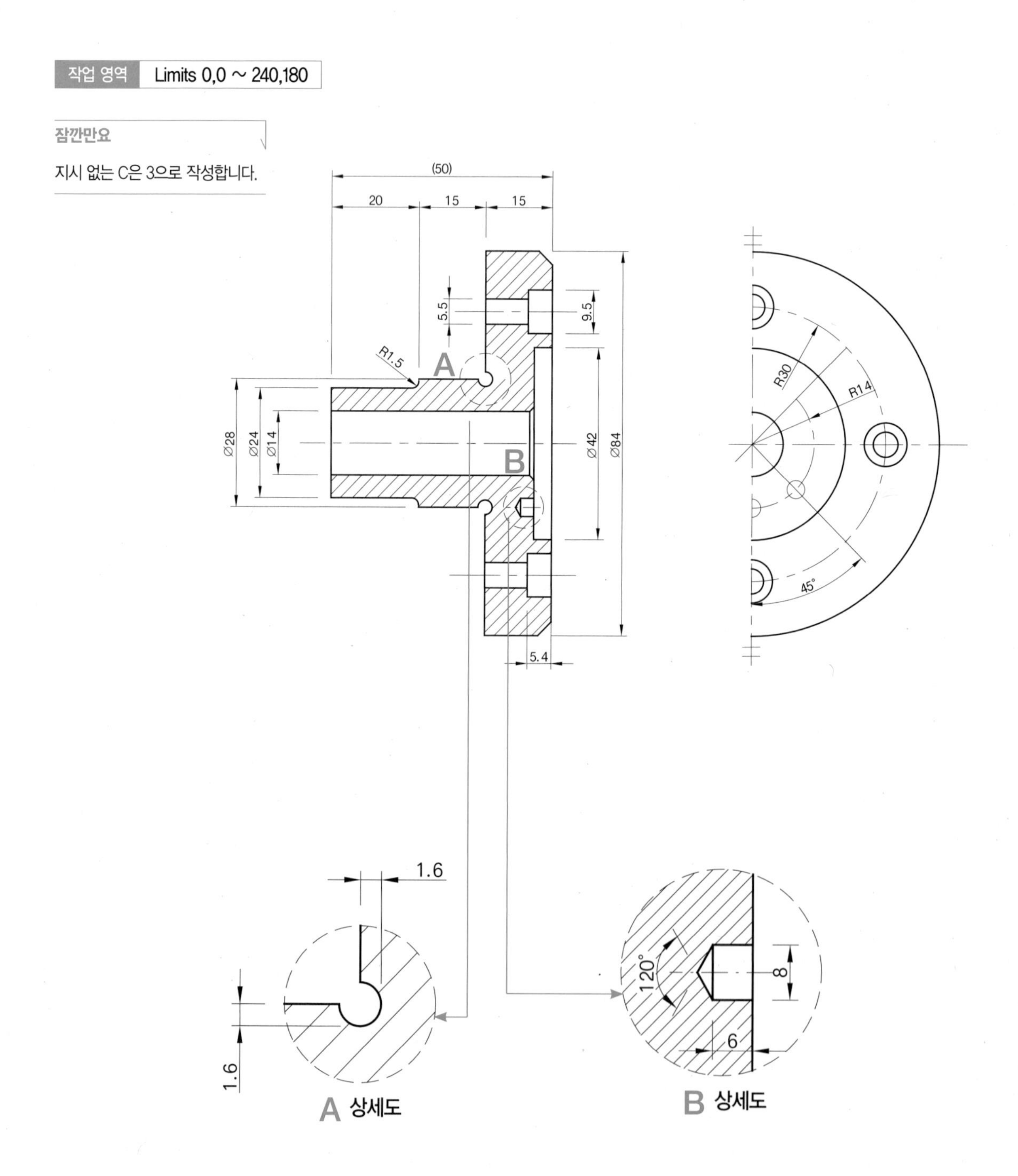

부분확대도 연습 문제 | Arc, Circle, Copy, Scale

작업 영역	Limits 0,0 ~ 240,180

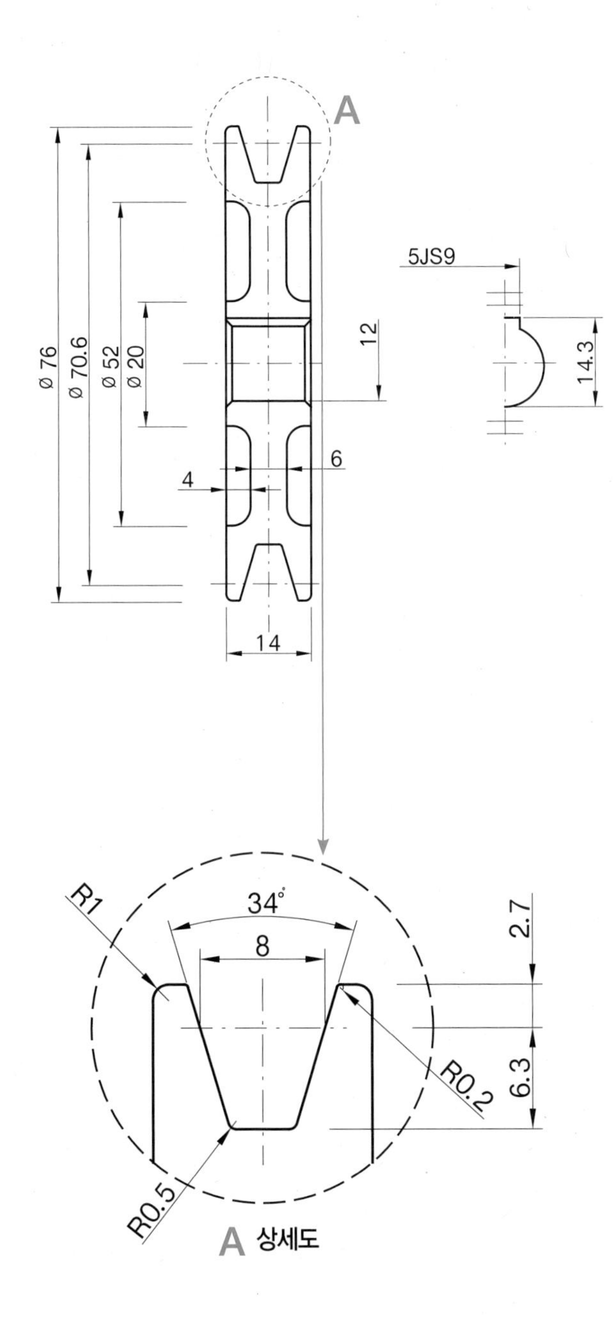

Section

03 다양한 단면도 표현하기

간단한 도형도 내부에 은선이 많으면 도형을 이해하는 데 어려울 수 있습니다. 도면은 간단명료하게 작성하여 쉽게 해석할 수 있어야 하기 때문에 상황에 따라 적합한 단면도를 활용해야 합니다.

Step 01

단면도의 이해

단면도는 물체를 가상으로 절단하고 그 앞쪽을 제외하여 그린 투상도를 말합니다. 도면의 가독성 및 물체의 내부 구조가 복잡하여 잘 보이지 않을 경우 물체를 절단하여 내부가 보이도록 하는 것이 목적입니다.

단면도의 특징

단면도는 투상 법칙에 따라야 하며 절단면의 위치는 절단선으로 나타내야 합니다. 다른 면과 구분하기 위해 반드시 45°의 가는 평행 경사선인 해칭선으로 구분하여 표시합니다. 절단하는 방법에 따라 전단면도, 반단면도, 부분단면도, 회전단면도, 조합에 의한 단면도 등으로 구분할 수 있습니다.

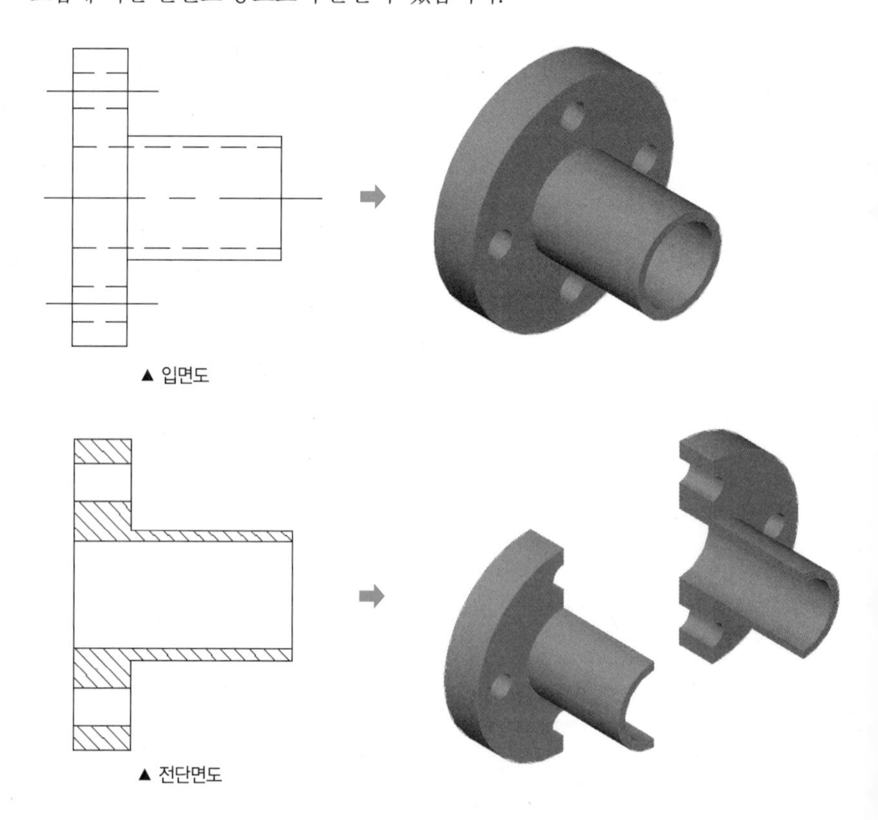

▲ 입면도

▲ 전단면도

Step 02

전단면도의 이해

전단면도는 물체를 중심에서 반으로 자른 것으로 가정하고, 도형 전체를 단면도로 나타낸 것입니다. 이때 절단면은 물체의 중심선을 지나야 합니다.

전단면도의 유형

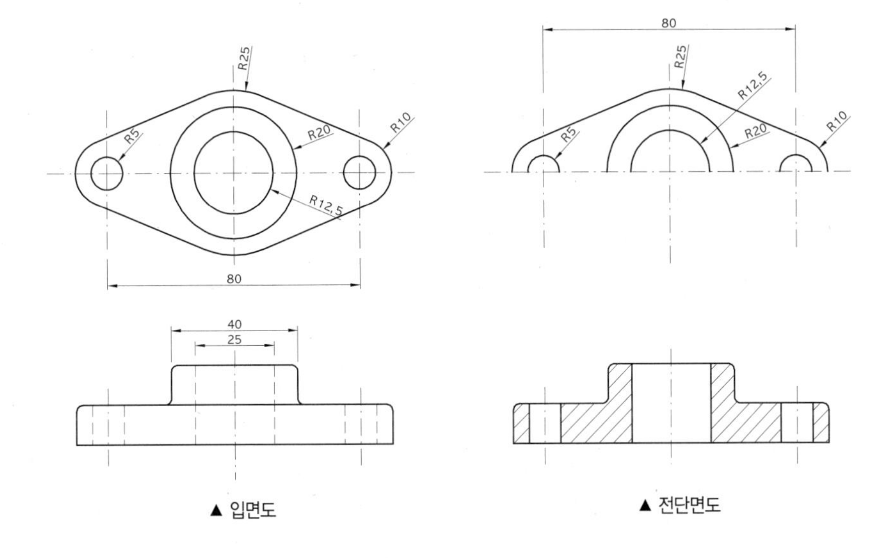

▲ 입면도 ▲ 전단면도

그리는 방법

1 단면을 작성할 물체의 중심선을 수직 방향으로 인출합니다. 외형선을 인출하여 수직 방향으로 인출합니다.

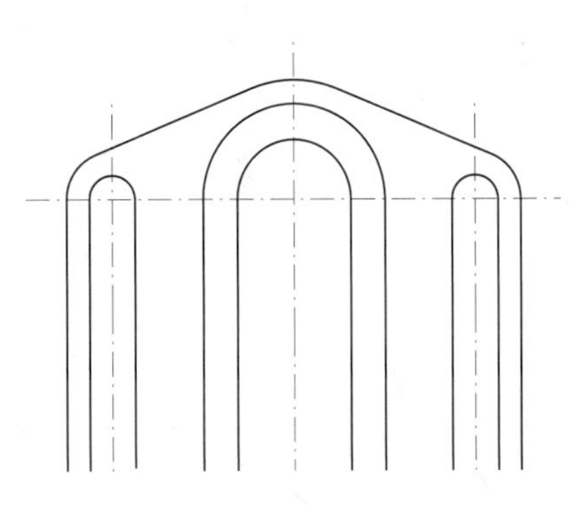

2 높이 값에 맞춰 불필요한 부분은 삭제합니다. 단면도에 곡면을 작성하고 해치를 적용하여 객체의 빈 공간을 표현합니다.

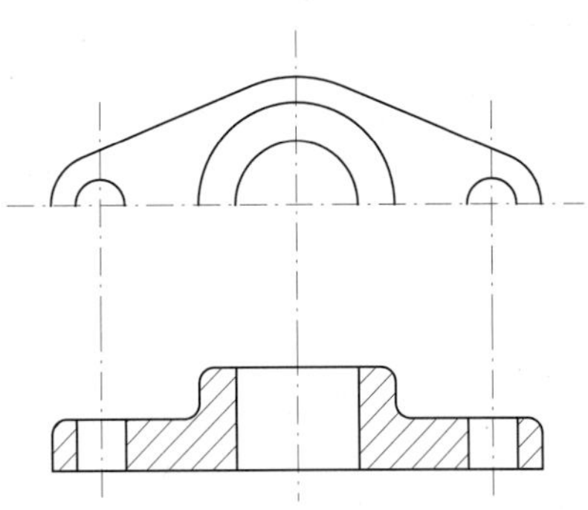

Step 03

반단면도의 이해

상하좌우 각각 대칭인 물체의 중심선을 기준으로 1/4에 해당하는 부분만을 절단하여 단면도식하고 나머지 부분은 외형만을 작성합니다.

반단면도의 유형

단면도 작성 시 절반 부분을 단면도식으로 표시하고 나머지 절반 부분은 입면도식으로 표시합니다.

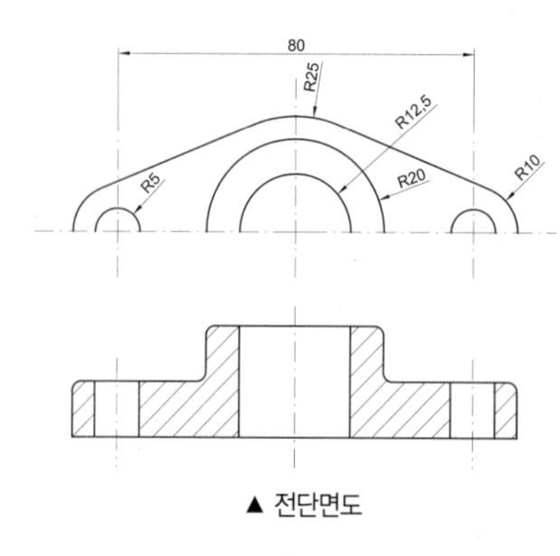

▲ 전단면도

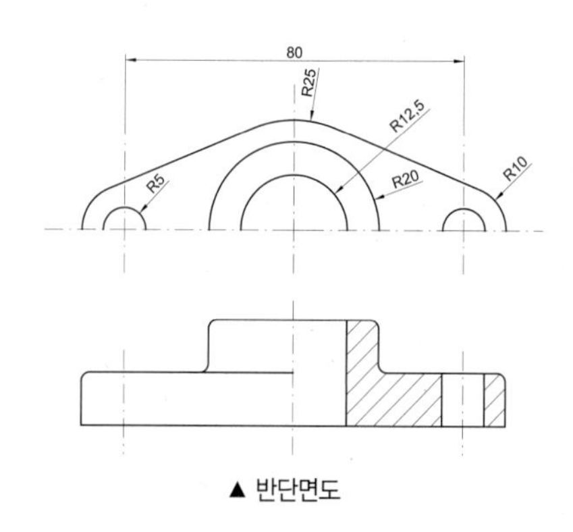

▲ 반단면도

그리는 방법

1 단면을 작성할 객체의 중심선에서 수직 방향으로 중심선을 인출합니다. 외형선에서 수직 방향으로 선을 인출합니다.

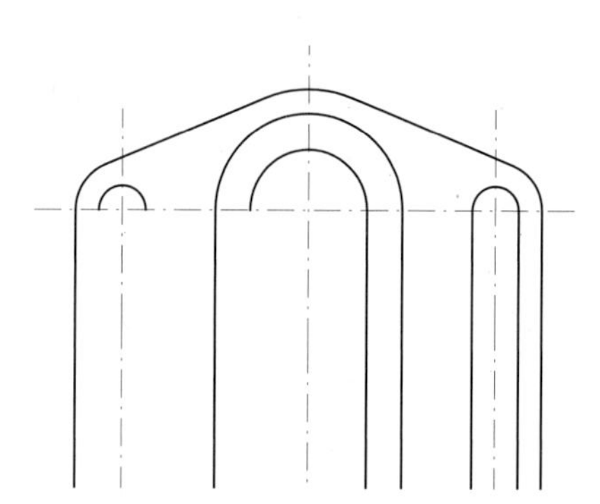

2 절반 부분을 단면도식하고 나머지 절반 부분은 입면도식합니다.

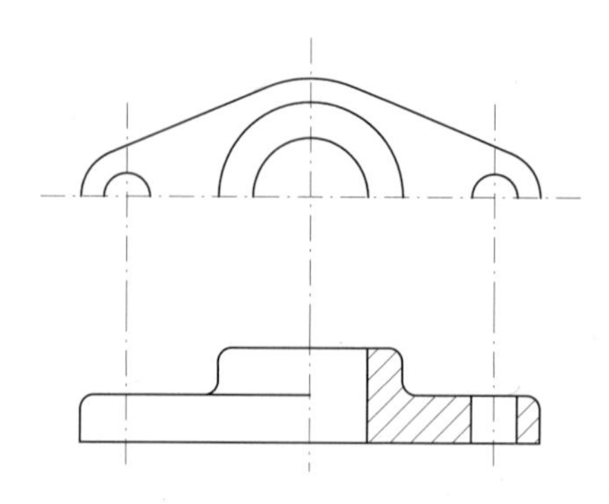

Step 04

부분단면도의 이해

부분단면도는 물체의 필요한 부분만을 절단하여 투상하는 기법으로 단면 기법 중 가장 자유롭고 적용 범위가 넓습니다.

부분단면도의 유형

단면도를 따로 그리지 않고 외형도를 그대로 이용하여 내부 형상을 나타내고자 할 때나 축의 키홈이나 작은 구멍 등 단면으로 나타낼 필요가 있는 부분이 비교적 작을 때, 단면의 경계가 애매해서 도면을 이해하는데 지장을 초래할 경우 물체의 외형도에서 일부분만을 잘라내어 표시합니다.

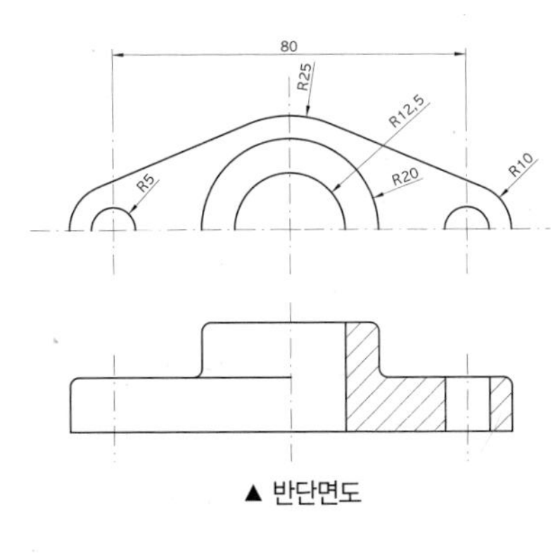

▲ 반단면도

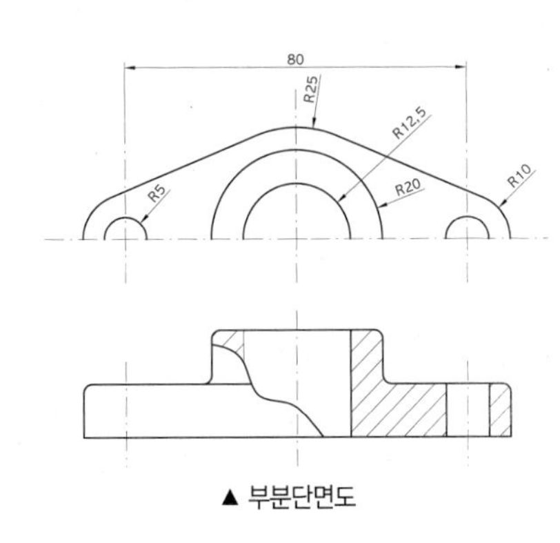

▲ 부분단면도

그리는 방법

1 단면도를 작성할 객체의 중심선에서 수직 방향으로 중심선을 인출합니다. 외형선에서 수직 방향으로 선을 인출합니다.

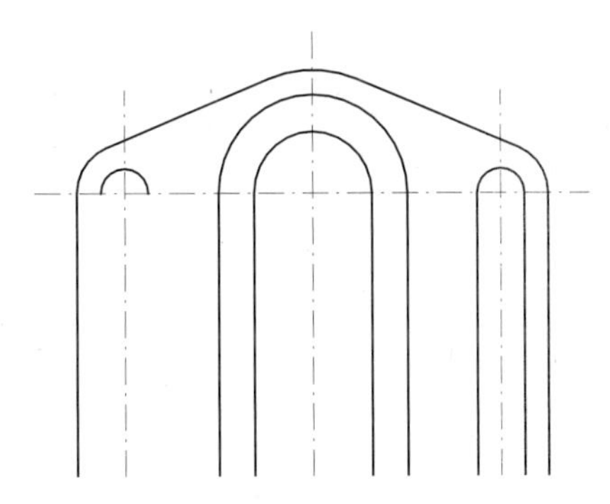

2 자유 곡선을 이용하여 부분단면선을 작성합니다. 단면 부분을 도식화한 후 입면도식합니다.

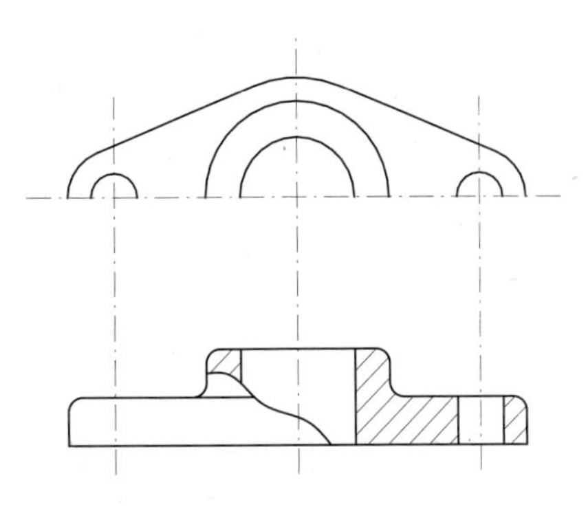

Step 05

회전단면도의 이해

회전단면도는 물체의 절단면을 제자리에서 90° 회전시켜 투상시키는 단면도를 말하며 바퀴의 암, 리브, 형강, 핸들 등에 주로 사용합니다.

회전단면도의 유형

단면 부위를 회전하여 작성합니다.

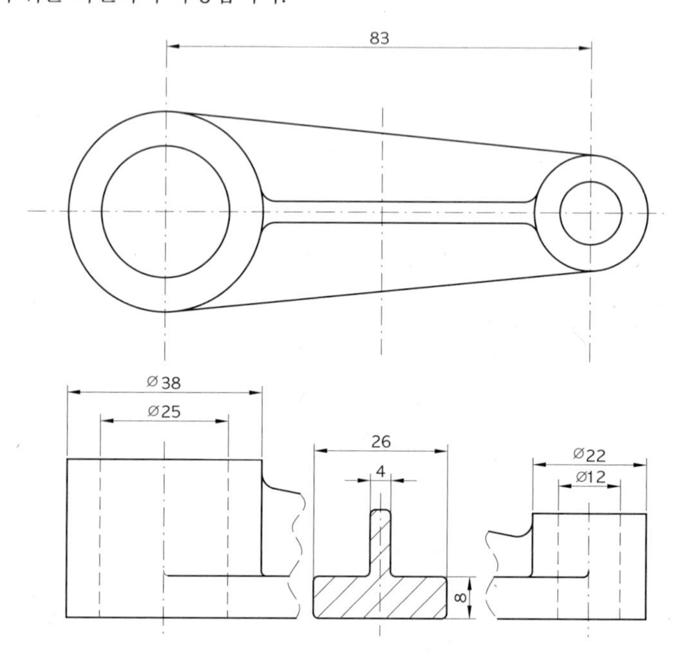

그리는 방법

1 단면을 작성할 부위에 중심선을 수직으로 인출합니다.

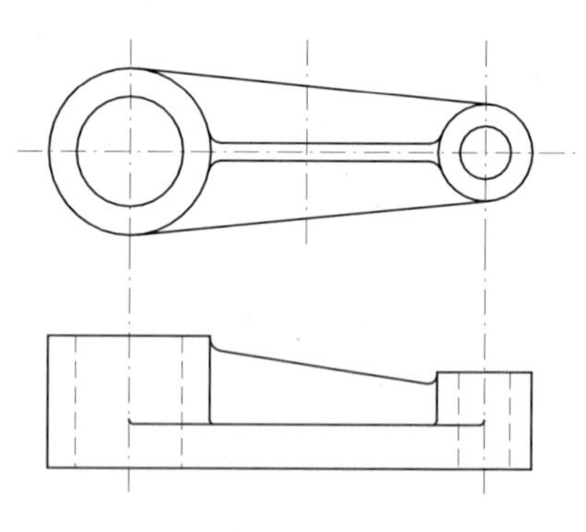

2 단면선과 직교하는 면을 작성하여 회전합니다.

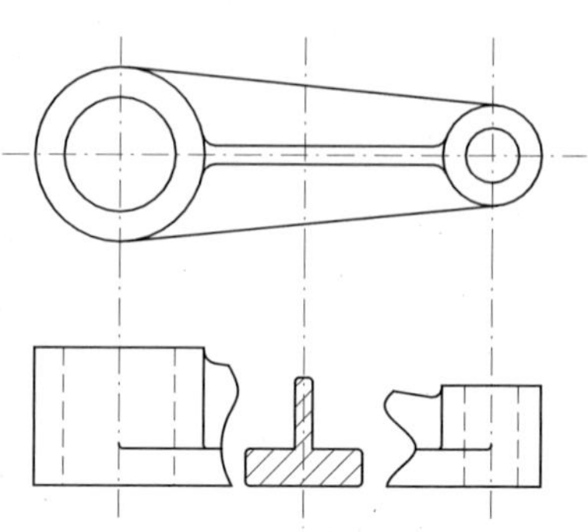

Step 06

조합(계단)단면도의 이해

조합단면도는 물체의 절단 중심선을 여러 개 조합하여 작성하는 단면도를 말하며 계단처럼 절단선을 작성한다 하여 '계단단면도'라고도 합니다. 이때 절단선들은 중심점을 통과하여 단면을 작성해야 합니다.

조합단면도의 유형

단면을 작성할 객체에서 중심선을 통과하는 단면선을 원의 중심선만 연결하여 작성합니다. 중심선과 중심선과의 연결 시 직선으로 연결합니다.

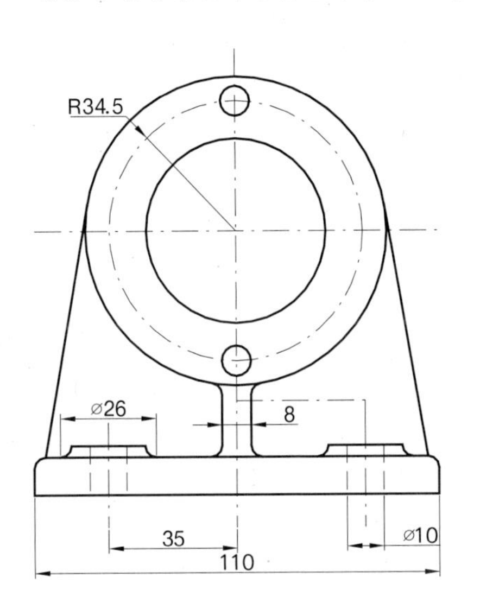

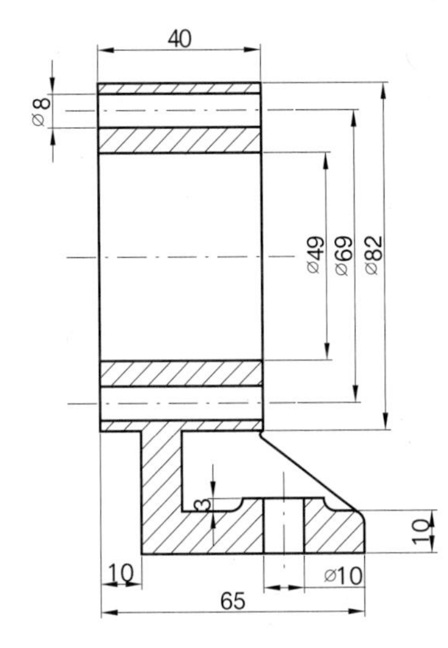

그리는 방법

1 중심에서 중심선을 수평 방향으로 인출합니다. 외형에서 수평 방향으로 인출합니다.

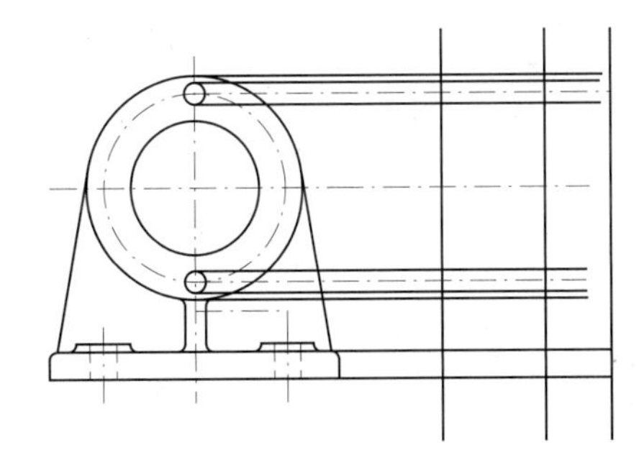

2 해치로 빈 공간을 구분합니다.

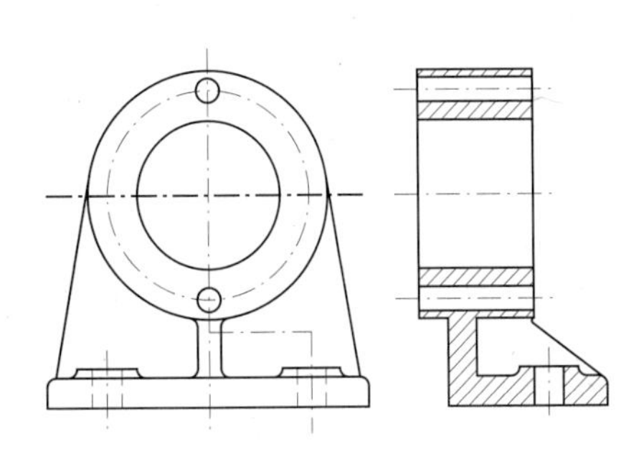

전단면도 연습 문제 | Circle, Fillet, Offset, Trim, Layer

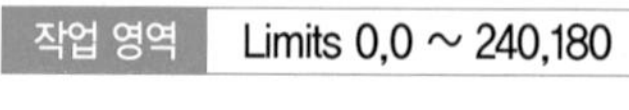

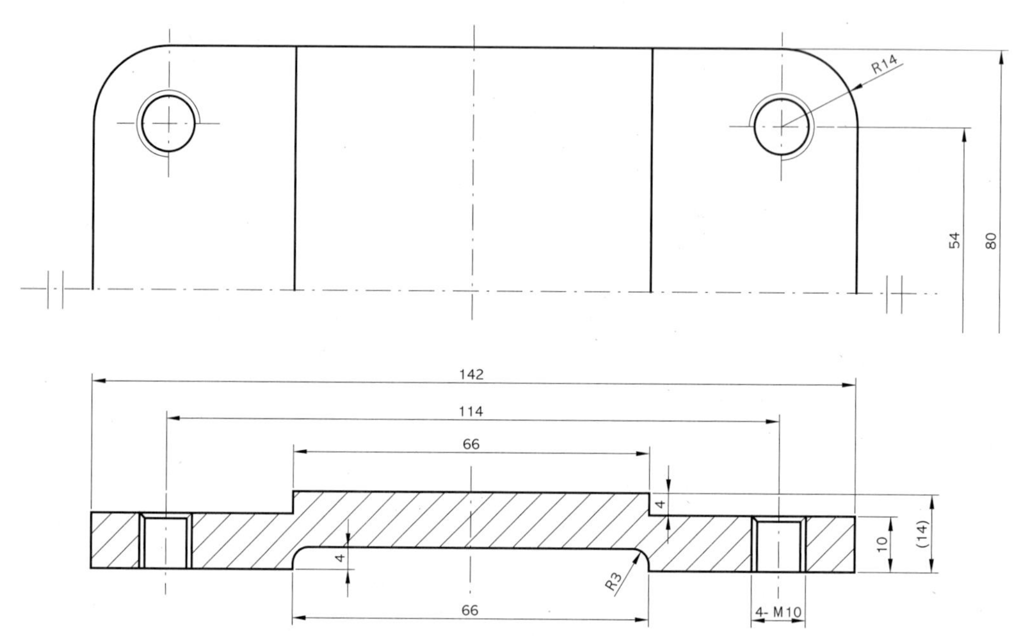

작업 영역 Limits 0,0 ~ 360,270

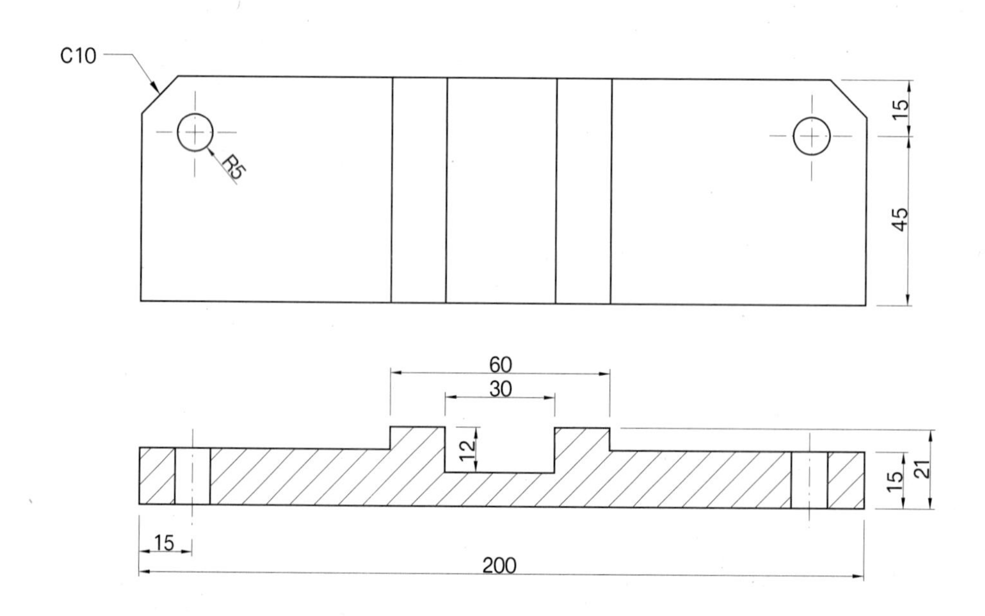

전단면도 연습 문제 | Circle, Fillet, Offset, Trim, Layer

작업 영역	Limits 0,0 ~ 240,180

잠깐만요

지시 없는 R은 3으로 작성합니다.

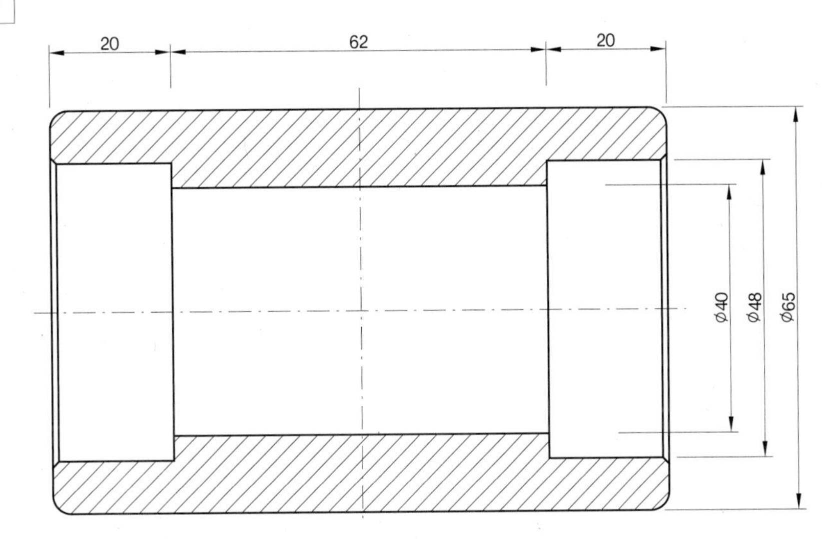

작업 영역	Limits 0,0 ~ 360, 270

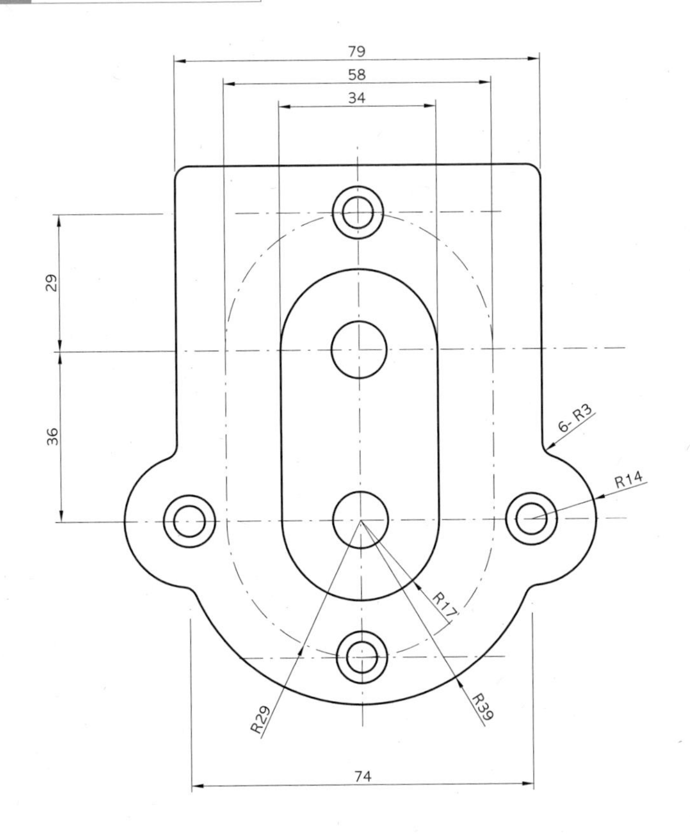

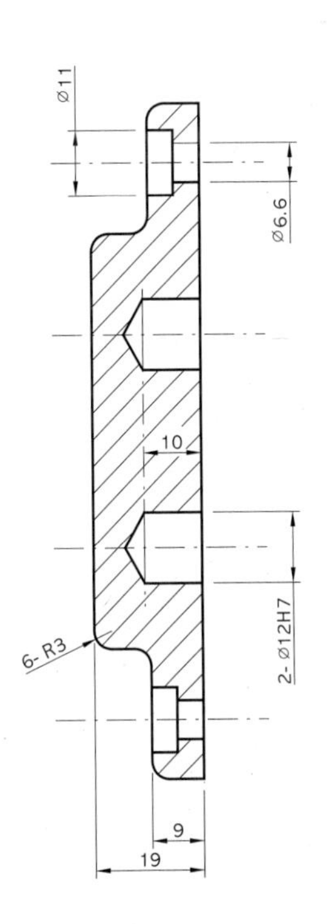

작업 영역	Limits 0,0 ~ 240,180

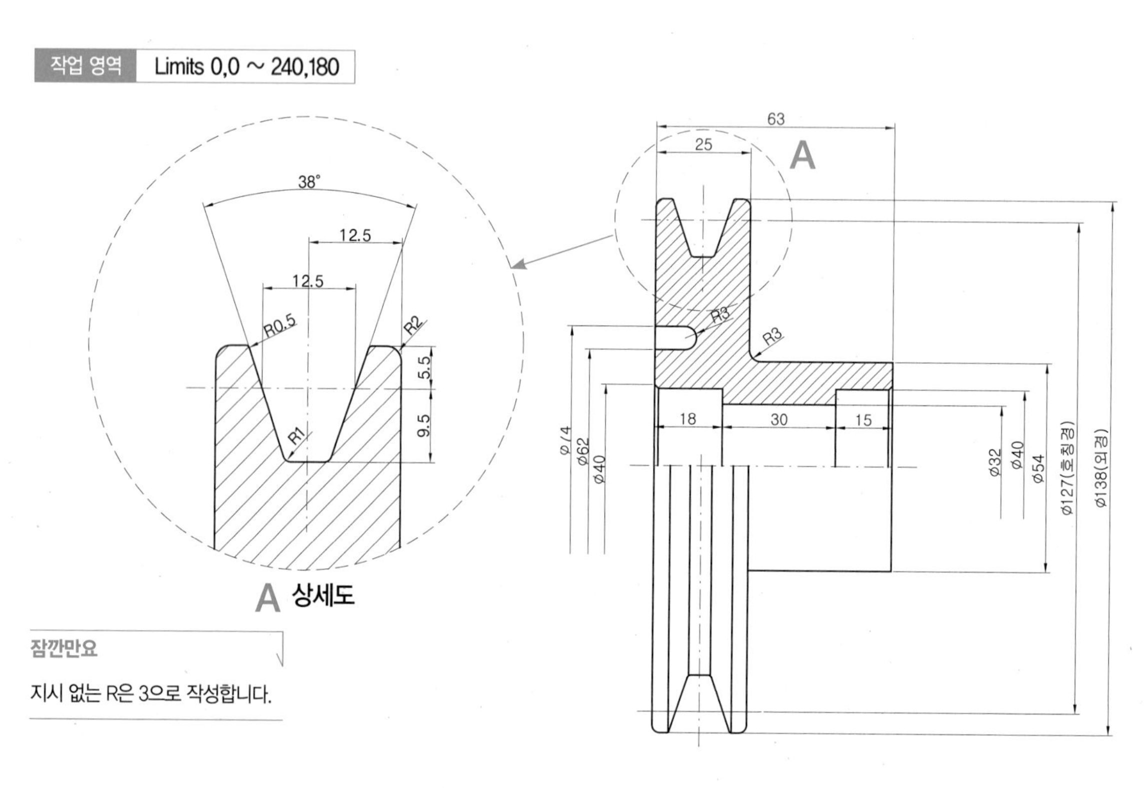

잠깐만요

지시 없는 R은 3으로 작성합니다.

작업 영역	Limits 0,0 ~ 240,180

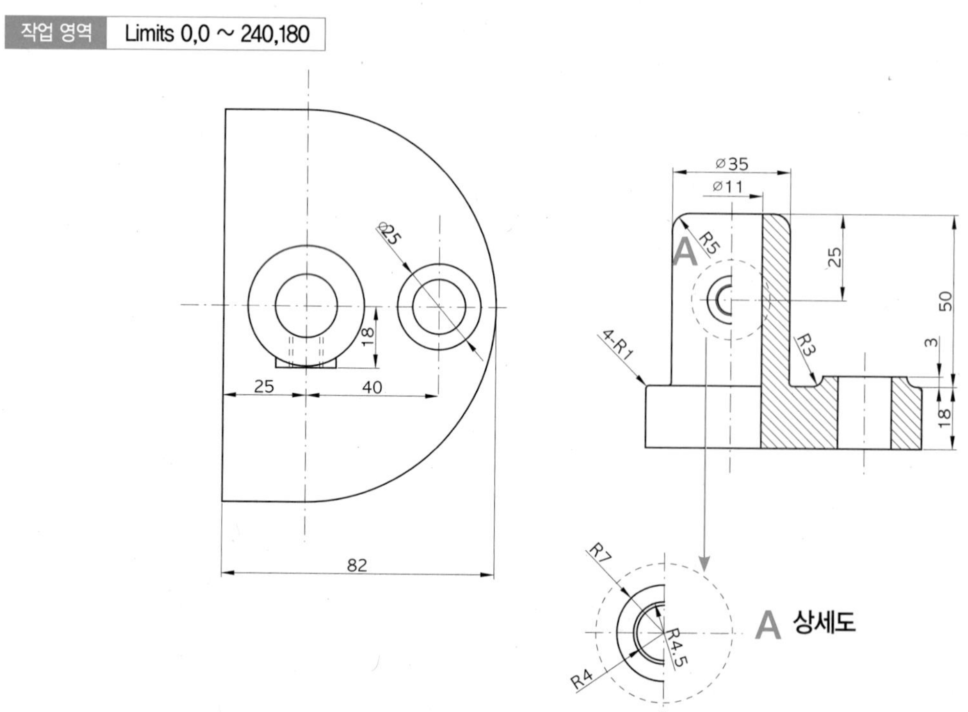

반단면도 연습 문제 | Hatch, Mirror, Linetype

작업 영역	Limits 0,0 ~ 240,180

잠깐만요

지시 없는 R은 3으로 작성합니다.

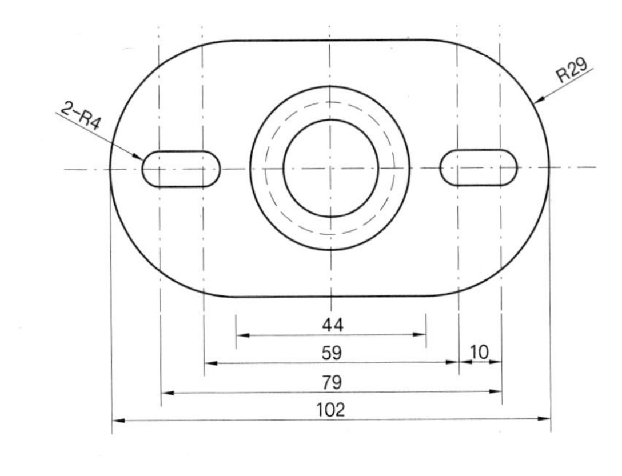

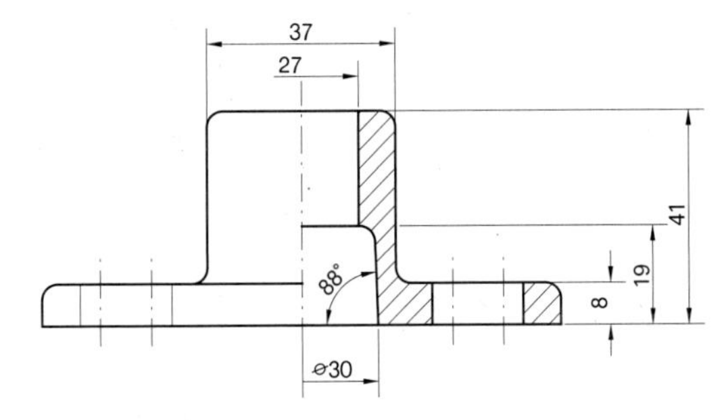

작업 영역	Limits 0,0 ~ 240,180

잠깐만요

지시 없는 R은 3으로 작성합니다.

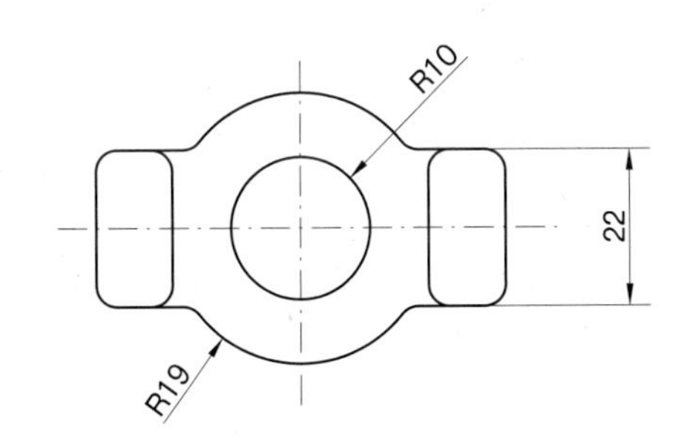

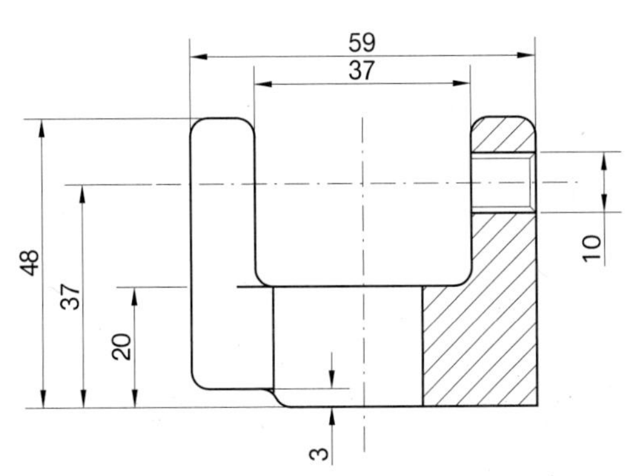

부분단면도 연습 문제 | Circle, Xline, Fillet, Offset, Trim, Layer

작업 영역	Limits 0,0 ~ 360,270

잠깐만요

지시 없는 R은 3으로 작성합니다.

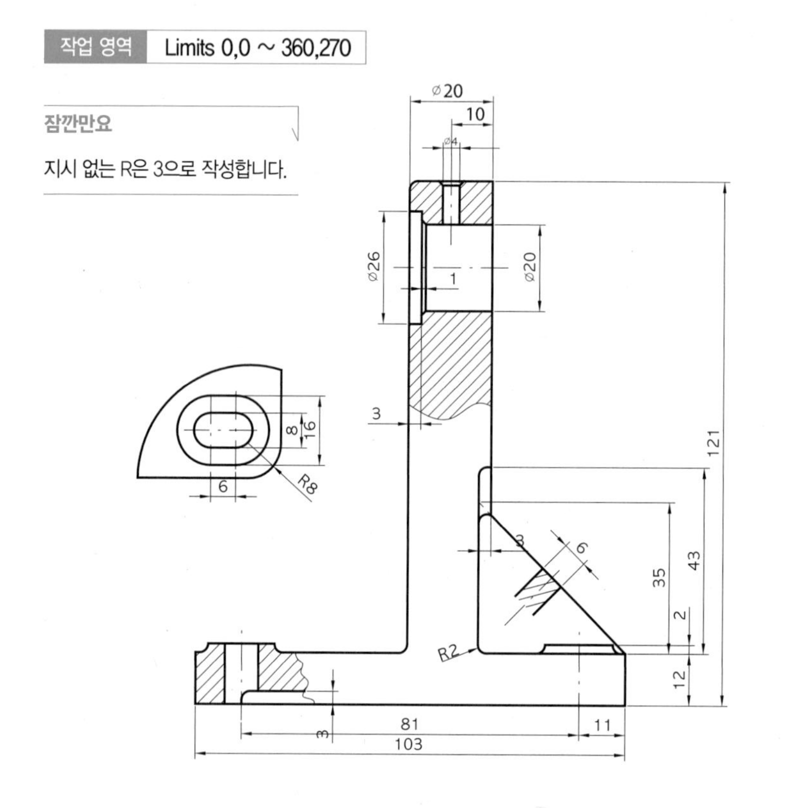

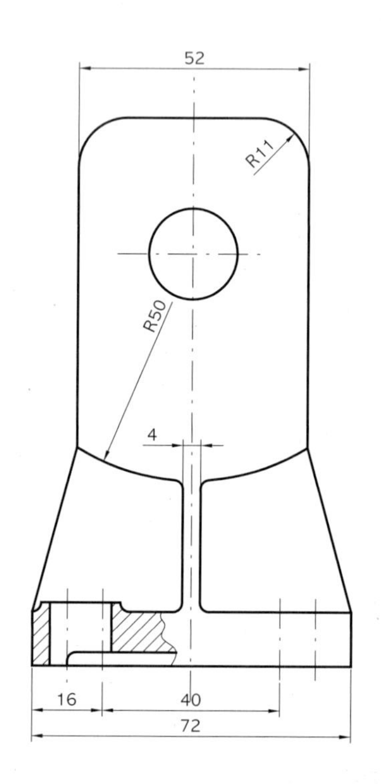

작업 영역	Limits 0,0 ~ 240,180

잠깐만요

지시 없는 C는 1로 작성합니다.

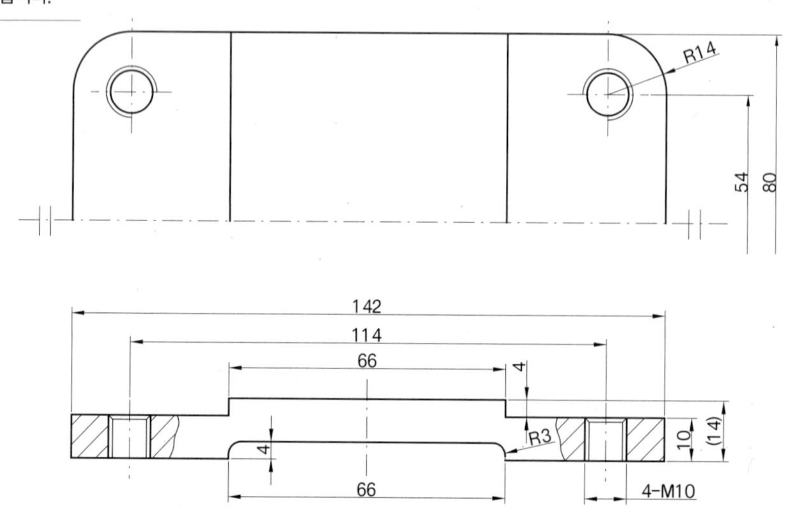

작업 영역 | Limits 0,0 ~ 240,180

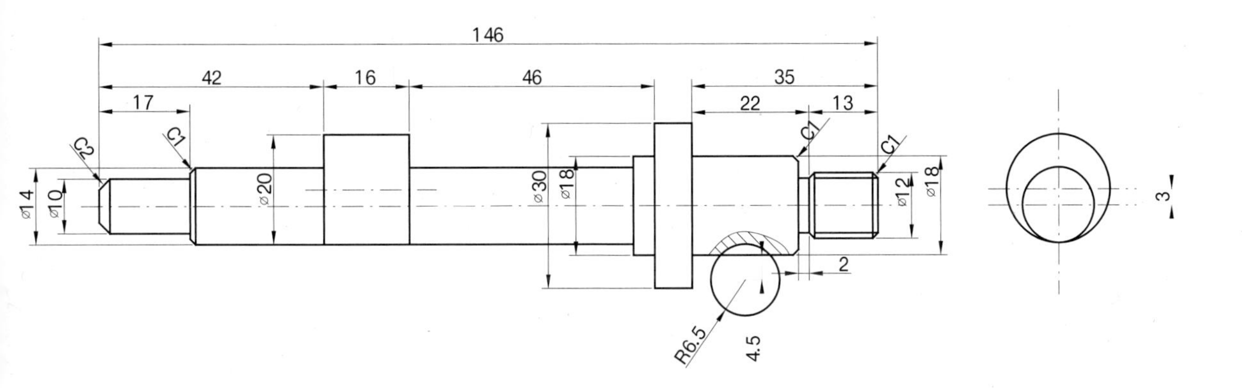

작업 영역 | Limits 0,0 ~ 240,180

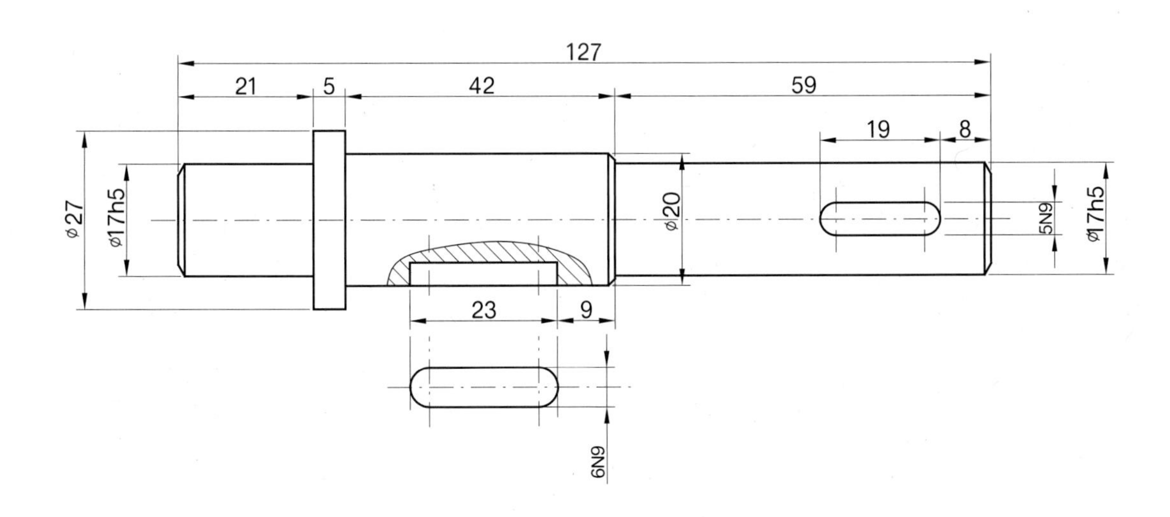

작업 영역	Limits 0,0 ~ 240,180

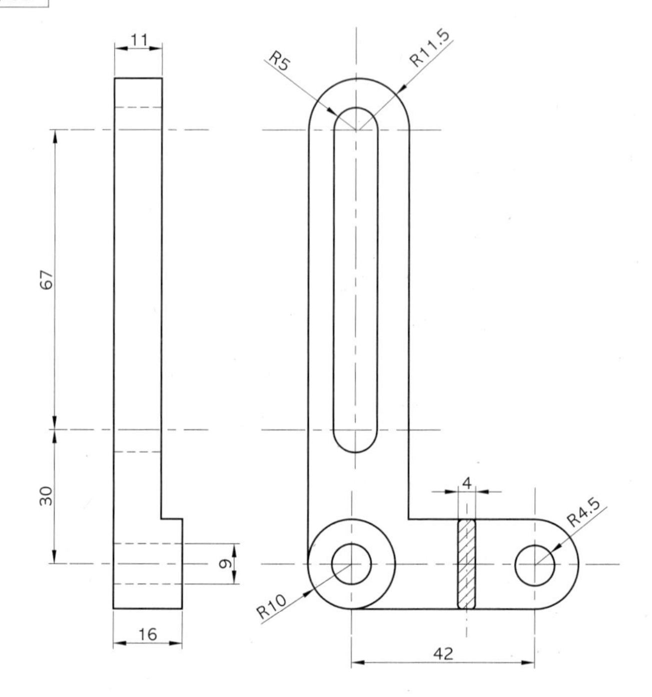

작업 영역	Limits 0,0 ~ 240,180

잠깐만요

지시 없는 R은 2로 작성합니다.

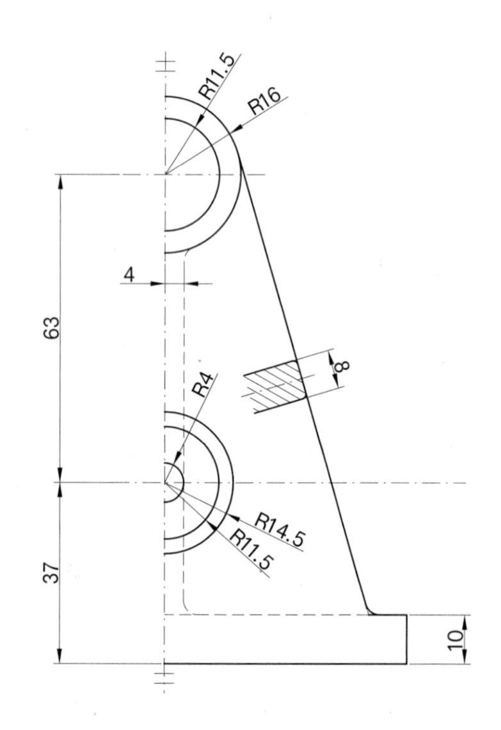

작업 영역 | Limits 0,0 ~ 360,270

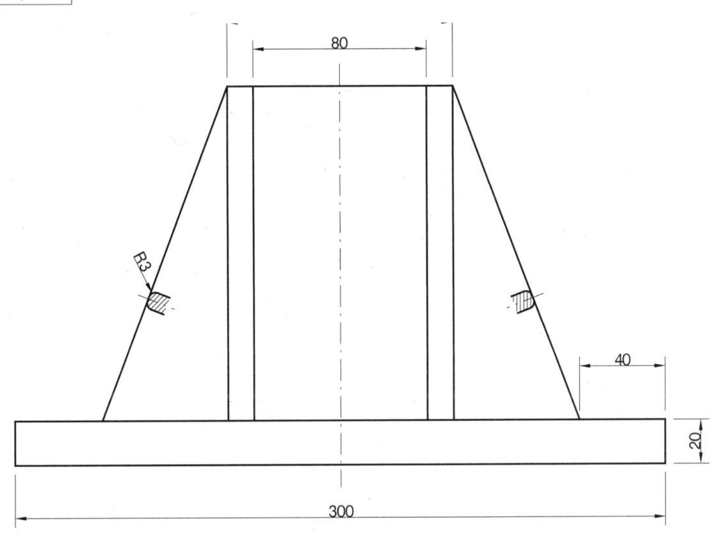

작업 영역 | Limits 0,0 ~ 240,180

잠깐만요

지시 없는 R은 3으로 작성합니다.

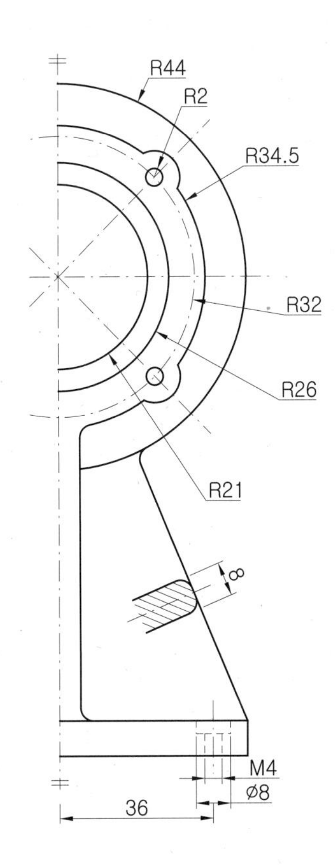

작업 영역	Limits 0,0 ~ 240,180

잠깐만요

지시 없는 R은 3으로 작성합니다.

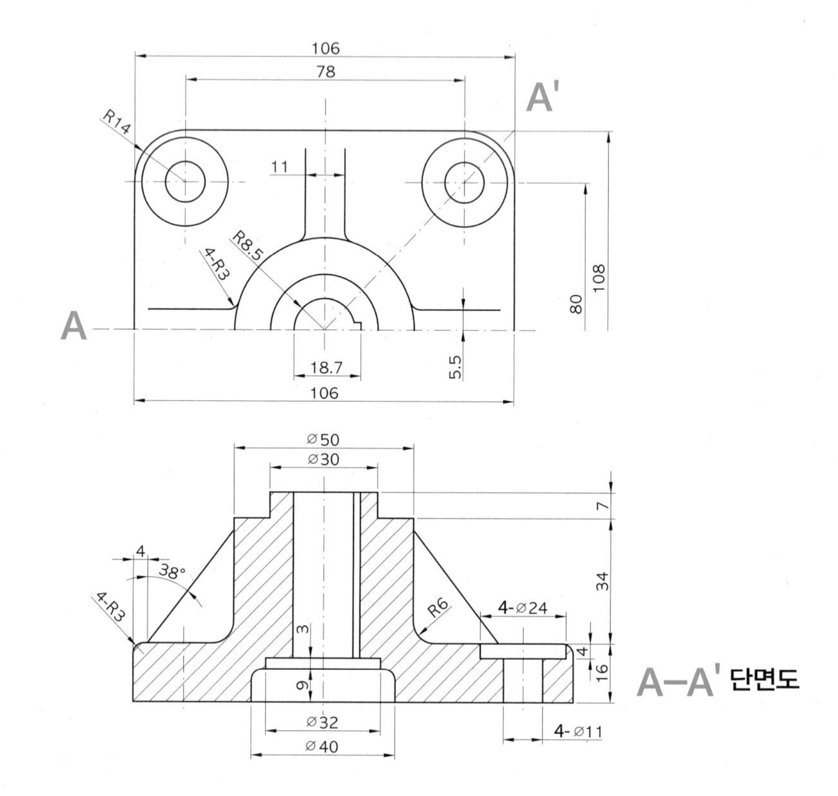

작업 영역	Limits 0,0 ~ 240,180

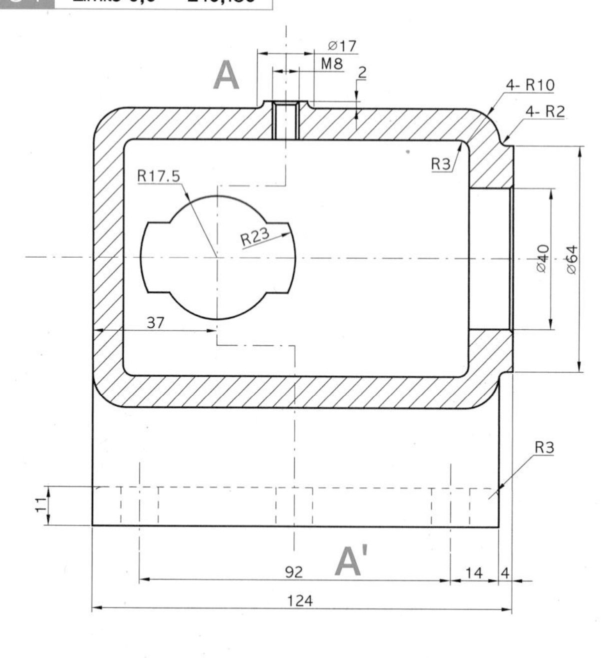

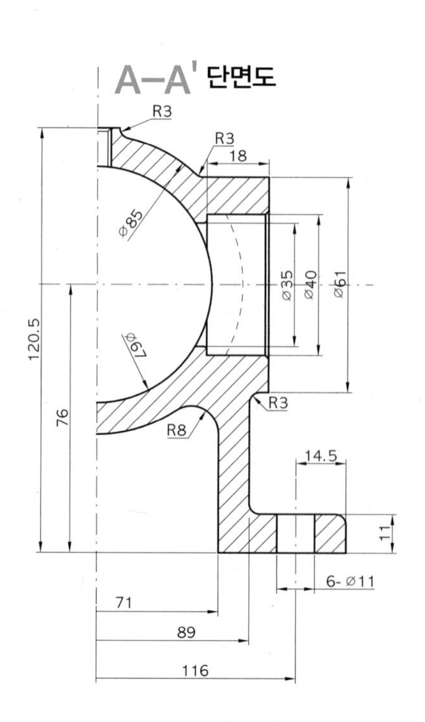

조합단면도 연습 문제 | Circle, Fillet, Offset, Trim, Layer

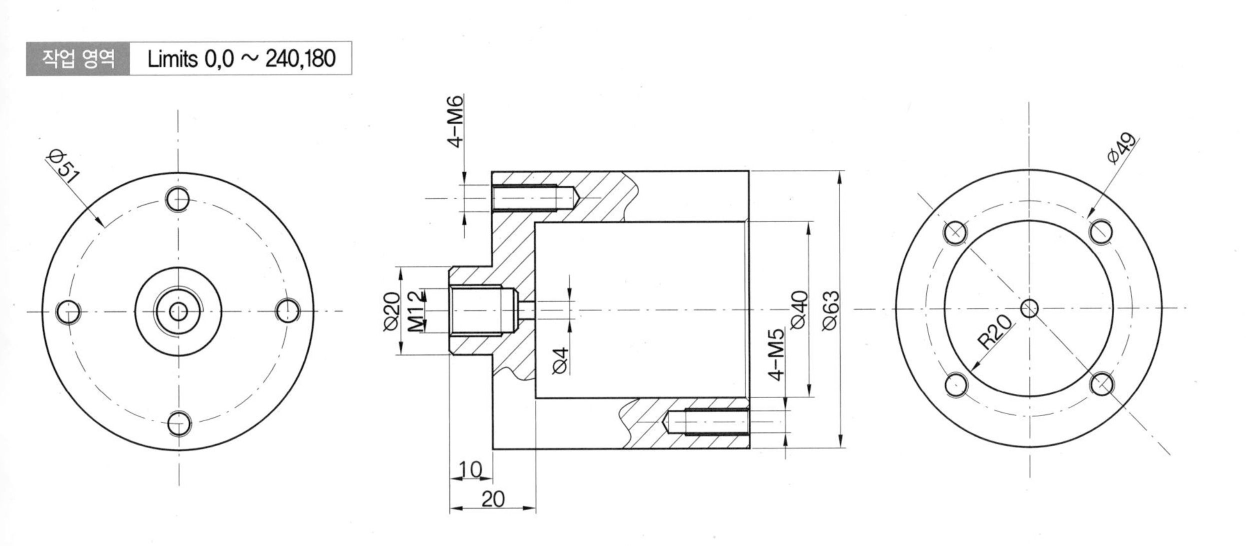

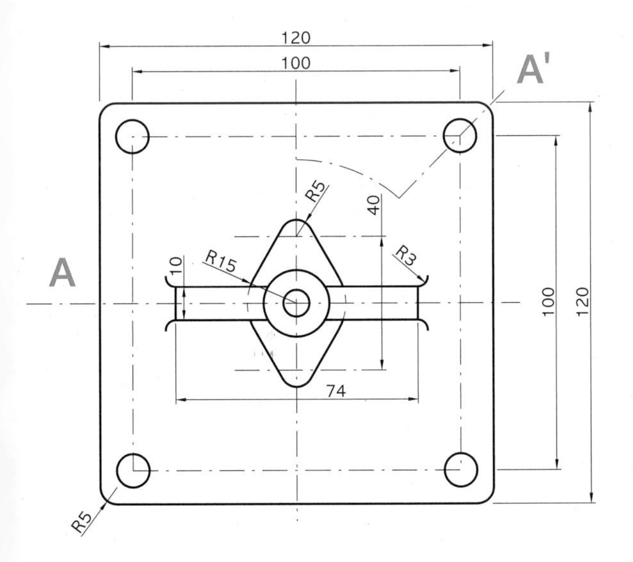

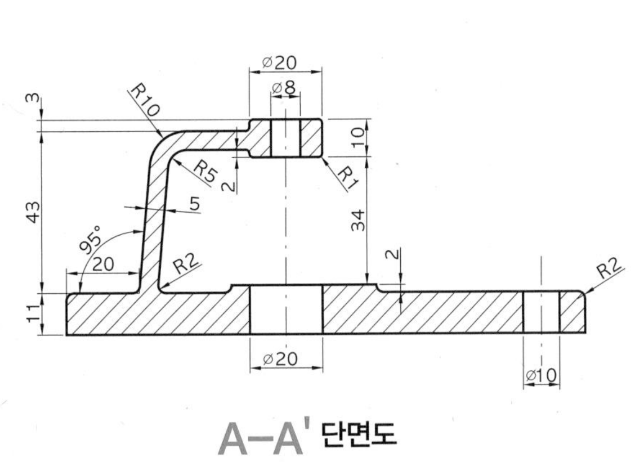

A–A' 단면도

종합문제

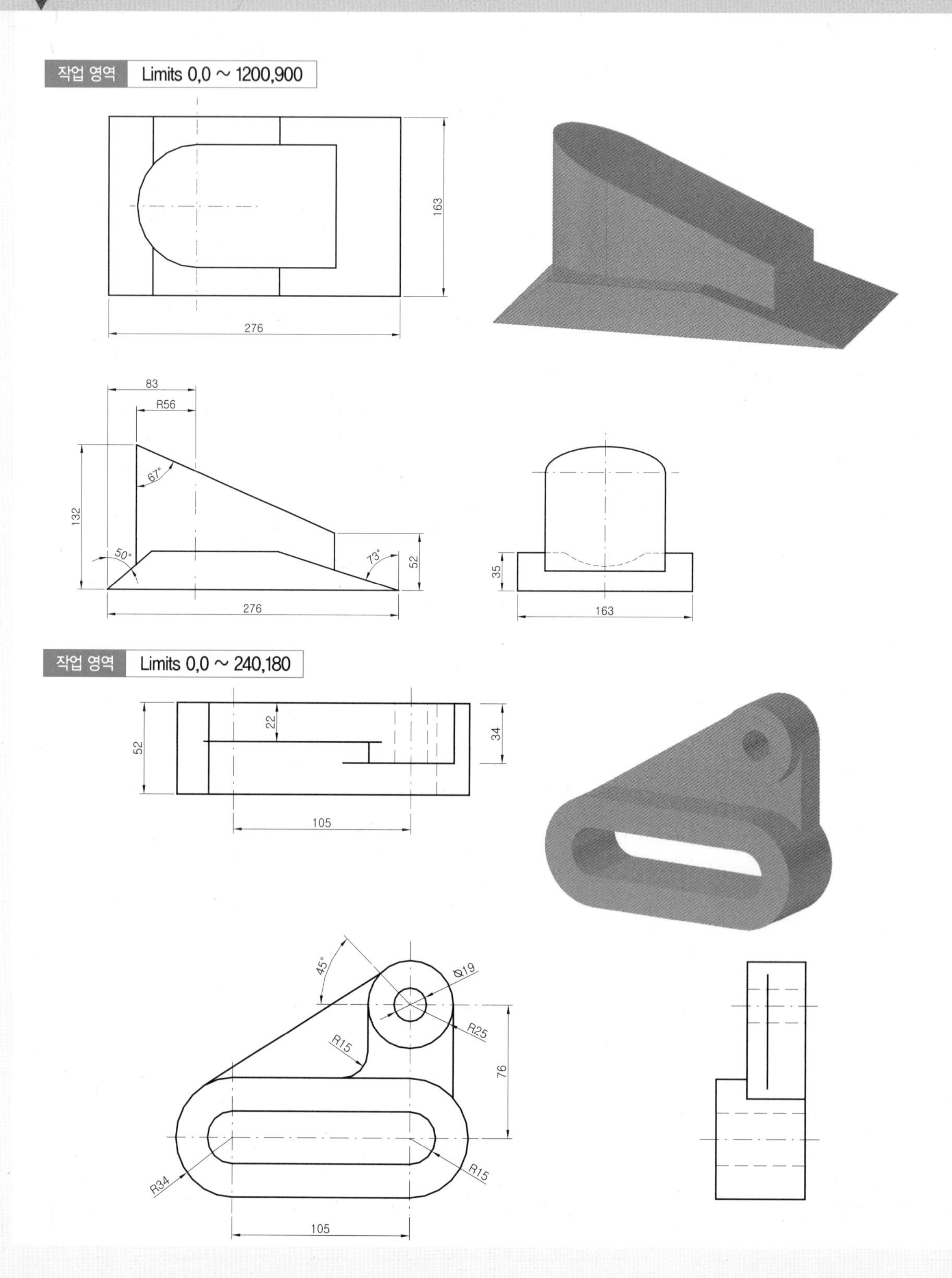
작업 영역
Limits 0,0 ~ 1200,900
163
276
83
R56
67°
132
50°
73°
52
276
35
163
작업 영역
Limits 0,0 ~ 240,180
52
22
34
105
45°
Ø19
R25
R15
76
R34
R15
105

작업 영역 Limits 0,0 ~ 240,180

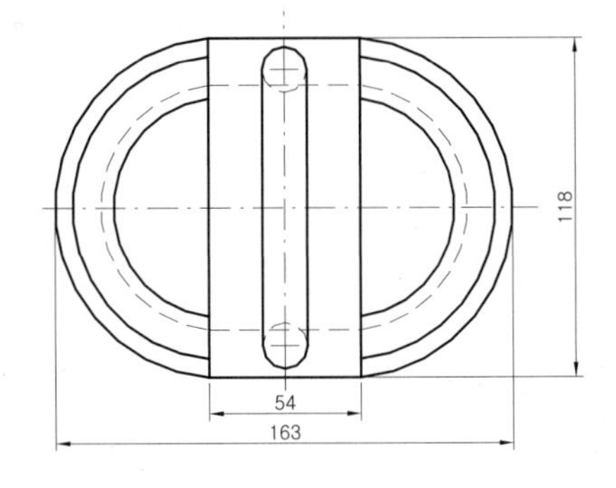

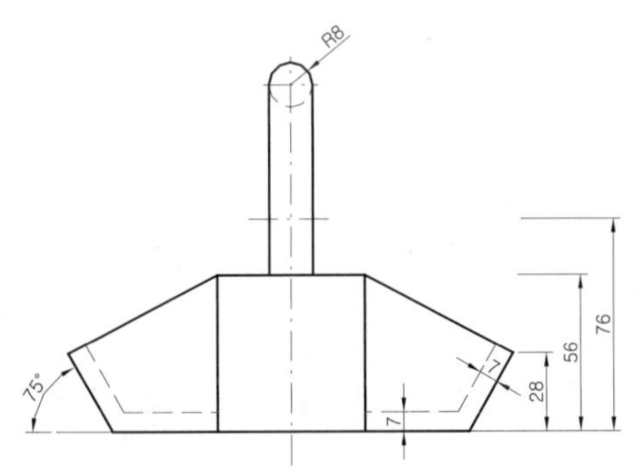

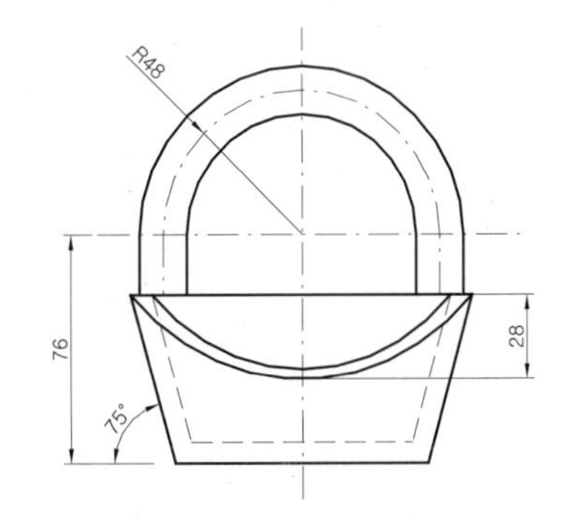

작업 영역 Limits 0,0 ~ 240,180

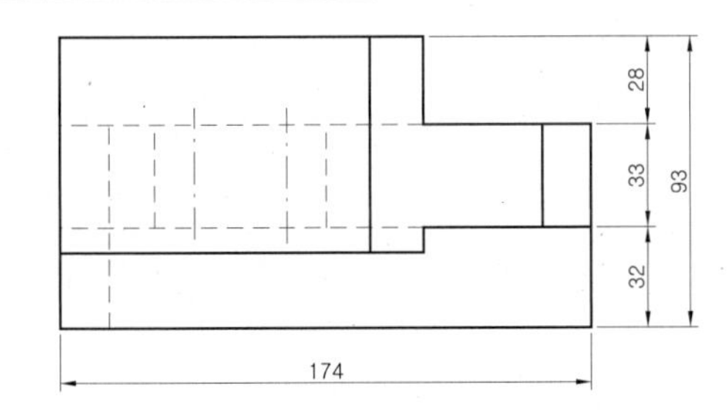

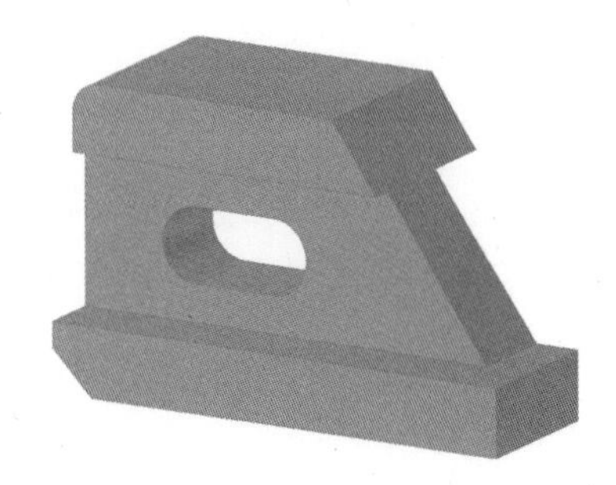

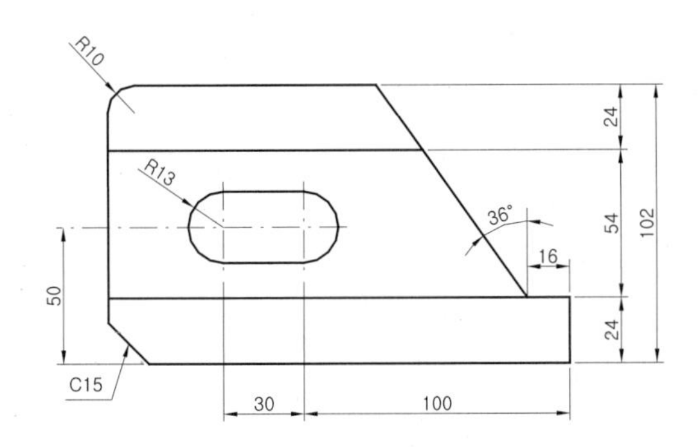

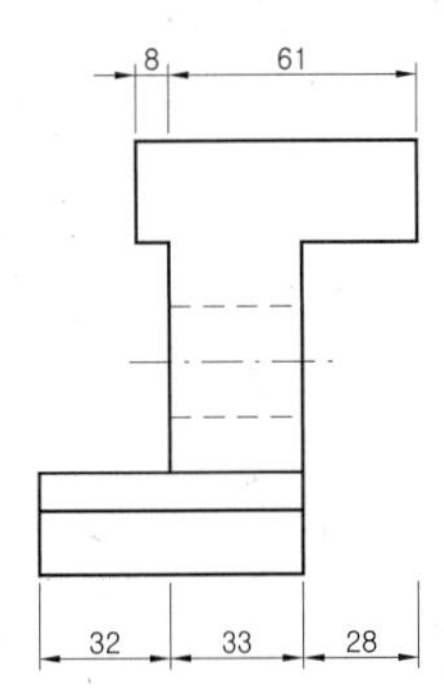

AutoCAD

07

일곱째마당

건축 및 인테리어를 위한 필수 구성 도면

일곱째 마당에서는 건축에서 사용되는 도면의 설계 방식을 학습하겠습니다. 자주 사용되는 도면 요소들이므로 직접 작성하여 저장한 후 블록으로 사용하면 작업 시 유용하게 사용할 수 있습니다.

Section 01

건축 도면에서 창문 만들기

창문은 기성 제품을 사용할 수 있으며 주문자 생산도 가능합니다. 통상적인 설계에서는 기성 제품을 우선적으로 사용합니다.

Step 01

창문 크기별, 용도별 평면도의 이해

평면도에서 창문은 개폐 방향과 재료 종류로 나타냅니다. 또한 창문의 종류를 표시하여 몇 짝의 창문을 구성하는지 알려줍니다. 창문의 구성 재료로는 목재와 알루미늄, 샤시, 철재 등이 있으며 2중 창일 경우 목재는 건물 안쪽으로 위치하도록 배치합니다. 창문의 크기는 '거실 창문 : 2100~3600, 방창문 : 1200~1500, 화장실 및 욕실 창문 : 600~800' 정도로 구성합니다.

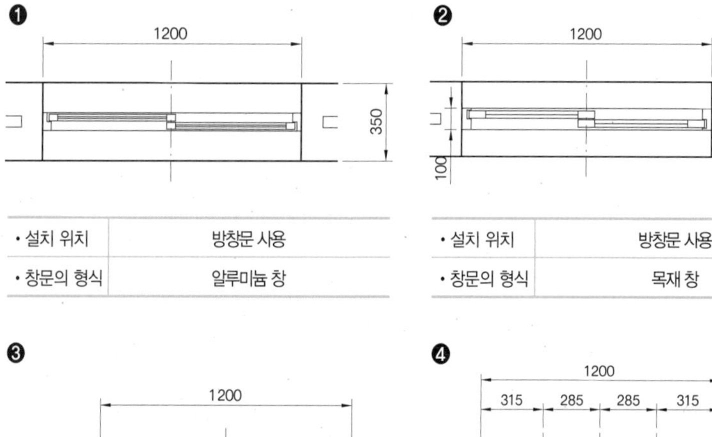

❶

• 설치 위치	방창문 사용
• 창문의 형식	알루미늄 창

❷

• 설치 위치	방창문 사용
• 창문의 형식	목재 창

❸

1200 350 100 80

• 설치 위치	방창문 사용
• 창문의 형식	알루미늄/목재 2중 창

❹

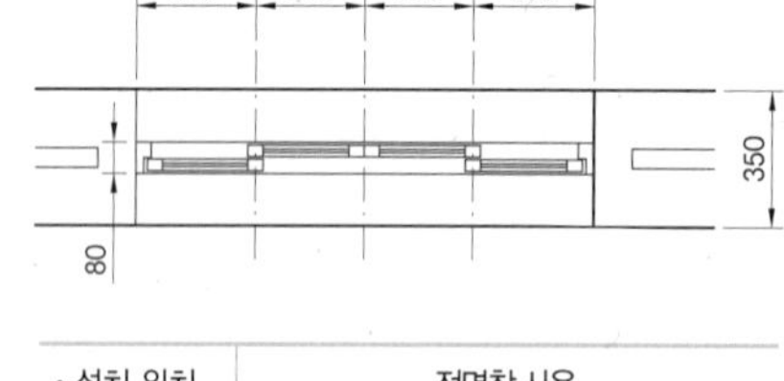

• 설치 위치	전면창 사용
• 창문의 형식	알루미늄 4짝 창

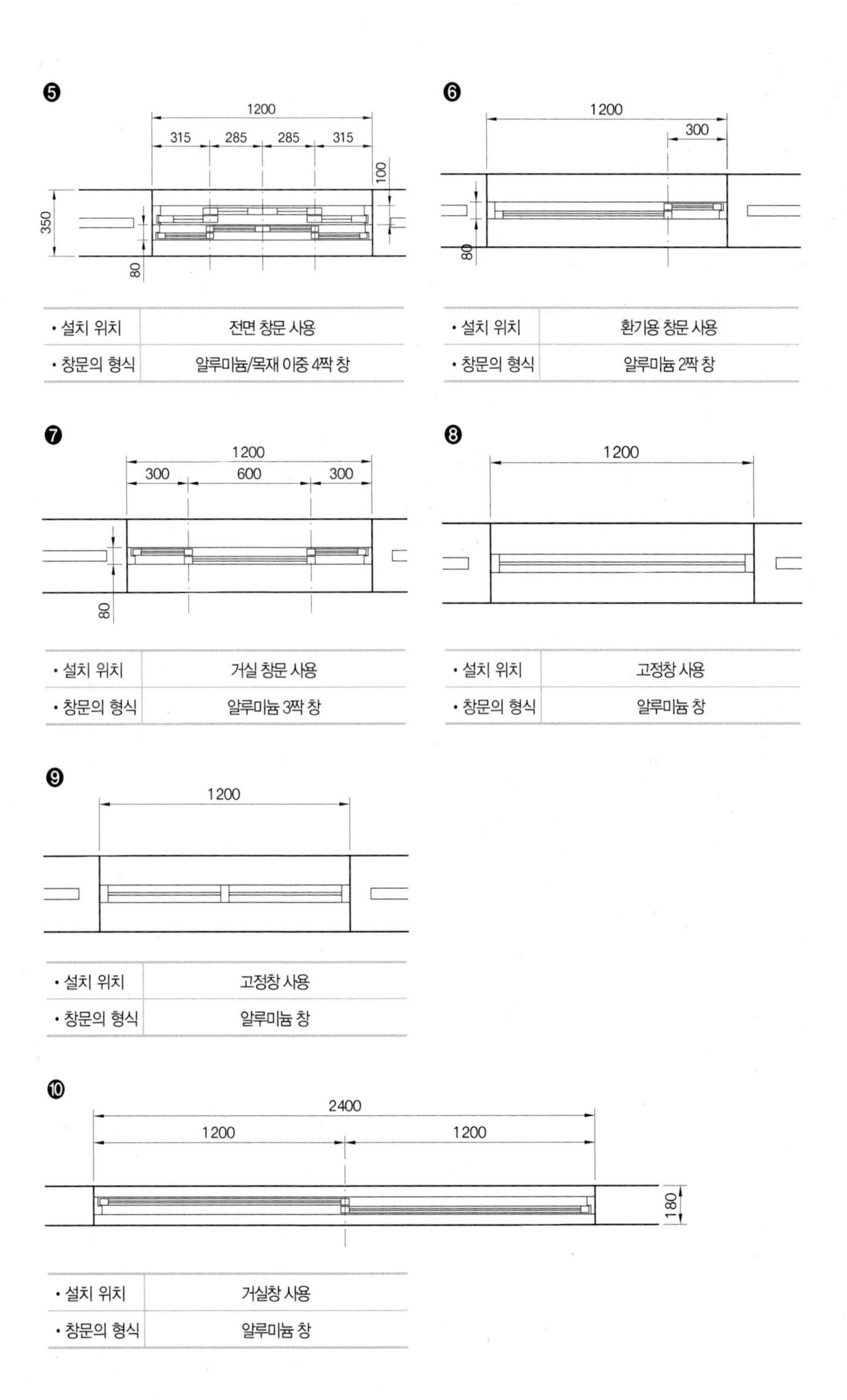

❺

• 설치 위치	전면 창문 사용
• 창문의 형식	알루미늄/목재 이중 4짝 창

❻

• 설치 위치	환기용 창문 사용
• 창문의 형식	알루미늄 2짝 창

❼

• 설치 위치	거실 창문 사용
• 창문의 형식	알루미늄 3짝 창

❽

• 설치 위치	고정창 사용
• 창문의 형식	알루미늄 창

❾

• 설치 위치	고정창 사용
• 창문의 형식	알루미늄 창

❿

• 설치 위치	거실창 사용
• 창문의 형식	알루미늄 창

Step 02

창문 종류별 입면도의 이해

창문의 입면도는 창문을 밖에서 보았을 때 보이는 모습대로 설계한 것입니다. 창문의 입면도에는 창문의 계폐 방향, 높이, 너비, 형태 등을 나타냅니다.

창문의 종류별 입면도

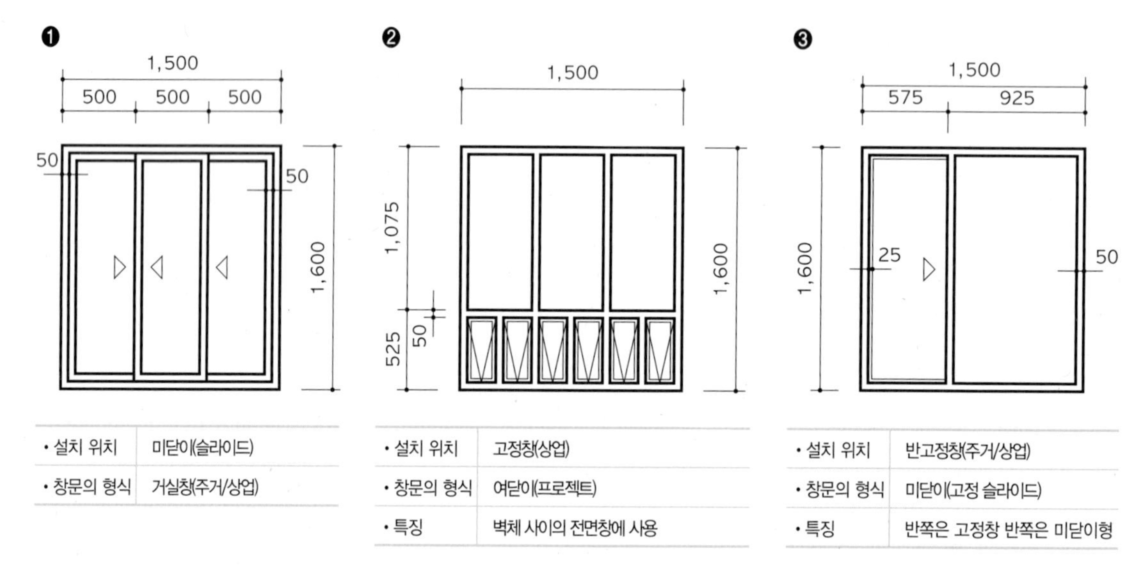

❶

• 설치 위치	미닫이(슬라이드)
• 창문의 형식	거실창(주거/상업)

❷

• 설치 위치	고정창(상업)
• 창문의 형식	여닫이(프로젝트)
• 특징	벽체 사이의 전면창에 사용

❸

• 설치 위치	반고정창(주거/상업)
• 창문의 형식	미닫이(고정 슬라이드)
• 특징	반쪽은 고정창 반쪽은 미닫이형

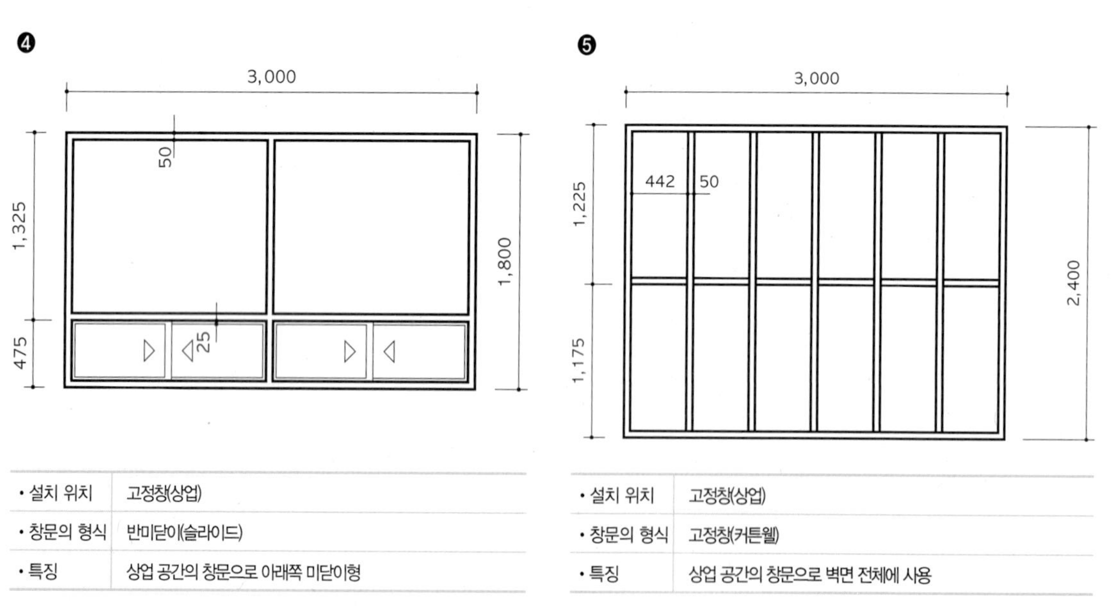

❹

• 설치 위치	고정창(상업)
• 창문의 형식	반미닫이(슬라이드)
• 특징	상업 공간의 창문으로 아래쪽 미닫이형

❺

• 설치 위치	고정창(상업)
• 창문의 형식	고정창(커튼월)
• 특징	상업 공간의 창문으로 벽면 전체에 사용

Step 03

창문 종류별 단면도의 이해

실무에서 창문의 단면도를 작성할 때는 상세하게 작성해야 합니다. 필요할 때는 확대도를 작성하여 모든 치수 및 창문의 정착 위치를 표시합니다.

창문의 종류별 단면도

❶

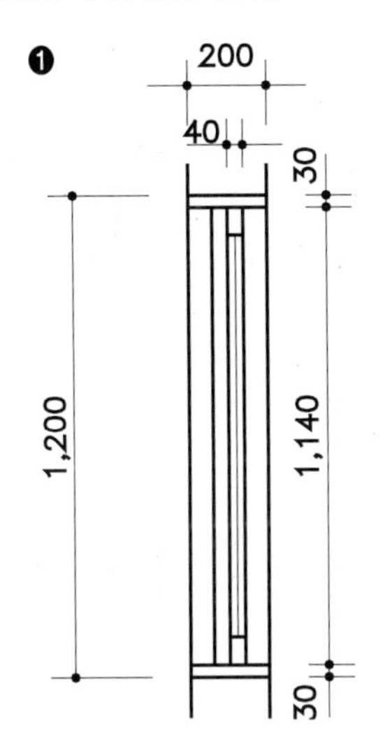

• 설치 위치	방의 창문
• 창문의 형식	방창문(목재)
• 특징	1,200~1,500

❷

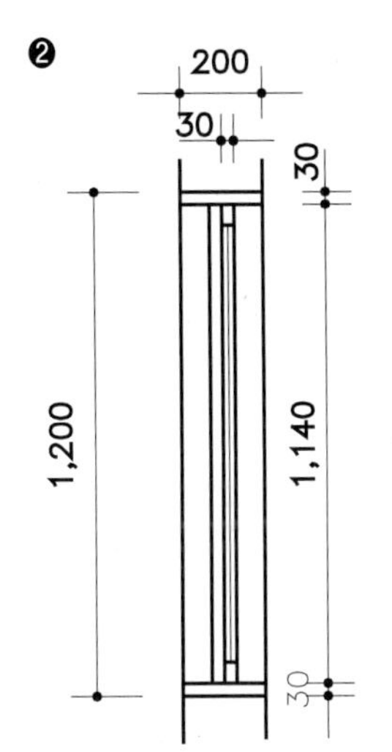

• 설치 위치	방의 창문
• 창문의 형식	방창문(AL)
• 특징	1,200~1,500

❸

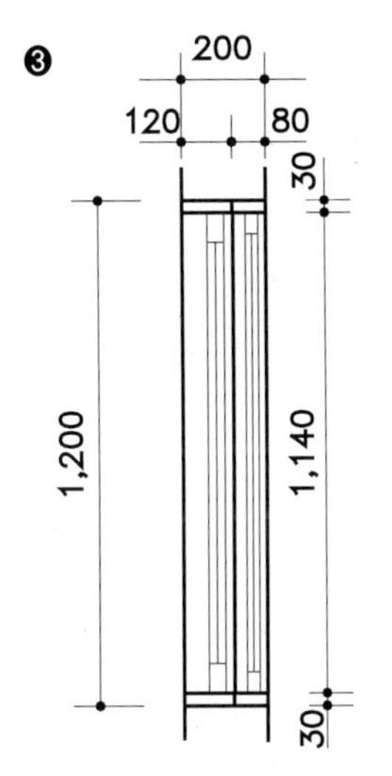

• 설치 위치	방의 창문(거실)
• 창문의 형식	방창문(목재/AL)
• 특징	1,200~2,100

❹

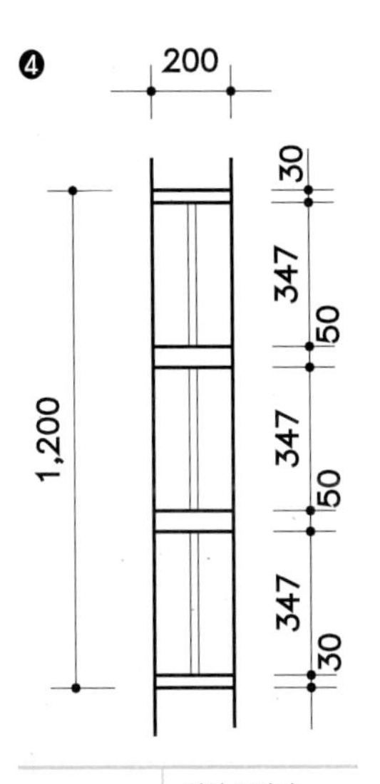

• 설치 위치	상업 공간의 고정창
• 창문의 형식	고정창(AL)
• 특징	자유롭게 설치

❺

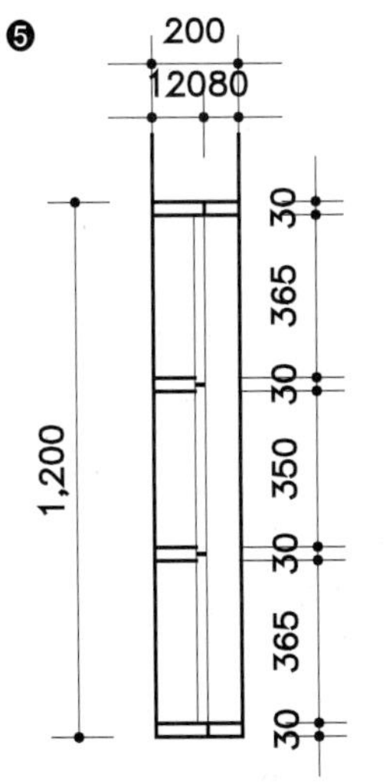

• 설치 위치	상업 공간의 벽면에 사용
• 창문의 형식	고정문(AL)
• 특징	자유롭게 설치

❻

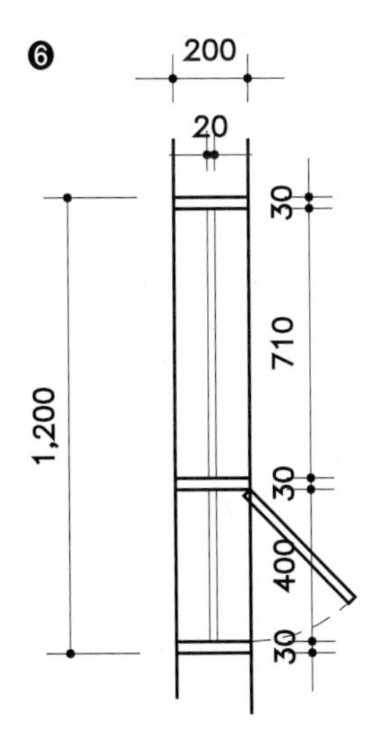

• 설치 위치	상업 공간의 창문 아래쪽 여닫이
• 창문의 형식	반고정문(AL)
• 특징	자유롭게 설치

❼

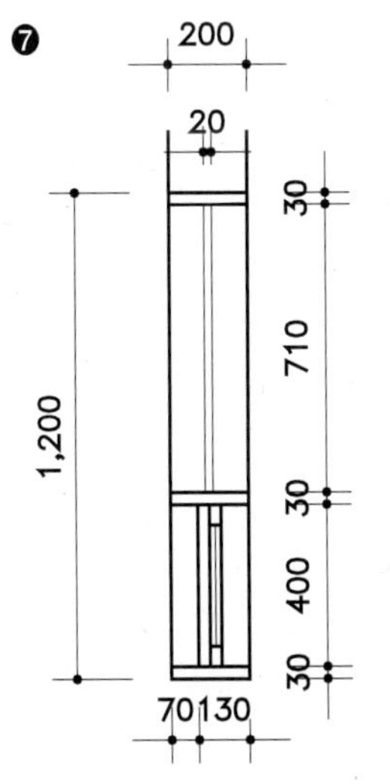

• 설치 위치	상업 공간의 창문 아래쪽 미닫이
• 창문의 형식	반고정문(AL)
• 특징	자유롭게 설치

창문 평면도 연습 문제 | Line, Offset, Trim

작업 영역 Limits 0,0 ~ 1200,900

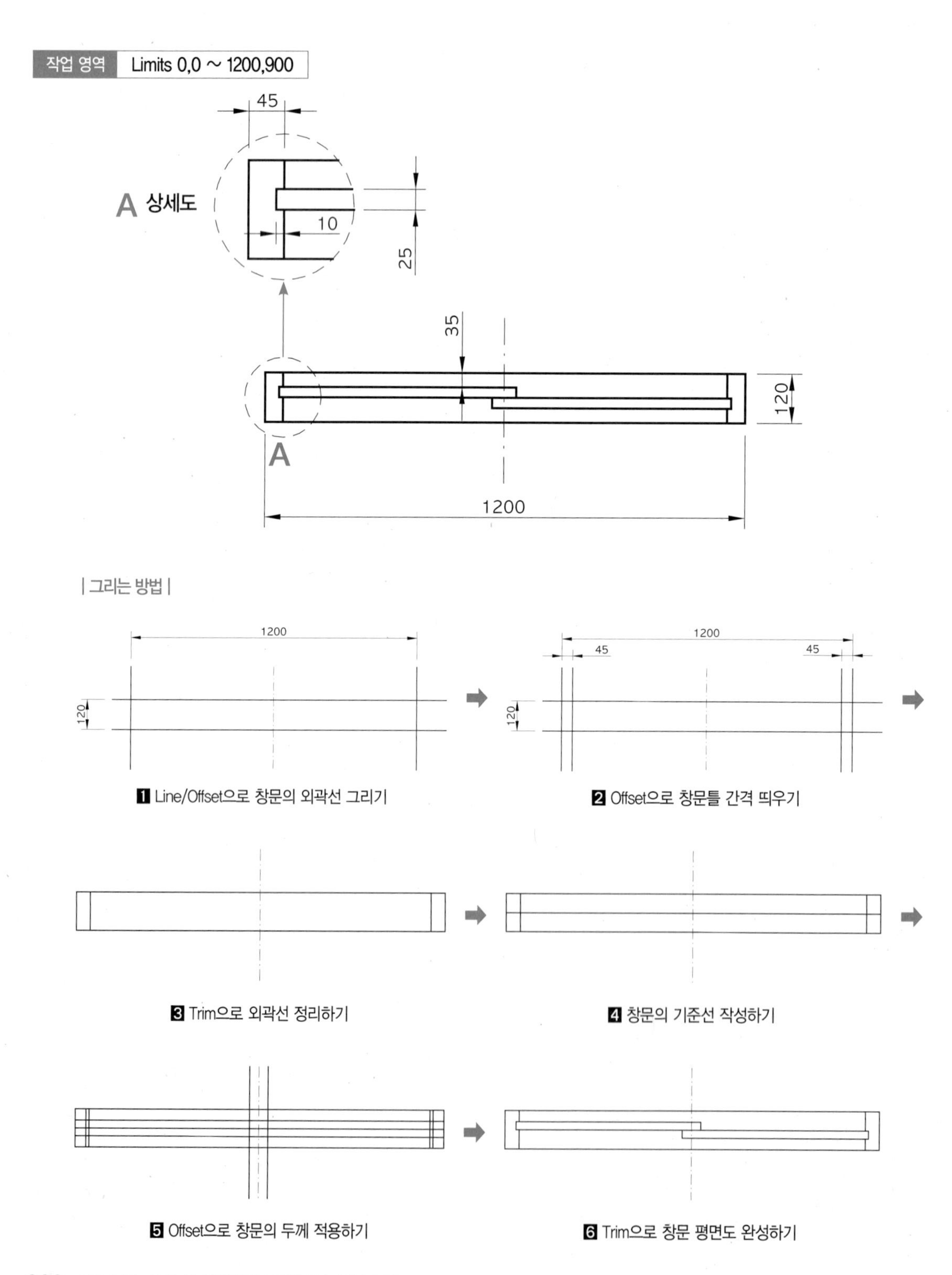

❶ Line/Offset으로 창문의 외곽선 그리기

❷ Offset으로 창문틀 간격 띄우기

❸ Trim으로 외곽선 정리하기

❹ 창문의 기준선 작성하기

❺ Offset으로 창문의 두께 적용하기

❻ Trim으로 창문 평면도 완성하기

창문 입면도 연습 문제 | Rectang, Line, Offset, Trim

작업 영역	Limits 0,0 ~ 2400,1800

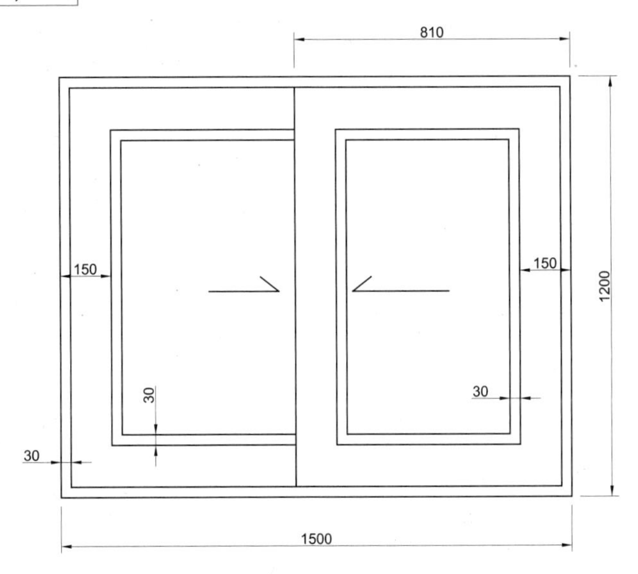

| 그리는 방법 |

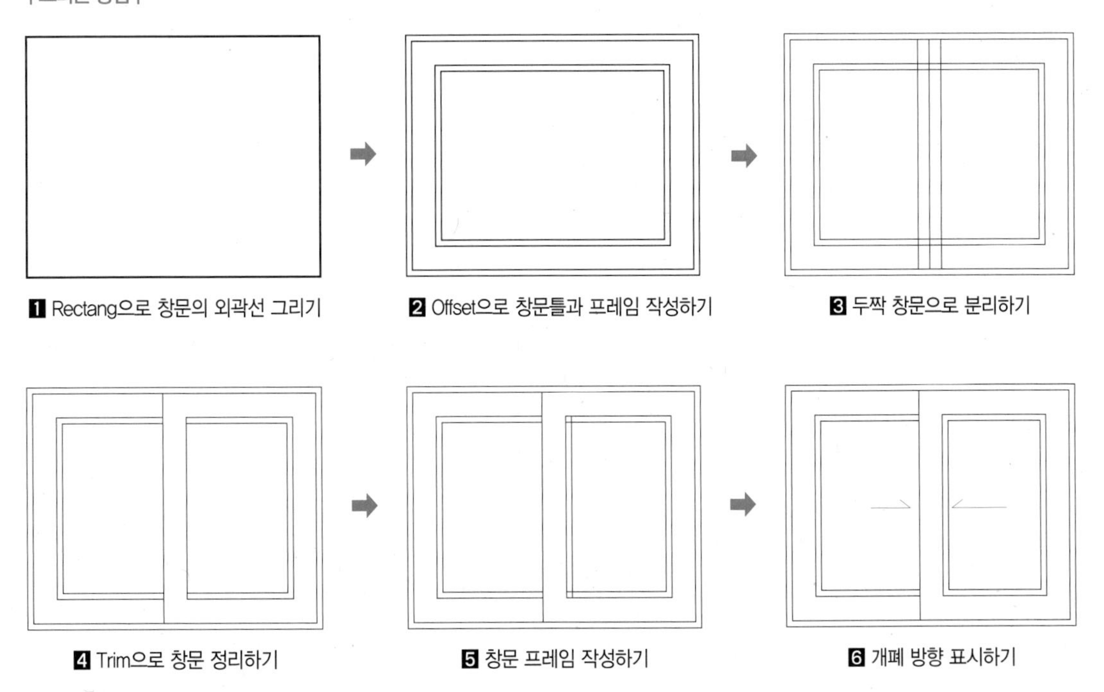

Section 02

개폐문 만들기

건축도면에서 주로 사용하는 방문에 대한 평면적, 단면적, 입면적 표현에 대해 학습하겠습니다. 충분히 연습한 후 작업한 파일을 저장하여 도면 작성 시 블록으로 활용하면 작업할 때 편리합니다.

Step 01

종류별 개폐문 평면도의 이해

'개폐문'이란 여닫이문을 말하며 재료에 따라 목재문, 철재문 등으로 분리됩니다. 문짝의 개수에 따라 홀 여닫이문, 쌍 여닫이문으로 분리되며 실무에서는 주거 공간을 작도하거나 상업 공간을 작도해도 항상 여닫이문으로 작성합니다. 여닫이문에서 문의 크기는 상관없이 재료의 종류에 따라 문틀의 크기가 변경됩니다.

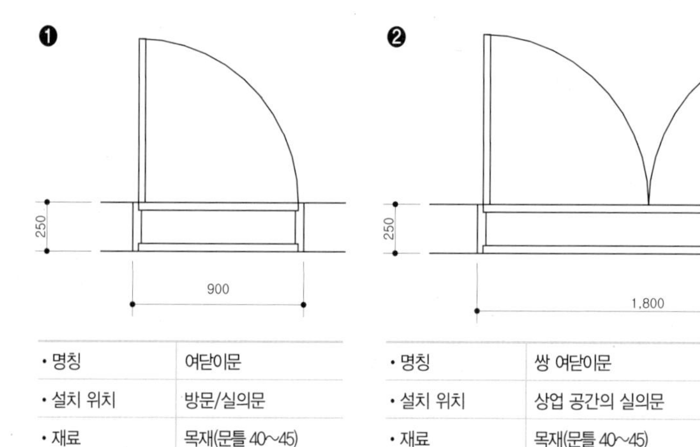

• 명칭	여닫이문
• 설치 위치	방문/실의문
• 재료	목재(문틀 40~45)

• 명칭	쌍 여닫이문
• 설치 위치	상업 공간의 실의문
• 재료	목재(문틀 40~45)

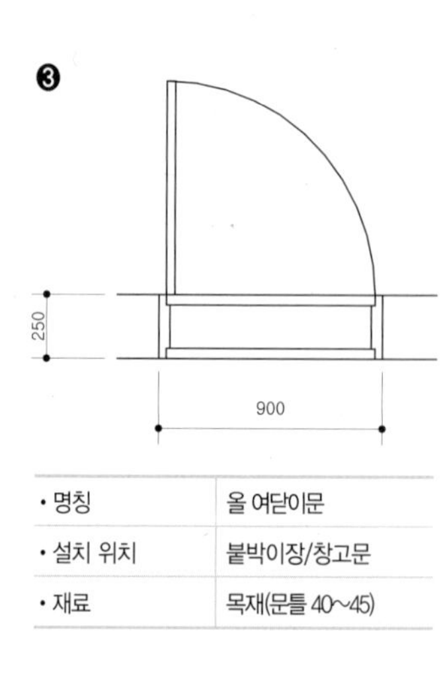

• 명칭	올 여닫이문
• 설치 위치	붙박이장/창고문
• 재료	목재(문틀 40~45)

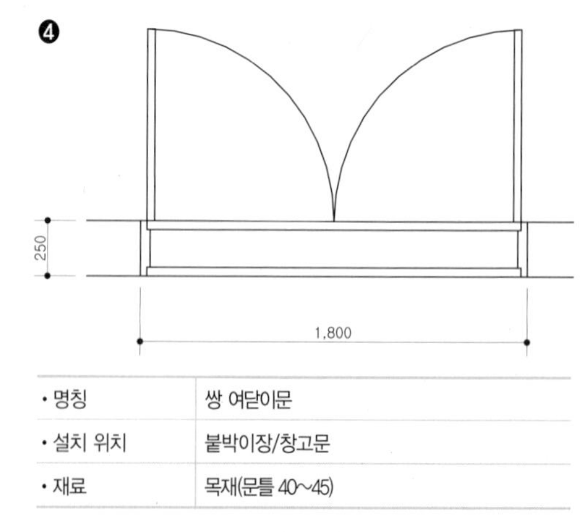

• 명칭	쌍 여닫이문
• 설치 위치	붙박이장/창고문
• 재료	목재(문틀 40~45)

❺

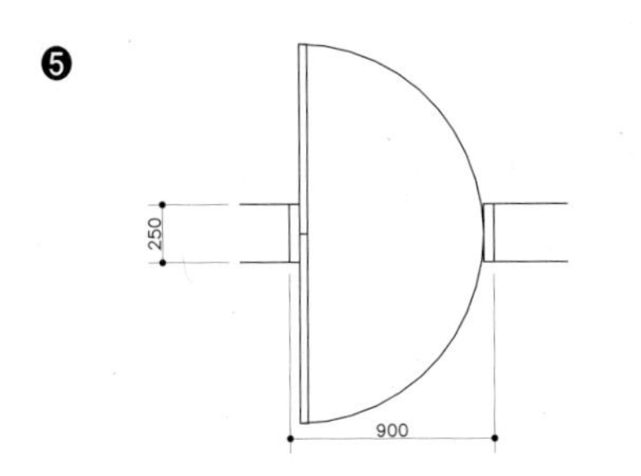

• 명칭	여닫이문
• 설치 위치	상업 공간의 출입문
• 재료	철재(문틀 35~40)

❻

250
1,800

• 명칭	여닫이문
• 설치 위치	상업 공간의 출입문
• 재료	철재(문틀 35~40)

❼

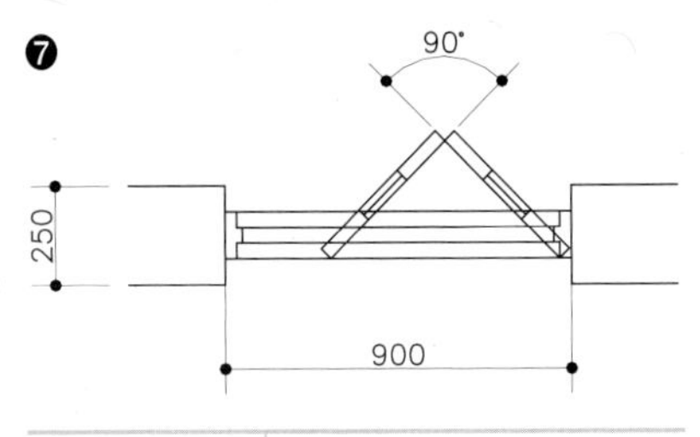

• 명칭	접이문
• 설치 위치	상업 공간의 공간 분할용 문
• 재료	철재(문틀 35~40)

❽

900

• 명칭	셔터문
• 설치 위치	상업 공간의 입구
• 재료	철재(문틀 35~40)

❾

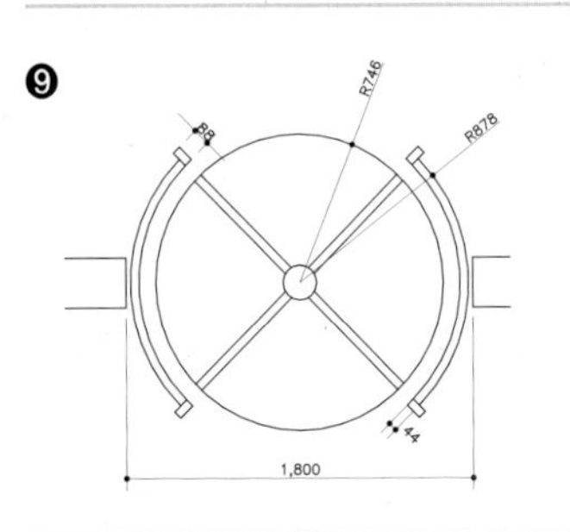

• 명칭	회전문
• 설치 위치	상업 공간의 출입문
• 재료	스텐레스(문틀 40~45)

❿

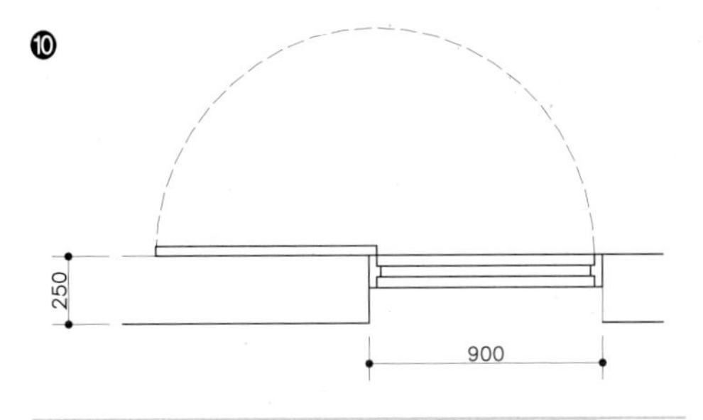

• 명칭	여닫이문
• 설치 위치	상업 공간의 출입문
• 재료	철재(문틀 35~40)

⓫

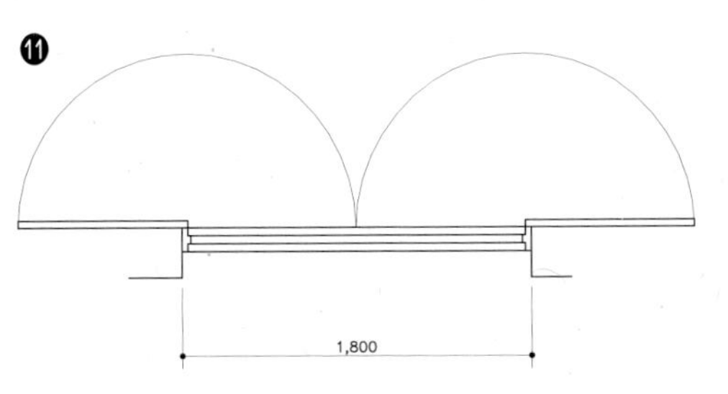

• 명칭	쌍 여닫이문
• 설치 위치	상업 공간의 출입문
• 재료	철재(문틀 35~40)

⓬

960
480
250
1,500

• 명칭	여닫이문
• 설치 위치	상업 공간의 출입문
• 재료	철재(문틀 35~40)

Step 02

종류별 개폐문 입면도의 이해

입면도는 용도에 따라 다양하며 개폐문의 구성 및 크기를 표현합니다.

❶

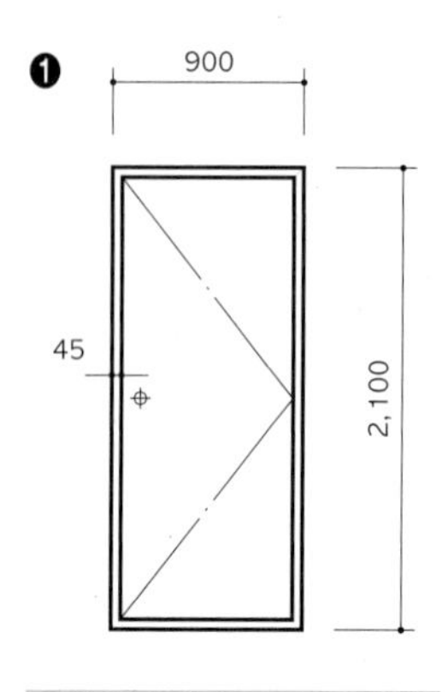

• 설치 위치	방문/현관문(주거)
• 문의 형식	여닫이

❷

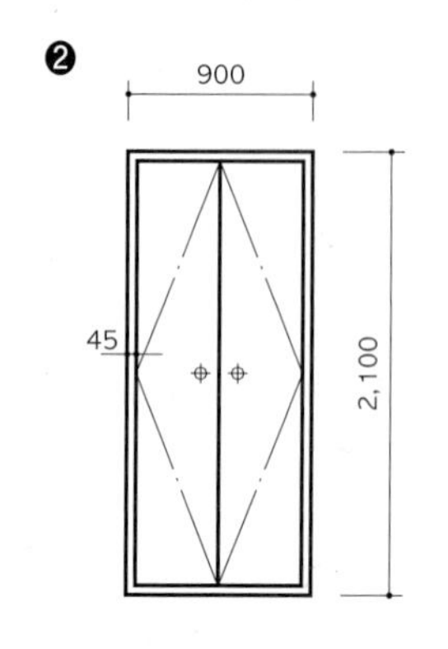

• 설치 위치	현관(상업 공간)
• 문의 형식	쌍 여닫이

❸

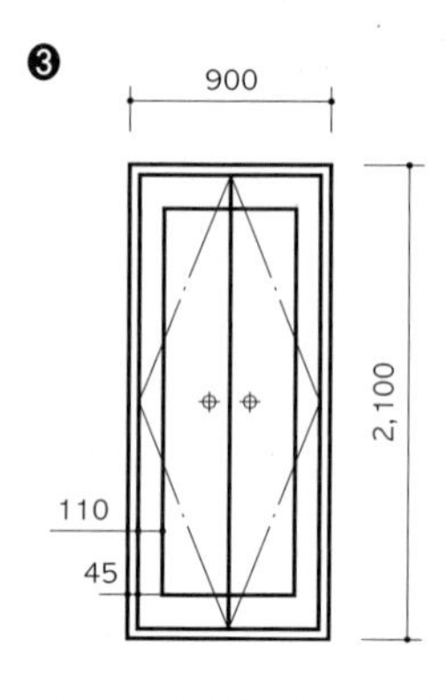

• 설치 위치	현관(상업 공간)
• 문의 형식	쌍 여닫이

❹

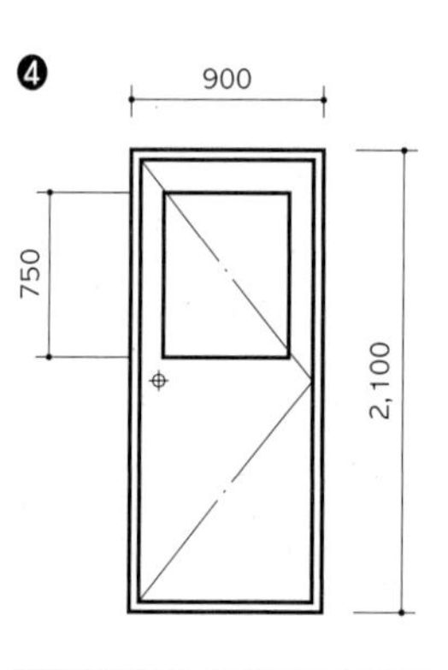

• 설치 위치	실의문(강의실/ 각실/상업 공간)
• 문의 형식	여닫이

❺

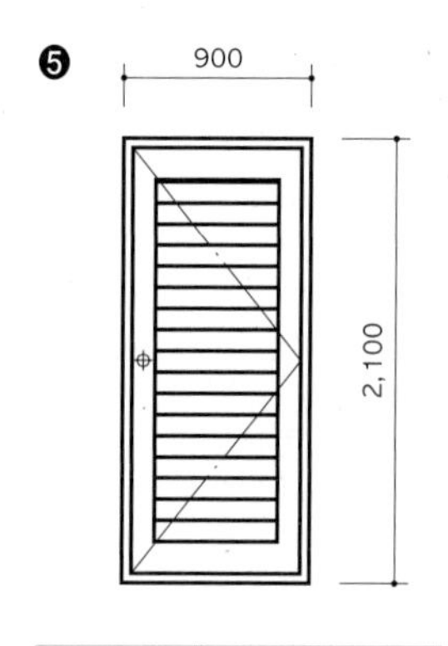

• 설치 위치	붙박이장(주거/ 상업 공간)
• 문의 형식	쌍 여닫이

❻

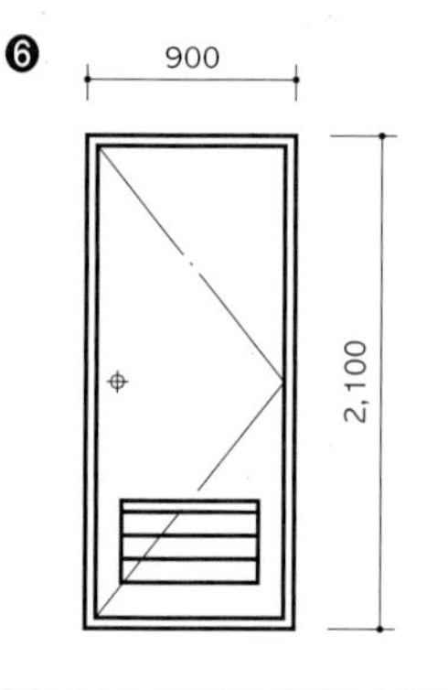

• 설치 위치	창고문
• 문의 형식	여닫이
환기가 요구된 공간(주거/상업 공간)	

❼

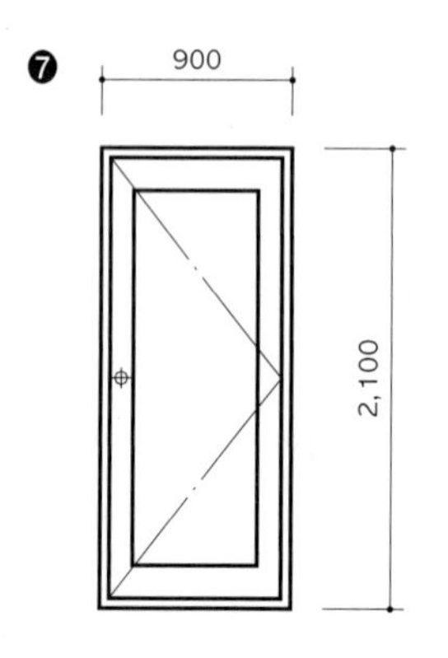

• 설치 위치	일반문
• 문의 형식	여닫이

❽

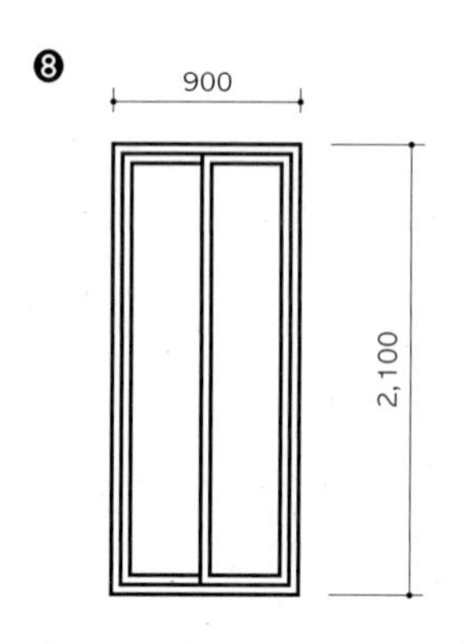

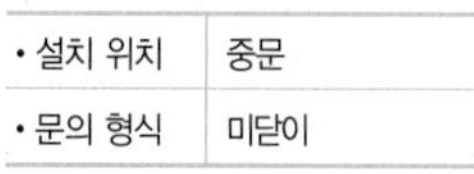

• 설치 위치	중문
• 문의 형식	미닫이

개폐문 평면도 연습 문제 | Line, Arc, Offset, Trim

작업 영역	Limits 0,0 ~ 1200,900

잠깐만요

TRIM ARC(Start–end–angel : 90)

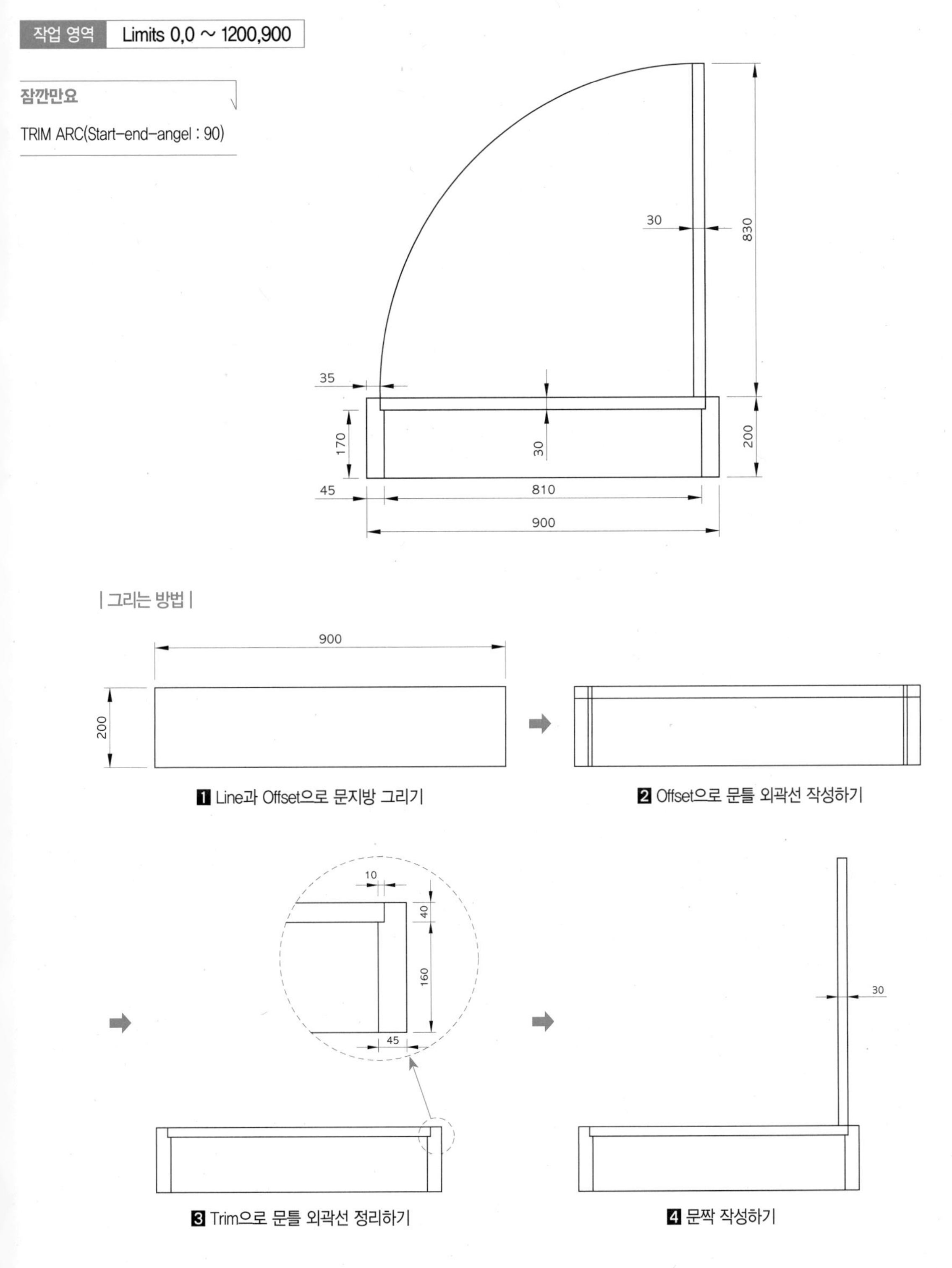

1 Line과 Offset으로 문지방 그리기

2 Offset으로 문틀 외곽선 작성하기

3 Trim으로 문틀 외곽선 정리하기

4 문짝 작성하기

작업 영역	Limits 0,0 ~ 1200,900

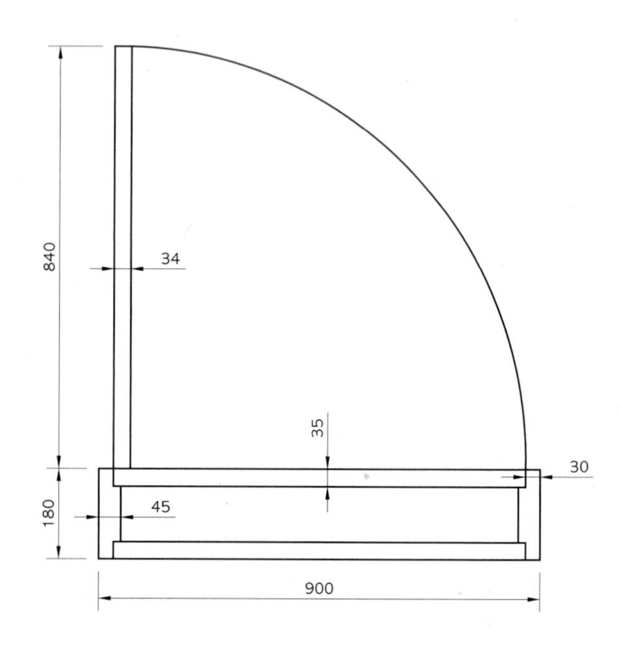

작업 영역	Limits 0,0 ~ 3600,2700

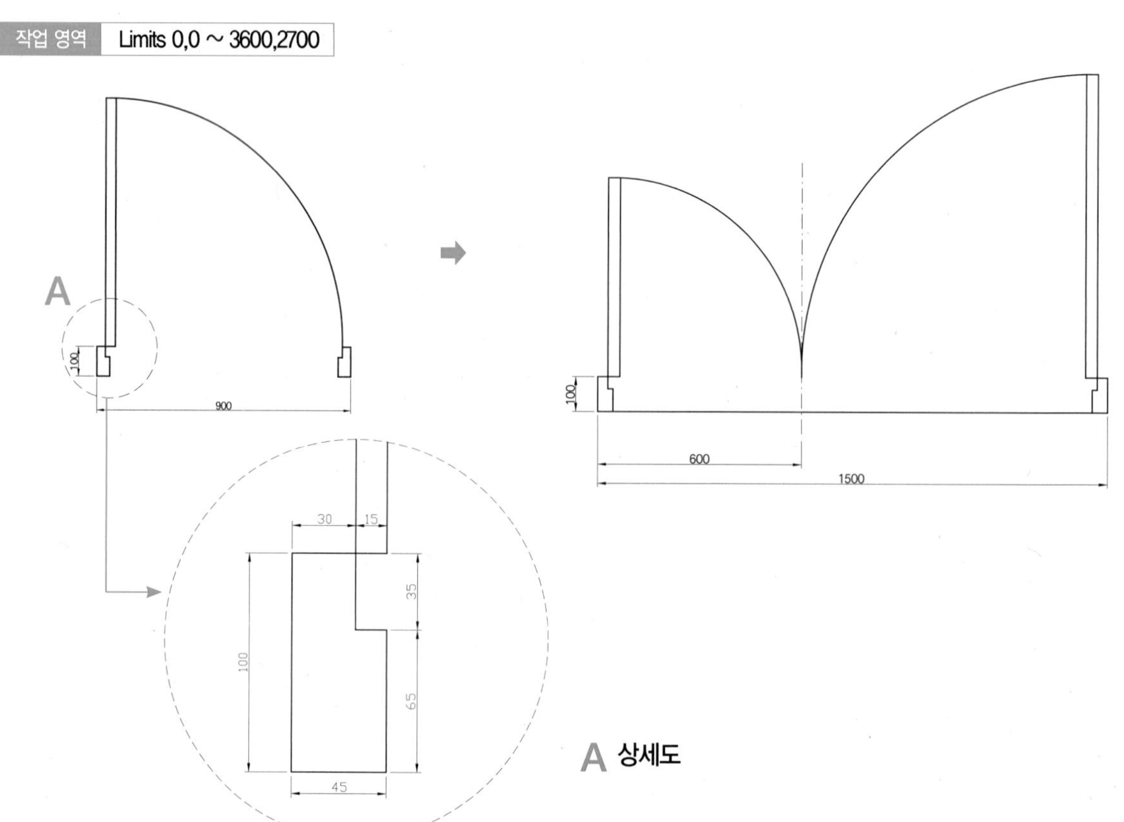

A 상세도

개폐문 입면도 연습 문제 | Circle, Rectang, Explode, Offset, Linetype

작업 영역	Limits 0,0 ~ 2400,1800

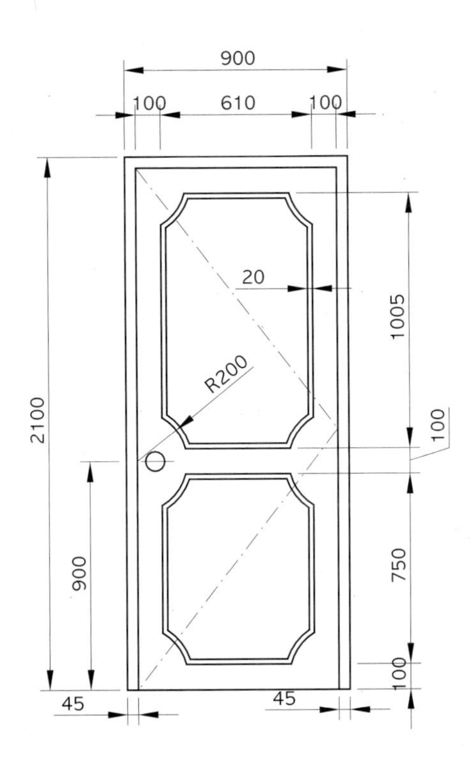

작업 영역	Limits 0,0 ~ 2400,1800

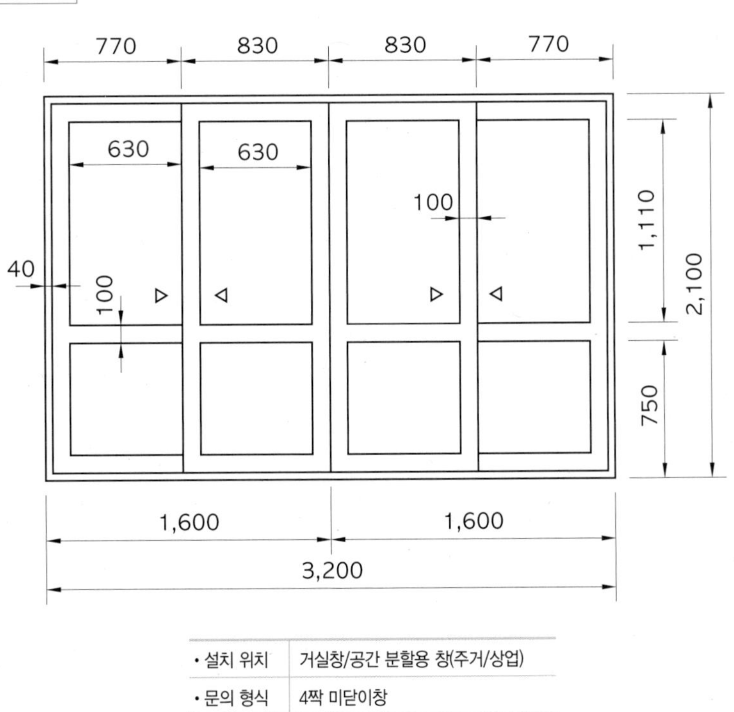

• 설치 위치	거실창/공간 분할용 창(주거/상업)
• 문의 형식	4짝 미닫이창

Section
03 다양한 기초 단면도 만들기

건축도면에서 많이 사용하는 기초 단면 구성도를 작성하겠습니다. 여기서 기초는 건물 벽체 아래쪽에 설치되는 구조물을 말합니다.

Step 01

기초 단면도의 이해

기초 단면도의 구성요소는 다음과 같습니다.

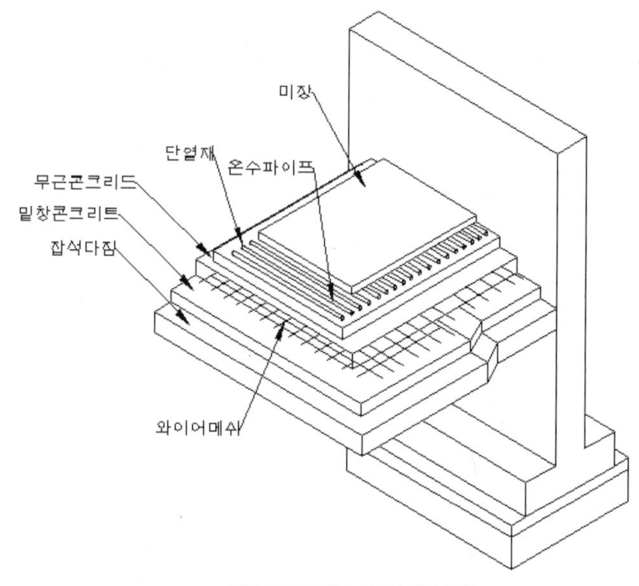

▲ 기초 구조와 거실 바닥의 단면 구성

❶ **무근콘크리트 층** : 200mm/무근콘크리트 구조는 슬라브의 중간층에 와이어메쉬를 설치합니다.

❷ **밑창콘크리트 층** : 50mm/잡석의 공극을 채우기 위하여 현장에서 타설한 콘크리트입니다.

❸ **잡석지정(다짐) 층** : 200mm/20cm 가량의 호박돌을 채워 지내력을 향상하고 하중을 지면에 전달합니다.

❹ **건축물의 콘크리트 두께**

- 지하에 매설 : 200mm
- 지상면과 접합 : 150mm
- 지상과 이격 : 150~120mm

Step 02

1B 조적벽(내벽)의 이해

1B 조직벽(내벽)의 유형

내벽의 단면 부분으로 콘크리트의 두께는 200mm이고 헌치는 설치하지 않습니다. 조적식 벽의 두께에 따라 콘크리트의 두께는 내벽의 두께와 동일하게 작성합니다.

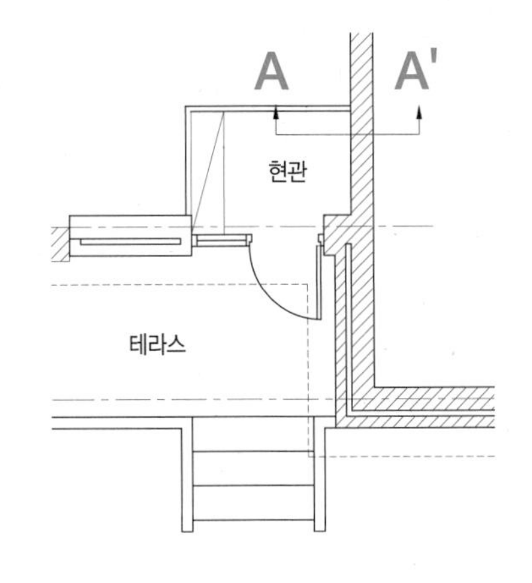

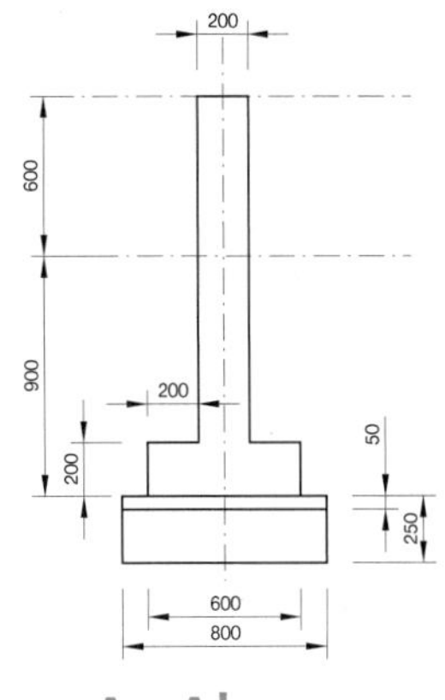

A–A' 단면도

잠깐만요

건축물 내벽의 단면으로 지면(G.L)의 아랫부분에 위치하는 구조체입니다.

그리는 방법

1 Line과 Offset으로 내벽의 두께 및 동결선, 콘크리트의 나비 기준선 작성합니다.(G.L에서 지하로 900~ 1200)

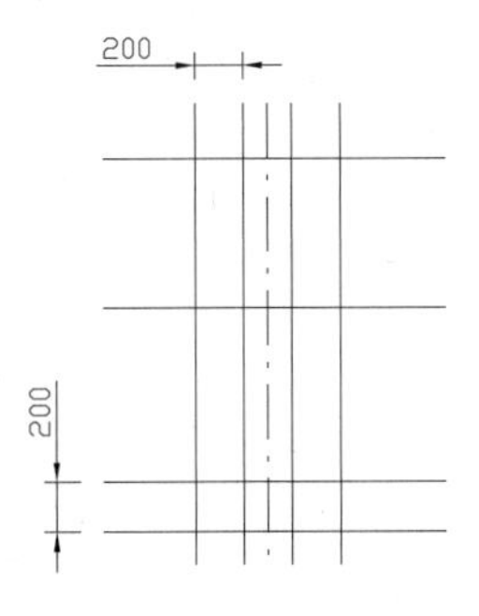

2 Fillet으로 도면을 정리합니다.(Fillet의 Radius 값을 0으로 설정)

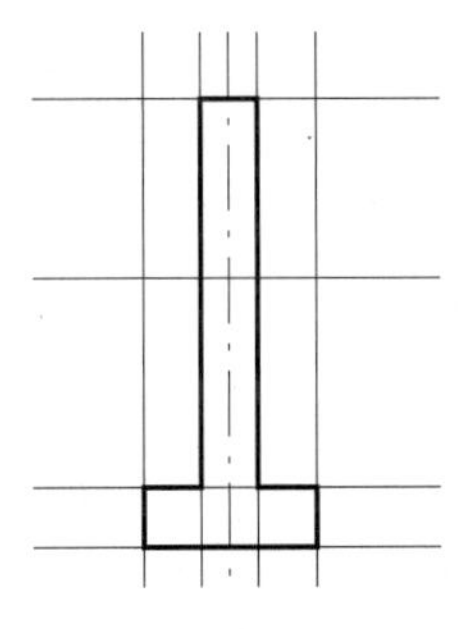

3 Offset으로 잡석과 밑창콘크리트 공간 및 밑창콘크리트 나비를 설정합니다.

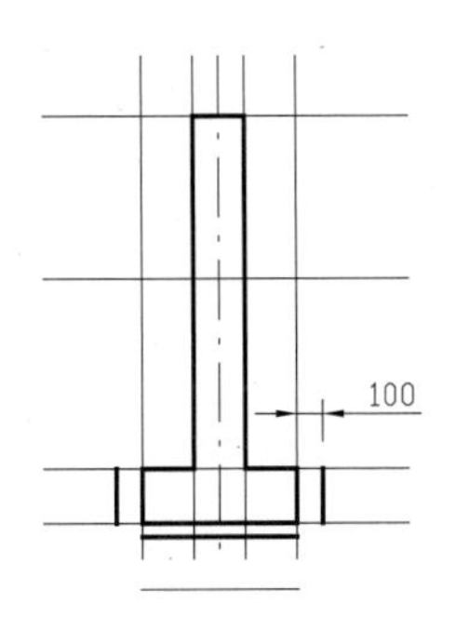

4 Fillet으로 도면을 정리합니다.(Fillet의 Radius 값을 0으로 설정)

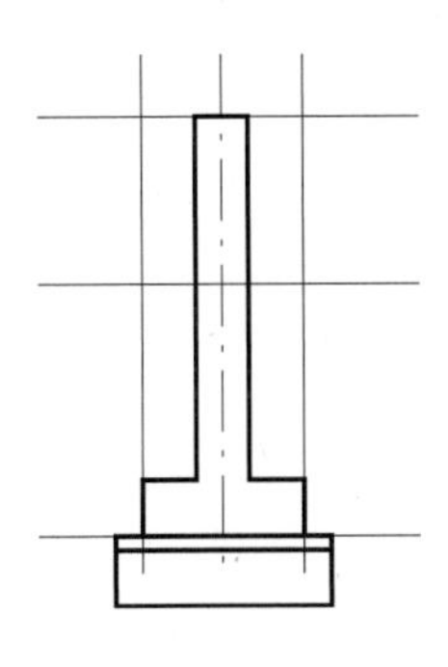

Step 03

1.5B 공간벽(외벽)의 이해

외벽의 단면 부분으로 외벽을 구성하는 요소에 따라 실무에서는 단면의 형태가 변경될 수 있습니다. 조적식 구조에서는 아래의 그림과 같으며 외벽의 두께가 250mm일 때는 헌치 부분이 작성되지 않으므로 내벽의 단면 설계와 같은 요령으로 작성합니다.

1.5B 공간벽(외벽)의 유형

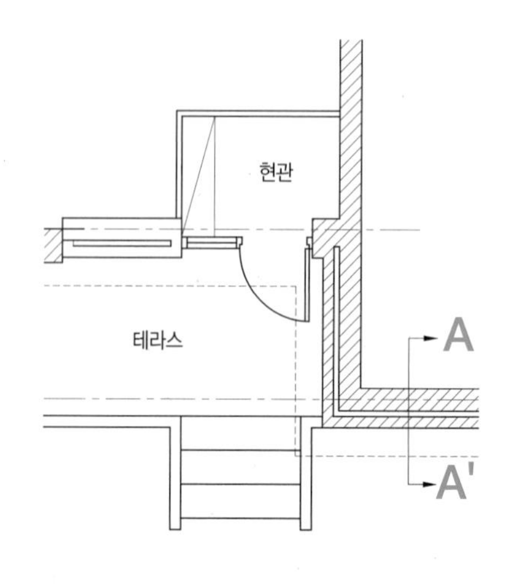

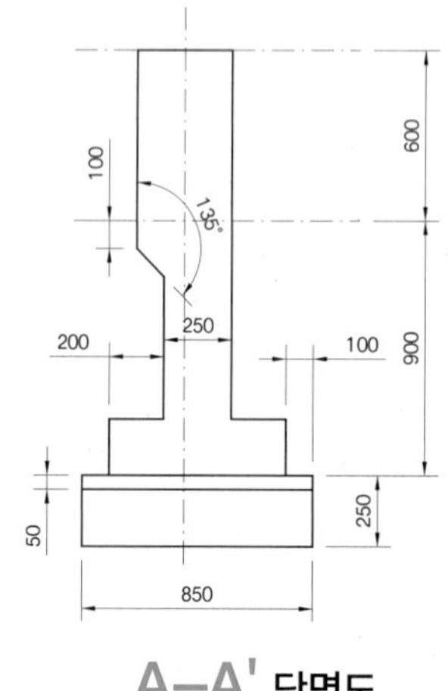

A–A' 단면도

잠깐만요

건축물 외벽의 단면으로 지면(G.L) 아랫 부분에 위치하는 구조체입니다.

그리는 방법

1 Line과 Offset으로 외벽의 두께 및 동결선, 수직 헌치 설치 위치를 설정합니다.

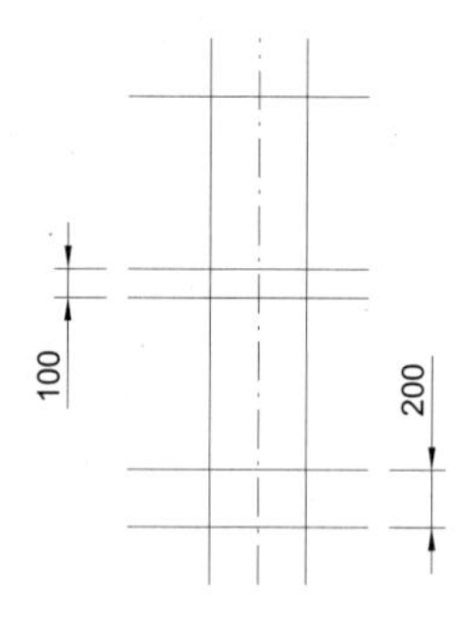

2 수직 헌치 설치 및 Fillet으로 도면을 정리합니다.(Fillet의 Radius 값을 0으로 설정)

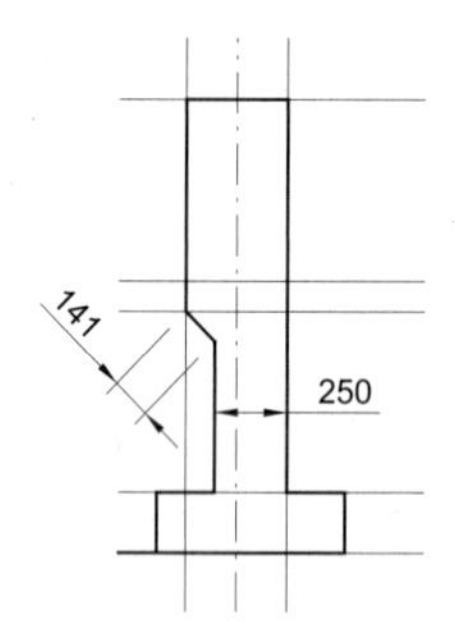

3 Fillet으로 잡석과 밑창콘크리트 공간을 설정합니다.

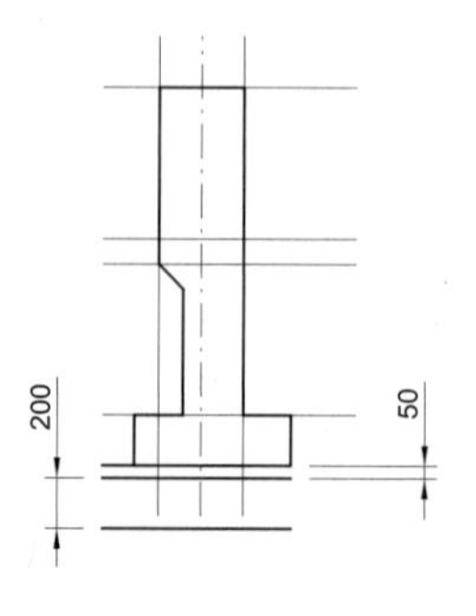

4 Offset으로 밑창콘크리트 나비를 설정합니다.

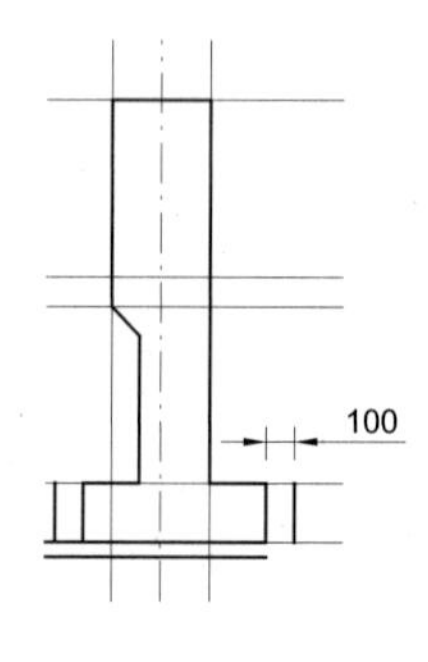

Step 04

테라스 계단의 이해

실무에서 계단과 현관 부분의 설계 시 사용합니다. 계단의 콘크리트 슬라브 시작점은 계단 단면의 아랫부분을 선택해 시작해야 하며 콘크리트의 두께는 150mm로 설계합니다.

테라스 계단의 유형

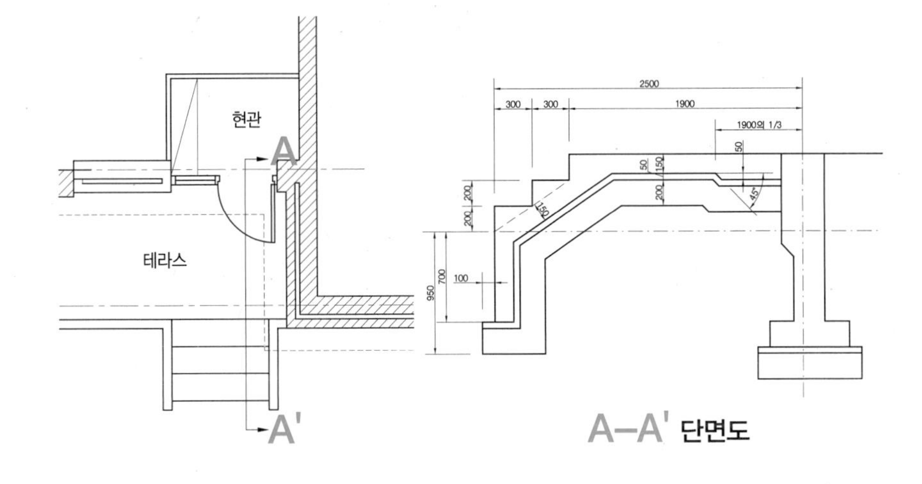

A–A' 단면도

> **잠깐만요**
>
> 건축물의 현관문에서부터 계단의 단면으로 지면(G.L) 아랫부분에 위치하는 구조체입니다.

그리는 방법

1 Offset으로 계단의 끝점까지 거리를 설정합니다.

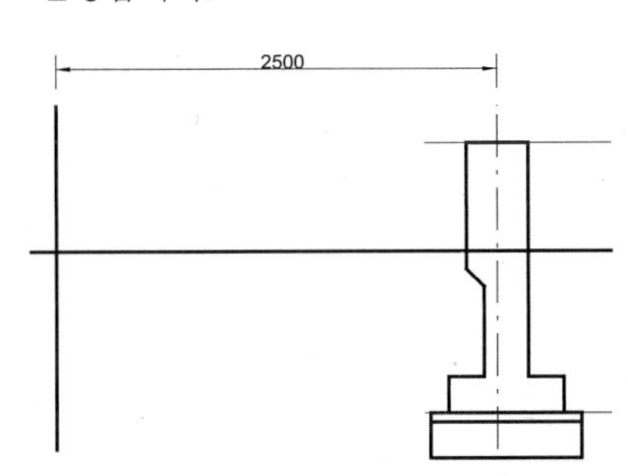

2 Line으로 계단 단면 형태를 작성합니다.

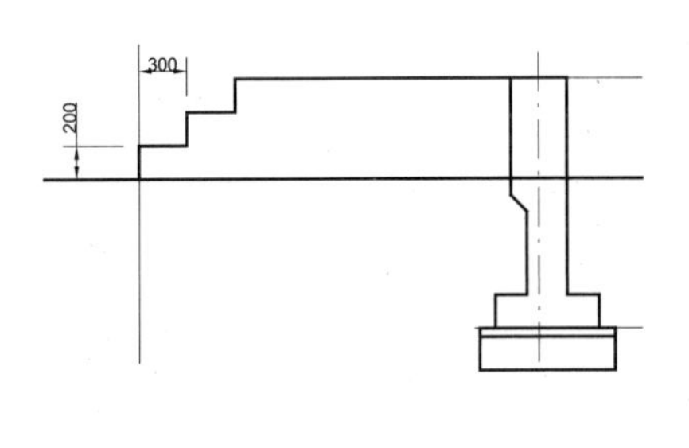

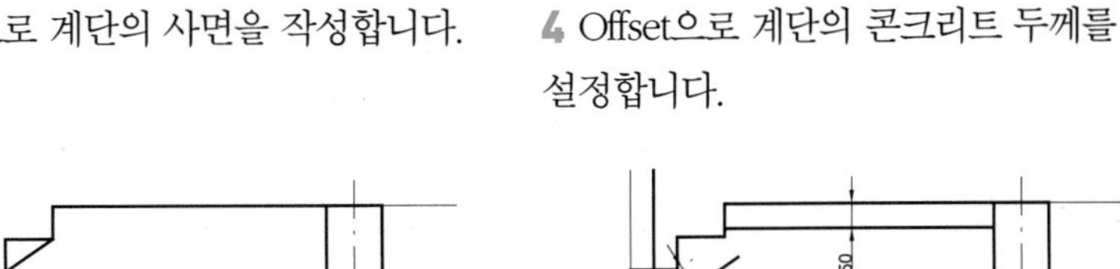

3 Line으로 계단의 사면을 작성합니다.

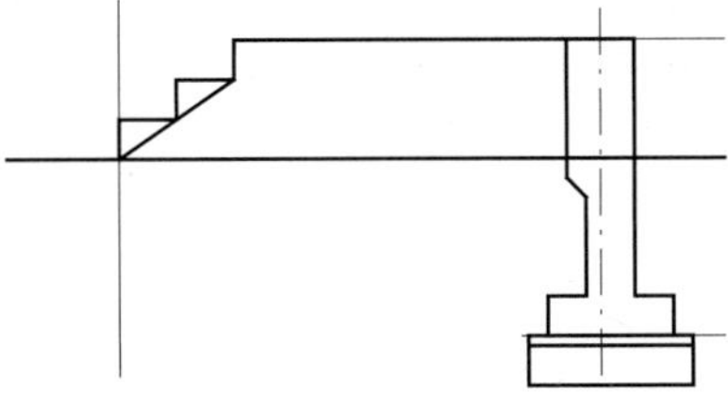

4 Offset으로 계단의 콘크리트 두께를 설정합니다.

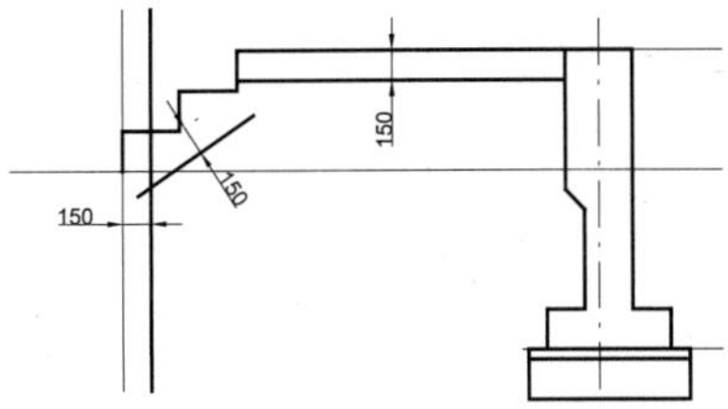

5 계단 콘크리트의 높이를 설정합니다.

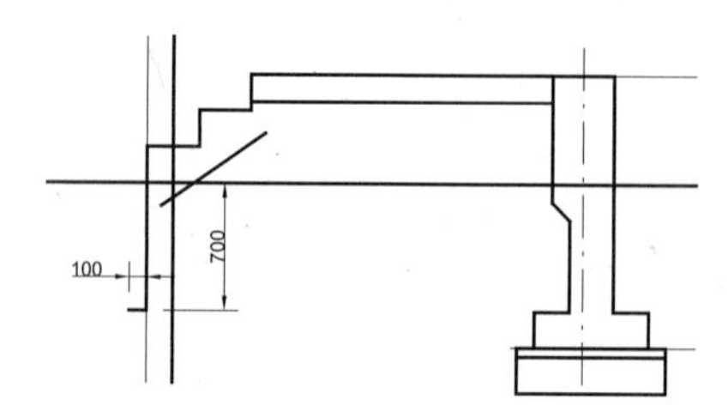

6 Fillet으로 도면을 정리합니다.

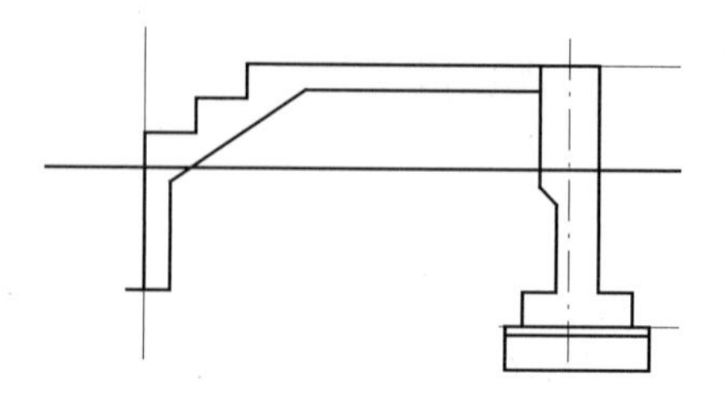

7 Offset으로 수평 헌치 위치를 설정하거나 설치합니다.

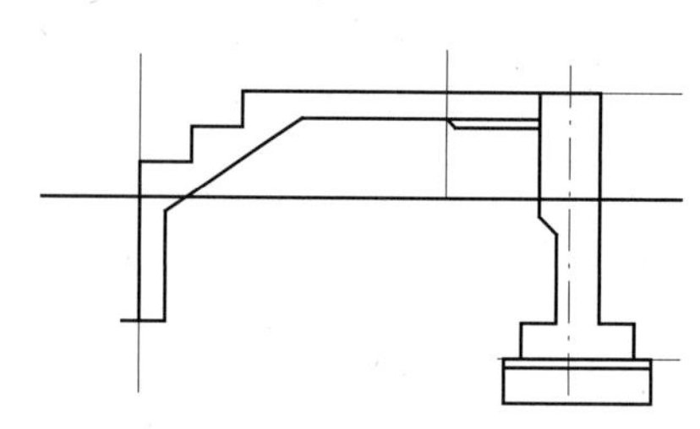

8 Pedit으로 A에 연결된 선을 다각형화합니다.

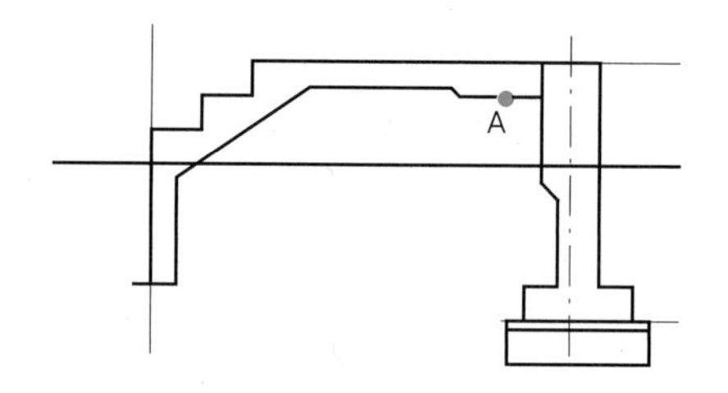

9 Offset으로 잡석과 밑창콘크리트 공간을 생성합니다.

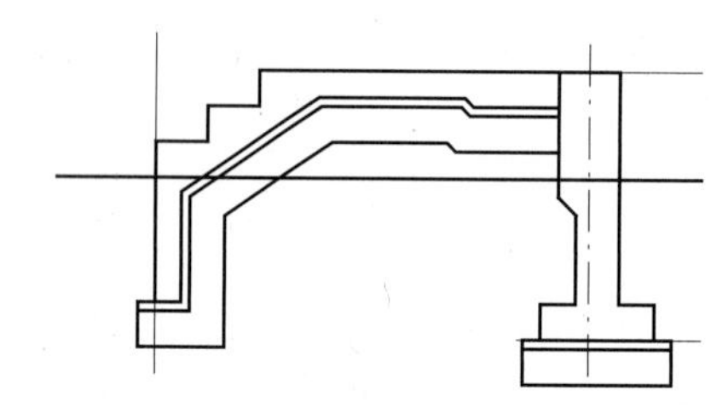

Step 05

현관 기초의 이해

현관문과 거실과의 사이에 대한 단면도를 작성하며 적당한 크기는 1200~1500 정도입니다.

현관 기초의 유형

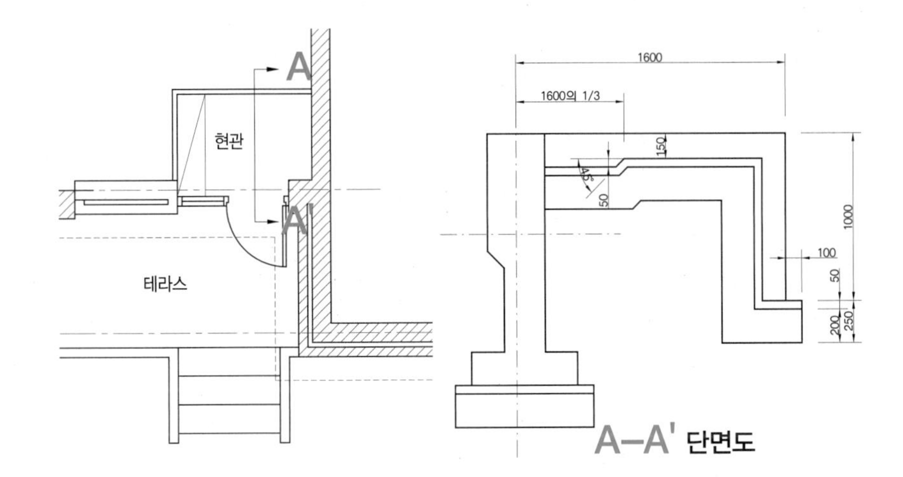

잠깐만요

건축물의 현관문에서부터 거실 앞부분까지의 단면으로 지면(G.L) 아랫부분에 위치하는 구조체입니다.

그리는 방법

1 Offset으로 콘크리트 두께를 설정합니다.

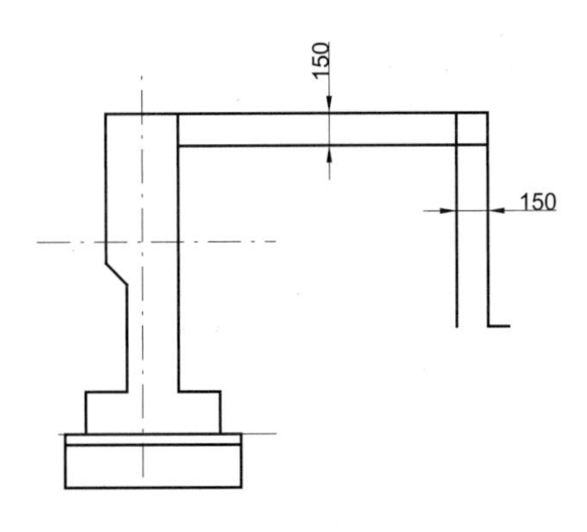

2 수평 헌치 위치를 설정하거나 설치합니다.

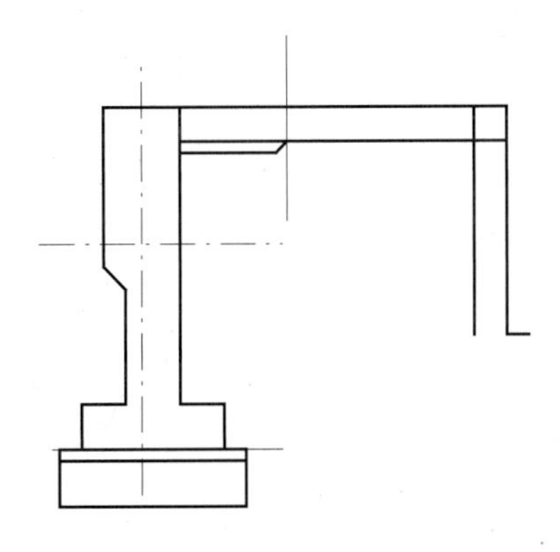

3 Pedit으로 A에 연결된 선을 다각형화합니다.

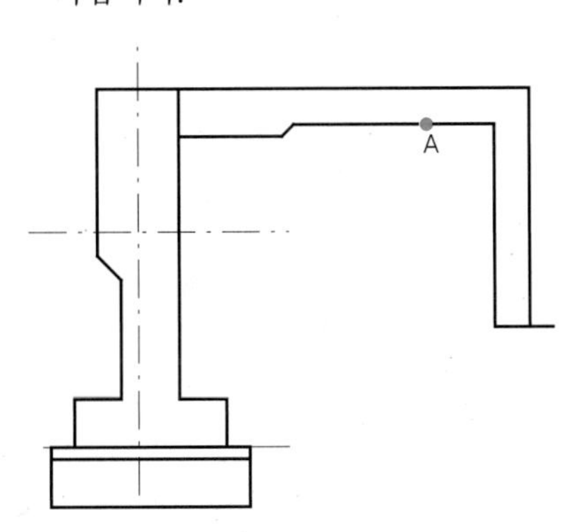

4 Line과 Offset으로 잡석 및 밑창 콘크리트 공간을 생성합니다.

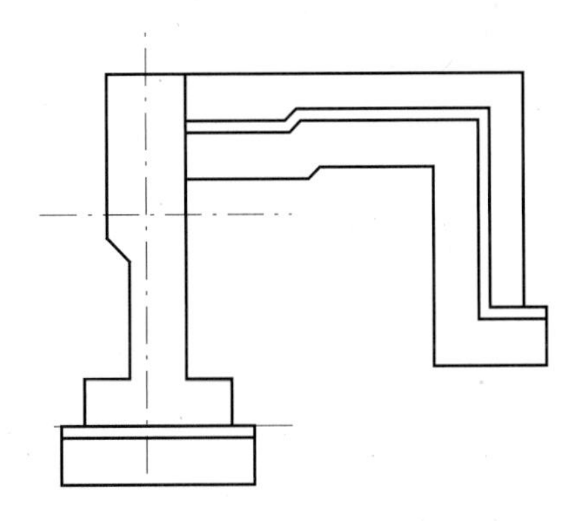

Step 06

지하실 기초(온통기초)의 이해

지하실 설계 시 중요한 점은 온통기초(Mat)로 작성해야 한다는 것입니다. 지하실의 높이는 2100 이상을 유지해야 법적으로 사용 가능하지만, 실무에서는 2400 정도의 반자 높이가 설정되어야 합니다.

지하실 기초의 유형

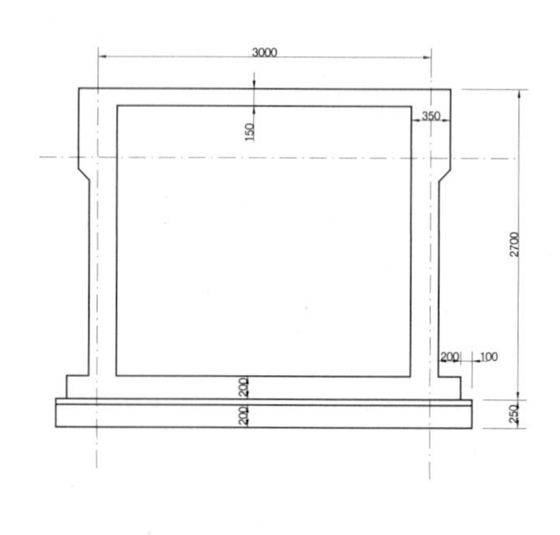

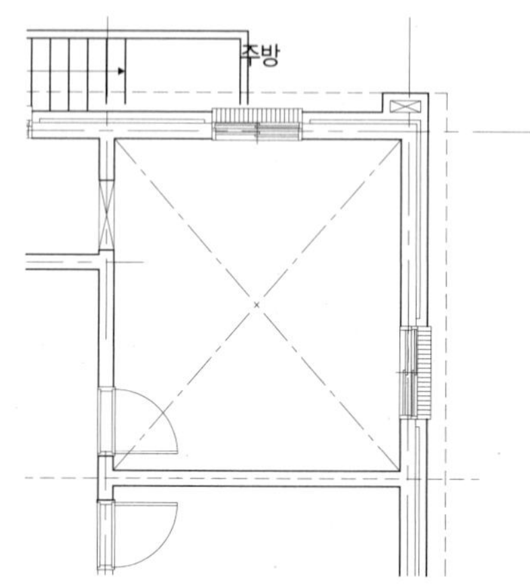

잠깐만요

온통기초는 지하실 바닥면 전체에 대하여 콘크리트 구조로 구성한다는 의미입니다. 평면도에서 지하실은 2점 쇄선으로 표시합니다.

그리는 방법

1 Line과 Mirror로 지하실의 크기를 설정합니다.

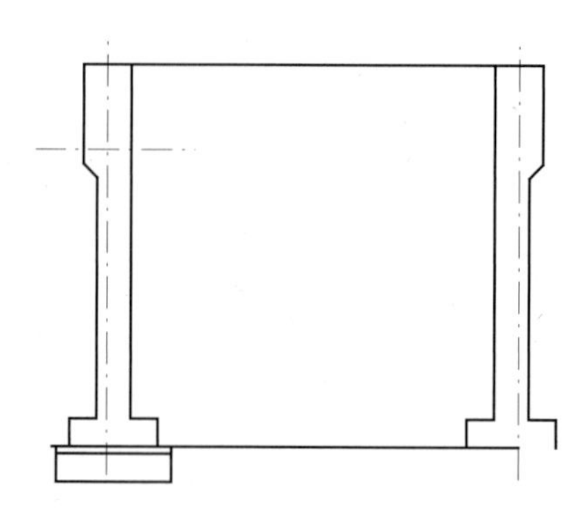

2 기존 외벽을 Stretch로 연장한 후 대칭 복사합니다.

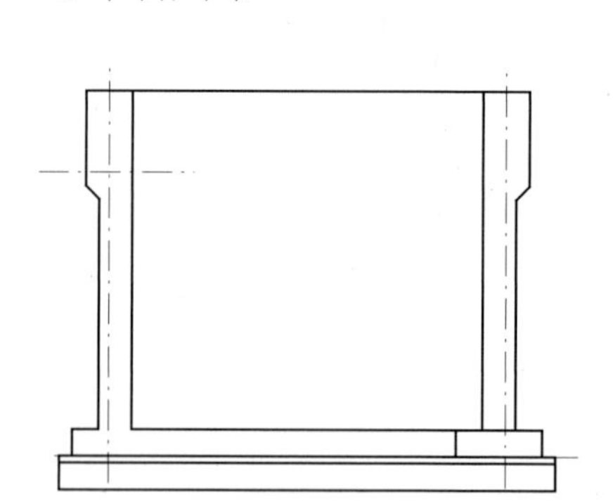

3 잡석과 밑창콘크리트 Stretch로 연장한 후 Offset으로 상부 콘크리트 두께를 설정합니다.

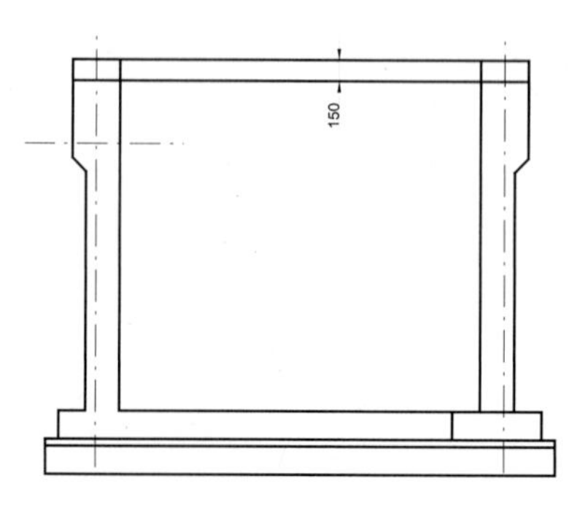

4 Trim으로 도면을 정리합니다.

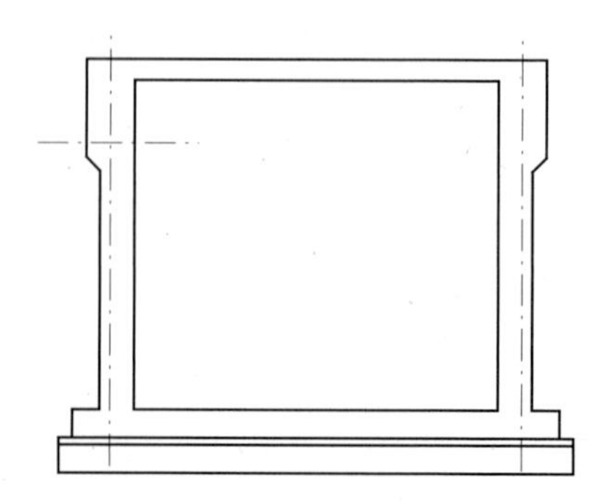

Step 07

계단실 단면의 이해

실무에서 계단실 설계 시 사용하는 공간의 크기가 각각 다르지만 계단의 시작점과 끝점에는 반드시 계단참을 설계해야 하며, 건축법과 소방법에서 규정하는 1200 이상 확보해야 건축물 심의를 통과할 수 있습니다.

계단실 단면의 유형

계단 설계의 과정은 다음과 같습니다. 계단실의 계단참을 양쪽의 끝단에 위치하고 남는 중간의 공간을 이용하여 계단을 분할합니다. 이때 건축물의 층고 값을 계단 한 칸의 높이 값으로 나눠 총 몇 개의 계단이 필요한지 파악합니다. 계단의 개수가 산출되면 계단의 나비를 선정하여 등분합니다.

그리는 방법

1 양쪽의 끝에서 계단참 나비 1220을 설정합니다.

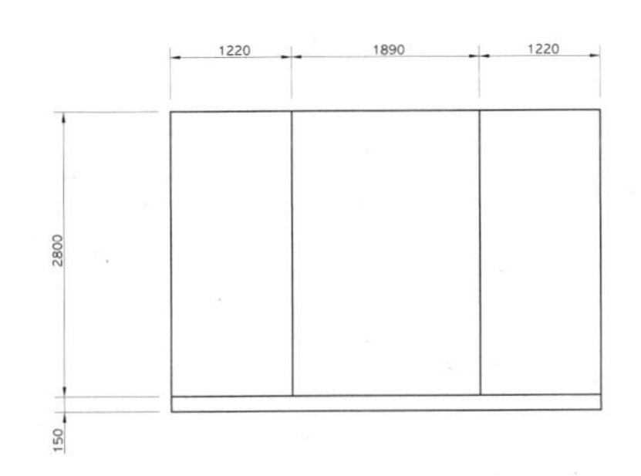

2 계단의 높이와 층고를 계산하여 등분한 후, 등분된 공간에 계단의 단면 모양을 작성합니다.

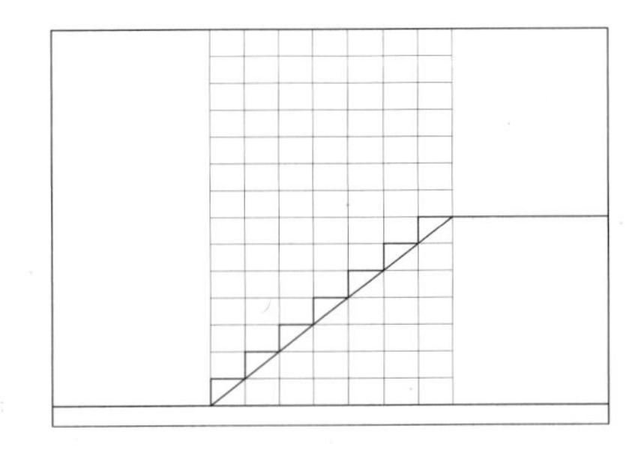

3 계단부에 콘크리트 두께를 적용합니다.

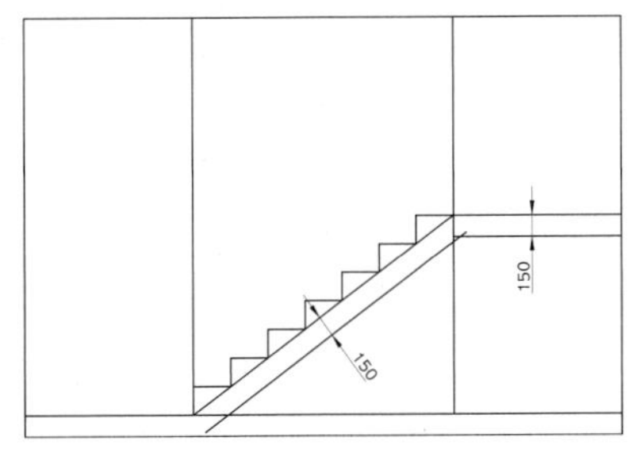

4 손스침의 위치를 결정합니다(750-900mm).

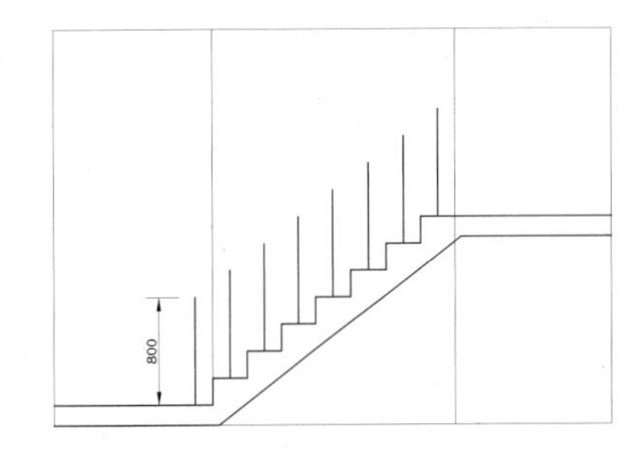

5 손스침의 높이선을 연결합니다.

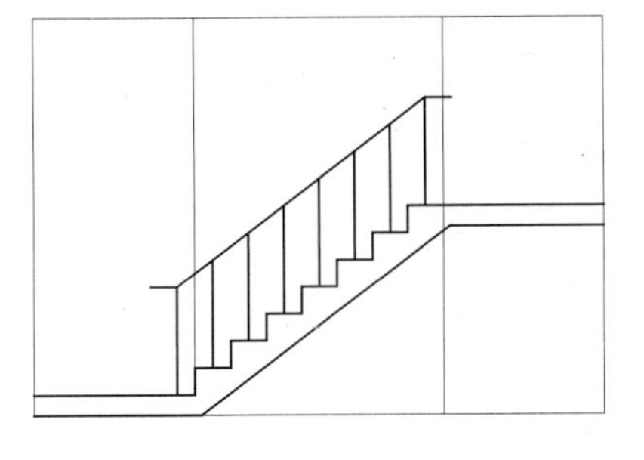

6 반대쪽의 계단은 Mirror 명령을 사용하여 생성합니다.

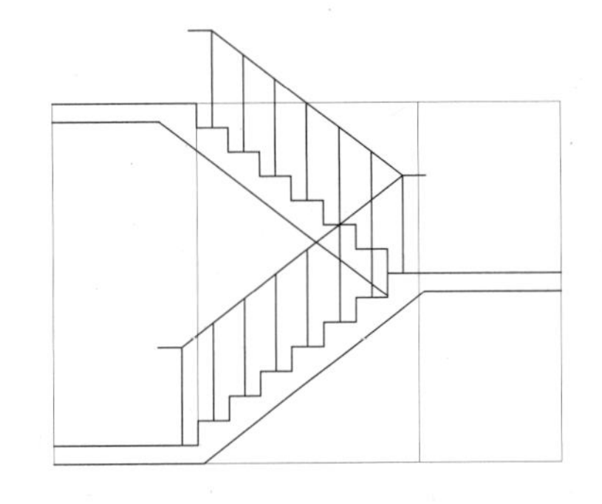

종합문제

작업 영역 | Limits 0,0 ~ 3600,2700

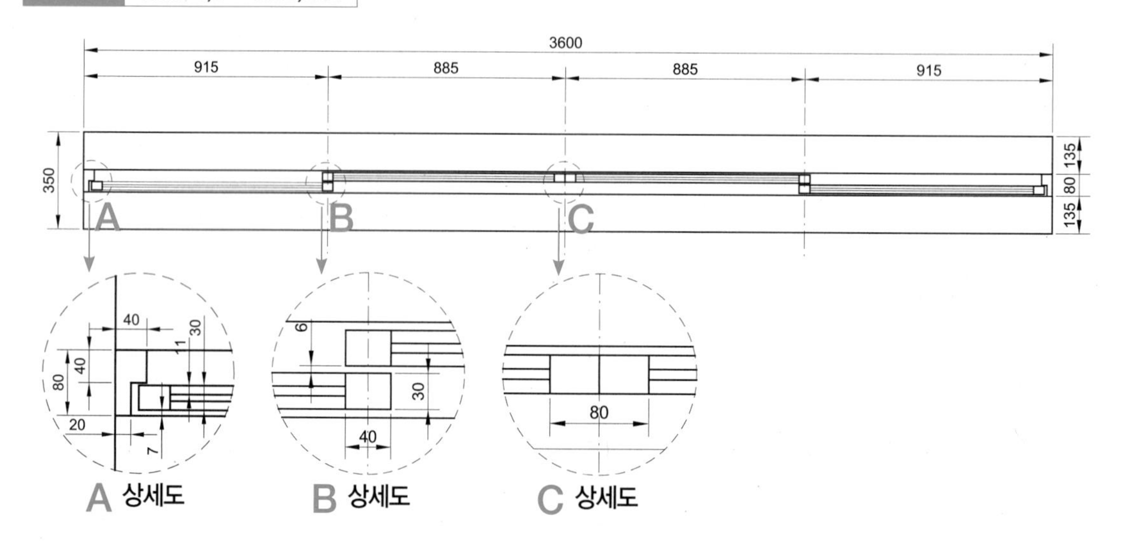

작업 영역 | Limits 0,0 ~ 3200,1800

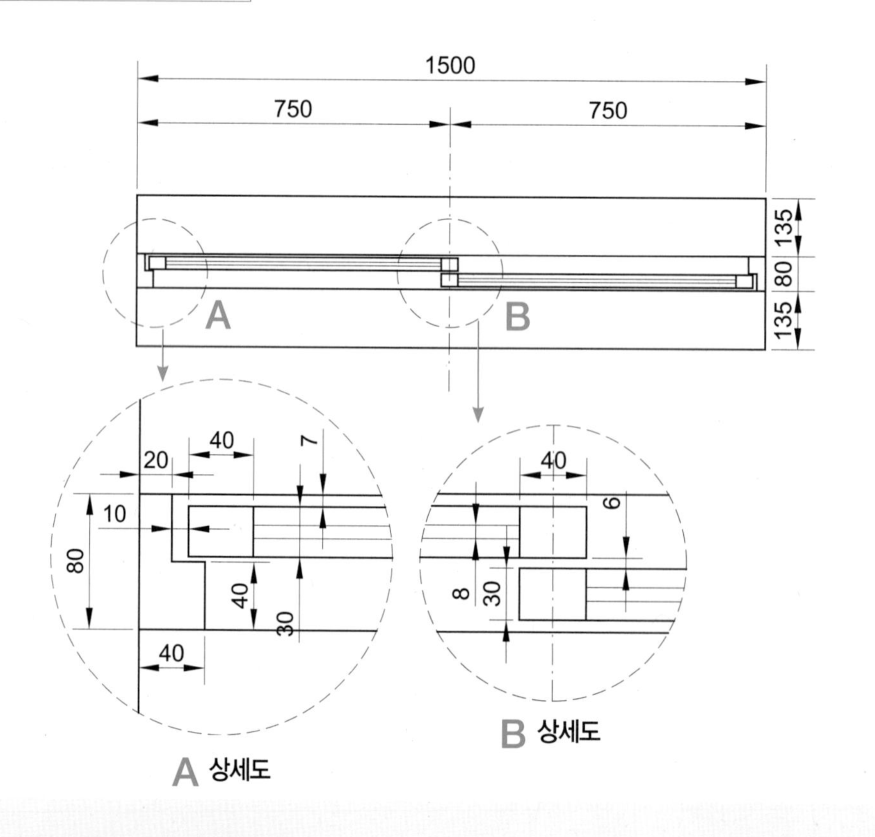

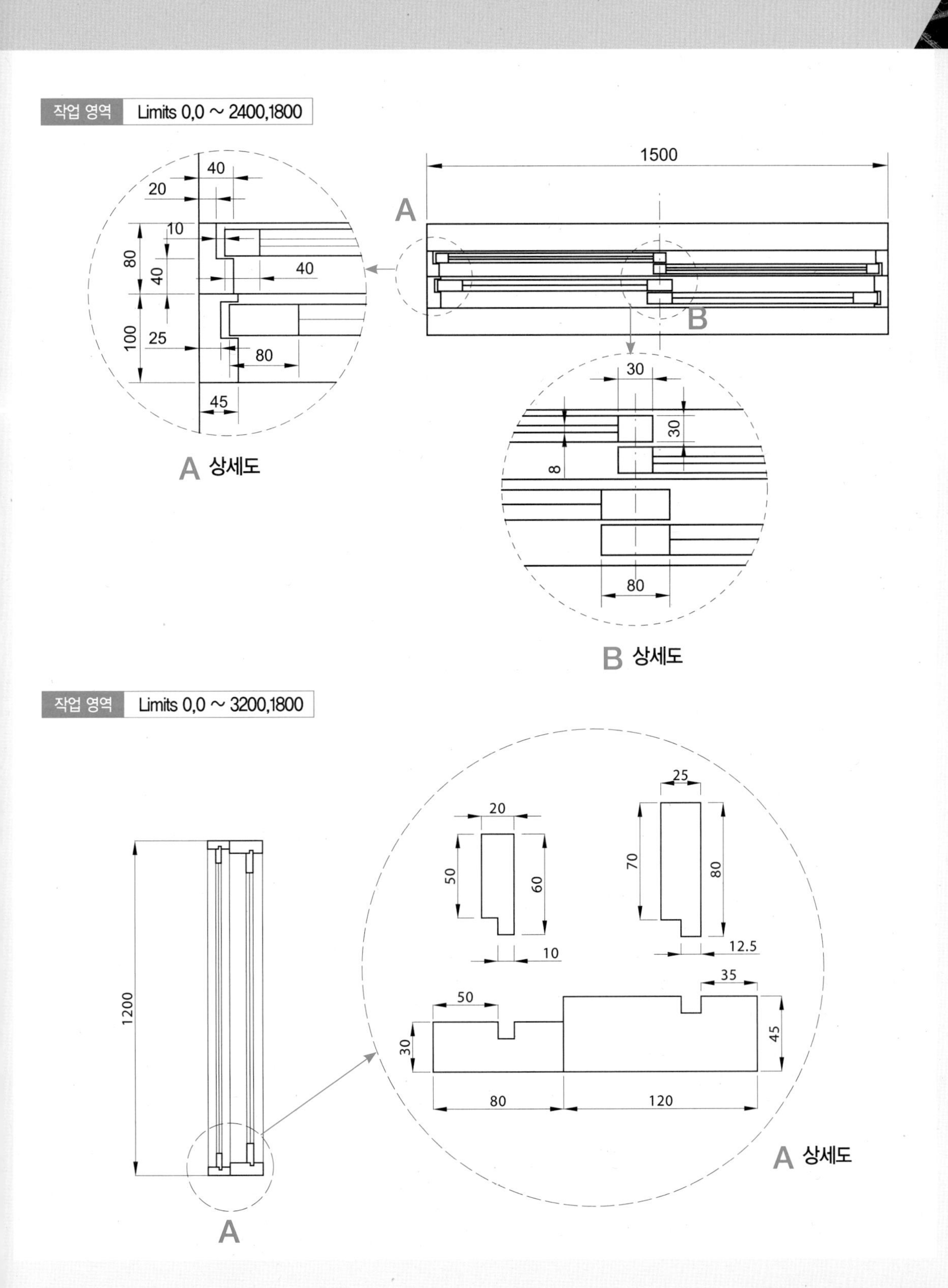
작업 영역
Limits 0,0 ~ 2400,1800
1500
A
B
40
20
10
80
40
40
100
25
80
45
A 상세도
30
30
8
80
B 상세도
작업 영역
Limits 0,0 ~ 3200,1800
1200
A
25
20
50
60
70
80
10
12.5
35
50
30
45
80
120
A 상세도

종합문제

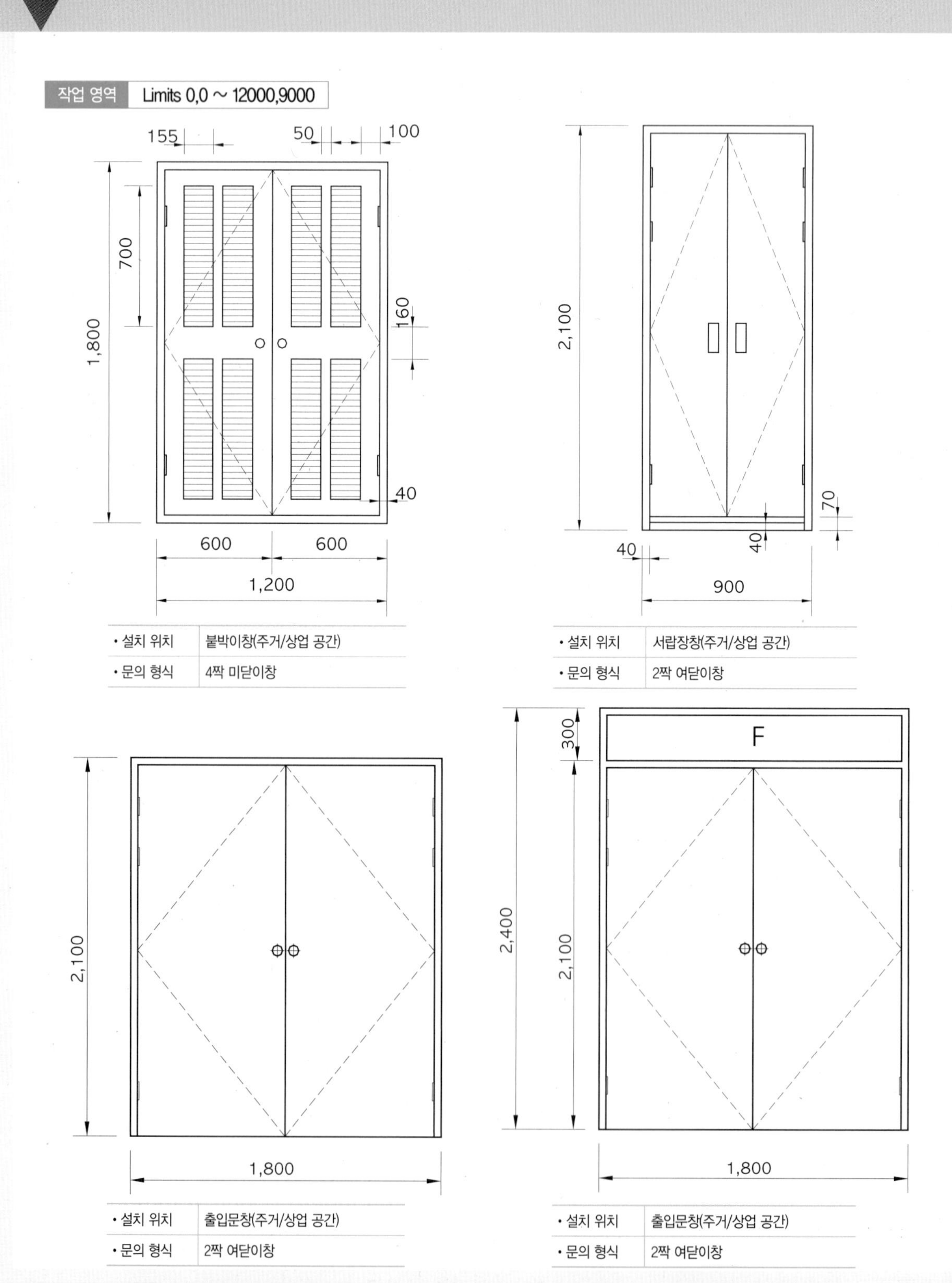

• 설치 위치	붙박이창(주거/상업 공간)
• 문의 형식	4짝 미닫이창

• 설치 위치	서랍장창(주거/상업 공간)
• 문의 형식	2짝 여닫이창

• 설치 위치	출입문창(주거/상업 공간)
• 문의 형식	2짝 여닫이창

• 설치 위치	출입문창(주거/상업 공간)
• 문의 형식	2짝 여닫이창

작업 영역	Limits 0,0 ~ 12000,9000

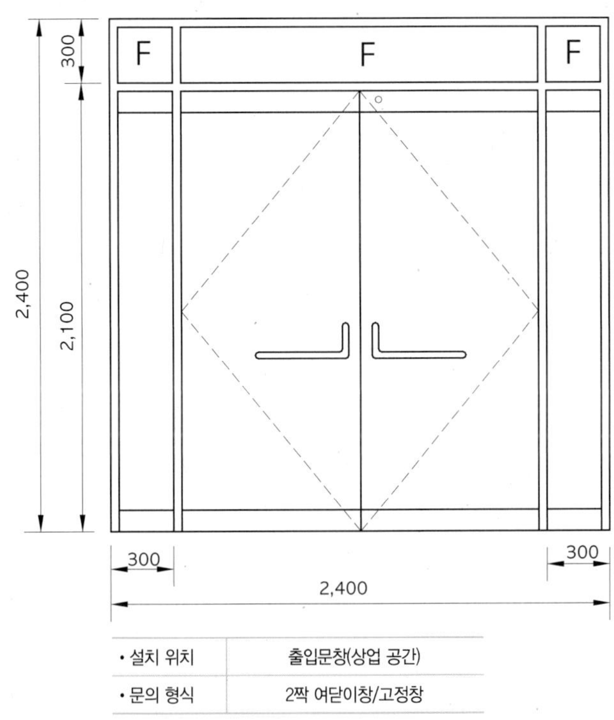

• 설치 위치	출입문창(상업 공간)
• 문의 형식	2짝 여닫이창/고정창

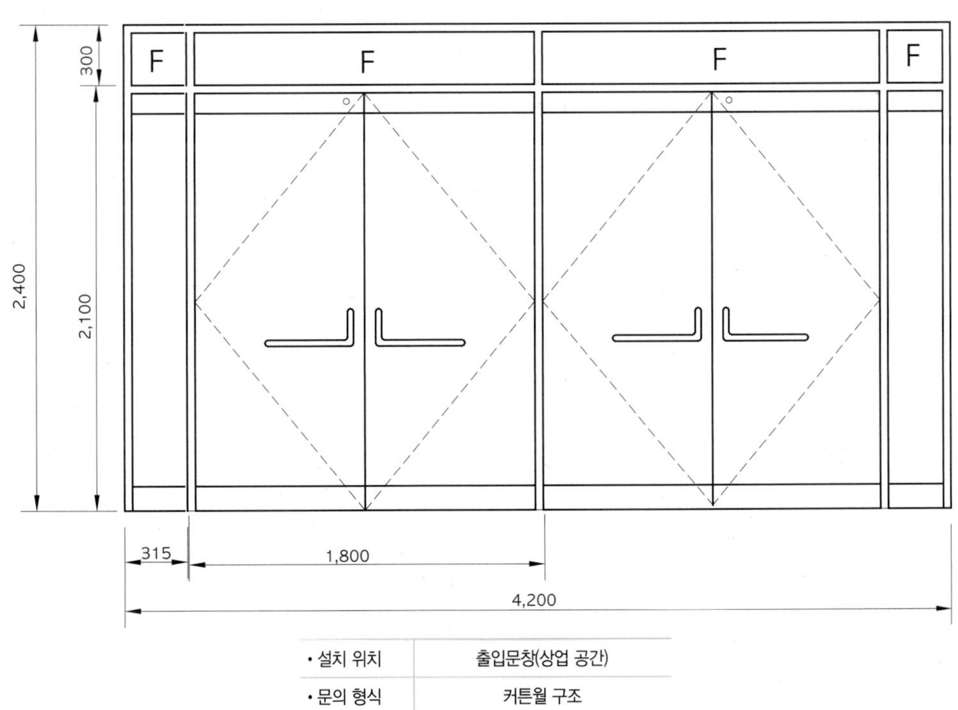

• 설치 위치	출입문창(상업 공간)
• 문의 형식	커튼월 구조

종합문제

작업 영역	Limits 0,0 ~ 12000,9000

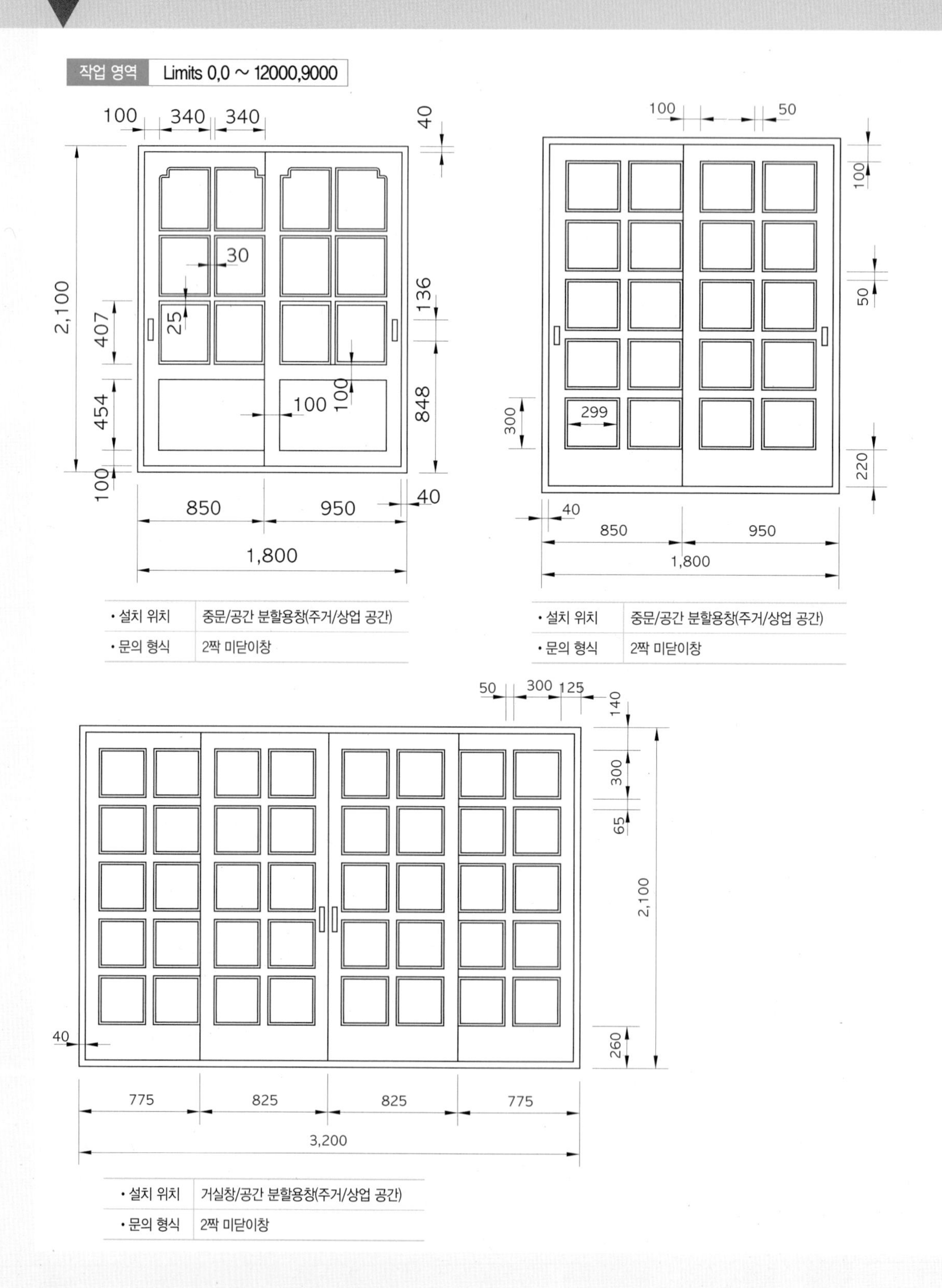

• 설치 위치	중문/공간 분할용창(주거/상업 공간)
• 문의 형식	2짝 미닫이창

• 설치 위치	중문/공간 분할용창(주거/상업 공간)
• 문의 형식	2짝 미닫이창

• 설치 위치	거실창/공간 분할용창(주거/상업 공간)
• 문의 형식	2짝 미닫이창

작업 영역 | Limits 0,0 ~ 2400,1800

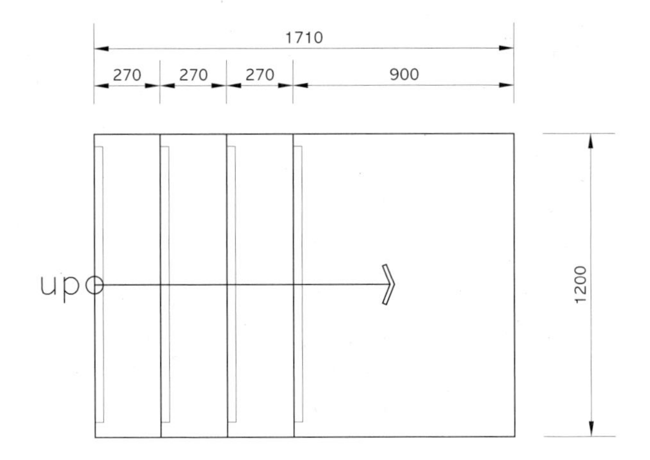

작업 영역 | Limits 0,0 ~ 2400,1800

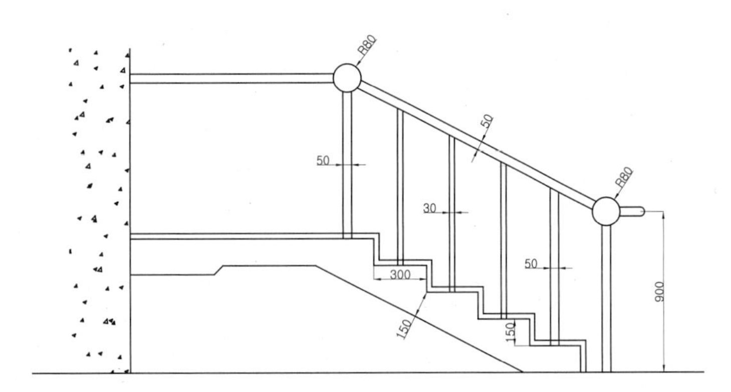

작업 영역 | Limits 0,0 ~ 6400,4500

잠깐만요

계단실의 표현

계단실은 상업 공간 및 주거 공간의 설계에서 빠지지 않는 공간입니다. 계단실의 설계 시 건축법과 소방법의 영향을 받음으로 법규에 맞도록 설계해야 합니다. 계단실은 계단과 계단의 중간 쉬어갈 수 있는 계단참으로 구성됩니다. 계단참은 아파트와 같은 경우 1200 이상을 확보하도록 법규에 명시되어 있으며 계단참의 설치 위치는 3m 간격에 한 번씩 설치하도록 되어 있으므로 설계에 반영해야 합니다.

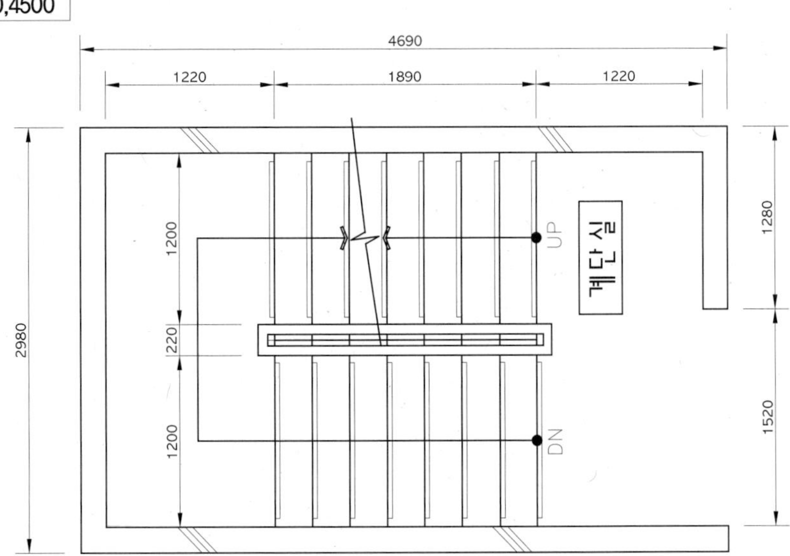

여 덟 째 마 당

A u t o C A D

08

3D 작업을 위한 기초 명령

여덟째 마당에서는 2D에서 3D 공간으로의 화면 변화와 가장 기초적인 3D의 Z축을 이용한 작도 방식을 학습합니다. 2D는 X축과 Y축, Z축 중 X축과 Y축 만을 이용하여 작업하지만 3D는 Z축을 이용하여 작업합니다. 또 2D는 형상 모델을 보고 설계를 하는 것이라면 3D는 2D 도면을 가지고 3D로 형상 모델을 제작합니다.

Section 01

관측자 시점과 3D 좌표 알아보기 – Vpiont

실무에서 2D에서 3D로의 전환은 관측자 시점을 이동하여 3D 시점으로 전환합니다. 3D에서 선 작성 시 X, Y, Z축을 이용하여 관측자의 시점 값을 암기하기보다는 객체를 잘 볼 수 있도록 시점을 변환하면서 원리를 이해해야 합니다.

Step 01

Vpoint의 이해

Vpoint란 3D 객체의 시점을 조절하는 명령어입니다. 객체의 움직임 없이 관측자의 위치가 변경되며 정확한 위치로 조절할 때는 좌표를 이용하고, 빠르게 조절할 때는 방향계를 이용합니다.

입력 형식

```
Command : vpoint
Current view direction : VIEWDIR=0.0000,0.0000,1.0000 (현재관측자의 시점 값을 표시합니다.)
Specify a view point or [Rotate] <display compass and tripod>
: 1,1,1 (변경할 관측자의 시점 값을 입력합니다.)
Regenerating model.
```

Vpoint 설정별 특징

- **View point** : 관측자 시점의 위치 값을 지정합니다.
- **Rotate** : 관측자 시점의 회전 각도를 입력합니다.
- **Display compass and tripod** : Tripod를 이용하여 관측자 시점을 지정합니다.

보는 방향과 관측자 시점의 설정 값

보는 방향(View)	관측자 시점(Vpoint)	보는 방향(View)	관측자 시점(Vpoint)
평면도	0,0,1	배면도	0,1,0
저면도	0,0,–1	남서등각	1,–1,1
좌측면도	–1,0,0	남동등각	1,–1,1
우측면도	1,0,0	북서등각	1,1,1
정면도	0,–1,0	북동등각	1,1,1

Step 02

3D 좌표의 이해

3D 공간의 좌표는 2D 공간에서 사용되던 X, Y 좌표에 Z축 값을 추가하여 사용합니다. 2D 상에서 사용되던 절대좌표 및 상대좌표의 적용 방식과 동일하며 일반적으로 상대좌표(@X, Y, Z)를 많이 사용합니다.

좌표 방식 : @X, Y, Z

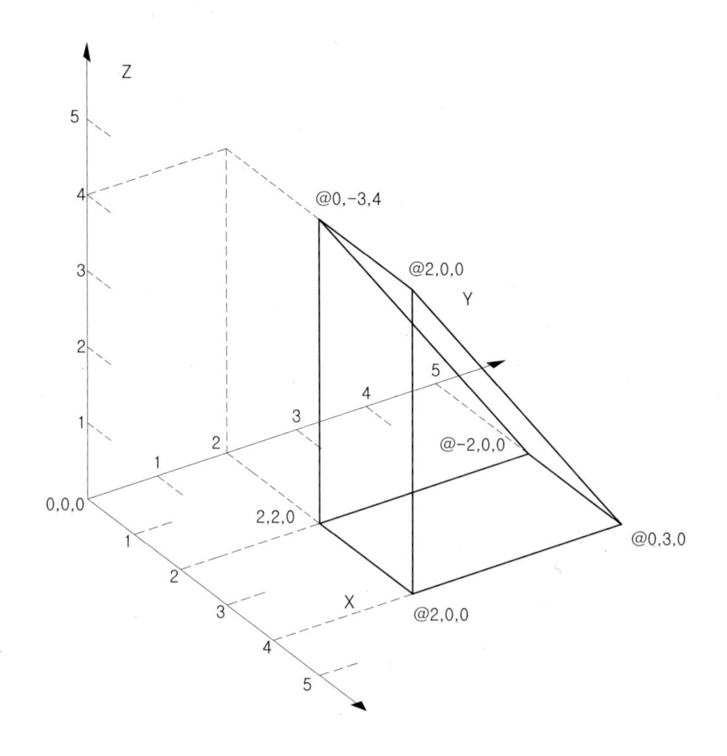

그리는 방법

```
Command : line
Specify first point : 2,2,0 (시작점을 입력합니다.)
Specify next point or [Undo] : @2,0,0
(이전 점에서 X축 방향으로 2만큼 이동한 거리의 좌표를 입력합니다.)
Specify next point or [Undo] : @0,3,0
(이전 점에서 Y축 방향으로 3만큼 이동한 거리의 좌표를 입력합니다.)
Specify next point or [Close/Undo] : @-2,0,0
(이전 점에서 X축 방향으로 -2만큼 이동한 거리의 좌표를 입력합니다.)
Specify next point or [Close/Undo] : @0,-3,4
(이전 점에서 Y축 방향으로 -3만큼, Z축 방향으로 4만큼 이동한 거리의 좌표를 입력합니다.)
Specify next point or [Close/Undo] : @2,0,0
(이전 점에서 X축 방향으로 2만큼 이동한 거리의 좌표를 입력합니다.)
Specify next point or [Close/Undo] : end of
(Osnap을 사용하여 선의 끝점을 연결합니다.)
Specify next point or [Close/Undo] :
(Spacebar를 눌러 명령을 종료합니다.)
나머지 선분들의 끝점들을 연결하여 닫습니다.
```

Step 03

3D 도형 예제 따라하기

작업 영역	Vpoint 시점 : 1,−1,1

3D에서 Line을 이용해 뼈대를 생성하여 면을 만드는 와이어메쉬를 생성합니다.

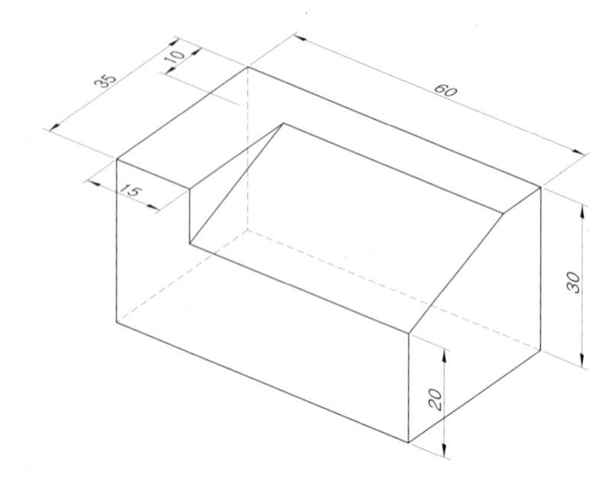

그리는 방법

1 2D 화면에서 Vpoint를 이용하여 3D화면으로 전환하고 오른쪽 그림과 같이 바닥판을 완성합니다.

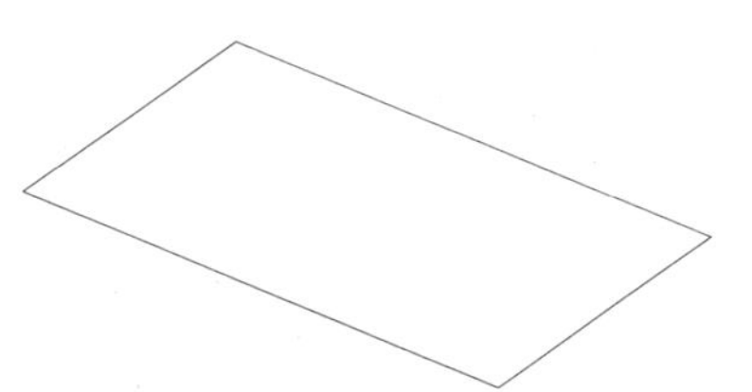

```
Command : line
Specify first point : 0,0 (Line의 시작점을 절대좌표로 지정합니다.)
Specify next point or [Undo] : @35<90 (Y축 방향으로 35만큼 작성합니다.)
Specify next point or [Undo] : @60<0 (X축 방향으로 60만큼 작성합니다.)
Specify next point or [Close/Undo] : @35<270 (−Y축 방향으로 35만큼 선을 작성합니다.)
Specify next point or [Close/Undo] : @60<180 (−X축 방향으로 60만큼 선을 작성합니다.)
```

2 3D 상에서 앞면에 해당하는 면을 작성합니다.

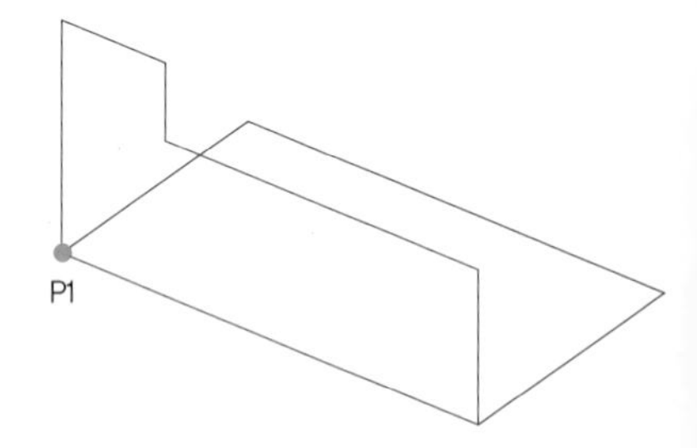


```
Command : line
Specify first point : END of (P1 점을 선택합니다.)
Specify next point or [Undo] : @0,0,30 (Z축 방향으로 30만큼 작성합니다.)
Specify next point or [Undo] : @15,0,0 (−X축 방향으로 15만큼 작성합니다.)
Specify next point or [Close/Undo] : @0,0,-10 (−Z축 방향으로 10만큼 작성합니다.)
Specify next point or [Close/Undo] : @45,0,0 (−X축 방향으로 45만큼 작성합니다.)
Specify next point or [Close/Undo] : @0,0,-20 (−Z축 방향으로 20만큼 작성합니다.)
```

> **잠깐만요**
>
> 객체 스냅을 이용한 선의 작성은 3D 공간에서도 동일하게 적용할 수 있습니다.

3 도형의 위쪽에 해당하는 부분을 그림과 같이 완성합니다.

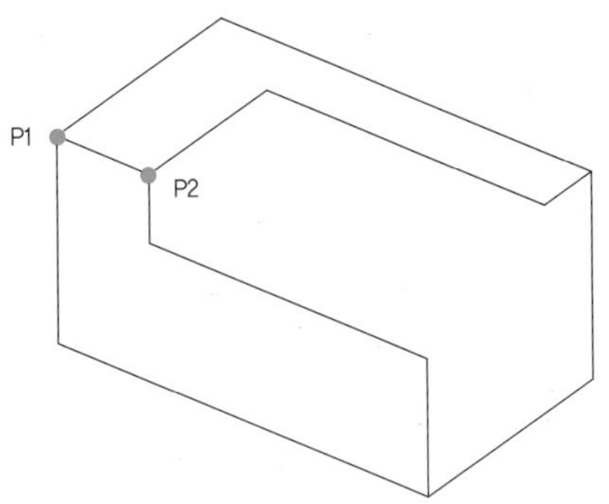


```
Command : line
Specify first point : END of (P1 점을 선택합니다.)
Specify next point or [Undo] : @35<90 (상대극좌표로 길이 35의 선을 작성합니다.)
Specify next point or [Undo] : @60<0 (상대극좌표로 길이 60의 선을 작성합니다.)
Specify next point or [Close/Undo] : @10<270 (상대극좌표로 길이 10의 선을 작성합니다.)
Specify next point or [Close/Undo] : @45<180 (상대극좌표로 길이 45의 선을 작성합니다.)
Specify next point or [Close/Undo] : END of (P2 점을 선택합니다.)
```

잠깐만요

Z축 방향의 변화가 없으며 X, Y 평면과 평행한 공간 상의 면이라면 상대극좌표 방식을 사용할 수 있습니다.

4 사면이 생성되는 지점을 선으로 연결하여 완성합니다.

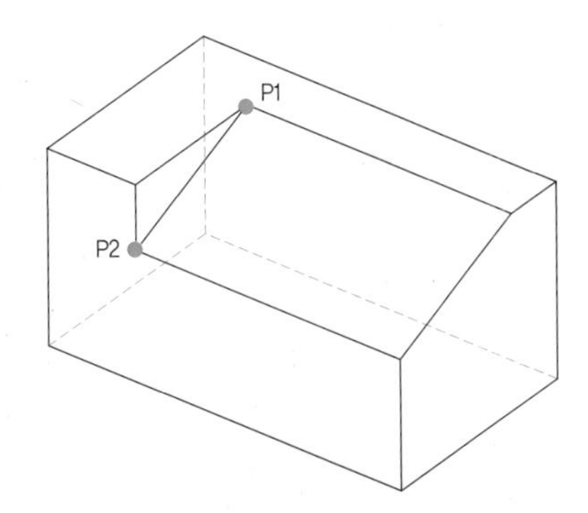


```
Command : line
Specify first point : END of (P1 점을 선택합니다.)
Specify next point or [Undo] : END of (P2 점을 선택합니다.)
```

3D 좌표 연습 문제 | Line, Copy, Vpoint

작업 영역	Limits 0,0 ~ 240,180 Vpoint 시점 : 1, −1, 1

| 그리는 방법 |

1 Vpoint를 1, −1, 1로 설정하여 3D 공간으로 전환하기

2 Z축 방향으로 +9(@0,0,9)만큼 복사하기

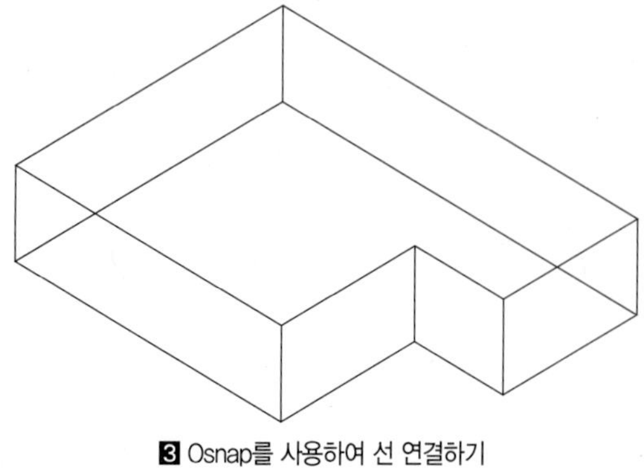

3 Osnap를 사용하여 선 연결하기

3D 좌표 연습 문제 | Line, Copy, Vpoint

작업 영역	Limits 0,0 ~ 120,90 Vpoint 시점 : 1, −1, 1

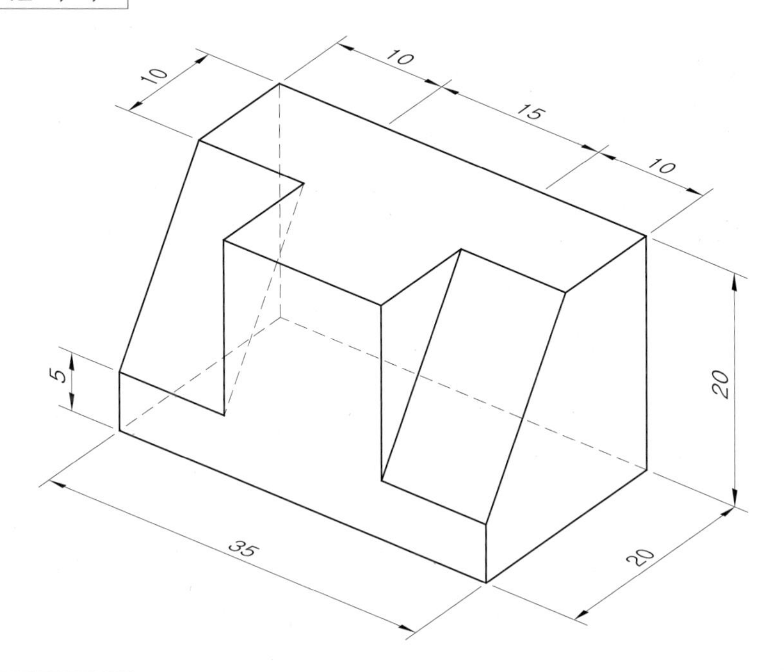

작업 영역	Limits 0,0 ~ 120,90 Vpoint 시점 : 1, −1, 1

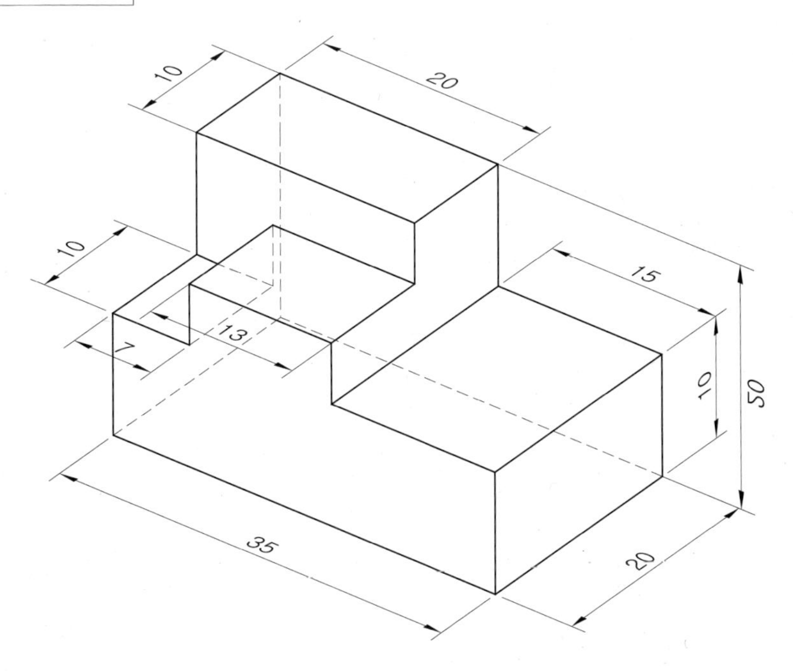

Section

02

3D 면 생성하기 - Thickness, Elevation, Change

문자를 입력하여 도면 작성에 대한 목적을 더욱 명확히 전달할 수 있습니다. 문자 크기, 서체 간격 등을 자유롭게 조정하기 위해서 먼저 정확하게 명령어를 숙지한 후 다양하게 적용해 보도록 합니다.

Step 01

Thickness의 이해 - 선의 돌출 두께 적용

Tickness는 Line 또는 Circle, Arc와 같은 선 작성 시 객체의 돌출 두께(Thickness)를 적용하여 그릴 수 있는 3D 명령어입니다. 현재 위치에서 객체의 두께를 지정하고 원, 호, 선, 문자 등을 작성하면 두께를 가지는 객체를 생성할 수 있습니다.

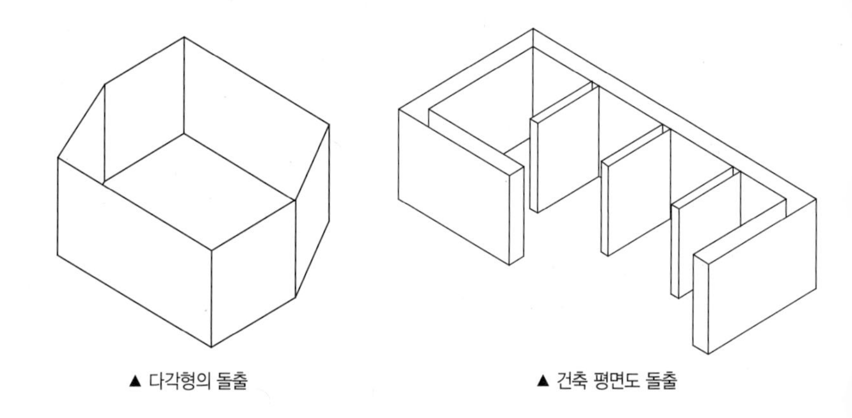

▲ 다각형의 돌출　　▲ 건축 평면도 돌출

입력 형식

```
Command : Thickness
Enter new value for THICKNESS <0.0000> : (생성 객체가 돌출될 Z축 높이 값을 설정합니다.)
```

작업 영역	Limits 0,0 ~ 120,90

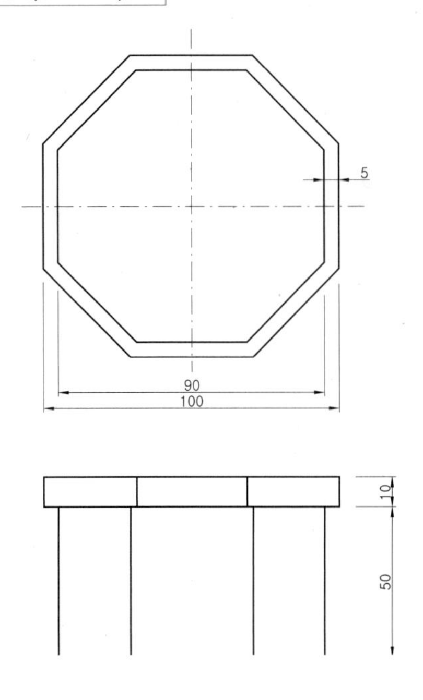

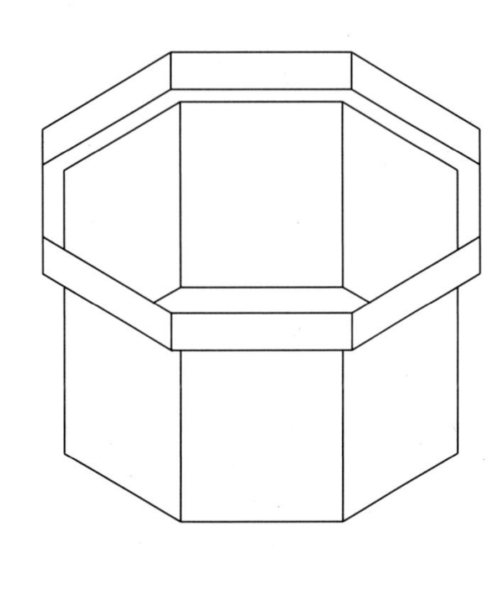

작업 영역	Limits 0,0 ~ 120,90

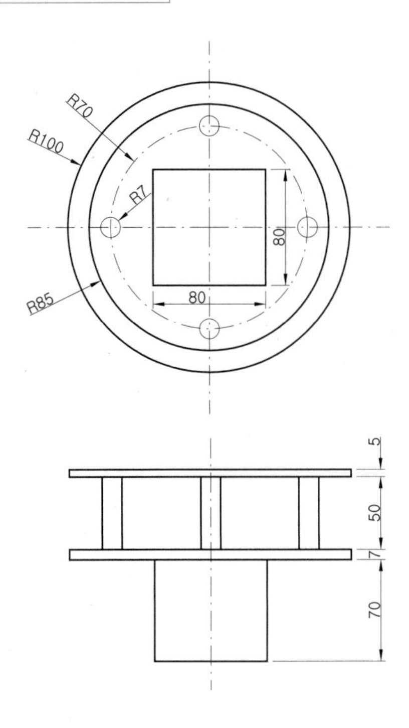

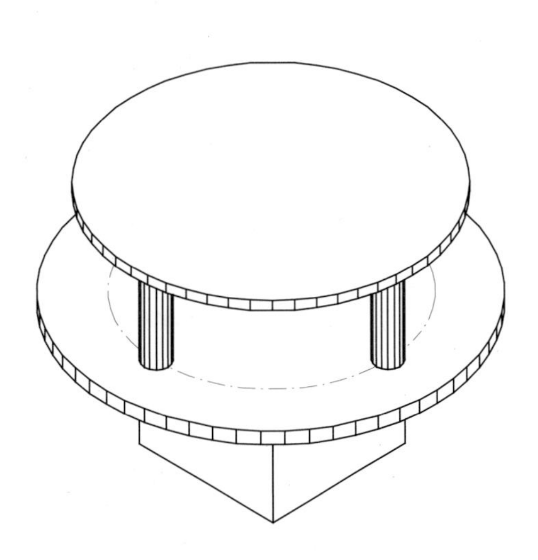

작업 영역 | Limits 0,0 ~ 240,180

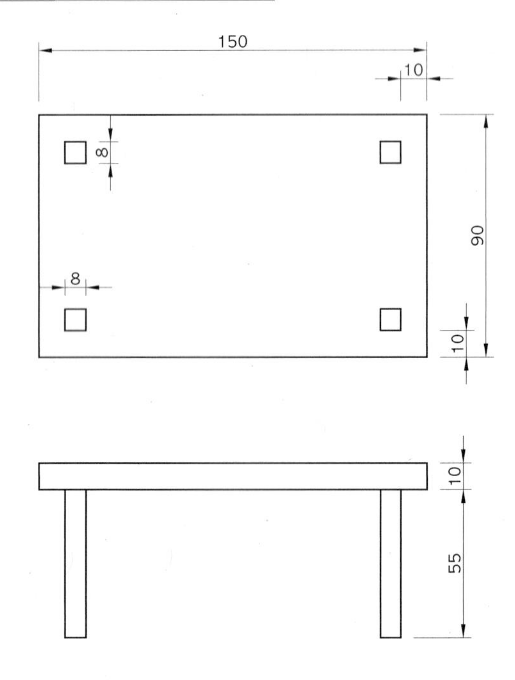

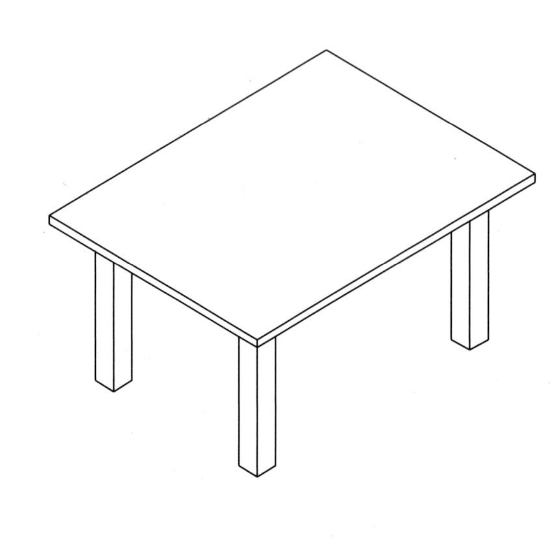

작업 영역 | Limits 0,0 ~ 120,90

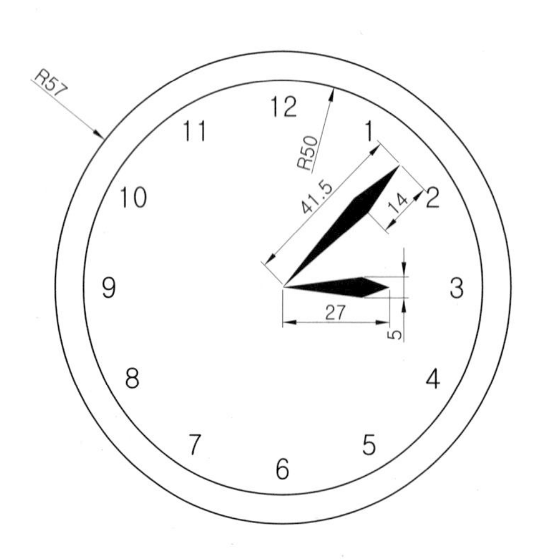

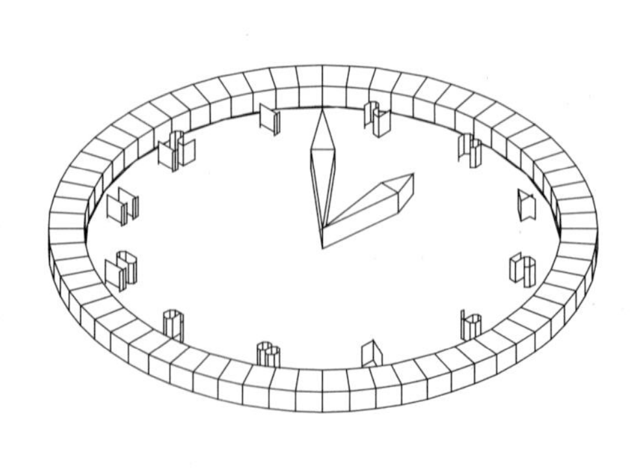

작업 영역 | Limits 0,0 ~ 12000,9000

잠깐만요

Thickness=2400

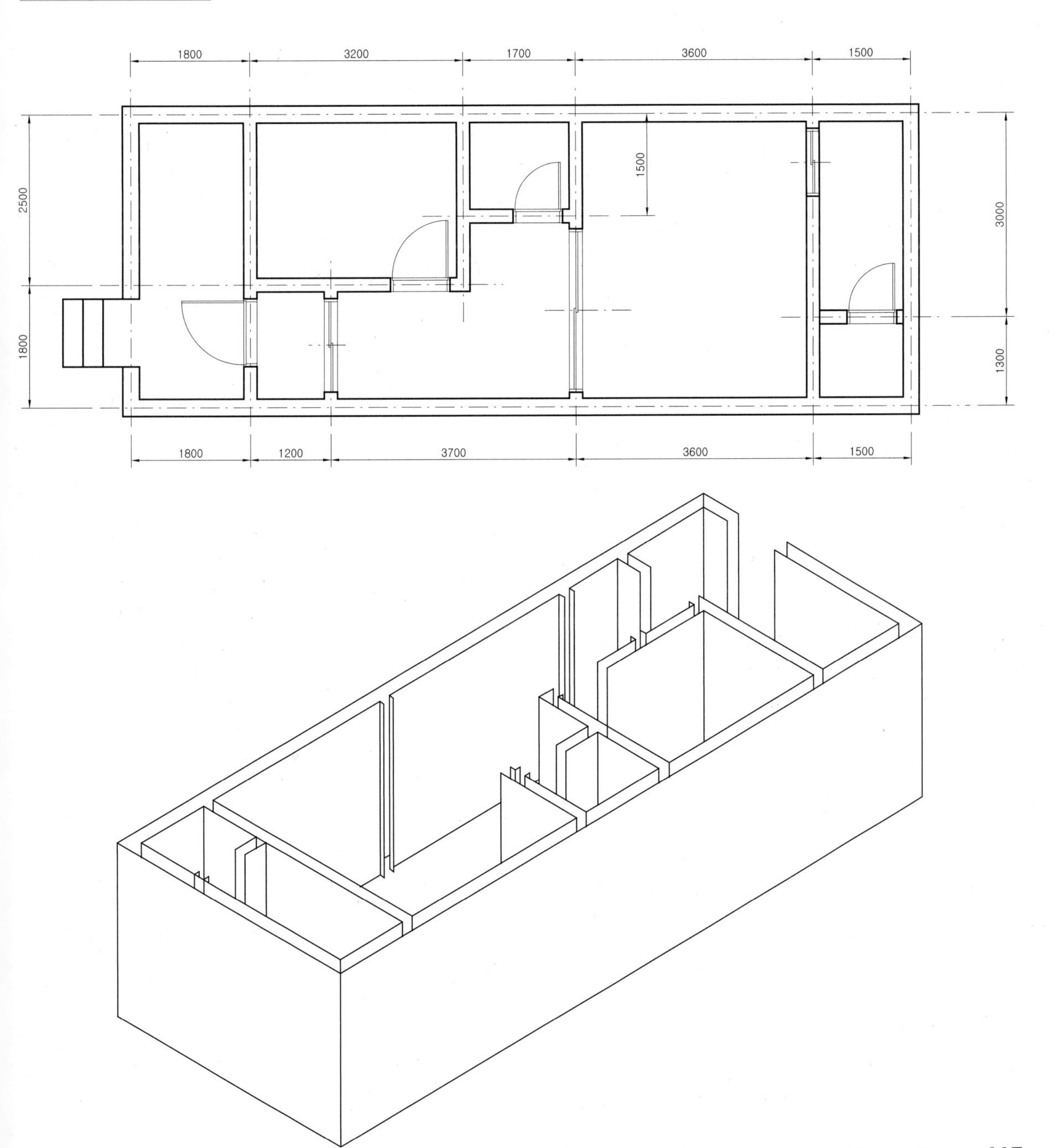

Section 03

면 처리하기 - 3dface, Hide, Shade

3dface는 3D 모델링을 위한 기초 명령어 중 하나로, 와이어 프레임으로 구성된 3D 객체나 Thickness/Elevation으로 만들어진 열려 있는 공간의 면을 채울 때 자주 사용하는 기능입니다.

Step 01

3dface의 이해

3D 공간 상에서 네 개의 점을 지정하여 사각형 면(Face)을 제작하고 음영처리하거나 렌더링될 때 면이 채워집니다. 3dface 명령은 영역에 대해 불투명한 면을 만들어 3D 모델링을 할 때 사용합니다. 다각형 면을 만들 경우 여러 개의 사각형으로 나눠 면 처리를 하고 보이지 않는 선에 대해서는 숨기기(Invisible) 기능을 사용합니다.

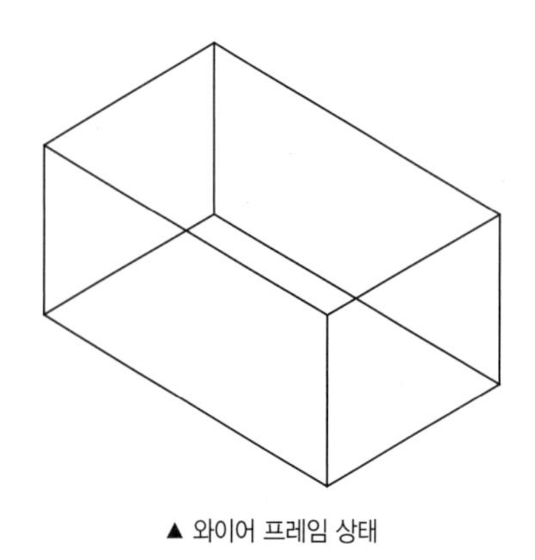
▲ 와이어 프레임 상태

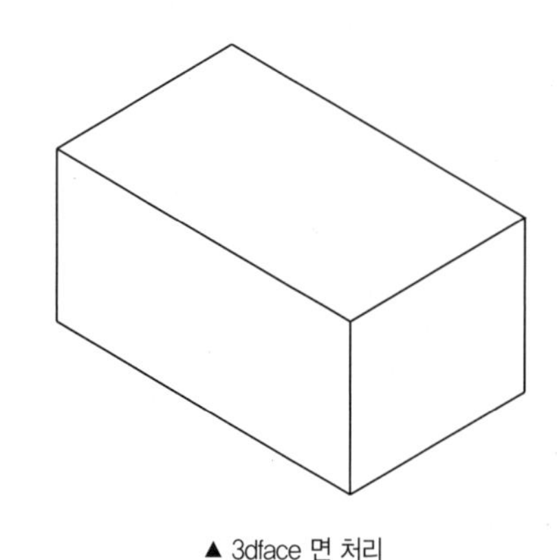
▲ 3dface 면 처리

입력 형식

Command : 3dface
Specify first point or [Invisible] : (면을 생성할 첫 번째 점을 선택합니다.)
Specify second point or [Invisible] : (면을 생성할 두 번째 점을 선택합니다.)
Specify third point or [Invisible] <exit> : (면을 생성할 세 번째 점을 선택합니다.)
Specify fourth point or [Invisible] <create three-sided face> : (면을 생성할 네 번째 점을 선택합니다.)
Specify third point or [Invisible] <exit> : (Spacebar를 눌러 명령을 종료합니다.)

Step 02

Hide와 Shade의 이해

3D 객체의 면을 확인하기 위해서는 Hide 또는 Shade 명령어를 사용합니다.

은선 처리를 위한 Hide 명령어

Hide는 3D 객체의 면에 은선을 처리하는 명령어입니다. 뒤쪽의 선분, 면의 Edge 선분이나 모서리가 가려져 안보일 때 사용합니다.

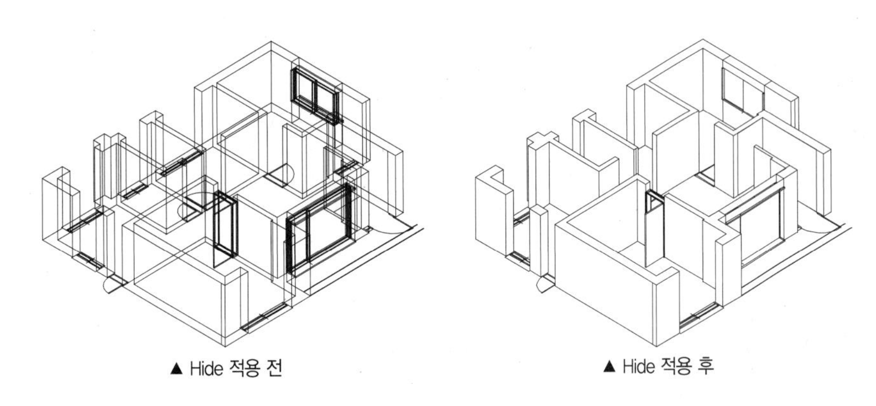

▲ Hide 적용 전 ▲ Hide 적용 후

입력 형식

```
Command : hide
Regenerating model.
```

음영 처리를 위한 Shade 명령어

Shade는 3D 객체의 면을 음영처리하는 명령어입니다. 음영의 색상은 기본적으로 객체가 포함된 Layer 색상 값으로 적용합니다.

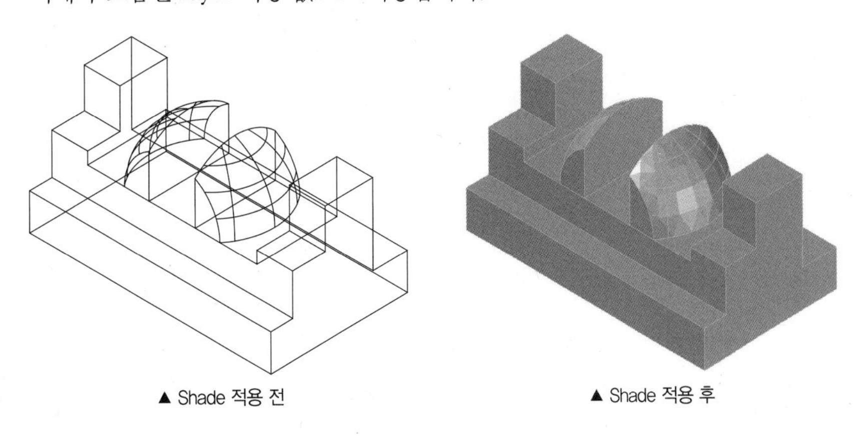

▲ Shade 적용 전 ▲ Shade 적용 후

입력 형식

```
Command : shade
```

작업 영역	Limits 0,0 ~ 120,90

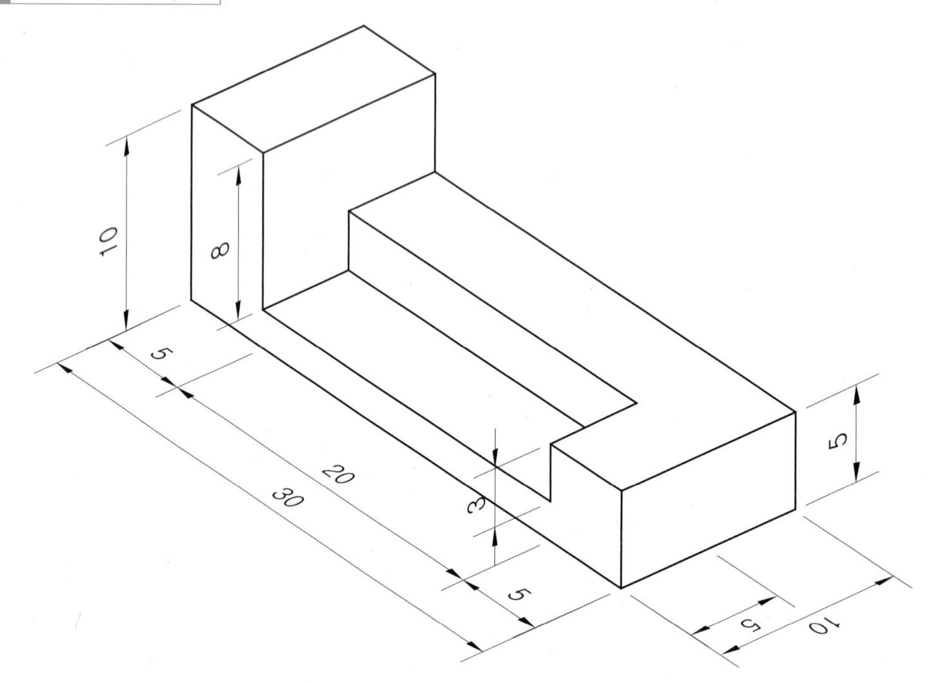

작업 영역	Limits 0,0 ~ 120,90

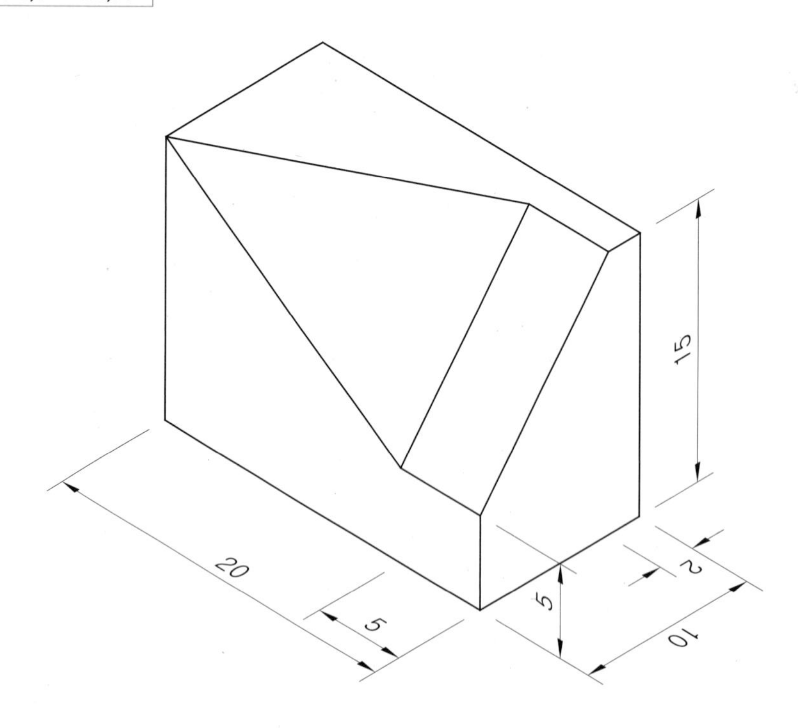

3dface 연습 문제 | Line, UCS, 3dface

작업 영역	Limits 0,0 ~ 120,90

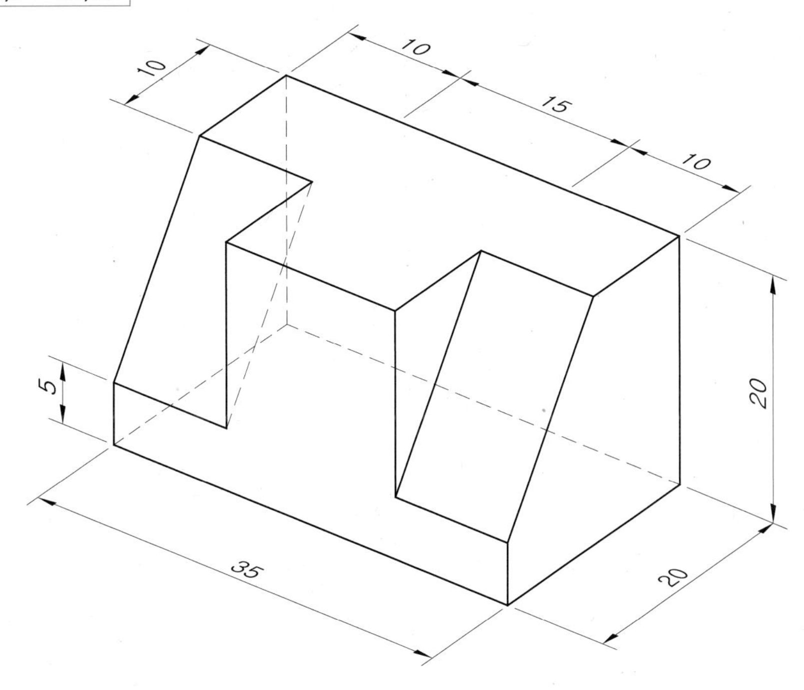

작업 영역	Limits 0,0 ~ 120,90

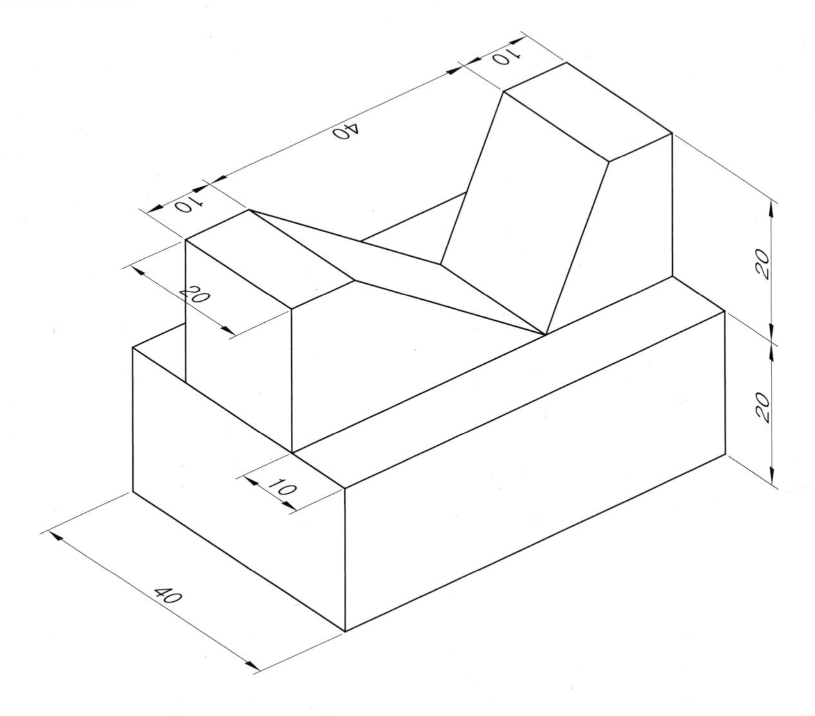

Section

04

화면 분할과 좌표계 변경하기 - Vports, UCS

캐드에서는 모든 면이 X, Y 평면을 기준으로 작성되므로 다른 면에 객체를 그리기 위해서는 항상 UCS를 해당 평면으로 옮기고 작업해야 합니다. UCS는 3D에서 제일 중요한 명령이므로 자유롭게 운영할 수 있도록 확실하게 이해합니다.

Step 01

Vports의 이해 - 작업 화면 분할

Vpoint는 작업 화면을 다양하게 분할시키는 명령어로 화면마다 관측자의 시점을 다르게 설정하여 다양한 관측 시점에서 작업할 수 있습니다.

입력 형식

Command : vports ([Viewports] 대화상자가 표시되면 원하는 화면 분할 형태를 설정합니다.)
Regenerating model.

[Viewports] 설정 대화상자

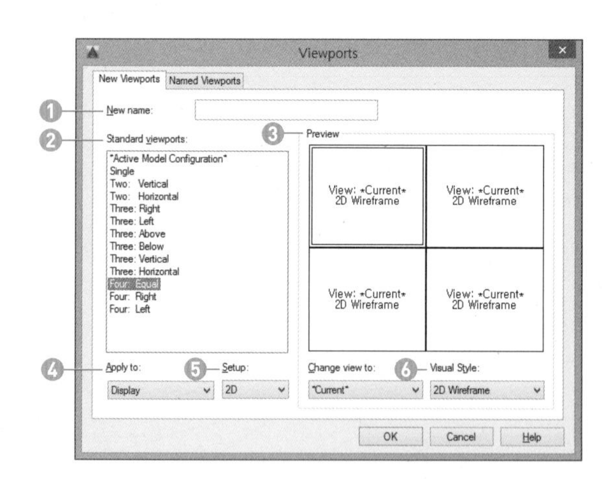

❶ **New name** : 작성한 새로운 모형 뷰포트 구성의 이름을 설정합니다.

❷ **Standard viewports** : 표준 뷰포트 구성을 나열하고 설정합니다.

❸ **Preview** : 선택한 뷰포트 구성의 미리 보기와 뷰포트마다 지정된 뷰를 표시합니다.

❹ **Apply to** : 모형 공간 뷰포트 구성을 전체 화면 또는 현재 뷰포트에 적용합니다.

❺ **Setup** : 2D 또는 3D로 설정합니다.

❻ **Visual Style** : 뷰스타일을 적용합니다.

Step 02

UCS의 이해 - 사용자 좌표계

WCS(World Coordinate System, 실세계 좌표계)는 기본적인 좌표계이며 사용자가 필요에 따라 설정한 좌표계를 UCS(User Coordinate System, 사용자 좌표계)라고 합니다. UCS는 필요에 따라 X, Y, Z축 방향을 변경하는 명령으로 좌표계를 관리합니다.

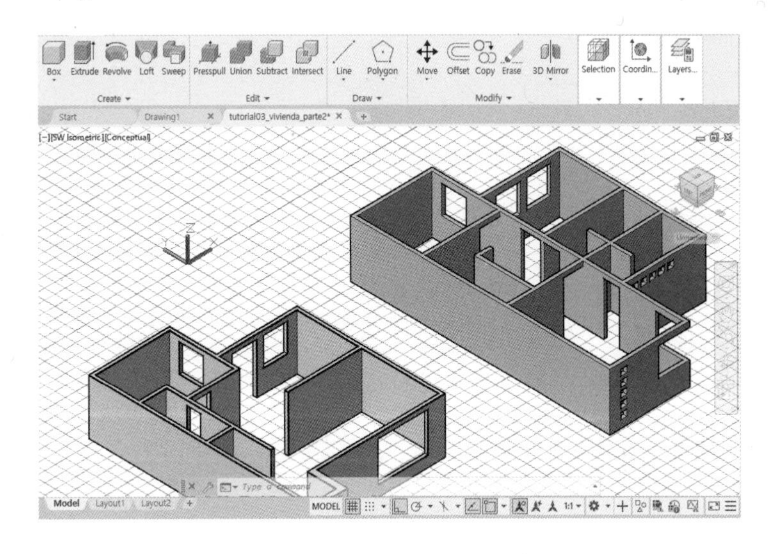

입력 형식

```
Command : ucs
Current ucs name : *WORLD* (현재 설정된 UCS의 이름을 표시합니다.)
Specify origin of UCS or [Face/NAmed/OBject/Previous/View/
World/X/Y/Z/ZAxis] <World> : (원점을 선택하거나 옵션을 지정합니다.)
```

UCS 설정별 특징

- **Origin of UCS** : 평면에서 원점의 위치를 변경해야 할 경우 사용합니다. 해치 및 치수 입력, 지정한 평면보다 Z축 방향으로 이동할 때에는 원점을 맞춰야 합니다.
- **Face** : 기존 3D 객체의 면(face)과 작업 평면을 동일하게 맞출 때 사용합니다.
- **NAmed** : 자주 사용하는 UCS를 저장합니다.
- **OBject** : 선택한 객체를 기준으로 새로운 좌표계를 정의합니다. 선택한 객체의 돌출 방향과 동일한 방향으로 +Z축 방향이 지정됩니다.
- **Previous** : 이전 단계의 UCS로 복원하며 10단계까지 복원합니다.
- **View** : 관측 방향에 새로운 수직 UCS를 생성하며, 주로 3D 상에서 문자를 입력할 때 사용합니다.
- **World** : 현재 사용중인 UCS를 WCS로 변경합니다.
- **X/Y/Z** : X/Y/Z축을 기준으로 UCS를 회전합니다.
- **ZAxis** : Z축 방향을 UCS의 Z축 방향으로 지정하여 X/Y평면을 맞춥니다. 사선 방향의 UCS를 지정할 때 편리합니다.

잠깐만요

UCS를 설정하는 방법 중 일반적으로 많이 사용하는 3P 옵션은 AutoCAD 2009 버전 이후부터 명령문에 표시되지 않습니다. 하지만 3P 옵션을 직접 입력하여 사용할 수 있으며 UCS의 X/Y 평면을 3점으로 설정하는 UCS를 변경하는 기능입니다.

UCS 연습 문제 | Vpoint, Ucs, Rectang, Chage, Hatch

작업 영역	Limits 0,0 ~ 120,90

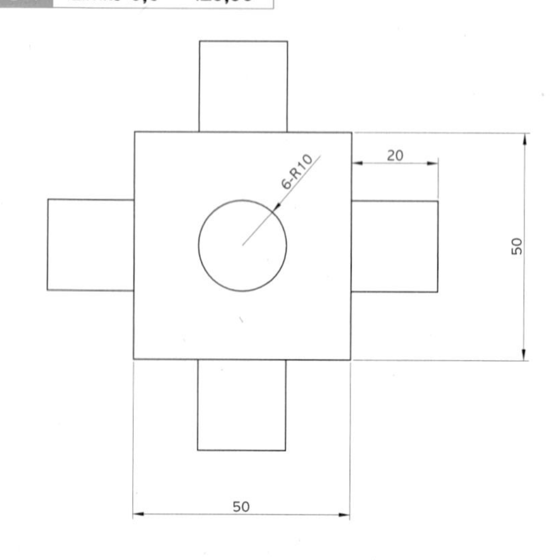

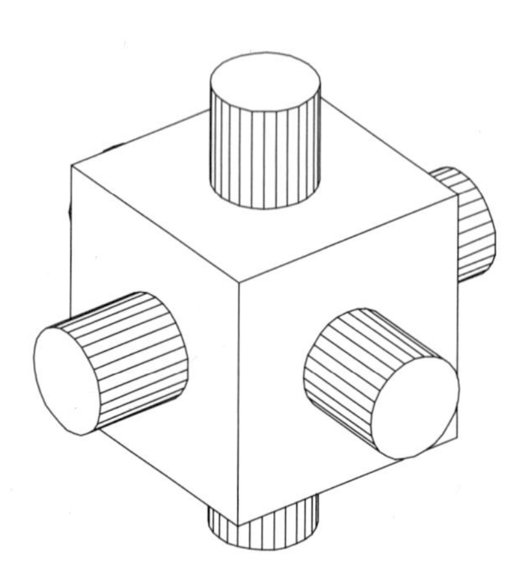

작업 영역	Limits 0,0 ~ 240,180

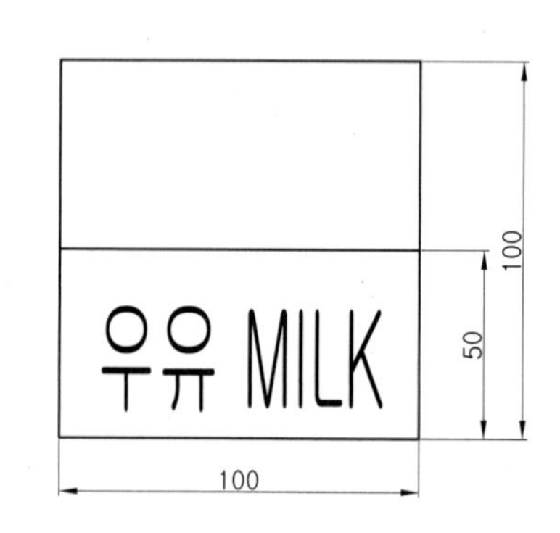

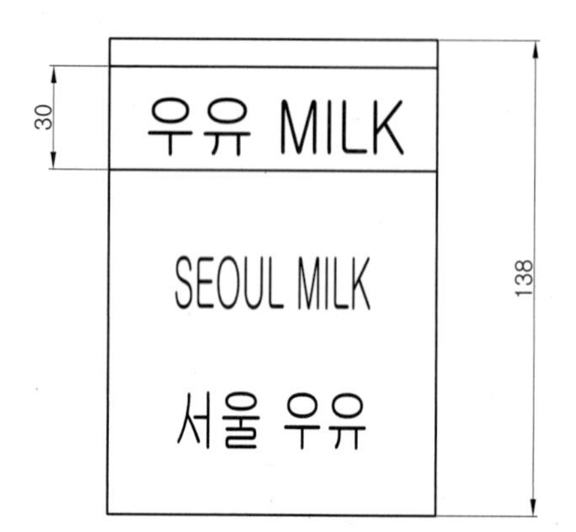

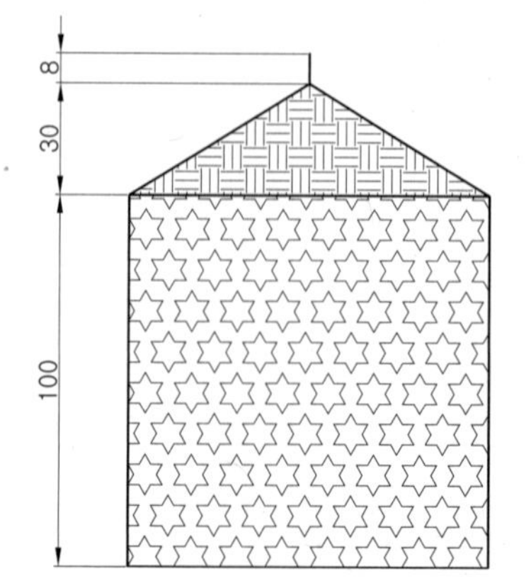

UCS 연습 문제 | Vpoint, Divide, Ucs, Dtext

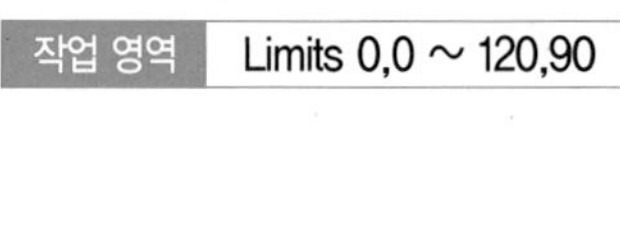

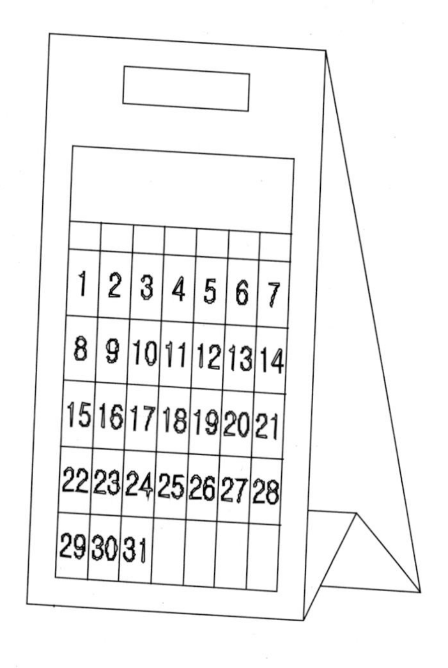

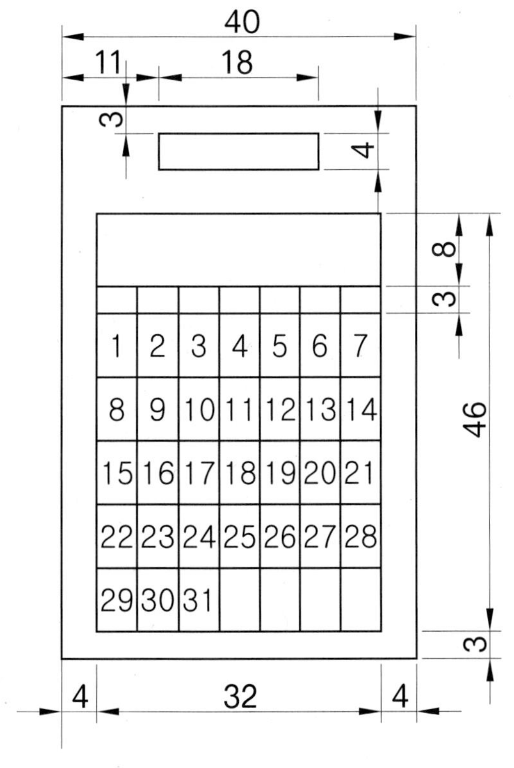

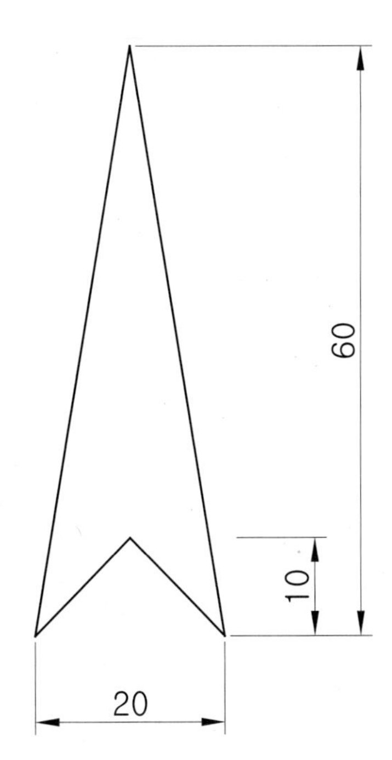

종합문제

작업 영역	Limits 0,0 ~ 1200,900

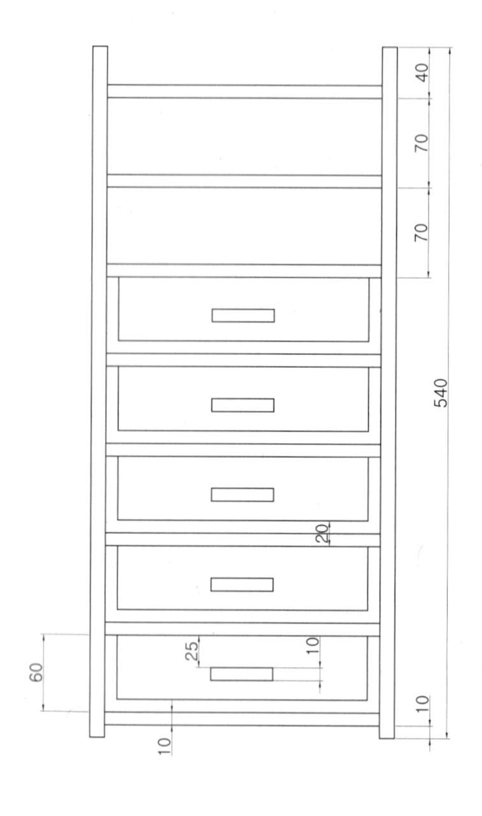

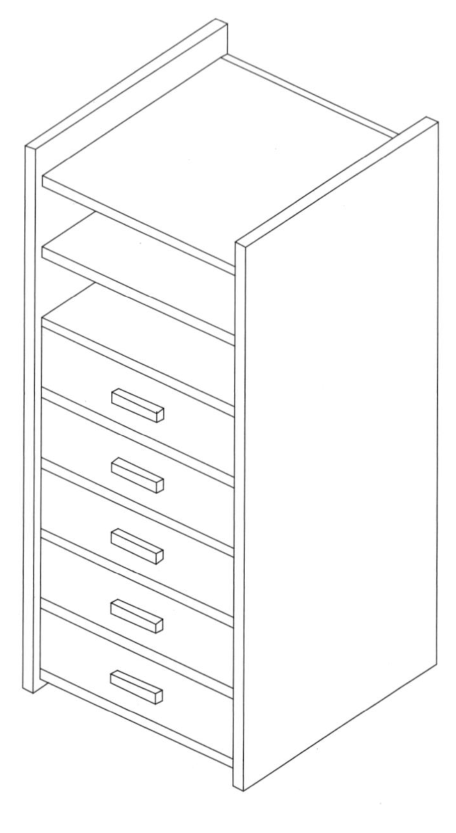

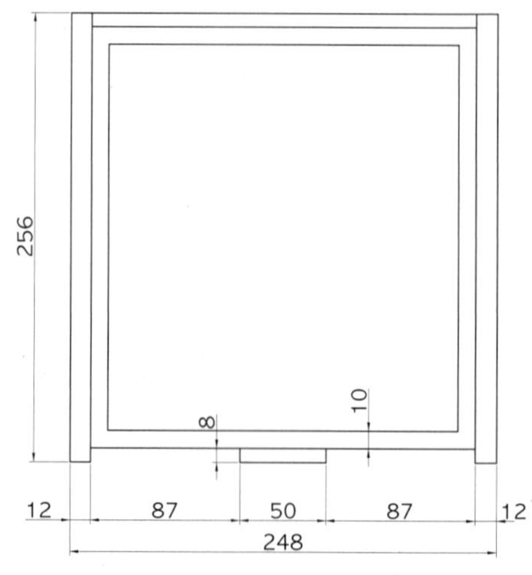

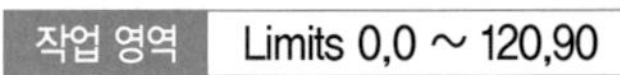
작업 영역
Limits 0,0 ~ 120,90

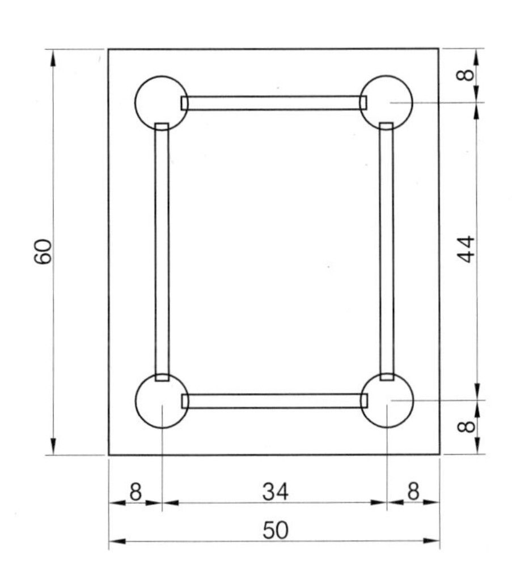
60
8
44
8
8
34
8
50

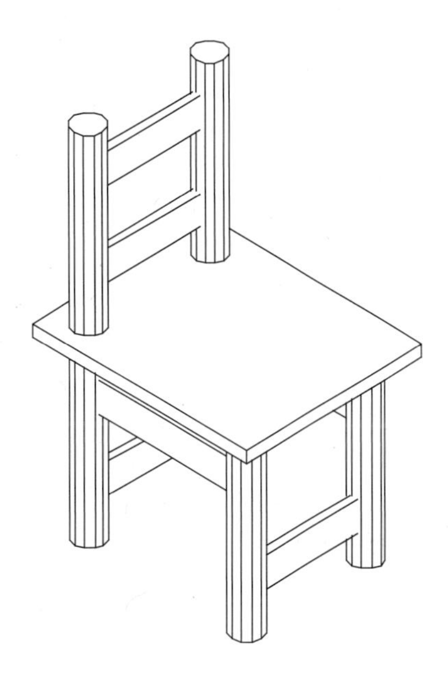

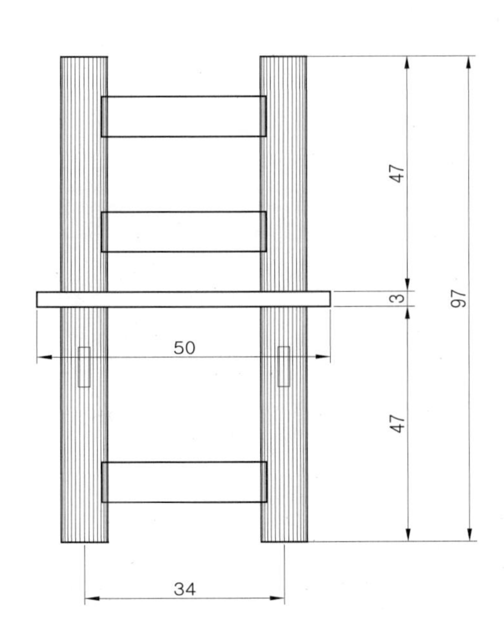
47
3
97
50
47
34

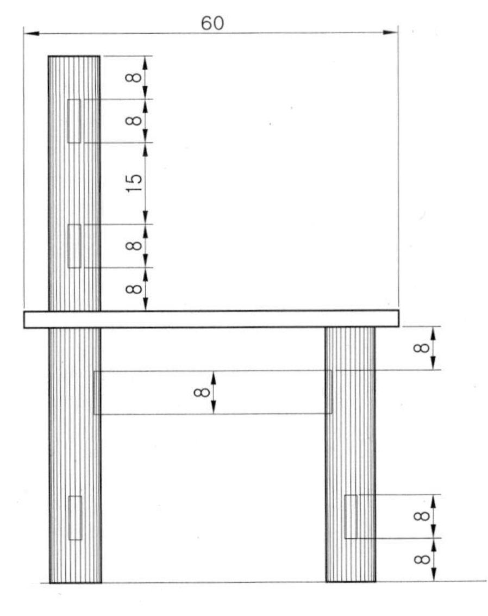
60
8
8
15
8
8
8
8
8
8

AutoCAD

09

아홉째마당

3D 곡면 처리에 필요한 Mesh 모델링

3D 곡면을 처리할 때 필요한 기능들을 2D 기본 도면을 바탕으로 와이어 프레임을 작성하고 객체의 특성에 맞춰 적용할 수 있는 Mesh 모델링에 대해 알아봅니다. 3D 곡면을 처리할 때 필요한 기능들도 Mesh 모델링을 대표하는 네 가지 명령으로 Ruled Mesh(직선 보간 곡면), Revolved Mesh(회전 곡면), Tabulated Mesh(방향성 곡면), Edge Mesh(모서리 곡면)가 있습니다.

Section 01

직선 보간 곡면 만들기 - Rulesurf

Surface를 처리하는 대표적인 명령어 중에 하나인 Rulesurf는 두 개의 객체를 연결하여 평면 또는 곡면을 작성하며, 이를 직선 보간 곡면이라고 합니다.

Step 01

Rulesurf의 이해

Rulesurf는 Line(선), Arc(호), Circle(원), Point(점), Pline(다중선), Spline(자유 곡선)으로 이뤄진 두 개의 객체 사이를 연결하여 곡면을 작성합니다. 경계가 닫혀 있는 객체라면 나머지 하나도 닫힌 객체로 구성되어야 하고, 경계가 열려 있는 객체라면 나머지 객체도 열려 있어야 합니다. 또한 경계가 열려 있는 객체의 경우 선택하는 위치에 따라 만들어지는 곡면이 달라질 수 있습니다. 이때 생성되는 면의 개수를 밀도라 하는데 밀도 조절은 Surftab1 시스템 변수 값으로 조정합니다.

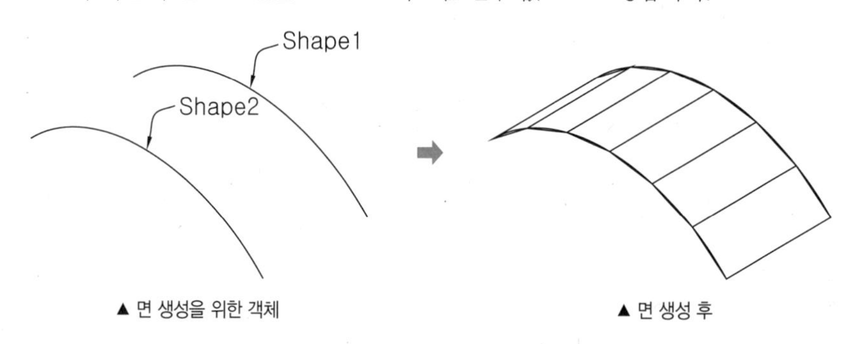

▲ 면 생성을 위한 객체 ▲ 면 생성 후

입력 형식

```
Command: rulesurf
Current wire frame density:  SURFTAB1=6
Select first defining curve: (Shape1을 선택합니다.)
Select second defining curve: (Shape2를 선택합니다.)
```

Rulesurf 설정별 특징

- SURFTAB1 : Mesh의 생성 밀도 개수를 제어합니다.

Surftab1 시스템 변수에 따른 면의 형태

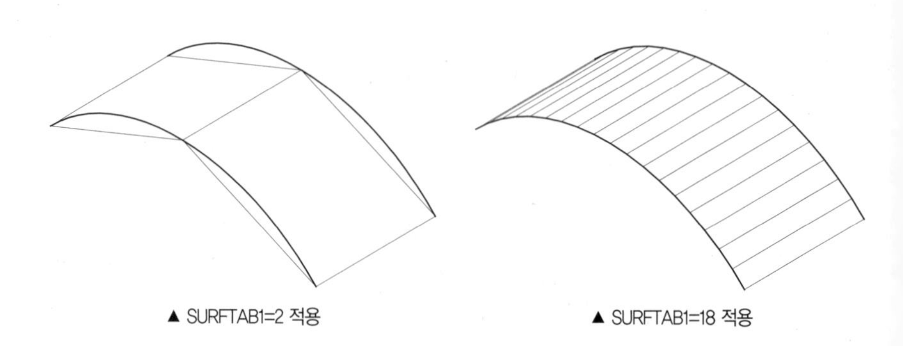

▲ SURFTAB1=2 적용 ▲ SURFTAB1=18 적용

Step 02

Rulesurf 예제 따라하기

작업 영역	Limits 0,0 ~ 120,90

Rulesurf는 객체와 점(Point)을 이용해 메시를 생성할 수 있습니다. Point를 삽입할 때는 DDptype 명령과 Point 명령을 이용해 삽입합니다.

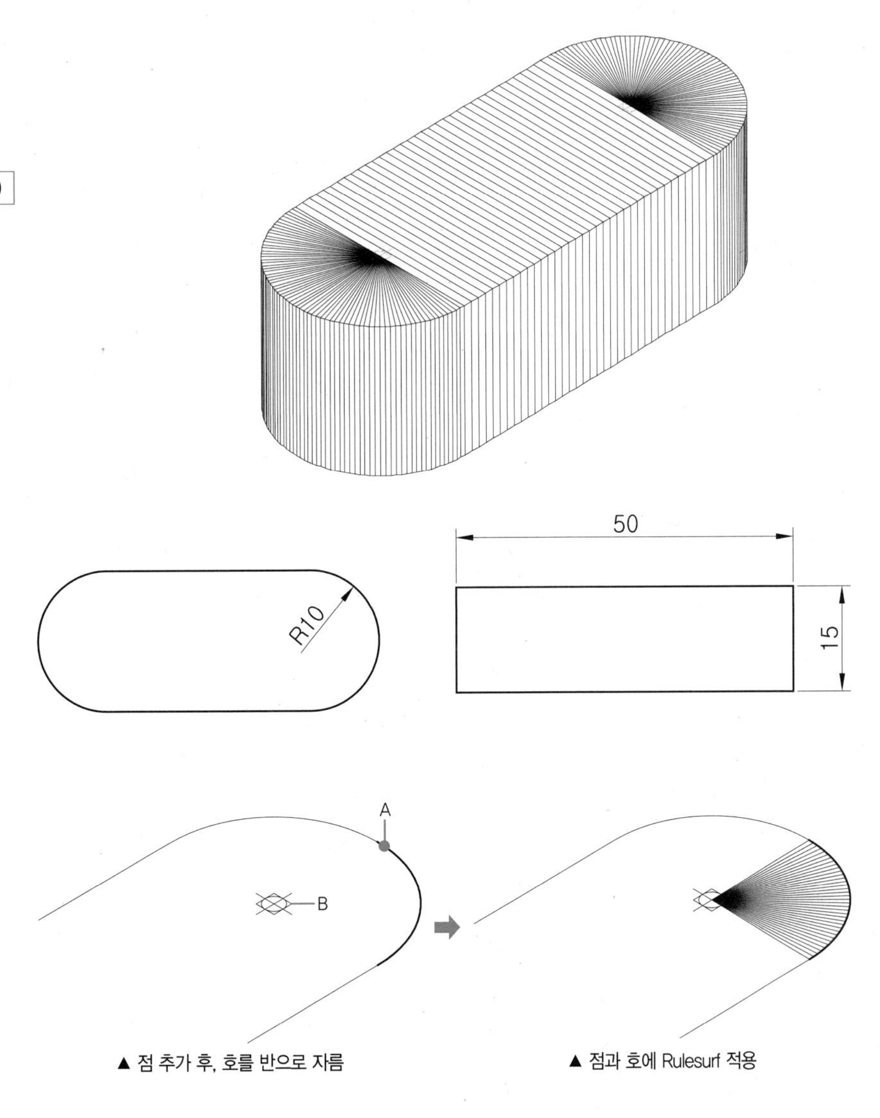

▲ 점 추가 후, 호를 반으로 자름

▲ 점과 호에 Rulesurf 적용

그리는 방법

```
Command : rulesurf
Current wire frame density :  SURFTAB1=36
Select first defining curve : (A 호를 선택합니다.)
Select second defining curve : (B 점을 선택합니다.)
```

Rulesurf 연습 문제 | Vpoint, Trim, Rulesurf

작업 영역	Limits 0,0 ~ 120,90

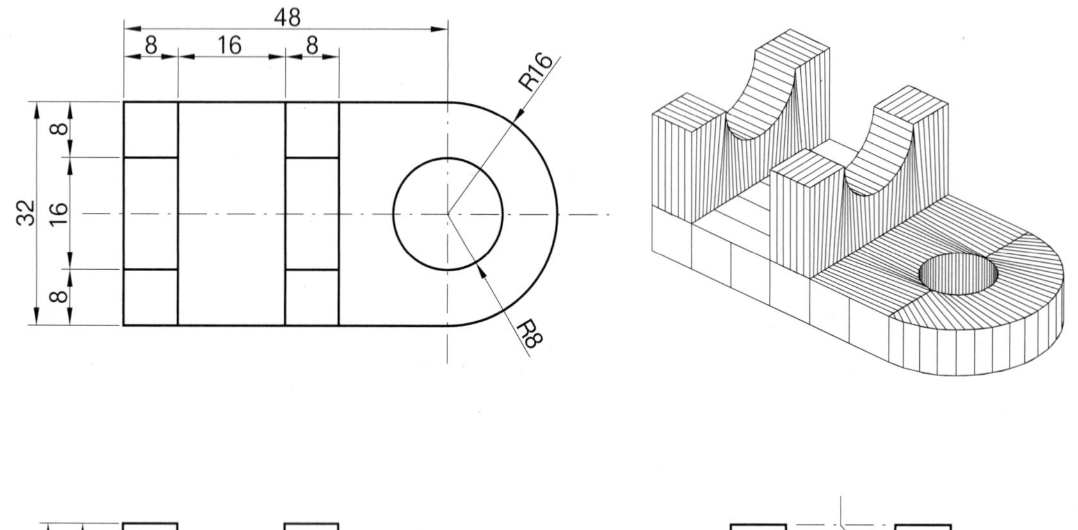

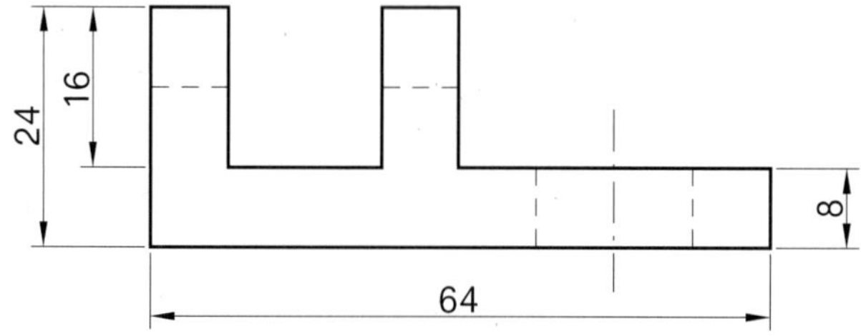

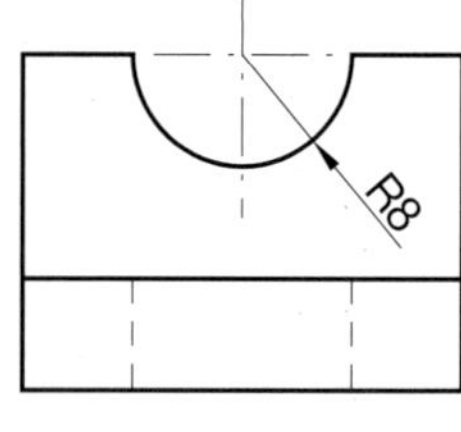

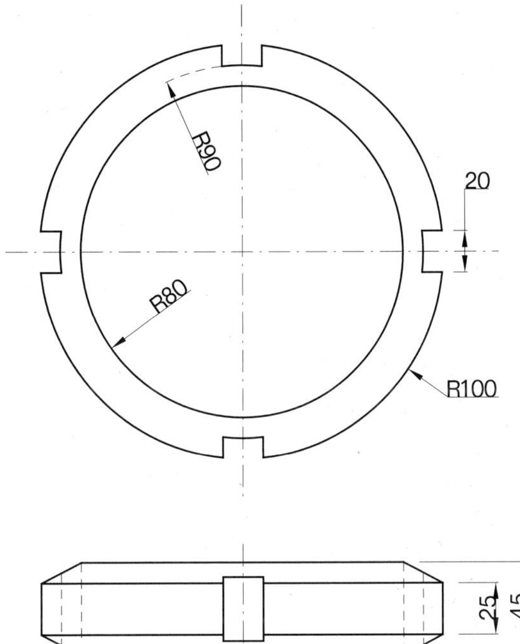

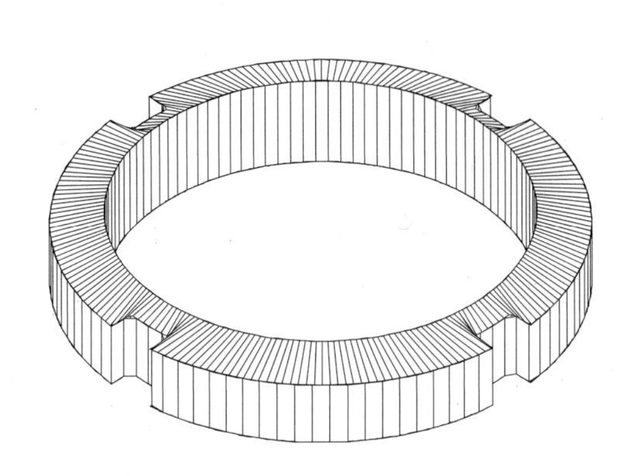

작업 영역 | Limits 0,0 ~ 120,90

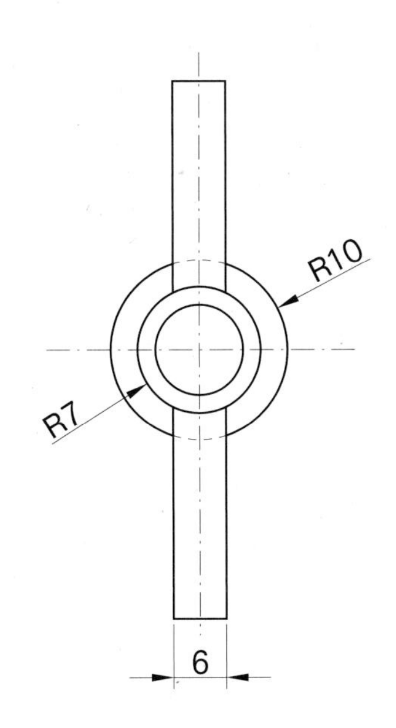

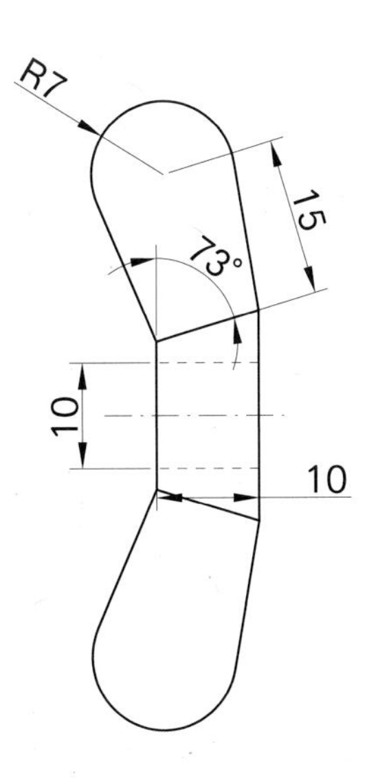

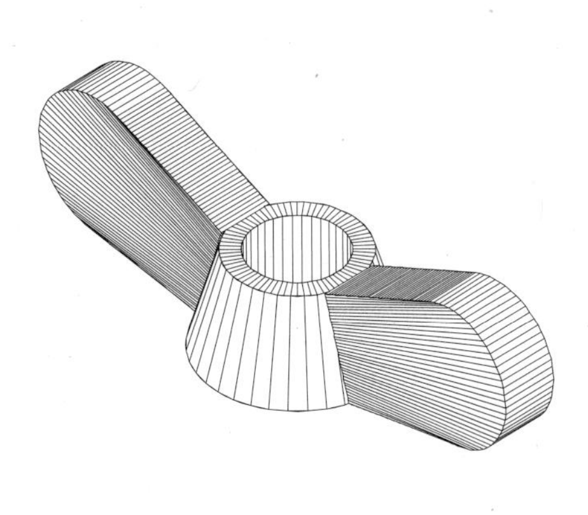

Section 02

회전 곡면 만들기 - Revsurf

Revsurf는 단면(Shape)을 회전시켜 면을 생성하는 Surface 명령어입니다. 컵, 문 손잡이, 링등을 모델링할 때 사용하며 회전축의 위치에 따라 생성되는 모델링 객체의 형태가 달라지므로 주의해야 합니다. 회전 방향은 시계 방향 또는 반시계 방향으로 각도를 지정할 수 있습니다.

Step 01 Revsurf의 이해

Revsurf 명령을 이용하여 선택된 축에 대해 회전된 표면을 작성합니다. 하나의 곡선(Path Curve) 객체를 회전축(Axis of Revolution)을 중심으로 지정한 각도만큼 회전하여 회전 표면을 형성합니다. 이때 회전 곡면의 밀도는 SURFTAB1과 SURFTAb2의 시스템 변수 값으로 조절합니다.

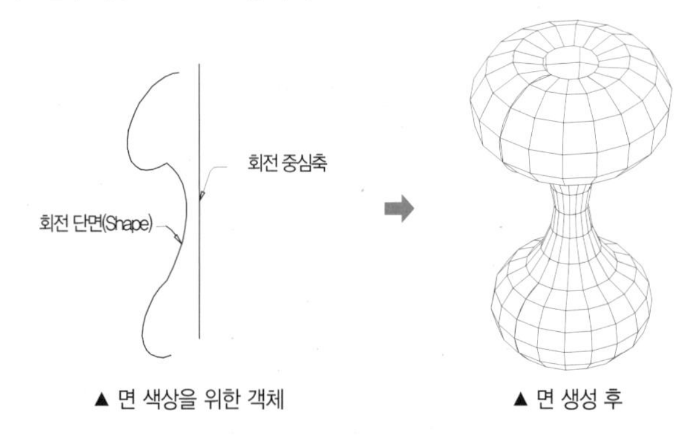

▲ 면 색상을 위한 객체 ▲ 면 생성 후

입력 형식

Command : revsurf
Current wire frame density : SURFTAB1=6 SURFTAB2=6 (적용될 곡면의 생성 밀도 값을 표시합니다.)
Select object to revolve : (회전 단면을 선택합니다.)
Select object that defines the axis of revolution : (단면의 회전 중심축을 선택합니다.)
Specify start angle <0> : (회전 곡면의 생성 시작 각도를 지정합니다.)
Specify included angle (+=ccw, -=cw) <360> : (회전 곡면을 생성하려는 총 각도를 입력합니다.)

Revsurf 설정별 특징

- SURFTAB1 : 생성되는 회전 곡면의 단면 밀도를 제어합니다.
- SURFTAB2 : 생성되는 회전 곡면의 외형 밀도를 제어합니다.

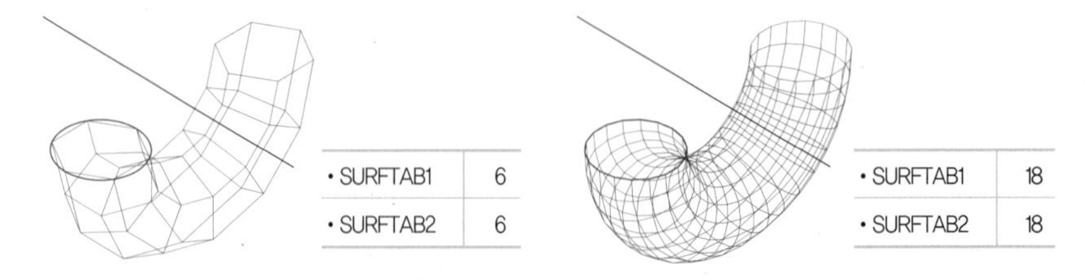

• SURFTAB1	6
• SURFTAB2	6

• SURFTAB1	18
• SURFTAB2	18

Step 02

Revsurf 예제 따라하기

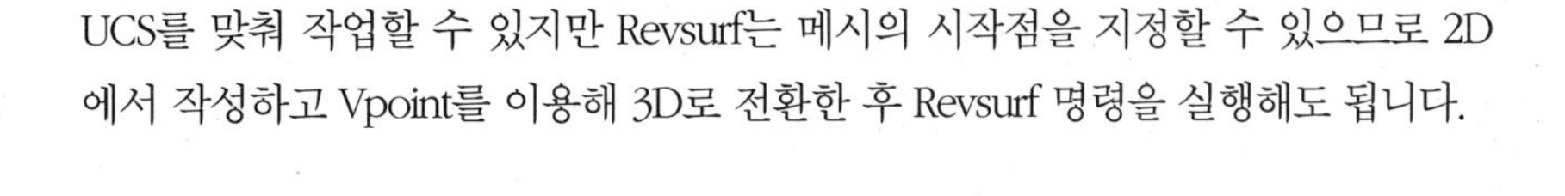

UCS를 맞춰 작업할 수 있지만 Revsurf는 메시의 시작점을 지정할 수 있으므로 2D에서 작성하고 Vpoint를 이용해 3D로 전환한 후 Revsurf 명령을 실행해도 됩니다.

작업 영역	Limits 0,0 ~ 240,180

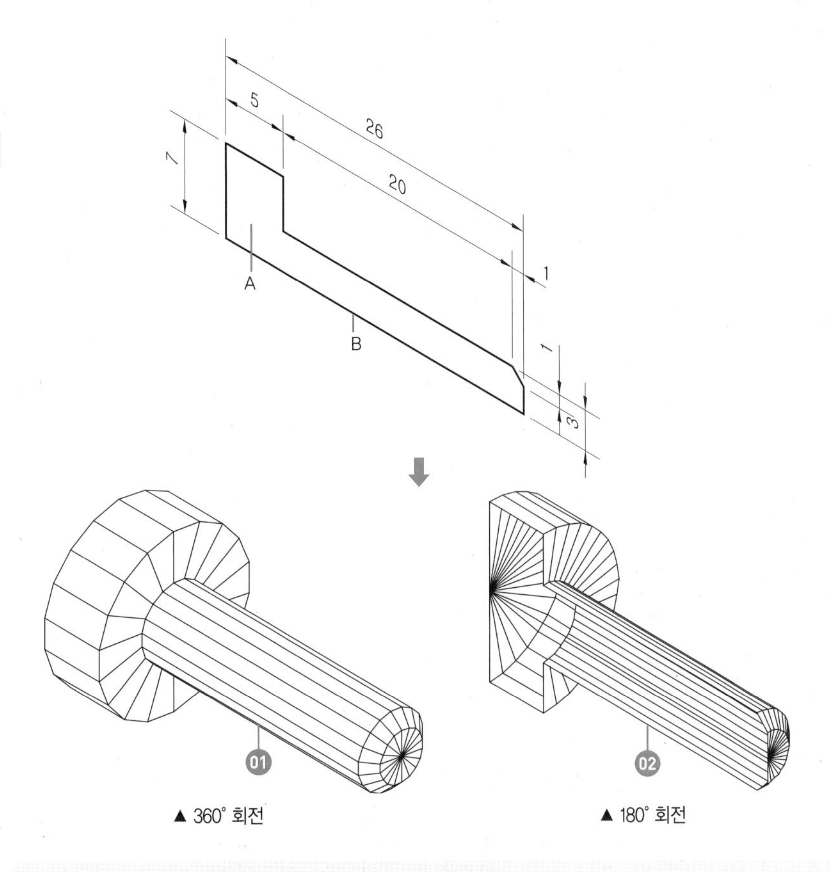

▲ 360° 회전

▲ 180° 회전

그리는 방법

01
```
Command : revsurf
Current wire frame density : SURFTAB1=18  SURFTAB2=18
Select object to revolve : (A 단면을 선택합니다.)
Select object that defines the axis of revolution : (B 선을 선택합니다.)
Specify start angle <0> : (회전 시작점을 입력합니다.)
Specify included angle (+=ccw, -=cw) <360> : (곡면의 생성 각도를 입력합니다.)
```

02
```
Command : revsurf
Current wire frame density : SURFTAB1=18  SURFTAB2=18
Select object to revolve : (A 단면을 선택합니다.)
Select object that defines the axis of revolution : (B 선을 선택합니다.)
Specify start angle <0> : (회전 시작점을 입력합니다.)
Specify included angle (+=ccw, -=cw) <180°> : -180 (곡면의 생성 각도를 입력합니다.)
```

Revsurf 연습 문제 | Line, Circle, UCS, Copy, Tabsurf, Rulesurf

작업 영역	Limits 0,0 ~ 120,90

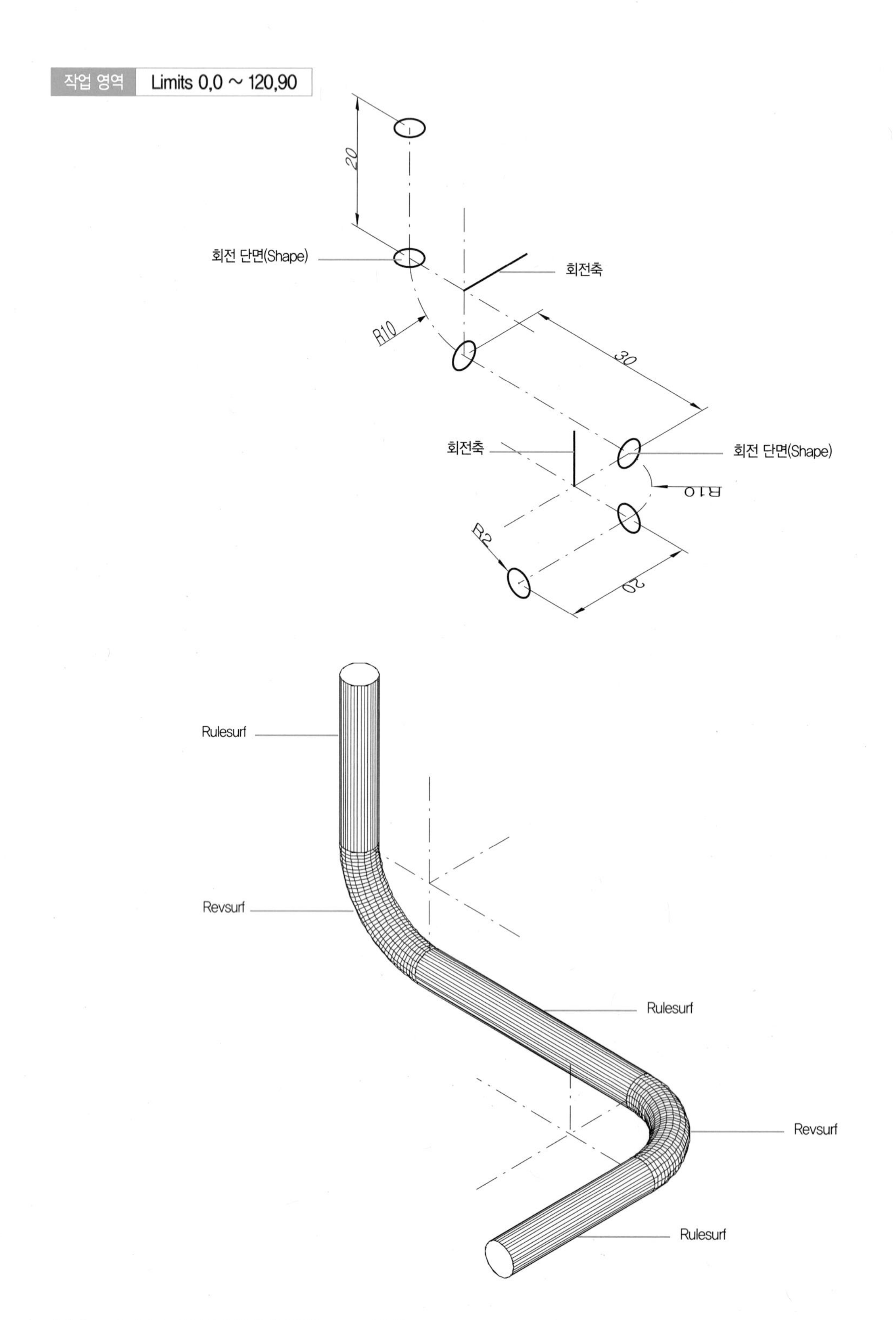

Revsurf 연습 문제 | Line, Arc, UCS, Rulesurf

작업 영역	Limits 0,0 ~ 240,180

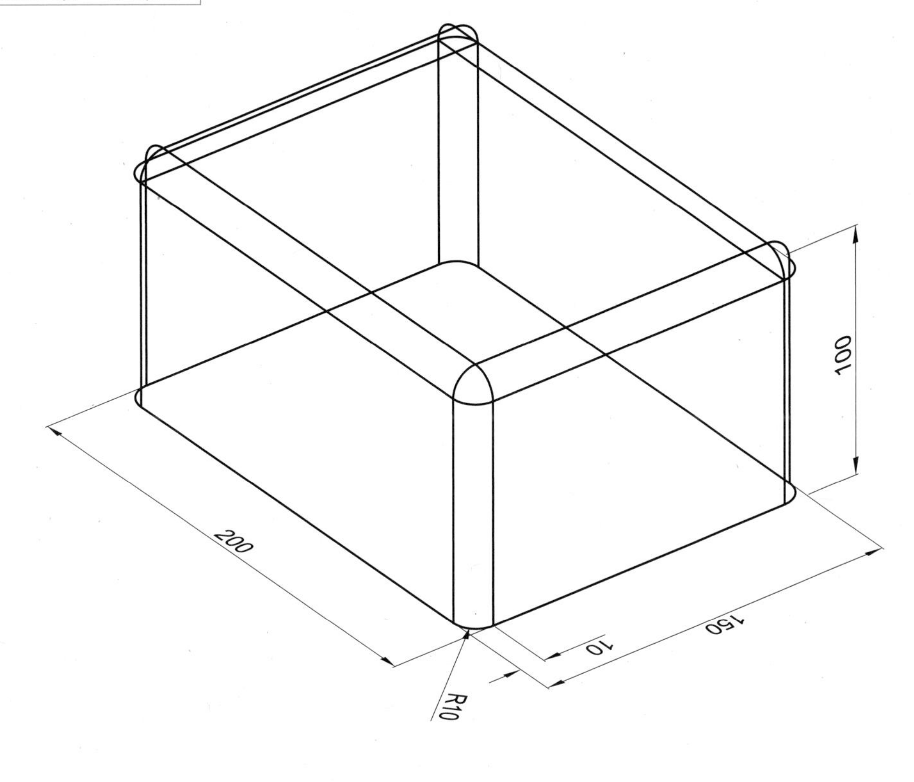

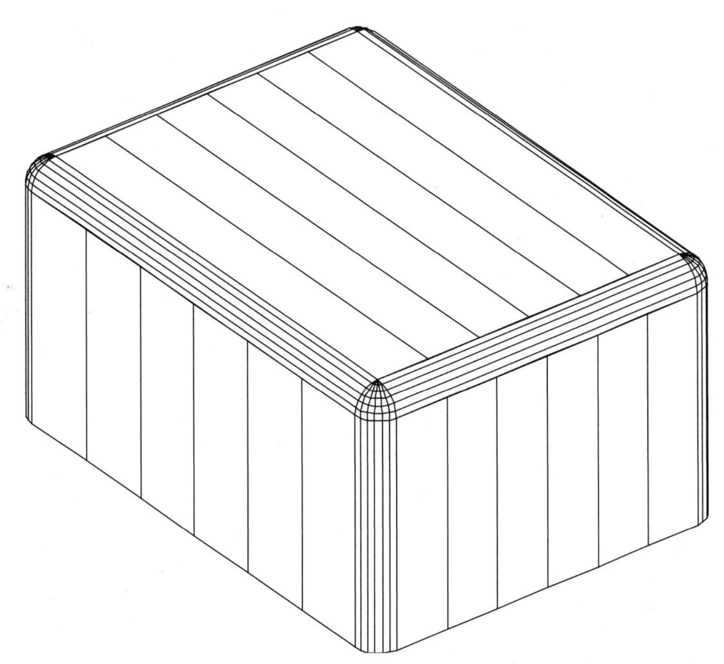

Section 03

방향성 곡면 만들기 - Tabsurf

Tabsurf는 단면과 경로만을 가지고 곡면을 생성합니다. 이때 두 개의 단면이 필요하지만, Tabsurf는 하나의 단면만 존재해도 됩니다.

Step 01 Tabsurf의 이해

Tabsurf 명령은 경로 곡선 및 방향 벡터로부터 방향성 곡면을 생성합니다. 생성되는 곡면의 크기는 경로(Path)의 길이 값으로 적용됩니다. 곡면의 생성 방향은 경로의 선택 위치에 따라 결정되며 단면에서 가까운 쪽을 선택하면 경로 방향으로 생성되고 단면에서 먼 쪽을 선택하면 경로의 반대 방향으로 생성됩니다.

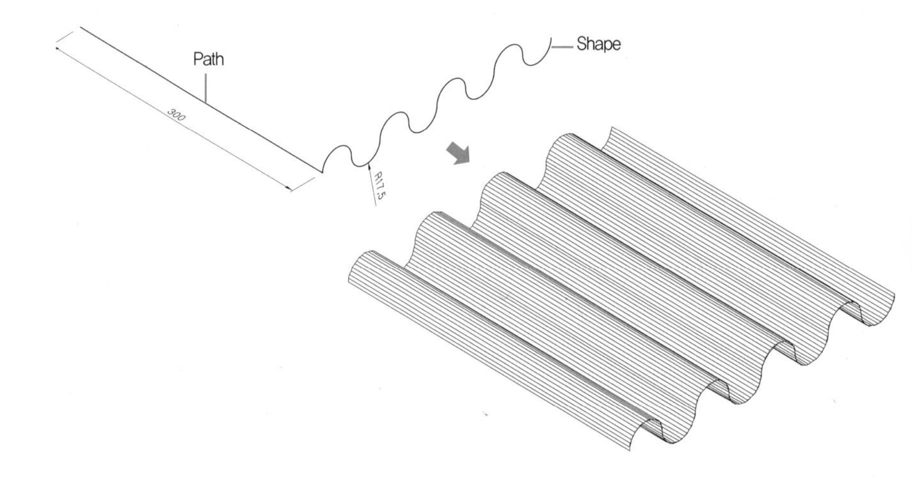

입력 형식

```
Command : tabsurf
Current wire frame density :  SURFTAB1=6 (현재 설정된 곡면의 밀도 값을 표시합니다.)
Select object for path curve : (단면을 선택합니다.)
Select object for direction vector : (경로를 선택합니다.)
```

Tabsurf 설정별 특징

- SURFTAB1 : 방향 곡면의 밀도를 제어합니다.

Step 02

Tabsurf 예제 따라하기

Shape와 Path를 이용해 작성하며, Path를 선택하면 방향성이 결정되므로 주의해서 선택해야 합니다.

작업 영역	Limits 0,0 ~ 120,90

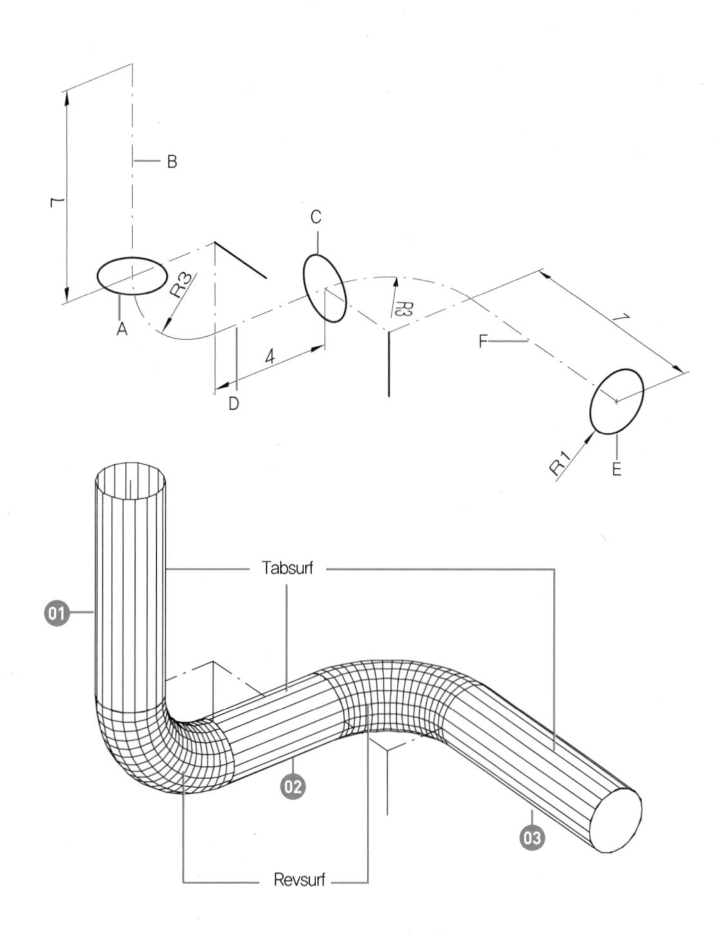

그리는 방법

01
```
Command : tabsurf
Current wire frame density :  SURFTAB1=18
Select object for path curve : (A 단면을 선택합니다.)
Select object for direction vector : (B 경로를 선택합니다.)
```

02
```
Command : tabsurf
Current wire frame density :  SURFTAB1=18
Select object for path curve : (C 단면을 선택합니다.)
Select object for direction vector : (D 경로를 선택합니다.)
```

03
```
Command : tabsurf
Current wire frame density :  SURFTAB1=18
Select object for path curve : (E 단면을 선택합니다.)
Select object for direction vector : (F 경로를 선택합니다.)
```

Tabsurf 연습 문제 | Line, Circle, UCS, Copy, Tabsurf, Rulesurf

작업 영역	Limits 0,0 ~ 120,90

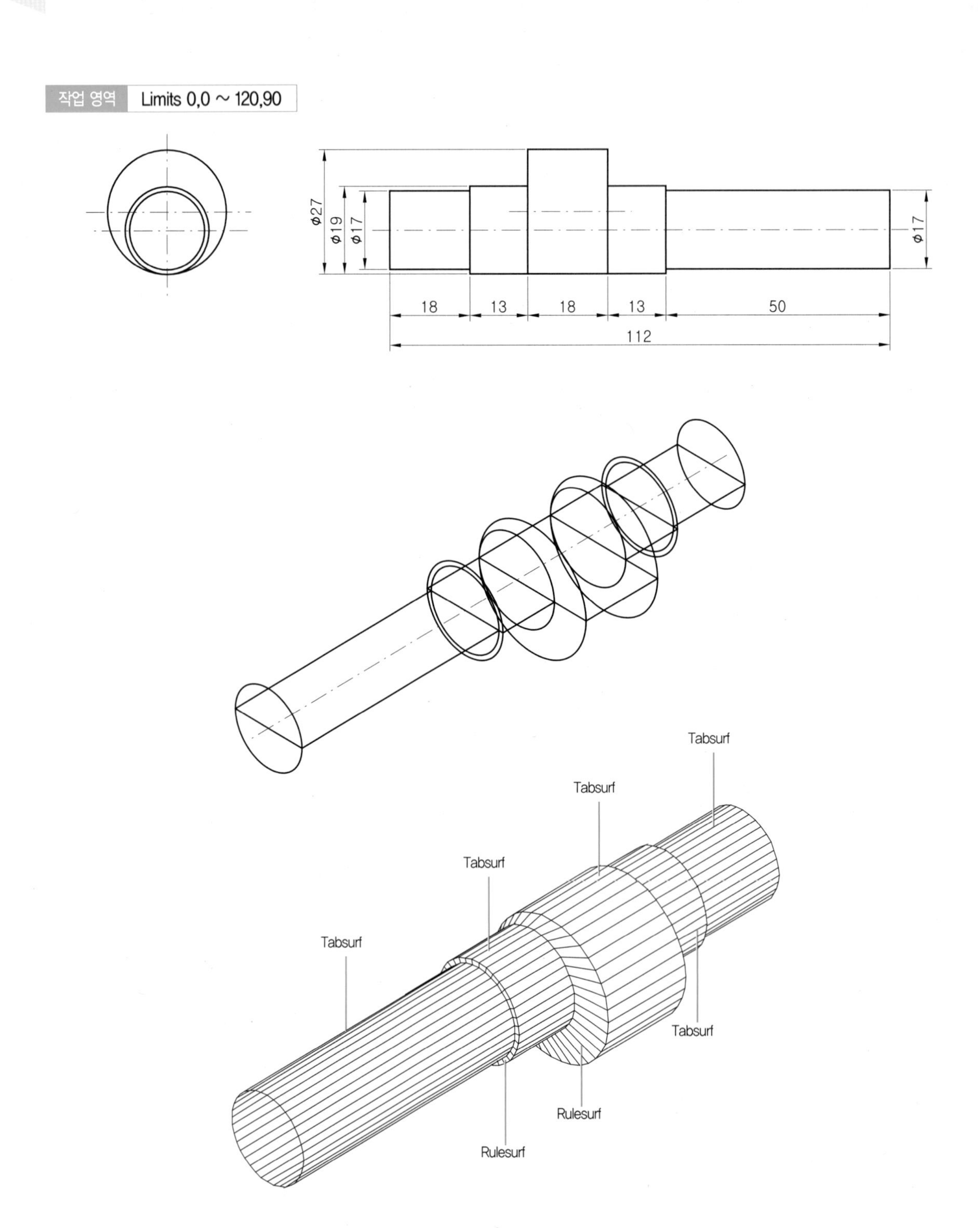

Tabsurf 연습 문제 | Line, Circle, UCS, Tabsurf, 3dface

작업 영역	Limits 0,0 ~ 120,90

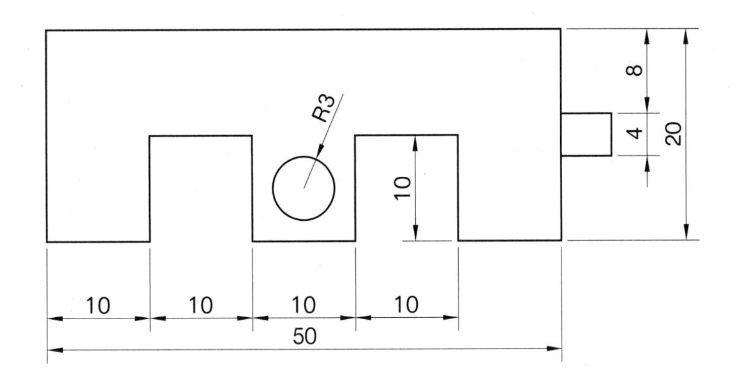

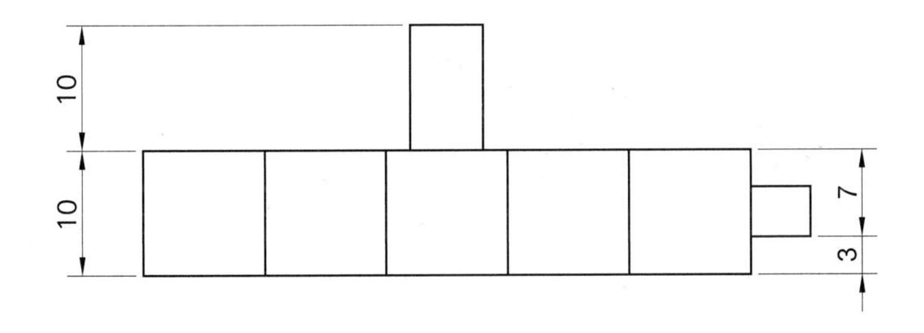

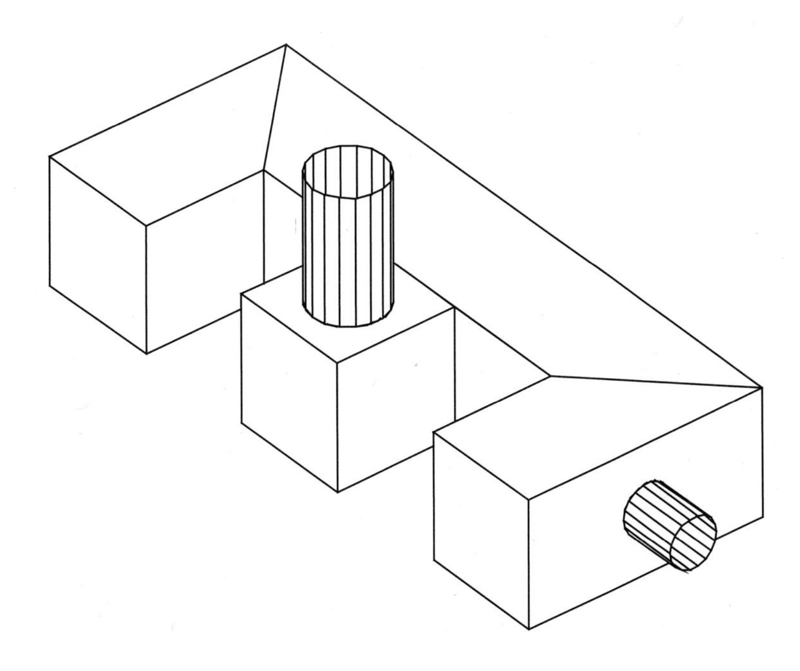

Section
04

모서리 곡면 만들기 - Edgesurf

Edgesurf 명령은 근사 곡면을 생성합니다. 근사 곡면이란 부드러운 곡면을 가지는 3D 면을 말하는 것으로, 소파와 같이 자유 곡면이 필요한 제품 모델링이나 불규칙적인 곡면 모델링에 사용할 수 있습니다.

Step 01

Edgesurf의 이해

끝점까지 연결된 네 개의 모서리(Edge) 객체를 이용하여 곡면을 작성합니다. 만약 곡면을 만들 영역이 네 개 이상의 모서리 객체로 이루어졌을 경우 Pedit 명령의 결합(Join)을 이용하여 반드시 네 개의 객체로 만들어야 합니다. 곡면의 밀도는 SURFTAB1과 SURFTAB2 시스템 변수로 조정합니다.

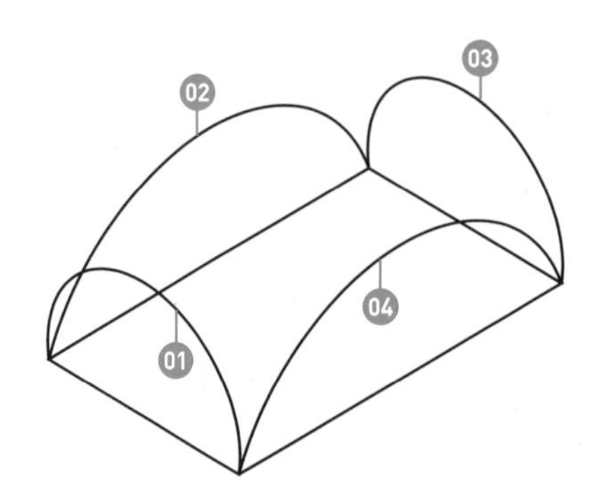

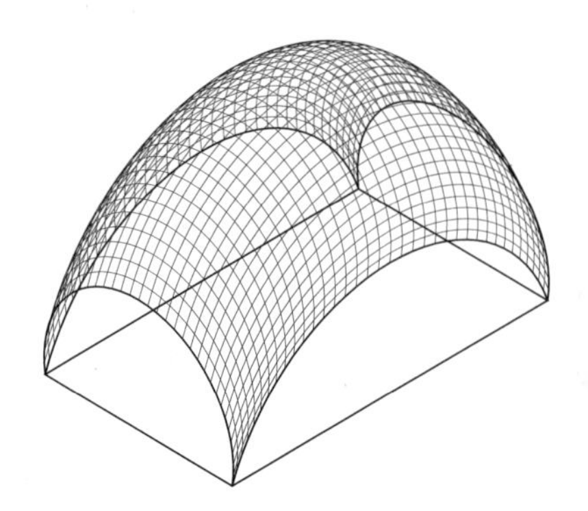

입력 형식

잠깐만요

모서리 곡면을 만들 때에는 반드시 4개 선분(Edge)으로 구성되어야 하며 항상 4개의 선분(Edge)의 끝은 연결되어야 합니다.

```
Command : edgesurf
Current wire frame density:  SURFTAB1=6  SURFTAB2=6 (적용될 곡면의 밀도를 표시합니다.)
Select object 1 for surface edge : (곡면을 작성할 ❶ Edge를 선택합니다.)
Select object 2 for surface edge : (곡면을 작성할 ❷ Edge를 선택합니다.)
Select object 3 for surface edge : (곡면을 작성할 ❸ Edge를 선택합니다.)
Select object 4 for surface edge : (곡면을 작성할 ❹ Edge를 선택합니다.)
```

Step 02

Edgesurf 예제 따라하기

Edgesurf는 4개의 선분을 가지고 작성합니다. UCS에 영향을 받지 않으며 근사 곡면을 생성할 때 사용합니다. 이때 Circle을 반으로 잘라 호로 변경한 후 사용해야 합니다.

작업 영역	Limits 0,0 ~ 240,180

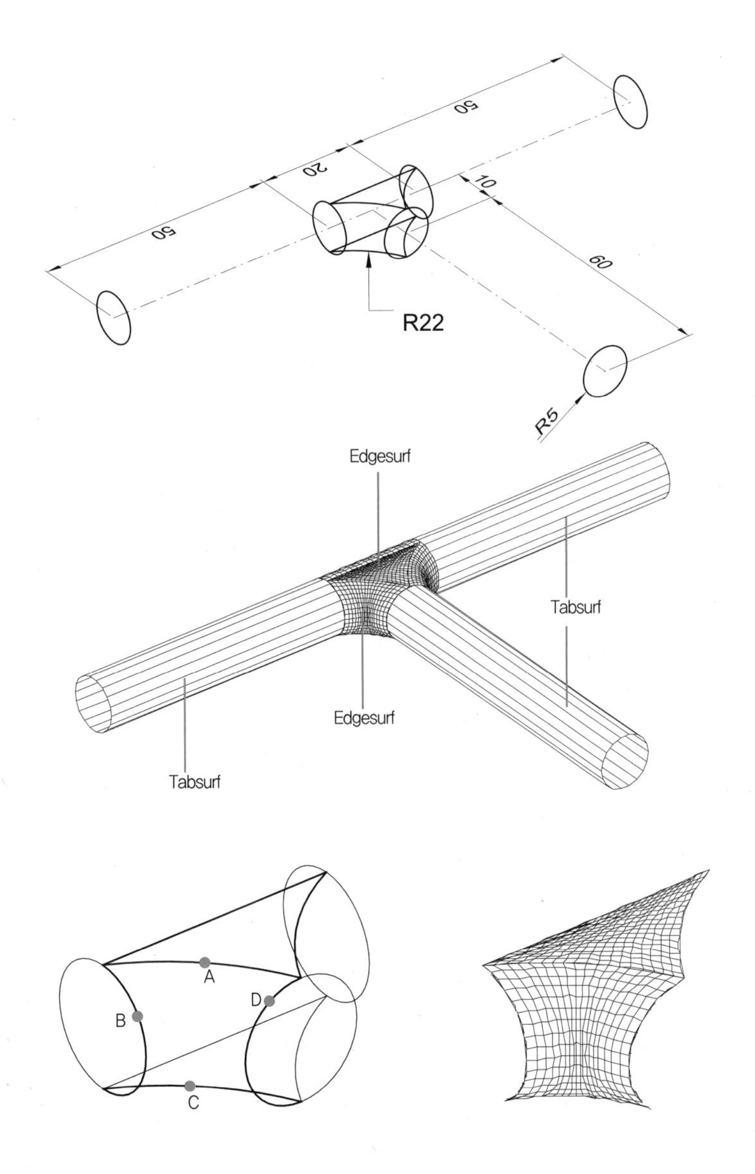

그리는 방법

```
Command : edgesurf
Current wire frame density : SURFTAB1=6  SURFTAB2=6
Select object 1 for surface edge : (A 선을 선택합니다.)
Select object 2 for surface edge : (B 선을 선택합니다.)
Select object 3 for surface edge : (C 선을 선택합니다.)
Select object 4 for surface edge : (D 선을 선택합니다.)
```

Edgesurf 연습 문제 | Line, Circle, Break, Edgesurf

작업 영역	Limits 0,0 ~ 120,90

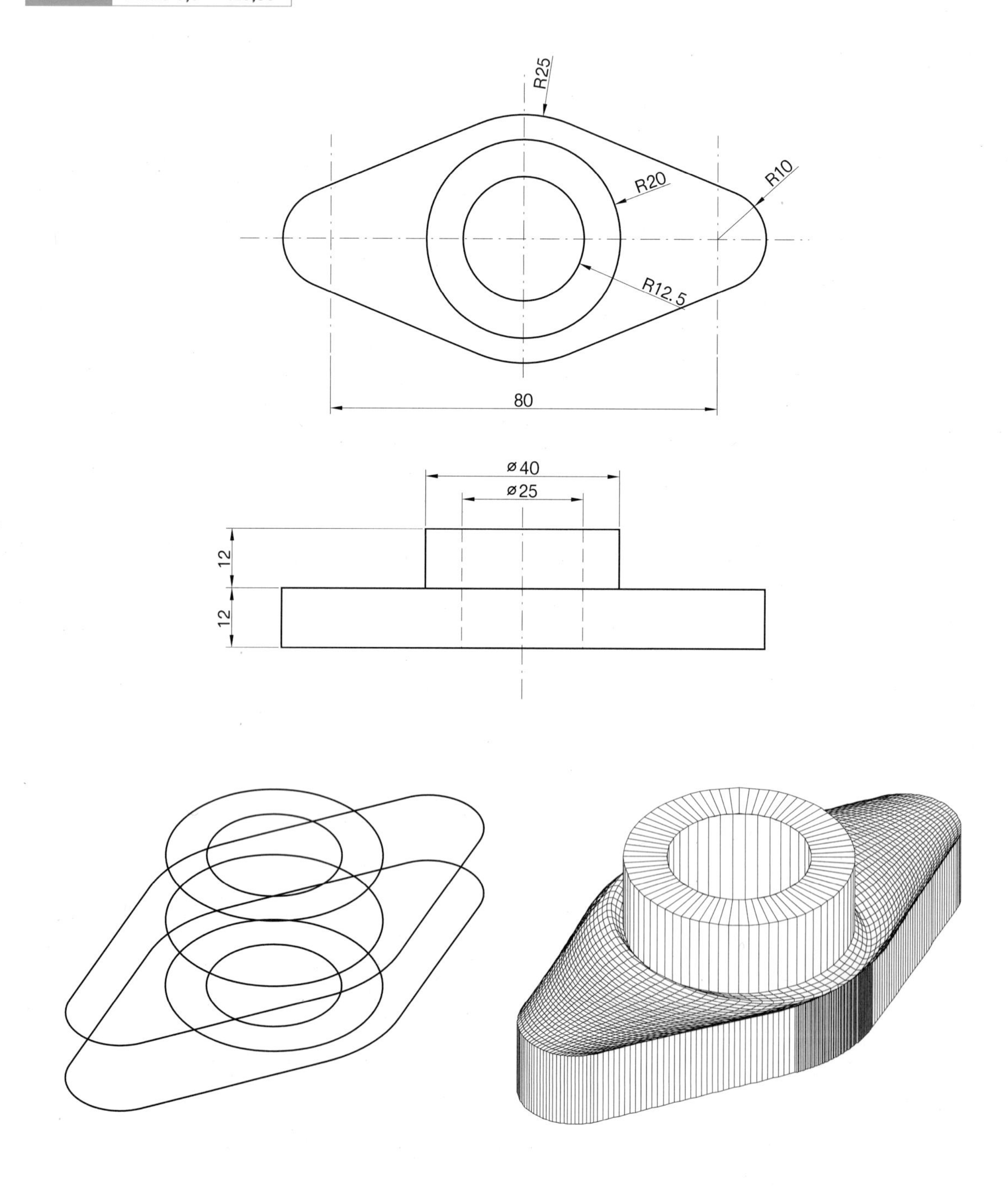

Edgesurf 연습 문제 | Line, Circle, Break, Edgesurf

작업 영역	Limits 0,0 ~ 120,90

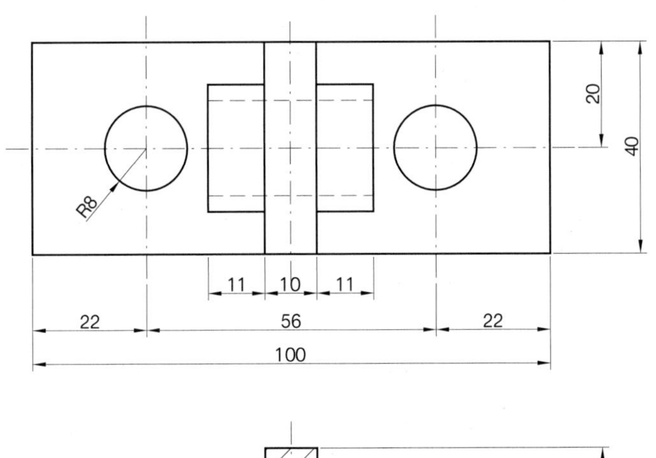

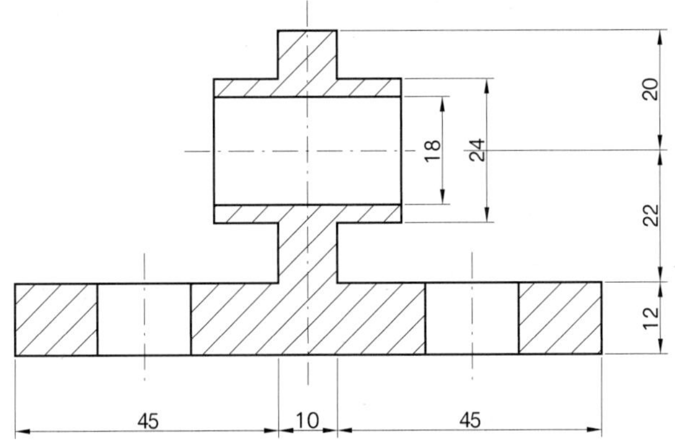

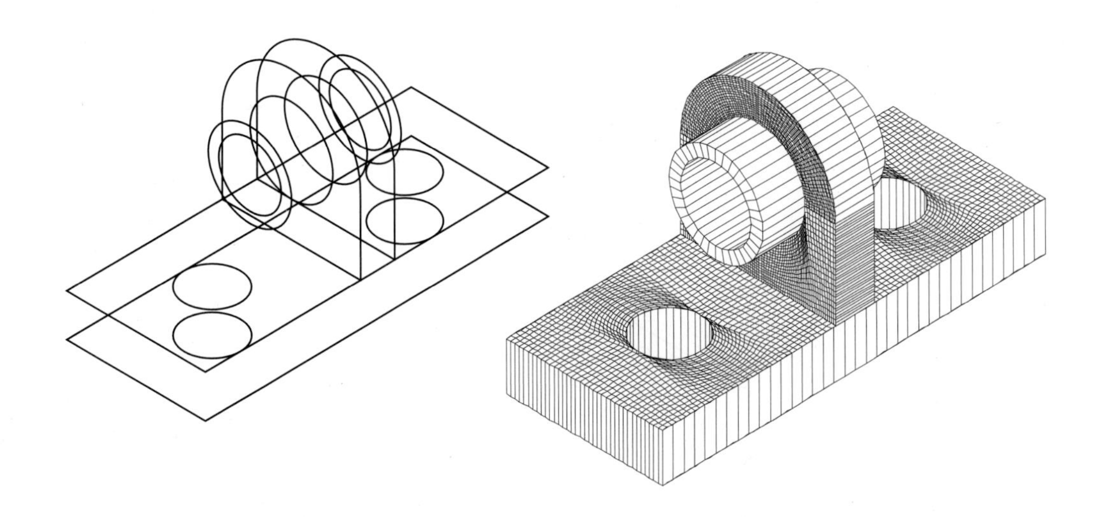

종합문제

작업 영역	Limits 0,0 ~ 1200,900

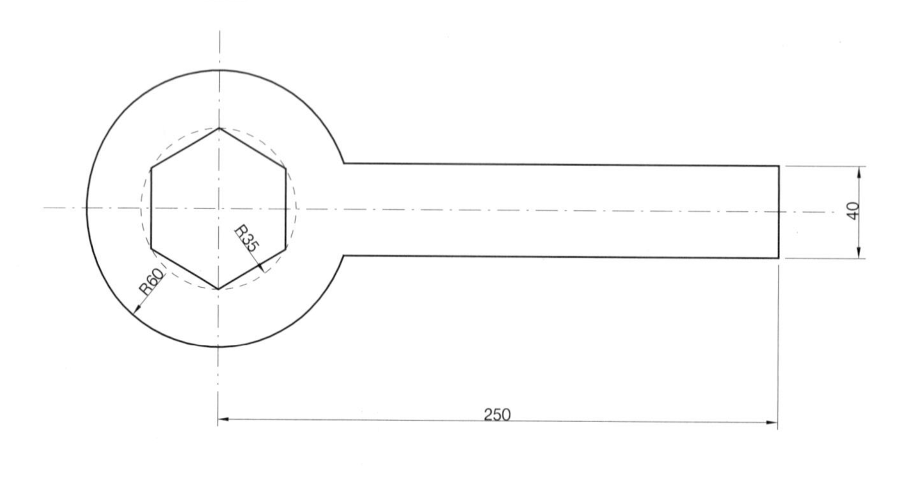

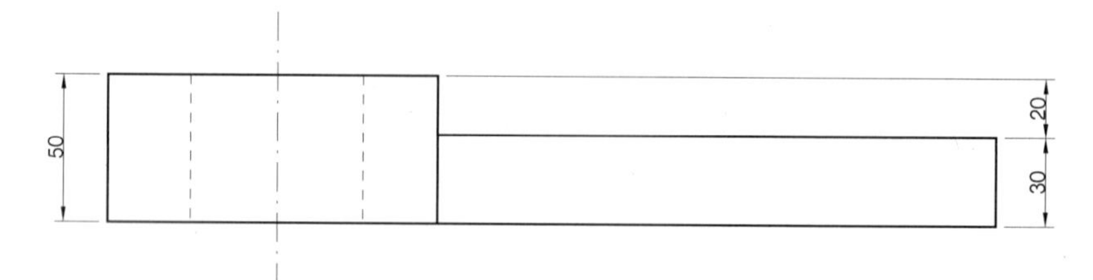

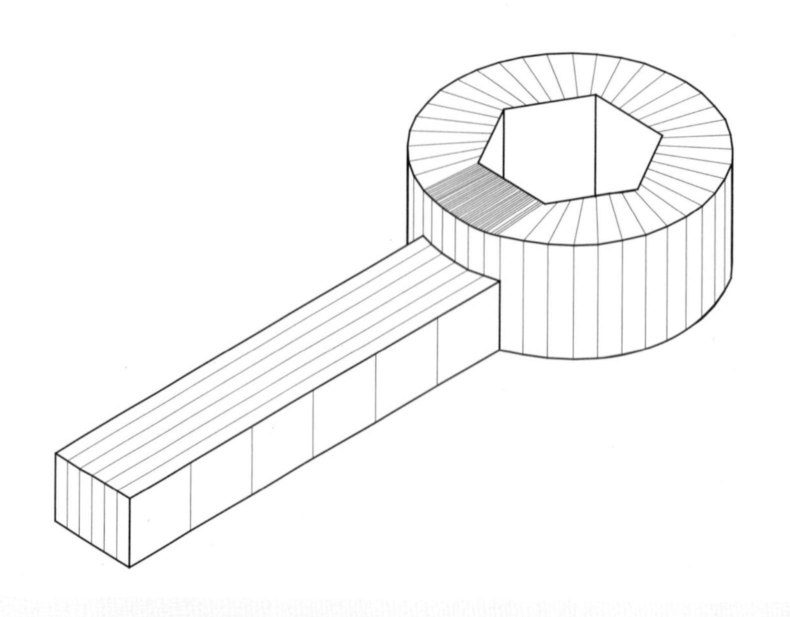

작업 영역 | Limits 0,0 ~ 240,180

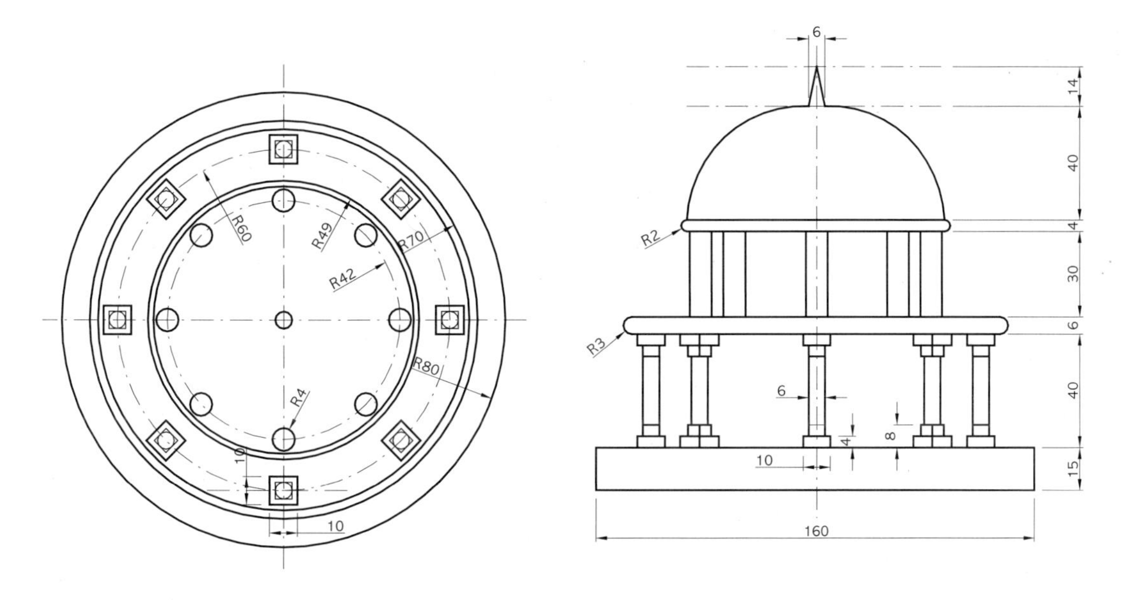

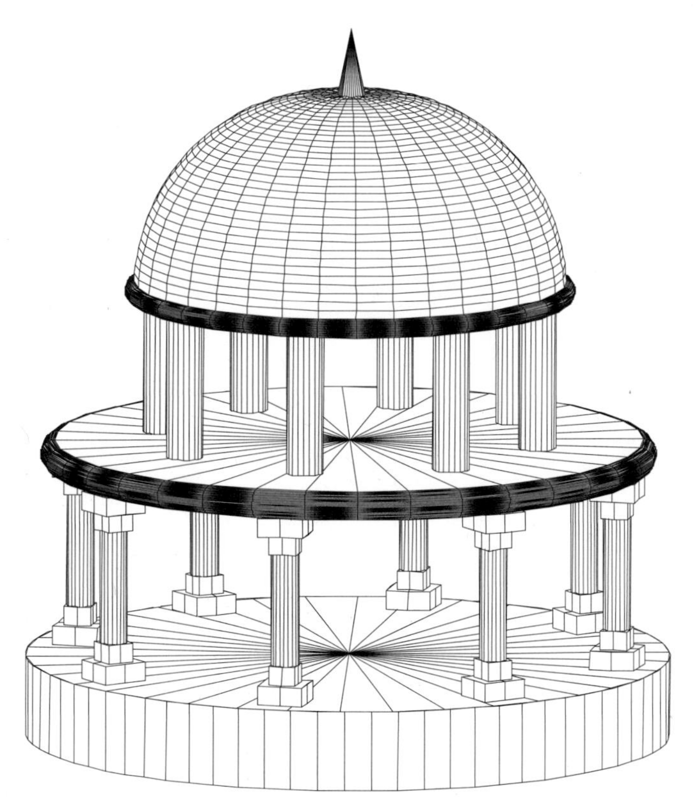

종합문제

작업 영역	Limits 0,0 ~ 480,360

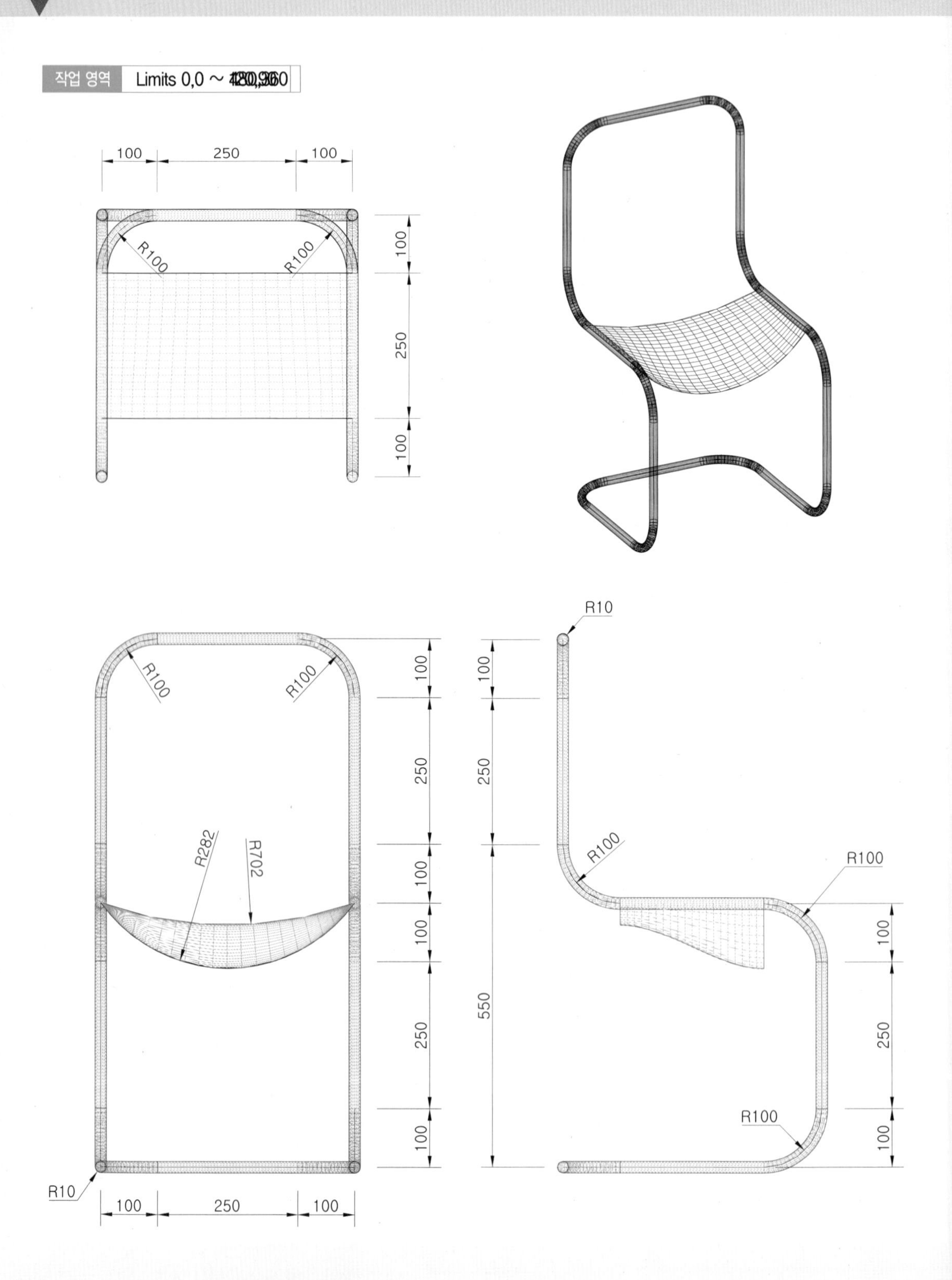

작업 영역	Limits 0,0 ~ 360,240

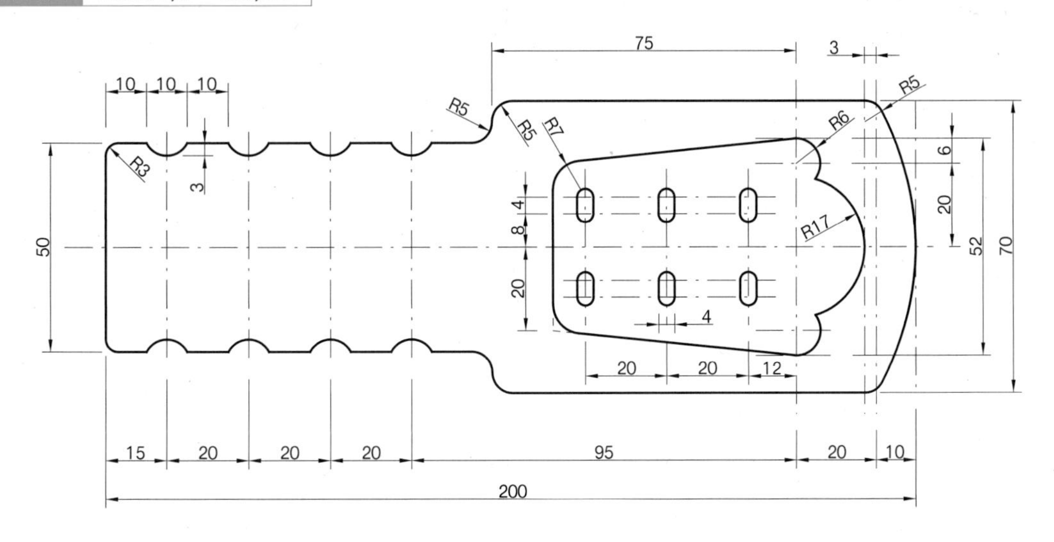

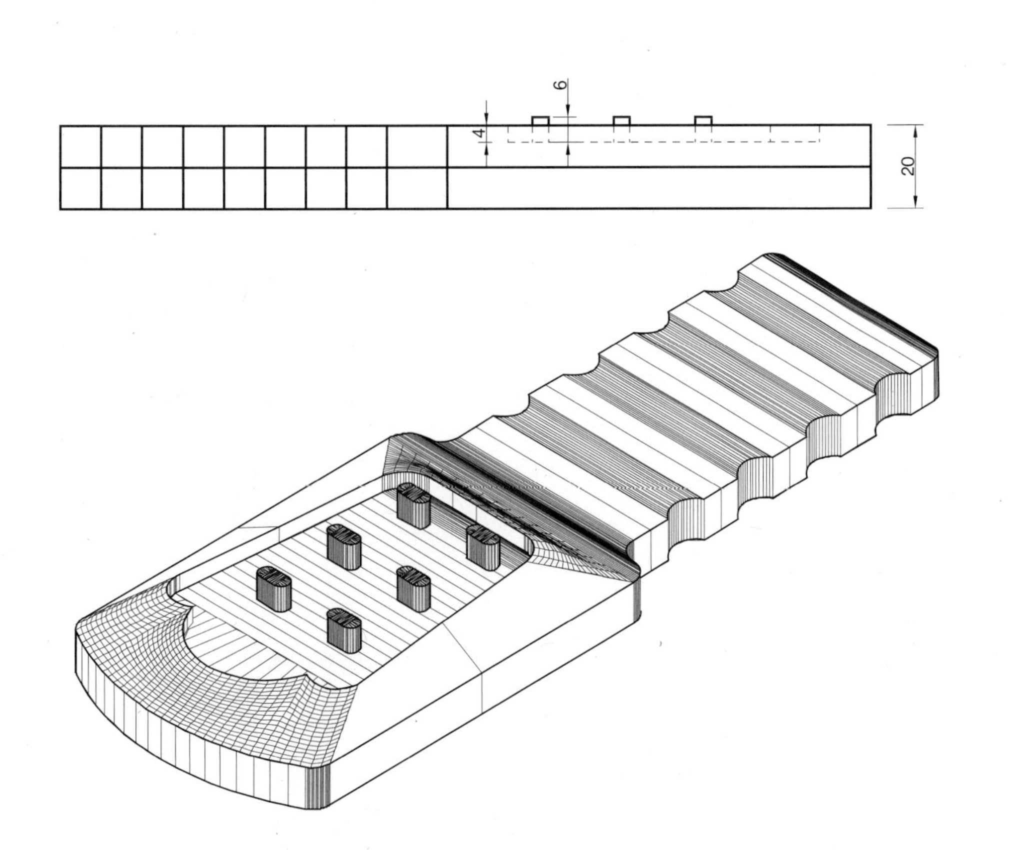

열번째마당

AutoCAD

10

객체 내부가 채워지는 Solid 모델링

Solid 오브젝트는 이전에 학습한 Mesh 오브젝트와 많은 차이가 있습니다. Mesh 오브젝트가 면을 생성하였다면 Solid 오브젝트는 내부가 채워진 오브젝트를 생성하기 때문에 Boolean 연산이 가능하며 완벽한 오브젝트로 제작할 수 있습니다.

Section 01

3D Solid 기본 도형 만들기

Solid 모델링은 기본 도형에서 모델링이 시작되는 경우가 많으므로, 기본 도형을 그리는 방법에 대해 잘 알고 있어야 합니다.

Step 01

3D Solid 명령어의 이해

Solid 모델링의 기본 도형들은 별도의 단면도 작업 과정이 불필요하여 3D 공간 상에서 보다 빠르게 모델링 작업을 진행할 수 있습니다. 단, 3D Mesh 모델링 명령어들과 이름과 형태가 비슷하므로 주의합니다.

Polysolid의 특징

Polysolid는 벽체를 만들 때 사용하는 명령어로 벽체의 높이, 폭, 정렬 방식을 지정하여 선택할 수 있습니다. 실무에서는 평면도 없이 투시도만을 요구할 때 사용합니다.

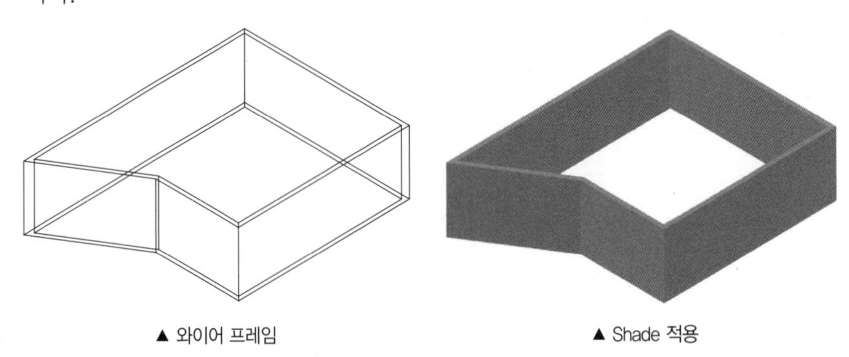

▲ 와이어 프레임 ▲ Shade 적용

입력 형식

```
Command : polysolid
Height = 80.0000, Width = 5.0000, Justification = Center
Specify start point or [Object/Height/Width/Justify] <Object>
: (Polysolid의 시작점을 선택합니다.)
Specify next point or [Arc/Undo] : (두 번째 점을 선택합니다.)
Specify next point or [Arc/Close/Undo] : (세 번째 점을 선택합니다.)
Specify next point or [Arc/Close/Undo] : c (닫기 옵션으로 명령을 종료합니다.)
```

Box의 특징

다양한 방법으로 Solid 도형(육면체)을 만듭니다.

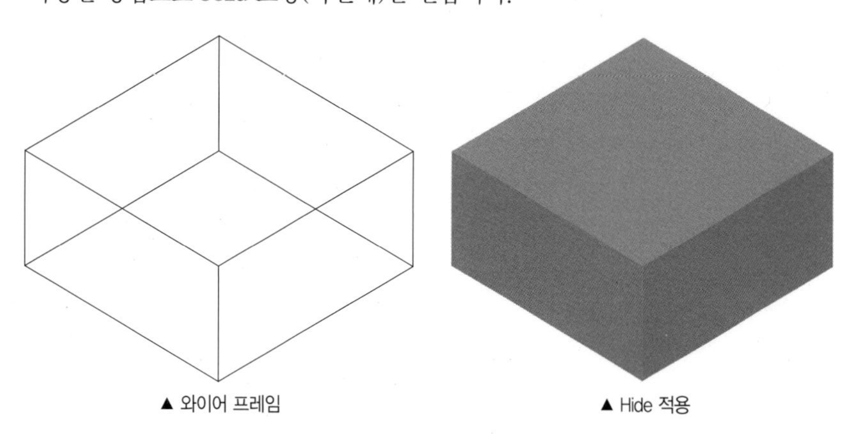

▲ 와이어 프레임 ▲ Hide 적용

입력 형식

Command : box
Specify first corner or [Center] : (육면체 밑면의 시작점을 지정합니다.)
Specify other corner or [Cube/Length] : @100,100 (밑면에서 대각선 방향의 두 번째 점을 지정합니다.)
Specify height or [2Point] <-20.0000>: 50 (돌출 높이 값을 지정합니다.)

Sphere의 특징

Solid의 3D 구를 생성하여 도면 기호를 S-ø, S-R로 표기합니다.

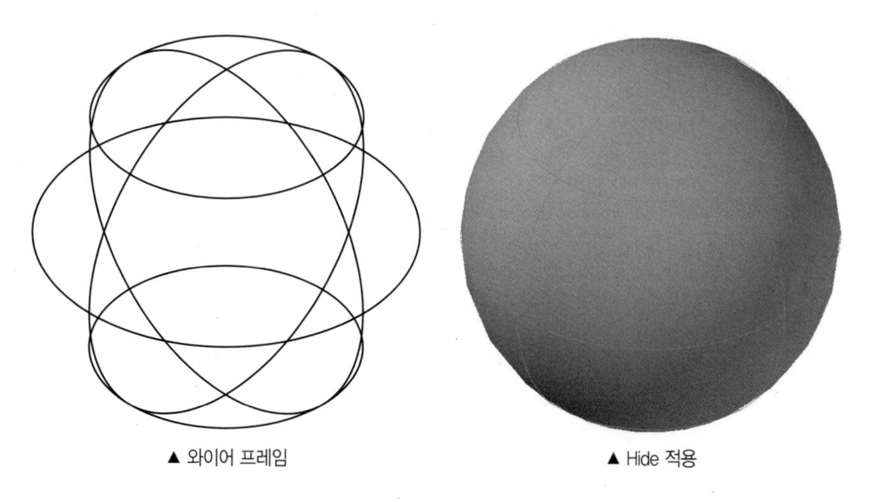

▲ 와이어 프레임 ▲ Hide 적용

입력 형식

Command : sphere
Specify center point or [3P/2P/Ttr] : (구의 중심점을 지정합니다.)
Specify radius or [Diameter] : 30 (구의 지름 값을 지정합니다.)

Cone의 특징

Solid 원뿔 오브젝트를 생성합니다. 타원의 뿔을 만들 수 있고, Apex를 이용하여 방향성을 가지는 원뿔을 생성할 수도 있습니다.

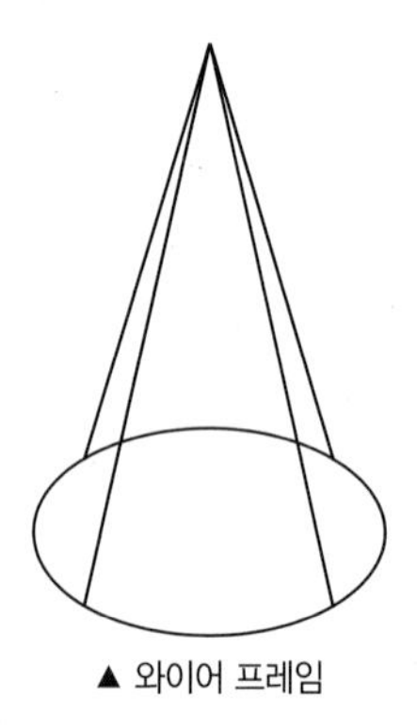
▲ 와이어 프레임

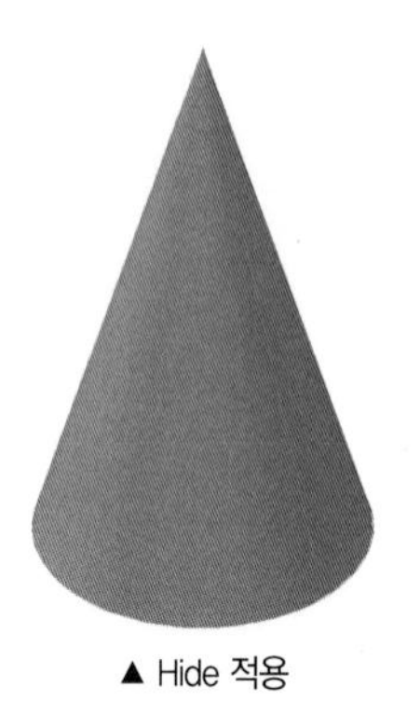
▲ Hide 적용

입력 형식

Command : cone
Specify center point of base or [3P/2P/Ttr/Elliptical] : (원뿔의 바닥 중심점을 지정합니다.)
Specify base radius or [Diameter] <30.0000> : 30 (반지름 값을 지정합니다.)
Specify height or [2Point/Axis endpoint/Top radius] <72.2796> : 100 (높이를 지정합니다.)

Cylinder의 특징

Solid 원기둥을 생성합니다. 타원의 기둥을 만들 수 있으며 방향을 조정하여 원기둥을 생성할 수 있습니다.

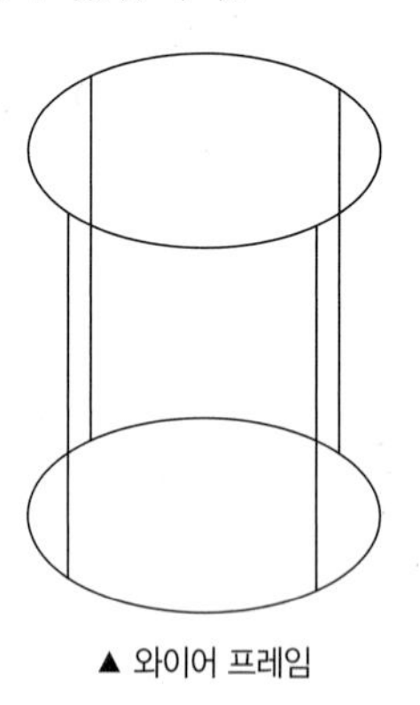
▲ 와이어 프레임

▲ Hide 적용

입력 형식

Command : cylinder
Specify center point of base or [3P/2P/Ttr/Elliptical] : (바닥 원의 중심점을 지정합니다.)
Specify base radius or [Diameter] <30.0000> : 50 (반지름 값을 지정합니다.)
Specify height or [2Point/Axis endpoint] <100.0000> : 120 (높이 값을 지정합니다.)

Wedge의 특징

Box 명령과 사용법이 같으며 다른 점은 육면체가 대각선으로 잘려진 형태인 쐐기형 객체로 생성합니다.

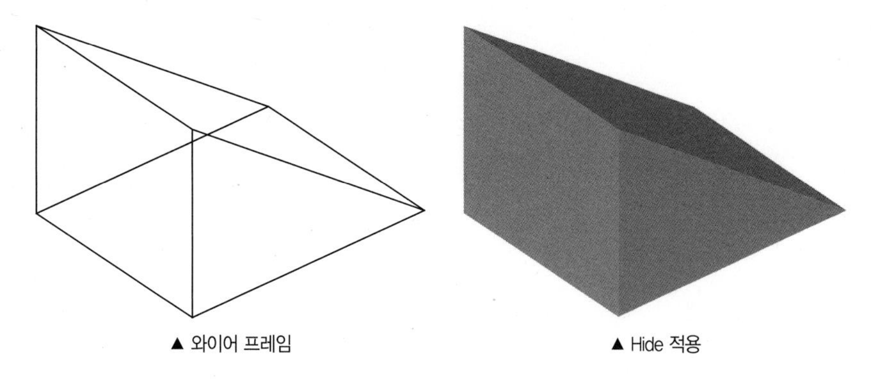

▲ 와이어 프레임　　▲ Hide 적용

입력 형식

```
Command : wedge
Specify first corner or [Center] : (바닥면의 시작점을 선택합니다.)
Specify other corner or [Cube/Length] : (바닥면의 끝점을 선택합니다.)
Specify height or [2Point] <120.0000>: (높이 값을 지정합니다.)
```

Torus의 특징

3D 도넛 형태의 Solid 오브젝트를 생성합니다.

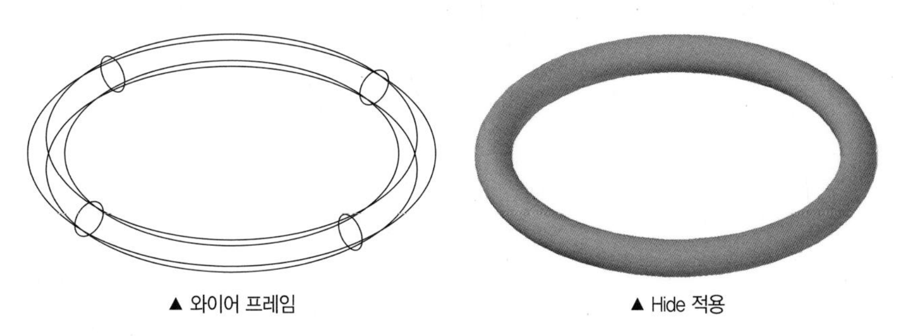

▲ 와이어 프레임　　▲ Hide 적용

입력 형식

```
Command : torus
Specify center point or [3P/2P/Ttr] : (3D 도넛 형태의 중심점을 선택합니다.)
Specify radius or [Diameter] <50.0000> : 50 (도넛 형태의 외경 값을 지정합니다.)
Specify tube radius or [2Point/Diameter] : 5 (도넛 형태의 단면부 지름 값을 지정합니다.)
```

Section 02

다양한 Solid 오브젝트 만들기

AutoCAD는 기본 도형 모양 이외에 다양한 형태로 Solid 오브젝트를 만들 수 있는 기능을 제공합니다. 즉, Mesh 모델링에서 사용했던 방법과 동일하게 단면을 그린 후, 경로 및 회전축을 이용하여 Solid 모델링을 완성할 수 있습니다.

Step 01

Extrude의 이해 – 단면을 돌출시켜 Solid 만들기

단면(Shape)을 그린 후, 돌출 크기를 지정하여 Solid 오브젝트를 생성합니다. 원, 타원, 닫힌 다중선(Pline)을 객체로 선택해야 Solid 오브젝트가 만들어집니다. 생성되는 Solid 오브젝트의 크기는 높이 값으로 지정하거나 경로를 선택하여 적용할 수 있습니다.

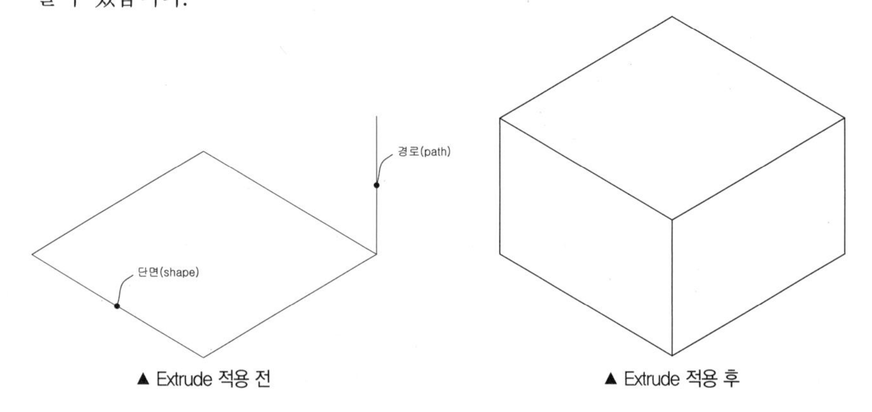

▲ Extrude 적용 전 ▲ Extrude 적용 후

입력 형식

```
Command : extrude
Current wire frame density :  ISOLINES=4
Select objects to extrude : (돌출할 단면을 선택합니다.)
Select objects to extrude : (돌출할 단면을 선택하거나 Spacebar를 눌러 다음 메뉴를 진행합니다.)
Specify height of extrusion or [Direction/Path/Taper angle] :
(돌출 높이 값을 지정하거나 옵션을 선택합니다.)
```

Extude 설정별 특징

- **Height of extrusion** : 돌출 높이 값을 지정합니다.
- **Direction** : 돌출 방향을 설정합니다.
- **Path** : 돌출에 사용할 경로를 선택합니다.
- **Taper angle** : 돌출 시 중심축 선에서 단면 간의 줄어들 Taper 공차를 지정합니다.

Step 02

Revolve의 이해 - 단면을 회전시켜 Solid 만들기

Mesh 명령의 Revsurf와 사용법이 유사하며 반드시 닫혀 있는 다각형을 사용해야 Solid 오브젝트를 만들 수 있습니다. 만약 열려있거나 다각형이 아닐 경우, 표면에만 면 처리가 되는 Solid 오브젝트와 다르게 생성됩니다.

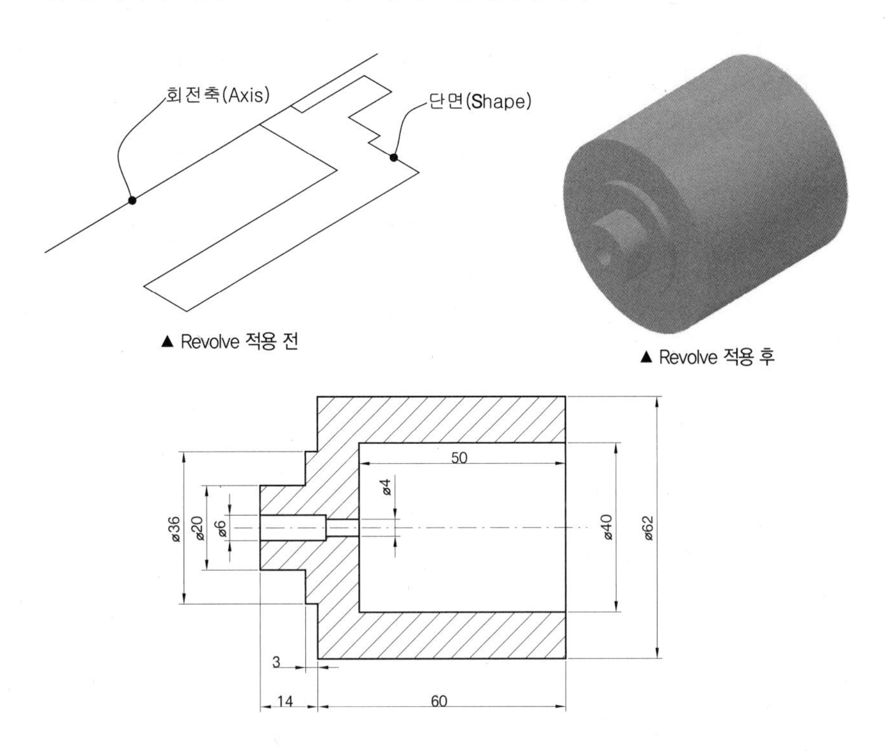

▲ Revolve 적용 전

▲ Revolve 적용 후

입력 형식

```
Command : revolve
Current wire frame density :  ISOLINES=4
Select objects to revolve : (회전 단면을 선택합니다.)
Select objects to revolve : (회전 단면을 선택하거나 [Spacebar]를 눌러 다음 메뉴를 진행합니다.)
Specify axis start point or define axis by [Object/X/Y/Z] <Object> : (회전축을 선택하거나 옵션을 선택합니다.)
Specify angle of revolution or [STart angle] <360> : (회전 Solid의 생성 각도를 지정합니다.)
```

Revolve 설정별 특징

- **Axis start point** : 회전축의 기준점을 선택합니다.
- **Object/X/Y/Z** : 회전축의 객체 또는 기준 축을 이용합니다.
- **Angle of revolution** : 회전 Solid의 생성 각도를 지정합니다.
- **STart angle** : 회전 Solid의 시작 생성 각도를 지정합니다.

Step 03

Loft의 이해 – 단면과 단면을 이용하여 부드러운 곡면의 Solid 만들기

Loft란 기존의 Solid 오브젝트와 다르게 다중의 단면을 가지고 Solid 오브젝트를 생성하여 단면과 단면을 이용한 생성 방법과 단면과 경로에 의한 생성 방법이 있습니다.

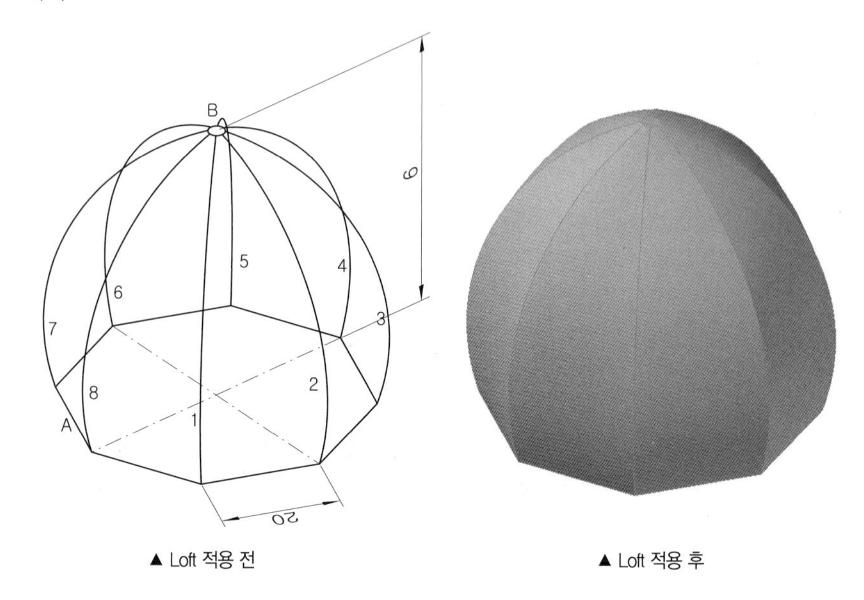

▲ Loft 적용 전

▲ Loft 적용 후

입력 형식

```
Command : loft
Select cross sections in lofting order : (Loft에 사용할 단면을 선택합니다.)
Select cross sections in lofting order : (Loft에 사용할 단면을 선택합니다.)
Select cross sections in lofting order : (Loft에 사용할 단면을 선택 하거나 Spacebar를 눌러 다음 메뉴를 진행합니다.)
Enter an option [Guides/Path/Cross sections only] <Cross sections only> : (Spacebar를 누르거나 옵션을 선택합니다.)
```

Loft 설정별 특징

- **Guides** : 단면의 가이드를 따라 객체가 생성됩니다.
- **Path** : 경로를 따라 생성되는 Solid 오브젝트를 생성합니다.
- **Cross sections only** : 단면의 형태 변화만을 가지고 생성되는 Solid 오브젝트를 생성합니다.

Step 04

Sweep의 이해 - 나선형 Solid 만들기

Sweep란 열려있거나 닫혀 있는 단면(Shape)을 경로(Path)에 따라 이동하며 Solid 오브젝트를 생성하는 명령어입니다. 타원이나 나사와 같이 단면의 크기가 변화되거나 일정한 기울기로 변화되는 Solid 오브젝트를 생성할 때 사용합니다.

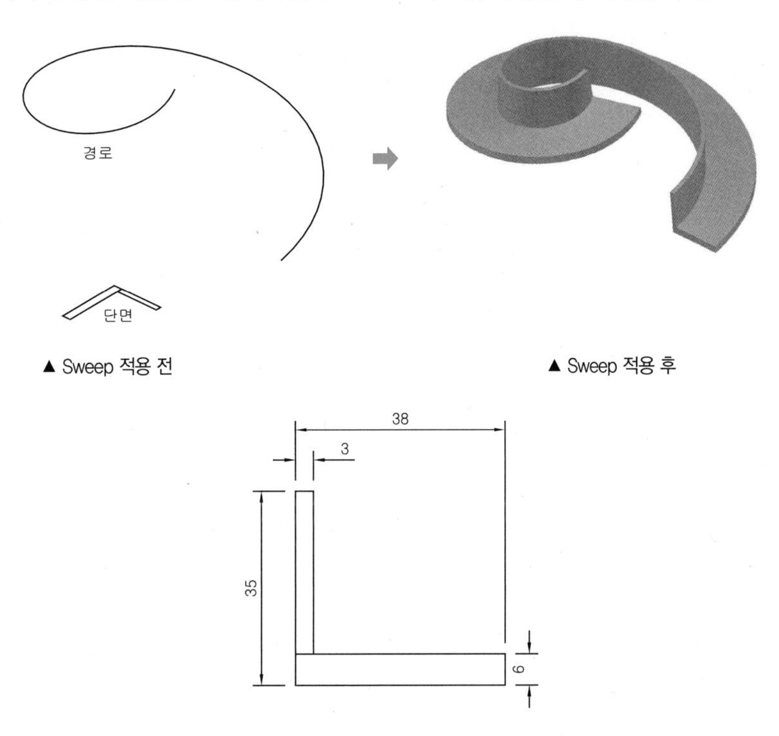

▲ Sweep 적용 전

▲ Sweep 적용 후

입력 형식

```
Command : sweep
Current wire frame density : ISOLINES=4
Select objects to sweep : (Sweep에 사용할 단면을 선택합니다.)
Select objects to sweep : (Sweep에 사용할 단면 선택 또는 Spacebar 를 눌러 다음 메뉴로 진행합니다.)
Select sweep path or [Alignment/Base point/Scale/Twist] : (Sweep의 경로나 옵션을 선택합니다.)
```

Sweep 설정별 특징

- **Select objects to sweep** : Sweep에 사용할 단면(Shape)을 선택합니다. 이때 단면의 형태는 영향을 받지 않습니다.
- **Sweep path** : Sweep에 사용할 경로(Path)를 선택합니다. 이때 경로는 단일화되어 있어야 합니다.
- **Alignment** : 단면(Shape)의 경로(Path)에 정렬할 위치를 설정합니다.
- **Base point** : 단면의 기준점을 지정합니다.
- **Scale** : 단면(Shape)의 크기를 경로(Path)의 크기에 맞춰 생성 오브젝트의 크기를 조절합니다.
- **Twist** : Sweep Solid 오브젝트의 단면(Shape)을 비틀어서 생성합니다.

Extrude 연습 문제 | Line, Fillet, Extrude

작업 영역	Limits 0,0 ~ 120,90

잠깐만요

지시없는 R은 3으로 작성합니다.

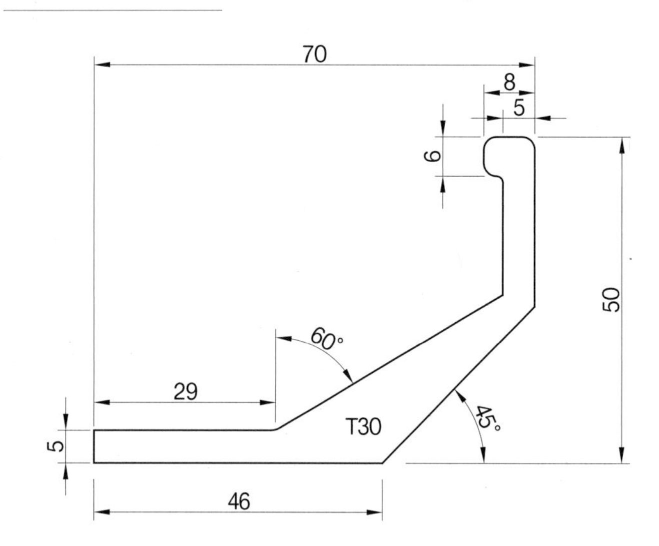

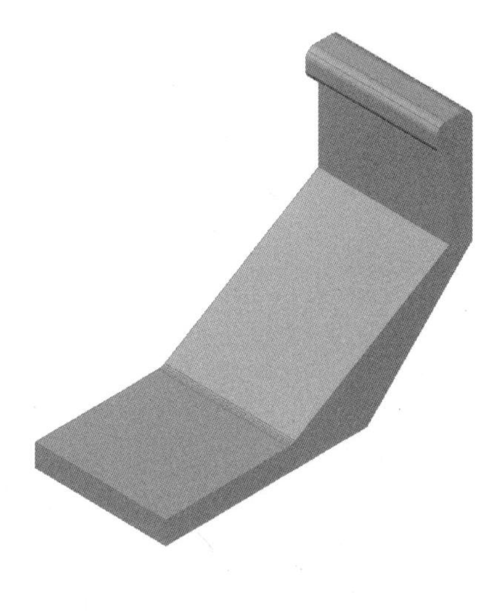

작업 영역	Limits 0,0 ~ 240,180

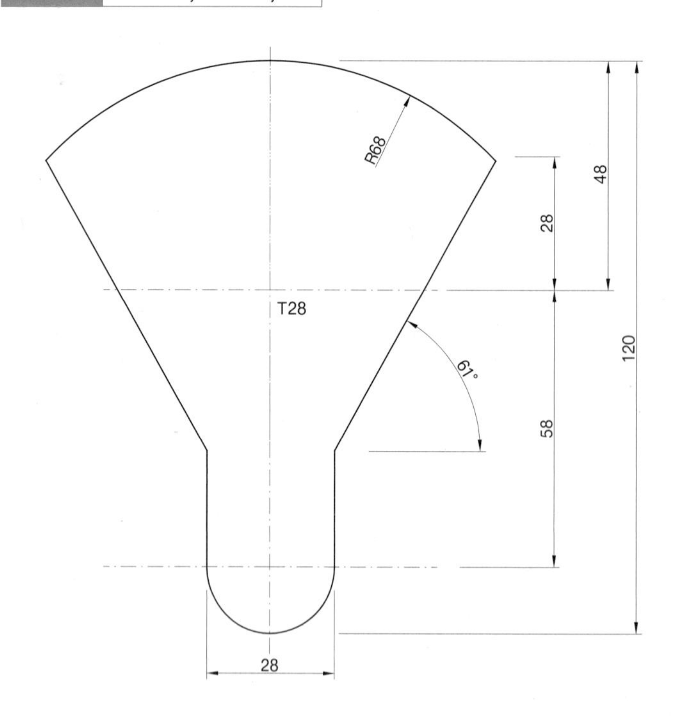

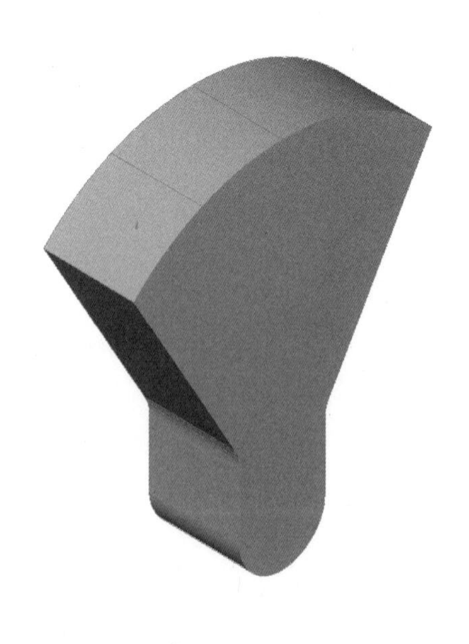

Revlove 연습 문제 | Line, Trim, Chamfer, Extrude, Revolve

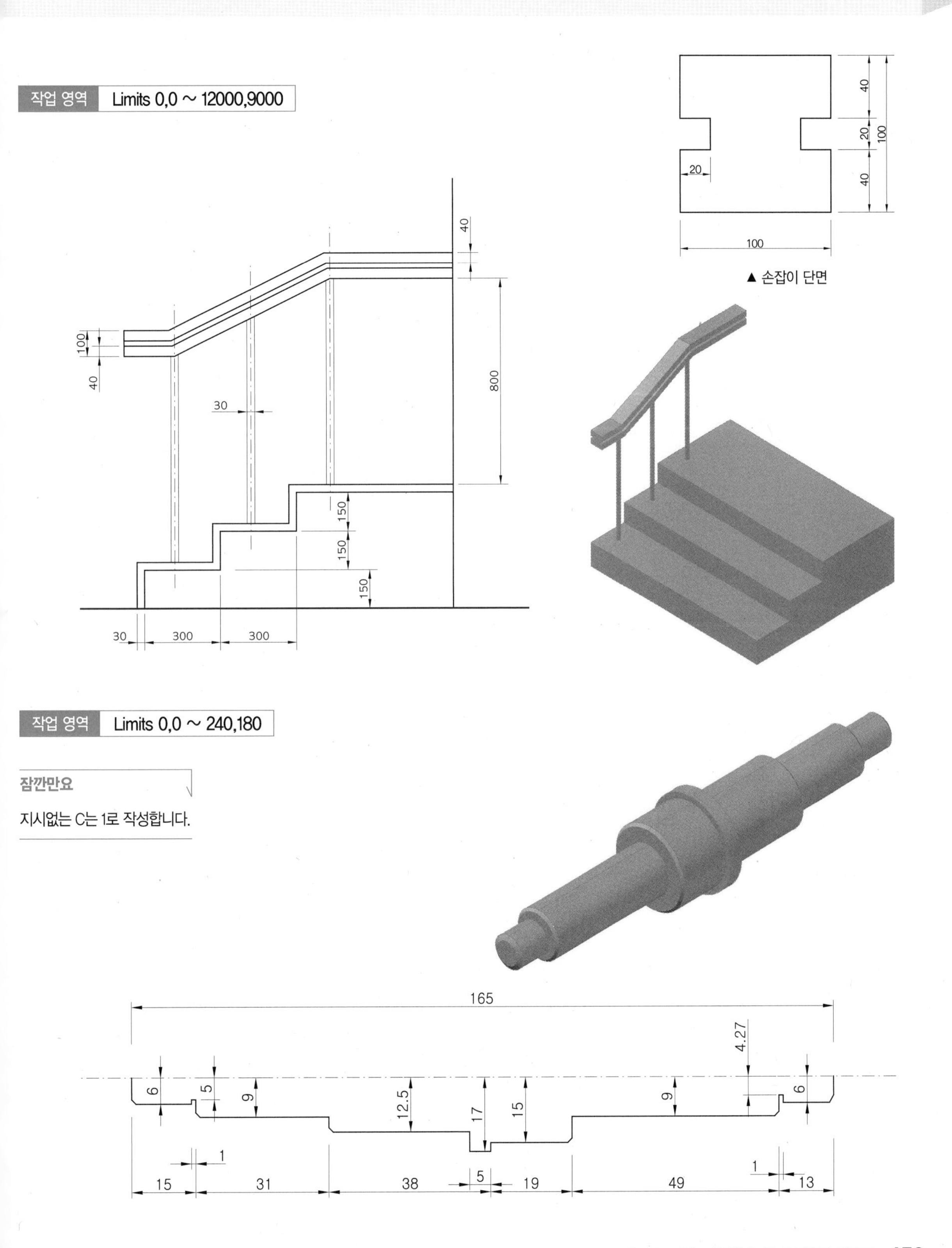

Revolve 연습 문제 | Line, Circle, Trim, Fillet, Revolve, UCS

작업 영역	Limits 0,0 ~ 120,90

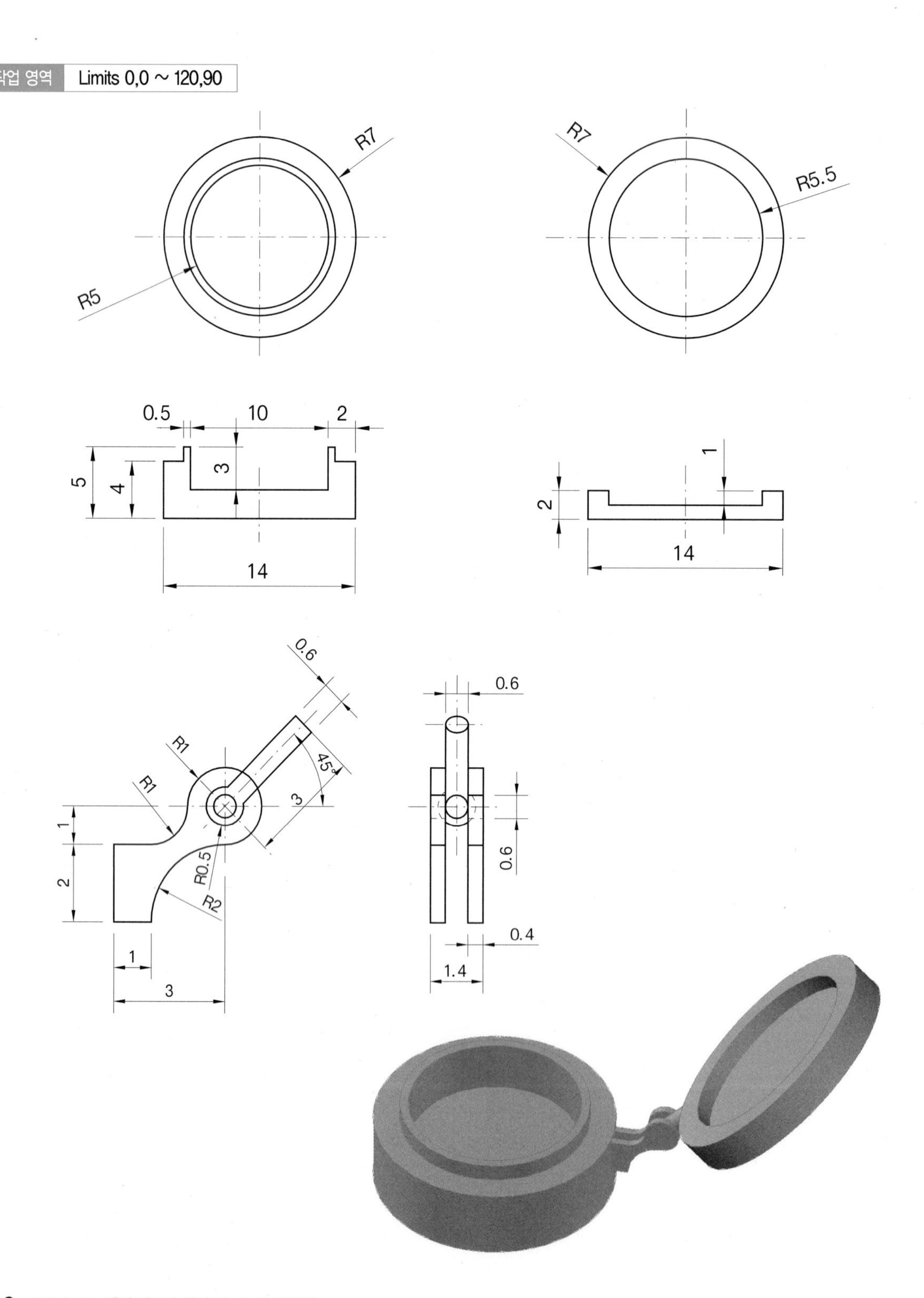

Loft 연습 문제 | Line, Circle, Polygon, Loft, UCS

작업 영역	Limits 0,0 ~ 360,270

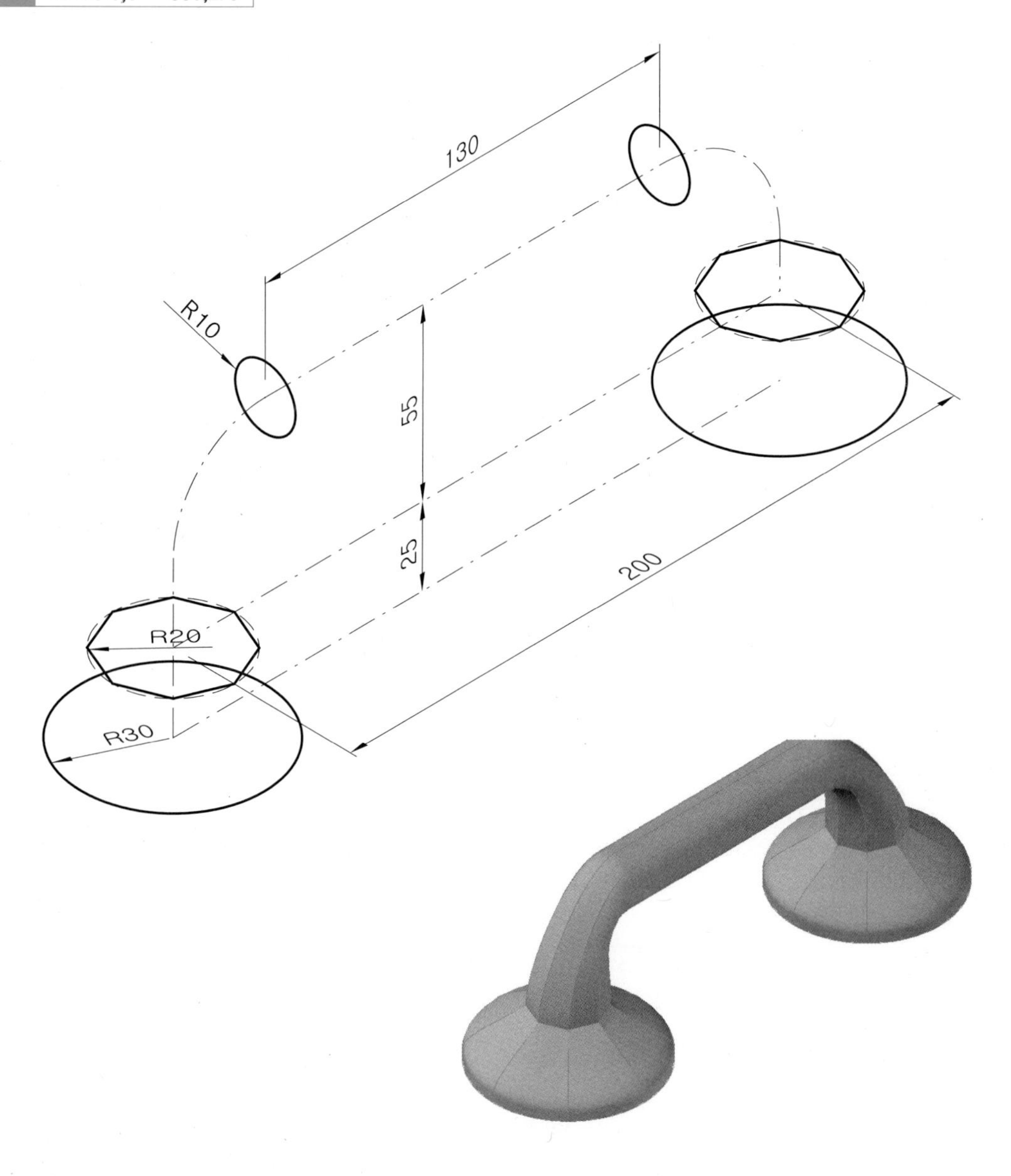

Section
03

Solid 오브젝트 편집하기 - Union, Subtract, Intersect, Interfere, Slice, Section

Solid Mesh 모델링과 다르게 Solid 모델링은 두 개 이상의 오브젝트를 이용하여 모양을 합치거나 뺄 수 있는 블린(Boolean) 연산이 가능합니다. Solid 모델링은 이러한 편집 과정을 통해 원하는 형태의 모델링으로 완성할 수 있습니다.

Step 01

Union의 이해 - Solid 합치기

Union은 Solid 오브젝트 간의 합집합 명령어로, 두 개 이상의 Solid 오브젝트를 하나의 오브젝트로 합칩니다.

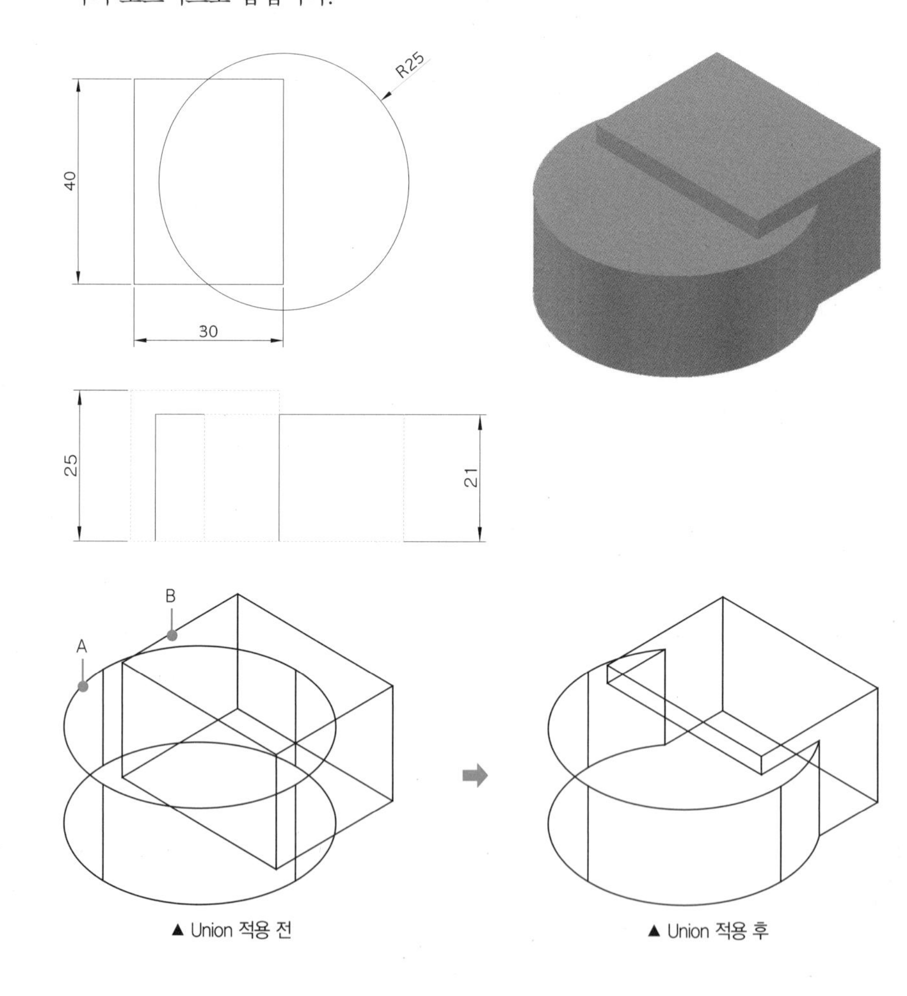

▲ Union 적용 전

▲ Union 적용 후

입력 형식

```
Command : union
Select objects : (합집합 할 A Solid 오브젝트를 선택합니다.)
Select objects : (합집합 할 B Solid 오브젝트를 선택합니다.)
Select objects : (Solid 오브젝트를 선택하거나 Spacebar 를 눌러 명령을 종료합니다.)
```

Step 02

Subtract의 이해 - 교차된 영역 제거

Subtract는 Solid 오브젝트 간의 차집합 명령어로, 두 개 이상의 Solid 오브젝트에서 교차된 영역을 삭제합니다.

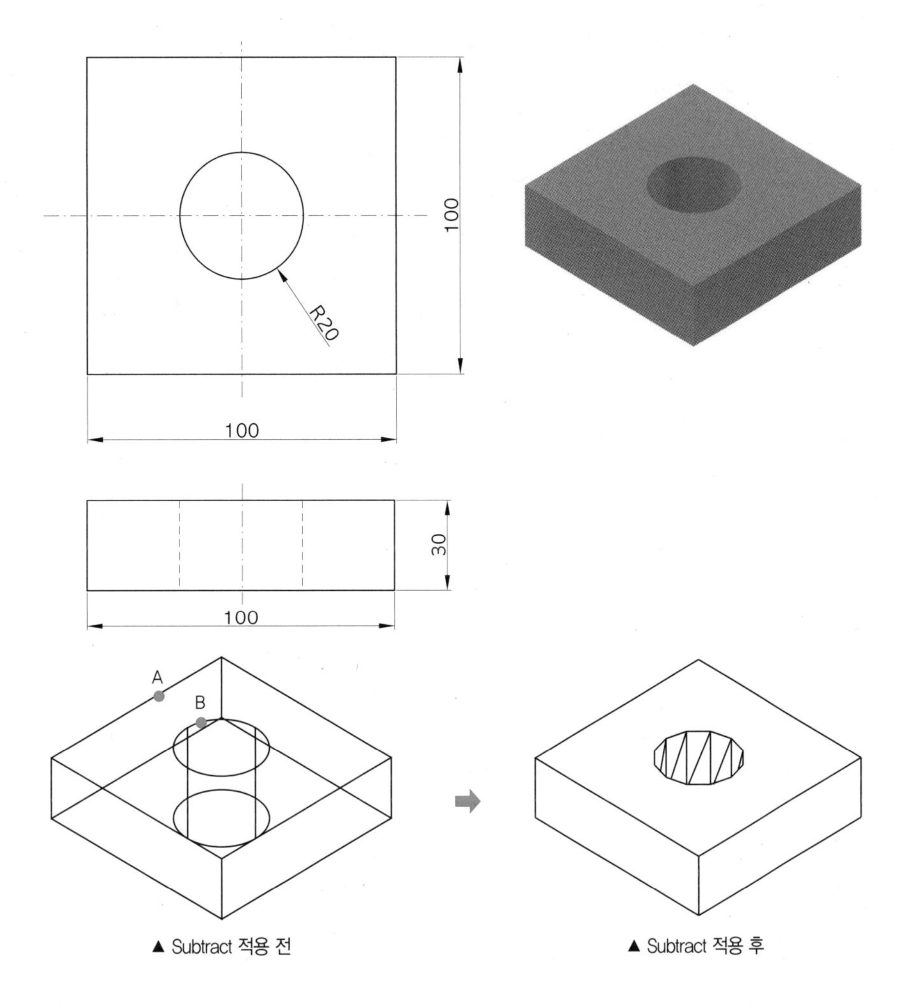

▲ Subtract 적용 전

▲ Subtract 적용 후

입력 형식

Command : subtract
Select solids and regions to subtract from ..
Select objects : (차집합에서 존재할 A Solid 오브젝트를 선택합니다.)
Select objects : (차집합에서 존재할 Solid 오브젝트를 선택하거나 Spacebar를 눌러 다음 메뉴를 진행합니다.)
Select solids and regions to subtract ..
Select objects : (차집합에서 제거할 B Solid 오브젝트를 선택합니다.)
Select objects : (차집합에서 제거할 Solid 오브젝트를 선택하거나 Spacebar를 눌러 다음 메뉴를 진행합니다.)

Step 03

Intersect의 이해 - 교차되는 영역만 생성

Intersect는 두 개 이상의 Solid 오브젝트 간 교집합 영역을 생성하는 명령어로, 두 개 이상의 Solid에서 교차 영역을 제외한 영역은 삭제됩니다.

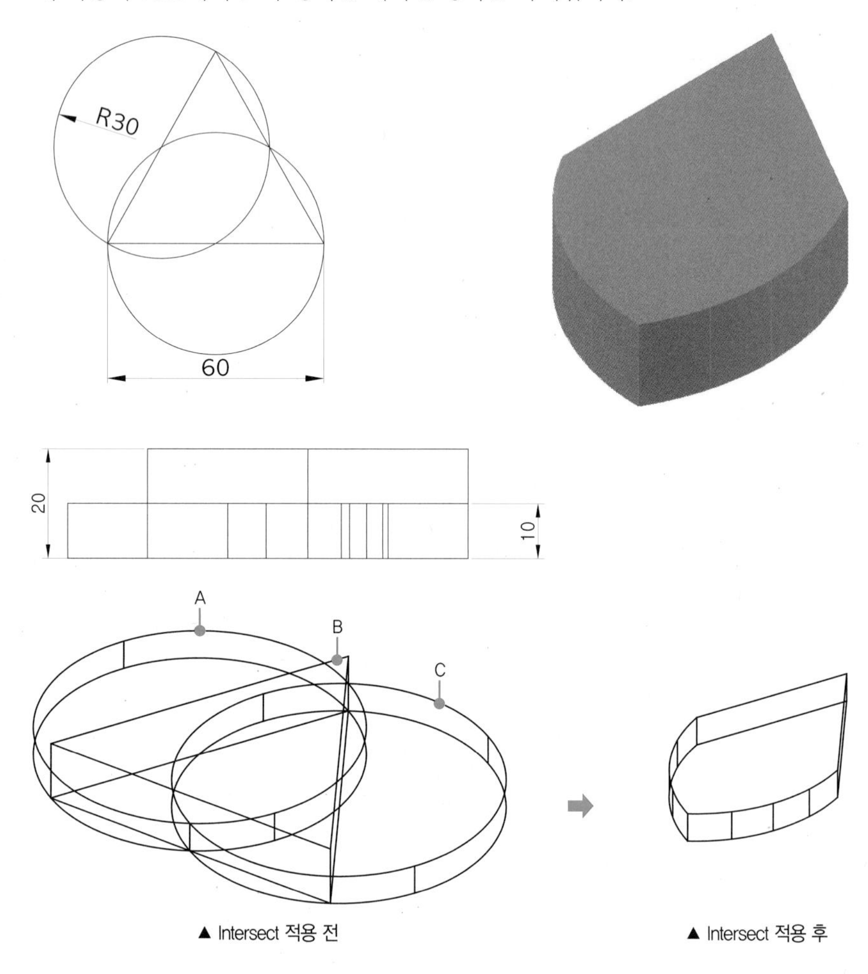

▲ Intersect 적용 전　　▲ Intersect 적용 후

입력 형식

Command : intersect
Select objects : (교집합 할 A Solid 오브젝트를 선택합니다.)
Select objects : (교집합 할 B Solid 오브젝트를 선택합니다.)
Select objects : (교집합 할 C Solid 오브젝트를 선택하거나 Spacebar를 눌러 명령을 종료합니다.)

Step 04

Interfere의 이해 – 간섭 영역 검사

두 개 이상의 Solid 오브젝트 간의 간섭 영역을 검사하며 Solid 오브젝트 간 교차된 영역의 데이터를 생성합니다. 객체에 끼워 맞춰지는 Solid를 생성해야 할 경우 사용합니다.

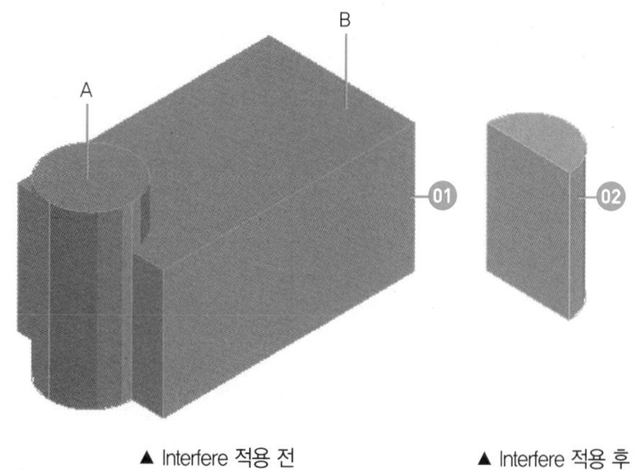

▲ Interfere 적용 전 ▲ Interfere 적용 후

입력 형식

01
```
Command: interfere
Select first set of objects or [Nested selection/ Settings] :
```
(간섭 검사할 A Solid 오브젝트를 선택합니다.)
```
Select first set of objects or [Nested selection/ Settings] :
```
(간섭 검사할 B Solid 오브젝트를 선택합니다.)
```
Select first set of objects or [Nested selection/ Settings] :
```
(Spacebar를 눌러 다음 메뉴를 진행합니다.)

02 [Interference Checking] 대화상자가 표시됩니다. 간섭 영역을 붉은색으로 표시하며 간섭 영역의 모양으로 Solid 오브젝트를 생성하기 위해서는 'Delete interference object created on Close'을 체크합니다.

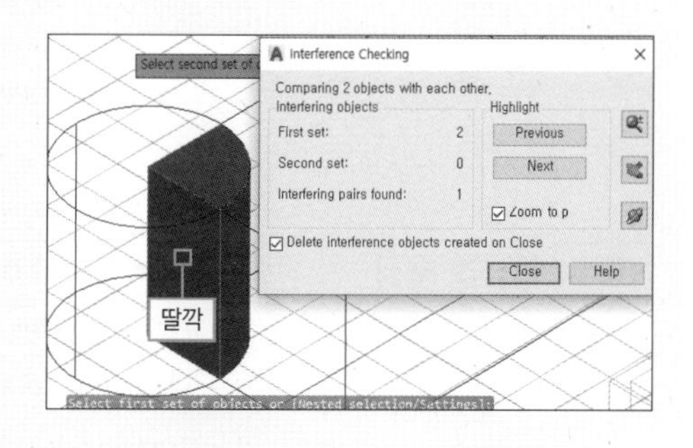

Interfere 설정별 특징

- **Select first set of objects** : 간섭 검사를 실시할 객체를 선택합니다.
- **Nested selection** : 내부에 포함된 객체를 선택합니다.
- **Settings** : 간섭 객체의 미리 보기 상태를 설정합니다.
- **Check first set** : Solid 오브젝트 간의 간섭 여부를 검사합니다.

Step 05

Slice의 이해 - 잘라내기

Slice는 Solid 오브젝트의 일부분을 잘라내는 명령어입니다. 마치 칼로 잘라낸 것과 같이 다양한 면을 이용하여 오브젝트를 자를 수 있으며 모델링 형태를 다듬거나 3D 오브젝트의 단면도를 확인하기 위해 사용됩니다.

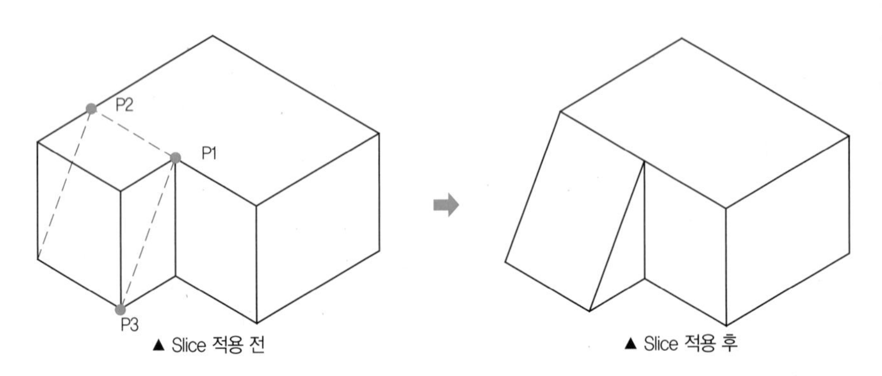

▲ Slice 적용 전 ▲ Slice 적용 후

입력 형식

```
Command : slice
Select objects to slice : (잘라낼 Solid 오브젝트를 선택합니다.)
Select objects to slice : (잘라낼 Solid 오브젝트를 선택하거나 Spacebar 를 눌러 다음 메뉴를 진행합니다.)
Specify start point of slicing plane or [planarObject/Surface/Zaxis/View/XY/YZ/ZX/3points] :
(자르기 시작점을 지정하거나 옵션을 선택합니다.)
Specify first point on plane : (잘라낼 평면에 기준점 P1을 지정합니다.)
Specify second point on plane : (잘라낼 평면에 두 번째 점 P2를 지정합니다.)
Specify third point on plane : (잘라낼 평면에 세 번째 점 P3을 지정합니다.)
Specify a point on desired side or [keep Both sides] <Both> :
(삭제할 Solid 영역을 선택하거나 옵션을 선택하여 두 개의 Solid로 분리합니다.)
```

Slice 설정별 특징

- **Start point of slicing plane** : 잘라낼 평면의 시작점을 지정합니다.
- **PlanarObject** : 객체의 면을 객체를 기준으로 사용합니다. 사용 가능한 객체는 닫혀 있는 객체만 가능합니다.
- **Surface** : 면을 기준으로 자릅니다.
- **Zaxis** : +Z축 방향을 지정하여 X축과 Y축 평면을 맞춥니다.
- **View** : 관측자의 시점을 X, Y평면으로 인식하여 잘라냅니다.
- **XY** : XY 평면을 기준으로 잘라냅니다.
- **YZ** : YZ 평면을 기준으로 잘라냅니다.
- **ZX** : ZX 평면을 기준으로 잘라냅니다.
- **3points** : 3점을 선택하여 자르기에 사용할 평면을 지정합니다.
- **Keep Both sides** : 잘라낼 면을 기준으로 양쪽 모두 남겨둡니다.

Step 06

Section의 이해 - 단면도 산출

Section은 Solid 오브젝트에서 단면을 산출하는 명령어입니다. 단면 산출 명령으로 2D 도면을 생성할 수 있으며 단면의 산출 기준은 기준점 및 기준 오브젝트의 위치에 따라 단면의 형태가 다를 수 있습니다.

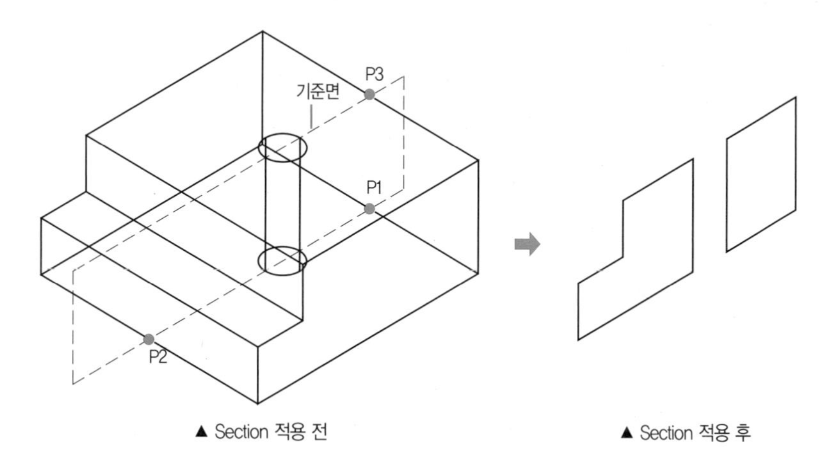

▲ Section 적용 전　　▲ Section 적용 후

입력 형식

```
Command : section
Select objects : (단면으로 산출할 Solid 오브젝트를 선택합니다.)
Select objects : (단면으로 산출할 Solid 오브젝트를 선택하거나 Spacebar 를 눌러 다음 메뉴를 진행합니다.)
Specify first point on Section plane by [Object/Zaxis/ View/XY/YZ/ZX/3points] <3points> : (단면 산출 평면의 기준점 P1을 선택 하거나 옵션을 선택합니다.)
Specify second point on plane : (단면 산출의 두 번째 기준점 P2를 선택합니다.)
Specify third point on plane : (단면 산출의 세 번째 기준점 P3을 선택합니다.)
```

Section 설정별 특징

- **First point on Section plane** : 단면 산출 평면의 첫 번째 기준점을 지정합니다.
- **Object** : 닫혀 있는 다각형의 평면을 이용하여 단면을 산출합니다.
- **Zaxis** : Z축 방향을 지정하여 X, Y축 평면을 맞춰 단면을 산출합니다.
- **View** : 관측자의 시점을 단면 산출의 평면으로 사용합니다.
- **XY** : 단면 산출의 평면을 X, Y축을 기준으로 사용합니다.
- **YZ** : 단면 산출의 평면을 Y, Z축 기준으로 사용합니다.
- **ZX** : 단면 산출의 평면을 Z, X축 기준으로 사용합니다.
- **3points** : 단면 산출의 평면을 3점을 선택하여 설정합니다.

Union 연습 문제 | Extrude, Slice, Union

작업 영역	Limits 0,0 ~ 1200,900

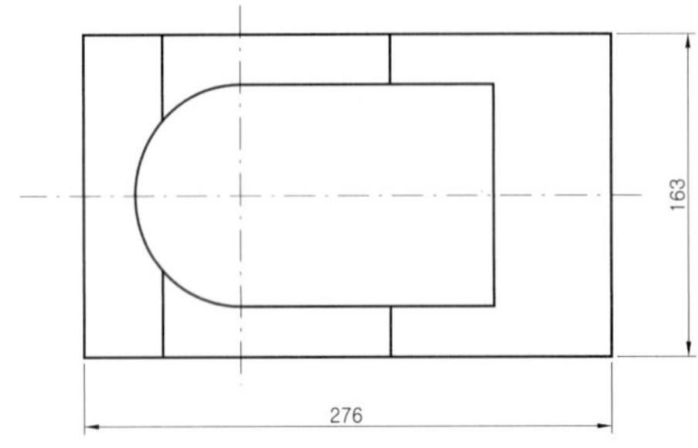

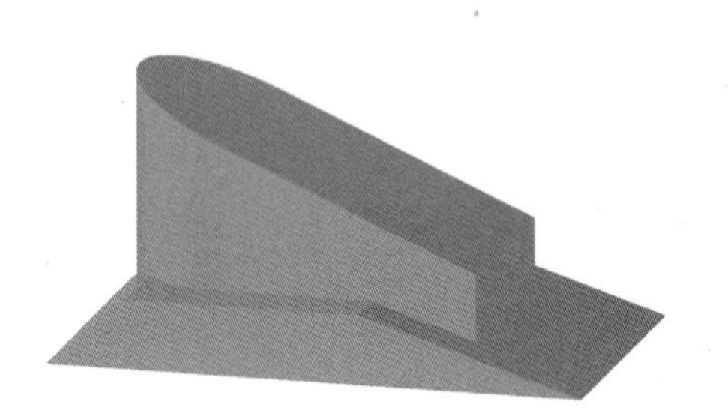

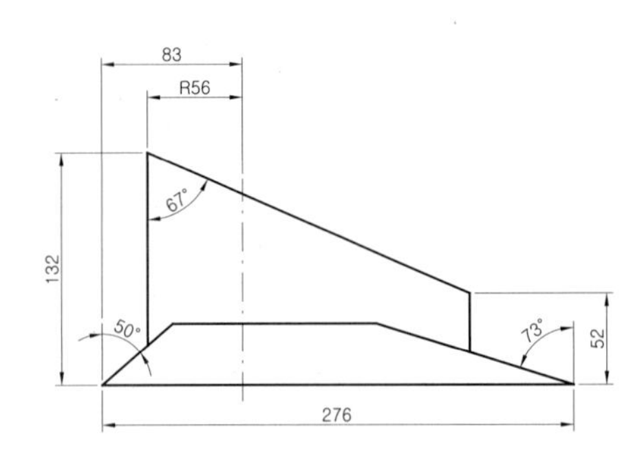

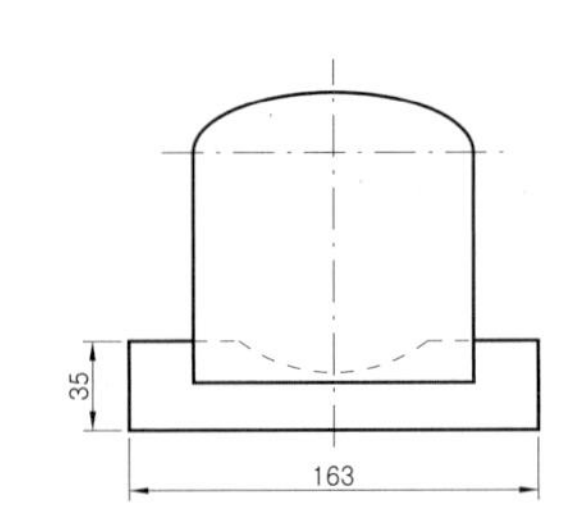

작업 영역	Limits 0,0 ~ 1200,900

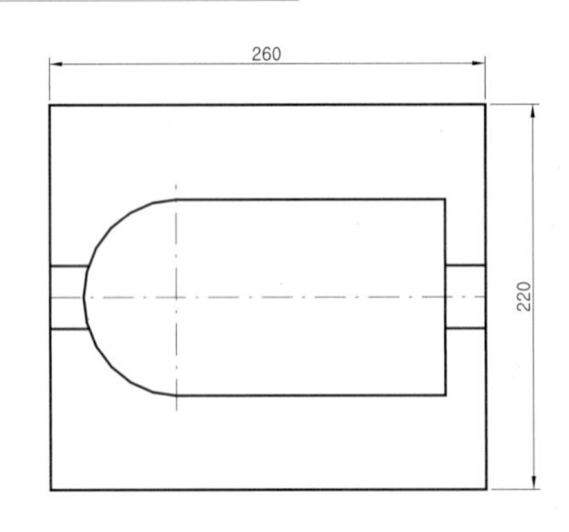

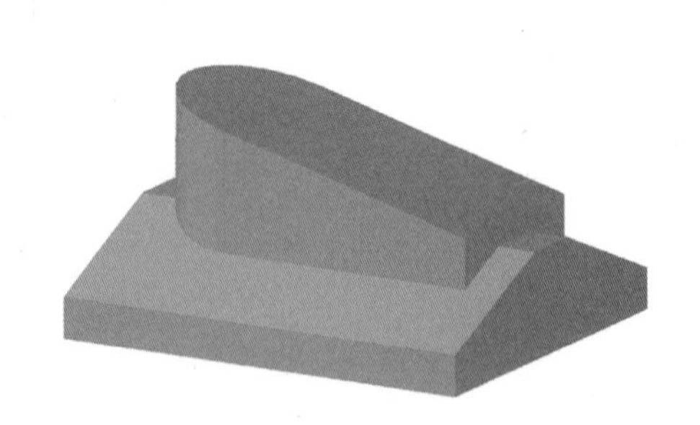

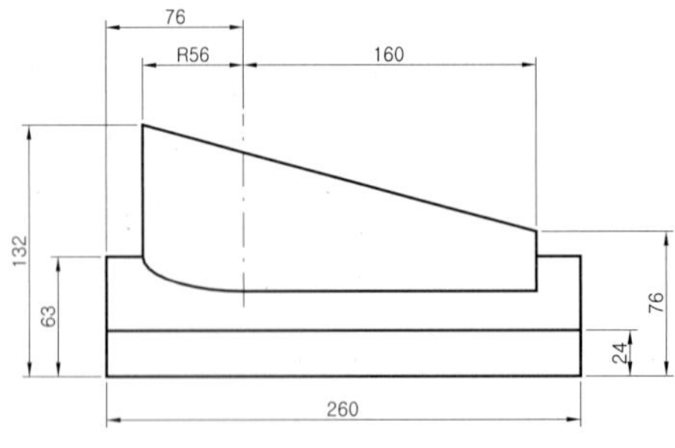

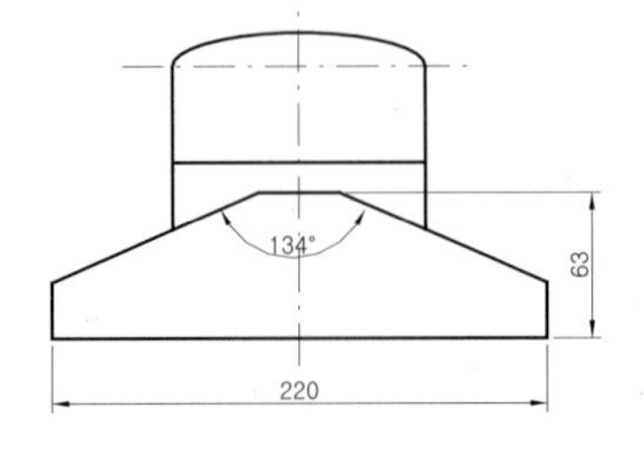

Union 연습 문제 | Extrude, Slice, Sphere, Union, Subtract

작업 영역 Limits 0,0 ~ 1200,900

작업 영역 Limits 0,0 ~ 1200,900

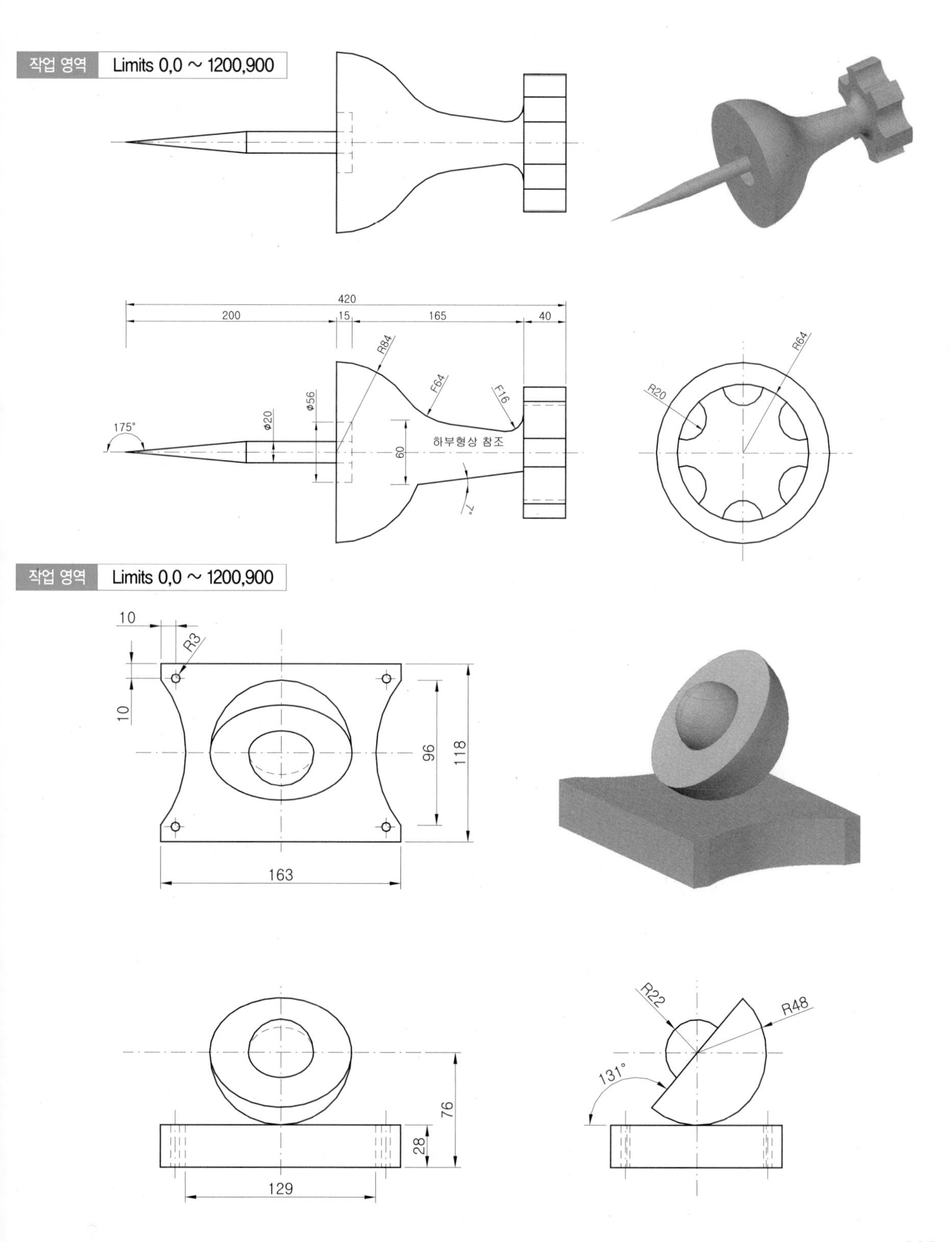

Subtract 연습 문제 | Extrude, Union, Subtract

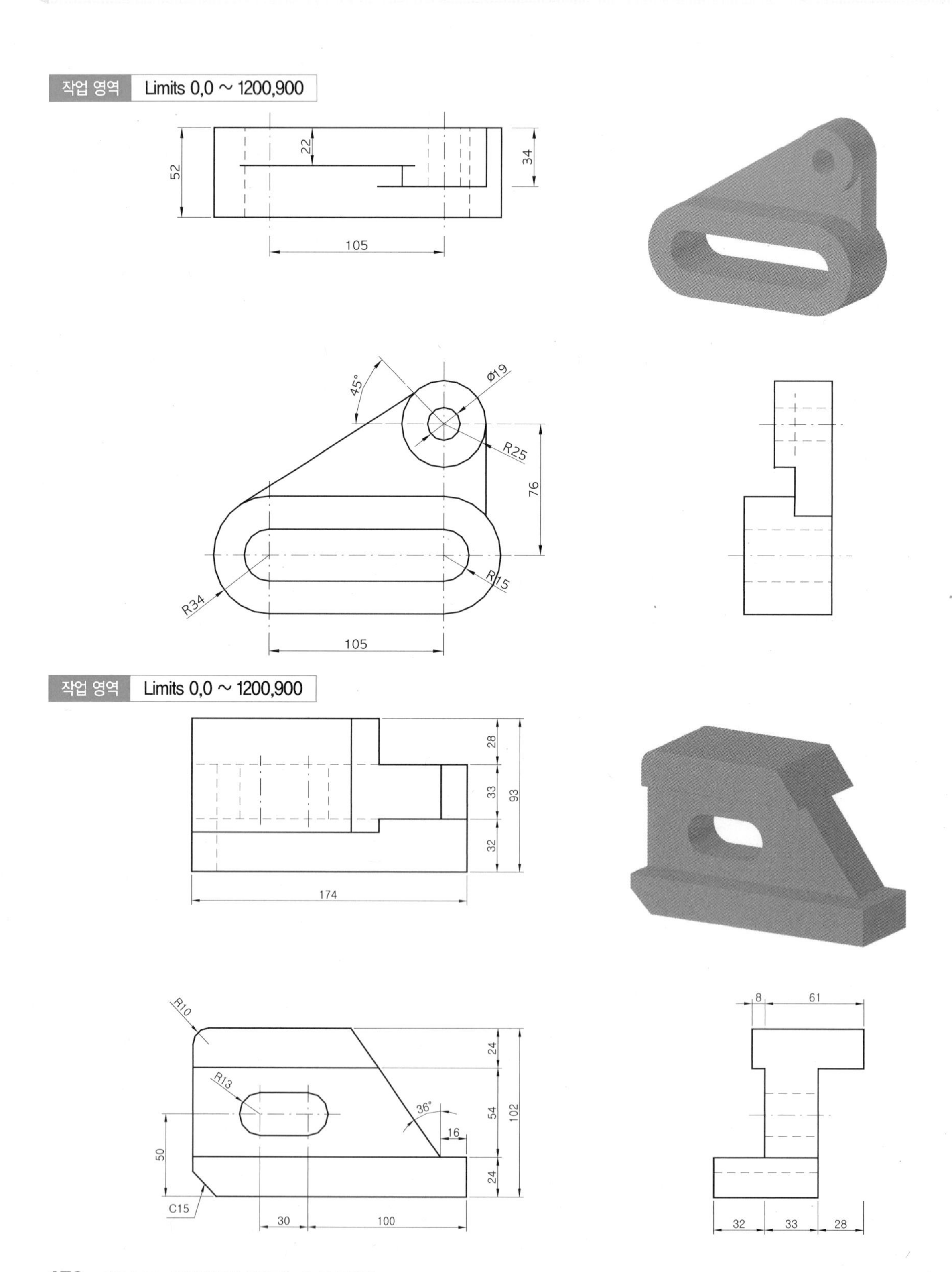

작업 영역	Limits 0,0 ~ 1200,900

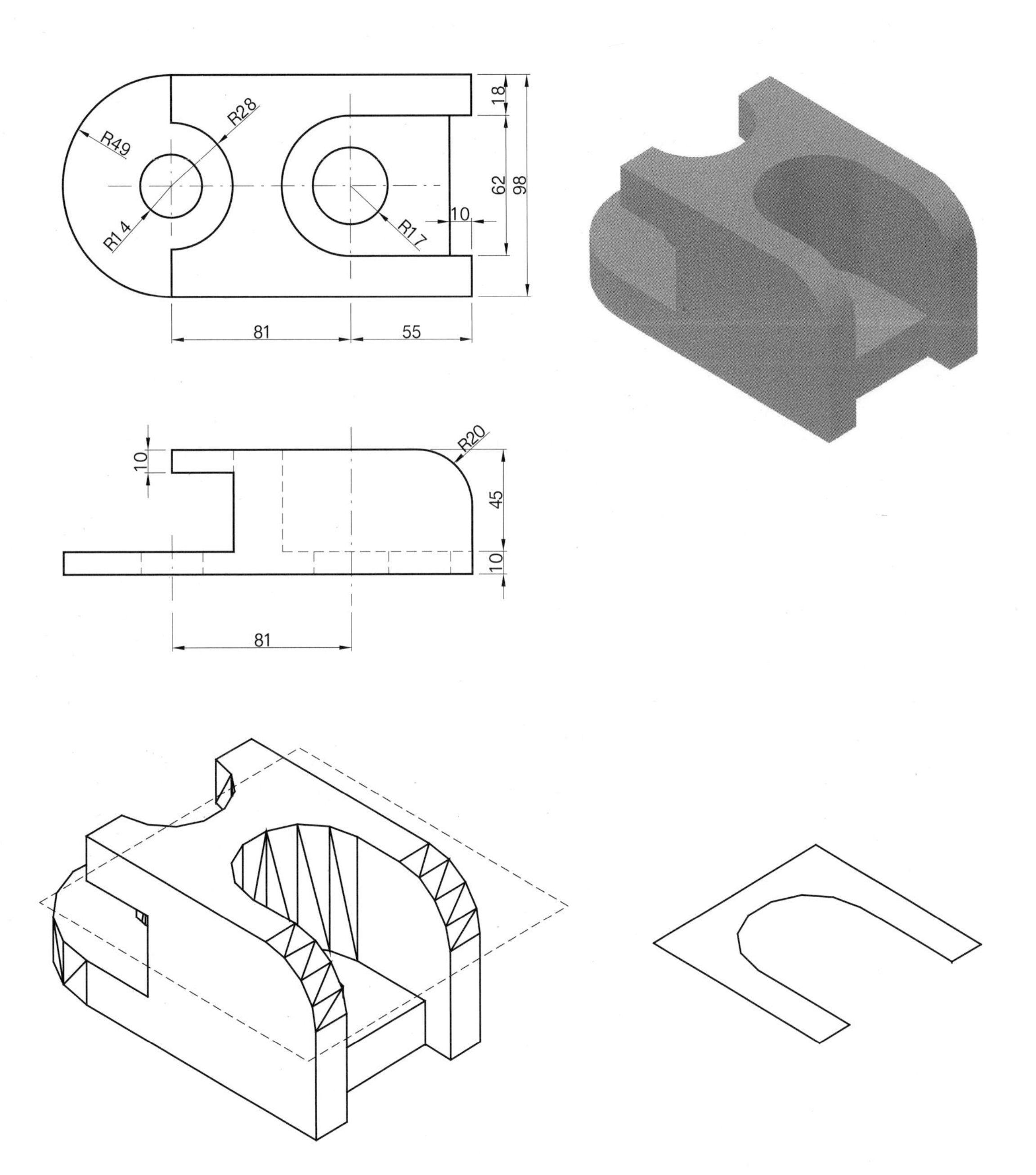

작업 영역	Limits 0,0 ~ 120,90

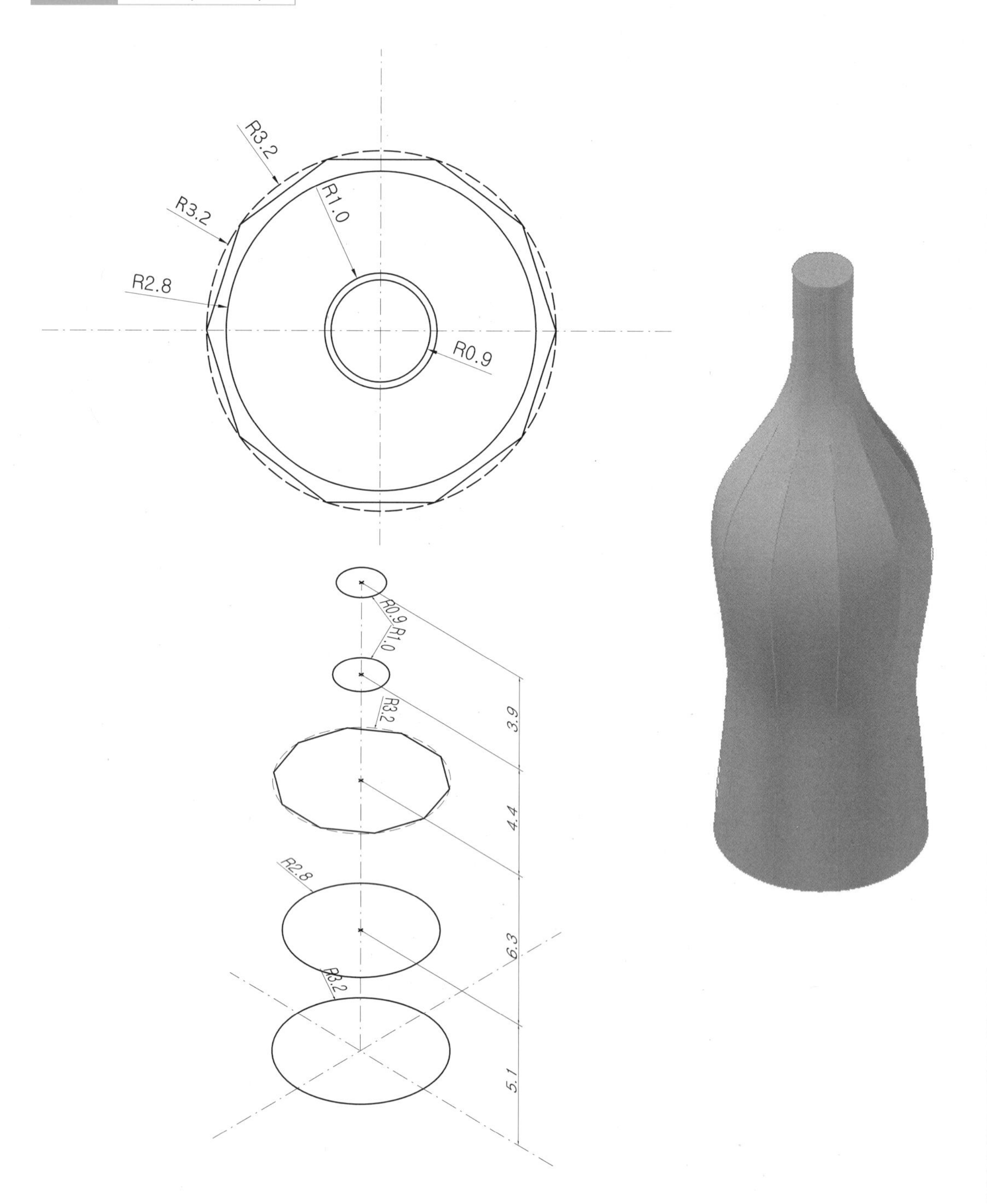

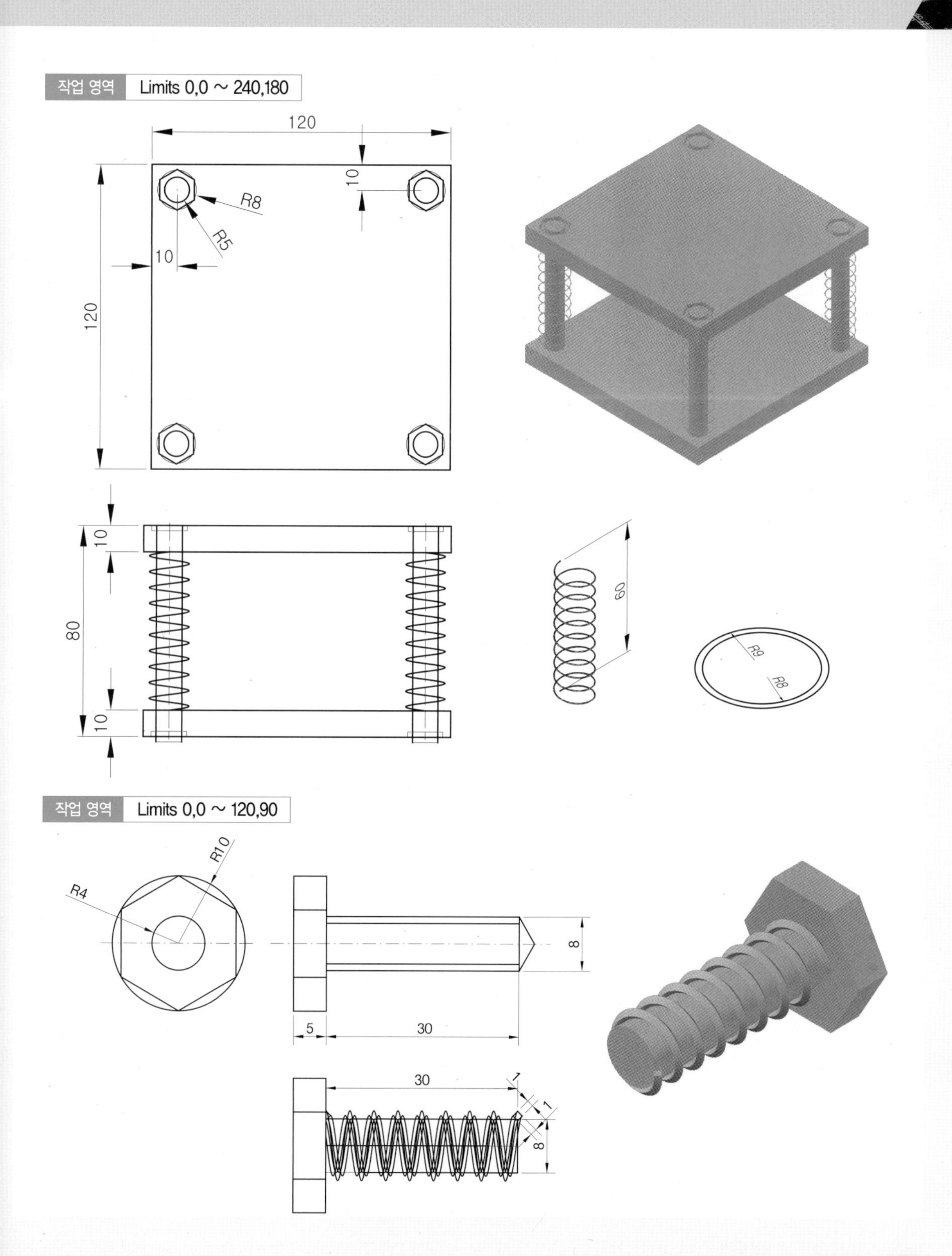
작업 영역
Limits 0,0 ~ 240,180
120
10
R8
R5
10
120
10
80
10
60
R9
R8
작업 영역
Limits 0,0 ~ 120,90
R10
R4
8
5
30
30
1
1
8

종합문제

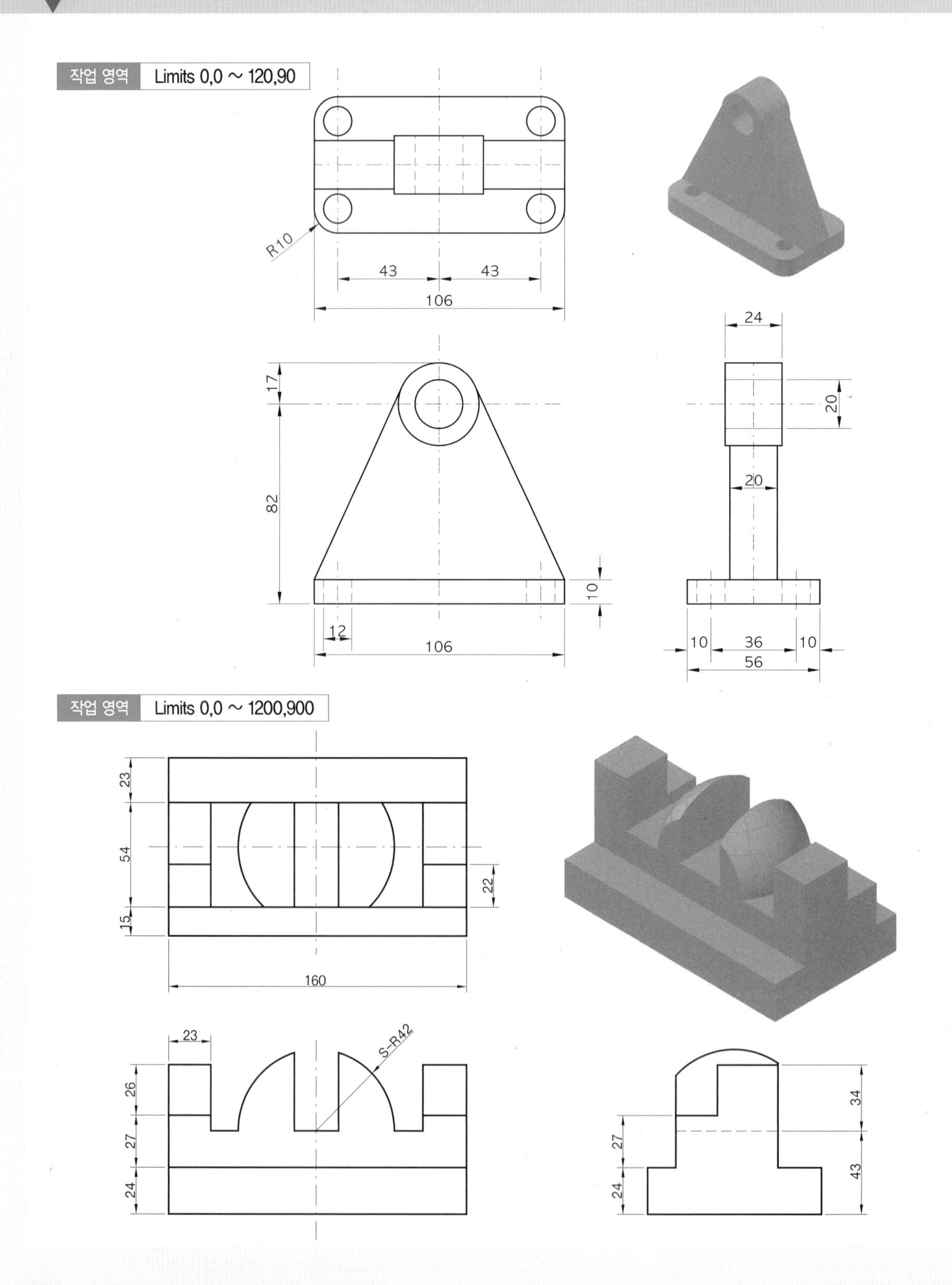

작업 영역
Limits 0,0 ~ 120,90
R10
43
43
106
24
17
20
82
20
10
12
106
10
36
10
56
작업 영역
Limits 0,0 ~ 1200,900
23
54
15
22
160
23
S-R42
26
27
24
34
27
24
43

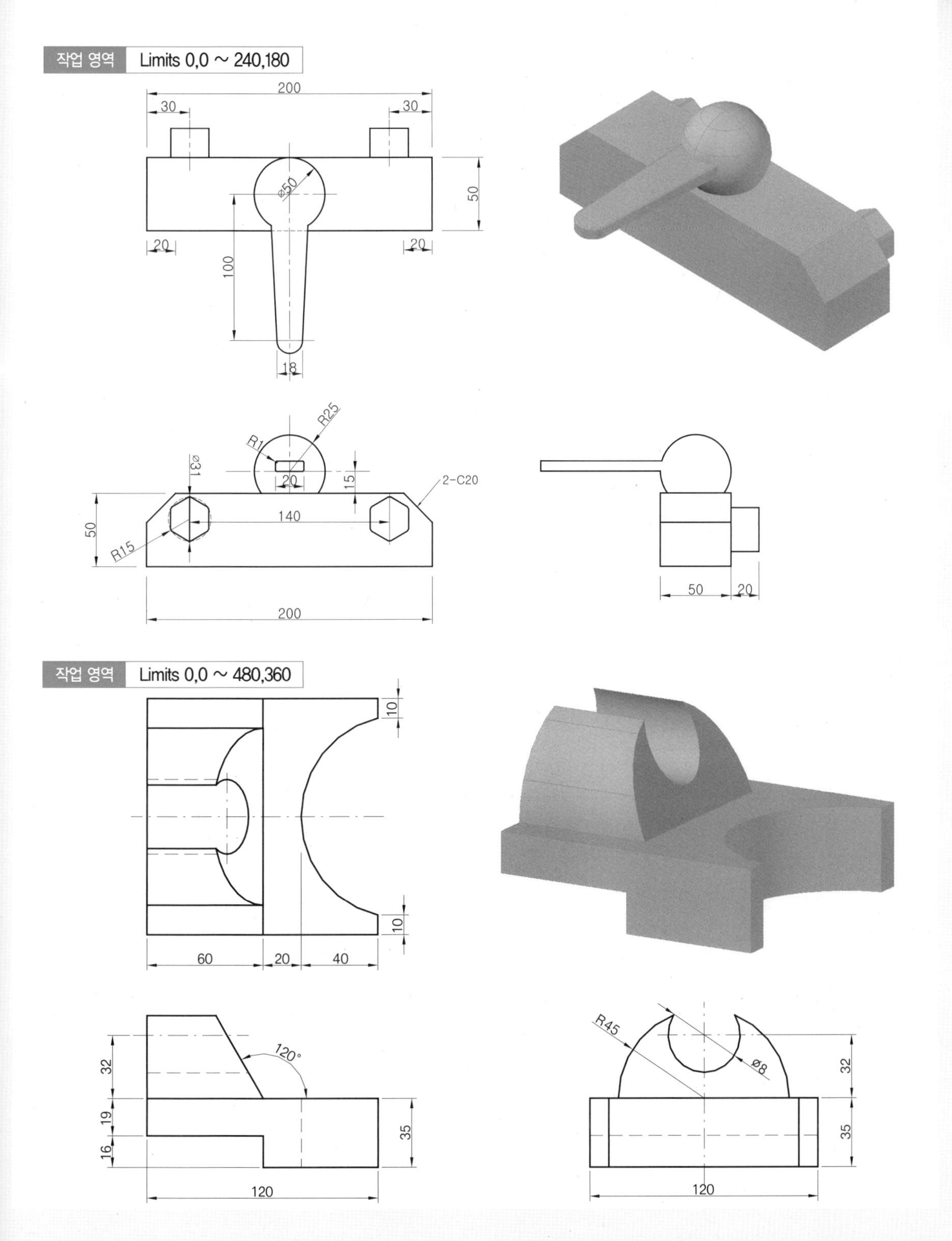
작업 영역
Limits 0,0 ~ 240,180
200
30
30
50
⌀50
20
20
100
18
R25
R1
⌀31
20
15
2-C20
50
140
R15
200
50
20
작업 영역
Limits 0,0 ~ 480,360
10
10
60
20
40
120°
32
19
16
35
120
R45
⌀8
32
35
120

종합문제

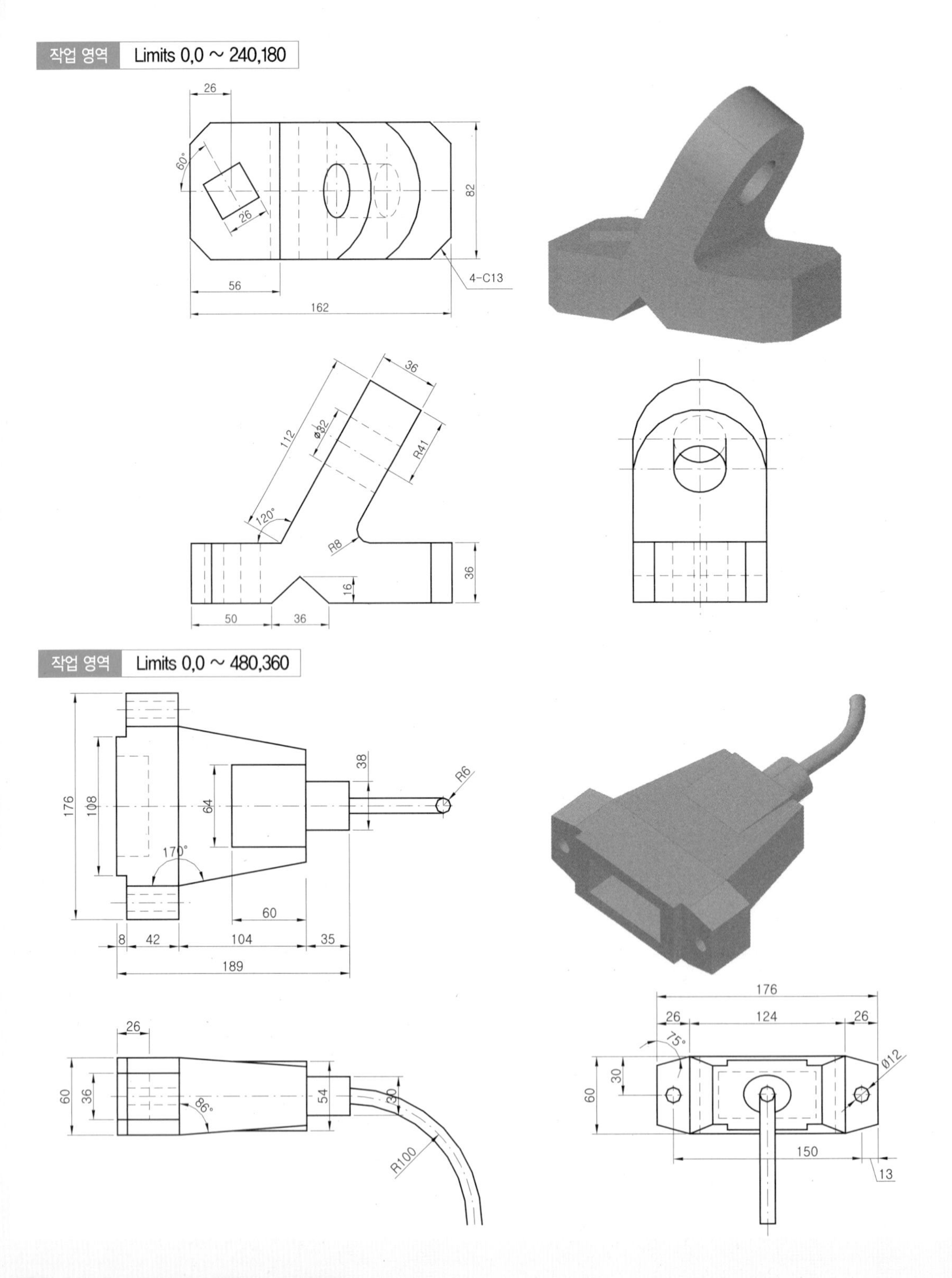

작업 영역
Limits 0,0 ~ 240,180
26
60°
26
82
4-C13
56
162
36
112
ø32
R41
120°
R8
36
16
50
36
작업 영역
Limits 0,0 ~ 480,360
176
108
64
38
R6
170°
60
8
42
104
35
189
26
60
36
86°
54
30
R100
176
26
124
26
75°
Ø12
30
60
150
13

작업 영역
Limits 0,0 ~ 240,180

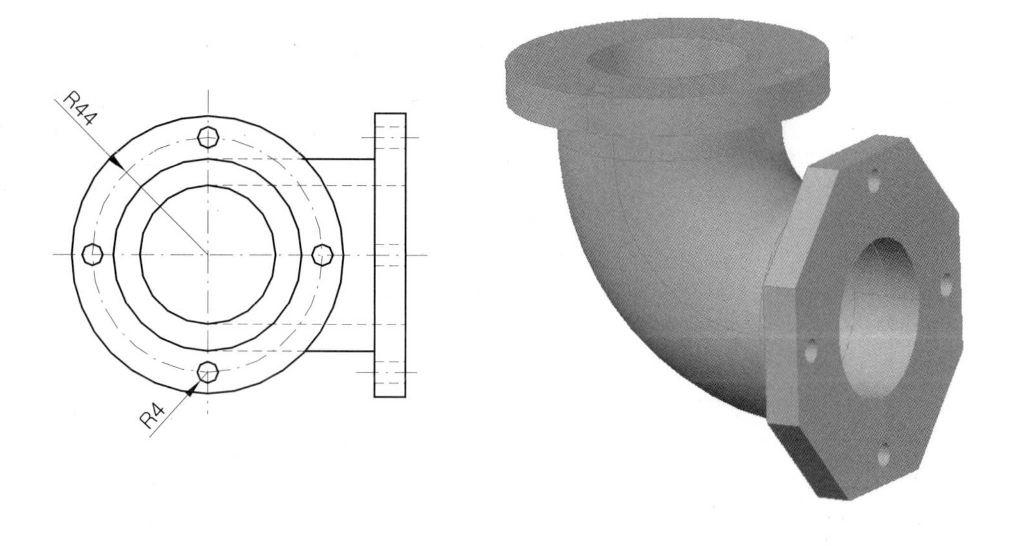
R44
R4

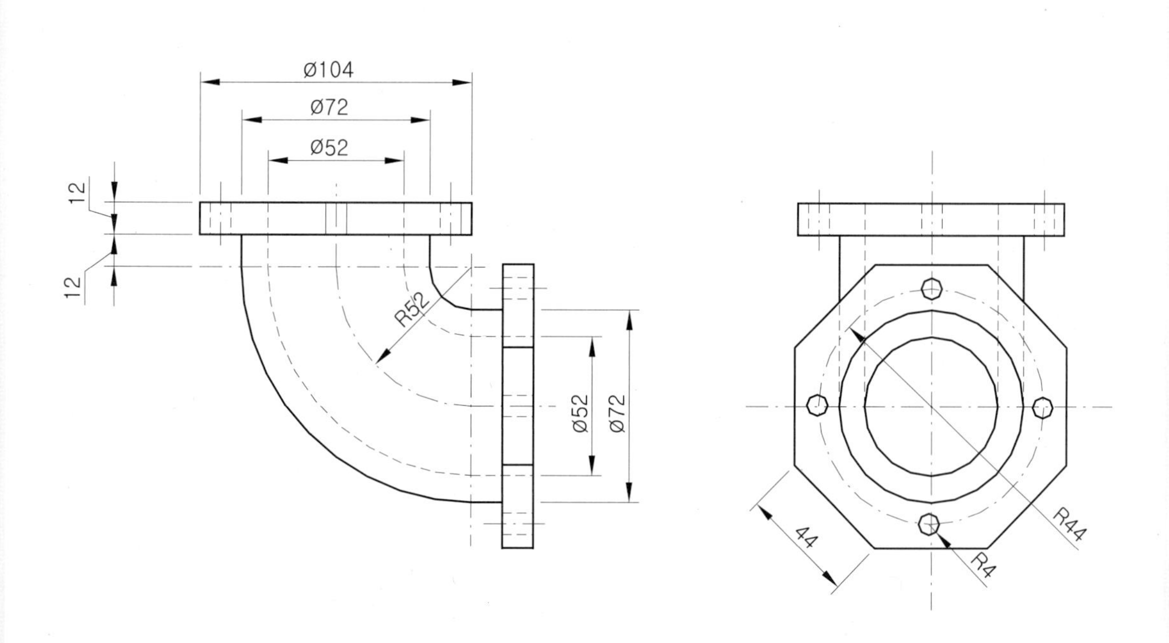
Ø104
Ø72
Ø52
12
12
R52
Ø52
Ø72
44
R44
R4

종합문제

작업 영역	Limits 0,0 ~ 240,180

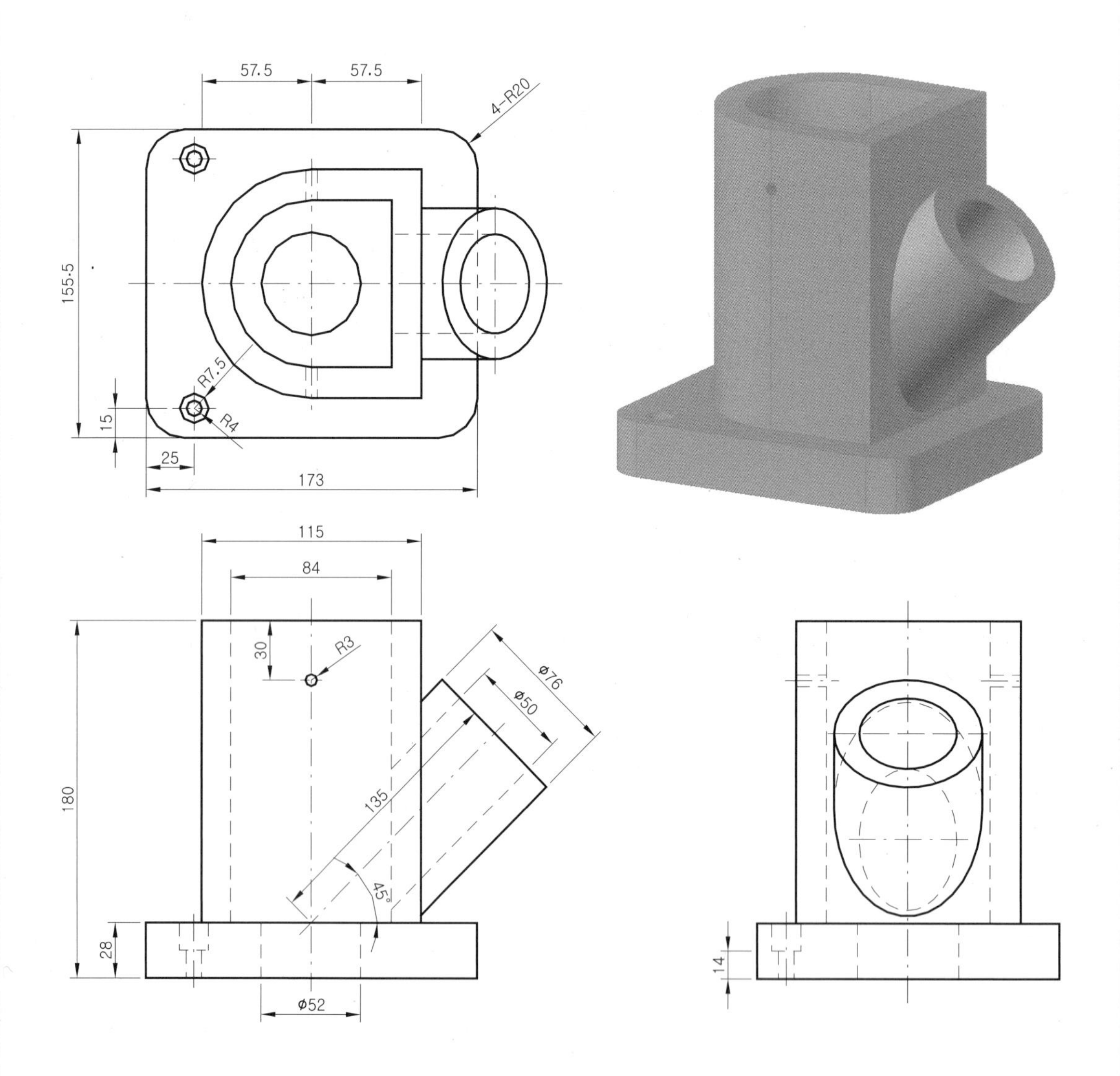

작업 영역	Limits 0,0 ~ 240,180

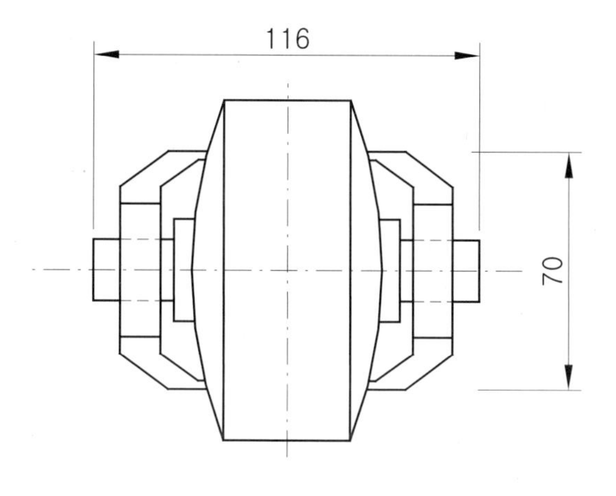

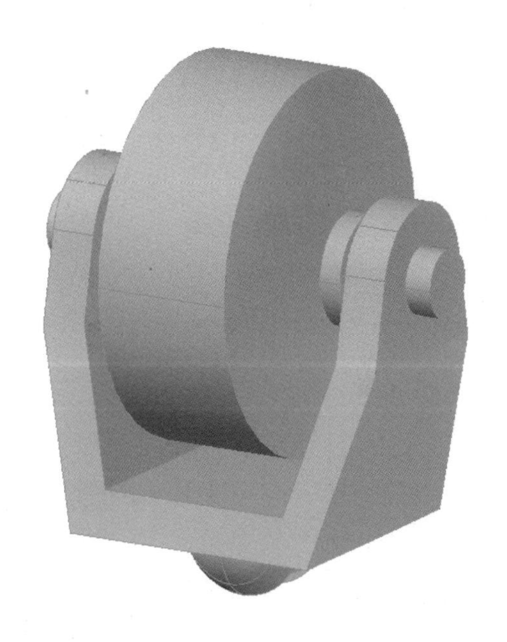

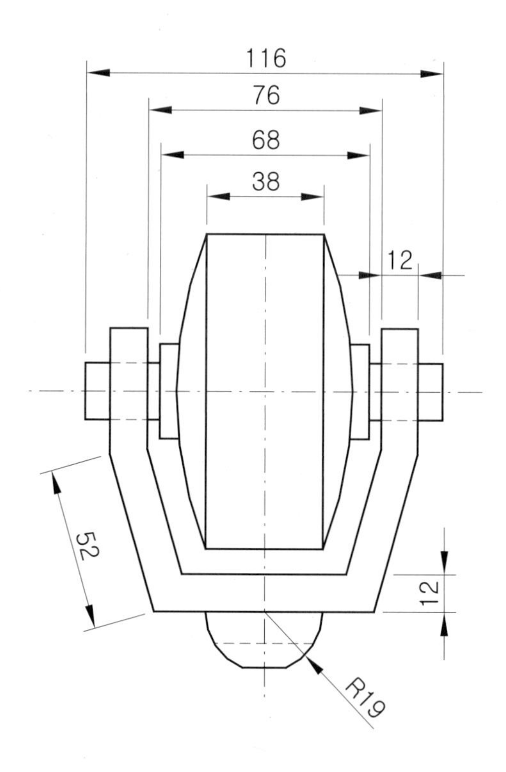

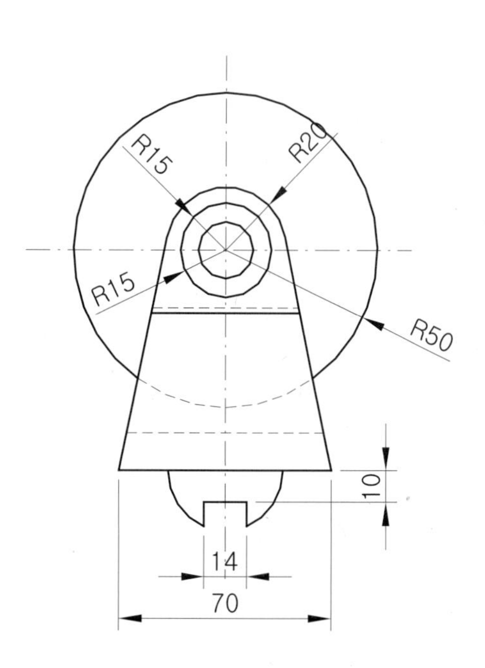